Garber (Hrsg.)

Kulturwissenschaftler des 20. Jahrhunderts

Kulturwissenschaftler des 20. Jahrhunderts

Ihr Werk im Blick auf
das Europa der Frühen Neuzeit

Unter Mitwirkung von Sabine Kleymann
herausgegeben von Klaus Garber

Wilhelm Fink Verlag

Umschlagabbildung:
Man Ray, Untitled, 1936
© Man Ray Trust, Paris/VG Bild-Kunst, Bonn 2002

Die Deutsche Bibliothek – CIP-Einheitsaufnahme

Kulturwissenschaftler des 20. Jahrhunderts: ihr Werk im Blick
auf das Europa der Frühen Neuzeit / Hrsg.: Klaus Garber.
Unter Mitw. von Sabine Kleymann. – München: Fink, 2002
 ISBN 3-7705-3607-X

Das Werk einschließlich aller seiner Teile ist urheberrechtlich geschützt. Jede Verwertung außerhalb der engen Grenzen des Urheberrechtsgesetzes ist ohne Zustimmung des Verlages unzulässig und strafbar. Das gilt insbesondere für Vervielfältigungen, Übersetzungen, Mikroverfilmungen und die Einspeicherung und Verarbeitung in elektronischen Systemen.

ISBN 3-7705-3607-X
© 2002 Wilhelm Fink Verlag, München
Satz: Albert Schwarz, Paderborn
Herstellung: Ferdinand Schöningh GmbH, Paderborn

Inhaltsverzeichnis

Vorwort — 7

Martin Warnke
Aby Warburg als Renaissanceforscher — 13

Norbert Schneider
Kunst zwischen Magie und Logos
Zum kulturwissenschaftlichen Ansatz von Edgar Wind — 23

Hans-Gert Roloff
Renatae Litterae und Reformatio
Richard Newalds Konzept der Literatur- und Kulturgeschichte
der Frühen Neuzeit — 39

Monika Walter
„Der umgekehrte Prophet" der Neuzeit
Zur wiederentdeckten Moderne-Kritik von José Ortega y Gasset — 57

Frank-Rutger Hausmann
Ernst Robert Curtius: Europäische Literatur
und lateinisches Mittelalter
Sechzig Jahre danach — 77

Ulrich Schulz-Buschhaus
Erich Auerbach
Die Frühe Neuzeit im Schatten Dantes — 89

Klaus Garber
Versunkene Monumentalität
Das Werk Konrad Burdachs — 109

Notker Hammerstein
Paul Joachimsen — 159

Wolfgang Neuber
Nationalismus als Raumkonzept
Zu den ideologischen und formalästhetischen Grundlagen
von Josef Nadlers Literaturgeschichte — 175

Richard Faber
CHRISTLICHER HUMANISMUS VERSUS HEROISCHER NIHILISMUS
Alfred von Martins liberal-katholische Kultursoziologie
des Renaissance-Humanismus – ein wissenssoziologischer Beitrag
zur Urgeschichte bürgerlicher Intelligenz　　　　　　　　　　　193

Jost Hermand
NATURALISMUS ODER REPRÄSENTATION?
Kunst und Kultur der Frühen Neuzeit in der Sicht Richard Hamanns　　227

Peter Uwe Hohendahl
DAS PROJEKT SOZIALGESCHICHTE DER KUNST UND LITERATUR
Arnold Hauser　　　　　　　　　　　　　　　　　　　　　　245

Jan-Dirk Müller
JOHAN HUIZINGA (1872–1945) UND DER HERBST DES MITTELALTERS　263

Martin Dinges
PHILIPPE ARIÈS (1914–1984)
Pionier der Mentalitätengeschichte　　　　　　　　　　　　　　283

Wilhelm Voßkamp
„MENSCHENWISSENSCHAFT"
Norbert Elias' Zivilisationstheorie
in kommunikationswissenschaftlicher Perspektive　　　　　　　　307

Lothar Knapp
ANTONIO GRAMSCI UND DAS ERBE MACHIAVELLIS　　　　　319

Wolfgang Karrer
RAYMOND WILLIAMS
Vom ‚Kultur'-Begriff zur Kulturanalyse　　　　　　　　　　　　335

Michael Nerlich
ENGAGEMENT UND PRAGMATIK
Zu Umberto Eco als Kultur- und Literatursoziologen　　　　　　349

Hans-Ulrich Gumbrecht
DIE NEUZEIT DER SIEBZIGER JAHRE
Ein Rückblick auf Michel Foucaults *Les mots et les choses*　　　　369

PERSONENREGISTER　　　　　　　　　　　　　　　　　　383

Vorwort

Die neuerliche und bis auf weiteres letzte Einführung des kulturwissenschaftlichen Paradigmas, die sich zeitlich nur schwer präzisieren läßt, ist sogleich auf Widerstand gestoßen und seither von Mißtrauen und Zweifel begleitet gewesen. Sie schien die offenkundige Krise der Geisteswissenschaften auf andere Weise zu ratifizieren, indem sie die ohnehin brüchig gewordene Übereinkunft im Blick auf Gegenstand und Methodik der historischen Humanwissenschaften durch eine nomenklatorische Innovation glaubte parieren zu können, in Wahrheit jedoch den fraglichen Bereich nur noch weiter ins Nebulöse und Beliebige abdrängte.

Insbesondere die Kunst- und ganz besonders die Textwissenschaften wurden verdächtigt, unter dem Deckmantel kulturgeschichtlicher Erneuerung Fahnenflucht zu begehen und ihr ureigenstes Geschäft der mühseligen Entzifferung von Textstrukturen zugunsten neuer, letztlich aber nur allzu bekannter synthesefreudiger Konstruktionen aus den Augen zu verlieren. Unversehens wurden da philologische Tugenden rehabilitiert, von denen im Zeichen dekonstruktiver Lesungen lange nicht mehr zu hören gewesen war, die nun aber tauglich schienen, die wieder einmal Ausscherenden und einem nur allzu offenkundigen modischen Trend Folgenden zur Ordnung zu rufen und an ihre eigentlichen Aufgaben zu erinnern, auch wenn diese in der Öffentlichkeit schon seit längerem keine Konjunktur mehr hatten.

Wer da gewohnt war, zumal etwa an universitären Neugründungen, an der Zusammenführung der Disziplinen mitzuwirken, interdisziplinäre Formen der Arbeit mit zu erproben, gar an institutionellen Ausformungen fach- und fachbereichsübergreifender Einrichtungen sich beteiligte, rieb sich nicht wenig erstaunt die Augen. Waren das nicht die Töne, die schon einmal zu hören waren, als in den sechziger Jahren der Aufbruch zu neuen Ufern im Zeichen der Sozialgeschichte proklamiert wurde und das solide fachliche Handwerk gegenüber den ausufernden und zudem noch politisch gesteuerten Projekten ins Feld geführt wurde?

Die in den Augen der einen noch gar nicht existente, in den Augen der anderen immer dort, wo es mit rechten Dingen zuging, wie selbstverständlich praktizierte Kulturwissenschaft sah sich Fragen, aber auch doch wohl Aversionen ausgesetzt, die aus dem Abstand und mit ein wenig wissenschaftsgeschichtlichem Rüstzeug ausgestattet, überraschen mußten – und wiederum auch nicht. Denn es war ja nicht das erste Mal, daß den Fürsprechern kulturwissenschaftlicher Verfahrensweisen Gegenwind entgegenschlug, und überraschend womöglich nur, daß es noch einmal die lange erledigt geglaubten Oppositionen waren, die sich da in gelegentlich neuem Vokabular artikulierten.

Von ihnen wird an mehr als einer Stelle auch im vorliegenden Band die Rede sein. So erübrigt es sich, sie an dieser Stelle bereits Revue passieren zu lassen. Nur eines sei vorab bemerkt: Kulturwissenschaft der Vergangenheit, die Bestand hatte, hat immer in den Händen von Fachvertretern gelegen, die ihr ureigenstes Metier souverän beherrschten. Es konnte bislang nicht und es kann schwerlich in Zukunft kulturwissenschaftliche Arbeit mit Niveau und mit Ertrag geben, die nicht rekurrierte auf fachliche Kompetenz und Vertrautheit mit Methoden und Ergebnissen fachwissenschaftlicher Arbeit.

Im Gegenteil will es so scheinen, daß gerade die Verfolgung fachinterner Probleme mit offensichtlich immer wiederkehrender Zwangsläufigkeit zum Überschreiten disziplinärer Vorgaben nötigt, die aus der Logik der Sache und der mit ihr verknüpften Probleme resultiert. Nicht Preisgabe der fachlichen Disziplin, sondern Nachvollzug der den gestellten Aufgaben inhärenten Anforderungen hat gerade die großen Geister immer wieder bewogen, nein, eigentlich gezwungen, wohlbekanntes und selbst bestelltes Terrain zu verlassen, und in Zonen vorzudringen, in denen Gelerntes nicht mehr zählte und Lernen von neuem zu beginnen hatte. Gab es aber bei diesen Erkundungen einen Kompaß, der Richtungen anzeigte, so war es am Ende stets die strenge methodische und sachliche Schulung in dem eigenen Gebiet, die Orientierung in den fremden Bereichen und deren fruchtbare Assimilation erlaubte.

Womit schon signalisiert ist, daß wir uns wie auf anderen Feldern so auch für die Kulturwissenschaften zunächst und zuerst Anregung und Gewinn durch wissenschaftsgeschichtliche Rückversicherung versprechen. Die junge, im Grunde aber natürlich betagte Kategorie, ob expressis verbis bemüht oder nur in actu gegenwärtig, und die von ihr ins Visier genommene Praxis historischen Arbeitens hat vor anderen Verfahrensweisen in jedem Fall dies eine voraus, daß große Vertreter und – man verzeihe die Vokabel – grandiose Leistungen namhaft zu machen sind, wenn die neuerlich zur Debatte stehende Disziplin auf den Prüfstand gebracht wird. Ja, es scheint zu ihren Eigenheiten zu gehören, daß die materialen großen Würfe die theoretischen Expositionen weit überragen, einer vergleichsweise anspruchsloseren und weniger entfalteten methodischen Artikulation eine Reihe geglückter und nicht selten bahnbrechender Unternehmungen gegenübersteht, in denen das verwirklicht erscheint, wofür die rechten Worte auf der Metaebene keineswegs immer zur Verfügung stehen mußten.

„Klassiker der Kulturwissenschaft" zu Wort kommen zu lassen, daran hätte es womöglich im Blick auf theoretische Profile, gewiß aber nicht im Blick auf attraktive kulturhistorische Werke gemangelt. Ja, eine Geschichte der Kulturwissenschaften, in der diese großen Leistungen zur einläßlicheren Behandlung kommen würden, schiene uns eine der großen und verlockenden und vor allem genuinen Aufgaben gegenwärtiger kulturhistorischer Arbeit. Und das um so mehr, je weiter zurück in die Vergangenheit der Blick sich richten würde, also keinesfalls nur in die eigentliche Konstitutionsphase des 18. Jahrhunderts, die mit Vico, mit Voltaire, mit Herder die großen Namen stellt, sondern über sie noch zurückgreifend auf die vom Humanismus inspirierten Entwürfe eines Machiavelli, eines de Thou, ja

Vorwort 9

noch eines Leibniz, in denen eine auf Wissensarchäologie bedachte Kulturwissenschaft fruchtbarste Felder zu bestellen fände. Und dabei wäre noch gar kein Wort verlautet von den eher regional orientierten Versuchen, die zwischen Humanismus und Aufklärung in Kommunen und Territorien einen festen Platz hatten und eben auf übersehbaren Räumen zu synoptischen Formen der Betrachtung geleitet wurden, denen eine raumkundlich neu sich orientierende Kulturwissenschaft gewiß auch nur zu ihrem Nutzen begegnen würde.

Von alledem wird in dem vorliegenden Band allenfalls gelegentlich und dann am Rande die Rede sein. Das Projekt, über eine Ringvorlesung Formen kulturwissenschaftlicher Theorie und Praxis von der Frühen Neuzeit bis in das 20. Jahrhundert zu verfolgen, wurde eine Zeitlang erwogen, um alsbald wieder verabschiedet zu werden. Es hätte die Dimensionen auch einer mehrsemestrigen Veranstaltung allemal gesprengt und vermutlich doch nur zu jener Überschau und jenem Verweilen bei den ganz großen Namen geführt, die gerade vermieden werden sollte. Statt dessen wurde frühzeitig der Entschluß gefaßt, zunächst mit dem 20. Jahrhundert einzusetzen und die Option zu wahren, in einem späteren Zyklus zum 19. Jahrhundert zurückzugehen, um schließlich womöglich auch die einzelnen Phasen der Frühen Neuzeit selbst historiographisch unter kulturgeschichtlichem und kulturtheoretischem Aspekt zu inspizieren. Ausgemacht war von vornherein, daß nur nicht mehr lebende Personen in die Betrachtung einbezogen werden sollten.

War derart ein Zeitraum der Erkundung vorgegeben, so erfolgte der Brückenschlag in die Vergangenheit über eine verpflichtende thematische Vorgabe. Behandelt werden sollten Wissenschaftler, in deren Werk die Frühe Neuzeit einen wenn nicht dominanten und prominenten, so doch deutlich wahrnehmbaren und so oder so markant besetzten Platz einnahm. Idealiter ging es natürlich vorrangig um Personen, die das Werden der nachmittelalterlichen modernen Welt zu einem ihrer favorisierten Forschungsfelder erhoben hatten und diese Wahl mit mehr oder weniger ausführlichen und belangvollen theoretischen Überlegungen verknüpft hatten. Da das aber bekanntlich aufs Ganze gesehen eher die Ausnahme blieb, wurde nach Profilen von Forschern Ausschau gehalten, die die eine oder die andere Variante in ihrem Œuvre erkennbar ausgebildet hatten und sich deshalb für die Retrospektive anboten. Diesen Wunsch aber galt es wiederum in Einklang zu bringen mit der Rekrutierung möglicher Referentinnen und Referenten, die bereit und in der Lage waren, sich auf das historiographische Unternehmen einzulassen.

Der vorliegende Band dokumentiert bis zu einem gewissen Grad, in welchem Maße es gelang, das Projekt in die Tat umzusetzen. Einige Teilnehmer haben sich nicht in der Lage gesehen, ihre Vorträge zur Publikationsreife zu führen bzw. für die Publikation freizugeben. Umgekehrt wurde eine Reihe von Beiträgen nachträglich eingeworben, ohne daß an dieser Stelle die Ausfälle wie die Neuzugänge im einzelnen namhaft gemacht werden sollen. Der Band zeigt, was Mitte der neunziger Jahre für das Vorhaben vornehmlich im deutschsprachigen Raum an Beiträgen zu dem vorgegebenen thematischen Repertoire zu gewinnen war. Mühelos ließen sich Dutzende von Namen nennen, die man gerne gleichfalls behandelt gesehen hätte. Umgekehrt werden sich im Blick auf die eine oder andere in dem Band berücksichtigte Person mit Gewißheit Fragen regen, ob deren Präsenz im vorgegebenen Rahmen tatsächlich vonnöten war. Wir bieten eine Auswahl von Porträts, wohl wissend, daß Alternativen möglich gewesen wären und daß es also Bestimmung gerade auch dieses Bandes bleiben wird und soll, Nachfolge zu finden, dazu angetan, das Bild zu erweitern, zu vertiefen, womöglich im Einzelfall zu korrigieren.

Mit der Bitte, drei Vorgaben zu berücksichtigen, traten wir an unsere Gäste heran. Natürlich sollte vor dem zumeist studentischen Publikum eine Vorstellung der jeweiligen Person und ihres Werkes erfolgen. Sodann war es ein selbstverständliches Anliegen, die methodischen Prämissen und – sofern vorhanden – die expliziten theoretischen Äußerungen behandelt zu sehen. Schließlich sollte der materiale Beitrag zur Konstitution einer Kulturwissenschaft der Frühen Neuzeit nachgezeichnet werden. Dabei gehörte es zu der selbstverständlichen und in anderen Zusammenhängen begründeten Übereinkunft, den gesamten Zeitraum zwischen der Frührenaissance in Italien und der europäischen Spätaufklärung ins Auge zu fassen.

Ausgerichtet und getragen wurde die viersemestrige Ringvorlesung, wie sie vom Sommersemester 1994 bis zum Wintersemester 1995/1996 an der Universität Osnabrück abgehalten wurde, vom Institut für Kulturgeschichte der Frühen Neuzeit und vom Graduiertenkolleg „Bildung in der Frühen Neuzeit". Das 1992 gegründete Institut, das seinerseits aus einer acht Jahre vorher gebildeten Interdisziplinären Arbeitsgruppe zur Erforschung der Frühen Neuzeit hervorgegangen war, hatte es als eine seiner vordringlichen Aufgaben angesehen, den Forschungsauftrag zu flankieren durch eine gezielte und thematisch konzentrierte Förderung des akademischen Nachwuchses. Es gereichte den Mitgliedern des Instituts daher zur Genugtuung, daß das erste von der DFG finanzierte geisteswissenschaftliche Graduierten-Kolleg an der Universität Osnabrück dem Bereich der Frühen Neuzeit gewidmet werden konnte.

Die Ringvorlesung diente dem erklärten Zweck, den Mitgliedern des Kollegs und darüber hinaus der akademischen Öffentlichkeit methodische Probleme der Erforschung der Frühen Neuzeit und zentrale Fragestellungen und Themen im Spiegel des Werkes namhafter Gelehrter des 20. Jahrhunderts zu vergegenwärtigen. Die Verantwortlichen auch dieser wissenschaftsgeschichtlichen Veranstaltung mußten rasch erkennen, daß die Würdigung zurückliegender Leistungen an die langjährige Erfahrung in der eigenen Arbeitspraxis geknüpft blieb, die Rezeption des Vorgetragenen gerade die Anfänger also vor erhebliche Probleme stellte – die immer wieder zu beobachtende Schwierigkeit in wissenschaftsgeschichtlichen akademischen Veranstaltungen. Es war daher ein frühzeitig artikulierter Wunsch, eine weitere Vorlesungs-Sequenz wiederum in Gestalt einer Ringvorlesung einem bestimmten Thema aus der Frühen Neuzeit zu widmen. Daß dieser Wunsch sich erfüllte und in einer zweite Phase des Kollegs über „Intellektuelle in der Frühen Neuzeit" gehandelt werden konnte, wurde von allen Beteiligten als ein willkommenes Komplement empfunden. Auch dieser Vorlesungs-Zyklus wird demnächst am gleichen Ort publiziert werden.

Die konzeptuelle Vorbereitung der Veranstaltung lag bei den Mitgliedern des Instituts und des Kollegs und wurde mit ihnen abgestimmt. Gleichwohl werden alle Beteiligten bestätigen, daß eine in jeder Hinsicht herausragende Rolle Anton Schindling zufiel. Er hat zusammen mit dem Unterzeichnenden die Idee der Schaffung eines Frühneuzeit-Instituts die Jahre über beharrlich verfolgt und in die Tat umgesetzt, hat der schwierigen Beantragung eines Kollegs von seiten einer kleinen und mit geringen Ressourcen ausgestatteten Universität in einer entscheidenden Phase die erfolgreiche Weichenstellung gegeben und schließlich aus seinem unerhörten Reichtum an Kenntnissen zur Wissenschaftsgeschichte die konzeptionelle Profilierung der Ringvorlesung mit zu seiner Sache gemacht.

Als diese schließlich durchgeführt war, verließ der renommierte Frühneuzeit-Historiker Osnabrück, um die Nachfolge des zu früh verstorbenen Volker Press in Tübingen anzutreten. Ihm wird in Osnabrück ein allseits glänzendes Gedächtnis bewahrt. Jutta Held, die nach dem Unterzeichnenden die Leitung des Kollegs in seiner zweiten Phase übernahm und auch die zweite Ringvorlesung initiierte, stand wie gewohnt und all die Jahre über erprobt gleichfalls jederzeit gerne beratend und anregend zur Verfügung. Beiden sei daher namentlich und stellvertretend für die Mitglieder des Instituts und Kollegs für ihren Einsatz und ihren eingebrachten Ideenreichtum gedankt.

Die organisatorische Durchführung des Kollegs und damit der Ringvorlesung lag in den Händen von Dr. Axel Walter. In Herrn Walter hatte der Unterzeichnende eine stets verläßliche Stütze. Auch ihm sei an dieser Stelle zusammen mit der Bekundung des Respekts vor den organisatorischen Fähigkeiten ein Wort des Dankes für die Mitgestaltung des Vortragszyklus gesagt. Das Institut aber, in den ersten acht Jahren seines Bestehens nur über Drittmittelprojekte und Bleibezusagen finanziert, besaß die Jahre über eine gleichfalls immer verläßliche und nie sich versagende verantwortliche koordinierende Kraft in Frau Dr. Ute Széll; ihre Arbeit ist auch der Ringvorlesung vielfältig zugute gekommen.

Die Einrichtung der Manuskripte lag bei Sabine Kleymann, MA. Sie hat viele Semester über als studentische Hilfskraft in der Forschungsstelle zur Literatur der Frühen Neuzeit gearbeitet und auch nach dem Abschluß ihres Studiums und dem Herüberwechseln in das Nachbarfach der Italianistik den entstehenden Band freiwillig weiter unter ihre Obhut genommen. Der Herausgeber ist ihr nicht anders als die Beiträger zu großem Dank verpflichtet. Ohne ihr selbstloses Engagement hätte der Band schwerlich erscheinen können.

Daß er im Fink-Verlag an die Öffentlichkeit tritt, ist kein Zufall. Seit Jahren begleitet Raimar Zons die kulturwissenschaftliche Arbeit in Osnabrück mit Interesse und Wohlwollen. Nachdem schon der Osnabrücker Walter-Benjamin-Kongreß des Jahres 1992 in drei Bänden dank des Einsatzes im Fink-Verlag erschien, liegen nun fast zeitgleich mit dem hier vorgelegten Werk zu den europäischen Kulturwissenschaftlern des 20. Jahrhunderts die Akten des 1998 in Osnabrück abgehaltenen Friedens-Kongresses in zwei Bänden vor. Es ist dem Herausgeber ein

Bedürfnis, Herrn Zons für die neuerliche hervorragende Zusammenarbeit und die nie ermüdende Aufgeschlossenheit ein ausdrückliches Wort des Dankes zu sagen. Die erfolgreiche Kooperation, so darf mit Zuversicht geäußert werden, wird sich auch zukünftig bewähren.

Für die Mitglieder des Instituts und des Kollegs verbindet sich die erste gemeinsame Ringvorlesung mit der Erinnerung an eine Reihe anregender und geselliger Abende. Sie wissen, daß ohne die Unterstützung der DFG auch dieses Vorhaben nicht hätte in die Tat umgesetzt werden können. Der Herausgeber dankt zugleich in ihrem Namen allen Referentinnen und Referenten, daß sie sich auf das seinerzeit nicht risikolose Unternehmen eingelassen und ihre Vorträge für die Publikation im vorgegebenen Rahmen reserviert haben.

Wenn gegenwärtig die zweifellos ertragreichste und innovativste kulturgeschichtliche Forschung auf dem Felde der Frühen Neuzeit geleistet wird, neue methodische Ansätze und teilweise atemberaubende neue materiale Erkenntnisse im Blick auf diese Makroepoche erprobt und gewonnen werden, so dürfte darin mehr zum Ausdruck kommen als die zufällige Favorisierung eben dieser Epoche. Die Verschlingung der Phänomene in einer tastend allenthalben zum Neuen vordringenden und über Autorität und Tradition sich abstützenden und legitimierenden Zeit fordert so zwingend nach grenzüberschreitenden Verfahren, daß eine Kulturwissenschaft, die sich als eine aus der Sache heraus integrativ wirkende Disziplin versteht (und nicht als deren schlichte Addition) in besonderer Weise geeignet sein müßte, der durchgängigen Komplexität ihres Gegenstandes zu entsprechen. Daß zum Erweis ihrer Unverzichtbarkeit auch die Erinnerung an ihre großen Förderer in der ersten Hälfte des 20. Jahrhunderts beitragen möge, ist die Hoffnung, in der dieser Band in die Öffentlichkeit hinausgeht.

Klaus Garber
Osnabrück, Herbst 2001

Martin Warnke

Aby Warburg als Renaissanceforscher

Warburg hat Seminare zum Thema „Forschertypen der Renaissance" veranstaltet, heute gehört er selbst zu diesen Typen. Manche allerdings sagen, der wichtigste Beitrag Warburgs zur Renaissanceforschung sei die Begründung seiner Bibliothek. Tatsächlich sind in dieser Bibliothek, in Hamburg wie in London, kapitale Werke zu Kunst und Kultur der Renaissance entstanden. Allerdings nicht wenige auch zum Mittelalter, denn man darf nicht vergessen, daß das Mittelalter für Warburg, nicht anders als schon für Jacob Burckhardt, die dunkle Folie war, vor der die Renaissance ihren emphatischen Sinn entfaltete.

Warburg hat das Mittelalter nur als Durchzugsgebiet erforscht, in dem antike Mythen und astrologische Systeme deformiert worden sind. Wenn aus Warburgs Sicht das Mittelalter nur als Negativfolie interessant war, so zeigen doch die in seinem Institut erstellten Arbeiten von Hans Liebeschütz, Paul Lehmann, Percy Ernst Schramm und Raymond Klibansky zum Mittelalter, daß diese Prämisse nicht jedermann oktroyiert wurde. Man vergesse auch nicht, daß ein Erwin Panofsky damals vor allem als Mediävist hervortrat, nicht nur in der Lehre, sondern auch in seinen Veröffentlichungen – das kann man erkennen, nachdem seine *Deutschen Aufsätze* endlich vollständig vorliegen. Schließlich aber hat auch Panofskys Schüler Hugo Buchthal als bedeutender Byzantinist und Mediävist ein Leben lang am Warburg Institute gewirkt.

Warburgs Bibliothek hatte mit dem Thema der Nachwirkung der Antike ein eingegrenztes Problemfeld, doch dafür war es interdisziplinär konzipiert. Die mit Mitteln der Bibliothek Warburg erarbeiteten Bücher aus anderen Disziplinen sind wohl zahlreicher als diejenigen, die zur Kunstgeschichte herausgebracht worden sind. An vorderster Stelle sind die Werke von Ernst Cassirer zu nennen: *Individuum und Kosmos in der Philosophie der Renaissance* enthält im Kern den Vortrag, den der Philosoph zur Eröffnung des Gebäudes der Warburg-Bibliothek gehalten hatte. Im zweiten Band der *Philosophie der symbolischen Formen* berichtet Cassirer über das Ausmaß, in dem er für dieses Buch inhaltlich und technisch von der Warburgschen Bibliothek profitiert hat. Mittlerweile stellt sich heraus, daß es ein Grundbuch dieses Jahrhunderts ist, das in der Warburg-Bibliothek seinen Geburtshelfer hatte.[1]

---

[1] Ernst Cassirer: Individuum und Kosmos in der Philosophie der Renaissance. Leipzig und Berlin: Teubner 1927 (= Studien der Bibliothek Warburg, 10); ders.: Philosophie der symbolischen Formen. 2 Bde. Bd. 2: Phänomenologie der Erkenntnis. 8. Aufl. Darmstadt: Wissenschaftliche Buchgesellschaft 1982, S. III.

Es ist oft genug beschrieben worden, daß die Anregungskraft der Bibliothek nicht allein durch die schiere Existenz der Bücher, sondern vielmehr durch deren Koexistenz gewirkt hat; das von Warburg als ‚Prinzip der Guten Nachbarschaft' deklarierte Aufstellungssystem bietet dem Benutzer der Bibliothek eine Assoziations- und Anregungskette an, die ihn befähigt, über seine Problemgrenzen hinauszuwachsen. Durch die Forschungen von Tilman von Stockhausen sind wir belehrt worden, daß dieses Prinzip zumindest für den Normalbesucher der Bibliothek in dem Neubau nicht wirksam werden konnte, da er keinen Zugang zu den Magazinen hatte, wo allenfalls ein dem Leser zugeordneter Betreuer für ihn jene Ketten aktivieren konnte.[2]

Wenn man den Stellenwert der Bibliothek als Institution für die Renaissanceforschung bilanzieren wollte, dann müßte man sie in Vergleich bringen mit den Leistungen anderer Bibliotheken, etwa den deutschen Bibliotheken in Italien oder entsprechenden französischen oder amerikanischen Einrichtungen und Zentren.

Wahrscheinlich würde man feststellen, daß sich heute die thematischen und disziplinären Strukturen einander angeglichen haben, daß aber für einige Jahrzehnte die Warburg-Bibliothek vor allem durch ihre Zeitschrift, die sie zusammen mit dem Courtauld Institute seit 1937 herausgab, ein besonderes Gewicht und auch ein besonderes Profil hatte: Dieses zeichnete sich dadurch aus, daß hier scheinbare Randgebiete von Anfang an einen hervorragenden Platz einnahmen. Man wird schwerlich etwa die Astrologie in anderen vergleichbaren Unternehmungen als ernsthaftes Forschungsgebiet so regelmäßig vertreten finden; auch der ethnologische oder volkskundliche Einschlag ist neben den Beiträgen zur Hochkunst ein besonderer Akzent, so etwa Aufsätze über die ‚Judensau' oder den ‚Niemand'. Wie auch die orientalistischen Beiträge, gehen sie auf Vorlieben von Warburg selbst zurück. Ein eigenes Thema wäre die Pflege neoplatonischer Gedankentraditionen, die bei Warburg selbst kaum vorbereitet ist, sondern eher dem Einfluß von Cassirer und seiner Schule zu verdanken ist.

Wenn man die Auffassung von Gombrich teilen würde, wonach die Hauptleistung von Warburg in der Institution, in der Begründung einer Bibliothek zu sehen sei,[3] dann müßte man einen beträchtlichen Anteil an diesem Verdienst Fritz Saxl zuschreiben, da er während Warburgs Aufenthalt in Kreuzlingen die entscheidenden Weichen für die Wandlung der Bibliothek von einer Privatgelehrtenbibliothek zu einem Forschungsinstitut mit Vortragsbetrieb, Publikationsreihen und Stipendien gestellt hat – wie denn überhaupt Fritz Saxl zu denjenigen Gelehrten des Warburg-Kreises gehört, deren methodisches und fachliches Profil noch zurückzugewinnen sein wird.

Wenn aber von Warburg als Renaissanceforscher die Rede ist, wird man nicht allein an sein Verdienst um die Bibliothek oder um fremde Veröffentlichungen

---

[2] Tilman von Stockhausen: Die kulturwissenschaftliche Bibliothek Warburg. Architektur, Einrichtung und Organisation. Hamburg: Dölling und Galitz 1992.

[3] Ernst H. Gombrich: Aby Warburg. Eine intellektuelle Biographie. Frankfurt a. M.: Europäische Verlagsanstalt 1981 (= Europäische Bibliothek, 12), S. 430 f.

denken, sondern zuerst an seine eigenen Forschungen und Publikationen. Meines Erachtens kann man deren Bedeutung kaum besser wiedergeben, als es Gertrud Bing in der Einleitung zum ersten Band der *Gesammelten Schriften* 1932 getan hat, die selten zitiert wird, weshalb ich diese Charakterisierung meinen Ausführungen zugrunde lege:

> Warburg wurde 1866 in Hamburg geboren und studierte Kunstgeschichte, erst in Bonn bei Karl Justi, dann in Straßburg bei Janitschek und Michaelis. In diesen Studienjahren begann er seine Untersuchungen über Botticelli und Polizian, durch die er zu der Einsicht gelangte, daß in der Kunst der Frührenaissance überall dort antike Vorbilder gesucht und gefunden werden, wo es sich um die Darstellung von Bewegung handelt. Das Interesse für die psychologischen Voraussetzungen derartiger künstlerischer Auswahl- und Umformungsprozesse veranlaßte ihn, nach der Vollendung seiner Dissertation über Botticellis mythologische Gemälde und nachdem er schon zwei Jahre in Florenz gearbeitet hatte, nach Berlin zu gehen und dort Psychologie auf medizinischer Grundlage zu studieren. Eine Reise nach Amerika, die ihn auch zu den Pueblo-Indianern brachte, verschaffte ihm, der in Bonn Schüler Useners gewesen war, die Anschauung lebender heidnischer Religionsformen, die Einsicht in den Prozeß religiöser bildhafter Ausdrucksprägung. Auf Grund dieser Erfahrungen nahm er seine früheren kunsthistorischen Forschungen in Florenz wieder auf. Die Fülle des Materials, die ihm aus dem ‚unerschöpflichen Reichtum des Florentiner Archivs' zufloß, erleichterte es ihm, die Isolierung des Kunstwerkes, in die es durch eine ästhetisch-formale Betrachtung gebracht zu werden drohte, zu überwinden, und die gegenseitige Ergänzung von bildhaftem und literarischem Dokument, die Beziehung des Künstlers zum Bestseller, die Verbundenheit des Kunstwerkes mit seiner sozialen Umgebung und seinem praktischen Zweck am Einzelobjekt zu untersuchen. Er bezieht nunmehr nicht nur die Produkte der großen Kunst, sondern auch entlegenere und ästhetisch irrelevante Bilddokumente in die Betrachtung ein […]. Von 1901 an lebte Warburg wieder in Hamburg, aber in dauerndem Kontakt mit Italien. Die Bilddarstellungen der antiken Mythologie bleiben das Objekt seiner Untersuchungen, aber er fragt nicht mehr allein nach der psychologischen Möglichkeit ihrer Aufnahme, nach der Beschaffenheit der Menschen, die die antiken Bildvorstellungen als eigene Ausdruckssymbole zu rezipieren fähig waren, sondern zugleich nach der wesensmäßigen Beschaffenheit dieser Symbole selbst.[4]

In dieser Gesamtwürdigung von 1932 sind die sachlichen und methodischen Leistungen Warburgs zur Renaissanceforschung aufgeführt:

In der Dissertation werden mit Botticelli und Polizian Literatur und Kunst, Text und Bild aufeinander bezogen, ein Grundaxiom aller ikonographischen Untersuchungen.

Beide, Literatur und Kunst, zeigen ein analoges Verhältnis zur Antike: Es interessiert sie an der Antike gleichermaßen nicht die edle Einfalt und stille Größe, sondern das bewegte Beiwerk. Die Beziehungen dieses Interesses zu zeitgenössischen Bewegungen um 1900 sind offenkundig, doch das Interesse an der Rezeption der Antike bleibt fundamental für Warburg und seinen Kreis.

---

[4] Aby Warburg: Gesammelte Schriften. 2 Bde. Hrsg. von der Bibliothek Warburg. Berlin: Teubner 1932, Bd. 1, S. XI f. (im folgenden GS).

Warburg interessieren nicht die motivischen Wanderungen als solche, auch nicht als ästhetisch-formale Anregungsfaktoren, sondern er möchte die „psychologischen Voraussetzungen derartiger künstlerischer Auswahl- und Umformungsprozesse" erkennen. Das Medizinstudium in Berlin und die Reise zu den Pueblo-Indianern dienen der Ergründung dieser Zusammenhänge, die methodisch eine ganz grundlegende Erweiterung bisheriger Möglichkeiten bedeutete: Das Vorhaben, ästhetische Prozesse als psychologische Notwendigkeiten zu begreifen, nicht einfach als Ausdruck eines Zeit- oder Volksgeistes, sondern als „bildhafte Ausdrucksprägung" – dieses Vorhaben bedeutet in dem damaligen fachwissenschaftlichen Zusammenhang einen entscheidenden Vorstoß gegen die positivistische Faktenforschung und ästhetizistischen Analysen.

Psychologische Zwänge entstehen aus sozialen Bedürfnissen und Konflikten. Die Verankerung der künstlerischen Schöpfungen in die sozialen Verhältnisse setzt an beim praktischen Zweck. Zu dessen Klärung wird auch auf die „ästhetisch irrelevanten Bilddokumente" zurückgegriffen, wie sie von privaten oder öffentlichen Festen, von Gebrauchsbildern in Form von Stichen, von Geräte- oder Möbelbemalungen überliefert sind. Zu der Klärung der sozialen Beziehungen gehört auch die Rekonstruktion der persönlichen Anteilnahme der beteiligten Parteien, der persönlichen Verhältnisse, der biographischen Konstellationen und situativen Befindlichkeit, soweit sie die Kunstbestellung mitbeeinflußt haben könnten. Es ist das, was man mit Burckhardt „Bedingtheitsforschung" nennen könnte. Ich kann hier nicht den Gesamtumfang dieser Ansätze beschreiben oder bestimmen, sondern ich möchte auf zwei von Gertrud Bing kurz benannte Entwicklungsmotive eingehen, die sie für Warburg feststellt: Den ersten Entwicklungsschritt setzt sie nach der Promotion 1891 an. Er erbringt die Erweiterung der Kunstgeschichte um die Psychologie. Daraus, daß er sich diese durch ein Studium der Medizin aneignen wollte, schließt Gombrich auf eine biologistische Komponente dieses Interesses. Auch der Besuch bei den Pueblo-Indianern diente nach Bing der Erweiterung des Horizontes und der Vertiefung eines historischen Interesses.[5] Die Ausflüge in fachlich und topographisch fremde Regionen bringen neue Einsichten zu alten Themen: „Auf Grund dieser Erfahrungen nahm er seine früheren kunsthistorischen Forschungen in Florenz wieder auf." Die Erfahrungen helfen ihm, die Isolierung des Kunstwerkes durch die ästhetische Betrachtung aufzuheben und die Notwendigkeit der Kunst in verschiedenen Lebensbereichen zu verankern. Denn Warburg will die Phänomene nicht nur beschreiben, er will sie auch erklärt haben, und als die ihm plausibelste Ebene einer Erklärung erscheint die psychologische.

In der Dissertation über Botticellis *Primavera* war die Beziehung zu der *Giostra* des Polizian für Warburg auch deshalb wichtig, weil über diesen Mittler Botticellis Bilder mit Festwesen und Liebeswesen unter den Medici verbunden waren, das

---

[5] Die grundlegende Ausgabe: Aby Warburg: Schlangenritual. Ein Reisebericht. Mit einem Nachwort von Ulrich Raulff. Berlin: Wagenbach 1988 (= Kleine kulturwissenschaftliche Bibliothek, 7).

Fest aber, nach Burckhardt, den Warburg hier zitiert, einen „wahren Übergang aus dem Leben in die Kunst" bedeutete. Dem entspricht das Interesse an der Neigung der Renaissance, auf diejenigen Motive der antiken Kunst zurückzugreifen, bei denen es sich um „die Verkörperung äußerlich bewegten Lebens handelte" und die überall da angehängt werden konnte, „wo es galt, den Schein gesteigerten Lebens zu erwecken".[6] Hier also genügt es Warburg noch, das Kunstwerk in der diltheyschen Dimension des Lebens zu begründen.

Das ist 1902 in dem Aufsatz über ‚Bildniskunst und Florentinischem Bürgertum' schon anders. Hier möchte Warburg „die idealen oder praktischen Anforderungen des wirklichen Lebens als ‚Kausalitäten'" der Kunstwerke erfassen.[7] Daß in den Fresken Ghirlandajos in Santa Trinità, in einer kirchlichen Kapelle, die Familie des Lorenzo de' Medici auftaucht, bezeugt den Grad der Verweltlichung des christlichen Kultraumes, der sich „in ein Ausstattungsstück der besitzenden florentinischen Kaufmannsaristrokratie verwandelt".[8] Gerade dieser Vorstoß jedoch ist das psychologische Problem; die Kaufleute würden ja den sakralen Raum nicht nutzen, wenn sie ihn nicht bräuchten. Für ihren Wagemut, der im Begriff ist, die Welt zu erobern, brauchen nach Warburg diese Bürger noch den Segen der Traditionsmacht Kirche; über sie, wie über die wächsernen Votivbilder, suchen sie sich psychologisch abzusichern in ihrem „couragierten Sinn für das Neue".[9] Im Aufsatz über Francesco Sassettis letztwillige Verfügung von 1907 ist dieser psychologische Erklärungsansatz noch deutlicher verfolgt. Der kühne Kaufmann, der in Indien war, muß alltäglich Fortuna nach antikem Vorbild überwinden. Dennoch bleibt er befangen in einer „altmodischen Rücksichtigkeit" und in der „mittelalterlichen Loyalitätskultur". Diese Renaissancemenschen sind polarisierte Problemnaturen, sie wagen sich vor in ungeahnte Abenteuer und üben sich zugleich in Veranstaltungen demütigen christlichen Gehorsams. Warburg nennt das „unsere Ausgleichspsychologie"; er rechnet sie zu den „Hilfsvorstellungen", die dazu geeignet seien, „einseitig ästhetische Betrachtung historisch zu regulieren".[10] Im gleichen Jahr 1907 deutet er die Vorliebe höfischer Kreise für Teppiche mit Bauernarbeiten psychologisch aus dem Bedürfnis der Höfe nach unverstellter Natur. Alle diese Zugänge zur Renaissance verstehen sich noch als historische Deutungen eines epochalen Komplexes, in denen Individuen aktiv waren, die unter anderem psychisch darauf angewiesen waren, bestimmte Kunstwerke zu bestellen. Ihre psychologischen Bedingungen konnten Analogien in der Gegenwart haben, insofern psychologische Situationen wiederholbar sind. Vor allem aber konnten diese psychologischen Analysen einen Mythos revidieren, der sich an Burckhardts *Kultur der Renaissance* illegitimerweise entzündet hatte, den Mythos von den großen Machtmenschen der Renaissance. Sie sind bei Warburg pathologische Fälle, pola-

---

[6] Warburg: GS (Anm. 4), Bd. 1, S. 54.
[7] Ebd., S. 94.
[8] Ebd., S. 98.
[9] Ebd., S 115.
[10] Ebd., S. 155 und S. 158.

risierte Naturen, die bei ihren Unternehmungen innerlich Absicherungen und Stützen suchen.

Für die Zeit nach der Rückkehr nach Hamburg, also innerhalb des Lebensabschnitts vor, im und nach dem Ersten Weltkrieg nimmt nun Gertrud Bing eine Wandlung von Warburgs Interessen an:

> Er fragt nicht mehr allein nach der psychologischen Möglichkeit ihrer Aufnahme [der antiken Mythologien], nach der Beschaffenheit der Menschen, die die antiken Bildvorstellungen als eigene Ausdruckssymbole zu rezipieren fähig waren, sondern zugleich nach der wesensmäßigen Beschaffenheit dieser Symbole selbst.

Dieser Wandel von Warburgs Anschauung ist konstitutiv für wesentliche methodische Impulse im Fach Kunstgeschichte. Wenn Warburg nicht mehr so sehr an der psychologischen Voraussetzung, an der situativen Rekonstruktion der jeweiligen Antikenrezeption interessiert ist, sondern jetzt das Wesen der antiken Leistungskraft selbst erforscht sehen will, um aus ihr deren Geltung zu erklären, dann hat sich sein Interesse von einer historisch-zeitlichen auf eine anthropologisch-überzeitliche Ebene verschoben: Dieser Wandel ist zugleich die Geburtsstunde dessen, was er 1912 erstmals eine „kritische Ikonologie" nennt.[11]

Gertrud Bing exemplifiziert den Wandel an zwei Komplexen, am Begriff der Pathosformel und an der Neuentdeckung der Astrologie. Beide gehen auf eine Fundamentalleistung der griechischen Kultur zurück, die zuerst die menschliche Ratio, die Sophrosyne gegen die Phobien und Traumata entwickelt, welchen der bis dahin in religiöser und magischer Verblendung verharrende Mensch ausgesetzt war. Indem in superlativischen Pathosformeln extreme seelische Spannungen in eine ästhetische Form oder Formel gebannt wurden, waren sie überwunden und in dieser Gestalt als Formel jederzeit abrufbar. Panofsky hat 1929 gemeint, für Warburg sei bestimmend gewesen

> der Wille (oder besser der Zwang), die Geschichte der menschlichen Kultur als eine Geschichte der menschlichen Leidenschaften zu sehen, die sich in ihrer grauenvollen Einfachheit – Habenwollen, Gebenwollen, Tötenwollen, Sterbenwollen – in einer von der Zivilisation nur scheinbar überdeckten Daseinsschicht beständig gleichbleiben, und die der formverleihende Geist – gerade deswegen – in immer neuen Kulturgebilden zugleich offenbaren und bändigen muß.

Werner Kaegi hat es damals etwas pragmatischer gesehen:

> Daß aber in Griechenland zuerst jene hohen Sinnbilder der gebändigten Urkräfte geprägt worden sind, das schien ihm die entscheidende Stellung der Antike für die gesamte europäische Geschichte zu begründen. Denn jene ersten Formen überwundener Dämonie waren nicht nur historische Erinnerungszeichen an die ersten Siege des europäischen Bewußtseins, sondern auch magisch wirksame Erregungsbilder, Pathosformeln,

---

[11] Vgl. Martin Warnke: Vier Stichworte. In: Die Menschenrechte des Auges. Über Aby Warburg. Hrsg. von Werner Hofmann, Georg Syamken und Martin Warnke. Frankfurt a. M.: Europäische Verlagsanstalt 1980 (= Europäische Bibliothek, 1), S. 55–61.

die verstummte Kräfte und eingeschlafene oder unterdrückte Energien zauberhaft jederzeit zu neuer Tätigkeit und zu neuem Ausdruck erwecken.[12]

Diese Denkfigur, in der das Bewußtsein aufgerufen ist, die irrationalen Triebe und Phobien zu bewältigen, bestimmt auch die Deutung, die der Geschichte und der Wirkung der Astrologie untergelegt wird. Der griechischen Naturwissenschaft war es bereits gelungen, alle Phantasmen, welche die Furcht vor den himmlischen Mächten in die Sterne projiziert hatten, aufzulösen und „die aufgeregten Geschöpfe religiöser Phantasie zu diensttuenden mathematischen Punkten zu vergeistigen".[13] Diese befreiende Leistung der Griechen ist dann in den folgenden Jahrhunderten durch eine „rückläufige Tendenz zu eigentlich polytheistischen Neubildungen"[14] pervertiert worden; die griechischen Sternbilder geraten im Mittelalter zu synkretistischen Ungeheuern und werden erst in der Renaissance wieder in ihrem aufklärerischen Ursprung restituiert:

> Der neue große Stil, den uns das künstlerische Genie Italiens beschert hat, wurzelte in dem sozialen Willen zur Entschälung griechischer Humanität aus mittelalterlicher, orientalisch-lateinischer ‚Praktik'. Mit diesem Willen zur Restitution der Antike begann ‚der gute Europäer' seinen Kampf um Aufklärung in jenem Zeitalter internationaler Bildwanderung, das wir – etwas allzu mystisch – die Epoche der Renaissance nennen.[15]

Es ist richtig, daß durch die Ableitung aller kulturellen Impulse von einem griechischen Urimpuls so etwas wie ein immergleicher, entwicklungsloser Mechanismus in Gang kommt, in dem historische Bedingungen akzidentiell bleiben: Immer wieder stellt sich das gleiche Schema der Aufbietung und Abwendung, der Exitation und der Repulsion, der Entfesselung und der Bändigung gefährdender Urkräfte her. Die Renaissance ist in diesem Auf und Ab eine wichtige, aber ebenfalls nur transitorische Phase, in der die Sophrosyne eine kurzlebige Chance hatte. Dieser Mechanismus ist eine Voraussetzung dafür, daß die übliche Ikonologie, eine von Warburg abgeleitete methodische Innovation, funktionieren kann: Im Vertrauen darin, daß die Bedingungsgründe konstant bleiben, können beliebige Reihen mit dekontextualisierten Motiven zusammengestellt werden, die allesamt die gleichen Erinnerungen an einen Ursinn transportieren. Auch eine in der Literaturwissenschaft dann zu Ehren gekommene Toposforschung verdankt sich diesem Mechanismus.

In der Logik dieser Deduktionen finden unablässige Einschübe in Warburgs Texten nur schwer einen Platz: Es sind dies die entschieden positiven und negativen Vorzeichen, die moralischen Qualifikationen, die den Phänomenen zugeteilt werden. Hätten sich Warburg anthropologische Konstanten dargeboten, dann müßten ihm alle Erscheinungsformen gleichwertig sein, dann wäre ein morali-

---

[12] Ebd., S. 64 und S. 66.
[13] Warburg: GS (Anm. 4), Bd. 1, S. 465.
[14] Ebd.
[15] Aby Warburg: Italienische Kunst und internationale Astrologie im Palazzo Schifanoia zu Ferrara. In: GS (Anm. 4), Bd. 2, S. 479.

sches Verdikt über sie widersinnig. In Wirklichkeit erfahren wir jedoch geradezu apodiktische Wertungen sowohl gegenüber Pathosformeln wie auch gegenüber astrologischen Explikationen. Bei Gombrich wird diese merkwürdige Komponente genannt:

> Wo immer die Entscheidung des Künstlers einem echten Bedürfnis entsprang, das Höchstmaß an Ausdruckskraft, dessen ein Mensch fähig ist, zu erreichen, war sie künstlerisch gerechtfertigt und ästhetisch gelungen. Was aber, wenn die Anwendung einer Sprache äußerster Leidenschaft nur das Ergebnis von Modeströmung oder billiger Sensationslust war? In diesem Fall würde das den Künstler zu jener theatralischen Gebärdensprache führen, die wir im allgemeinen mit dem Barock assoziieren und die Warburg in der Muskelrhetorik einiger Werke von Pollaiuolo zu spüren meinte. Im künstlerischen Gebrauch des Superlativs liegt daher eine ganz eigene Gefahr, der nur die größten Meister gewachsen sind [...]. Diesen negativen Aspekt sah Warburg auch in Ghirlandajos Verwendung der antiken Ausdruckssuperlative.[16]

Vor allem die Barockkunst war voll solcher vom Leben „abgeschnürten Dynamogramme". Demgegenüber gelingt es Dürer in der Regel, jene apollinische Gelassenheit zu erreichen, welche ihn auf der Höhe des griechischen Anspruchs zeigte; die Konstantinschlacht Raffaels/Giulio Romanos dagegen offenbart eine „gefühllose Effekthascherei" und „theatralische Hohlheit".[17]

Ebensolchen nicht weiter begründeten Verdikten verfallen die astrologischen Verpuppungen. In der Hochrenaissance erst kamen die olympischen Götter wieder zu ihrer ursprünglichen Menschlichkeit und Schönheit; vorher waren sie verballhornt, häßlich. Panofsky wird später darlegen, daß die apollinische Abgeklärtheit der humanistischen Götterwesen belegt, daß man sie nur noch literarisch, aus der Distanz, als Spielmaterial verwendet und geschätzt hat. Für Warburg dagegen gelangt in ihnen die Ursprungsbestimmung, die sie in Griechenland gewonnen hatten, die Befreiung von Dämonenglaube und -furcht, wieder zur Geltung; sie werfen die mittelalterliche Verfinsterung, Verpuppung, Verblendung ab und befreien sich zu aufklärenden, alle psychischen Traumata bewältigenden Wesen; die Renaissance mußte „den heiteren Götterolymp gleichsam erst entschälen aus scholastischer anschauungsloser Gelehrsamkeit und heraldisch erstarrter astrologischer Bilderschrift".[18]

Es wird oft gepriesen, daß Warburg das Genie hatte, neben der Hochkunst auch die Volks- und Gebrauchskunst ernsthaft zu berücksichtigen. Das Verdienst um diese Grenzerweiterung, die ihn von seinen zeitgenössischen Kollegen denkbar weit entfernte, darf aber nicht vergessen machen, daß es sich bei Warburg nicht um eine liebevolle, dem romantischen Volksgeist huldigende Zuwendung handelt, sondern um eine kritische, ja präzeptorische Zuwendung, die in jenen niederen Sphären bildlicher Produktion die fortlebenden, unverfolgten und unge-

---

[16] Vgl. Gombrich: Aby Warburg (Anm. 3), S. 232.
[17] Ebd., S. 241.
[18] Ebd., S. 189.

jagten Relikte eines dämonisierenden, okkulten, totemistischen Primitivismus sieht, in denen sich mittelalterliche Verblendung fortsetzt und die die Bemühungen um den Denkraum der Besonnenheit behindern.

Diese scheinbar unbegründeten und unvermittelten Wertungen kann man als das schlechte Gewissen eines fortwirkenden entwicklungsgeschichtlichen Bewußtseins deuten. Solange ich noch zwischen Gut und Schlecht unterscheide, habe ich noch Ziele, auf die hin geschichtliche Handlungen sich zu bewegen haben. In den Wertkategorien sind Warburgs Erwartungen oder Ansprüche gegenüber einem geschichtlichen Prozeß gegenwärtig, als dessen Ziel ihm eine angstfreie Welt ohne alle religiösen oder sozialpsychologischen Verknüpfungszwänge vorgeschwebt haben mag.

Es hat ein Ereignis gegeben, das Warburg aus dem Gedankensystem, in das er sich verloren hatte, jäh herausgerissen hat: der Erste Weltkrieg. Er hat ihm seine letzte größere Arbeit abgerungen, die anläßlich des Reformationsjubiläums 1917 über *Heidnisch-antike Weissagungen in Wort und Bild zu Luthers Zeiten* für die Heidelberger Akademie verfaßt wurde. In dieser Schrift sind all die heidnischen, abergläubischen Phantasmen wieder gegenwärtig, doch nunmehr nicht mehr einfach nur als moralische Entgleisungen und Verfehlungen, sondern als politische Instrumente: Melanchthon und seine Mitkämpfer korrigieren Luthers Geburtstag auf eine günstigere astrologische Konstellation hin mit Rücksicht auf die abergläubische Masse, das heißt, die Astrologie wird ein Mittel politischer Agitation. Angesichts des laufenden Weltkriegs entdeckt Warburg die Wunder- und Prodigienblätter der Reformationszeit als Teil einer „illustrierten Sensationspresse". Es sind jetzt regelrechte „Bildpressefeldzüge", die bewußt und geschickt die unmündigen Massen mit Schreckensnachrichten beliefern und dabei „die Holzschnittillustration als mächtiges neues Agitationsmittel für die Bearbeitung der Ungelehrten" benutzen.[19] Die moralische Wertung erhält so eine politische Begründung, indem erkannt wird, daß superlative Gesten, Pathosformeln, Phobien und abergläubische Verirrungen nicht nur finsteren Mächten und zwanghaften Rückfällen in eine primitive Verblendung entspringen müssen, sondern daß all diese vorgeblich anthropologisch angelegten Gefährdungen instrumentalisierbar, politisch nutzbar, manipulierbar und inszenierbar sind. Daraus hätte sich eine ganz neue Dimension des Warburgschen Ansatzes entwickeln können.

Zusammenfassend läßt sich Warburgs Beitrag zur Renaissanceforschung in zwei Rubriken verbuchen: In der einen ist der pragmatische, materielle Beitrag aufgeführt, der sich in der unvergleichlichen Bibliothek materialisiert hat; diese Bibliothek hat durch ihre Publikationstätigkeit zahllose wertvolle Editionen mittelalterlicher Texte erbracht, etwa das *Corpus Platonicum Medii Aevi*, aber auch Renaissancetexte, von denen lediglich die Cusanus-Edition genannt sei. Die Masse neu erschlossenen Bildmaterials, die im übrigen in unübertroffenen Apparaten in London verfügbar ist, kann hier nicht einmal angedeutet werden.

---

[19] Aby Warburg: Heidnisch-antike Weissagung in Wort und Bild zu Luthers Zeiten. In: ders.: GS (Anm. 4), Bd. 2, S. 487–535.

In einer zweiten Rubrik wären dann die methodischen und thematischen Beiträge Aby Warburgs zur Renaissanceforschung zu nennen. Über eine historische Psychologie hat Warburg ein Renaissancebild entworfen, das den Gewaltmenschen als gebrochenen, ambivalenten, polar auseinandergerissenen Menschen zu sehen erlaubte. Die Kunst hatte in diesem Spannungsfeld ganz besondere Aufgaben, nicht zuletzt die, durch Aktivierung antiker Formprägungen die Kraft der rationalen Besonnenheit zu wecken. Im Verlauf der Entwicklung seines theoretischen Bewußtseins hat Warburg erkannt, daß politische Interessenkonstellationen die eine oder die andere der konstanten Ausprägungen menschlichen Ausdrucksbedürfnisses instrumentalisieren und aktivieren konnten, wodurch alle entsprechenden Initiativen in der Renaissance einer erneuten Überprüfung zugänglich gemacht worden sind.

Norbert Schneider

Kunst zwischen Magie und Logos
Zum kulturwissenschaftlichen Ansatz von Edgar Wind

Nahezu ein Vierteljahrhundert nach seinem Tod (1971) steht in der Bundesrepublik die intellektuelle Biographie Edgar Winds noch immer aus.* Obwohl seit den frühen achtziger Jahren zwei seiner Werke – *Pagan Mysteries in the Renaissance* und *Art and Anarchy* – auch auf deutsch erschienen sind,[1] ist dem bedeutenden Repräsentanten der ersten Generation der Aby-Warburg-Schule, anders etwa als Erwin Panofsky, bei uns eine angemessene Würdigung bisher versagt geblieben.[2]

Der ikonologisch-kulturwissenschaftliche Ansatz hatte es in der Bundesrepublik ohnehin schwer: seine Rezeption setzte erst in den siebziger Jahren ein, nicht zuletzt gefördert durch seine soziologische Weiterentwicklung bei Pierre Bourdieu[3] und wegen seiner Vereinbarkeit mit an semantischen Aspekten interessierten Interpretationsmodellen in den Geisteswissenschaften. Bis 1970 dominierten in der hiesigen Kunstwissenschaft formalistische oder positivistische Konzeptionen. Bezeichnend war, daß ein der Gestalttheorie verpflichteter Kunsthistoriker wie Hans Sedlmayr, der sich im NS-System besonders engagiert hatte und nach dem Krieg durch eine ultramontanistische Ideologie seine Vergangenheit zu kaschieren suchte, lange Zeit den Ton angab.[4] Die Erinnerung an die epochemachenden wissenschaftlichen Leistungen der Warburg-Schule, deren Vertreter nach 1933 fast allesamt hatten emigrieren müssen, war geradezu ausgelöscht. Während die den deutschen Volksgeist beschwörenden Bücher Wilhelm Pinders in der

---

* Der vorliegende Text wurde 1995 verfaßt. Siehe auch unten Anmerkung 15.
[1] Edgar Wind: Pagan Mysteries in the Renaissance. London: Faber & Faber und New Haven (Conn.): Yale University Press 1958 (Deutsche Ausgabe: Heidnische Mysterien in der Renaissance. Übersetzt von Christa Meistermann unter Mitarbeit von Bernhard Buschendorf und Gisela Heinrichs. Frankfurt a. M.: Suhrkamp 1981); ders.: Art and Anarchy. The Reith Lectures 1960 revised and enlarged. London: Faber & Faber 1963; Deutsche Ausgabe: Kunst und Anarchie. Die Reith Lectures 1960. Durchgesehene Ausgabe mit den Zusätzen von 1968 und späteren Ergänzungen. Übersetzung von Gottfried Boehm. Frankfurt a. M.: Suhrkamp 1979.
[2] Lediglich von dem Hamburger Germanisten Bernhard Buschendorf liegen zwei kleinere Beiträge vor, die prägnant die Konturen von Winds wissenschaftlichem Denken, zumal in seiner Frühzeit, umreißen; vgl. Bernhard Buschendorf: Nachwort zu Heidnische Mysterien (Anm. 1); ders.: „War ein sehr tüchtiges gegenseitiges Fördern". Edgar Wind und Aby Warburg. In: Idea. Jahrbuch der Hamburger Kunsthalle IV (1985), S. 165 ff.
[3] Pierre Bourdieu: Zur Soziologie der symbolischen Formen. Frankfurt a.M.: Suhrkamp 1970.
[4] Vgl. Norbert Schneider: Hans Sedlmayr (1896–1984). In: Altmeister moderner Kunstgeschichte. Hrsg. von Heinrich Dilly. Berlin: Reimer 1990, S. 267–288.

Adenauer-Ära in hohen Auflagen wieder herausgebracht wurden,[5] mochte zu dieser Zeit kein Verleger das Risiko eingehen, die von den Nazis Verfemten durch Publikation ihrer Werke zu rehabilitieren. Unterschwellig wirkte das antisemitische Vorurteil gegen deren Intellektualismus fort; Kunst sollte ein Gegenstand begriffsloser Anmutungserlebnisse sein, reduziert auf ihre bloße Eidetik, auf ihren affektive Gestimmtheit auslösenden Formcharakter.

Konnte die Ikonologie in den siebziger und achtziger Jahren eine Zeitlang aufgrund ihrer Adaption und Weiterentwicklung durch die kritische Kunstwissenschaft immerhin wieder den paradigmatischen Rang zurückgewinnen, den sie einstmals in den zwanziger Jahren schon erlangt hatte und dann, nach ihrer Exilierung, in der angloamerikanischen Kunstwissenschaft hatte etablieren können, so gibt es heute, im Zeichen des Poststrukturalismus und Dekonstruktivismus, bereits wieder Versuche, sie ins Abseits zu drängen. Einem Autor wie Edgar Wind, der sich besonders mit der semantischen Tiefenstruktur von Artefakten befaßt hat, so besonders den hieroglyphischen und emblematischen Symbolen von Werken der Renaissancekunst, kann eine Einstellung nicht günstig sein, die Kunst in „Bricolage" und im immanent-syntaktischen Ziehen von „traces", bedeutungsindifferenten Spuren, aufgehen läßt.

Was eine Rezeption von Winds Texten hierzulande jedoch überhaupt erschweren mag, ist der selbst einem philosophisch argumentierenden Kunsthistoriker wie Erwin Panofsky gegenüber noch gesteigerte Grad an theoretischer Dichte (die stilistische Brillanz freilich nicht ausschließt). Schon Warburg, der – wie Tagebuchnotizen von seiner Hand belegen – den damals noch sehr jungen Adepten als Gesprächspartner besonders schätzte, sagte zu ihm (1927): „Ich vergesse immer, daß Sie ein geschulter Kunsthistoriker sind; Sie haben es so nett mit dem Denken."[6]

Wind war eben nicht nur dies: ein exzellenter Kenner der neuzeitlichen Kunstgeschichte, speziell der italienischen Renaissancekunst sowie der Kunst des 18. und des 20. Jahrhunderts, sondern auch ein mit akademischen Weihen ausgewiesener Philosoph. 1929 hat er sich bei Ernst Cassirer mit einer Arbeit über *Das Experiment und die Metaphysik* habilitiert, die eine Vertrautheit nicht nur mit der geistesgeschichtlichen Tradition, sondern auch mit Problemen der nicht-euklidischen Geometrie und der Philosophie der Mathematik im Anschluß an Alfred North Whitehead erkennen läßt.[7]

---

[5] Vgl. ders.: „Vom Wesen deutscher Formen". Zur Kunstideologie Wilhelm Pinders und dem Versuch seiner wissenschaftlichen Rettung. In: Forum Wissenschaft 5 (1988), Heft 1, S. 26–28.

[6] Vgl. Hugh Lloyd-Jones: A Biographical Memoir. In: Edgar Wind. The Eloquence of Symbols. Studies in Humanist Art. Hrsg. von Jaynie Anderson. Oxford: Clarendon Press 1983, S. XIII–XXXVI, hier S. XVI. Dieser ausführlichen biographischen Studie verdanke ich viele Details zu Winds Vita, insbesondere zu seinem akademischen Werdegang und zu seinen persönlichen Kontakten, die im folgenden nicht eigens nachgewiesen werden.

[7] Edgar Wind: Das Experiment und die Metaphysik. Zur Auflösung der kosmologischen Antinomien. Tübingen: Mohr 1934.

Die Schwierigkeiten der Rezeption in Deutschland liegen bei Edgar Wind vielleicht auch darin begründet, daß er kaum größere Bücher geschrieben hat, dagegen sehr viele kleinere Abhandlungen, manchmal nur Miszellen, zu den unterschiedlichsten Themen. Wind war ein Meister der kleinen Form, der konzentrierten Darstellung. Seine heterogenen Untersuchungen bieten sich unter verlegerischem Kalkül für eine Übersetzung als eigenständige Buchpublikation kaum an. Allenfalls erscheint ihre Edition in Form einer Textanthologie sinnvoll, wie sie denn auch in England, in der Oxforder Clarendon Press, bereits erschienen ist.[8]

Hinter manchen Originalbuchtiteln verbergen sich lediglich (ihrerseits oft nur sehr kurze) Aufsätze, die jedoch mit einem hochelaborierten Anmerkungsapparat versehen sind, der stets eine solche Fundgrube humanistischer Erudition darstellt, daß – wie im Falle von *Giorgiones Tempesta* (Oxford: Clarendon Press 1969, 15 Seiten Text, 26 Seiten Anmerkungen) – es dem Verleger sogar geraten schien, die Überfülle der gelehrten Referenzen durch einen zusätzlichen Index erschließbar zu machen. Letztlich bestehen auch Winds wenige *magna opera* nur aus in sich abgeschlossenen Einzelstudien, die freilich ein gemeinsamer Aspekt verbindet.

Anders als viele Emigranten, die im Ausland sprachliche Verständigungsschwierigkeiten hatten und damit zur Isolation verurteilt waren, hatte Wind das Glück, schon früh polyglott erzogen worden zu sein. Als Sohn eines deutsch-argentinischen Exportkaufmanns russisch-jüdischer Herkunft (Maurice Delmar Wind) und einer rumänischen Mutter lernte Edgar Wind, geboren am 14. Mai 1900 in Berlin, früh Französisch bei einer Gouvernante und dann Englisch bei einer Engländerin. Die Erziehung war also kosmopolitisch ausgerichtet, ‚modern' (was damals im wesentlichen eine anglophile Orientierung bedeutete); wahrscheinlich hatte der Vater zur Fortführung seines Unternehmens eine spätere Tätigkeit des Sohnes im internationalen Handel im Blick. Als Schüler des Kaiser-Friedrich-Gymnasiums in Berlin erhielt Edgar Wind jedoch zusätzlich auch eine umfassende humanistische Fundierung, die ihm später bei seinen Studien zum Nachleben der Antike sehr zugute kam. Zum universellen Bildungsprogramm gehörten auch ein profunder Musikunterricht (Wind galt als guter Pianist) und intensiv betriebener Sport, besonders das Bergsteigen. Winds Kontakte zur bildenden Kunst waren anfangs nur sporadisch. Großen Eindruck machten auf den Heranwachsenden die Berliner Sezession und die um sie geführten Kontroversen. Für die Alten Meister in der Berliner Gemäldegalerie interessierte er sich zunächst überhaupt nicht. Die erste Berührung mit alter Kunst, die jedoch – als Schlüsselerlebnis – eine nachhaltige Wirkung zeitigen sollte, fand bei einem Besuch des Schweriner Museums statt, wo ihn ein ‚Trompe-l'œil'-Bild des Delfter Malers Carel Fabritius besonders faszinierte.

Der Wunsch des Vaters, der 1914 bei einem Aufenthalt in Ungarn plötzlich starb, war es, daß Edgar Wind in Oxford oder Cambridge studieren solle. Doch dieser Plan zerschlug sich. Wind immatrikulierte sich Ostern 1918 an der Berliner

---

[8] Ders.: The Eloquence of Symbols (Anm. 6).

Universität, wo er die Fächer Kunstgeschichte und Philosophie belegte. Er hörte Vorlesungen bei Adolph Goldschmidt (1863–1944), dem Spezialisten für mittelalterliche Buchmalerei und Elfenbeinkunst, der für Wind wegen seines auf blumige Redundanzen verzichtenden nüchternen Darstellungsstils anziehend sein mochte (auch Panofsky war – wie Rudolf Wittkower, Ernst Gall, Hans Kauffmann und andere – Schüler Goldschmidts).

Daneben besuchte Wind Kollegien des protestantischen Theologen Ernst Troeltsch, der sich damals aufgrund seiner sozialhistorischen Studien zur Reformation auf dem Höhepunkt seines Ruhms befand. (Zu erinnern ist hier nur an sein Werk *Die Soziallehren der christlichen Kirchen und Gruppen*.) Troeltschs methodischer Ansatz, der dem von Georg Simmel und Max Weber nahestand, hat viele Intellektuelle in den zwanziger Jahren beeinflußt. Auch Georg Lukács und Arnold Hauser oder der jüngst verstorbene Leo Kofler sind bei ihren historischen Untersuchungen stark von Troeltsch angeregt worden, der in seiner Autobiographie bekannte, daß ihn bei seinen religionsphilosophischen Arbeiten auf der Suche nach Erklärungen religiöser Vorstellungen die „Marxistische Unterbau-Überbaulehre mit der größten Gewalt" ergriffen habe.[9]

Wichtig wurde für Wind die Begegnung mit Ernst Cassirer, dem neukantianischen Philosophen, der damals noch als Privatdozent an der Berliner Universität lehrte, bevor er dann in Hamburg ein Ordinariat antrat und im Kreis der Warburg-Bibliothek mit seiner *Philosophie der symbolischen Formen* eine theoretisch einflußreiche Rolle übernahm.

Wind besuchte in Berlin ferner Vorlesungen von Ulrich von Wilamowitz-Moellendorff. Zwischendurch studierte er in München, wo er Heinrich Wölfflin über Rembrandt hörte. Ein weiteres Semester verbrachte er in Freiburg. Hier lehrte damals, seit 1916 als Nachfolger Rickerts, Edmund Husserl, dessen phänomenologische Konzeption Wind jedoch wenig zusagte. Wenig anfangen konnte Wind auch mit der im Kern schon entwickelten Existentialontologie von Husserls Assistenten Martin Heidegger, der bereits damals seine Studenten zu Skifahrten auf dem Todtnauberg einlud, an denen auch Wind teilnahm.

Für die kunstgeschichtliche Ausbildung Winds war das in Wien absolvierte Semester von prägender Bedeutung. Er studierte hier bei Josef Strzygowski und Max Dvořak (dessen ‚geistesgeschichtliche' Methode sich mit den Konzeptionen von Troeltsch und Cassirer gut verbinden ließ), daneben auch bei dem Croce-Schüler Julius von Schlosser, der ein intensives Quellenstudium forderte. Die Beschäftigung mit der *Kunstliteratur* (so der Titel des 1924 erschienenen Buches von Schlosser mit quellenkundlichen Materialien) war für die produktionsästhetisch orientierte Ikonologie, die dem bloßen Augenschein und Anmutungserlebnissen mißtraute, konstitutiv. Wie kaum eine zweiter hat sich Wind später in die Quellenlite-

---

[9] Ernst Troeltsch: Meine Bücher. In: ders.: Aufsätze zur Geistesgeschichte und Religionssoziologie. Hrsg. von Hans Baron. Tübingen: Mohr 1925 (Nachdruck Aalen: Scientia-Verlag 1966), S. 3–18., hier S. 11.

ratur vertieft, um den latenten, im Überlieferungsprozeß verschütteten Intentionen der Künstler auf die Spur zu kommen.

Auf diesen Pfad wurde er aber noch mehr von Erwin Panofsky gebracht, dessen Dissertation über Dürers Kunsttheorie ihn sehr beeindruckt hatte.[10] Panofsky hatte sich damals, als Wind, 22jährig, zu ihm nach Hamburg ging, noch nicht habilitiert. Er erhielt aber die Erlaubnis, Winds Doktorarbeit zu betreuen – Wind war so Panofskys erster Schüler.

Seine Dissertation *Ästhetischer und kunstwissenschaftlicher Gegenstand* von 1922 erschien drei Jahre später in gekürzter Form in der *Zeitschrift für Ästhetik und allgemeine Kunstwissenschaft* unter dem Titel *Zur Systematik der künstlerischen Probleme*.[11] Diese Untersuchung setzt sich mit dem damals in der Kunstgeschichte herrschenden Paradigma Heinrich Wölfflins auseinander (*Kunstgeschichtliche Grundbegriffe*, 1915). Wind legt dar, daß Wölfflins „Kunstgeschichte ohne Namen", die lediglich morphologisch, beschreibend und vergleichend vorgehe, sich ausschließlich mit „Erscheinungen" befasse, den Namen einer „Problemgeschichte" nicht verdiene, denn sie ignoriere die künstlerischen Probleme bzw. entwickle für die Erscheinungen der Kunstwerke kein kausalgenetisches Erklärungsmodell. Wind zufolge muß man die künstlerische Leistung in der Weise rekonstruieren, daß man sie als Konflikt faßt, als Lösung von etwas Ungelöstem, das in der künstlerischen Erscheinung dann als „versöhnt" erscheint.[12] Im Gegensatz zu Wölfflin habe Riegl diesen Aspekt sehr viel mehr erfaßt, aber auch er gerate in ein Dilemma, weil er mit seinem Hilfsbegriff des „Kunstwollens", auf den er die ästhetischen Prozesse zurückführt, die realen Ursachen und die Ziele der künstlerischen Produktion nicht oder nur unzulänglich fassen kann. Wind schließt sich hier Panofskys Kritik an Riegl an;[13] er weist den rein formalistischen Anschauungsbegriff zurück und betont demgegenüber die Kategorie des „Konkret-Anschaulichen", das durch „sinnliche Fülle" gekennzeichnet sei. Damit ist unter anderem die unauflösliche Verbindung der Sinne gemeint. Die elementaristische Isolierung des Optischen oder Haptischen bei Riegl (und auch bei Wölfflin mit seiner Begriffsopposition „malerisch-plastisch") reduziere das künstlerische Schaffen auf nur eine Dimension, auf ein eingeengtes Reizschema oder Perzeptionsmuster, blende also idealtypisch den realen Sachverhalt aus, daß beim visuellen Wahrnehmungsprozeß auch motorische Elemente eine (sogar dominante) Rolle spielen.

Nach dem Abschluß des Studiums in Hamburg, wo er noch Bruno Snell und den Gräzisten Karl Reinhardt gehört hatte, kehrte Wind wieder nach Berlin zu-

---

[10] Erwin Panofsky: Dürers Kunsttheorie, vornehmlich in ihrem Verhältnis zur Kunsttheorie der Italiener. Berlin: Vereinigung wissenschaftlicher Verleger 1915.
[11] Edgar Wind: Ästhetischer und kunstwissenschaftlicher Gegenstand. Ein Beitrag zur Methodologie der Kunstgeschichte. Phil. Diss. Hamburg 1922 (erschienen nur ein Auszug von zehn Seiten), daraus: Zur Systematik der künstlerischen Probleme. In: Zeitschrift für Ästhetik und allgemeine Kunstwissenschaft 18 (1925), S. 438–486.
[12] Ebd., S. 440.
[13] Erwin Panofsky: Der Begriff des Kunstwollens. In: Zeitschrift für Ästhetik und allgemeine Kunstwissenschaft 14 (1920), S. 321–339.

rück, um sich dort auf seine Habilitation vorzubereiten. Den Lebensunterhalt verdiente er sich durch die Erteilung von Privatunterricht. Im März 1924 unternahm er eine dreijährige Reise in die Vereinigten Staaten. Hier kam er – in New York – zunächst bei einem Cousin seines Vaters, einem bekannten Anwalt, unter. Er schlug sich als *Substitute Teacher* an der örtlichen High School durch, wo er Französisch und Mathematik lehrte. Von 1925 an war er in Chapel Hill, North Carolina, *Graham Kenan Fellow* und *Instructor* für Philosophie. Er nahm in dieser Zeit auch an den Treffen der American Philosophical Association teil, auf denen er Referate über die zeitgenössische deutsche Philosophie hielt. Aber es blieb nicht bei dieser Vermittlung der Denkmodelle seines Heimatlandes: Wind öffnete sich auch den spezifisch amerikanischen Denktraditionen, besonders der des Pragmatismus. Seinem von Cassirer und Panofsky geförderten Interesse an Bedeutungen und symbolischen Vorgängen kamen die semiotischen Modelle des Pragmatismus, etwa eines Charles Sanders Peirce, sehr entgegen.

1927 ist Wind wieder in Hamburg. Nun kommt es zu der folgenreichen Begegnung mit Aby Warburg, der seine wissenschaftlichen und organisatorischen Fähigkeiten besonders schätzen lernt und ihm bald die Aufgabe des Assistenten an seiner Bibliothek überträgt. Damit verbunden war als wesentliche Tätigkeit die Erarbeitung einer umfangreichen kommentierten Bibliographie zum *Nachleben der Antike*. Der erste Band dieser Literaturberichte erschien noch in Deutschland 1934; als Herausgeber zeichneten neben Wind Hans Meier und Richard Newald (zeitgleich damit erschien eine englische Übersetzung, London 1934).[14]

Schon während seines Amerikaaufenthalts hatte Wind (auf dem Philosphie-Kongreß in Harvard) ein Exposé seiner Habilitationsschrift *Das Experiment und die Metaphysik* vorgetragen. Der Kernpunkt dieser Arbeit, die er 1929 in Hamburg vorlegte, war das Problem der Vereinbarkeit der mit empirischen Argumenten fundierten Kosmologie Albert Einsteins mit dem Apriorismus der Kantschen transzendentalen Dialektik:

> Durch den Konflikt der Einsteinschen Kosmologie mit der transzendentalen Dialektik stutzig gemacht, habe ich gefragt, wie es denn möglich sei, daß ein Physiker experimentell Kriterien für die Auflösung eines Problems anführt, das Kant und selbst die schärfsten Gegner des Kantianismus als empirisch unentscheidbar hingestellt hatten,

heißt es im Vorwort der Schrift, die 1934 als 3. Band der *Beiträge zur Philosophie und ihrer Geschichte* bei Mohr in Tübingen herauskam, unmittelbar nach Theodor Wiesengrund Adornos Kierkegaard-Buch.

---

[14] Kulturwissenschaftliche Bibliographie zum Nachleben der Antike. Erster Band: Die Erscheinungen des Jahres 1931. In Gemeinschaft mit Fachgenossen bearbeitet von Hans Meier, Richard Newald und Edgar Wind. Hrsg. von der Bibliothek Warburg. Leipzig und Berlin: Teubner 1934 (vgl. auch Kraus-Reprint 1968). – Dasselbe in englischer Sprache unter dem Titel: A Bibliography on the Survival of the Classics. First Volume: The Publications of 1931. The Text of the German Edition with an English Introduction by Edgar Wind [= S. V–XII]. Hrsg. von The Warburg Institute. London: Cassel & Co. 1934.

Wind macht in dieser Arbeit deutlich, daß der Idealismus, der sich auf die Grundannahme stütze, daß die Welt von Ewigkeit her unbegrenzt, entsprechend auch die menschliche Erkenntnis unendlich und damit „frei" oder „autonom" sei, durch diese Freiheitsillusion blind gegenüber den Realitäten geworden sei. Wind zufolge hatte dieses freischwebend-spekulative Denken sogar Folgen für die Politik. In verklausulierter Form kritisiert er – 1934! – die idealistischen Philosophen seiner Zeit:

> Im Besitz einer Weltanschauung, die sie durch eine glorreiche Tradition hinreichend gesichert glaubten, waren sie im kritischen Augenblick weder willens noch fähig, ihre logischen Verbindlichkeiten einzulösen. Zum Kampf gefordert, hatten sie die Wahl der Waffen, aber sie zogen es vor, der Entwicklung, in die sie eingreifen sollten, von hoher Warte aus zuzusehen, durch Zeichen der Gunst den Feind zu umwerben, und sich in all ihrer Weisheit dem Wahn hinzugeben, sie könnten auch mit diesem Gegner noch ihren Frieden machen. So sind sie besiegt worden, ohne gekämpft zu haben, und die Frucht ihrer Niederlage ging verloren. Denn da eine gedankliche Auseinandersetzung überhaupt nicht stattfand, ging von der kritischen Denkart als dem besten, das der Unterlegene zu hinterlassen hatte, nichts auf den Sieger über.[15]

Winds Buch mit seinem Plädoyer für eine kritische, empirisch fundierte Theorie mittlerer Reichweite, die sich die Möglichkeit späterer Modifikation offenhielt, konnte in Deutschland keine Wirkung mehr entfalten. Die politischen Verhältnisse verursachten, daß, wie Wind selber in Anlehnung an eine Formulierung von Hume sagte, sein Buch „fell deadborn from the press".[16] Wie viele bedeutende Werke, die nach und infolge der Machtergreifung der Nationalsozialisten wenn nicht gerade geächtet, so doch geflissentlich ignoriert wurden, hat Winds Abhandlung eine Diskussion nicht mehr auslösen können. So ist es auch nicht verwunderlich, daß neueste Philosophiegeschichten den Philosophen Edgar Wind nicht verzeichnen. Ihn gilt es erst noch zu entdecken.

Als Antrittsvorlesung hatte Wind einen Text über die platonische Kunstphilosophie unter dem Titel *Theios phobos* vorgetragen.[17] Auch diese einem historisch scheinbar fernab liegenden Thema gewidmete Studie war von einem aktuellen Erkenntnisinteresse getragen, ging es doch um das bei Platon erörterte Problem des Verhältnisses von Künstler und Staat, das 1930 im Deutschen Reich eine neue Dimension erlangt hatte, wenn man etwa an die Situation des ‚Bauhauses' denkt, das die in Thüringen damals bereits regierenden Nationalsozialisten in ihrem Sinne zu reglementieren trachteten.

---

[15] Wind: Das Experiment (Anm. 7), Vorwort, S. VI. Inzwischen ist zur Philosophie Edgar Winds folgendes Buch erschienen: Edgar Wind. Kunsthistoriker und Philosoph. Hrsg. von Horst Bredekamp, Bernhard Buschendorf, Freia Hartung und John M. Krois. Berlin: Akademie-Verlag 1998. Da das Manuskript des vorliegenden Textes 1996 abgeliefert wurde, konnte diese Veröffentlichung nicht mehr berücksichtigt werden.
[16] Vgl. Lloyd-Jones: A Biographical Memoir (Anm. 6), S. XVII.
[17] Edgar Wind: Theios phobos. Untersuchung über die platonische Kunstphilosophie. In: Zeitschrift für Ästhetik und allgemeine Kunstwissenschaft 26 (1932), S. 349–373.

Für Wind galt es als ausgemacht, daß „Kunst und Staat ihrem Wesen nach miteinander im Kampf liegen, weil gerade jene Spannungen und Seelenkräfte im Menschen, die der Gesetzgeber zu überwinden und auszugleichen sucht, vom Künstler festgehalten und gesteigert werden".[18] Mit seiner sich auf Platons *Mania*-Konzept gründenden Vorstellung von der „Maßlosigkeit", vom hemmungslos-ekstatischen Prozeß mimetischer Gestaltung, die durch keine Besinnung gebrochen oder geleitet ist, postuliert Wind für die Kunst ein Reservat innerhalb der Gesellschaft, das trotz der Gefährdungen und Herausforderungen, die von ihm ausgehen, angenommen werden muß. Man müsse sich „dieser Gefährdung aussetzen […] in dem Maße, in dem die Einsicht in die Form dem Menschen es zuläßt".[19]

Deutlich wird an diesem Konzept, das zentrale Auffassungen seines späteren Buches *Kunst und Anarchie* präludiert, die gedankliche Nähe zu Aby Warburg, zu dessen Vorstellung von der Kunst als Evokation subrationaler, fast dämonischer Vorgänge, die selbst noch – als ‚Pathosformen' – in den scheinbar geläuterten Werken der italienischen Renaissancekunst als spurenhafte Erinnerung (Mnemosyne) nachwirken.[20]

Schon 1931, auf dem 4. Kongreß für Ästhetik und allgemeine Kunstwissenschaft, hatte Edgar Wind über ‚Warburgs Begriff der Kulturwissenschaft und seine Bedeutung für die Ästhetik' referiert.[21] Wie in seiner Dissertation kritisiert er hier noch einmal die Ideologie des „reinen Sehens", die letztlich auf eine Nivellierung der Unterschiede hinauslaufe. Mehr noch kritisiert er aber die aus der Autonomisierung des Optischen entspringende Tendenz zur Ablösung der Kunst von der Kulturwissenschaft.

An Warburg rühmt Wind, daß er hinter Wölfflin und Riegl zu Burckhardt zurückgekehrt sei. Bei diesem sei zwar manches bruchstückhaft und unausgeführt geblieben, ihm sei es nicht gelungen, ein Gesamtbild der Kultur zu gestalten. Doch gebühre Burckhardt das Verdienst, den Gesamtzusammenhang der Kultur, in den Kunst eingebettet ist, überhaupt postuliert zu haben. Für Warburg war es daher konsequent, das künstlerische bzw. ästhetische Sehen, das Wölfflin methodisch verteidigte, wieder mit den anderen Kulturfunktionen zu verbinden. Er

---

[18] Ebd., S. 358.
[19] Ebd., S. 373.
[20] Zu Warburg vgl. Ernst H. Gombrich: Aby Warburg. Eine intellektuelle Biographie. Aus dem Englischen von Matthias Fienbork. Frankfurt a. M.: Europäische Verlagsanstalt 1981; Bernd Roeck: Der junge Warburg. München: Beck 1997; Roland Kany: Mnemosyne als Programm. Geschichte, Erinnerung und Andacht zum Unbedeutenden im Werk von Usener, Warburg und Benjamin. Tübingen: Niemeyer 1987 (= Studien zur Literatur, 93); Aby Warburg. Akten des internationalen Symposiums 1990. Hrsg. von Horst Bredekamp, Michael Diers und Charlotte Schoell-Glass. Weinheim: VCH Acta humaniora 1991.
[21] Edgar Wind: Warburgs Begriff der Kulturwissenschaft und seine Bedeutung für die Ästhetik. In: Vierter Kongreß für Ästhetik und allgemeine Kunstwissenschaft. Beilageheft zur Zeitschrift für Ästhetik und allgemeine Kunstwissenschaft 25 (1931), S. 163–179; auch in: Bildende Kunst als Zeichensystem. Hrsg. von Ekkehard Kaemmerling. Erster [und einziger] Band: Ikonographie und Ikonologie. Theorien, Entwicklung, Probleme. Köln: DuMont 1979, S. 163–184.

habe die Frage nach der Bedeutung von Religion und Dichtung, Mythos und Wissenschaft, Gesellschaft und Staat für die bildhafte Phantasie gestellt und umgekehrt die Bedeutung des Bildes für diese Funktionen zu rekonstruieren versucht. „Es ist eine der Grundüberzeugungen Warburgs", sagt Wind, „daß jeder Versuch, das Bild aus seiner Beziehung zu Religion und Poesie, Kulthandlung und Drama herauszulösen, der Abschnürung seiner eigentlichen Lebenssäfte gleichkommt."[22] Warburg habe Bilder als Medien des „sozialen Gedächtnisses" aufgefaßt, in denen kollektive Erfahrungen niedergelegt seien, die es anhand des historischen Materials zu untersuchen gelte. Warburg habe sich mit vergangener Kunst, etwa der der Frührenaissance, nie aus einem nur distanziert-objektiven Interesse heraus beschäftigt; immer sei diese Auseinandersetzung auch mit persönlichen Erschütterungen verbunden gewesen: „Jede Erschütterung, die er an sich selbst erfuhr und durch Besinnung überwand, wurde zum Organ seiner historischen Erkenntnis."[23] Beim Bild müsse man sich vergegenwärtigen, daß es in der Regel die Spannung zwischen der ihm ursprünglich innewohnenden Magie und der Tendenz zur verlassenden Metapher zum harmonischen Ausgleich bringe. Das magische Potential, das in ihm gebändigt ist, müsse in der historischen Analyse jedoch wieder zu Bewußtsein gebracht werden.

1933 wurde Wind aus dem akademischen Lehramt entlassen. In dieser Phase galten seine Bemühungen dem Transfer der Bibliothek Warburg nach London. Es gelang ihm, in der britischen Hauptstadt Kontakte zu namhaften Persönlichkeiten zu knüpfen, die sich unter anderem bei William George Constable, dem Direktor des Courtauld Institute, für Verhandlungen mit der Hamburger Einrichtung einsetzten. Samuel Courtauld konnte in der Tat gewonnen werden: er bot der Bibliothek Warburg eine finanzielle Unterstützung für drei Jahre an. Damit war zunächst ihr Überleben gesichert. Für die Wirkung in der akademischen Öffentlichkeit Englands war es gewiß von Bedeutung, daß Wind zunächst eine Übersetzung der kommentierten Bibliographie veranlaßte, die den Fundus der Sammlung, aber auch ihr theoretisches Fundament verdeutlichen half. Gelehrte wie Maurice Bowra oder Isaiah Berlin, schließlich auch Kenneth Clark, damals *Keeper of Fine Arts* im Ashmolean Museum, setzten sich für Wind ein, der von Januar 1934 bis 1939 *Deputy Director* des Warburg Institute in London wurde und daneben als *Honorar Lecturer* am University College lehrte. Nicht zuletzt war es Wind zu verdanken, daß die am Ort bereits bestehende Einrichtung des Courtauld Institute mit der Bibliothek Warburg zusammengelegt wurde. Damit war ein Zentrum geschaffen worden, welches das in England übliche Verständnis von Kunstgeschichte, das mehr vom Prinzip der Kennerschaft *(Connoisseurship)* geprägt war, grundlegend änderte. Auch über die Landesgrenzen hinaus wurde diese Einrichtung – zumal von den Emigranten – sehr geschätzt, wie ein Brief Theodor W. Adornos vom 29. Oktober 1936 aus Oxford (Merton College) belegt, der Wind darum bat, seinem

---

[22] Ebd., S. 170.
[23] Ebd., S. 172.

Freund Walter Benjamin in Paris (23, rue Bénard) das Buch *Triumph und Triumphbogen* von Ferdinand Noack, gegebenenfalls als Separatum, zur Verfügung zu stellen, was dann auch über Hans Meier geschah.[24]

Seit 1937 widmete sich Wind (zusammen mit Rudolf Wittkower) der redaktionellen Betreuung des *Journal of the Warburg Institute* (später erweitert um den Zusatz *and Courtauld Institutes*), zu dem er selbst zahlreiche Beiträge beisteuerte, so über Donatellos *Judith*, über eine Darstellung der platonischen Gerechtigkeit bei Raffael, des weiteren über dämonische Motive wie die *Mänade unter dem Kreuz* bei Reynolds oder das Thema *The Saint as Monster*.[25] Winds Interesse verlagerte sich in dieser Zeit stark in den Bereich der Ikonographie der englischen und amerikanischen Malerei des 18. Jahrhunderts. Hervorgehoben sei hier nur der noch heute wichtige Aufsatz *The Revolution of History Painting* (1938), der, wie mir scheint, versteckt eine politische Bewertung erkennen läßt, da er, z. B. in der Kritik an Burkes Verurteilung der Französischen Revolution, ein Bekenntnis zur radikaldemokratischen Tradition enthält.[26] Wieweit Anthony Blunt, der zusammen mit Thomas S. R. Boase 1939 in den *Editorial Board* des *Journal* eintrat, politische Diskussionen mit Wind geführt hat, verdiente eine gesonderte Untersuchung.

Auf Einladung seines alten Freundes Scott Buchanan, der damals Dekan des St. John's College in Annapolis war, verließ Wind 1939 England, um sich bis 1955 (also 16 Jahre) in den USA niederzulassen. Er hielt zunächst Vorlesungen in Dumbarton Oaks und war dann Gastdozent am Institute of Fine Arts der New York University. Die innovative Qualität seines wissenschaftlichen Ansatzes wurde den amerikanischen Kollegen besonders bei seinen Vorlesungen über die Ikonographie der Renaissancekunst an der Pierpont Morgan Library deutlich. Aber Wind erhielt noch keine feste Anstellung, er mußte sich mit kurzfristigen Gastrollen zufriedengeben. Immerhin hatte er die Möglichkeit, Vorträge an renommierten Universitäten wie Columbia, Harvard, Princeton und Yale zu halten (daneben auch in der Frick Collection und Jarves Collection).

Seine erste dauerhafte Berufung ehielt Wind erst 1942 an der University of Chicago. Hier fühlte er sich aber nicht sonderlich wohl, nicht zuletzt wegen der ständigen Auseinandersetzungen mit dem Präsidenten der Universität über den Status der Geisteswissenschaften innerhalb der Hochschule. So war er froh, daß er 1944 eine Hochschullehrertätigkeit am Smith College, Northampton, Massachusetts übernehmen konnte. Dort blieb er elf Jahre (bis 1955). Die Bedingungen waren hier ganz nach Winds Geschmack: das College verfügte über eine ansehnli-

---

[24] Momme Brodersen: Wenn Ihnen die Arbeit des Interesses wert erscheint ... Walter Benjamin und das Warburg Institut. Einige Dokumente. In: Bredekamp: Aby Warburg (Anm. 20), S. 87–94, hier S. 92.

[25] Edgar Wind: Donatello's Judith. A Symbol of Sanctimonia. In: Journal of the Warburg Institute I (1937), S. 62 f.; ders.: Platonic Justice designed by Raffael. In: ebd., S. 69 f.; ders.: The Maenad under the Cross: I. Comment on an Observation by Reynolds. In: ebd., S. 70 f.; ders.: The Saint as Monster. In: ebd., S. 183.

[26] Edgar Wind: The Revolution of History Painting. In: Journal of the Warburg Institute II (1938), S. 116–127.

che Kunstsammlung, besaß eine große Klassikerbibliothek, und auch die Stadtbibliothek des Ortes war gut ausgestattet: in ihr las er Mignes *Patrologia Latina* (deren Lektüre er als sein „leisure reading" bezeichnete). Für eine oder zwei Wochen fuhr er gelegentlich zu Studienaufenthalten nach Cambridge, um dort die Widener und Houghton Libraries aufzusuchen, die besonders gut mit Quellenschriften der italienischen Renaissance, vor allem Emblembüchern, bestückt waren.

Als *Research Professor* hielt Wind am Smith College Vorlesungen über Platon und die platonische Tradition, daneben führte er Seminare über Kant und Hegel durch. Philosophie war also ein Schwerpunkt seiner Arbeit, der in der Denomination seiner Stelle auch eigens festgehalten war *(Professor of Philosophy and Art)*. Die Platonismus-Studien kamen aber auch seinen Renaissanceforschungen zugute, so etwa seiner Beschäftigung mit Raffaels *Schule von Athen* oder mit Michelangelo, die in diese Zeit fiel. Das in *Theios phobos* bereits früh erörterte Problem der rauschhaft-ekstatischen Momente der Kunst und auch das Problem des Verhältnisses von Bild und Mythos griff Wind jetzt verstärkt wieder auf. Der Vertiefung dienten Forschungsreisen nach Europa (England, Paris, Venedig, Florenz und Rom, wo er viel in der Vatikanischen Bibliothek und in der Biblioteca Angelica arbeitete, finanziell teilweise durch ein Guggenheim-Stipendium gefördert).

1949 hielt Wind am Oberlin College, Ohio, die *Martin Classical Lectures* über *Pagan Mysteries in the Renaissance*. Sie waren das Ergebnis dieser jahrelangen Vorarbeiten. Erst 1958 kamen sie – nach intensiver Überarbeitung, versehen mit einem ausführlichen Annotationsapparat – in Buchform heraus.[27] *In extenso* setzte Wind hier fort, was er in seiner Abhandlung über Bellinis *Götterfest* an Erforschung der antik-literarischen Grundlagen venezianischer Bacchanalien-Bilder begonnen hatte.[28] Wind interessierte die (schon bei Warburg gestellte) Frage nach der symbolischen Wiederbelebung bzw. Beschwörung heidnischer Mysterienkulte in der Kunst der italienischen Renaissance. Er macht deutlich, daß die Autoren des Quattro- und Cinquecento wie Bussi, Beroaldo, Perotti oder Landino, besonders aber Marsilio Ficino und Pico della Mirandola, weniger auf den rituellen und magischen Charakter der (z. B. eleusinischen) Mysterien rekurrieren als auf deren figurative Transformation. Die einstmals reale kultische Entrückung, das ekstatische Moment der Aufhebung des *Principium individuationis* und der Todesfurcht im verzückten Gemeinschaftsgefühl, erscheint hier also philosophisch-literarisch (beziehungsweise rhetorisch) übersetzt in eine kryptisch-dunkle Bildlichkeit, es handelt sich um „mystères littéraires". Wind hat in seinen Bildinterpretationen eindrucksvoll den Nachweis geführt, daß sich bestimmte Motive, Attribute, aber auch Kompositionsformen nur durch eine Rekonstruktion der philosophischen Diskussionen der Zeit erklären lassen, an denen auch die Künstler teilhatten.

Er sah in dieser Erschließung hermetisch verschlüsselter Sinnbezüge und Anspielungen eine Bereicherung des Kunstgenusses, legte aber Wert auf die Feststel-

---

[27] Vgl. Wind: Pagan Mysteries (Anm. 1).
[28] Ders.: Bellini's Feast of the Gods. A Study in Venetian Humanism. Cambridge (Mass.): Harvard University Press 1948.

lung, daß er nicht als Parteigänger des Obskurantismus mißverstanden werden wolle. Er wollte, im Gegenteil, als Aufklärer (als der er sich zeitlebens verstand) die komplizierten Integumenta, die absichtsvollen Verrätselungen und Verhüllungen aufhellen, in sie Klarheit hineinbringen. Dieses ist ihm ohne Zweifel gelungen, auch wenn man sich nicht ganz des Eindrucks erwehren kann, daß Wind bei seinen Deutungen gelegentlich über das Ziel hinausschießt und der literarischen Fundierung der Ikonographie entschieden mehr Bedeutung zumißt als den Autonomisierungspotentialen der künstlerischen Bildphantasie.

Dies wird etwa bei der subtilen Analyse von Botticellis *Geburt der Venus* deutlich, die sich unter anderem auf Polizians *Giostra*, Picos *Commento* und Ficinos Abhandlung *De amore* stützt.[29] Die Anordnung der Figuren wird, wie es ähnlich schon bei der Interpretation von Botticellis *Primavera* geschah, mit astrologisch-musikalischen Mustern in Verbindung gebracht, so daß diesen Bildern zusätzlich noch analog zur Musik eine Modulation der Tonart unterstellt wird.

So faszinierend Winds Deutungen auch heute noch sind, ein Gefühl des Ungenügens wird man dennoch nicht los. Denn bei aller staunenswerten Fülle des ausgebreiteten Materials bleibt das der Analyse vorgängige sozial- und mentalitätsgeschichtliche Problem ungeklärt, warum denn überhaupt eine Rezeption der antiken Mysterien erfolgte, was die Transformation der Mythen in eine figurative Symbolik für die Philosophen und ihre patrizische Klientel, die die Bilder in Auftrag gab, in der kulturellen Interaktion und auch für ihre individuelle Mentalität bedeutete. Wie Panofsky, der die anfänglich im Anschluß an Karl Mannheim postulierte Analyse des (soziokulturellen) Dokumentsinnes der Kunstwerke – als höchster Stufe der Interpretation – später zugunsten der Erschließung des „intrinsic meaning" aufgab,[30] somit nur noch in der Immanenz der rekonstruierten Argumentationen blieb, hat auch Wind nachmals sein wissenschaftliches Engagement vorwiegend der Lösung der bildlichen Enigmatik gewidmet. Der von ihm selbst in Anschluß an Warburg anfangs stets gesehene „Leidschatz der Menschheit" in den Mythen und Mysterien tritt, je mehr sich das Interesse auf die neutralisierende figurative Rede fixiert, immer mehr in den Hintergrund. In Raffaels Fresko *Schindung des Marsyas* in der *Stanza della Segnatura* erkennt Wind zwar noch Residuen des dionysischen Ritus, aber er platonisiert das Motiv im Anschluß an Picos *De dignitate hominis* derart, daß die abgezogene Haut nur noch zur abgestreiften Hülle wird, die im sokratischen Sinne das wahre innere Selbst zum Vorschein bringe.[31] Die dem zum Gefolge des Bacchus gehörenden Marsyas zugefügten Leiden, die ihm angetanen bestialischen Foltern werden so ihres Schreckens beraubt, sie werden durch Ideation und Spiritualisierung erträglich gemacht. Aus dem

---

[29] Vgl. ders.: Heidnische Mysterien (Anm. 1), S. 151 ff.
[30] Vgl. Erwin Panofsky: Das Problem der Beschreibung und Inhaltsdeutung von Werken der bildenden Kunst. In: Logos 21 (1932), S. 103–119 (auch in: Kaemmerling [Anm. 21], S. 185–206); ders.: Ikonographie und Ikonologie (Anm. 21), S. 207–225 (zuerst in: Erwin Panofsky: Studies in Iconology. New York: Oxford University Press 1939).
[31] Vgl. Wind: Heidnische Mysterien (Anm. 1), S. 198 ff.

Blick gerät dabei das Moment der Unterdrückung, des sozialen Antagonismus zwischen der in Apoll inkarnierten Aristokratie, mit dem sich die Adressaten des Bildes identifizierten, und den in Marsyas verkörperten unteren Volksschichten.[32]

Wind hat die Renaissancethematik unter diesem Aspekt der Mythenrezeption und -transformation auch in der Folgezeit immer wieder behandelt, besonders noch in seiner späten Oxforder Phase. Den Lehrstuhl für Kunstgeschichte am Trinity College, der hinsichtlich der Personal- und Sachmittelausstattung für ihn mit günstigen Bedingungen verbunden war, erhielt er auf Vorschlag und Vermittlung von Sir Maurice Bowra, dem damaligen Kanzler der Universität Oxford, im Jahre 1955, nachdem er bereits zuvor in einer Art Probevorlauf am All Souls College die *Chicele Lectures* über *Art and Scholarship under Julius II* gehalten hatte.

Die Aufbauarbeit gestaltete sich gleichwohl äußerst schwierig. Es galt, an dieser traditionsreichen Universität, die bis dahin noch keinen Lehrstuhl für Kunstgeschichte eingerichtet hatte (in England wurde diese Disziplin überhaupt erst sehr spät in den Kanon der akademischen Fächer aufgenommen), erst einmal eine Diathek aufzubauen, wobei Wind besonderen Wert auf eine gute Reproduktionsqualität legte und nicht einmal Aufnahmen aus Büchern akzeptierte. Bei seiner Emeritierung verfügte sein Departement im Erdgeschoß des Hauses 35, Beaumont Street über 30 000 Dias und 20 000 Photos. Wind gelang es gegen Widerstände in der Universität, auch andere kunstgeschichtliche Einrichtungen am Orte, wie das *Ashmolean Museum* und die *Ruskin School*, in die Hochschule zu integrieren und so eine größere organisatorische Einheit zu schaffen.

In seiner Antrittsvorlesung vom 29. Oktober 1957 über *The Fallacy of Pure Art*, die bis heute noch nicht publiziert ist, griff Wind noch einmal ein Problem auf, das er bereits in dem Vortrag über Warburg von 1931 erörtert hatte: das der Autonomie der Kunst. Der akademische Anlaß bot ihm die Gelegenheit, zum einen gegen die in England seit dem 18. Jahrhundert beliebte Form des connoisseurhaften und oft geschmäcklerischen Umgangs mit Kunst zu Felde zu ziehen, zum andern auch gegen die Ideologie des „reinen Sehens" im Sinne der *L'art pour l'art*-Doktrin, die auf der Insel in der Nachfolge von Clive Bell (1914) oder Roger Fry noch in den fünfziger Jahren eine große Anhängerschaft hatte.

Zu einem expliziten Gegenstand wurde diese Opposition der Vorstellungen von Autonomie und Heteronomie der Kunst in seinen 1960 von der BBC gesendeten sechs halbstündigen Vorlesungen, den *Reith Lectures*, über *Art and Anarchy*, die später auch in überarbeiteter Form als Buch herauskamen.[33] Hier kommt er noch einmal, wie schon in *Theios phobos*, auf die Macht der Bilder zu sprechen, auf die anarchische Kraft der Phantasie. Kunst ist ein

> Spiel der Einbildungskraft [...], welche uns zu gleicher Zeit bindet und löst, uns gefangennimmt im Dargestellten und es doch nur als ästhetischen Schein darstellt. Aus die-

---

[32] Zu Tizians *Marsyas* vgl. in diesem Zusammenhang auch Jutta Held und Norbert Schneider: Sozialgeschichte der Malerei vom Spätmittelalter bis ins 20. Jahrhundert. Köln: DuMont 1993 ([2]1998), S. 236 ff.
[33] Vgl. Wind: Art and Anarchy (Anm. 1).

ser doppelten Wurzel – Darstellung und Fiktion – zieht die Kunst ihre Macht, die Anschauung über das Gegebene hinaus zu erweitern, unsere Erfahrung durch Mitleiden zu vertiefen, aber um den Preis eines beständigen Schillerns und Wechsels zwischen Wirklichkeit und Bild. Im Bereich dieser Vieldeutigkeit und Spannung lebt die Kunst, und nur solange sie ihr doppeltes Gesicht bewahrt, bleibt sie, was sie ist. Aber es lebt sich unbehaglich in einem Schwebezustand und darum sind wir versucht, ihn gegen einige beschränkte, aber greifbare Gewißheiten auszutauschen. Auch wissen wir sehr genau: wenn die phantastischen Bilder auf uns einzuwirken beginnen, treiben wir haltlos ins offene Meer.[34]

Kunst ist Wind zufolge also durch Vieldeutigkeit und Spannung definiert. Sosehr er die subrationalen Strebungen anerkennt, die Kunst kanalisiert oder entäußert, so eindeutig hält er doch daran fest, daß ihr auch *qua* Mimesis die Fähigkeit eignet, Träger von Wissen und Erkenntnis zu sein. An einigen Beispielen demonstriert er, wie ein bloßer *prima-vista*-Eindruck, auf den man sich allgemein zu verlassen pflegt, zu eklatanten Fehldeutungen führt. Notwendig ist für Wind also stets eine konsequent historische Analyse, und diese seine Forderung gilt auch für die moderne Kunst, mit deren Intentionen und Argumentationen er bestens vertraut ist. Besonders Brechts Theorie der Verfremdung und der Desautomatisation wird für ihn ein allgemeines Modell der Erklärung all der „Triumphe des Abbruchs", die für den experimentellen Charakter der modernen Kunst kennzeichnend sind.[35] Nur in diesen Differenzqualitäten kann die Semantik der Kunst bestimmt werden, nie absolut in unmittelbarer Wahrnehmung und Sinnprädikation.

Kunst und Anarchie ist gleichsam Edgar Winds theoretisches Vermächtnis, das in souveräner Synthese nahezu alle Fragestellungen, Themen und Sujets aufgreift, die er in seinen zahlreichen Einzelstudien von den zwanziger Jahren an diskutiert hatte. Selbst das *Trompe l'œil*-Motiv, das ihn an einem Bild von Carel Fabritius bei seinem frühen Besuch des Schweriner Museums fasziniert hatte, taucht an entlegener Stelle in einer Anmerkung auf,[36] und man erkennt nun, daß es das Moment des Magischen war, das ihn damals an der scheinbar rationalen Erscheinungsform des Illusionismus irritiert hatte.

Mit diesem Buch hat Wind nicht nur nur den Versuch unternommen, ausgehend von an Werken der Frühen Neuzeit gewonnenen Erkenntnissen und in Auseinandersetzung mit aktuellen kulturanalytischen Modellen (wie Lévi-Strauss' Strukturalismus[37]) eine umfassende Theorie der Kunst zu entwerfen. Er hat damit zugleich auch der Ikonologie einen argumentativen Bezugsrahmen geliefert, der über operationale Anweisungen hinausgeht. Denn Wind kann den der Ikonologie schon damals (und jetzt wieder) gemachten Logozentrismus-Vorwurf präventiv dadurch entkräften, daß er die Doppelbödigkeit künstlerischen Schaffens, die Verquickung von anarchischer Irrationalität und intellektueller Sinngebung, be-

---

[34] Ders.: Kunst und Anarchie (Anm. 1), S. 31.
[35] Ebd., S. 114.
[36] Ebd., S. 142.
[37] Ebd., S. 190 und S. 198 f.

wußtmacht. In dieser Weite des Ansatzes ist Winds epochemachende Leistung zu sehen. Sie stellt nicht nur für die Erforschung der frühneuzeitlichen Kultur *materialiter* eine äußerst wichtige, noch kaum ausgeschöpfte Anregung dar, sondern bietet auch den Kulturwissenschaften allgemein ein methodisches Fundament, das es in seinem Reichtum der Anspielungen und assoziativen Hinweise anzueignen und fortzuführen gilt.

Hans-Gert Roloff

Renatae Litterae und Reformatio
Richard Newalds Konzept der Literatur- und Kulturgeschichte der Frühen Neuzeit

I.

Der folgende Beitrag ist der Erinnerung eines Mannes gewidmet, dem die deutsche Literaturwissenschaft wichtige Impulse zu verdanken hat, den sie aber – wie so häufig – während seiner Lebenszeit als einen ‚Unzeitgemäßen' eher beiseite schob. Vielleicht geschah das auch deshalb, weil er als amtierender und publizierender Professor der Germanistik – und die umfaßte zu dieser Zeit noch Literatur und Sprache – nicht nur das zünftige germanistisch-philologische Rüstzeug beherrschte, sondern weil er zugleich ein exzellenter Kenner der klassischen Philologie war und über die nötigen Fähigkeiten verfügte, die vielschichtigen Implikationen des antiken Erbes in der deutschen Literatur seit ihren Anfängen aufzudecken. Hierin weisen auch heute noch manche Fachvertreter gewissen Mangel auf und kompensieren ihn dadurch, daß sie die Probleme beiseite schieben beziehungsweise gar nicht erst aufgreifen und den Dialog darüber versagen. Richard Newald ist lange Zeit seines akademischen Lebens in dieser Situation gewesen. Seine besten und verständnisvollsten Gesprächspartner waren Historiker und Klassische Philologen, von einigen wenigen Germanisten seines Schlages einmal abgesehen.

Daß fast fünfzig Jahre nach seinem Tod Bedarf besteht, sich seiner zu erinnern, läßt einerseits erkennen, daß seine Konzeptionen doch zukunftsträchtig gewesen sein müssen, und andererseits, daß sein Hauptarbeitsgebiet und Forschungsfeld, das zu seiner Zeit noch nicht offiziell etabliert war, in unseren Tagen an mehreren Orten zu einem Schwerpunkt avanciert ist.

Die Beschäftigung mit der Mittleren Deutschen Literatur oder der Literatur der Frühen Neuzeit in Lehre und Forschung – beide Termini werden im engeren Sinne für die literarischen und im weiteren für die kulturellen Erscheinungen zwischen dem ausgehenden 14. und der Mitte des 18. Jahrhunderts verwendet – hat einen enormen Aufschwung genommen, den sich die ältere Generation der hieran interessierten Forscher, repräsentiert etwa in den Gestalten von Richard Newald, Arthur Hübner, Richard Alewyn, Hans Rupprich, Günther Müller, Wolfgang Stammler oder Paul Hankamer, nicht hätte träumen lassen. Die Saat ist aufgegangen. Die Anregungen und Impulse, die ich zum Beispiel durch meine beiden akademischen Lehrer Newald und Alewyn für die Beschäftigung mit diesem Literaturgebiet erfuhr, haben für ein lebenslanges akademisches Konzept ausgereicht, wobei die impulsive Phase der kritischen ersten Reformbewegung in der Germanistik um 1970 herum die nötigen Freiräume bot, um das Fachgebiet um wesentliche Bereiche, die bis dahin kaum thematisiert worden waren, zu bereichern. Heute befinden wir uns allerdings wieder in der Lage eines fatalen Reduktionsprozesses, der zu zerstören droht, was zu den älteren Perioden sinnvoll aufgebaut worden ist.

Die intensive Erforschung der Phase der Frühen Neuzeit, wie sie etwa in den letzten dreißig Jahren insbesondere in den historischen Disziplinen vor sich gegangen ist, hat natürlich zu neuen Einsichten und veränderten Wertsetzungen der Literatur jener Zeit geführt. Dies ist ein ganz natürlicher geschichtlicher Vorgang, an den man aber erinnern muß, wenn man sich in der Wissenschaft der Konzeptionen älterer Fachvertreter vergewissern will. Das gegebene Generationsproblem wird auch hier deutlich und darf nicht verwischt werden. Wir sehen und beurteilen geschichtliche Phänomene anders, als es unsere akademischen Lehrer und Altvordern taten. Weder können noch dürfen wir bei deren Anschauungen stagnieren und sie weiter tradieren, wenn wir sie nicht unter unseren eigenen Gesichtspunkten und Erfahrungen bestätigen können, noch haben wir das Recht, überheblich die Nase zu rümpfen und zu beteuern, es selbst ‚gar so herrlich weit' gebracht zu haben. Denn auch Konzeptionen und Ansichten haben bekanntlich ihre ‚Geschichte' und damit ihren Anspruch auf Respekt und verständnisvolle Würdigung. Mit harscher Kritik und arroganter Abwertung ist nichts gewonnen.

Ich möchte hier versuchen, die Umrisse von Newalds Vorstellung von der Literatur und der Kultur der Frühen Neuzeit aus den Umständen seiner Person und seines Werkes zu entwickeln, um dann zu bestimmen, was tatsächlich epochemachend an diesen Vorstellungen war und in die inzwischen vergangene Zukunft wies.

Wie kam Richard Newald dazu, sich für die akademische Lebensbahn ausgerechnet einen so unbequemen, anforderungsreichen und schwer zugänglichen Bereich wie die deutsche Literatur zwischen dem 14. und dem 18. Jahrhundert zum Arbeits- und Forschungsgebiet zu wählen, zumal dieser Bereich damals noch in die harsche Lücke zwischen Altgermanistik und Neuerer deutscher Literatur fiel, also akademisch überhaupt nicht wahrgenommen wurde? Die uns heute vertraute geschichtliche Einheit der sogenannten ‚Frühen Neuzeit' existierte damals kaum im akademischen Bewußtsein – geschweige denn in jenem der Allgemeinheit. Die Aussicht auf einen Lehrstuhl und eine glänzende Wissenschaftskarriere, unter Umständen die Förderung durch Akademien, waren es nicht, die Newald zu diesem Wahlgebiet führten. Die Voraussetzungen waren überhaupt mehr als dürftig. Newald, 1894 geboren, gehörte zu jener Generation, die 1914 als erste in den Krieg geworfen wurde.[1] Er hatte gerade zwei Semester studiert, als sein habsbur-

---

[1] Zur Biographie Newalds vgl. Hans-Gert Roloff: Nachwort und Bibliographie der Arbeiten Richard Newalds. In: Probleme und Gestalten des deutschen Humanismus. Studien von Richard Newald. Hrsg. von Hans-Gert Roloff. Berlin: de Gruyter 1963, S. 460–506. Ders.: Richard Newald. In: NDB 19 (1999), S. 193 f.

gischer Monarch ihn an die Ostfront zitierte. Dort geriet er nach nicht allzulangem Kampf mit der blanken Waffe in russische Gefangenschaft, die ihn in die Mandschurei trieb, von wo er erst 1920 über Wladiwostock heimkehrte. Zwei akademische Lehrer nahmen sich des jungen Mannes besonders an: der Altgermanist Friedrich Wilhelm, der Newald zur Arbeit an seinem die damaligen Auffassungen von Sprachgeschichte revolutionierenden Corpus der altdeutschen Originalurkunden heranzog und ihn so den Umgang mit der älteren Sprache aus den Quellen lehrte, und der Kulturwissenschaftler Karl Borinski, der ihn in die Kulturgeschichte der Mittleren Zeit und in die Rezeption der Antike einführte. Newald selbst brachte aus seiner Schulzeit hervorragende Kenntnisse in den alten Sprachen und in der Literatur der römischen und griechischen Antike mit. Er hatte neun Jahre das altehrwürdige Klostergymnasium des Benediktinerstifts Kremsmünster besucht und dort eine vorzügliche Ausbildung erhalten, die ihm auch den österreichischen Bereich der neulateinischen Dichtung erschloß. Newald hat niemals Klassische Philologie studiert; das erforderliche Rüstzeug hatte er sich in Kremsmünster erwerben können. Der akademische Weg führte ihn nach der Promotion in München zur Habilitation in Freiburg im Breisgau bei Friedrich Wilhelm und schließlich auf den Lehrstuhl der Universität Fribourg in der Schweiz.

Zeitlebens haben sich in Newald drei Arbeitsweisen um den Vorrang gestritten: Von Wilhelm her war er zu entsagungsreicher philologischer Quellenarbeit prädestiniert, die er bis zu seinem Lebensende durchführte; nach Wilhelms Tod übernahm er die Fortführung des Corpus der altdeutschen Originalurkunden; daneben aber kitzelte der Reiz schneller journalistischer Tagesarbeit, mit der Zielrichtung, wissenschaftliche Ergebnisse und komplizierte literarhistorische Zustände in einfacher Form an interessierte Leser weiterzureichen, so war ihm die Popularisierung der Wissenschaft durch Wissenschaftler ein besonderes Anliegen, und seine Bibliographie ist voll von journalistischem Tageswerk. Die dritte Arbeitsweise aber war die der Synthese-Bildung. Newald war zu einem großen Maße wissenschaftlicher Synthetiker aus Überzeugung. Man muß das zur Kenntnis nehmen, sonst versteht man seine Verfahrensweisen nicht. Als Synthetiker war er natürlich kein Klitterer oder Kompilator, kein geistig unselbständiger Referent, sondern ein Wissenschaftsautor, der ein bestimmtes geistiges Konzept durch Übernahme und Weiterverarbeitung respektive Weiterführung kritisch gesichteter Detailforschung konkretisierte. Diese synthetische Historiographie – oder wie er es nannte: „die Überschau über große geistige Räume" –, sie sollte und mußte immer wieder gewagt werden:

> Der dies Wagnis unternimmt, ist mit seiner Arbeit ein Glied der Gemeinschaft, auf deren Leistung er angewiesen ist, er mag sie bejahen oder ihr gegenüber zweifeln, er braucht sie auf jeden Fall. Er geht von der Überzeugung aus, daß den Analysen die Synthese folgen muß, wenn er auch erkennt, wieviel noch fehlt, um eine lückenlose Zusammenfassung zustande bringen zu können.[2]

---

[2] Richard Newald: Nachleben des antiken Geistes im Abendland bis zum Beginn des Humanismus. Eine Überschau. Tübingen: Niemeyer 1960, S. XII.

Dahinter steht die Vorstellung der Res publica litteraria, deren Mitglieder sich, wenn auch auf verschiedenen Wegen, dem gemeinsamen Ziel der Erkenntnis der geschichtlichen Wahrheit verbunden fühlen. Newald wurde in dieser Haltung nicht selten mißverstanden und ist von Kritikern der Unoriginalität und Unselbständigkeit geziehen worden, wobei übersehen wurde, daß die spezielle Einzelleistung in ein kritisch konstituiertes historisches System integriert und dadurch in einen historiographischen Funktionsrahmen eingebracht wurde. Newald zielte mit dieser Funktionalisierung auf die Herausarbeitung allgemeinerer geistesgeschichtlicher Prinzipien ab, weniger auf sozialpolitische oder ästhetische. Er war hierin bewußt der Mann der zwanziger Jahre, der sich vom engen Positivismus der Schererschen Schule befreit hatte. Newald konnte deshalb auch mit der simplifizierenden ahistorischen literarästhetischen Immanenz nichts anfangen. Er war in dieser Hinsicht ein gewichtiger Antipode zu Emil Staiger und seiner Schule. Leider war es ihm nicht vergönnt, sich mit dieser damals jüngsten Methode auseinanderzusetzen, was er zweifellos Ende der fünfziger oder Anfang der sechziger Jahre getan hätte. Im Gespräch und in Exkursen im Kolleg deutete sich das an. Ich denke mit Vergnügen an seine Vorlesung im Sommersemester 1952 über die Entwicklung der deutschen Literaturwissenschaft, die er umsichtig und kenntnisreich, nicht ohne Ironie und Witz von Wilhelm Scherer bis zu dem tags zuvor habilitierten Walter Killy spannte. Daß er darin in hohen Lobestönen der wissenschaftlichen Leistung eines Emigranten namens Richard Alewyn gedachte, war 1952 für viele seiner Hörer eine Offenbarung.

II.

Newalds bevorzugtes Arbeitsfeld war die Erforschung der Rezeption der Antike durch die europäische, besonders durch die deutsche Literatur. Aus der Rückschau auf sein Leben zeigt sich, daß die Forschungsarbeiten einen zielgerichteten inneren Plan hatten und nach einem bestimmten System durchgeführt wurden.

Am Anfang stand eine Art Pilotstudie, die philologische Quellenarbeit und innovative Historiographie verband: die *Beiträge zur Geschichte des Humanismus in Oberösterreich*, 1926 erschienen. Sie ist Newalds Habilitationsschrift und widmet sich dem Thema ‚Rezeption des Humanismus in den oberösterreichischen Klöstern'. Newald untersuchte vor Ort in den Klöstern von Kremsmünster, Schlägel, Mondsee, Lambach, Admont, St. Florian, Wilhering, Engelszell, Reichersberg, Suben, Ranshofen, Salzburg usw. die Vorgänge, durch die die antike Literatur und neue humanistische Gedanken in die Klosterwelt eindrangen und sich in Berichten, Protokollen, Übersetzungen, Briefen, Abschriften und in den Bibliotheksanschaffungen bemerkbar machten. Aus dem vielfältigen Material destillierte Newald ein Bild der modernen Kulturarbeit dieser Klöster im 15. Jahrhundert, das stark im Kontrast zu der allgemeinen Ansicht vom intellektuellen und moralischen Verfall der Mönche und Klöster in dieser Zeit stand. Da gerade die Klöster in Österreich wie etwa Kremsmünster aktiv wirkende Bildungsanstalten waren, kam über diese Rezeption das neue Gedankengut auf direktem Wege in die Adels- und Bürgerkreise, deren Söhne diese Bildungsanstalten besuchten. Obwohl sich dieser Forschungsaspekt als sehr fruchtbar erwies, ist man Newalds Konzept später nicht weiter gefolgt. Hier sind auch heute noch Vorgänge der Infiltration der italienischen Entwicklung in die Bildungsanstalten nördlich der Alpen zu eruieren, deren Erfassung und Beschreibung freilich einen selbstlosen Einsatz an Quellenarbeit vor Ort erfordert. In der Einleitung zu dieser Arbeit findet sich der Satz: „Wer aus den Quellen der Zeit schöpft, wird in den vielen Zeugnissen Altes und Neues nebeneinander finden, er muß sein Augenmerk auf Kleinigkeiten und unscheinbare Dinge lenken, um in ihnen das Pulsieren des neuen Lebensgefühls feststellen zu können".[3]

Mit der einschlägigen internationalen Forschung zum Nachleben der Antike im Abendland setzte sich Newald in reichhaltigen Literaturberichten in den *Jahresberichten über die Fortschritte der Klassischen Altertumswissenschaft*[4] und in seinen zahlreichen Beiträgen zur *Kulturwissenschaftlichen Bibliographie zum Nachleben der Antike* der Bibliothek Warburg, mit der er seit 1929 in enger Verbindung stand, auseinander.[5] Bereits um 1930 konturierte sich ihm das künftige Forschungsgebiet deutlich; es heißt da:

> Der Wandel des antiken Weltbildes im Laufe der Jahrhunderte, das Hervortreten und Verschwinden der einzelnen Vorbilder in verschiedenen Zeiten und bei verschiedenen Nationen zeigt ein Kräftespiel, dessen Auswirkungen zu ergründen eine der reizvollsten Aufgaben unserer Wissenschaft darstellt. Es gibt nichts ewig Gültiges, durch Normen zu Bestimmendes in der Geschichte des geistigen Lebens, und deshalb sind auch die Führer aus der klassischen Welt nie dieselben gewesen, mag die Parole nun Platon oder Aristoteles, Homer oder Vergil lauten. Die Antike ist geistiges Erbgut von ewiger Frische, nicht tote Masse, nicht Gesetz, sondern Füllhorn der Weisheit und Kunst, aus dem jede Zeit und jeder selbständige Denker das Wahlverwandte sucht. Unsere vornehmste Aufgabe ist es also, diesen geistigen Zusammenhängen nachzuspüren.[6]

1933 legte er in einem Vortrag über *Die Antike in den europäischen Literaturen* Themen und Probleme seiner Arbeit vor.[7] Er wies darauf hin, daß ein solches Werk einen soliden philologischen Unterbau haben müsse, entschied sich aber dann für eine weite Überschau, um dieses Gebiet als vordringlichen Forschungsgegenstand präsentieren zu können. Ziel war, die „ständige Auseinandersetzung des Abendlandes mit der Antike" darzustellen.

---

[3] Ders.: Beiträge zur Geschichte des Humanismus in Oberösterreich (1926). In: ders.: Probleme und Gestalten (Anm. 1), S. 67.
[4] Ders.: Nachleben der Antike. Leipzig: Reisland 1935 (= Supplement. Jahresbericht über die Fortschritte der klassischen Altertumswissenschaften, 250).
[5] Kulturwissenschaftliche Bibliographie zum Nachleben der Antike. Hrsg. von der Bibliothek Warburg. In Gemeinschaft mit Fachgenossen bearbeitet von Hans Meier, Richard Newald und Edgar Wind. 2 Bde. Leipzig und Berlin: Teubner 1934 und 1938; im ersten Band ca. 157 Rezensionen von Newald, im zweiten ca. 206 Rezensionen.
[6] Newald: Nachleben der Antike (Anm. 4), 1. Teil, S. 471.
[7] Erschienen in: Germanisch-Romanische Monatsschrift 22 (1934), S. 106–115.

Die Zeit bis in die vierziger Jahre hinein widmete er der vielfältigen Erforschung und Realisierung dieses Konzepts. Die Bibliographie weist für diesen Zeitraum nur kleinere Publikationen auf. Trotz der Ungunst der Zeitverhältnisse während des Krieges und in den Jahren danach – Newald mußte 1945 die Schweiz verlassen und erhielt erst wieder 1951 einen Ruf an die Freie Universität Berlin – erschienen seit 1944 seine bahnbrechenden Publikationen. Sie waren die Ergebnisse zweier arbeitsreicher Jahrzehnte.

1944 kamen die *Elsässischen Charakterköpfe* heraus, 1946 die *Vier Gestalten aus dem Zeitalter des Humanismus*.[8] In dieser Zeit schloß Newald auch den ersten Band seiner bereits erwähnten Darstellung des *Nachleben des antiken Geistes bis zum Beginn des Humanismus* ab – ein Werk, das wegen der verlegerischen Ungunst der Zeit erst 1960 aus dem Nachlaß herausgegeben wurde. 1947 legte er seinen prächtigen *Erasmus* vor – eine moderne Biographie, die als erste den reichen Fundus der Allenschen Briefausgabe auswertete.[9] 1951 erschien der Beitrag zur deutschen Literatur des 16. Jahrhunderts in den *Annalen der deutschen Literatur*[10] und der fünfte Band der mit Helmut de Boor konzipierten *Geschichte der deutschen Literatur.*[11] Im Jahre seines Todes erschien noch die instruktive Übersicht *Klassisches Altertum und deutsche Literatur.*[12] Wahrlich, eine reiche Ernte, die noch durch Arbeiten am Corpus der Urkunden und durch andere kleinere Beiträge komplettiert wird: Man begreift, daß Newald alle Kraft in diese seine Forschung gesteckt hatte, eine Tatsache, die schließlich auch an seiner Gesundheit zehrte. Er starb im April 1954.

Aus den genannten, sich zum Teil ergänzenden, zum Teil überschneidenden Publikationen ist Newalds Vorstellung von Literatur und Kultur der Frühen Neuzeit zu charakterisieren.

III.

Ich setze dazu beim Nachleben-Begriff an, da er von der Kritik am meisten diskutiert worden ist. Newald hatte ihn von der kulturgeschichtlichen Bibliographie zum Nachleben der Antike der Bibliothek Warburg übernommen. Die kulturanalytische Methode der Rezeptionsforschung war noch nicht formuliert, als Newald sein Konzept entwickelte. Er versuchte, unter dem Leitwort ‚Nachleben' den rätselhaften kulturellen Vorgang der Rezeption der Antike in deren Wiederaufnahme, Wiederbelebung und Wiedergeburt herauszuarbeiten. Newald verstand unter ‚Nachleben' die Zeugnisse der Ergriffenheit der Nachgeborenen über Denkmäler

---

[8] Wiederabgedruckt in Newald: Probleme und Gestalten (Anm. 1), S. 151–457.
[9] Richard Newald: Erasmus Roterodamus. Freiburg i. Br.: Burda 1947.
[10] Ders.: Humanismus und Reformation. 1490–1600. In: Annalen der deutschen Literatur. Hrsg. von Heinz Otto Burger. Stuttgart: Metzler 1951, S. 287–338.
[11] Geschichte der deutschen Literatur von den Anfängen bis zur Gegenwart. Hrsg. von Helmut de Boor und Richard Newald. 12 Bde. München: Beck 1949 ff., Bd. 5, Die deutsche Literatur vom Späthumanismus zur Empfindsamkeit (1570–1750).
[12] Wiederabgedruckt in Newald: Probleme und Gestalten (Anm. 1), S. 122–150.

der Antike. Er sah im abendländischen Verhalten zur Antike einen Vorgang, der analog zum organischen Leben und dessen Zeugungsprozeß war. In diesem geistigen Zeugungsprozeß hätten sich die „Stoffmasse des antiken Erbes" und die „sich immer wieder verändernde geistige Situation, die aus dem Wesen einzelner Individuen und Gemeinschaften erschlossen werden muß", vereinigt.[13]

Der kulturmorphologische Skopus aber ist, daß „die Möglichkeit einer zeugenden Vereinigung beider Gruppen [...] immer vorhanden [ist], aber [...] nur selten und unter ganz bestimmten Voraussetzungen ein[tritt]".[14] „Die Antike kann nur dann wirken, wenn sie in das Erleben des mit ihr sich bequemenden Geistes einbezogen oder wenn sie selbst zum geistigen Erlebnis wird."[15] Für diesen rational rätselhaften Anlaß eines geistigen Zeugungsprozesses führte Newald den Begriff des *Kairos* ein, der den günstigen, ‚glücklichen' Zeitpunkt meint, zu dem die geistigen und sozialen Verhältnisse einer Zeit so beschaffen sind, daß etwas Neues in geistiger Hinsicht entstehen kann. Diesen Kairos sah er im 14. Jahrhundert in Italien, zuerst bei Petrarca, und dann im 15. Jahrhundert in Deutschland. Die geistigen Verhältnisse waren da wie dort in politischer und sozialer Hinsicht so negativ beschaffen, daß sich der Kairos für die Wiedergeburt der Antike, und zwar der römischen, einstellte. In diesem Sinne trennte Newald die Antike-Rezeption des Mittelalters von deren Wiedergeburt in der nachfolgenden Phase der Weltgeschichte. Seine monumentale Untersuchung zum *Nachleben des antiken Geistes im Abendland bis zum Beginn des Humanismus* unternahm es deshalb, das Verhältnis des Mittelalters zur Antike zu untersuchen und dessen Andersartigkeit gegenüber der späteren Phase aufzuzeigen. Newald sah die Verhaltensweisen des Mittelalters gegenüber diesem Phänomen als ‚Vermittlung' gewisser Stoffmassen an. So bietet seine umfangreiche ‚Überschau' ein informierendes Kompendium der Vermittlungsvorgänge von Stoffen und Texten der Antike durch das mittelalterliche Abendland. Das Werk ist, wenn man es richtig instrumentalisiert, auch heute noch von beträchtlichem Informationswert.

In einer seiner letzten Veröffentlichungen, im Beitrag zur *Deutschen Philologie im Aufriß*, gab Newald eine Skizze des Einflusses des klassischen Altertums auf die deutsche Literatur und legte hier Strukturen vor, die Korrekturen und Präzisionen seiner Nachleben-These enthalten, die unbedingt berücksichtigt werden müssen, weil sie die eigentlich gültigen sind.

Newald ging von drei historischen Perioden als kulturellen Einheiten der Antike aus: „1. die griechische Kultur von Homer bis Aristoteles, 2. die römische Kultur in den letzten Jahrhunderten der Republik und den ersten der Kaiserzeit, 3. die synkretistische Kultur des Mittelmeerbeckens in den ersten Jahrhunderten unserer Zeitrechnung".[16] Diese drei Perioden würden – so Newalds Ansicht – vom

---
[13] Ders.: Nachleben des antiken Geistes (Anm. 2), S. 2.
[14] Ebd.
[15] Ebd., S. 3.
[16] Richard Newald: Klassisches Altertum und deutsche Literatur. In: Deutsche Philologie im Aufriß. Hrsg. von Wolfgang Stammler. 4 Bde. Berlin: Schmidt 1952, Bd. 2, S. 423–454.

Abendland in spiegelbildlicher Reihenfolge rezipiert: zuerst die Sehweise der synkretistischen Kultur des Mittelmeerbeckens, also die sogenannte Spätantike, durch das daran anschließende Mittelalter, was Newald als einen Vorgang der „Vermittlung" bezeichnete, der etwa im 7. Jahrhundert begann. Die anschließende Periode, die sogenannte Renaissance, rezipierte im wesentlichen die Anschauungen der römischen Kultur – ein Vorgang der ‚Wiedergeburt', der in Italien im 14. Jahrhundert einsetzte. Und erst im 18. Jahrhundert vollzog sich der wahre Vorgang der Rezeption der griechischen Kultur im Sinne einer ‚Wiedergewinnung'.

Newald nahm in diesem Artikel den Begriff ‚Nachleben' zurück: „Der Ausdruck Nachleben ist irreführend und wird dem Wesen des kulturwissenschaftlichen Begriffs […] nicht gerecht."[17] Insofern war es unglücklich und terminologisch verwirrend, daß 1960 aus Newalds Nachlaß der umfangreiche Nachleben-Torso publiziert wurde, der 1947 abgeschlossen worden war.

Newalds Vorstellung vom ‚Nachleben der Antike' ist gleichwohl für sein ganzes Konzept von größtem Gewicht. Das Mißverständnis ist – wenn man genau hinsieht – ‚nur' ein terminologisches; Aspekt und Sinngehalt des Ansatzes werden davon eigentümlicherweise nicht berührt. Denn der Nachleben-Begriff ist durch die kulturhistorische Opposition zum ‚Totsein' der Antike entstanden. Daß die Antike für das Abendland nicht tot war, sondern in vielfältigen Formen lebte und insbesondere auch für die Neukonstituierung des abendländischen Geistes in der Mitte des zwanzigsten Jahrhunderts ihren hohen Wert hatte, sollte mit der immanenten Dialektik von Leben und Tod ausgedrückt werden. ‚Leben' galt in diesem Sinne als unmittelbares Vorhandensein, als existentielles intellektuelles Machtpotential, das von der abendländischen Bildungsgesellschaft zu nutzen und anzuwenden sei bzw. unter historischem Aspekt seit dem Mittelalter als konstitutives Kulturelement genutzt worden war. So wurde der Newaldsche Nachlebenbegriff als aktive Diathese verstanden, obwohl er inhaltlich im Sinne der Rezeptionstheorie die Passivität der antiken Überlieferung nahelegt. Die Antike lebt jeweils nach Bedarf und Art ihrer Rezeption. In Worten Newalds klingt das so:

> Die Wirkenskraft irgendeiner antiken Erscheinung liegt nicht in dieser selbst, sondern in der Aufnahmebereitschaft eines Zeitalters, einer Prädisposition, der Voraussetzung besseren oder anderen Verstehens, wobei es nicht darauf ankommt, daß die antike Erscheinung richtig, d. h. so verstanden wird, wie sie zur Zeit ihrer Entstehung verstanden wurde. Es kommt auf die Resonanz an.[18]

Newalds Erforschung des Nachlebens der Antike ist nichts anderes als die Erforschung der Rezeption der Antike durch das Abendland, die er zu Recht als eine der vordringlichsten interkulturellen Forschungsaufgaben ansah.

---

[17] Ebd., S. 424.
[18] Ebd.

IV.

Aus der Nachleben-Konzeption und aus der Einführung des *Kairos*-Begriffs, der kontrapunktisch alles Suchen nach den frühesten Belegen für mögliche Renaissance-Vorstellungen ad absurdum führte, ergaben sich für Newald die beiden Zentralbegriffe für den tiefen Umbruch zwischen Mittelalter und Früher Neuzeit im 14. bzw. 15. Jahrhundert: Renatae Litterae und Reformatio.

An den Vorgängen des ausgehenden 14. und des 15. Jahrhunderts vornehmlich in Deutschland konnte er die Kairos-Situation fixieren: er listete acht Punkte als Gründe für die geistige Situation der Zeit auf:[19]

1. Umwertung und Verlegung der Bildungsstätten von den Klöstern zu den Universitäten
2. Aufblühender Handel
3. Kirchliche Mißstände und die darauf gerichtete Kritik
4. Sinken des Ritterstandes
5. Erhebung eines selbstbewußten Stadtbürgertums
6. Verlegung des Schwerpunktes von den geistlichen Interessen auf die weltlichen
7. Allgemeine Unzufriedenheit mit der Gegenwart
8. Der Ruf ‚Ad fontes'

Aus diesen Zuständen resultierte nach Newald die Aufdeckung und Aufwertung der topographisch vorhandenen alten Quellen als neue Lebensorientierungen. Damit war die „fortdauernde Tradition" unterbrochen. Zeichen hierfür sind die neue Latinität sowie die Bildung von Akademien, gelehrten Gesellschaften und Universitäten. Ein neuer intellektueller Menschentyp entwickelt sich: der *poeta doctus*, der *homo novus*, der Intellektuelle. Und mit ihm kommt es zu einer Überbewertung des Schrifttums; es entsteht das Heldentum der Feder, das die Möglichkeit geistiger Machtentfaltung besitzt. Literatur wird so zu einer „Weltmacht", zu einer „selbständigen Größe".[20]

Die geschichtliche Situation des 15. Jahrhunderts führte zu einer Synthese von Wiedergeburtsgedanken und Reformintentionen; an der Vergangenheit, sowohl an der römisch-antiken wie an der frühchristlichen Welt, sollte und wollte die eigene Zeit des 15. Jahrhunderts genesen. Der Synkretismus von Wiedergeburt und Lebenserneuerung mündete allenthalben in das Plädoyer einer christlichen Moral- und Lebenshaltungslehre. Am Beispiel des *Ackermann* exemplifizierte Newald den Synkretismus als Zeichen der Zeit, indem er Konrad Burdachs weitausholende Quellenuntersuchungen und deren ideologische Identifikationen mit Arthur Hübners Entdeckung der deutschen Implikate kontrastierte. Die Vision einer Renaissance auf deutschem Boden, wie sie Burdach suggerierte, lehnte er ab.

---

[19] Ders.: Nachleben des antiken Geistes (Anm. 2), S. 376 f.
[20] Ebd., S. 379.

Unter den Leitbegriffen der Renatae Litterae und Reformatio gelangte Newald zu einer Einschätzung des 15. Jahrhunderts, die bisher wenig umgesetzt worden ist. Er sprach zwar noch von dem

> rätselhaften 15. Jahrhundert, in dem Reformwille, Glaubenseifer und müde Resignation, Feuerwaffe und Ritterspiel, Buchdruck und Schreiberkunst, Kaiserglaube und Türkengefahr, Lebensangst und Zukunftshoffnung so hart beieinander wohnen, jenes Jahrhunderts, in dem sich dem Forscher plötzlich eine größere Fülle von Gestalten zeigt, deren Wesen die Antwort auf manche Frage schuldig bleibt.[21]

Überblickt man aber die Fülle der gedanklichen und formalen Neuerungen des 15. Jahrhunderts allein im deutschen Bereich, kann man nicht umhin, diesem Jahrhundert zuzuerkennen, daß es auf seine Weise eines der innovativsten Zeitalter der deutschen Literatur- und Geistesgeschichte gewesen ist. Daß Newald schon vor fünfzig Jahren diesem Jahrhundert den Begriff reformatio zuerkannte, trifft den Kern der zeitgenössischen Intentionen, denn – wie Newald sagt –:

> der Wille nach Umgestaltung und Rückkehr zu besseren, begründeteren Verhältnissen erwacht durch die Unzufriedenheit an Gegenwart und Umwelt, den Mißbrauch der höchsten geistigen Macht und das Irrewerden an ihrer Göttlichkeit, sobald drei Anwärter Anspruch und Recht auf das dreifache Diadem erhoben.[22]

Das Konstanzer Konzil brachte die Frage der Reformatio auf den Verhandlungstisch der Geschichte – die Hus-Argumentation der Lutherzeit zeigt die durchgehende Linie vom Beginn des 15. bis ins 16. und 17. Jahrhundert hinein. Ohne die Kenntnis des 15. Jahrhunderts sind die nachfolgenden Zeitalter kaum angemessen zu verstehen. Der Beginn der Kultur der Frühen Neuzeit liegt in Deutschland um 1400 und mit ihr auch der Beginn der Mittleren Deutschen Literatur, die ja gerade das beste Barometer für die geistigen Vorgänge der Zeit ist. Newald hat das in seiner geistesgeschichtlich orientierten Perspektive gesehen und als historiographisches Konzept fixiert. Deshalb beginnt auch in der von ihm und de Boor konzipierten Geschichte der Deutschen Literatur die nachmittelalterliche Periode um 1370. Daß er ihre Literatur in dem konzipierten Sinn nicht mehr darstellen konnte, gehört zu den irreparablen Verlusten der deutschen Literarhistorie.

V.

Einige Schwierigkeiten gibt es meines Erachtens allerdings heute mit Newalds Humanismus-Begriff. Vielleicht liegt das eher an der geistesgeschichtlichen Tradition als an Newald selbst. Dort, wo Newald auf die unterschiedlichen Bezüge und Berufungen der Zeiten auf die Antike rekurriert, ist alles plausibel, wo er aber mit den Begriffen ‚Humanismus', ‚humanistisch' arbeitet, stellt sich, wie mir

---

[21] Ders.: Renatae Litterae und Reformatio. Gedanken zur Geistesgeschichte des ausgehenden Mittelalters. In: Historisches Jahrbuch 71 (1952), S. 137–164, hier S. 157.
[22] Ebd.

scheint, kein klarer Sinn ein. Das gilt in besonderem Maße für seinen der Ideengeschichte verpflichteten Essay *Humanitas, Humanismus, Humanität*, der 1947 erschien und einen großen Bogen von der Antike bis in die Gegenwart der Nachkriegssituation schlug. Newald ging es hier um die Tradition eines Humanismus durch die Jahrhunderte, der im Sinne des Erasmus ein freies Handeln fordert, das vom Menschen verantwortet wird. Die Träger dieses Humanismus seien die Gelehrten und Lehrer als die kompetenten, aber auch verantwortlichen Bildungsvermittler. Das Konzept verlor sich allerdings in der idyllischen Vision einer Abtei Theelema: „Ziel und Streben des Humanismus und seiner Anhänger ist ein geistiges freies Reich, das nur von einer freien Vereinigung Berufener betreten werden kann."[23] Wir stehen in der Tat vor der Frage, ob sich etwa mit folgenden Definitionen heute geschichtliche Plausibilität erreichen läßt:

Humanismus sei – so Newald – „Welt- und Lebenssicht", „[...] eine ganz bestimmte Einstellung zum Leben und zu den Menschen". Humanismus hole sich seine „Vorbilder aus der Antike", er will sie „praktisch tätig verwerten" und „einen realen Gewinn aus ihnen ziehen. Jeder Humanismus ist prosaisch, jede Renaissance poetisch-künstlerisch. Beide sind von der Antike abhängig, ja ohne das antike Erbe gar nicht zu denken."[24]

In historischer Hinsicht gilt Humanismus als „geistige Bewegung, welche die sogenannte Neuzeit einleitet". Demnach müßte das ganze 15. Jahrhundert ein humanistisches Zeitalter sein – das aber tragen die verschiedenen Texte nicht.

Und wie verhält es sich mit dem humanistischen ‚ad fontes‘ und der Reformatio-Intention, zwecks Besserung der Zustände zur frühchristlichen Kirche zurückzugelangen? Ist der Aufstieg durch Entdeckung der sprachlichen Möglichkeiten – zum Beispiel Lorenzo Vallas *Elegantiae Linguae latinae* – erfolgt, führen Kenntnis und Beherrschung der Sprache, und zwar der lateinischen, zum richtigen Verstehen der Dinge und Erscheinungen? Oder wurden nicht viel eher die Dinge durch die Brille der antiken Texte definiert und nicht aus der Empirie der Wirklichkeit? Die Medizingeschichte kann hier gute Beispiele für die Verfremdung der Wirklichkeit durch die Galensche Lehre anführen.

Die genaue Charakterisierung von Phänomenen der Zeit mit dem idealtypischen Begriff des Humanismus, der Jahrhunderte später geschaffen wurde, und zwar ohne die substantielle Kenntnis der Vielfältigkeit der geschichtlichen und literarischen Gegebenheiten des 15. und 16. Jahrhunderts, scheint auch bei Newald nicht möglich zu sein. So augenöffnend und konkretisierend Newalds Aufdecken der Antike-Rezeption bis ins einzelne hinein ist und so sehr die Funktionen der Übernahme hervorleuchten – diese Klarheit schwindet bei Anwendung des Begriffs ‚Humanismus'. Es wäre sinnvoller, immer von dem Faktum, der Rezeption der Antike, auszugehen.

---

[23] Ders.: Humanitas, Humanismus, Humanität. Essen: Chamier 1947, S. 41.
[24] Ders.: Nachleben des antiken Geistes (Anm. 2), S. 7 f.

Allerdings scheint es, daß Newald bei der praktischen literarischen Arbeit implizit diese Schwierigkeiten gespürt hat. Das Dilemma im Zwiespalt zwischen überkommener Begriffsdefinition und Text- und Zeitbefund tritt gerade in seinen *Vier Gestalten aus dem Zeitalter des Humanismus* (1946) hervor. Hier führte er Regiomontan, Celtis, Erasmus und Hutten als „lebensvolle Persönlichkeiten" ihrer Zeit vor. Alle vier erscheinen ihm als „weltoffen mit brennenden Fragen der Zeit beschäftigt"[25] – aber das waren andere auch, die man traditionellerweise nicht zu den sogenannten Humanisten rechnet.

Newalds Schwanken kommt schon in der Einleitung zum Ausdruck, wenn er diese Figuren in die Literatur der Zeit zu integrieren sucht, statt sie zu exponieren: „Mögen die Humanisten auch tiefer in das Wesen der Antike eingedrungen sein: sie gaben ihr wie in allen Zeiten viel von ihrem eigenen Wesen, das sich nur wenig von dem der volkstümlichen Dichter unterscheidet."[26] Fast listig schob Newald die Definition des ‚Humanistischen' beiseite, indem er vier Zentralgestalten vorführte, die jede auf ihre Weise mit Bildung, Zeitkenntnis und aktuellen Fragen und Problemen ihres Lebensraums vertraut war. Die vier Gestalten repräsentieren intellektuelle Leistungsfähigkeiten ihrer Zeit, aber sie lassen sich im Verhältnis zur Zeit bei genauer Betrachtung der sie bestimmenden Phänomene nicht auf einen irgendwie definierten Nenner ‚Humanismus' bringen. Gleichwohl scheint Newald letztlich der Mut gefehlt zu haben, sich von einem geistesgeschichtlichen Klischeebegriff zu trennen, der im Detail für die Erfassung der vier Personen nichts Spezifisches hergab, außer allgemeiner Grundzüge wie vorzüglicher Beherrschung des Neulateinischen, christlich-ethischer Implikationen und formaler wie argumentativer Anwendung antiker Literaturmuster.

Was ist zum Beispiel an dem sogenannten Erzhumanisten Conrad Celtis – eigentlich Konrad Bickel aus Wipfeld bei Würzburg – nun nach Newald humanistisch? Newald benötigt für seine Darstellung des Erzhumanisten nirgendwo die humanistische Begrifflichkeit, um das Phänomen Celtis zu beschreiben und zu erklären, dennoch bietet er ein lebendiges plastisches Bild des Menschen und Künstlers Celtis – und der Zeitumstände. Er tüncht gelegentlich die Wörter Humanismus, humanistisch hinein, ohne daß sie an der Stelle einen spezifischen Sinn machten. Streicht man diese Bezeichnungen oder konkretisiert man sie sachlich, so fehlt der Darstellung nichts. Das Verfahren ist richtungweisend, auch heute noch: konkrete sachbezogene Analyse und Beschreibung der einzelnen Vorgänge und Erscheinungen ist das Gebot; das, was für Celtis als typisch, bezeichnend, charakteristisch gilt, trifft so nicht für Erasmus oder Hutten zu. So wie diese vier Gestalten aus dem Zeitalter des Humanismus ihre Darstellung als Persönlichkeiten ihrer Zeit und nicht als hochstilisierte ‚Humanisten' erhalten haben, verfuhr Newald ebenfalls bei der Darstellung der *Elsässischen Charakterköpfe* aus der gleichen Zeit um 1500: Gailer vom Kaisersberg, Jakob Wimpfeling, Sebastian Brant,

---

[25] Ders.: Vier Gestalten aus dem Zeitalter des Humanismus. Wiederabgedruckt in: Probleme und Gestalten (Anm. 1), S. 159.
[26] Ebd.

Thomas Murner, Matthias Ringmann. Sie sind gestandene Autoren ihrer Zeit und haben einflußreich und richtungweisend auf Kirche, Staat, Bildung, Gesellschaft mit neuen Ideen, mit Kritik und Doktrinen eingewirkt. Sie waren wie Brant und Murner bedeutende Literaten, die über die antike Bildung ihrer Zeit frei verfügten. Sie auf das tückische Prokrustesbett humanistischer Ideologie zu spannen, um den Begriff Humanismus als Epochenmarke zu retten, ist unangemessen, denn er verzerrt Leistung, Wesen und intellektuelle Beschaffenheit dieser Männer.

Newald muß das – vielleicht intuitiv – erkannt haben, denn seine Überführung dieser geschichtlichen Existenzen in das historische Bild von Charakterköpfen ist weithin frei von den Zwängen, geistige Existenz aus der Systematik historisch-ideologischer Überbausyndrome zu definieren. Das gibt diesen essayistischen Darstellungen ihre Plastizität und Frische – auch heute noch, obwohl im einzelnen neue Erkenntnisse hinzugetreten sind und neue Quellen erschlossen wurden.

Meiner Meinung nach hat Newald hier eine Möglichkeit aufgezeigt, wie Literatur, Autoren und Zeitverhältnisse populär gemacht werden können. Es wird gerade in die Zukunft hinein nicht unwesentlich darauf ankommen, daß die historische Literaturwissenschaft, die sich mit diesem Bereich der mittleren Literatur beschäftigt, für größere Bekanntheit und Resonanz der Phänomene und Probleme der Frühen Neuzeit sorgt, und zwar einmal deshalb, weil das geschichtliche Bewußtsein weiterer Kreise gepflegt und wachgehalten werden muß, und zum anderen, weil gerade die Periode der Frühen Neuzeit ja das geschichtliche Fundament unserer Zeit und unseres Lebens darstellt. Es lag durchaus und ganz bewußt in Newalds Intentionen, konkrete wissenschaftliche Forschungsergebnisse an historisch interessierte Laienkreise weiterzugeben, zumal aus einem solchen Bereich wie dem der Rezeption der Antike und der Spaltung der Konfessionen – zwei elementare Phänomene, die auch noch die derzeitige geistige Gegenwart bestimmen.

VI.

Es lohnt sich schließlich, noch einen Blick auf Newalds literarhistorisches Konzept für die Darstellung der Literatur zwischen 1400 und 1750 zu werfen. Er selbst konnte nur noch das letzte Drittel, die Deutsche Literatur von Späthumanismus zur Empfindsamkeit realisieren. Er hatte sozusagen mit dem Ende begonnen, weil das 17. Jahrhundert ein Gebiet war, das ihm noch Schwierigkeiten bereitete und im Hinblick auf das Material noch nicht genügend durchgearbeitet worden war wie die Literatur der vorausgegangenen Jahrhunderte. Noch kurz vor seinem Tode sagte er mir, wie er sich nun freue, die beiden Bände zum 15. und 16. Jahrhundert in einem Zuge zu schreiben, da er viel Material und das Struktursystem parat habe. Er hatte mich – diese autobiographische Erinnerung sei gestattet – dafür einsetzen wollen, die Funktion der Palliata im deutschen und neulateinischen Drama des 15. Jahrhunderts aufzuarbeiten, ein Thema, das aus seinem Arbeitsfeld hervorgegangen war.

Newalds literarhistorisches Konzept war für damalige – und auch noch für heutige – akademische Verhältnisse reichlich aufmüpfig: die überkommenen Klassifizierungen und Terminologien kümmerten ihn wenig. So können wir bei ihm lesen:

> Es braucht nicht zu verwundern, daß die Terminologie der Literaturgeschichte eng mit der kunstgeschichtlichen übereinstimmt. Ausdrücke wie Romantk, Gotik, Barock, Rokoko stammen daher, während die Ausdrücke Klassik, Klassizismus und Romantik ursprünglich auf Erscheinungen des Schrifttums angewendet wurden. Die in verwirrender Fülle vorhandenen Bezeichnungen, denen nicht immer eine klare Begriffsbildung zugrunde liegt, stellen sich manchmal als gefährliche Denkhilfen ein, heben einheitliche Merkmale hervor, die im Gegensatz zu vorausgehenden oder nachfolgenden Perioden erkannt wurden. Eine solche Betrachtungsweise führt zur Mechanisierung eines geschichtlichen Vorganges.[27]

Statt dessen bediente sich Newald unter geistesgeschichtlichem Aspekt der Nachzeichnung von Strömungen. Bezeichnendstes Verfahren ist, daß er den fünften Band der von ihm zusammen mit seinem Freund Helmut de Boor konzipierten Geschichte der deutschen Literatur, der den Zeitraum 1570 bis 1750 umfaßt, nicht mit dem modischen Reizwort des Barock etikettierte. Newald orientierte vielmehr sein Konzept für die deutsche Literatur zwischen 1570 und 1750 an „Strömungen" der Geistesgeschichte: ‚Vom Späthumanismus zur Empfindsamkeit' oder konkret: von Frischlin, Fischart und dem Jesuitendrama bis hin zu den Bremer Beiträgern, Gellert und den älteren Brüdern Schlegel. In den inneren Orientierungen der vier Abschnitte – ‚Vorbereitungen', ‚Im Zeichen der Poetik', ‚Schwulst und Prosa', ‚Aufklärung' – spielen die Strömungen keine Rolle mehr. Die Etikettierung der einzelnen Kapitel erfolgt nach den wesentlichen Erscheinungsmomenten der literarischen Überlieferung wie ‚Neue Kräfte im Drama' oder ‚Prosa' oder ‚Martin Opitz' oder ‚Sprach- und Dichtergesellschaften' oder ‚Marinismus' oder ‚Das Bürgertum und seine Grenzen' usw.

Der Band hat, von unseren heutigen Vorstellungen, Kenntnissen und Erwartungen aus gesehen, seine Stärken und seine Schwächen. Die Stärken liegen unbedingt in der kompendiösen, aber dennoch klaren Darbietung des Materials. Man hatte zuvor kaum eine Ahnung, wie reich die deutsche Literatur dieser Zeit an Texten außerhalb des traditionellen Kanons war. Man vergleiche Newalds Band nur mit den Darstellungen von Günther Müller (1927) und Paul Hankamer (1935). Aber auch heute ist die Fülle an Sachangaben von den nachfolgenden Literaturgeschichten nicht wieder eingeholt worden. Unverwelkt ist manche seiner prägnanten Charakterisierungen geblieben, und manche Hinweise und Durchblicke sind noch gar nicht erwogen, geschweige denn realisiert worden.

Es gibt aber auch Schwächen, die man heute nicht übersehen darf: Dadurch, daß Newald diesen Band zum 17. Jahrhundert vor den Bänden zum 15. und 16. Jahrhundert schrieb, ergaben sich für die Einleitung der Konzeption literarhistorische Positionen, die nicht haltbar sein dürften. So ist eines seiner Argumente,

---

[27] Ders.: Nachleben des antiken Geistes (Anm. 2), S. 4.

mit den siebziger Jahren des 16. Jahrhunderts „die Geschichte der neueren deutschen Literatur" zu beginnen, daß der Literaturbetrieb von der „Handschrift auf das gedruckte Buch" übergegangen sei, um fast hundert Jahre zu spät datiert; die handschriftliche Literaturüberlieferung des 16. Jahrhunderts ist nicht umfangreicher als die des 17.! Die geschichtlichen Fakten, die Texte in ihrer ganzen Fülle widersprechen der These, das Mittelalter und die Neuzeit in der deutschen Literatur zu Ende des 16. Jahrhunderts zu kontrastieren. Gerade die Probleme des Konfessionalismus und die neulateinische Literatur binden das 16. und das 17. Jahrhundert eng aneinander. Auch Newalds eigene Humanismus-These hätte ihn vor dieser Zäsur bewahren können, wenn er überdies die bei Goedeke aufgelistete Fülle der neulateinischen Schriftsteller im Übergang vom 16. zum 17. Jahrhundert berücksichtigt hätte. Daß auch Opitz einen beträchtlichen Teil seines Werkes in latein geschrieben hatte, wird von Newald übersehen, mindestens nicht entsprechend thematisiert.

Andererseits ist es durchaus Newalds historiographisches Verdienst, bereits zu Beginn der fünfziger Jahre auf die Bedeutung der deutschen neulateinischen Literatur auch für das 17. Jahrhundert hingewiesen zu haben. Das Problem der literarischen Zweisprachigkeit ist von ihm so tief wie nie zuvor gesehen und thematisiert worden, wenngleich sich zwei Generationen später im Gefolge einer nahezu dreißigjährigen Beschäftigung mit diesem Phänomen die Ansichten stark modifiziert haben. Die „Überwindung der lateinischen Tradition" ist ein Vorgang seit der Mitte des 17. Jahrhunderts, das Versiegen einer deutschen neulateinischen Literatur tritt phasenversetzt im Norden eher als im Süden auf, aber die akademische Kommunikationssprache war bis in den Anfang des 18. Jahrhunderts immer noch das Lateinische.

Wichtig und richtungweisend war Newalds Votum für den literarisch-ästhetischen Wert der neulateinischen Dichtung: „Man muß sich von der Gewohnheit befreien, die neulateinische Dichtung lediglich als Schulübung, Centopoesie, mosaikartiges Zusammensetzen, in dem es bestenfalls zu einer virtuosen Beherrschung der Technik kommen kann, anzusehen."[28] Daß Newald „Bedeutung und Wert" der neulateinischen Dichtung auf die „Vermittlung geistiger, ethischer und untrennbar damit verbundener formaler Werte"[29] beschränkte und ihr „schöpferisches Gestalten der Sprachen und der Formen" absprach, läßt erkennen, daß ihm wie seiner Generation das Ideal des individuell ästhetischen Schöpfertums im Sinne der Weimarer Klassischen Ästhetik den unvoreingenommenen Zugang zu diesem eigenständigen Literaturtyp verbaute. Deutlich formuliert ist das in der verbindlichen Grundposition: „Alle Kunst des Zeitalters ist zumeist bewußte Schöpfung. Das macht sie uns fremd. Angesprochen werden wir nur da, wo wir vom Zeitlos-Menschlichen berührt werden."[30]

---

[28] Ders.: Die deutsche Literatur vom Späthumanismus zur Empfindsamkeit (Anm. 11), S. 5.
[29] Ebd.
[30] Ebd., S. 8.

So sind in diesem Konzept „Gelegenheitsdichtung" als Charakteristikum für die Dichtung des 16. und 17. Jahrhunderts und „Erlebnisdichtung" als eigentliche echte literarische Leistung kontrastiert. Die Zweckhaftigkeit und „schablonenhafte Gleichzeitigkeit" der literarischen Produktion wird denn auch in die Nähe des Journalismus manövriert. Bezeichnenderweise haben in Newalds Konzept Rhetorik und Poetik als Lehrmeister und Stützen zu beherrschenden Konventionen und Praktiken in der literarischen Kommunikation noch keine konstituierende Funktion.

So erscheinen ihm Ordnung und Struktur, der Bezug auf das Allgemeine, das Betonen des Typischen, der Mangel an Psychologie sowie die Personifikationen der Tugenden und Laster als Ausdruck eines ethischen Mechanismus, der mit dem individuellen Leben und Erleben nichts zu tun hat. Newalds literatur- bzw. kulturmorphologisches Evolutionsdenken ließ ihn nicht auf die Frage kommen, warum das so war und was dahintersteckte. Er sah in dieser Hinsicht die Erscheinungen der Literatur- respektive Kulturgeschichte als Ausdruck eines vielgestaltigen Entwicklungsprozesses zu immer höheren Sublimationen des Humanen an.

Hier liegen Fehleinschätzungen vor, die durch die Forschungen der letzten dreißig Jahre korrigiert worden sind und die es bezeichnenderweise unmöglich machten, eine moderne Bearbeitung des Newaldschen Konzepts vorzunehmen. Es ist so festgefügt und in sich so stimmig, daß es als disziplingeschichtliches Zeugnis sui generis und von hohem Rang anzusehen ist. Wer sich an ihm reibt, gerät in Spannung und zieht Gewinn für seine eigene Position, denn der fast 600 Seiten starke Band ist mit stupender Gelehrsamkeit erarbeitet worden – ohne Hilfskräfte und Forschungsförderung und unter wenig idealen Lebens- und Arbeitsbedingungen.

Newalds historische Gesamteinschätzung des 17. Jahrhunderts hat – paradoxerweise – nicht auf seine Darstellung durchgeschlagen. Was er vorlegte, war ein reichlich dezidierter „Überblick" über die deutsche Literatur zwischen 1570 und 1750, und zwar, wie er sagte, „im Sinne einer Aufnahme der Bestände". „Es gilt also, das Schrifttum nach seinem Inhalt und seiner Bedeutung darzustellen, sowie die Ergebnisse der wissenschaftlichen Forschung zu verarbeiten und zu verwerten."[31]

Diese Bestandsaufnahme und ihre historischen Informationen sind heute noch unerreicht und machen den Wert des Bandes aus, wenn man seinen Reichtum kritisch zu funktionalisieren weiß. Newald hatte – als der Band 1951 erschien – nicht nur die skizzenhaft-essayistischen Darstellungen von Müller und Hankamer um vieles überholt, sondern auch alles, was nach ihm an Gesamtdarstellungen der Literatur des 17. Jahrhunderts vorgelegt wurde, bedeutet im Hinblick auf den Informationsgehalt einen Rückschritt. Auch heute noch bestätigt sich, was seinerzeit Erich Trunz in seiner Rezension hervorhob, daß mit diesem Band die Erforschung der deutschen Literatur des 17. Jahrhunderts erst richtig beginnen könnte.

---

[31] Ebd., S. 25.

Newalds Konzept für die Literatur der Frühen Neuzeit vermittelt somit ein progressives Bild der damaligen Forschung bis in die vierziger Jahre. Ergebnisse, Korrekturen, Modifikationen, Ergänzungen der intensiven Beschäftigung mit der Literatur seit etwa 1960 sind natürlich hier nicht zu erwarten. Dennoch hat Newald die Konturen eines in sich zusammengehörenden Zeitraums der deutschen Literatur und Kultur vom ausgehenden 14. bis zur Mitte des 18. Jahrhunderts konstatiert. Die drei großen Bände zur mittleren Literaturgeschichte konturieren das sinnvoll, sosehr sie im einzelnen zu ergänzen und zu modifizieren sein dürften. Newald hat sich wesentlich auf die modifizierte Rezeption der Antike durch die deutsche Literatur gestützt. Die differenzierten Verhaltensweisen gegenüber der Antike, wie sie im Mittelalter und der Frühen Neuzeit zu erkennen sind, die Newald mit dem Begriff Vermittlung einerseits und Wiedergeburt andererseits fixierte, heben in der deutschen Literatur den Anfang der Phase ‚ausgehendes 14. und Beginn des 15. Jahrhunderts' vom Mittelalter ab. Dazu kommt für Newald ein weiteres wichtiges Moment für das 15. Jahrhundert in Deutschland: Die parallelgehende Kritik an den politischen, sozialen, religiösen und kulturellen Lebensverhältnissen dieser Zeit, die in fast überbordendem Maße die gesamte Literatur des 15. Jahrhunderts durchzieht. Hieraus leitet sich erkennbar die Sehnsucht und die Bereitschaft zur Veränderung her, auf allen Gebieten; das Heilmittel zur Sanierung der Zeitgebrechen wird im Rückgriff in die vormittelalterliche Zeit gesehen, in die Spätantike und in die römische Antike. Die Einführung des römischen Rechts, die forcierte Rezeption der Patristik, die Orientierung an Philosophie und Literatur Roms sind sichtbarer Ausdruck dafür und bergen ihrerseits genügend Sprengstoff für die Systemexplosionen der Wittenberger Reformation. Der vielfältige re-formatio-Vorgang des 15. Jahrhunderts ist die Basis für die Veränderungen im 16. Jahrhundert.

Newalds Begriffe *renatae litterae* und *reformatio* repräsentieren die Situation des 15. Jahrhunderts vollauf – nur bedürfen sie dringend der weiteren und umfassenden Bestätigung durch die Sichtung des vorhandenen Quellenmaterials aller Arten. Es wird sich dabei bestätigen, daß das 15. Jahrhundert in der deutschen Literatur eines der innovativsten war und als eigentliches geschichtliches Fundament von Neuzeit und Moderne anzusetzen ist, obwohl es bisher meist als eins der ärmlichsten und chaotischsten Zeitalter gilt.

Auch für die ‚vordere' Abgrenzung des Gebiets ergibt sich vom Standpunkt der Antike-Rezeption im 18. Jahrhundert ein plausibler Umschlag von der römischen zur griechischen Antike, den Newald mit dem Begriff der ‚Wiedergewinnung' zu umschreiben suchte. Im Zuge der Wiedergewinnung des antiken Griechentums habe sich, so Richard Newald, „die edle Menschlichkeit der deutschen Klassik, der neue Humanitätsgedanke [...] in einer zu idealen Sphären erhobenen Antike im Zeitalter des Perikles" gespiegelt.[32] Wir wissen heute aufgrund einer Fülle anderer Kriterien und Indizien, daß dieser Einschnitt zu Recht in der Mitte

---

[32] Ders.: Klassisches Altertum und deutsche Literatur (Anm. 16), S. 141.

des 18. Jahrhunderts und vor den Toren der Französischen Revolution gesetzt ist. Was sich uns als Kritik aufdrängt, ist der geistesgeschichtliche Ansatz, der heute nur noch dann überzeugt, wenn er das Abstrakt tiefbohrender Detailforschung ist. Die steht aber noch weithin aus.

Die Skepsis unserer Generation gegenüber allem Visionären und Ideologischen ist eine wissenschaftsgeschichtliche Ausgangslage, die auf die konkrete historische Arbeit im Sinne der Denkmälerheuristik gerichtet ist – in der Hoffnung, aus der funktionsbestimmten Summierung des Einzelnen zu einer Überschau zu kommen, bei der die Abstraktion das Ergebnis der konkreten historischen Befunde ist.

Dennoch sind solche sachbezogenen Überschau-Visionen sinnvoll und nützlich, weil sie in abgesteckten Bahnen zur Vertiefung anreizen können. Die Zusammenschau hat aber Grenzen, wo sie Systeme bildet, die über die geschichtlichen Gegebenheiten hinausgehen. So fehlt dem Verallgemeinern Newalds in vieler Hinsicht noch das konkrete Fundament. Insofern werden an einzelnen Bastionen seines Gesamtbildes nach und nach Modifikationen vorzunehmen sein. Aber die gezogenen Linien und Umrisse sind Ordnungsstrukturen, die für den Zeitraum vom 14. bis zum 18. Jahrhundert akzeptabel sind.

Auf jeden Fall sind Newalds Arbeiten auch noch für unsere Zeit von Gewinn. Er ist keinesfalls überholt und zu vergessen, sondern zu ergänzen und kritisch zu überprüfen. Sein dauerndes Verdienst ist es, die Mittlere Zeit ins Bewußtsein der Literatur- und Kulturhistorie gerückt und das Erbe der Antike in ihr nachhaltig und umsichtig betont zu haben.

Beschlossen sei das Gedenken Newalds mit einem Wort von ihm selbst:

> Der Drang nach Erforschung der Wahrheit mag eine starke Triebfeder sein. Aber Wahrheit und Wert haben im Lauf der Geschichte nie eine absolute Geltung. Das Hochgepriesene fällt der Verachtung anheim und das Verdammte steigt aus dunkler Tiefe ins Licht empor. Gleichwohl nähme man jedem wissenschaftlichen Forschen den Sinn, wenn man sein Ziel nicht in der Aufdeckung der Wahrheit erkennen wollte. Das Streben danach gibt den schärfsten Ansporn, es fordert Strenge gegen sich und andere, es ist die unmittelbarste Triebkraft, von der man besessen sein muß, um deretwillen man viel auf sich nehmen, auf vieles verzichten muß. Auf ihr ruht das wissenschaftliche Ethos. Diese seelische Grundhaltung hat in mehr als einer Hinsicht etwas Tragisches an sich, sie wird im Kampf mit jenen, die über größere Machtmittel verfügen, den Kürzeren ziehen, aber sie wird nur nachgeben, wenn sie zur Erkenntnis gelangt ist, daß sie im Irrtum befangen war. Auch dazu gehört Mut und Entschlossenheit, wie zu dem umbeirrten Streben nach einem unerreichbaren Ziel.[33]

---

[33] Ders.: Nachleben des antiken Geistes (Anm. 2), S. XII.

Monika Walter

„Der umgekehrte Prophet" der Neuzeit
Zur wiederentdeckten Moderne-Kritik von José Ortega y Gasset

Ein Postmoderner ‚avant la lettre'?

Ist José Ortega y Gasset hierzulande ein wirklich bekannter Denker? Diese Frage scheint auf den ersten Blick ausgesprochen absurd zu klingen. Hat der Spanier doch bereits seit den 1920er Jahren durch die spektakulären Thesen aus *Die Vertreibung des Menschen aus der Kunst* und *Der Aufstand der Massen* eine für spanischsprachige Intellektuelle ungewöhnlich große Popularität erworben. Im Jahre 1951 erhielt er die Ehrendoktorwürde der Universität Marburg, an der er von 1906 bis 1907 begierig die nachkantianischen Vorlesungen Paul Natorps und Hermann Cohens gehört hatte. Für eine restaurativ gesinnte Elite des deutschen Bürgertums in den fünfziger Jahren verhieß Ortegas Denken einen möglichen Kompromiß, im Kampf gegen den „‚neuen' politischen Versuch" des „Bolschewismus" zugleich die eigene faschistische Vergangenheit mit zu bewältigen.[1]

Die Rückwendung zu Ortega y Gasset, wie sie dann Jahrzehnte später anläßlich seines hundertsten Geburtstags mit einem Marburger Colloquium versucht wurde, stand unter dem eher negativen Vorzeichen von verblaßtem Ruhm und nachlassendem Interesse.[2] Nun sollte sich herausstellen, daß an der früheren Bekanntheit weniger der Philosoph und Geschichtsschreiber als der politische Schriftsteller und Kunsttheoretiker beteiligt gewesen waren.[3] Die in den beiden erwähnten Werken

---

[1] José Ortega y Gasset: Der Aufstand der Massen. In: ders.: Gesammelte Werke. 6 Bde. Stuttgart: Deutsche Verlags-Anstalt 1978, Bd. 3, S. 7–155, hier S. 73.
[2] Actas del Coloquio celebrado en Marburgo con motivo del centenario del nacimiento de J. Ortega y Gasset (1983). Hrsg. von Hans-Joachim Lope. Frankfurt a. M.: Lang 1986 (= Studien und Dokumente zur Geschichte der Romanischen Literaturen, 18).
[3] Der Spanier lebte und schrieb zwischen 1883 und 1955. Er studierte Philosophie vor allem in Marburg, bekam 1910 den Lehrstuhl für Metaphysik an der Madrider Universität, an der er bis 1936 lehrte. Nach Ausbruch des spanischen Bürgerkrieges ging er ins Exil nach Frankreich, Portugal und Argentinien. 1948 kehrte José Ortega y Gasset nach Spanien zurück, gründete in Madrid ein Institut für Humanwissenschaften, an dem er bis zu seinem Tode tätig war. Ortega y Gasset entfaltete seine intellektuelle Tätigkeit in drei Richtungen: Buchproduktion, Lehre und Journalismus. Bedeutsam ist vor allem die von ihm 1923 gegründete *Revista de Occidente* und die Reihe *Ideenbibliothek des 20. Jahrhunderts*, die mit Übersetzungen von Max Born, Jacob von Uexküll und Oswald Spengler begann und damit deutlich von der frühzeitigen Einsicht getragen war, daß die wichtigsten philosophischen Bei-

entworfene Angstvision einer allumfassenden sozialen Vermassung, in der überdies die hohe Kultur durch eine Popularkultur unterminiert wird, ist weitaus mehr als politischer Entwurf denn als eine zutreffende Krisenprognose einer späten Moderne-Entwicklung gewürdigt worden. Weitgehend unbeachtet blieb außerdem die philosophische Hermeneutik des Spaniers. Einer heutigen, vor allem im postfranquistischen Spanien und in den USA eingesetzten Neubewertung Ortegas steht also nicht allein in Deutschland ein nur begrenztes Interesse an seinem Denksystem gegenüber. José Ortega y Gasset hat seine ausschnitthafte Präsenz in der europäischen Philosophie-Diskussion des 20. Jahrhunderts überaus genau und illusionslos registriert. Dennoch schwingt neben Ironie nicht wenig Bitterkeit in den immer wiederkehrenden Klagesätzen mit, insbesondere in *Der Intellektuelle und der Andere* (1930): „Ich habe nie ernstlich erwartet, daß man auf mich hören würde, noch war oder bin ich bereit, mich dem Glauben hinzugeben, daß man mich beachte."[4] Wohlbekannt ist Ortega y Gasset deshalb im deutschen Sprachraum vor allem einem Spezialpublikum von hispanistisch interessierten Philosophiehistorikern, Kunsttheoretikern und Literaturkritikern geblieben.[5]

Die Optik der außerspanischen Ortega-Rezeption hat allzu häufig die Philosophie des Ratiovitalismus auf eine eklektische, mithin wenig originelle Verarbeitung, ja zuweilen auf ein schon befremdlich anmutendes Pasticcio von westeuropäischen und insbesondere deutschen Denksystemen aus dem 17. bis in das 20. Jahrhundert verkürzt, in dem Leibniz und Kant neben Dilthey, Nietzsche, Husserl, die Neukantianer neben Bergson, Freud neben Heidegger stehen. In der Tat ein widersprüchliches Kunterbunt, das immer wieder in unterschiedliche Entwicklungsetappen gegliedert worden ist: Neukantianismus von 1907 bis 1914, Perspektivismus von 1914 bis 1920, Biologismus von 1920 bis 1927, Existentialismus ab 1927.[6] Dem Spanier haftete zuweilen sogar das wenig schmeichelhafte Etikett eines Epigonen an. Aber nicht allein die orteguistische Rezeptionsbreite philosophischer Ideen weckte außerhalb Spaniens Mißtrauen. Skeptisch machte auch die fast anstößig anmutende Themenbreite seiner Schriften: José Ortega y Gasset hat bekanntlich gleichermaßen über Leibniz wie Mallarmé geschrieben, über Universalgeschichte wie die Moral des Automobils in Spanien, die Ästhetik in der Straßenbahn und die Lektionen der Metaphysik, über Einstein und die Psychologie des interessanten Mannes. In eng gezogenen Grenzen hielt sich also innerhalb der westeuropäischen Moderne-Debatten die Neugierde auf diese spanische Stimme,

---

träge des 20. Jahrhunderts weniger von Philosophen, sondern eher von Vertretern anderer Disziplinen stammen.

[4] José Ortega y Gasset: Der Intellektuelle und der Andere. In: ders.: Triumph des Augenblicks – Glanz der Dauer. München: Deutscher Taschenbuch Verlag 1963, S. 280–289, hier S. 283.

[5] Vgl. Hans Poser: Ortega, una reflexión sobre los principios y el nuevo modo de pensar. In: Revista de Occidente 132 (1992), S. 95–105; zur Präsenz des Spaniers innerhalb der Diskussion zu Masse und Massengesellschaft vgl. Helmut König: Zivilisation und Leidenschaften. Die Masse im bürgerlichen Zeitalter. Reinbek: Rowohlt 1992.

[6] Vgl. Victor Ouimette: José Ortega y Gasset. Boston: Twayne Publishers 1982.

die allein schon wegen ihrer eleganten Metaphorik und brillanten Ironie so einzigartig wirkte.

Erst in den neunziger Jahren ist der provozierende Abstand zwischen dem Rang des spanischen Denkers innerhalb der spanischen Philosophiegeschichte und „seinem Platz im umfassenderen Kontext europäischer Kulturmoderne" erneut in den Mittelpunkt des Forschungsinteresses gerückt worden.[7] Ortegas Wiederentdeckung ist nicht von einer aktuellen Kulturdebatte zu trennen, die wir heute im allgemeinen als postmodern zu bezeichnen pflegen und meistens mit Poststrukturalismus (Barthes, Foucault) und Dekonstruktion (Derrida) umschreiben.[8] Verstanden als ein grundlegendes Infragestellen der Kategorien und Modellansprüche von modernem Ordnungsdenken, bewirkten diese Denkströmungen tatsächlich eine wachsende Dezentrierung des intellektuellen Lebens. Das bislang normstiftend wirkende abendländische Zentrum begann sich nun vergessenen, unbeachteten oder verdrängten Wortmeldungen aus der sogenannten Peripherie zuzuwenden, die, wie Ortega y Gasset eindrucksvoll zeigte, zuallererst die Ränder Europas selbst betraf.

Postmoderne bedeutet also auch die Fülle von Denkansätzen, die für das Geltungsrecht widerspruchsvoller Erfahrungen weltweiter Differenz stehen.[9] Versteht man Ortega y Gassets Denken als eine solche Abweicherfahrung, drängen sich schon an dieser Stelle zahlreiche Fragen auf: Gelingt mit Ortegas Umwertung zum ‚Propheten' der Postmoderne tatsächlich ein tiefergehender Zugang zu seiner Denk- und Schreibmethode, oder ist der so Etikettierte einfach nur in die modische Suche nach einem eigenen, möglichst heterogenen Gegenkanon geraten? Geht es in der postmodernen Lesart des spanischen Philosophen nur um eine Projektion aktueller Interessen oder um die tiefer reichende Aufarbeitung seiner besonderen Modernitätserfahrung?

Überraschend sind in jedem Falle Parallelen zwischen zahlreichen Ideen aus dem Gesamtwerk des Spaniers und den Thesen postmoderner Denker. Ortegas Sentenz „Die Verwirrung ist eine Verbündete jeder Krisenzeit"[10] klingt wie ein Echo auf die zahlreichen heutigen Äußerungen zur Ratlosigkeit als einer Art von Selbstoffenbarung unserer Epoche.[11] Ortegas Umgang mit Kategorien des Zweifels und der Krise („Es ist nicht leicht, eine Philosophie zu definieren, die es sich

---

[7] Oliver W. Holmes: Ortega. Human Consciousness and Modernity. In: Ortega and the Question of Modernity. Hrsg. von Patrick H. Dust. Minneapolis: The Prisma Institute 1989, S. 153–181, hier S. 154.

[8] Vgl. Klaus von Beyme: Theorie der Politik im 20. Jahrhundert. Von der Moderne zur Postmoderne. Stuttgart: Suhrkamp 1991; Linda Hutcheon: The Politics of Postmodernism. London und New York: Routledge 1989; Postmoderne. Zeichen eines kulturellen Wandels. Hrsg. von Andreas Huyssen und Klaus Scherpe. Reinbek: Rowohlt 1993; Zygmunt Baumann: Moderne und Ambivalenz. Das Ende der Eindeutigkeit. Frankfurt a. M.: Fischer 1995.

[9] Postmoderne – globale Differenz. Hrsg. von Hans-Ulrich Gumbrecht und Robert Weimann. Stuttgart: Suhrkamp 1991.

[10] José Ortega y Gasset: Im Geiste Galileis. In: ders.: Gesammelte Werke (Anm. 1), Bd. 3, S. 386–567, hier S. 443.

[11] Vgl. Ulrich Beck: Politik in der Risikogesellschaft. Frankfurt a. M.: Suhrkamp 1991, S. 47.

zur strengen, grundlegenden Voraussetzung macht, von vornherein die Unerkennbarkeit ihres Gegenstandes als Möglichkeit zuzulassen")[12] findet seine Entsprechung in dem Bemühen von Denkern wie Jacques Derrida, dem Unbestimmten einen rechtmäßigen Status in der Philosophie zurückzugeben. Die paradoxe Hermeneutik Ortegas tritt vor allem in seinen zahlreichen Erklärungen von „razón vital", „der lebendigen Vernunft" zutage: „Leben ist die ständige Entscheidung darüber, was wir sein werden [...] Nun, dieses grundlegende und abgründige Paradox ist unser Leben."[13] Beim Lesen solcher Formulierungen verdichtet sich durchaus der Eindruck, hier würde auf eine ähnlich radikalkritische Demontage von angeblich natürlichen Denkkonventionen der ‚doxa' gezielt, wie sie ein Roland Barthes sehr viel später als der Spanier beabsichtigt hat.[14]

Überhaupt rücken Ortegas zahlreiche Bemerkungen über das „paradoxe Gepräge" als der Wurzel der gesamten Philosophie[15] um so mehr in die Nähe des gesamten dekonstruktiven Denkgestus, wie er mit seinem Konzept einer lebendigen Vernunft nicht länger eine letzte Eindeutigkeit, sondern eine erzählerische Deutlichkeit zu erreichen suchte. Gleichzeitig thematisierte der spanische Philosoph bereits ein halbes Jahrhundert vor den Postmodernen die biologischen Dimensionen des Denkens („Der Mensch ist vor allem jemand, der in einem Körper steckt")[16] und begann mit der grundsätzlichen Demontage jeder metaphysischen Darstellung vom ‚Wesen' des Menschen: „Die Umstände in sich aufzunehmen ist das konkrete Schicksal des Menschen [...] Das menschliche Leben ist der Kampf des Menschen mit seinem inneren und individuellen Schicksal, keine Substanz, kein Ding, sondern eine Aufgabe."[17] Ortegas klassische Formel seiner *razón vital* – „Ich bin ich und meine Lebensumstände"[18] – betont die Konvertibilität von Leben und Vernunft und ist auf eine Radikalkritik des cartesischen *Cogito* gerichtet:

> Die idealistische These, die während der gesamten Moderne herrschend ist, steht zwar auf absolut festen Füßen, ist aber zugleich schierer Wahn, wenn man sie vom Gesichtspunkt des braven Bürgers und des gewöhnlichen Lebens aus betrachtet [...]. Wahr ist vielmehr, daß ich mit meiner Welt in meiner Welt existiere und daß ich darin bestehe, daß ich mich mit dieser meiner Welt befasse, indem ich sie sehe, vorstelle, denke, liebe, hasse [...].[19]

Leben wird auf diese Weise eine autobiographische Realität und Lebenspraxis. Der erste Teil der Formel – „Ich bin ich" – bedeutet: „Ich muß in jedem Augen-

---

[12] José Ortega y Gasset: Was ist Philosophie? In: ders.: Gesammelte Werke (Anm.1), Bd. 5, S. 313–515, hier S. 378.
[13] Ebd., S. 491.
[14] Vgl. Roland Barthes: Über mich selbst. München: Matthes & Seitz 1978, S. 142 f.
[15] Ortega y Gasset: Was ist Philosophie? (Anm. 12), S. 313–515, hier S. 388.
[16] Ders.: Der Mensch und die Leute. In: ders.: Gesammelte Werke (Anm.1), Bd. 6, S. 7–243, hier S. 69.
[17] Ders.: Geschichte als System. Stuttgart: Deutsche Verlagsanstalt 1952, S. 179.
[18] Ders.: Meditaciones del Don Quijote. In: ders.: Obras Completas. 12 Bde. Madrid: Revista de Occidente 1961, Bd. 1, S. 309–400, hier S. 322.
[19] Ders.: Was ist Philosophie? (Anm. 12), S. 437 und S. 472.

blick entscheiden, was ich im nächsten tun will." Der zweite Teil – „und meine Lebensumstände" – bedeutet die Verstrickung des einzelnen in ein „Netzwerk" oder „Repertorium von Überzeugungen und Meinungen in bezug auf die Welt",[20] aber auch die Gesamtheit von materiellen Technologien eines bestimmten historischen Augenblicks. Solche „Vielgestaltigkeit von Leben" wird mit Geschichte schlechthin gleichgesetzt: „Die Geschichte, meine Zuhörer, ist vor allem eine Geschichte des Notwendigwerdens, Wachsens und Absterbens von gesellschaftlich Gültigem, eben von Meinungen, Normen, Vorlieben, Bedürfnissen usw."[21] Im Bild des „Netzwerkes" verdeutlicht sich gleichzeitig Ortegas Sicht auf „die Grundformen der Struktur des Lebens" und auf ein Geschichtsverständnis als Strukturzusammenhang, das von Denkern wie Claude Lévi-Strauss und Michel Foucault entwickelt worden ist.[22] Ebenso erinnert Ortegas Unterscheidung von wirklich individualisiertem „Ich-Selbst" und nur standardisiertem, gesellschaftlichem oder „Man-Ich"[23] an heutige Fragestellungen der symbolischen Kulturanthropologie und Kultursemiotik.[24]

Schon vor dem Hintergrund der hier nur knapp skizzierten Denkansätze erscheint es durchaus verführerisch, Ortega y Gassets philosophische Hermeneutik als „Dekonstruktion von Moderne" zu bewerten und sie zugleich „mit einer positiven Bedeutung aufgeladen"[25] zu sehen. Positiv vor allem deshalb, weil Ortega y Gassets Moderne-Kritik sich keineswegs in einer frühzeitigen Absage an die Wirkungsgeschichte des klassischen Projektes erschöpft hat, sondern immer auf die historische Perspektive der Vernunft gerichtet bleibt:

> Die umgekehrte Auffassung, welche die übliche ist, läuft darauf hinaus, daß man aus der Vergangenheit etwas Abstraktes und Unwirkliches macht, das leblos in seiner Zeit ruht, während doch die Vergangenheit die lebendige und wirkende Kraft ist, die unser Heute trägt [...] die Vergangenheit ist nicht dort, in ihrer Zeit, sondern hier, in mir. Die Vergangenheit bin ich, das heißt: mein Leben.[26]

Damit zeichnet sich für die jetzige Forschung im Orteguismus tatsächlich ein nach- oder postmodernes Geschichtsbewußtsein ab, das den augenblicklich gängigen Trends eines sogenannten Endes von Vernunft und Geschichte diametral entgegengesetzt wirkt. Aber ist ein solcher imaginärer Dialog zwischen Ortega y Gasset und Autoren wie Derrida, Barthes und Foucault nicht eine entweder zu kühne oder zu einseitige Konstruktion, ebenso wie das Etikett eines ‚Postmodernen avant la lettre'? Solchen Fragen nachzugehen erscheint um so reizvoller, als sich Ortega y Gasset in seiner Moderne-Kritik besonders intensiv einem „großen

---

[20] Ders.: Im Geiste Galileis (Anm. 10), S. 393 und S. 458.
[21] Ebd., S. 579.
[22] Ciriaco Morón Arroyo: Ortega and Modernity. In: Ortega and the Question of Modernity (Anm. 7), S. 75–94, hier S. 91.
[23] Ortega y Gasset: Im Geiste Galileis (Anm. 10), S. 460.
[24] Vgl. hierzu die bilanzierende Arbeit Kultur als Text. Die anthropologische Wende in der Literaturwissenschaft. Hrsg. von Doris Bachmann-Medick. Frankfurt a. M.: Fischer 1996.
[25] Morón Arroyo: Ortega and Modernity (Anm. 22), S. 89.
[26] Ortega y Gasset: Geschichte als System (Anm. 17), S. 77.

Raum der Vergangenheit" zugewandt hat, der „eine höchst genaue Form aufweist: der Beginn der Neuzeit".[27]

Vor die Beschäftigung mit dieser Geschichtsperspektive soll jedoch die Frage gesetzt werden, wie die Analogien zwischen Ortegas kritischem Moderne-Bewußtsein und heutiger Postmoderne tatsächlich zustande kommen konnten, anders gesagt: welche die historischen Voraussetzungen einer heute so zeitgenössisch wirkenden Denkmethode im Spanien des beginnenden 20. Jahrhunderts gewesen sind. Erst danach wenden wir uns möglichen Lektionen orteguistischer Ideen für den kritischen Umgang mit den Geschichtskonstruktionen einer klassischen Moderne zu.

Die paradoxe Perspektive von Guadarrama

In seinem *Vorwort für Deutsche*, das für eine 1932 geplante, aber nicht zustande gekommene deutsche Werkausgabe verfaßt wurde und erst 1958 postum erschien, zeigt der Spanier ironisches Verständnis für typisch mitteleuropäische Vorbehalte gegenüber den intellektuellen Fähigkeiten der Südeuropäer und damit für einen eher negativen Erwartungshorizont seiner außerspanischen Leser: „Sie glauben, daß Sie mehr als wir aus dem Süden arbeiten? Was für ein Irrtum. Ich habe zu gleicher Zeit Universitätsprofessor, Journalist, Literat, Politiker, Kaffeehaus-Besucher, Torero, Mann von Welt, schließlich so etwas wie Seelsorger und vieles andre mehr zu sein."[28]

In diesem Aufzählscherz steckt mehr als ein Gran Wahrheit. Er umreißt vielmehr den eigentümlichen Typus des modernen spanischen Intellektuellen als Ganzheit von Philosoph, Historiker, Journalist, Literat, geküßt von der zweifelhaften Muse der Vieltätigkeit, der „polypragmosyne",[29] wie Ortega die eigene Situation scherzhaft umschrieben hat. Im Spiel der Stereotypen mißt der Spanier zugleich den Abstand zwischen seiner als „anti-intellektuell" bezeichneten Haltung und dem Gestus des deutschen Akademikers aus: „[…] in keinem Augenblick kam mir der geringste Zweifel, daß ich mich im Vergleich zum deutschen Gelehrten geradezu entgegengesetzt verhalten mußte".[30] In der Tat kann man sich nichts weniger Gelehrtes als Ortegas Philosophieverständnis vorstellen. In der ebenfalls erst 1958 postum erschienenen Vorlesungsreihe *Was ist Philosophie?* heißt es hierzu: „Die Philosophie ist erst einmal Philosophieren und Philosophieren ist unbestreitbar Leben – so wie das Laufen, das Sichverlieben, das Golfspielen, das politische Ellbogendrücken und das Verkehren einer Dame in der Gesellschaft. Es sind Arten und Formen des Lebens."[31]

---

[27] Ders.: Im Geiste Galileis (Anm. 10), S. 388.
[28] Ders.: Prólogo para Alemanes. Madrid: Revista de Occidente 1974, S. 13.
[29] Ebd.
[30] Ebd., S. 76 und S. 96.
[31] Ders.: Was ist Philosophie? (Anm. 12), S. 504.

Was aber veranlaßte Ortega zu einem solchen unakademischen Alltagsbezug? Was prägte ihn als jenen Typus eines auf öffentliche Wirkung bedachten Philosophen-Essayisten oder Philosophen-Journalisten, der in seiner Medienpräsenz durchaus dem heutigen Intellektuellen ähnelt? Warum entwickelte er wie kaum ein zweiter Philosoph des 20. Jahrhunderts einen besonders lebensnahen Stil, in dem das gesprochene Wort ein auffallendes Merkmal der Darstellung war, und warum bemühte er sich um das, was man die mittlere, für den interessierten, aber nicht unbedingt für den speziell vorgebildeten Leser offene Ebene der Kommunikation nennen kann?[32]

Was ihm einen solchen anti-intellektuellen Habitus auferlegte, war in der Tat nichts anderes als seine tiefe Verwurzelung in der spanischen Denksituation: „Mein natürlicher Ausgang in das Universum öffnet sich über den Hafen von Guadarrama. Diese Umgebung formt die eine Hälfte meiner Person, nur durch sie kann ich ganz und gar ich selbst sein."[33]

Der „Hafen von Guadarrama" ist aber in gewisser Weise ein anachronistisches Domizil. Mit der offenen Alltagsnähe von Ortegas Denken, das „von vornherein die Unerkennbarkeit ihres Gegenstandes als Möglichkeit"[34] zuläßt, kommt eine andere Dimension seines Wirkens als „Philosoph auf dem Marktplatz" ins Spiel.[35] Sich noch im 20. Jahrhundert so zu nennen bedeutete in Rechnung zu stellen, daß es in Spanien eigentlich noch keine Philosophie als institutionalisierte Wissenschaft gegeben hatte und nur eine kleine Elite an philosophischer Denkpraxis tatsächlich interessiert war. Die Ganzheit der „Vieltätigkeit" signalisiert nichts anderes als Spaniens Rückständigkeit in jenem Prozeß des Moderne-Projektes, das nach Jürgen Habermas „eine Ausdifferenzierung der Wertsphären Wissenschaft, Moral und Kunst" bewirkt hat. „Polypragmosyne" weist allerdings ebenso auf eine in Spanien noch vorhandene Öffnung auf jene „Verständigungsprozesse der Lebenswelt", die „einer kulturellen Überlieferung in ganzer Breite" bedürfen.[36]

Spaniens Lebenswelt war seit dem 19. Jahrhundert, trotz zahlreicher revolutionärer Anläufe, Bürgerkriege und militärischer Erhebungen, in ihren politischen und ökonomischen Modernisierungsprozessen noch immer nicht über erste Anfänge hinaus gelangt. Da die Ankunft moderner Denk- und Lebensformen die Gestalt einer dramatischen Dauerkrise annahm, wurde nach Gründen für die „Anomalität der spanischen Geschichte"[37] gefragt, die den Anschluß an die europäische Moderne dauerhaft verwehrte oder die Spanien möglicherweise zwang,

---

[32] Karlheinz Barck und Steffen Dietzsch: Ortegas lebendige Vernunft. In: José Ortega y Gasset. Ästhetik in der Straßenbahn. Hrsg. von Karlheinz Barck und Steffen Dietzsch. Berlin: Volk und Welt 1987, S. 202–210.
[33] Ortega y Gasset: Meditaciones del Don Quijote (Anm. 18), S. 322.
[34] Ders.: Was ist Philosophie? (Anm. 12), S. 378.
[35] Barck und Dietzsch: Ortegas lebendige Vernunft (Anm. 32), S. 207.
[36] Jürgen Habermas: Die Moderne – ein unvollendetes Projekt. Leipzig: Reclam 1990, S. 41.
[37] José Ortega y Gasset: Aufbau und Zerfall Spaniens. In: ders.: Gesammelte Werke (Anm. 1), Bd. 2, S. 7–78, hier S. 67.

eigene, von ihm endlich zu entdeckende Wege der Kulturerneuerung einzuschlagen.[38]

„Mein Gott, was ist Spanien?" ruft Ortega y Gasset in den *Meditationen über Don Quijote* verzweifelt aus, „in der Weite des Weltalls, mitten unter den unzähligen Rassen, verloren zwischen dem unbegrenzten Gestern und dem Morgen ohne Ende [...]. Was ist Spanien, dieses geistige Vorgebirge Europas, diese Art Bug der festländischen Seele [...]."[39]

Wie konnte in diesem Land, das jeweils zu früh und dann wieder zu spät in die europäische Moderne eingetreten war, die Modernisierung des Denkens grundlegend in Gang gesetzt werden? Seltsamerweise fand der junge Ortega y Gasset zunächst keine andere Antwort als seine Landsleute im 19. Jahrhundert, die sich in Europa auf die Suche nach einer geeigneten Philosophie für ihre Modernitätserfahrung begaben. Als eine Art von Dauerleihgabe brachten sie aus Deutschland den ausgesprochen zweitrangigen Nachkantianismus eines gewissen Herrn Krause mit. Er verwandelte sich auf der Iberischen Halbinsel in den *krausismo*, eine noch für Ortega prägende Weltanschauung des spanischen Liberalismus.[40] Ortega y Gasset ging ab 1904 erneut auf intellektuelle Wanderschaft von Leipzig nach Berlin und Marburg und verwandelte sich in einen begeisterten Meisterschüler deutscher Philosophie. Aus der klassischen deutschen Philosophie entnimmt Ortega y Gasset seine niemals aufgegebene philosophisch-methodologische Grundüberzeugung, die er zugleich zu einem Gemeingut der Spanier erheben möchte, eben jene, daß nur das gedanklich Verarbeitete als unser geistiger Besitz wirklich handhabbar ist, daß Klarheit und Wahrheit nur über den Begriff vermittelbar bleiben. In den *Meditationen über Don Quijote* faßt er dieses Diktum in eine knappe, sentenzartige Aussage: „Jeder, der das Spanien von morgen ehrlich und inniglich liebt, sollte sich ganz klarwerden über die hohe Aufgabe, die dem Begrifflichen zukommt."[41]

Wie aber war die ungeheure Denkbarriere zu einem wenig interessierten, im Philosophieren kaum geübten Publikum zu überwinden? An welche Denktraditionen Ortega y Gasset in einer solchen Lage bewußt anknüpfte, verdeutlicht eine

---

[38] Vgl. den bis heute nachwirkenden Historikerstreit und dessen bedeutendste Vertreter: Claudio Sánchez-Albornoz verteidigt die These von der *Reconquista* als wesentlichem Erklärungsmuster spanischer Geschichte (España – un enigma histórico. 2 Bde. Buenos Aires: Editorial Sudamericana 1956); der Ortega-Schüler Américo Castro erklärt Spaniens historische Besonderheiten aus dem jahrhundertelangen Zusammenleben von Juden, Muslimen und Christen (La realidad histórica de España. México-Stadt: José Porrúa Turanzas 1954). Wieder aufgenommen wurde diese Diskussion, in der auch Ortega y Gassets Rolle bei der Neubestimmung von Modernität erneut zur Debatte steht, im Spanien der neunziger Jahre z. B. von Eduardo Subirats (Después de la lluvia. Sobre la ambigua modernidad española. Madrid: Ed. Temas de Hoy 1993).

[39] Ortega y Gasset: Meditationen über Don Quijote. In: ders.: Ästhetik in der Straßenbahn (Anm. 32), S. 42.

[40] Werner Krauss: Spanien 1900–1965. Beiträge zu einer modernen Ideologiegeschichte. Unter Mitwirkung von Karlheinz Barck u. a. München: Fink 1972.

[41] Ortega y Gasset: Meditationen über Don Quijote (Anm. 39), S. 36.

Laudatio von 1921, die im Café *Pombo*, dem berühmtesten Künstler-Café im Madrid der zwanziger Jahre, auf den berühmten Landsmann gehalten wurde. Darin heißt es:

> Auf ganz direkte Weite will er die Leute auf der Straße zu einer beachtenswerten Ethik bilden, wobei er sich alles vom Gespräch erhofft. Wie Sokrates nach irgendetwas fragt, um den Faden des Gesprächs mit dem Unbekannten zu knüpfen, so scheint auch Ortega sich zuweilen nach der Uhrzeit zu erkundigen, nur um mit dem unbekannten Passanten ins Gespräch zu kommen und ihm dann die ganze Theorie der Zeit zu offerieren.[42]

Indessen war es überaus schwer, mit den eigenen Zeitgenossen in ein solches Gespräch zu kommen. In der Vorlesungsreihe *Was ist Philosophie?* gibt er ein humorvolles Beispiel seines überaus wirkungsvollen pädagogischen Geschicks. Wie führt er seine studentischen Zufallshörer an das so abstrakte Thema des begrifflichen und kategorialen Denkens heran?

> Einige unter Ihnen wissen nicht, was eine Kategorie ist? Schämen Sie sich dessen nicht! Kategorie ist in der philosophischen Wissenschaft etwas ganz Elementares. Sie brauchen sich nicht zu schämen, daß sie etwas Elementares nicht wissen. Wir sind alle unwissend in elementaren Dingen, denn es ist schon viel, wenn wir unsere Nachbarn kennen. Man braucht sich nie zu schämen, wenn man etwas nicht weiß – das ist vielmehr der natürliche Zustand. Schämen muß man sich, wenn man etwas nicht wissen will.[43]

Der Universitätslehrer gewinnt seine Zuhörerschaft, indem er unter seinen philosophischen Spezialproblemen zunächst die jedermann einsichtige ‚Binsenwahrheit' freilegt.[44] Der Buchautor wirbt um sein ausgesprochen antiphilosophisch gesinntes, vor allem an populärliterarische Lesegenüsse gewöhntes Publikum, indem er ihm auf überraschende Weise den Anteil von Einbildungskraft innerhalb der philosophischen Denkarbeit nachweist.[45] Bereits in den *Meditationen über Don Quijote* sucht Ortega die literarische Ebene der philosophischen Kommunikation und nimmt darin eine weitere postmoderne Denktendenz vorweg: die Umsetzung von Krisenerfahrung in die „Aktualität des Ästhetischen".[46] Da nach Ortega die Vernunft ihre Ideen in der fortwährenden Metamorphose zu Glaubensgewißheiten, Überzeugungen, Meinungen, Topoi, Vorurteilen nicht durch Deduktion oder Induktion, sondern vor allem über die Erzählungen[47] findet, sind für ihn auch Wissenschaft und Dichtkunst durch den unterschiedlichen und doch ähnlichen Einsatz von Imagination wie „verwandte Schwestern".[48] Charakteristisch für den

---

[42] Barck und Dietzsch: Ortegas lebendige Vernunft (Anm. 32), S. 202.
[43] Ortega y Gasset: Was ist Philosophie? (Anm. 12), S. 498.
[44] Ders.: Meditationen über Don Quijote (Anm. 39), S. 10.
[45] Michael Nerlich: On the Philosophical Dimension of *El Casamiento Engañoso* and *El Coloquio de los Perros*. In: Cervantes's ‚Exemplary Novels' and the Adventure of Writing. Hrsg. von Michel Nerlich und Nicholas Spadaccini. Minneapolis: The Prisma Institute 1989, S. 257.
[46] Vgl. Die Aktualität des Ästhetischen. Hrsg. von Wolfgang Welsch. München: Fink 1993.
[47] Pelayo H. Fernández: La paradoja en Ortega y Gasset. Madrid: José Porrúa Turanzas 1985, S. 7.
[48] Ortega y Gasset: Im Geiste Galileis (Anm.10), S. 393.

Spanier ist deshalb eine Schreibform, die er selbst als ein besonderes literarisch-wissenschaftliches Hybrid ankündigt, eine Art von Grenztext zwischen künstlerischer und philosophischer Prosa. Seine *Meditationen über Don Quijote* werden beispielsweise so eingeführt: „Sie sind keine Philosophie, was eine Wissenschaft ist. Sie sind einfach einige Essays. Und der Essay ist im Grunde eine Wissenschaft ohne ausdrücklichen Beweis."[49] Der *Don Quijote* wird auf diese Weise ein Schlüsseldokument für Spaniens besondere Geschichtlichkeit und ein darin eingeschlossenes, unverwechselbares Empfinden von Modernität. In den *Meditationen* legt er deshalb diese Tiefendimension seiner Cervantes-Lektüre frei: „Nichts ist meines Erachtens heute für uns wichtiger, als aufgeschlossen zu sein für das Problem der spanischen Kultur, das heißt, Spanien als einen Widerspruch zu empfinden, wer hierzu nicht fähig ist, wer den unterirdischen Doppelsinn, auf dem wir fußen, nicht erkannt hat, wird uns sehr wenig nutzen können."[50]

Der „unterirdische Doppelsinn" erfaßt nichts anderes als die eigentümliche Topographie um den „Hafen von Guadarrama" oder seine spanische Perspektive auf die Welt. Für Ortega ist solche problematische Ausgangslage eine wichtige Voraussetzung gewesen, sowohl die Paradoxien klassischer europäischer Moderne-Philosophie als auch überhaupt das Paradoxe als ein wesentliches Merkmal seiner Hermeneutik zu entdecken. Vielleicht am klarsten definiert er sein Konzept des Paradoxons in dem Essay *Hegel und Amerika*. Gegenstand dieses Textes ist Hegels berühmtes Verdikt aus seinen *Vorlesungen der Philosophie der Geschichte*, in denen er Amerika zu einem Nicht-Ort innerhalb der Philosophiegeschichte erklärt:

> Amerika ist das Land der Zukunft, und als ein Land der Zukunft geht es uns hier überhaupt nichts an; denn wir haben es nach der Seite der Geschichte mit dem zu tun, was gewesen ist, und mit dem was ist, – in der Philosophie aber mit dem, was weder nur gewesen ist noch erst nur sein wird, sondern mit dem, was ist und ewig ist – mit der Vernunft, und damit haben wir zur Genüge zu tun.[51]

Diese im Grunde absurde Feststellung kommentiert Ortega mit folgenden Worten: „Amerika versetzt das historische Denken Hegels in eine dramatische – oder besser gesagt – eine paradoxale Lage. Wenn eine Idee an sich selber leidet und in ihrem schmerzerfüllten Innern ein logisches Drama birgt, greift sie zur Maske des Paradoxons."[52]

Es ist offenkundig diese Maske, die aus Ortegas besonderer Krisenerfahrung eine einzigartige Denkchance werden läßt. Der Name Sokrates war bereits als Bürge für ein wiederentdecktes Gespür gegenüber der tatsächlichen Lebensdialektik genannt worden. Sie ist eben nicht aus einer Hegelschen Dialektik der Begriffe und der reinen Vernunft zu erfassen, sondern durch „die Dialektik einer

---

[49] Ders.: Meditaciones del Quijote (Anm. 18), S. 318.
[50] Ders.: Meditationen über Don Quijote (Anm. 39), S. 48.
[51] Georg Wilhelm Friedrich Hegel: Vorlesungen über die Philosophie der Geschichte. Frankfurt a. M.: Suhrkamp 1986, S. 114.
[52] José Ortega y Gasset: Hegel und Amerika. In: ders.: Ästhetik in der Straßenbahn (Anm. 32), S. 153.

viel umfassenderen, tiefschichtigeren und reicheren Vernunft".[53] Aus der „doppelsinnigen" Distanz heraus sucht Ortega mit dieser „lebendigen Vernunft" die universale Gültigkeit von Denkprinzipien westlicher Moderne gleichermaßen zu bekräftigen wie zu problematisieren und damit ein Recht auf differentes Moderne-Denken zu behaupten. Die Doppelstrategie, Spaniens Moderne-Defizit im kritischen Vergleich mit dem klassischen Standard aufzuholen und gleichzeitig die spanische Abweichvariante von Modernität zu formulieren, zwang Ortega offenkundig zu einem dem postmodernen Denken durchaus nahestehenden Vorgehen. Der Eindruck von Analogien ergibt sich vor allem aus Ortegas Verknüpfungen der Dauerkrise spanischer Modernisierungsprozesse mit einem Krisenbewußtsein im bereits modernisierten Westeuropa. In einem Aufsatz von 1916 hat er diesen Zusammenhang auf jene Formel gebracht, die er zwar später als anmaßend und manieriert[54] kritisierte, doch keineswegs in ihrer Gültigkeit widerrufen hat: *Keineswegs „modern" und „ganz und gar 20. Jahrhundert".*[55] In diesem Text tritt Ortega y Gasset als einer der ersten europäischen Denker auf, die „die mystische Autorität […] des Modernen" im 19. Jahrhundert kritisieren:

> Bedenken Sie einen Augenblick: Wie wird ein Jahrhundert, das sich selbst als modern bezeichnet hat, den Versuch tolerieren, die eigenen Ideen durch andere ersetzt und sich folgerichtig selbst als antiquiert, nicht mehr modern zu sehen? Ich hoffe, daß diese Kühnheit, sich als Epoche eigenmächtig modern zu nennen, eines Tages als Vermessenheit erscheinen wird […] Auf solche Weise ist genau diese Epoche, die eine fortschreitende Veränderlichkeit der Ideen, der Institutionen, des Humanen im allgemeinen verkündet, gleichzeitig jene, die mit der größten Wirksamkeit ihrem urwüchsigen und flüchtigen Tun einen Anstrich von Ewigkeit und Unveränderbarkeit gibt.[56]

Damit deckt Ortega frühzeitig einen jener grundlegenden Widersprüche auf, die heutzutage als Aporien oder Paradoxien der Moderne beschrieben werden. Gleichzeitig hat der Spanier mit solchen frühen Einsichten bereits den für Postmoderne so entscheidenden Vorgang einer „Selbsthistorisierung der Moderne" in Gang gesetzt.[57] Er ist im zweiten Teil der Formel „und ganz und gar 20. Jahrhundert" enthalten, in der zutiefst doppelsinnigen Ausgangslage des Spaniers, noch nicht in der klassischen Moderne angekommen zu sein und sie doch gleichzeitig in Frage zu stellen. Es ist dieser paradoxe Denkort, der Ortega y Gasset in besonderer Weise befähigt, zum kritischen Zeugen der Krise von Denkprinzipien der Moderne, vor allem ihres rationalen und humanistischen Selbstverständnisses sowie eines Anspruchs auf Universalgültigkeit zu werden. Die Formel im ganzen bedeutet mithin: Die historische Verspätung Spaniens, sein Nachtrab im Modernisierungstempo europäischer Geschichte, wird von Ortega erstmals als Möglichkeit

---

[53] Ders.: Im Geiste Galileis (Anm. 10), S. 532.
[54] Ebd., S. 441.
[55] Ders.: Nada ‚moderno' y ‚muy siglo veinte'. In: ders.: Obras Completas (Anm. 18), Bd. 2, S. 20–24.
[56] Ebd., S. 24 f.
[57] Beck: Politik in der Risikogesellschaft (Anm. 11), S. 56.

einer intellektuellen Vorwegnahme, ja sogar eines Vorsprungs ausgelegt. Es ist eben Spaniens zukünftige Form, modern zu sein, die im Lichte der europäischen Moderne-Erfahrungen vom 16. bis zum 19. Jahrhundert definiert und mit der umfassenden kritischen Bilanz möglicherweise vor künftigen Fehlentwicklungen bewahrt wird.

Daß er mit seiner „lebendigen" und „historischen Vernunft" wieder Zukunftserfahrung von Moderne-Denken vorwegnehmen sollte, ist ebenso wenig beachtet worden, wie überhaupt sein dialektisches Verständnis von historischem Wandel unberücksichtigt blieb, wenn es um die so früh ausgesprochene Forderung nach „Selbsthistorisierung der Moderne" ging. Unvermittelt treffen wir hier, in der radikal unsicheren Zukunftsdimension aller menschlichen Tätigkeit, erneut auf das „paradoxe Gepräge" der lebendigen Vernunft:

> Die Zukunft ist immer im Plural; sie besteht in dem, was geschehen kann ... Daher die paradoxe Lage, die aber für unser Leben wesentlich ist, daß der Mensch keine andere Möglichkeit hat, sich in der Zukunft zu orientieren, als zu untersuchen, was in der Vergangenheit war, deren Gesicht eindeutig, fest und unveränderlich ist.[58]

„Futurition", „ins-Künftige-Tun",[59] also der offene Horizont von Geschichte, enthält eine bestimmte Philosophie der Geschichte, in der nun der Geschichtsschreiber als „ein umgekehrter Prophet" auftritt.[60] Es handelt sich hierbei nicht länger um eine Vorhersehbarkeit der Moderne-Geschichte, die aus ihren selbstkonstruierten teleologischen Wunschprojektionen heraus begründet wird: „Unter der Maske seiner großzügigen Zukunftsbezogenheit tut der Fortschritt nichts für den kommenden Tag; überzeugt, daß die Welt geradeaus gehen wird, ohne Umwege oder Rückschritte, zieht er seine Unruhe aus der Zukunft zurück und siedelt sich in einer endgültigen Gegenwart an."[61]

Entschieden anders als im klassischen Moderne-Empfinden enthält Zukunft keine gleichermaßen rationalistisch wie teleologisch begründete Prognosesicherheit, keine reflexive Selbstgewißheit des *Cogito* mehr. Die Schlüsselworte eines auf unmittelbare Zukunft gerichteten Denkens und Handelns sind vielmehr „Drama", „Verwirrung", „Krise", „radikale Unsicherheit", „Schiffbruch". Aber alle diese Worte wären als Metaphern von Vernunftnihilismus und Geschichtspessimismus völlig falsch ausgelegt. Es geht zunächst wieder um eine „Binsenwahrheit": daß „der Mensch die Zukunft nicht ebensogut voraussagen könne wie er die Vergangenheit nacherzählen kann".[62] Der Zwang zur fortwährenden Voraussage wird gerade in der Unvorhersehbarkeit des menschlichen Verhaltens neu verankert: „Jeder Mensch hat vielmehr in jedem einzelnen Augenblick zu entscheiden, was er tun wird, was er im darauffolgenden Augenblick sein wird."[63] Die Geschichtlich-

---

[58] Ortega y Gasset: Im Geiste Galileis (Anm. 10), S. 484.
[59] Ders.: Was ist Philosophie? (Anm.12), S. 492.
[60] Ders.: Der Aufstand der Massen (Anm. 1), S. 42.
[61] Ebd., S. 35.
[62] Ders.: Im Geiste Galileis (Anm. 10), S. 532.
[63] Ebd., S. 399.

keit des modernen Individuums erscheint hier in einem desillusionierten, aber nicht irrationalen Licht. Als Rüstzeug für die Gestaltung offener Zukunft wird Geschichtsschreibung bei Ortega mit einem besonderen Gespür für das innere und keineswegs zielgerichtete Entstehungsdrama der Moderne ausgestattet. Deshalb vermag sich Ortega nun einer Frage zuzuwenden, die paradoxerweise im 19. Jahrhundert gar nicht gestellt worden war, eben die Frage nach der „Unkenntnis, was am Geist der Moderne modern ist".[64] Was daher eine solche umgekehrte Geschichtsschreibung gerade für eine Neubewertung des „Beginns der Neuzeit" bedeuten könnte, hat Ortega y Gasset in *Im Geiste Galileis* beschrieben, ein Text, in dem er sich dem Krisenvergleich am Anfang und am Ende von klassischer Moderne-Entwicklung zuwendet.

Die Neuzeit „in den status nascendi versetzen": Ortegas Vergleich von Epochenkrisen

Der äußere Anlaß für diese Vorlesungsreihe, die erstmals 1942 unter dem Titel *Das Wesen geschichtlicher Krisen* veröffentlicht worden ist, war im Jahre 1933 der 300. Jahrestag des Widerrufs Galileo Galileis vor dem römischen Inquisitionstribunal. Da die „Aufgabe der Geschichte ist, die Tatbestände des gelebten Lebens"[65] zu schildern, verschwimmen auch hier die Grenzen zwischen Philosophie, Geschichtsschreibung und Literatur in der für Ortega so typischen Essay-Form. Wenn vom 15. Jahrhundert als dem „verwickeltsten und rätselhaftesten der gesamten europäischen Geschichte bis zum heutigen Tage" gesprochen oder der Zeitabschnitt von 1400 bis 1600 als die „undurchsichtigste und noch immer am wenigstens bewältigte Epoche"[66] der westlichen Geschichte umschrieben wird, so mag man solche Einsichten im Lichte des heutigen Forschungsstandes (Burke, Kristeller, Batkin, Greenblatt) als längst eingeholt und differenziert abtun. Nicht unbedingt originell ist auch sein Ausgangspunkt, Jacob Burckhardts Werk *Die Kultur der Renaissance in Italien* (1860) und seine Umdeutung einer über Jahrhunderte nur undeutlich erinnerten Zeit zum glanzvollen Epochenbegriff. Als „Binsenwahrheit" erscheint es ebenso, die Ereignisse von 1633 und in ihrem Umkreis die Leistungen von Galilei, Kopernikus und Descartes als den Beginn von Neuzeit und moderner Kultur zu nennen. Berücksichtigen wir allerdings den Zeitpunkt seiner Vorlesungen, dann erweitern sich viele seiner Überlegungen in der Tat zu einer erstaunlichen Vorwegnahme späterer und zuweilen erst jüngst eingesetzter Forschungstendenzen. Der Geschichtsschreiber Ortega als „umgekehrter Prophet", der eben „die Zukunft im voraus erzählt",[67] gewinnt hier deutliche Konturen.

---

[64] Ders.: Was ist Philosophie? (Anm. 12), S. 424.
[65] Ders.: Im Geiste Galileis (Anm. 10), S. 444.
[66] Ebd., S. 539 und S. 453.
[67] Ebd., S. 532.

Solche Pose zielt keinesfalls auf eine Rekonstruktion der Vergangenheit, sondern auf die Vergleichbarkeit zweier Epochenkrisen oder Grenzsituationen, den Beginn und das Ende der Neuzeit. „Warum", so fragt er, „liegt die Vermutung nicht nahe, daß die gegenwärtige Krise davon herrührt, daß die neue, im Jahre 1600 angenommene ‚Haltung', die ‚moderne' Haltung, alle Möglichkeiten erschöpft, ihre äußersten Grenzen erreicht und dadurch ihre eigene Begrenzung, ihre Widersprüche, ihre Unzulänglichkeit entdeckt hat?"[68]

Es ist dieser dramatische Übergang, „das Gefühl, sich auf der Grenzscheide zweier Lebensformen, zweier Welten, zweier Epochen zu befinden",[69] das der Spanier eine Krise nennt. Eine solche „Grenzscheide" umschreibt erneut die paradoxe Topographie des orteguistischen Denkens, das im Jahre 1933 bekanntlich *Keineswegs ‚modern' und ‚ganz und gar 20. Jahrhundert'* ist. Wird die Krise auf diese Weise eine geschichtliche Kategorie, so wirkt sie nicht länger wie eine „endgültige Katastrophe", sondern stellt sich vielmehr als „eine der möglichen Grundformen der Struktur des menschlichen Lebens" heraus.[70] Der Geschichtsbetrachter erweist sich hier erneut als Dialektiker. Auf der einen Seite ist für ihn „die Verwirrung [...] eine Verbündete der Geschichte", auf der anderen Seite ermöglicht ein solches „Labyrinth der Verworrenheit" gerade den ständigen, weil lebensnotwendigen Vorausentwurf des Denkens.[71] Anders ausgedrückt: die „paradoxale" Lage, Orientierungen über das Kommende nur durch Erkunden von Vergangenem zu erlangen.

In dem Maße, wie der offene Zeithorizont der unmittelbaren Zukunft als Ausgangspunkt von Geschichtsbetrachtung genommen wird, rückt Vergangenheit in einen gründlich veränderten Blickpunkt. Wird in der Geschichtsbetrachtung nach den praktischen Bewältigungsstrategien von Krisen gefragt, dann verwandelt sich die frühere Wirklichkeit keineswegs

> in ein Geschenk, das die Tatsachen dem Menschen machen. Jahrhundert um Jahrhundert lagen die Tatbestände des Sternenraumes vor dem Menschenauge offen da, und dennoch war das, was diese Tatbestände dem Menschen bedeuteten [...] nicht nur keine Wirklichkeit, sondern vielmehr das Gegenteil: ein Rätsel, ein Geheimnis, ein Problem, vor dem man erschauerte. Die Tatsachen gleichen somit den Bildern einer Hieroglyphe. Ist Ihnen die paradoxale Anordnung derartiger Bilder schon einmal aufgefallen? Sie stellen uns ja ihre überklaren Profile ganz auffällig entgegen, aber ihr deutliches Aussehen dient eben dazu, uns vor ein Rätsel zu stellen und Verwirrung in uns anzurichten.[72]

Der Bezug auf eine Geschichte als bloßer Niederschlag von Erfahrungswerten richtet sich klar gegen den Positivismus, wie zugleich die neuartige Wechselbeziehung von unmittelbarer Zukunft und Vergangenheit eine deutliche Kritik am Ge-

---

[68] Ebd., S. 440.
[69] Ebd., S. 483.
[70] Ebd., S. 454.
[71] Ebd., S. 443 und S. 502.
[72] Ebd., S. 390.

schichtsverständnis eines Hegel oder Dilthey enthält. Denn Ortega geht es nicht nur um ein geistiges Einholen von historischem Sinn, das mit realem Entfernen einhergeht, sondern um die konkrete Kontinuität und den Wandel historischen Lebens, Ähnlichkeiten und Gegensätze zwischen den einzelnen Zeiten.[73] Burckhardts Buch ist für Ortega gerade deshalb ein Anknüpfungspunkt für eine moderne Epochenbeschreibung, weil sie nicht allein von nackten Tatsachen und Jahreszahlen beherrscht ist. Nacherzählen von Geschichte erweist sich vielmehr als „imaginäre Rückwanderung", als „geistiges Experiment",[74] durch die Geschichte in ihren „status nascendi" versetzt, als eine offene Handlungssituation und diffuses Zeitempfinden, das in seinem verzweifelten Suchen nach neuen Sicherheiten heraufbeschworen wird.

Geschichte als Bewältigungsstrategie von Krisensituationen zu begreifen bedeutet zugleich die Welt als Instrument zu verstehen, die die Menschen für sich herstellen. Lebenspraxis in diesem weiten Sinne ist sowohl das Nachdenken über die Dinge, das Sammeln von Erfahrungen, das Hervorbringen von Weltanschauungen wie auch das Herstellen von Werkzeugen. Daraus entsteht eine ungewöhnliche Ganzheit des Kulturbegriffs, mit dem der späte Moderne-Philosoph fast auf die Grenzscheide von idealistischem und materialistischem Denken gerät:

> Die Kultur ist nur die Interpretation, die der Mensch seinem Leben gibt, die Reihe der mehr oder weniger befriedigenden Lösungen, die er erfindet, um seinen Problemen und Lebensnotwendigkeiten zu begegnen, und zwar ebenso denjenigen, die der materiellen Ordnung angehören, wie den sogenannten geistigen.[75]

Individuelle Lebensbewältigung[76] und kollektive Geschichtspraxis treten hier in eine aufschlußreiche Wechselbeziehung. Für den „Geschichtsschreiber als umgekehrten Propheten" ist deshalb nicht das Durchbruchsdatum von Moderne um 1600 bedeutsam. Vielmehr wird die davor liegende „Epoche fürchterlicher Verwirrung",[77] das 15. Jahrhundert, der eigentliche Ausgangspunkt, in dem er die Konfliktfelder künftiger Moderne-Konstruktionen aufspürt. Nicht René Descartes, sondern Denker wie Nikolaus Kues oder Pico della Mirandola offenbaren dem Modernehistoriker das widerspruchsvolle und offene Wesen eines Menschen, der „in jedem Augenblick das Gegenteil seiner selbst war".[78] Die Renaissance-Epoche, als „Mutmaßung, dumpfe Vorahnung, Vorbote",[79] kurzum zur Krise um-

---

[73] Vgl. Joachim Ritter: Subjektivität. Frankfurt a. M.: Suhrkamp 1980, S. 130–135.
[74] Ortega y Gasset: Im Geiste Galileis (Anm.10), S. 563 und S. 439.
[75] Ebd., S. 464.
[76] Diese Sicht auf Lebensbewältigung und menschliches Bewußtsein wird erst heute, mit einer umfassenden Kritik an den Folgen des cartesischen *Cogito* für die Psychologie und Bewußtseinsforschung, in ihren wesentlichen Aspekten bestätigt. Vgl. Antonio R. Damasio: Descartes' Irrtum. Fühlen, Denken und das menschliche Gehirn. München: Deutscher Taschenbuch Verlag 1995; John Kotre: Weiße Handschuhe. Wie das Gedächtnis Lebensgeschichten schreibt. München: Hanser 1996.
[77] Ortega y Gasset: Im Geiste Galileis (Anm. 10), S. 443.
[78] Ebd., S. 540.
[79] Ebd., S. 541.

gewertet, verliert den bisherigen Glanz, der ihr innerhalb bisheriger Moderne-Konstruktionen verliehen worden ist:

> Was die Generationen, die der meinen vorangingen, also Burckhardt, Nietzsche usw., mit Begeisterung den ‚Renaissancemenschen' nannten, ist einfach ein rebarbarisierter Mensch. Der Dreißigjährige Krieg, der Mitteleuropa für ein Jahrhundert verwüstete, war der Kanal, in den der neue Ausbruch der Barbarei, der zu Beginn des 16. Jahrhunderts einsetzt, einmündet. Cesare Borgia war der Prototyp des neuen Barbaren, wie er plötzlich inmitten einer alten Kultur aufblüht. Es ist der Mensch der Tat.[80]

Aber Ortegas Demontage einer idealisierten Genesis von Moderne zielt auf tiefer reichende Dimensionen. Sie zielt auf den „schrecklichen Irrtum der Neuzeit", nämlich „die Annahme, die erste Funktion des Menschen bestehe im Denken" und eben nicht in jener Voraussetzung, daß das „Denken nur ein Instrument, eine Fähigkeit" ist, die der einzelne „eben besitzt wie seinen Körper": „Dieser Irrtum heißt ‚Idealismus'."[81] Es ist ein Irrtum, weil er zuallererst die jedem Erkenntnisstreben zugrunde liegenden Glaubensgewißheiten verdrängt:

> Wir leben in der Tat von der Wissenschaft, das bedeutet, von unserem Glauben an die Wissenschaft. Und dieser Glaube ist nicht mehr und nicht weniger als jeder andere, womit ich aber nicht sagen will, daß er nicht vielleicht mehr Berechtigung habe und in dieser oder jener Hinsicht jedem anderen Glauben überlegen sei. Ich sage nur, es handelt sich um einen Glauben: die Wissenschaft ist ein Glaube, dem man angehören kann, wie man einem religiösen Glauben angehören kann.[82]

Keiner irrationalistischen Wissenschaftsfeindlichkeit wird hier das Wort geredet. Vielmehr geht es Ortega um eine tiefergehende Erkundung der dialektischen Denkvoraussetzungen von historischen Wenden und Umbrüchen, Umwälzungen. So sieht er die Kopernikanische Wende nicht einfach als bahnbrechende Leistung eines Individuums:

> Damit aber die Erfindung einer einzelnen Wissenschaft wie die kopernikanische Idee einen tatsächlichen Weltumschwung hervorrufen konnte, mußte der Mensch sich zunächst einmal zu dem Entschluß durchringen, die wissenschaftliche Wahrheit als Wahrheit erster Ordnung und somit aus sich heraus als beweiskräftig anzuerkennen.[83]

Diese Äußerung klingt wie eine von vielen sogenannten „Binsenwahrheiten" Ortegas. Jahrzehnte nach Ortegas Vorlesungen über Galilei sollte Frances A. Yates noch immer gewisse Dunkelzonen der Forschung bestätigen, wenn es um überzeugende Antworten auf die Frage nach den tieferen Gründen für die Umwälzungen in Denkmethoden geht, für den Wechsel in Orientierungen von Erkenntnisstreben und Weltwahrnehmungen.[84] Einen solchen Blickpunkt auf die Renais-

---

[80] Ebd., S. 463 f.
[81] Ebd., S. 518.
[82] Ebd., S. 469.
[83] Ebd., S. 452.
[84] Frances A. Yates: Giordano Bruno and the Hermetic Tradition. Chicago: University of Chicago Press 1991, S. 448: „Why such a revolution in methods of thought should have taken

sance gewinnt der Historiker Ortega dadurch, daß er in einem Experiment „imaginärer Rückwanderung" die tiefinneren Antriebe und Zwänge von Lebenspraxis freilegt. In dieser „umgekehrten" Perspektive erscheint Descartes' Rationalismus allerdings als existentieller Zwang zu ungeheurer Vereinfachung, hinter der ein instinktives Bedürfnis nach neuen Glaubenssicherheiten stand. Das Drama, im Grunde niemals genau zu wissen, was uns im jeweiligen Augenblick geschieht, wird provozierend gegen die moderne Selbstermächtigung des Ich gesetzt und diese paradoxe Grundsituation zu einem neuen Ausgangspunkt für eine umfassende Neuorientierung von Erfahrung erhoben. Aus der Radikalbefragung des „Schiffbruchs" aller bisherigen Sicherheiten, aus dem Zusammensturz bisher scheinbar für alle Zeiten gültiger Normen und Werte entsteht für Ortega die herausfordernde Möglichkeit, durch jedwede Krisenverwirrung in Geschichte und Gesellschaft hindurch auf bestimmte wiederkehrende Strukturen und Schemata zu schauen, aus denen allein der Denker die Sicherheit für erste Voraussagen wie überhaupt den Mut zu einem neuen Lebensprojekt schöpft.

Solches sich ‚vorausentwerfendes' Leben bewirkt zugleich nichts Geringeres als die Radikalbefragung der Grundprinzipien von Moderne-Denken, das Suchen nach dem, was im „Geist der Moderne modern ist". Zunächst wird seine Genesis aus einer langwierigen Krisenzeit heraus erklärt. Ein solcher „Zeitabschnitt reiner Vorahnung" ist nun jene Epoche, die später den für Ortega „irreführenden Namen Renaissance" erhalten hat: „Nach meinem Dafürhalten ist eine neue Definition und Bewertung dieser berühmten Renaissance längst fällig."[85] Dieser Satz, in den dreißiger Jahren ausgesprochen, wirkt in der Tat prophetisch für das grundlegend gewandelte Modernitätsverständnis innerhalb der heutigen Forschungen zur Frühen Neuzeit.

„Was am Geist der Moderne modern ist [...]"

Anfangs war Ortega y Gasset als ein „Prophet" der Postmoderne befragt worden. Der Begriff der Postmoderne ist selbst eine Paradoxie, die gleichermaßen Infragestellen wie Wiederanknüpfen beinhaltet. Die Ähnlichkeit der Denkorte, sich mitten auf der Grenze zwischen unterschiedlichen und im Grunde einander ausschließenden Lebens- und Denkformen niederzulassen, ist durch die erneute Lektüre von Ortega-Texten historisiert worden. Allerdings haben wohl nur wenige postmoderne Denker die innere Paradoxie dieses Etikettes bereits so ausgespielt wie Ortega y Gasset selbst. Die Gründe hierfür liegen im eigenen „logischen Drama". Es markiert den Ausgangspunkt von Denken in einem Land wie Spanien, in dem die endgültige Ankunft in der Moderne gefordert und zugleich die tiefe Krise ihrer Grundprinzipien bezeugt werden muß. Damit aber brachte Ortega y Gas-

---

place is obscure [...]. Behind the emergence of modern science there was a new direction of the will towards the world, its marvels, and mysterious workings [...]."
[85] Ortega y Gasset: Im Geiste Galileis (Anm. 10), S. 442.

set einen Konflikt auf Begriffe, der für heutiges Moderne-Denken in der außereuropäischen Peripherie von Bedeutung ist. Es ist Ortegas einzigartige Leistung, mit der Kritik hartnäckig fortbestehender feudaler Denktraditionen im eigenen Land zugleich die lange Zeit verborgen gebliebenen mystischen Unterströmungen westeuropäischer Moderne aufgedeckt zu haben.

Eine solche unverwechselbare Modernitätserfahrung wird in eine Hermeneutik umgesetzt, die den „umgekehrten Propheten" Ortega y Gasset davor bewahrt hat, in die Sackgasse von Vernunftpessimismus und Geschichtslosigkeit zu geraten:

> Es gehört zu den bemerkenswerten Leistungen des Philosophen Ortega, daß alle seine Eingriffe in die geistige Situation der Zeit gerichtet sind auf die Perspektive der Vernunft; sein Festhalten an der Vernunft als dem Sinn aller conditio humana weist Ortegas Philosophieverständnis eine Dignität und einen denkerischen Rang zu, die von seinen philosophischen Zeitgenossen kaum jemand erreicht.[86]

Das Gesamtœuvre des Spaniers ist genau auf der „Grenzscheide" zwischen unbedingter Verteidigung einer humanistischen Denktradition von Vernunft, Freiheit und Geschichtlichkeit und einer bedingungslosen Kritik an ihrem selbst verkündeten Idealanspruch ewiger Wahrheiten situiert. So nimmt es nicht wunder, daß Ortega trotz aller entschiedenen Kritik an der Verteidigung eines kantianischen Doppelimperativs festhält, wie er in *Aufgabe unserer Zeit* ausgeführt hat:

> Uns beherrschen zwei entgegengesetzte Imperative. Der Mensch, das lebendige Geschöpf soll gut sein – befiehlt der eine, der Imperativ der Kultur: das Gute soll menschlich gelebt und darum verträglich mit dem Leben und ihm notwendig sein – sagt der andere, der vitale.[87]

In diesem Doppelgebot steckt eine Erweiterung der Vernunftkompetenz und damit nicht die Verneinung, sondern die kritische Umformulierung einer Einsicht der klassischen Moderne: eben derjenigen, daß der Mensch sich immer noch verändern kann. Wie aber sieht nun die orteguistische Erkenntnis dessen aus, was „am Geiste der Moderne modern" ist?

Im Geiste Galileis fördert im Rückblick auf den Beginn der Neuzeit den Konstruktionscharakter eines Epochenbegriffs der Moderne zutage: Die glanzvolle Renaissance verwandelt sich zurück in eine schwierige „rebarbarisierte" Krisensituation, der siegreich aufsteigende Rationalismus erweist sich als verzweifelte Suche nach neuen Glaubensgewißheiten, und schließlich der Ahnherr selbst, René Descartes, bleibt nicht mehr und nicht weniger als „das Genie der Vereinfachung".[88] Der „Geist von Moderne" verliert das zeitlos Sakrale eines scheinbar aus dem Nichts hervorkommenden Neubeginns. Er wird jetzt einer stets ungewissen „Lebensdialektik" unterworfen und so von allem trügerischen Optimismus gereinigt. Die gegenwärtigen Diskussionen um die „fiktive Handlungsvariable der

---

[86] Barck und Dietzsch: Ortegas lebendige Vernunft (Anm. 32), S. 209.
[87] Ortega y Gasset: Aufgabe unserer Zeit. In: ders.: Gesammelte Werke (Anm.1), Bd. 2, S. 79–141, hier S. 105.
[88] Ders.: Im Geiste Galileis (Anm. 10), S. 502.

Zukunft in der Gegenwart"[89] und ihren Stellenwert in sozialen und politischen Auseinandersetzungen tauchen in Ortega y Gassets Werk bereits als eine entscheidende Denkdimension auf.

Modern am Geiste der Moderne ist nicht länger alles Homogene, Widerspruchsfreie, es tritt nun das Verwirrende, Ungewisse, Unerkennbare, Paradoxe hinzu. Allerdings bleibt Ortega immer auf der Grenze des klassischen Konstruktionsrahmens von Moderne-Denken stehen. Auch die eigene Zeit von 1933 wird von ihm eher als Übergangssituation in eine zweite Moderne gewertet, die, nun auf erweiterte Denkvoraussetzungen gegründet, wieder nach klassischem Vorbild die begriffliche Klarheit als oberstes Denkziel anmahnt. Mehr noch: Im Bündnis mit dem Leben bleibt Vernunft die führende Kraft; alle von Ortega herausgearbeiteten gesellschaftlichen Bedingungen individueller Lebenspraxis werden grundsätzlich als pseudohaft und nicht-authentisch, als „Man-Ich" abgewertet. In der berühmten Formel „Ich bin ich und meine Umstände" führt die innere Dialektik keineswegs zur wirklichen Gleichberechtigung beider Formelteile. Das Paradox vom „Cartesianismus des Lebens"[90] verrät überdies eine Auffassung von Lebensdialektik, die genau an der Schwelle zu dem Eingeständnis haltmacht, daß im Grunde der Gegensatz von materialistisch oder idealistisch ausgerichtetem Denken selbst ein konstruierter ist.

In jedem Fall gibt Ortega y Gasset wichtige Einblicke in die Entstehungsgeschichte einer heute für jedermann sichtbaren postmodernen Denkwende. Die Analogien zu historischen Strukturvorstellungen bei Lévi-Strauss oder Foucault erscheinen ebenso überzeugend wie zu Hayden Whites Neubewertung der Fiktion innerhalb des historiographischen Diskurses.[91] Die weitere Forschung hat allerdings zu klären, ob Ortegas Antwort auf die Denkwidersprüche der Moderne tatsächlich auf eine noch weitgehend unentdeckte „Theorie der sozialen Aktion" hinausläuft, die „auf der Grundlage bestimmter Merkmale des Praxisbegriffes zu einer normativen Kritik der modernen Gesellschaft befähigt".[92]

In den scheinbar mit leichter Hand verstreuten, fast aphoristisch anmutenden Äußerungen aus *Im Geiste Galileis* liegen in jedem Fall noch zahlreiche Anregungen für die Forschungen über die Neuzeit. Ebenso nachdenkenswert bleiben auch die vielfältigen Ratschläge des „umgekehrten Propheten", wie jener vielleicht wichtigste, den er in seinen Vorlesungen zum Geiste Galileis einzulösen suchte: „Geschichte muß aufhören, ein Museum von Mumien zu sein, sie muß vielmehr zu dem werden, was sie in Wirklichkeit ist, ein begeisterter Versuch der Auferstehung. Geschichte ist ein rühmlicher Kampf gegen den Tod."[93]

---

[89] Beck: Politik in der Risikogesellschaft (Anm. 11), S. 47 und S. 54.
[90] Ortega y Gasset: Geschichte als System (Anm. 17), S. 87.
[91] Vgl. Hayden White: Die Bedeutung der Form. Erzählstrukturen in der Geschichtsschreibung. Frankfurt a. M.: Fischer Taschenbuch Verlag 1990.
[92] Anthony J. Casardi: The Revolt of the Masses: Ortega's Critique of Modernity. In: Ortega y Gasset and the Question of Modernity (Anm.7), S. 353.
[93] Ortega y Gasset: Im Geiste Galileis (Anm. 10), S. 439.

Ein Buch wie *Shakespearean Negotiations* von Stephen Greenblatt[94] könnte man durchaus wie ein imaginäres Echo auf diese Forderung des spanischen Philosophen lesen.

---

[94] Vgl. Stephen Greenblatt: Shakespearean Negotiations. The Circulation of Social Energy in Renaissance England. Berkeley (Ca): University of California Press 1988.

Frank-Rutger Hausmann

Ernst Robert Curtius: *Europäische Literatur und lateinisches Mittelalter*
Sechzig Jahre danach

Ein 1948 erstmals publiziertes Buch wie *Europäische Literatur und lateinisches Mittelalter* (hinfort: *ELLMA*),[1] das 1993 in die 11. Auflage ging und jüngst (1995) erst ins Italienische übersetzt wurde – eine englische, französische, spanische, portugiesische und japanische Fassung gibt es bereits –, ist eine seltene Ausnahme, die der Erklärung bedarf. Ein derartiger Erfolg wird sonst nur vielbenutzten Lehrbüchern oder eingängig geschriebenen Werken zuteil, die Studenten in Examensnöten oder einen größeren Kreis von allgemein gebildeten Lesern interessieren, aber nicht einem Buch, das im wesentlichen als „Flickenteppich", als „groß angelegter Topoi-Katalog bezeichnet werden kann, zusammengehalten durch das Band der Rhetorik".[2] *ELLMA* hat jedoch Wissenschaftsgeschichte gemacht, und seine Rezeption ist bis heute nicht abgeschlossen. Immer noch gehen, wie das Beispiel Italien zeigt, Impulse von diesem Mittelalterbuch aus. Der Literaturwissenschaftler Alberto Asor Rosa und seine Equipe sehen bei ihrer mehrbändigen italienischen Literaturgeschichte, die die Ordnungsprinzipien von Chronologie und Gattungen durch räumliche Orientierung ersetzt, in Curtius ihr wichtigstes Modell.[3] Aber das reicht nicht aus, um die Erfolgsgeschichte von *ELLMA* zu begründen, denn in der gegenwärtigen literaturwissenschaftlichen Landschaft ist das Urteil der Kritiker eher ambivalent. Die einen bringen dem Buch Nostalgie, die anderen eher Mißtrauen entgegen: Nostalgie, weil das Werk als eine inzwischen unmögliche Versöhnung von Philologie und Belletristik gilt, Mißtrauen, weil man, besonders nach 1968, eine Verbindungslinie zwischen dem Verfasser und der westdeutschen Restauration der fünfziger Jahre zog.[4]

---

[1] Zitiert wird nach Ernst Robert Curtius: Europäische Literatur und lateinisches Mittelalter. 6. Aufl. Bern und München: Francke 1967.
[2] Die erste fundierte Bestandsaufnahme der ELLMA-Kritik leistete der Band Toposforschung – eine Dokumentation. Hrsg. von Peter Jehn. Frankfurt a. M.: Athenäum 1972 (= Respublica Literaria, Studienreihe zur europäischen Bildungstradition vom Humanismus bis zur Romantik, 10). Wichtig sein einleitender Beitrag ‚Ernst Robert Curtius: Toposforschung als Restauration (statt eines Vorworts)', S. VII–LXIV, hier S. VII.
[3] Roberto Antonelli: Storia e geografia, tempo e spazio nell'indagine letteraria. In: Letteratura italiana. 17 Bde. Hrsg. von Alberto Asor Rosa. Torino: Einaudi 1987. Bd. 7: Storia e geografia. 1. Teil: L'età medievale, S. 5–26, hier S. 7. Diese Literaturgeschichte will nicht narrativ und enumerativ sein, sondern systematisch größere Zusammenhänge herstellen.
[4] Earl Jeffrey Richards: E. R. Curtius' Vermächtnis an die Literaturwissenschaft. Die Verbin-

Curtius war jedoch nicht irgendein nur seinen Fachgenossen bekannter Hochschullehrer und Romanistikprofessor, sondern gehörte zu den führenden Intellektuellen der Weimarer Republik, der immer wieder als Kritiker und Journalist zu wichtigen Tagesfragen Stellung nahm, in der Aussöhnung zwischen Deutschland und Frankreich eine zentrale Rolle spielte und seine Leser mit den literarischen Neuerscheinungen bedeutender Autoren wie Louis Aragon, James Joyce, Marcel Proust, Paul Valéry, T. S. Eliot und anderen vertraut machte, die man die Väter der Moderne nennt. Curtius war demnach so etwas wie eine öffentliche Einrichtung, und wenn er nach der Finsternis der Nazibarbarei 1948 wieder mit einem Buch an die Öffentlichkeit trat, an dem er mindestens seit sechzehn Jahren arbeitete, konnte dies gespannter Aufmerksamkeit bei Spezialisten wie Gebildeten sicher sein. Über Vorgeschichte, Inhalt, Methode, Absichten, Nachleben von *ELLMA* ist viel geschrieben und noch mehr spekuliert worden, aber insbesondere monokausale Erklärungsversuche greifen zu kurz. Auch läßt Curtius seine Interpreten nicht kalt; seine Bewertung oszilliert zwischen Dämonisierung und Hagiographie.[5] Galt er bis zu seiner Berufung von Heidelberg nach Bonn (1929) als der Kenner neuerer und neuester französischer und europäischer Gegenwartsliteratur, der sich auch mit ‚landeskundlichen' Fragen des französischen Nachbarn auseinandersetzte, ließ er diese Themen plötzlich ruhen, um sich fast ausschließlich dem lateinischen Mittelalter zuzuwenden, und zwar nicht nur in der Forschung, sondern auch in der Lehre. Für viele seiner Bewunderer war dies Verrat, denn vor allem sein 1932 erschienenes Buch *Deutscher Geist in Gefahr* deutete auf eine intellektuelle Kehrtwendung hin und wurde als Schlüsseltext eines vermeintlichen Gesinnungswandels ausgelegt.[6] Angesichts linker und rechter Ideologien plädiert Curtius für eine Rückbesinnung auf das christliche Mittelalter mit seinem überzeitlichen Wertesystem. Diese soll zwar die intellektuelle Elite der Gegenwart gegen die Vereinnahmung durch Marxismus und Nationalsozialismus immunisieren, weist aber wegen ihres elitären Konservatismus gelegentlich fatale Analogien zum faschistischen Zeitgeist auf bzw. macht Curtius blind für die Bedrohung, die

---

dung von Philologie, Literaturgeschichte und Literaturkritik. In: Ernst Robert Curtius. Werk, Wirkung, Zukunftsperspektiven. Heidelberger Symposion zum hundertsten Geburtstag 1968. Hrsg. von Walter Berschin und Arnold Rothe. Heidelberg: C. Winter 1989, S. 249–269, hier S. 260; von Richards stammt auch das für alle Curtius-Recherchen grundlegende Nachschlagewerk Modernism, Medievalism und Humanism. A Research Bibliography on the Reception of the Works of Ernst Robert Curtius. Tübingen: Niemeyer 1983 (= Beihefte zur ZrP, 196), das allerdings wegen der reichlich fließenden Literatur zum Gegenstand auf den neuesten Stand gebracht werden müßte.

[5] Peter Godman: Epilogue. In: Ernst Robert Curtius. European Literature and the Latin Middle Ages. Übers. von Willard R. Trask. Lawrenceville: Princeton University Press 1990 (= Bollingen Series, 36), S. 599–653, hier S. 600.

[6] Hans Manfred Bock: Die Politik des „Unpolitischen". Zu E. R. Curtius' Ort im politisch-intellektuellen Leben der Weimarer Republik. In: Lendemains 59 (1990), S. 16–62; Frank-Rutger Hausmann: Aus dem Reich der seelischen Hungersnot. Briefe und Dokumente zur Fachgeschichte der Romanistik im Dritten Reich. Würzburg: Königshausen und Neumann 1993, bes. Kap. III: „Verbrenne, was du angebetet". Bonner Romanisten angesichts der nationalsozialistischen Machtergreifung, S. 45–70.

vom Nationalsozialismus ausgeht, ohne daß ihm dies offensichtlich bewußt wird.

Sein Rückzug in die Mittelalterphilologie, diese „Wende von Frankreich nach Rom" (Leo Spitzer, 1932), war jedoch bereits durch das Studium bei Gustav Gröber in Straßburg und die Begegnung mit Aby Warburg in Rom vorbereitet, denen *ELLMA* später auch gewidmet wird.[7] Und bereits 1922 schrieb Curtius an André Gide: „Ich suche immer die antike, humanistische und romanische Tradition zu betonen und zwinge meine Studenten, auch Virgil und Dante zu lesen." Daß Curtius nur Originale, und zwar in vierzehn Sprachen, las, versteht sich von selber; die Beschäftigung mit Übersetzungen hielt er für unsinnig.

Dem Buch gingen von 1932 bis 1952 Aufsätze voraus, die Curtius selber im Anhang der sechsten Auflage als Vorarbeiten bezeichnet. Gerne hat er mit Fachgenossen darüber korrespondiert, sofern diese ihm ergänzendes Belegmaterial lieferten und nicht am Sinn der Toposforschung zweifelten. Diese Artikel sind für ihn eine Art literarhistorische Kartographie einzelner Landschaften, auf der dann die Umrisse des gesamten Territoriums fußen; mit anderen Worten sind diese Aufsätze Vorstufen zu einem späteren Buch, das er bereits früh im Auge hat. Auf der Grundlage von Arnold J. Toynbees *A Study of History* (1934–1939) sieht er Europa als „umfassenden Geschichtskörper", der nicht zerstückelt werden darf, sondern durch eine Gesamtansicht überbaut werden muß. Dies gilt insbesondere für seine Literatur, der „Ausdruckskonstanten" Einheitlichkeit und Universalität verleihen. Die modernen Nationalphilologien haben diese Sinneinheit bisher nicht sichtbar gemacht, weshalb eine Neuorientierung der modernen Literaturwissenschaft an der klassischen Philologie und ihrer länderübergreifenden Betrachtungsweise unabdingbar ist.

Gemeinsame Grundlage aller europäischen Literaturen ist für Curtius die griechisch-römische Antike, die im Lauf des Mittelalters in stetiger Rezeption und Umwandlung konstanter Traditionsfaktor der Moderne geblieben ist. Eine intensive Beschäftigung mit dem lateinischen und mittellateinischen Schrifttum, das ab der Renaissance von den französischen, italienischen und spanischen Literaturen fortgesetzt wird, tut deshalb not: „Durch die Romania und ihre Ausstrahlungen hat das Abendland die lateinische Schulung empfangen."[8] Die deutsche Romanistik, für die stellvertretend die Dantistik steht, lehne aus Bequemlichkeit eine Beschäftigung mit dem reichhaltigen mittellateinischen Schrifttum ab und verharre lieber in Ignoranz. Für Curtius dauert das Mittelalter von Karl dem Großen bis zur Industriellen Revolution des späten 18. Jahrhunderts. Aber nur eine umfassende Betrachtung der Literatur von Homer bis Goethe, dem letzten universalen Autor, vom „universalen Standpunkt der Latinität" aus, ist angemessen. Die notwendige philologische Analyse der einschlägigen Texte orientiert sich an Diltheys hermeneutischem Zirkel und besteht in der Beobachtung von Einzelphänomenen, der Festlegung einer Terminologie und der Suche nach weiteren Textbelegen, aus

---

[7] Erstaunlich ist, daß nicht auch Philipp August Becker in die Widmung einbezogen wird, den Curtius sehr respektiert und als einzigen Fachkollegen uneingeschränkt lobt.
[8] Curtius: *ELLMA* (Anm. 1), S. 45.

denen sich dann eine Synthese herausarbeiten läßt. Diese aus der Vorgehensweise der Naturwissenschaften entwickelte ‚Präzisionsmethode' führt zu der Erkenntnis von Ausdruckskonstanten und literarischen Elementen identischer Struktur. Ihrem Nachweis sind achtzehn Kapitel gewidmet; fünfundzwanzig Exkurse sind um der besseren Lesbarkeit des Haupttextes willen ausgegliedert. Die Einheit der europäischen Kultur basiert auf dem mittelalterlichen System der *Septem Artes*. Besonders wichtig ist die zweite *ars*, die Rhetorik, im Hinblick auf Topik und Metaphorik, die sich als die relevantesten Konstanten erweisen. Dieser Begriff der antiken Rhetorik, ursprünglich Hilfsmittel für die Ausarbeitung der Rede (*ornatus*), wird von Curtius allerdings unscharf als Reservoir allgemeiner Gedanken und ganzer Vorstellungsbereiche, aber auch knapper und spezieller Formeln verstanden. Die Beschäftigung mit der antiken Topik (Topologie) begründet eine neue kulturgeschichtliche Forschungsrichtung. Weitere konkrete Ausdruckskonstanten sind die Metaphorik, die wichtigste Form der antiken Figurenlehre, die in ihrer standardisierten Form zu literarischen Gemeinplätzen erstarren kann. Literarische Kontinuität zeigt sich in gleicher Weise in der Verwendung der Begriffe Klassik und Manierismus, worunter jede der Klassik entgegengesetzte literarische Tendenz verstanden wird. Durch diese Spezialisierung auf einzelne Traditionselemente wird laut Curtius eine Ganzheitsbetrachtung möglich, eine Phänomenologie der Literatur, die etwas anderes als Literaturgeschichte, -vergleich oder -wissenschaft ist, „wie sie heute betrieben werden".

ELLMA wurde, wie bereits oben gesagt, in mehrere Sprachen übersetzt und verschaffte Curtius internationales Ansehen. Seine Anhänger finden den Gedanken der Einheitlichkeit der europäischen Literatur, die nur der mehrsprachig Gebildete und Belesene zu erkennen vermag, bestechend. Die Kritiker bemängeln ein fehlendes historisches Bewußtsein, eine elitäre Nostalgie und eine hermeneutische Unverbindlichkeit, der der lückenlose Nachweis beliebig gewordener Textelemente wichtiger sei als die literarische Adäquanz. So ist *ELLMA* eher ein bewundertes Standardwerk geworden, in dem man liest, als daß man es ganz liest.

Bereits in seiner noch von seinem Straßburger Lehrer Gustav Gröber (1844– 1911) angeregten Habilitationsschrift von 1913 über den französischen Literaturkritiker Ferdinand Brunetière (1849–1906) finden sich Grundgedanken der späteren Toposforschung. Dem steht nicht entgegen, daß Curtius Brunetière zunächst wegen seines von Darwin beeinflußten evolutionistischen Denkens und dann wegen der im Alter erfolgten Hinwendung zum orthodoxen Katholizismus ablehnte. Beide Denkweisen sind letztlich teleologisch und gegen das Individuelle gerichtet, doch der reife Curtius wird ähnliche Anschauungen vertreten. In seiner kritischen Auseinandersetzung mit Brunetière erkennt Curtius als Konstanten im Denken des französischen Literaturkritikers einen ausgeprägten Traditionalismus, der die Vernunftgläubigkeit überlagert und ihn „die Schwelle zum Tempel überqueren läßt".[9] Brunetières Rom-Hörigkeit, wie sie in dessen am 18. November 1900 in

---

[9] Ders.: Ferdinand Brunetière. Beitrag zur Geschichte der französischen Kritik. Straßburg: Karl J. Trübner 1914.

Lille gehaltener Rede ‚Sur les raisons actuelles de croire' zum Ausdruck kommt, wird später auch für Curtius an Aktualität gewinnen: „Ce que je crois [...] allez le demander à Rome [...]. L'utilité du positivisme sera la première étape du vingtième siècle sur les chemins de la croyance." Nicht minder wichtig ist die von Brunetière entwickelte Anschauung von den Gemeinplätzen oder allgemeinen Ideen in der Literatur, und der folgende Abschnitt enthält bereits *in nuce* die Leitideen von *ELLMA*:

> Die Literatur wird also in erster Linie das auszudrücken haben, was gemeinsamer seelischer Besitz der Einzelnen ist und worauf ihr Zusammengehörigkeitsgefühl beruht. Dieser gemeinsame Besitz aber – das ist Brunetières Theorie – ist enthalten in den sogenannten Gemeinplätzen, den *lieux communs*. Dieser Gedanke hat eine für Brunetières Literaturbetrachtung grundlegende Bedeutung: *Les lieux communs sont le pain quotidien de l'esprit ...*[10]

Ergänzt werden diese Gedanken durch ein komparatistisches Konzept einer vergleichenden Literaturgeschichte, von dem Brunetière Großes erwartet. „Vom Standpunkt der vergleichenden Literaturgeschichte sinkt die europäische und damit erst recht die französische Literatur auf die Stufe einer unwesentlichen Teilerscheinung herab."[11]

Zweifelsohne haben auch der Romaufenthalt 1928 und die Begegnung mit Aby Warburg in der Bibliotheca Hertziana Curtius' Rückbesinnung auf das Mittelalter begünstigt und zu seiner Konzentration auf das Auffinden antiker Traditionselemente beigetragen, zumal diese Ereignisse chronologisch näher am Wechsel von Heidelberg nach Bonn und damit von „Paris nach Rom" liegen. Curtius hatte ein Freisemester, das ihn in den ersten Novembertagen in die Bibliotheca Hertziana, das deutsche, der römischen Kunstgeschichte gewidmete Institut, führte, wo er bei einem Empfang dem Hamburger Privatgelehrten Aby M. Warburg (1866–1929) und seiner Assistentin, Frau Dr. Gertrud Bing, begegnete.[12] Warburg, ältester Sohn einer bekannten Hamburger Bankiers-Familie, hatte auf die ihm zustehende unternehmerische Führungsposition verzichtet und von seinem Anteil am Vermögen die Kulturwissenschaftliche Bibliothek Warburg begründet, die später vor den Nazis nach London gerettet werden konnte und dort als *The Warburg Institute* weiterlebt. Warburg wollte in diesem römischen Winter 1928/29 erstmalig über sein Hauptwerk, seinen Mnemosyne-Atlas, diskutieren und suchte in der Hertziana geeignete Gesprächspartner. Mit diesem Atlas wollte er zeigen,

> wie in der Kunst der Antike bestimmte Ausdrucksformeln für innere und äußere Erregung sowie für ‚pathetische' innere und äußere Ruhe dem sozialen Gedächtnis Europas einverleibt werden, so daß sie fortan abrufbereit zur Verfügung stehen und zu unterschiedlichen Zeitpunkten unterschiedliche Funktionen wahrnehmen können.[13]

---

[10] Ebd., S. 21.
[11] Ebd., S. 57.
[12] Das folgende nach Kosmopolis der Wissenschaft. E. R. Curtius und das Warburg Institute – Briefe 1928 bis 1953 und andere Dokumente. Hrsg. von Dieter Wuttke. Baden-Baden: Koerner 1989 (= Saecula spiritalia, 20), S. 12–28, bes. die Literaturangaben in Anm. 10.
[13] Ebd., S. 13.

Warburg exemplifizierte dies an den Themen ‚Die römische Antike in der Werkstatt des Domenico Ghirlandajo' bzw. ‚Manets *Déjeuner sur l'herbe*', zwei Untersuchungen, die in der Kunstgeschichte das leisten, was Curtius später mit der Toposforschung für die Literaturgeschichte erstrebt. Allerdings wird man nicht sagen können, daß Curtius in der Begegnung mit Warburg erst auf die Spur der Toposforschung gesetzt wurde, sondern daß er eine Bestätigung für etwas fand, das ihn schon in seinen wissenschaftlichen Anfängen bewegt hatte und das er hinfort aus noch zu erörternden Gründen zum Zentrum seiner Arbeit machen sollte. Daß ihn der Ruf nach Bonn noch in Rom erreichte, mag man in diesem Zusammenhang als ein bedeutungsvolles Omen deuten.

Wenn Curtius am 14. Februar 1930 an André Gide schreibt, „Je me trouve à un tournant de mon existence",[14] so formuliert er nur einen Zustand, der in seiner Korrespondenz von 1928 bis 1931 verschiedentlich, meist allerdings verklausuliert und vage, angesprochen wird. Was wirklich geschehen ist, kann man nur vermuten, und auch hier gilt wieder, daß es sich um ein vielschichtiges Phänomen handelt, das durch persönliche Umstände wie die 1930 erfolgte Eheschließung und den Universitätswechsel, dann aber von der politischen ‚Großwetterlage', die sich in mannigfachen Krisen entlud, geprägt wurde. Wenn Spitzer aus der Sicht des ehemaligen Kollegen und vor allem des Emigranten Curtius nach dem Krieg unterstellte, er habe sich vor der drohenden Nazigefahr in den Elfenbeinturm des Mittelalters zurückgezogen, so trifft dies nur einen, allerdings wichtigen Aspekt:

> How should we explain, in the later work of a great scholar and critic, the repudiation of his early work: the prophet of a new Europe became „a prophet turned backwards", a „historian of the Europeanism of the Middle Ages"; the esthetic and cultural critic became a philologist; the acolyte of Bergson's intuitionism and of Scheler's phenomenology became a „neo-positivist". The obvious political explanation (that under the Nazi regime a European point of view on cultural questions was dangerous) is too superficial: the change in Curtius had come from within. As early as 1932, he had become aware of the „perils" for the German mind which lay in its too easy irrationalism which was able to engender a barbarious movement such as Hitlerism. With his flair for the duty of the hour, Curtius turned towards „solid philology" and towards medieval philology where sobriety and discipline of mind had reached their greatest triumph [...] the „European" Curtius does still preserve his scholarly integrity [...] in medieval garb.[15]

Curtius mag zwar kein bedeutender Literatur-Theoretiker gewesen sein, weil er sich nie zwischen Intuition und Systematik entscheiden konnte und beides miteinander kombinieren wollte, doch sein *tournant existentiel* um 1930 ist grundsätzlicher

---

[14] Deutsch-französische Gespräche 1920–1950. La Correspondance de Ernst Robert Curtius avec André Gide, Charles du Bos et Valery Larbaud. Hrsg. von Herbert und Jane Dieckmann. Frankfurt a. M: Klostermann 1980 (= Das Abendland – Neue Folge), S. 100.

[15] Leo Spitzer: Rezension von *ELLMA* in: American Journal of Philology 70 (1949), S. 425–441; ich folge bis hierher Hans Ulrich Gumbrecht: „Zeitlosigkeit, die durchscheint in der Zeit". Über E. R. Curtius' unhistorisches Verhältnis zur Geschichte. In: Berschin und Rothe (Hrsg.): Curtius. Werk, Wirkung (Anm. 4), S. 227–241.

Art: In mehreren Aufsätzen und Büchern, von denen ‚Restauration der Vernunft' und *Deutscher Geist in Gefahr* sicher die wichtigsten sind, hat er die Krise, die ihn bewegte, und die Lösungsmöglichkeiten, an die er glaubte, thematisiert und detailliert erörtert.[16] Wir konzentrieren uns in diesem Zusammenhang auf die literaturwissenschaftlichen Implikationen und Konsequenzen.

Den Ausgangspunkt seiner Überlegungen bildet die Annahme einer allgemeinen Krise des historischen Bewußtseins, die sich in Frankreich anbahnt und auf Deutschland übergreift. Die Erfahrung des Weltkriegs habe die junge Generation verunsichert, sie am immanenten Sinn der Geschichte und am Nutzen der Historie irregemacht. Individualismus, Subjektivismus und politische Wirkungslosigkeit des Geistes seien die Folge, die Intellektuellen als Wahrer und Beschützer der bürgerlichen Kultur hätten den Gefahren des Bolschewismus und des Nationalismus nichts entgegenzusetzen. Wie die parallel verlaufende ökonomische Weltkrise nur durch Rationalisierung überwunden werden könne, müsse die geistige Anarchie der Epoche durch Besinnung auf traditionelle kulturelle Werte bekämpft werden. Diese könnten allerdings keine Massenkultur sein, sondern müßten von einer Elite getragen werden. Denn: „Der anarchische Zustand der europäischen Intelligenz ist nichts anderes als der Einbruch der Demokratie in das Reich des Seelischen. Unsere kulturelle Lage ist angewandter Parlamentarismus:"[17] Die von Curtius entwickelte und praktizierte Toposforschung soll ein ‚Gegengift' gegen den Modernismus, soll Rückkehr zu einer werthierarchischen Ordnung sein, die durch die Überlieferungsinhalte von Antike und Mittelalter konstituiert wird.

Dieser Traditionsbegriff ist zu Recht als einseitig kritisiert worden, da er ausschließlich bürgerlich-humanistische Vorstellungen für traditionswürdig erklärt. Auch wird dem Persönlichen und Individuellen ein überzeitlicher unwandelbarer Zusammenhang entgegengestellt, der die historisch-individualistische Auffassung von Literatur, wie dies die Romantik verkündet hatte, korrigiert:

> Jedes Persönliche verbindet sich aber mit einem Überpersönlichen: mit der römischen Funktion der Kontinuität, ja vielleicht mit einem für die ganze Antike geltenden Lebensgesetz, wonach alles Neugeschaffene seine Bestätigung von einem Altüberlieferten her erweisen und auf es verweisen muß [...] der Sang auf die Musen, das Abbild auf das Urbild und die Kunstübung auf Muster.[18]

Den Verlust des Traditionsbewußtseins und das Vergessen der überzeitlichen Zusammenhänge, woraus die geistige Verunsicherung der Zeit resultiert, lastet Curtius nicht zuletzt der von ihm selbst in Anführungszeichen gesetzten modernen Literaturwissenschaft an, die sich der dilettantischen Vernebelung von Sachver-

---

[16] Ernst Robert Curtius: Restauration der Vernunft. In: Neue Schweizer Rundschau 20 (1927), S. 856–862; ders.: Deutscher Geist in Gefahr. Stuttgart: Deutsche Verlagsanstalt 1932.
[17] Ders.: Restauration (Anm. 16), S. 859; zitiert nach Jehn: Toposforschung (Anm. 2), S. XXXIX.
[18] Ders.: Zweitausend Jahre Vergil. In: Neue Schweizer Rundschau, Oktober (1930), S. 730 ff. (auch in: ders.: Kritische Essays zur europäischen Literatur. 2. Aufl. Bern: Francke 1954, Kap. 1).

halten schuldig gemacht habe. Bereits im ersten Kapitel von *ELLMA* steht ein deutliches Verdikt der vor allem germanistischen Literaturwissenschaft, die mit Psychologie und Stilanalyse ein Bündnis eingegangen sei, und dieses Verdikt richtet sich auch gegen die Soziologie und verwandte Wissenschaften:

> Es gibt allerdings seit einem halben Jahrhundert eine ‚Literaturwissenschaft'. Sie will etwas Andres und Besseres sein als Literaturgeschichte (analog dem Verhältnis der ‚Kunstwissenschaft' zur Kunstgeschichte). Der Philologie ist sie abhold. Dafür sucht sie Anlehnung bei anderen Wissenschaften: Philosophie (Dilthey, Bergson), Soziologie, Psychoanalyse, vor allem Kunstgeschichte (Wölfflin). Die philosophierende Literaturwissenschaft durchmustert die Literatur auf metaphysische und ethische Probleme (z. B. Tod und Liebe). Sie will Geistesgeschichte sein. Die Richtung, die sich an die Kunstgeschichte anlehnt, operiert mit dem höchst fragwürdigen Prinzip der ‚wechselseitigen Erhellung der Künste' und erzeugt damit eine dilettantische Vernebelung von Sachverhalten.[19]

Es versteht sich für ihn wie von selbst, daß er Vertreter einer derartigen Wissenschaftsauffassung, die sich in das Gebiet des Mittelalters wagen und dort in seinen Augen Unheil anrichten, gnadenlos bekämpft und ihnen ihren Dilettantismus vorhält. Insbesondere die Bonn benachbarte Universität Köln wurde von ihm mit Mißtrauen betrachtet, da sie eine der wenigen Reformgründungen der Weimarer Republik war, weshalb zwei Kölner Kollegen, Hans Hermann Glunz und Hugo Friedrich – dieser lehrte allerdings bereits in Freiburg – die ganze Indignation des Bonner Kollegen erfahren mußten, hatten sie es doch gewagt, in die geheiligte Domäne des Mittelalters einzubrechen, die Curtius nur denen reservieren wollte, die ein lebenslanges, zumindest mehrjähriges Studium, dazu in Stand gesetzt hatte.[20]

Es kommt aber noch etwas Grundsätzliches hinzu: Curtius ist, wenn wir Harald Weinrich folgen, eher ein „räumlicher" als ein „zeitlicher" Mensch, weshalb Weinrich die vier Hauptpunkte der Kompaßrose in ihrer Bedeutung für Werk und Leben des Bonner Romanisten befragt. Zeitgebundenheit ist Karl Mannheim, dem heimlich bewunderten und öffentlich gescholtenen Widersacher von Curtius, zufolge eine bürgerliche Kategorie, Raumgebundenheit eine aristokratische.[21] Aber auch an Hugo von Hofmannsthals Münchener Vortrag ‚Das Schrifttum als geistiger Raum der Nation' bzw. an Josef Nadlers verhängnisvolle *Literaturgeschich-*

---

[19] Ders.: *ELLMA* (Anm. 1), S. 21.
[20] Curtius' Rezension von Glunz: Die Literarästhetik des europäischen Mittelalters: Wolfram, Rosenroman, Chaucer, Dante. Frankfurt a. M.: Klostermann 1937 erschien unter dem Titel ‚Zur Literarästhetik des Mittelalters I' in: ZrP 58 (1938), S. 1–50. Glunz ist sozusagen das erste Kölner Opfer Curtius', der ihm vor allem ankreidet, sich auf hundert Seiten an Dante versucht zu haben. – Die nicht minder scharfe Rezension zu Friedrich: Die Rechtsmetaphysik der Göttlichen Komödie. Frankfurt a. M.: Klostermann 1942 trägt den Titel ‚Neue Dantestudien', in: RF 56 (1942), S. 1–22.
[21] Belege bei Lea Ritter-Santini: Im Raum der Romania. Curtius, Benjamin, Freud. In: Berschin und Rothe (Hrsg.): Curtius. Werk, Wirkung (Anm. 4), S. 167–181; Harald Weinrich: Deutscher Geist, europäische Literatur und lateinisches Mittelalter. In: Merkur 32 (1978), S. 1217–1229.

te der deutschen Stämme und Landschaften, deren so konträrer Gedankenwelt Curtius erlag, wäre zu erinnern.

Die väterliche Abstammung weist nach Lübeck, Göttingen und Berlin; das protestantische Arbeitsethos, die systematische Konzentration und die über Jahrzehnte ungebrochene Schaffenskraft ordnen ihn dem Norden, der nordischen Rasse zu, ‚Rasse' allerdings im Sinne von Montesquieu, Arbuthnot, Goethe, Madame de Staël, Herder, Hamann, Schlegel, Leopardi usw., nicht von Gobineau, Houston Stewart Chamberlain, Woltmann, Vacher de Lapouge, Günther und andere. Curtius ist sich der Gebrochenheit durchaus bewußt, letztlich einem protestantisch-preußischen Milieu zu entstammen, aber sich immer zur katholisch-mediterranen Kultur hingezogen zu fühlen. Er pocht darauf, ein Elsässer zu sein, aber er wurde dort ja eher zufällig geboren, weil sein Vater seine Karriere als Verwaltungsdirektor in Thann begann.[22] Curtius entscheidet sich für keine der großen Himmelsrichtungen auf Dauer, denn das starke Interesse an Frankreich (und, weniger deutlich, auch an England und Amerika) wird nach seinem ‚Romerlebnis' 1928, wie bereits angedeutet, durch eine Konzentrierung auf alles Italienische überlagert, um sich in der Begegnung mit José Ortega y Gasset auch noch Spanien zuzuwenden; der Ost-Faszination erliegt er, anders als zum Beispiel die Briefpartner und Freunde André Gide und Romain Rolland, nie und erteilt ihr in einem Aufsatz in der *Revue de Genève* mit dem provokatorischen Titel ‚Les influences asiatiques dans la vie intellectuelle de l'Allemagne' eine deutliche Absage.[23] Curtius zieht den Südwesten vor, den er im heimatlichen Elsaß verkörpert sieht, und er fühlt sich trotz der nordischen Abkunft dazu legitimiert, weil seine Mutter, Louise Gräfin Erlach-Hindelbanck, aus dem Berner Patriziat stammt, das aus alter Tradition französisch sprach und die französische Kultur über die deutsche stellte. Curtius hatte in Berlin studiert, aber er wollte unter keinen Umständen dort promovieren. Seine Bezugsachsen waren Straßburg und Heidelberg, Bonn und Luxemburg, Freiburg und Basel. Alles Östliche galt ihm als militaristisch, preußisch, protestantisch, asiatisch, kurzum, als verachtenswert; vielleicht resultierte daraus ein hellsichtiges europäisches Endzeitbewußtsein, das er mit Hofmannsthal teilte und für das der Untergang der K.u.K.-Monarchie ein deutliches Menetekel war. Er setzte gegen Preußen, Habsburg und den Osten die Ideen Goethes, Georges und Gundolfs, alle drei Rheinländer, suchte nach einer protestantischen *Romanitas,* die er in der Welschschweiz verkörpert sah, oder nach einer katholischen *Germanitas,* die nicht *Vaticanitas* war, was ihn, ähnlich dem eine Zeitlang bewunderten T. S. Eliot, zur anglikanischen Kirche hinzog. In Curtius' Oszillieren zwischen Nord und Süd könnte ein Schlüssel für die Krise von 1929/ 30 liegen, als er der Kultur und Literatur des gegenwärtigen Frankreich eine Absage erteilt und sich dem katholischen Mittelalter und Rom zuwendet. Hier hat auch Curtius' Vorliebe für Vergil, den die Deutschen im 19. und beginnenden 20.

---

[22] Man lese dazu Friedrich Curtius: Deutsche Briefe und Elsässische Erinnerungen. Frauenfeld: Huber & Co. 1920, wo die hier interessierenden Erinnerungen auf S. 187 beginnen.
[23] Revue de Genève 1920, S. 890 ff.

Jahrhundert geringschätzten, ihre Wurzeln. Ganz im Sinne Dantes feiert er ihn als den Künder des ewigen Rom und des unsterblichen Reichsgedankens. Wie er hat er ein kulturelles paganes Sendungsbewußtsein, das ihn über alle Inhalte hinweg mit Vergil verbindet.

Curtius' früheste Veröffentlichung zur Toposforschung datiert vom Jahr 1932, wie er 1938 rückblickend feststellt. Sie betrifft, wie die letzte übrigens, die *ELLMA* vorausgeht, den spanischen Lyriker Jorge Manrique und soll als Ausdruck eines neuen Humanismus verstanden werden, der „Mediaevalismus und Restaurationsgesinnung" zugleich sein soll.[24] Im Lauf der folgenden Jahre festigte sich in Curtius die Vorstellung, mit der Toposlehre nicht nur ein Arbeitsprogramm, sondern eine neue Heuristik und Methodenlehre gefunden bzw. erfunden zu haben, in jedem Fall der erste systematische Forscher auf diesem Felde zu sein. „Es geschah, weil mir klar geworden war, daß systematische Toposforschung einen Zugang zum Verständnis der mittelalterlichen Literatur, also eine Heuristik, eine *ars inveniendi*, bedeutet."[25] Curtius betont die philologischen Aspekte seiner Arbeit, lehnt Intuition und Spekulation ab, und so ist es nur folgerichtig, wenn er sich gegen die Romantik, den Idealismus und die Überschätzung der Antike wendet und dagegen die Bedeutung von Spätantike und Mittelalter setzt. Auch wird er nicht müde, den Kontinuitätsgedanken zu betonen.

Die Endphase des Zweiten Weltkriegs mit den bekannten Auflösungserscheinungen im Gefolge machten auf Curtius einen tiefen Eindruck. Angesichts der deutschen Niederlage hatte er nicht geglaubt, noch einmal wissenschaftlich arbeiten zu können, ganz abgesehen davon, daß seine Wohnung mit der Bibliothek beschädigt und aufgelöst war und er selber zum Schanzen an den Westwall abkommandiert wurde. Nur mit allergrößter Konzentration konnte er sich 1946 wieder an die Arbeit machen und *ELLMA* fertigstellen. Dem Rang des Verfassers entsprechend, fand *ELLMA* bei seinem Erscheinen eine ungewöhnliche Resonanz. Unter den Rezensenten befanden sich nicht nur namhafte Romanisten wie Leo Spitzer, Erich Auerbach, Hugo Friedrich, Erich Köhler, Fritz Neubert, Gerhard Rohlfs, Heinrich Lausberg, Eduard von Jan, Herbert Frenzel, Reto Rocco Bezzola, Paul Zumthor, sondern auch Philosophen (Benedetto Croce, Paul Oskar Kristeller), Altphilologen (Jean Marouzeau; Augusto Rostagni), Mittellateiner (Edmond Faral, Paul Lehmann, Walter Bulst, François Châtillon) und Germanisten (Hugo Kuhn, Friedrich Panzer, Arno Schirokauer, Max Wehrli) und andere.

Bei allem Lob, das die Kritiker Curtius für seine Gelehrsamkeit und seine Kraft zur übergreifenden Synthese spenden, werden jedoch auch manche Defizite bemängelt, die sich auf die folgenden Punkte konzentrieren: Curtius habe die Vorarbeiten namhafter klassischer Philologen, Mittellateiner und Philosophen (Edu-

---

[24] Jehn: Toposforschung (Anm. 2), S. VII; Curtius: Deutscher Geist in Gefahr (Anm. 16), S. 126.
[25] Curtius: Über die altfranzösische Epik (I). In: ZrP 64 (1944), S. 233–320 (auch in: ders.: Gesammelte Aufsätze zur romanischen Philologie. Bern: Francke 1960, S. 106–183, hier S. 106).

ard Norden, Edmond Faral, Frederic J. Raby, Joseph de Ghellinck, Charles Homer Haskins, Martin Grabmann und andere), aber auch anderer Literaturwissenschaftler, die sich bereits mit den Topoi beschäftigt hätten (Ramón Menéndez Pidal; María Rosa Lida de Malkiel), nicht gebührend gewürdigt; auch die chinesische und die Sanskrit-Literatur kennten durchgängige Topoi; Curtius habe die deutsche und die provenzalische Literatur des Mittelalters und ihre Ausstrahlung in die Nachbarländer zu wenig berücksichtigt; er spare zwei wichtige literarische Gattungen (Lyrik und Theater) und Mischgattungen wie die Menippea gänzlich aus; er vernachlässige den byzantinischen, arabischen, skandinavischen bzw. keltischen Einfluß und verkenne die Rolle Spaniens als Vermittler griechischer, jüdischer und arabischer Kultur; er differenziere nicht genügend zwischen den rhetorischen Traditionen in den einzelnen europäischen Ländern, die in Italien als Erbe Roms besonders stark gewesen sei, wie auch Curtius' Rombild zu homogen sei; er unterschlage Fragen der Überlieferungsgeschichte antiker Autoren; er minimalisiere die dichterische Originalität zugunsten des Einflusses der Tradition; er würdige die christliche Orientierung des Mittelalters, insbesondere den Einfluß der Bibel auf die Literatur nicht genug und betone zu sehr die Fortdauer antiker Denkmuster; es fehle ihm an Verständnis für die jüdisch-hellenistische Tradition.

Curtius wollte, das steht außer Zweifel, mit der Topologie eine neue Methodenlehre begründen, aber *ELLMA* ist letztlich doch ein Solitär geblieben. Ob Curtius auch die Gründung einer Schule im Sinne hatte, ist fraglich, denn wie andere Romanisten seiner Zeit (Friedrich, Auerbach, Spitzer) war er eher ein Einzelgänger, dem Assistenten, Doktoranden und Studenten zwar Bewunderung entgegenbrachten, dessen Anregungen sie jedoch kaum weiterdenken und fortentwickeln konnten. Immerhin ist für Gustav René Hocke (1908–1985) Curtius' Manierismusbegriff fruchtbar geworden. Curtius hatte den Terminus seiner kunstwissenschaftlichen Komponenten entkleidet und allem Klassischen als zentralen Gegenbegriff gegenübergestellt. In zwei umfangreichen Werken hat Hocke den Manierismus in einem gewaltigen Panorama zur Moderne hin verlängert.[26] Hocke lehnt sich dabei an die teils individuale, teils kollektivistisch-mythologische Tiefenpsychologie an und hat eine phänomenologische Darstellung der Problematik des modernen Menschen im Sinn. Aber wie sein Lehrer Curtius demonstriert er nur den reichen topischen Schatz an Formen und Motiven, aus dem sich die europäische Literatur seit der Antike nährt. Die literarische Produktion wird dabei zu einer mehr oder weniger geschickten, nur bei den größten Jahrhundertgeistern genialen Methode des Sammelns, Mischens und Verschmelzens eines vorgegebenen Topoi-Arsenals. Die Originalität des 19. und 20. Jahrhunderts wird relativiert, deren Subjektivitätsidealismus und Autonomieanspruch geschmälert.[27]

---

[26] Gustav René Hocke: Manierismus in der Literatur. 2 Bde. Reinbek: Rowohlt 1957–1959; ders.: Die Welt als Labyrinth. Manier und Manie in der europäischen Kunst. Reinbek: Rowohlt 1987.
[27] Lothar Bornscheuer: Topik. Zur Struktur der gesellschaftlichen Einbildungskraft. Frankfurt a. M.: Suhrkamp 1976, S. 13 ff.

Ein anderer Curtius-Schüler, der Philosoph Otto Pöggeler (geb. 1928), stützt sich auf die poetische, nicht die rhetorische Bedeutung der Topoi, die seit Ende des 18. Jahrhunderts nicht mehr bewußt verwendet werden. Er will die Geschichte der Dichtungstheorie als moderne Toposforschung erarbeiten, die sich „mit der Art und Weise des Gebrauchs vorgeprägter Formeln und überlieferter Ausdrücke und Redewendungen durch einen Dichter, in einem bestimmten Werk oder innerhalb einer oder mehrerer Epochen" befaßt.

> Hierbei begnügt sie sich nicht mit der bloßen Feststellung von Ursprung, Entwicklung, Veränderung und historischem Zusammenhang tradierter sprachlicher und literarischer Ausdrucksformen, sondern sie ist ein Hilfsmittel und Instrument literarischer Interpretation und kommt in ihren verschiedenen Vertretern zu vielfältigen sprachwissenschaftlichen, stilistischen, literaturgeschichtlichen, dichtungstheoretischen und soziologischen Gesichtspunkten und Ergebnissen.[28]

Pöggeler und anderen schwebt demnach eine geistesgeschichtliche Zusammenschau vor, die auch den zeitgeschichtlichen Funktionswandel und die gesellschaftlich bedingten Veränderungen der Dichtung hervortreten läßt. Dadurch wird der Streit um die wahre Bedeutung des Toposbegriffs – Mertner, Dyck und andere hatten Curtius vorgeworfen, den Toposbegriff falsch zu verwenden, der nur der Auffindung der Sache diene, nie die Sache selber bezeichne – müßig. Es bleibt nämlich das Verdienst von Curtius und seinen Fortsetzern, die romantisierende Anschauung „von der Dichtung früherer Epochen als unmittelbarer Gefühls- und Seelenaussprache" relativiert und damit einen wesentlichen Beitrag zum Entstehungsprozeß literarischer Bilder und Ideen geleistet zu haben.[29] Darüber hinaus stärkt Curtius den Gedanken einer gemeineuropäischen literarischen Tradition, die ein Gegengewicht gegen nationale Verblendung und Einseitigkeit bildet. Seine Vorgehensweise ist komparatistisch, was nicht neu ist; sie ist aber auch interdisziplinär, und zwar zu einem Zeitpunkt, als die Einzelphilologien ihre Gegenstände immer isolierter betrachten. Die Toposforschung führt jedoch Geisteswissenschaftler unterschiedlicher Ausrichtung zusammen, da nur sie im Verein die Texte im Sinne der Curtiusschen Methode entschlüsseln können. Allerdings ist damit bereits entschieden, daß diese Methode nur wenige Anhänger und Nachfolger haben kann, denn sie fordert von dem einzelnen Kenntnisse und Fähigkeiten, wie sie nur wenige heute noch besitzen. Mit Erich Köhler besteht Curtius' Verdienst darin, „eine grundlegend neue Betrachtungsart für die Deutung der bisher allzu isoliert behandelten europäischen Literaturen eingeleitet zu haben", denn „das Mittelalter als eigenwertig-schöpferisches und nicht nur reproduktives Bindeglied wird hier ganz neu bewertet".[30]

---

[28] Toposforschung. Hrsg. von Max L. Baeumer. Darmstadt: Wissenschaftliche Buchgesellschaft 1973 (= Wege der Forschung, 395), S. VII.
[29] Gero von Wilpert: Sachwörterbuch der Literatur. 6. Aufl. Stuttgart: Kröner 1979, S. 843 (‚Topos').
[30] Erich Köhler: Einheit europäischer Literatur. In: Aufklärung 1.7 (1951), S. 177–178, zitiert nach Richards: Curtius' Vermächtnis (Anm. 4), S. 94 f.

Ulrich Schulz-Buschhaus

Erich Auerbach
Die Frühe Neuzeit im Schatten Dantes

I.

Das Werk Erich Auerbachs bildet einen der Höhepunkte, vielleicht sogar *den* Höhepunkt dessen, was die akademische Disziplin Literaturwissenschaft in ihrer Geschichte erreicht hat. Dies zu unterstreichen ist heute nicht ganz selbstverständlich und mag wohl wie der Musterfall eines aufmerksamkeitsreklamierenden ‚strong statement' wirken. Zumindest unter zwei Aspekten widersprechen Auerbachs Schriften nämlich flagrant den gegenwärtigen Üblichkeiten. Zum einen liegt der Autor eines programmatischen Aufsatzes *Philologie der Weltliteratur* im Konflikt mit den Spezialisierungsnormen, die sich im aktuellen Wissenschaftsbetrieb weithin durchgesetzt haben. So pflegt der heutige Normalromanist, der gewöhnlich über Kenntnisse in zwei romanischen Sprachen beziehungsweise Literaturen verfügt, mit wachsender Beflissenheit seinen allzu geringen Grad an Spezialisierung zu beklagen, da Spezialisierung für ihn mehr und mehr das wesentliche Kriterium von Professionalität bedeutet. Nach einem solchen Kriterium erscheint Auerbach nun schlicht disqualifiziert; denn ein Literaturwissenschaftler, der in ein und derselben Untersuchung Texte von Virginia Woolf, Stendhal, Rabelais und Boccaccio, aber auch von Ammian oder Gregor von Tours kommentiert, muß vor den Richtlinien der üblichen Wissensorganisation als unseriös gelten, ja als ein schlechtes Beispiel und als das Anti-Modell schlechthin.

Der zweite Aspekt, der Auerbachs Schriften heute unzeitgemäß erscheinen läßt, kommt bereits im Untertitel seines Hauptwerks zum Ausdruck. Indem Auerbach die literarische ‚Darstellung' von ‚Wirklichkeit' zu seinem Thema macht, setzt er die Gültigkeit einer Repräsentationsästhetik voraus, die zu kontestieren und (unter dem Stichwort ‚illusion référentielle') als ‚Illusion' zu erklären bekanntlich den größten gemeinsamen Nenner aller rezenten – literarischen wie literaturwissenschaftlichen – Avantgarden bildet. Überdies offenbaren vor allem die letzten Kapitel des *Mimesis*-Buchs, daß der Begriff ‚dargestellte Wirklichkeit' für Auerbach nicht allein ein heuristisches Konstrukt bleibt. Wenigstens untergründig wirkt er in seinen Vorstellungen auch als eine Norm, die sowohl den Bereich des *sensu stricto* Poetologischen wie den des Politisch-Moralischen betrifft.[1]

---

[1] Vgl. dazu die prinzipiell zutreffende Kritik von Gerhard Hess: *Mimesis*. Zu Erich Auerbachs Geschichte des abendländischen Realismus. In: ders.: Gesellschaft, Literatur, Wissenschaft.

Demnach gibt es einige Züge, welche Auerbachs Œuvre für gegenwärtige Lektüren durchaus – und mit ernstzunehmenden Gründen – suspekt machen können. Trotzdem erhalte ich, jedesmal wenn ich Auerbach lese, den Eindruck, daß die Erkenntnismöglichkeiten von Literaturwissenschaft nie zuvor und selten nachher ähnlich intensiv genutzt worden sind und daß insbesondere *Mimesis* eine Studie ergibt, die im Kontext ihres Fachs etwas letztlich Einzigartiges darstellt. Dabei fällt es nicht leicht, präzis zu erfassen, was methodologisch die Einzigartigkeit der Auerbachschen Schriften ausmacht. Hier bietet sich am ehesten an, einen Charakter hervorzuheben, den ich als die Kunst der hermeneutischen Balance bezeichnen möchte. Gemeint ist damit Auerbachs Fähigkeit, in einer singulären Mischung von Finesse und Konstruktivität das Besondere mit dem Allgemeinen zu vermitteln, oder näherhin: die Fähigkeit, zwischen Textanalyse und theoretischem Entwurf ein Gleichgewicht herzustellen, in dem die verschiedenartigen Elemente der literaturwissenschaftlichen Studie – die einzelne Interpretation und das Konzept der umfassenden Narration – sich nicht behindern, sondern wechselseitig vertiefen.

Wie Auerbachs Kunst der hermeneutischen Balance von ihren Intentionen her zu verstehen ist, zeigt sich wohl am deutlichsten, wenn man sein Werk im wissenschaftsgeschichtlichen Kontext der Entstehungszeit betrachtet. Dazu gibt Auerbach selbst die ersten Hinweise. In der Einleitung zu *Literatursprache und Publikum in der lateinischen Spätantike und im Mittelalter* erinnert er 1957, um sich wissenschaftsgeschichtlich und methodentypologisch zu situieren, an die romanistischen Kollegen Karl Voßler, Ernst Robert Curtius und Leo Spitzer, „Gelehrte wie man sie wohl in keinem anderen philologischen Fache und in keinem anderen Lande finden dürfte", zumal was „die Weite ihres Gesichtskreises" angeht.[2] Freilich hat diese Erinnerung für die Charakteristik von Auerbachs Selbstkonzept nur eine provisorische Funktion. Sie dient dazu, eine geistige Atmosphäre bewußtzumachen, in der sich – wie es heißt – „viele und verschiedenartige […] Strömungen verbanden […], um seit dem Beginn unseres Jahrhunderts bei den deutschen Romanisten sowohl den Historismus überhaupt als auch das Bewußtsein vom Europäischen wachzurufen". Jenseits der atmosphärischen Gemeinsamkeit ergeben sich indessen Differenzen, die einigermaßen gravierend sind, auch wenn sie von Auerbach mit höflicher Zurückhaltung formuliert werden.

Erhellend sind vor allem die Unterschiede, welche Auerbach zwischen den eigenen Verfahrensweisen und denen Spitzers und Curtius' konstatiert.[3] Sie werden

---

München: Fink 1967, S. 182–209, hier S. 206 f.; zuerst in: Romanische Forschungen 61 (1958), S. 173–211.

[2] Vgl. Erich Auerbach: Literatursprache und Publikum in der lateinischen Spätantike und im Mittelalter. Bern: Francke 1958, S. 9.

[3] Auf ähnliche Weise, das heißt im distinktiven Bezug zu Curtius und Spitzer, haben auch Klaus Gronau und Hans-Jörg Neuschäfer bestimmte Eigentümlichkeiten dessen nachgezeichnet, was man Auerbachs ‚Methode' nennen könnte; vgl. Klaus Gronau: Literarische Form und gesellschaftliche Entwicklung. Erich Auerbachs Beitrag zur Theorie und Methodologie der Literaturgeschichte. Königstein i. Ts.: Hain, Forum Academicum 1979 (= Hochschulschriften Literaturwissenschaft, 39), S. 43 ff. und S. 128 ff.; Hans-Jörg Neuschäfer: Sermo humilis. Oder: was wir mit Erich Auerbach vertrieben haben. In: Deutsche und

in der Tat derart festgelegt, daß Auerbachs Projekt durch sie in die Position einer avancierten Synthese gelangt. So beansprucht Auerbach gegenüber den Stilstudien Spitzers, mit denen er sich partiell verbunden weiß, ein stärker ausgeprägtes Interesse am ‚Allgemeinen', das für ihn in erster Linie das Geschichtliche ist. Dabei wird Spitzers gegenläufige Absicht als die einer „genauen Erfassung individueller Formen" bestimmt: „Spitzer ist es in seinen Interpretationen immer wieder um das genaue Verständnis der einzelnen Sprachform, des einzelnen Werkes oder des einzelnen Dichters zu tun."[4] Nach Auerbach hängt diese Spitzersche Fokussierung der Interpretation auf das Individuelle „mit der romantischen Überlieferung und mit ihrer impressionistisch-individualistischen Weiterbildung" zusammen. Das ist wohl richtig gesehen, bedarf aber der Ergänzung, welche neben der ‚romantischen Überlieferung' auch die damals aktuelleren und diskursmächtigeren Impulse der Ästhetik Benedetto Croces, der sogenannten Idealistischen Neuphilologie und des ‚New Criticism' anführen müßte. Von ihnen, die er (wohl wegen ihrer aktuellen Diskursmächtigkeit) hier nicht explizit erwähnt, distanziert sich Auerbach, indem er, was die eigene Person betrifft, das Individuelle und Besondere dem unterordnet, was er das ‚Allgemeine' nennt: „Dagegen ist es mir um etwas Allgemeines zu tun [...]. Immer wieder habe ich die Absicht, Geschichte zu schreiben; ich trete daher an den Text nicht als einzelnen, nicht voraussetzungslos heran; ich richte eine Frage an ihn, und diese Frage, nicht der Text, ist der Hauptansatz."[5]

Wird bei der Abgrenzung von Spitzer die Opposition zweier gegensätzlicher Fokussierungen, des ‚Individuellen' und des ‚Allgemeinen', beinahe plakativ deutlich gemacht, so vollzieht Auerbach die Abgrenzung von Curtius in der gleichen

---

österreichische Romanisten als Verfolgte des Nationalsozialismus. Hrsg. von Hans Helmut Christmann und Frank-Rutger Hausmann. Tübingen: Stauffenburg 1990, S. 85–94, hier S. 88 ff. Dabei erweist sich insbesondere Neuschäfers Skizze als eine sehr verständnisvolle und gerechte Würdigung. Freilich hat sie gelegentlich einen apologetischen Unterton, der den Leser um so merkwürdiger berührt, als er nicht genau erfährt, wer die literaturwissenschaftlichen Autoritäten sind, vor denen Auerbachs Œuvre der Apologie bedarf.

[4] Auerbach: Literatursprache (Anm. 2), S. 20.
[5] Auerbachs Distanzierung von Spitzers ‚individualisierendem' Interpretationsinteresse hat übrigens ihre Vorgeschichte in einer expliziten Kontroverse, welche die beiden Autoren im Anschluß an Spitzers *Romanische Stil- und Literaturstudien* in den Jahren 1932 und 1933 ausgetragen haben. Im Verlauf dieser Kontroverse bemängelt Auerbach, daß Spitzer „Geschichte lediglich als Formgeschichte der Emotionen kennt und berücksichtigt", während Spitzer – heftig reagierend – Auerbach einen „Neoscientismus" und eine „Technisierung der Wissenschaft" zum Vorwurf macht, „wie sie die amerikanische und in Europa amerikanisierende Wissenschaft liebt". Vgl. dazu Peter Jehle: Werner Krauss und die Romanistik im NS-Staat. Hamburg: Argument 1996 (= Argument-Sonderband, N.F., 242), S. 110 ff. Daß Spitzer gegen Auerbach einen im Diskurs der zwanziger und dreißiger Jahre so polemisch vernichtenden Begriff wie den der ‚Amerikanisierung' mobilisiert, läßt auch auf eine wechselseitige persönliche Antipathie schließen, zumal der Begriff in bezug auf Auerbach der Sache nach ziemlich abwegig erscheint. Zur „antipatia feroz", die Auerbach seinerseits für Spitzer empfunden haben soll, vgl. Hans Ulrich Gumbrecht: Exposição Oral. In: Erich Auerbach. 5° Colóquio Universidade Estadual do Rio de Janeiro. Hrsg. von João Cezar de Castro Rocha. Rio de Janeiro: Imago 1994, S. 117–125, hier S. 120.

Einleitung diskreter und jedenfalls mit weniger bestimmten Akzenten.[6] Dennoch findet auch die Distanzierung von Curtius einen quasi offiziellen Platz bei den *acknowledgments* des Aufsatzbandes. Dort erklärt Auerbach, zunächst den akademischen Usancen entsprechend, doch dann in lakonischen Widerspruch umschwenkend: „Manchen Büchern verdanke ich mehr Anregung, als in den Zitaten zum Ausdruck kommt; am meisten Material und auch manche Problemstellungen dem gewaltigen Mittelalterbuch von Ernst Robert Curtius, obwohl ich in der Beurteilung des Bedeutsamen fast niemals mit ihm übereinstimme."[7]

Dieser „fast" kontinuierliche Mangel an „Übereinstimmung" wirkt insofern ein wenig überraschend, als die gegenüber Spitzer behauptete Neigung zum ‚Allgemeinen' statt zum ‚Individuellen' Auerbach mit dem „gewaltigen Mittelalterbuch" eigentlich innig verbinden sollte, da in Curtius' Spätwerk ja eben die Individuen zugunsten der Kontinuität einer machtvollen Tradition zurücktreten.[8]

Tatsächlich befinden sich Auerbach und der Mediävist (weniger der frühe Französist) Curtius in einer vergleichbaren Gegenposition zur Idealistischen Neuphilologie und zur Croceschen *critica*, einer Gegenposition, welche sie beide auf dem überindividuellen Moment stilistischer, rhetorischer, generischer und thematischer Überlieferungen insistieren läßt. Was sie innerhalb dieser Gemeinsamkeit trennt, ist erneut eine verschiedene Fokalisierung des Traditionsinteresses (wie vorher – beim Kontrast zu Spitzer – des Stilforschungsinteresses). In *Europäische Literatur und lateinisches Mittelalter* richtet sich dieses Interesse vorzugsweise auf alles, was für die Kontinuität und Homogenität einer umfassend harmonisierten (und harmonisierenden) Dauertradition spricht (unter anderem sicherlich aus Gründen, die mit den zu kompensierenden Brüchen und Katastrophen der deutschen Geschichte zu tun haben).[9] Dagegen suchen Auerbachs Studien gerade um-

---

[6] Auerbachs Respekt vor Curtius kommt noch in einem Brief an Fritz Schalk vom 19. Juni 1950 zum Ausdruck, in dem er *Europäische Literatur und lateinisches Mittelalter* sowie die Curtiussche Toposforschung überhaupt gegen Schalks Kritik in Schutz nimmt: „Curtius' Polemik gegen Geistesgeschichte kann ich sehr wohl verstehen, nur kann er nicht Maß halten. Ihn grundsätzlich wegen der Topologie anzugreifen erschiene mir unberechtigt [...]. *Denn ein großartiges Buch ist es*, lieber Herr Schalk, das sollten Sie auch einsehen." (Hervorhebung d. Verf.) Damit unterscheidet sich Auerbach erneut von Spitzer, der am 28. Mai 1948 an Fritz Schalk schreibt: „Oder selbst der letzte Dante-Artikel Curtius': er wirkte auf mich erschreckend. Hier war ein genialer Kenner der abendländischen Literaturgeschichte, der nun auch – senil wird. Diese einseitige Prinzipienreiterei über Dante der Rhetoriker, eine jedem Dantisten bekannte Tatsache, die mit allerlei hochmütigen Allüren nochmals geboten wird. Seiten und Seiten über rhetorische Periphrasen [...]. Warum muß so viel schnöde Attitüde mit so wenig Substanz verbunden werden [...]?" Für die Einsicht in die bislang unveröffentlichten Briefe aus dem Nachlaß von Fritz Schalk danke ich Frau Kollegin Isolde Burr.
[7] Auerbach: Literatursprache (Anm. 2), S. 23.
[8] Zu den naheliegenden Einwänden, die sich gegen eine solche „Metaphysik der Tradition" erheben lassen, vgl. z. B. Hans Robert Jauß: Literaturgeschichte als Provokation. Frankfurt a. M.: Suhrkamp 1970, S. 153 f., oder ders.: Ästhetische Erfahrung und literarische Hermeneutik. 2. Aufl. Frankfurt a. M.: Suhrkamp 1984, S. 687 f.
[9] Vgl. dazu die treffenden Bemerkungen von Klaus Garber: *Europäische Literatur und lateinisches Mittelalter*. Zum vierzigjährigen Jubiläum von E. R. Curtius' Hauptwerk. In: Sprache und Li-

gekehrt nach den Konflikten und Hegemoniewechseln bei der Konkurrenz verschiedener Traditionen. Das heißt: Wo Curtius harmonisierend europäische Kontinuität restituiert, sieht Auerbach Geschichte eher als ein Drama. Dessen Szenen bestehen zwar gleichfalls in ‚longues durées', doch kommt es zwischen den ‚longues durées' immer wieder zu – eben dramatischen – Peripetien. So ist für Curtius kennzeichnend, daß er die Verschmelzung jüdisch-christlicher und antik-paganer Traditionen in beziehungsweise mit seinem Mittelalterbuch nicht nur erforschen, sondern gleichzeitig – zur Festigung eines abendländischen Bewußtseins – befördern möchte. Von Auerbach wird eben diese Synthese des Antik-Paganen und des Jüdisch-Christlichen dagegen schon im ersten Kapitel der *Mimesis* durch die Opposition der Homerischen Epen und der Bücher des Alten Testaments scharf geschieden und analytisch zerlegt. Auf ähnliche Weise trennt sich Auerbach von Curtius' Interessen, wenn er in *Literatursprache und Publikum* die Fremdheit der parataktischen *Chanson de geste* gegenüber allen lateinischen Stilüberlieferungen betont oder wenn er – höchst subtil – nachzeichnet, wie die antike Stillage tragischer beziehungsweise epischer Erhabenheit gerade durch den Effekt einer zunehmenden Rhetorisierung der spätantiken und frühchristlichen Schriftstellerei verfallen mußte.[10]

Für eine solche perspektivische Divergenz im Umgang mit Tradition(en) sind bis zu einem gewissen Grad wohl unterschiedliche, ja konträre ideologische Neigungen verantwortlich zu machen (wobei Curtius' affirmativer abendländischer, aber kaum national getönter Konservativismus ja seit langem bekannt ist). Dazu kommt als ein weniger beachteter Faktor indes noch Auerbachs extraordinäre stilistische Feinfühligkeit besonders bei lateinischen Texten, für die ich bei Curtius kaum etwas Analoges feststellen kann. In Curtius' Schriften entsteht ja immer wieder der Eindruck, daß sie die Latinität mit trotzigem Widerspruch als ein unpopulär gewordenes Bildungsgut exaltieren. Dagegen hat man bei vielen Passus von *Literatursprache und Publikum* das Gefühl, daß Auerbach noch quasi selbstverständlich in der Latinität lebt und hier – zumal syntaktische – Unterschiede der *écriture* wahrnimmt, die selbst für einen Curtius belanglos geworden sind.[11] Aus dieser Feinfühligkeit speziell gegenüber Nuancen lateinischer Stiltraditionen erwächst dann ein Distinktionsvermögen, das mir unter Romanisten schlechterdings einzigartig erscheint. Bemerkenswerterweise steht es in einem evidenten (und überaus produktiven) Spannungsverhältnis zur *expressis verbis* unterstrichenen Privilegierung des ‚Allgemeinen', welche Auerbach gegen Spitzer vertritt. Vor allem durch

---

teratur der Romania. Festschrift für Horst Heintze. Hrsg. von Irmgard Osols-Wehden, Giuliano Staccioli und Babette Hesse. Berlin: Berlin Verlag 1993, S. 265–269, hier S. 266.

[10] Vgl. Auerbach: Literatursprache (Anm. 2), S. 151 und S. 142 ff.
[11] Vgl. dazu eine besonders charakteristische Passage in: ebd., S. 145. Eine Rolle mag hierbei übrigens auch der Umstand spielen, daß Auerbach und Curtius, was das im engeren Sinn Fachliche angeht, in gewissem Sinn chiastisch gegensätzliche Karrieren hinter sich gebracht haben: Während Curtius' Entwicklung von der Gegenwartsliteratur zu Dante und zum lateinischen Mittelalter verläuft, hat Auerbachs Werdegang umgekehrt im lateinischen Mittelalter, bei Dante und der frühen Renaissance-Novellistik seinen Ausgangspunkt.

dies Spannungsverhältnis kommt wohl jene ans Paradoxale grenzende Balance zustande, die für Auerbachs methodentypologische Position überhaupt konstitutiv ist. Abweichend von Spitzer verwirklicht sie sich durch die Blickrichtung aufs ‚Allgemeine', welche die „Anschauung von einem Geschichtsverlauf" meint, und abweichend von Curtius bewahrt sie doch zugleich einen extrem geschärften Sinn für das Besondere, einen Sinn, der wie nie zuvor das Gewicht individueller und kultureller Differenzen zu dramatisieren weiß.

II.

So zeichnet sich insbesondere *Mimesis* durch ein heikles Gleichgewicht generalisierender und differenzierender Perspektiven aus, wie es in der Geschichte der Literaturwissenschaft selten ähnlich riskant und erkenntnisträchtig durchgehalten wurde. Dabei kommt die Kategorie des Besonderen in *Mimesis* durch die teils berühmt gewordenen Interpretationen ausgewählter Textstellen zum Zuge, welche regelmäßig am Anfang der Kapitel stehen. Diese Interpretationen befassen sich eindringlich vor allem mit dem Prosastil von Chroniken, Erzählungen, Essays oder Dramenszenen, wobei den syntaktischen Ordnungen und Relationen stets die größte Aufmerksamkeit gilt. Das Allgemeine manifestiert sich demgegenüber in Auerbachs zentraler Frage nach den Modi der literarischen Wirklichkeitsdarstellung: einer Frage, die freilich nicht zu einem Einblick in das *Wesen* des Realismus führen soll, sondern zur Bestimmung von dessen historisch-typologischer Vielfalt, das heißt: zu jenem von Wayne C. Booth empfohlenen pluralistischen Projekt eines „major study of realisms that we so badly need".[12]

Auf der Seite des Allgemeinen entwirft das *Mimesis*-Buch eine Art narrativer Figur, durch die die historisch-typologische Vielfalt der Realismen plausibel geordnet wird. In dieser narrativen Figur ist wie in jeder historiographischen oder geschichtsphilosophischen Narration eine Normvorstellung impliziert. Es ist das im Falle Auerbachs jener Inbegriff eines ‚europäischen Realismus', der im Kapitel über die Brüder Goncourt und Zola folgendermaßen definiert wird: „nämlich ernste (häufig auch: tragische) Darstellung der zeitgenössischen alltäglichen gesellschaftlichen Wirklichkeit auf dem Grunde der ständigen geschichtlichen Bewegung".[13] An der Genese einer solchen Normvorstellung, welche Auerbach idealtypisch bei Balzac oder Zola verwirklicht sieht, haben verschiedene geistesgeschichtliche Motive Anteil gehabt. Wichtig ist zunächst das immer wieder angesprochene Motiv des ‚Historismus', der bei Auerbach mitunter auch ‚Perspektivismus' heißt. Er geht in Auerbachs Selbstverständnis zurück zu Vico und Herder und wird, was die spätere Entwicklung betrifft, mit erstaunlicher Weitherzigkeit

---

[12] Vgl. Wayne C. Booth: The Rhetoric of Fiction. 9. Aufl. Chicago, London: The University of Chicago Press 1970, S. 55.
[13] Erich Auerbach: *Mimesis*. Dargestellte Wirklichkeit in der abendländischen Literatur. 2. Aufl. Bern: Francke 1959 (= Sammlung Dalp, 90), S. 480.

konzipiert, die Anschlüsse bald an Karl Marx und bald an Friedrich Meinecke erlaubt.

Des weiteren manifestiert sich in der Normvorstellung vom ‚europäischen Realismus' unverkennbar die Wirkung einer Generationsgemeinschaft, die Auerbach mit der – freilich weit robusteren – Inhaltsästhetik von Georg Lukács und dem humanitären Elan von Sartres ‚littérature engagée' verbindet.[14] Diese Solidaritäten mit Lukács oder Sartre zeigen sich am auffälligsten bei der Synkrisis zwischen den Brüdern Goncourt und Zola, welche auf ein dezidiertes Plädoyer für Zola hinausläuft. In die Nähe von Lukács gehört hier selbstverständlich nicht schon das Votum für Zola als ein solches (bekanntlich fand Lukács nur wenig Gefallen an Zolas Romanzyklen), wohl aber die Argumentation, auf die das Plädoyer sich stützt, und in ihr wieder speziell die Distanzierung vom Ästhetizismus der Goncourt:

> Die Kunst des Stils [...] dient [in *Germinal*] der unerfreulichen, bedrückenden, trostlosen Wahrheit. Aber diese Wahrheit wirkt zugleich als Aufruf zum Handeln im Sinne einer sozialen Reform. Es handelt sich nicht mehr, wie noch bei den Goncourts, um den sinnlichen Reiz des Häßlichen; sondern, ohne jeden Zweifel, um den Kern des sozialen Problems der Zeit, um den Kampf zwischen Industriekapital und Arbeiterklasse; das Prinzip *l'art pour l'art* hat ausgespielt.[15]

Zwar mag Zola – wie es heißt – „übertrieben" haben, doch hat er nach Auerbachs beifälligem Urteil „in der Richtung übertrieben, auf die es ankam".

Motive, die auf der gleichen Linie liegen, sind daneben die Vorstellung, daß die Schriften der „modernen Realistik" bewußt und konkret „mit dem Politischen, Soziologischen und Wirtschaftlichen der Epoche verbunden" sein müßten (wie das bei Stendhals autobiographischen Texten in höherem Maß als bei Rousseau oder Goethe der Fall sein soll), oder das Postulat, die „moderne Realistik" habe die „politisch-ökonomischen Tiefenbewegungen der Epoche spürbar" zu ma-

---

[14] Bezeichnend mag auch sein, daß Auerbach, 1892 geboren, dem gleichen Jahrgang angehört wie Erwin Panofsky und Walter Benjamin, mit dem er zwischen 1935 und 1937 gelegentlich korrespondierte; vgl. Karlheinz Barck: Fünf Briefe Erich Auerbachs an Walter Benjamin in Paris. In: Zeitschrift für Germanistik 9 (1988), S. 688–694. Ein Seitenblick auf Benjamins apokalyptischen ‚Messianismus' läßt freilich erkennen, daß Auerbachs Eigenart demgegenüber eher in einer Art resignativer Gelassenheit bestand, mit der er den Widerwärtigkeiten seiner Gegenwart zu begegnen suchte. Charakteristisch dafür sind etwa der Beginn des Aufsatzes ‚Philologie der Weltliteratur' oder Passagen eines an Benjamin gerichteten Briefs vom 3. Januar 1937, vgl. ebd., S. 692: „Immer deutlicher wird mir, daß die gegenwärtige Weltlage nichts ist als eine List der Vorsehung, um uns auf einem blutigen und qualvollen Wege zur Internationale der Trivialität und zur Esperantokultur zu führen"; Erich Auerbach: Gesammelte Aufsätze zur romanischen Philologie. Bern, München: Francke 1967, S. 301–310, hier S. 301: „Über alles andere aber breitet sich die Standardisierung, sei es nach europäisch-amerikanischem, sei es nach russisch-bolschewistischem Muster [...]. Sollte es der Menschheit gelingen, sich durch die Erschütterungen hindurchzuretten [...], so wird man sich an den Gedanken gewöhnen müssen, daß auf einer einheitlich organisierten Erde nur eine einzige literarische Kultur, ja selbst in vergleichsweise kurzer Zeit nur wenige literarische Sprachen, bald vielleicht nur eine, als lebend übrigbleiben. Und damit wäre der Gedanke der Weltliteratur zugleich verwirklicht und zerstört."
[15] Auerbach: *Mimesis* (Anm. 13), S. 475 f.

chen.[16] Die Neigung zum Soziologischen, Politischen und Ökonomischen führt Auerbach sogar dazu, mit Applaus jenen Hippolyte Taine zu zitieren, der für Benedetto Croce und die gesamte Bewegung der Idealistischen Neuphilologie bekanntlich die ‚bête noire' *par excellence* darstellte.[17] Dagegen meint Auerbach im Kapitel über den französischen ‚Classicisme', daß die Mentalitätsstrukturen, welche der klassischen Literatur zugrunde liegen, „besonders auch in Taines Racineaufsatz [...] vorzüglich dargestellt worden" seien: „Jedenfalls [...] hat er [Taine] zuerst die soziologische Methode verwendet, die zum perspektivisch-geschichtlichen Verständnis der Literatur des großen Jahrhunderts unentbehrlich ist."[18]

Solche Normvorstellungen, welche den Inbegriff des ‚europäischen Realismus' bzw. der ‚modernen Realistik' ausmachen, bilden dann die Prämissen für ein ‚emplotment' im Sinne Hayden Whites, das die umfassende Narration des *Mimesis*-Buchs gewissermaßen mit zwei Handlungssträngen versieht. Der erste Handlungsstrang betrifft das, was in Auerbachs Realismus-Definition die „ständige geschichtliche Bewegung" heißt. Er verfolgt die Genese eines „perspektivisch-historischen Bewußtseins"[19] und stellt sie als einen Prozeß dar, der sich nicht einfach im Rhythmus der Kontinuität vollzieht, sondern Sprünge und Brüche kennt. Der zweite (und vielleicht noch wichtigere) Handlungsstrang zeichnet nach, wie die Verbindung einer alltäglichen Thematik mit einem ernsten, ja tragischen Stilregister zustande kommt.[20] Für antike und allgemein klassi(zisti)sche Auffassungen mußte eine solche Verbindung ja gleichsam ein Oxymoron bedeuten; denn die Regeln klassi(zisti)scher Stiltrennung beruhen – wie Auerbach immer wieder gezeigt hat – eben darauf, daß eine alltägliche Thematik die Stilhöhe der Komik nach sich zieht, während die Stilhöhe eines tragischen oder epischen Ernstes allein für Thematiken des Außeralltäglichen (Krieg, Herrschaft, Liebe), das heißt: der auch sozialen Erhabenheit, reserviert bleibt. Vor dem Hintergrund dieser soziosemiotischen Regelmäßigkeiten rekonstruiert Auerbach die Geschichte der Wirklichkeitsdarstellung in der abendländischen Literatur als eine Folge stiltrennender Schreibweisen mit geringer realistischer Prägnanz und stilmischender Schreibweisen mit größerer realistischer Prägnanz.

Ein ‚ernster Realismus' im Sinne Auerbachs kann demnach immer dann entstehen, wenn sich stilmischende „Einbrüche in die Lehre von den Höhenlagen" des Stils ereignen.[21] Solche Einbrüche findet Auerbach in zwei Epochen konzentriert, welche der Ausbildung eines klassisch-humanistischen Literatursystems in Italien

---

[16] Vgl. ebd., S. 425 f. oder S. 417.
[17] Vgl. beispielsweise Benedetto Croce: Ariosto, Shakespeare e Corneille. Bari: Laterza 1968, S. 80, S. 206 und besonders S. 85: „la strana aberrazione fantastica del Taine e la singolare incapacità sua a ricevere le schiette impressioni del reale".
[18] Vgl. Auerbach: *Mimesis* (Anm. 13), S. 367 f.
[19] Ebd., S. 305.
[20] Zur Rekonstruktion dieses zweiten Handlungsstrangs vgl. im einzelnen Ulrich Schulz-Buschhaus: Typen des Realismus und Typen der Gattungsmischung. Eine Postille zu Erich Auerbachs *Mimesis*. In: Sprachkunst 20 (1989), S. 51–67, hier S. 53 ff.
[21] Vgl. Auerbach: *Mimesis* (Anm. 13), S. 516.

und Frankreich einmal vorausgehen und einmal nachfolgen. Der spätere und insgesamt entscheidende Einbruch wird in der ersten Hälfte des 19. Jahrhunderts vollzogen, zum einen – weniger prägnant – durch die von den Romantikern proklamierte „Mischung des sublime mit dem grotesque", zum anderen – und prägnanter – durch den realistischen Roman: „Indem Stendhal und Balzac beliebige Personen des täglichen Lebens in ihrer Bedingtheit von den zeitgeschichtlichen Umständen zu Gegenständen ernster, problematischer, ja sogar tragischer Darstellung machten, zerbrachen sie die klassische Regel von der Unterscheidung der Höhenlagen."[22]

Der frühere Typus einer Stilmischung hat nach Auerbach in Gestalt eines spezifisch christlichen Realismus die Kultur des Mittelalters geprägt: in ihren Predigten, in ihrem liturgienahen Theater, in ihren Chroniken sowie – als höchste und kühnste Form einer Wirklichkeitsdarstellung, die Auerbach figural nennt – in Dantes *Commedia*. Was dieser mittelalterlichen Variante eines bald mehr figuralen und bald mehr kreatürlichen Realismus zugrunde liegt, ist – wenn man Auerbach folgen will – die Gestalt der christlichen Offenbarung selbst: „es war die Geschichte Christi, mit ihrer rücksichtslosen Mischung von alltäglich Wirklichem und höchster, erhabenster Tragik, die die antike Stilregel überwältigte."[23]

III.

Für die Literatur der Frühen Neuzeit, aber auch für alle Klassiken, ist dieser *plot* einer Geschichte der abendländischen Wirklichkeitsdarstellung, wie ihn Auerbachs *Mimesis* entwirft, nun prinzipiell alles andere als günstig. Idealtypisch liegt die Literatur der Frühen Neuzeit in Italien und Frankreich nämlich genau zwischen jenen Epochen, in denen Einbrüche in das semiotische System der Stiltrennung für eine ernste Auffassung alltäglicher Wirklichkeit sorgen können, also zwischen dem christlichen Realismus des Mittelalters und dem sozusagen bürgerlichen Realismus des 19. Jahrhunderts. In der Tat findet Auerbach etwa bei Racine dann auch den eklatantesten Gegensatz zu jener Poetik der Stilmischung, welche für ihn den Inbegriff des Realismus ausmacht: „Die klassische Tragödie der Franzosen stellt das äußerste Maß von Stiltrennung dar, von Loslösung des Tragischen vom Wirklich-Alltäglichen, das die europäische Literatur hervorgebracht hat."[24] Und selbst bei Molières Komödien gelangt Auerbach zu dem – sicherlich überpointierten – Befund: „Jeder Schatten von Politik, von sozialer oder ökonomischer Kritik oder von Untersuchung der politischen, sozialen, ökonomischen Grundlagen des Lebens fehlt; seine [Molières] Kritik der Sitten ist rein moralistisch."[25] Wie darauf mit Recht hervorgehoben wird, hat diese Neigung zur „rein

---

[22] Ebd., S. 515.
[23] Ebd., S. 516.
[24] Ebd., S. 364.
[25] Ebd., S. 348. Zu partiellen Korrekturen an einer gewissen Einseitigkeit des Auerbachschen Molière-Bilds vgl. beispielsweise Michael Nerlich: Notizen zum politischen Theater von

moralistischen" Perzeption mit den Selbststilisierungen der aristokratischen Hofgesellschaft zu tun, innerhalb deren alles, „was sich auf berufliche und ökonomische Dinge bezieht", nur mit äußerster Diskretion behandelt werden kann.[26]

So entsteht bei Auerbach für die Literatur der Frühen Neuzeit im Hinblick auf die Tendenzen ihrer Wirklichkeitsdarstellung eine gespaltene und jedenfalls uneinheitliche Bilanz. Sie fällt grundsätzlich eher negativ aus, was das Realismus-Merkmal der Stilmischung betrifft. Eben mit der Renaissance geht ja der christliche Realismus des Mittelalters verloren, und es bildet sich durch die aristotelischen Poetiken des Cinquecento ein hierarchisches System gestufter Höhenlagen aus, welches die in der Antike üblichen Stil- und Gattungstrennungen noch entschieden vertieft. In dieser extremen Stiltrennung sieht Auerbach sogar beim christlichen Racine ein im Grunde widerchristliches Element: „Das antike Vorbild wird übersteigert, und es gibt einen scharfen Bruch mit der jahrtausendalten, christlich-stilmischenden Volksüberlieferung; die Übersteigerung der tragischen Person *(ma gloire)* und der zum Äußersten getriebene Kult der Leidenschaften ist geradezu widerchristlich."[27]

Eher positiv fällt die Bilanz dagegen aus, sofern man sich an das andere Auerbachsche Realismus-Merkmal des „perspektivisch-geschichtlichen Bewußtseins" hält. Hier sind Entwicklungen zu verzeichnen, welche der historischen Tiefensicht des späteren bürgerlichen Realismus durchaus vorarbeiten. Sie werden von Auerbach vor allem im Shakespeare-Kapitel ‚Der müde Prinz' thematisiert. Dort hält Auerbach fest, daß sich in Ansätzen seit Dante, vor allem aber seit dem Humanismus ein „perspektivischer geschichtlicher Blick" ausgebildet hat, über den „das natürliche In-sich-selbst-Leben der antiken Kultur oder die geschichtliche Naivität des 12. und 13. Jahrhunderts" nicht verfügen konnten.[28] Es handelt sich um eine „historische Tiefensicht", die der Humanismus speziell durch sein „Programm der Erneuerung antiker Lebens- und Ausdrucksformen" gewinnt, da ein solches Programm die Humanisten dazu bringt, die „Lebens- und Ausdrucksformen" der Antike in einer geschichtlichen Tiefe wahrzunehmen, welche gegen die

---

Molière. In: Lendemains 6 (1977), S. 27–61, oder Hartmut Stenzel: Molière und der Funktionswandel der Komödie im 17. Jahrhundert. München: Fink 1987, besonders S. 149–215. Daß Auerbach hier überpointiert, erklärt sich unter anderem wohl dadurch, daß er bei Molières Komödien das Epochenspezifische nicht scharf genug vom Gattungsspezifischen trennt: Schließlich sind die analytischen Mittel einer Komödie, wenn es um die „Untersuchung der politischen, sozialen, ökonomischen Grundlagen des Lebens" geht, gegenüber jenen eines Romans von vornherein beschränkt.

[26] Vgl. Auerbach. *Mimesis* (Anm. 13), S. 350.
[27] Ebd., S. 369. Im Hinblick auf Auerbachs Racine-Deutung, die er kontrastiv mit der Voßlers vergleicht, spricht Roland Galle mit einigem Recht von einer an Nietzsche anknüpfenden „archaisierende[n] Rezeption"; vgl. Roland Galle: Tragödie und Aufklärung. Zum Funktionswandel des Tragischen zwischen Racine und Büchner. Stuttgart: Klett 1976 (= Literaturwissenschaft – Gesellschaftswissenschaft, 24), S. 46–49. Allerdings ist der Sachverhalt einer „Instinktrevalorisierung", den Galle dabei formuliert (vgl. ebd., S. 48), Auerbach wohl lediglich als Beobachtung, nicht aber auch – wie Nietzsche – als poetologisch-moralische Präferenz zuzuschreiben.
[28] Vgl. Auerbach: *Mimesis* (Anm. 13), S. 306.

„dunklen Zeiten des dazwischen liegenden Mittelalters" abgehoben ist. In den Kapiteln über Boccaccio, Rabelais und Montaigne wird die Genese dieses geschichtlichen Bewußtseins bis hin zu Shakespeare rekonstruiert und mit einer Reihe von Faktoren erklärt. Eine zentrale Rolle spielt unter ihnen „die Wirkung der großen Entdeckungen, die den kulturgeographischen Horizont und damit die Vorstellungen möglicher menschlicher Lebensformen mit gewaltigem Stoß erweiterten".[29] Dazu kommt

> bei den verschiedenen Völkern Europas das Nationalgefühl, so daß sie begannen, sich ihrer verschiedenen Eigentümlichkeit bewußt zu werden; endlich trug auch die Kirchenspaltung dazu bei, die verschiedenen Menschengruppen gegeneinander abzusetzen; so daß anstelle der verhältnismäßig einfachen Gegensätze zwischen Griechen beziehungsweise Römern und Barbaren, oder zwischen Christen und Heiden sich ein sehr viel mannigfaltigeres Bild der menschlichen Gesellschaft verbreitete.[30]

IV.

Wenn man – wie ich es jetzt getan habe – versucht, aus dem *Mimesis*-Buch die Hauptlinien des narrativen *plot*, gewissermaßen seine Theorie im Sinne von Greimas, zu abstrahieren, mag das Resultat leicht ein wenig schematisch erscheinen. Das ist indessen ein Effekt, der unweigerlich als Folge des verdeutlichenden Resümierens entsteht, also das, was Gérard Genette den ‚effet de résumé' nennt;[31] doch wird er der konkreten Gestalt der Kapitel im einzelnen kaum gerecht. Näherhin betrachtet, steht der geschichtsphilosophische, oder besser: diskursgeschichtliche *plot* von *Mimesis* nämlich in einer überaus produktiven Spannung zu einer Praxis des unablässigen interpretativen Differenzierens. Die Prämisse für eine solche Disposition zum ständigen Differenzieren liegt wohl vor allem darin, daß Auerbach seine – gleichwohl spürbaren – Normvorstellungen nur mit äußerster Diskretion ins Spiel bringt. Sie bilden für die Gesamtdarstellung einen kon-

---

[29] Ebd.

[30] Ebd. Im Gegensatz zu dieser Zunahme des „perspektivisch-geschichtlichen Bewußtseins" bei Rabelais, Montaigne oder Shakespeare steht nach Auerbach die geschichtstranszendierende, statische Ordnung, welche das barock-gegenreformatorische Weltbild eines Calderón ausmacht. In dessen theatralischem Kosmos „ist zwar alles ein Traum, doch nichts ein Rätsel, welches auf Lösung drängte; es gibt Leidenschaften und Konflikte, aber Probleme gibt es nicht" (S. 317). Eine solche Feststellung mag erneut – wie im Falle Molières – überpointiert erscheinen, zumal wenn Auerbach sie gelegentlich über Calderón hinaus in bezug auf das gesamte Siglo de Oro, bis hin zu Cervantes, generalisiert. Immerhin ist sie geeignet zu erklären, weshalb die seit der Mitte des 17. Jahrhunderts in Spanien entstandene Literatur trotz ihrer prononcierten Disposition zur Stilmischung die Geschichte des europäischen Realismus wenigstens in dessen Haupttendenzen kaum noch beeinflußt hat.

[31] Mit diesem Begriff bezieht Genette sich speziell auf das Werk von Jorge Luis Borges. Gleichzeitig kann der Begriff indessen auch einen Sachverhalt bezeichnen, der für alle literaturwissenschaftliche Arbeit, sei sie nun eher hermeneutischer oder eher analytischer Art, von konstitutiver und – wenn man so will – unumgänglicher Bedeutung ist. Vgl. Gérard Genette: Palimpsestes. La littérature au second degré. Paris: Seuil 1982, S. 294–297.

zeptuellen Rahmen, aber eben nicht mehr als einen Rahmen, der Fragen und Begriffe liefert, ohne die interpretierten Texte selber zu okkupieren. Auffällig ist die Zurückhaltung beim Einsatz der rahmenden Theorie insbesondere im Vergleich mit Zeitgenossen, zu denen ich Auerbach in ein Verhältnis generationsgebundener Affinität gebracht habe. So teilt Auerbach – wie gesagt – manche Werte, die etwa für Lukács oder Sartre bestimmend sind; doch bleiben diese Werte im *Mimesis*-Buch diskret perspektivierend im Hintergrund der Darstellung. Gewiß bilden sie auch für Auerbach implizite Normen; aber eingesetzt werden sie dann in einer vorwiegend heuristischen Funktion. Demgegenüber wird eklatant deutlich, wie es sowohl Lukács als auch Sartre (die freilich auch keine Literarhistoriker sein wollten) jeweils um normative Poetiken geht, welche schriftstellerische Verfahrensweisen und politische Orientierungen vorgeben sollen, was stets die Neigung und die Verpflichtung zu schroffen Oppositionen impliziert.

Exemplarisch dafür sind unter anderem die unterschiedlichen Töne, mit denen Auerbach und Lukács jeweils den Vergleich zwischen Balzac und Flaubert durchführen. Was dessen Tendenz betrifft, liegen die beiden Kritiker nicht einmal sehr weit auseinander; denn auch Auerbach hat gegenüber dem Ästheten Flaubert unverkennbare Reserven anzumelden,[32] die sich am Ende in dem Urteil äußern: „Übrigens haben wenige von den Späteren die Aufgabe der Darstellung zeitgenössischer Wirklichkeit mit der gleichen Klarheit und Verantwortlichkeit erfaßt wie er; aber freilich hat es unter den Späteren freiere, spontanere, reichere Geister gegeben als ihn."[33] Wo Auerbach – wie immer in solchen Fällen – vorsichtig einschränkend Reserven geltend macht (ohne andererseits die speziell literarische Faszination der Flaubert-Texte zu mindern), da erläßt Lukács gleichsam ein autoritatives Dekret. Für ihn gilt Flaubert, der die „kapitalistische Gesellschaft mit untauglichen weltanschaulichen Mitteln" kritisiere, als der Hauptverantwortliche einer fatalen „subjektivistischen Umwandlung des Realismus". Und diese Umwandlung erscheint bei Lukács dann derart verderblich, daß in *Balzac und der französische Realismus* die Frage „Ist Balzac oder Flaubert die Spitzenerscheinung, der typische Klassiker des 19. Jahrhunderts?" einmal gleichbedeutend wird mit der „geschichtlichen Frage: führt der Weg der Kultur auf- oder abwärts?"[34]

Der Unterschied zwischen einer dogmatisch normierenden und einer historisch relativierenden Kritik, wie er hier zwischen Lukács und Auerbach sichtbar wird, hat im übrigen nicht unmittelbar etwas damit zu tun, daß der eine marxistische und der andere eher liberale Positionen vertritt. Eine dogmatisch normieren-

---

[32] Deshalb kann keinesfalls davon die Rede sein, daß Auerbach – wie Timothy Bahti meint – zwischen Flaubert und Dante ein Verhältnis quasi von ‚Erfüllung' und ‚Figur' entwirft; vgl. dagegen Timothy Bahti: Auerbach's *Mimesis:* Figural Structure and Historical Narrative. In: After Strange Texts. The Role of Theory in the Study of Literature. Hrsg. von Gregory S. Jay und David L. Miller. Tuscaloosa (Al.): The University of Alabama Press 1985, S. 124–145.

[33] Auerbach: *Mimesis* (Anm. 13), S. 458.

[34] Vgl. Georg Lukács: Schriften zur Literatursoziologie. 4. Aufl. Neuwied und Berlin: Luchterhand 1970 (= Soziologische Texte, 9), S. 124, S. 150 und S. 241.

de Kritik, wie sie von Lukács betrieben wurde, charakterisiert auf eine typologisch ganz ähnliche Weise ja gleichfalls den liberalen Anti-Kommunisten Benedetto Croce, der seine ästhetischen Urteile auf dieselbe absolute, ja absolutistische Art auszusprechen pflegte. Die Differenzen liegen hier – wie ich meine – tiefer und sind nicht ohne weiteres mit politischen Positionen zu verrechnen. Entscheidend ist eher die Frage, in welcher Funktion ein Interpret beziehungsweise Kritiker seine impliziten poetologischen Normen einzusetzen gedenkt. Er kann sie wie eine Gesetzestafel benutzen, nach der er schneidend scharfe und eindeutige Urteile fällt: Das tun etwa Lukács oder Croce. Oder er kann sie als ein heuristisches Mittel benutzen, das wohl zur Formulierung von Fragen dient, die an die Texte gestellt werden, doch kaum zum definitiven Urteil drängt. Diese zweite Alternative beim Umgang mit den eigenen poetologischen Normen ergibt sich in idealtypischer Weise bei Auerbach. Übrigens spricht Auerbach das Ideal seiner literarhistorischen Diskretion auch häufig explizit an, indem er den Historismus, auf den er sich beruft, prononciert zu einem Relativismus erklärt, gelegentlich sogar zu einem „radikalen Relativismus", um dann beruhigend hinzuzufügen: „Es ist ein radikaler Relativismus; man sollte ihn deshalb aber nicht fürchten."[35] Bezeichnenderweise erinnert die Formulierung ein wenig an Hofmannsthals Marschallin, wenn sie von der Zeit, dem Ursprung aller historischen Relativierung, sagt: „Die Zeit, die ist ein sonderbares Ding. [...] Allein man muß sich auch vor ihr nicht fürchten."[36]

Bei der praktischen Textbeschreibung und Textinterpretation wirkt sich Auerbachs deklarierter Relativismus vor allem dahingehend aus, daß er in geradezu systematischer Manier darauf verzichtet, irgendeinen Text durch vermeintliche Substanzen erfassen zu wollen. Wie mir scheint, ist Auerbach in unserer Disziplin der erste gewesen, der unterhalb der Ebene seiner lediglich perspektivierenden poetologischen Normen eine Verfahrensweise von Textbeschreibung entwickelt hat, welche allein auf Differenzen setzt. Das heißt: Die Texte werden jeweils in verschiedene Aspekte und Komponenten zerlegt, deren Charakteristik dann – mehr oder weniger strikt – relational erfolgt, in bald retrospektiver und bald prospektiver Abgrenzung von strukturell vergleichbaren Phänomenen. Demnach ist für Auerbach eine Interpretationsbewegung kennzeichnend, welche ihre Gegenstände ständig in Traditionsbezüge versetzt, um sie darauf von eben diesen Traditionsbezügen individualisierend zu unterscheiden.

Dafür gebe ich zwei ziemlich zufällig und willkürlich gewählte Beispiele, von denen das erste Rabelais betrifft. Mit Recht erblickt Auerbach ihn in weitem Abstand von jeglichem Renaissance-Klassizismus und dessen ästhetischen Maßvorstellungen, wie sie etwa für Bembo oder Du Bellay wichtig sind. So stellt Auerbach Rabelais zunächst in einen Kontext mittelalterlicher Stiltraditionen:

---

[35] Vgl. Auerbach: Literatursprache (Anm. 2), S. 14 f.
[36] Hugo von Hofmannsthal: Lustspiele. 2 Bde. Stockholm: Bermann-Fischer 1947, Bd. 1, S. 335 f.

> Das alltäglich Wirkliche ist eingebaut in die unwahrscheinlichste Phantastik, der gröbste Schwank ist angefüllt mit Gelehrsamkeit, und philosophisch-moralische Erleuchtung quillt aus obszönen Worten und Geschichten. Das ist alles weit mehr spätmittelalterlich als antikisch, zumindest hat in der Antike das „lachende Sagen der Wahrheit" nicht solche Weite des Ausschlags nach beiden Seiten gekannt; dazu bedurfte es der spätmittelalterlichen Stilmischung.[37]

Und darauf folgt dann die Differenzierung gegenüber dem gerade erstellten Traditionshintergrund:

> Aber Rabelais' Stil ist doch nicht nur ungeheuer gesteigertes Mittelalter. Wenn er, wie ein spätmittelalterlicher Prediger, formlos aufgehäufte Gelehrsamkeit mit grober Volkstümlichkeit mischt, so hat die Gelehrsamkeit nicht mehr die Funktion, eine dogmatische oder moralische Lehre durch Autorität zu stützen, sondern dient dem grotesken Spiel, welches das jeweils Vorgebrachte entweder absurd oder widersinnig erscheinen läßt, oder doch zum mindesten den Grad von Ernst, mit dem es gemeint ist, in Frage stellt.[38]

Das zweite Beispiel betrifft Montaignes *Essais*. Auch in ihnen nimmt Auerbach eine „überaus konkrete Geist-Körper-Verbindung" wahr, die er aus der „spätmittelalterlichen Vorstellung vom Menschen" erklärt, insbesondere dem „kreatürlichen Realismus", welcher diese Vorstellung prägt. So heißt es nach einigen Montaigne-Zitaten: „die Stilmischung ist kreatürlich und christlich",[39] was indes wiederum nur den Ausgangspunkt für eine Folge von Differenzierungen bildet:

> Aber die Gesinnung ist nicht mehr christlich und mittelalterlich. Man zögert, sie antikisch zu nennen; dazu ist sie zu konkret gegründet; und noch etwas anderes kommt hinzu. Die Loslösung von den christlichen Rahmenvorstellungen versetzte Montaigne, trotz der genauen und dauernd gepflegten Kenntnis der antiken Kultur, nicht einfach in die Anschauungen und Verhältnisse zurück, in welchen seinesgleichen zur Zeit Ciceros oder Plutarchs gelebt hatte. Die nun errungene Freiheit war weit erregender, aktueller, mit dem Gefühl der Ungesichertheit verbunden.[40]

V.

Ich glaube, daß der besondere Interpretationsstil Auerbachs in seinem konstanten Wechsel von Traditionsverweisen und Traditionsdistanzierungen durch die Beispiele, die ich angeführt habe, hinlänglich deutlich geworden ist. Etwas wirklich Neues habe ich über Auerbach damit allerdings noch nicht gesagt, und außerdem sind ja auch die Argumente, welche den Titel meines Beitrags rechtfertigen können, bisher nur sporadisch angeklungen. Um der Verpflichtung des Titels nachzukommen und gleichzeitig etwas mitzuteilen, was vielleicht einen gewissen Neuig-

---
[37] Auerbach: *Mimesis* (Anm. 13), S. 265.
[38] Ebd.
[39] Ebd., S. 295.
[40] Ebd., S. 295 f.

keitswert bei der Einschätzung des Literarhistorikers Auerbach beanspruchen darf, möchte ich zum Schluß ein paar Hinweise geben, die sich auf das Verhältnis zwischen dem Dante-Kapitel und dem Boccaccio-Kapitel in *Mimesis* beziehen. Die beiden Kapitel ‚Farinata und Cavalcante' und ‚Frate Alberto' sind nämlich so prononciert antithetisch angelegt, daß sie mit manchen Tendenzen doch wieder über Auerbachs grundsätzlichen Relativismus hinausgehen; ja man könnte sagen, daß in ihnen eine ähnlich geartete Sympathieverteilung offenbar wird wie in dem Kapitel zum späten 19. Jahrhundert, das sich für Zola und gegen die Brüder Goncourt deklariert. Auch hier wird ein bestimmtes Werk, eben Dantes *Commedia*, als Höhepunkt in der Geschichte der abendländischen Wirklichkeitsdarstellung ausgezeichnet. Wir erfahren unter Berufung auf Hegels *Ästhetik*,[41] wie Dante „die irdische Geschichtlichkeit in sein Jenseits mit hinübergenommen [...] hat",[42] wie Dantes „hoher Stil [...] gerade in der Einordnung des charakteristisch Individuellen, zuweilen Grausigen, Häßlichen, Grotesken und Alltäglichen, in die jede irdische Erhabenheit übersteigende Würde des göttlichen Urteils [...] besteht",[43] wie dank der „christlichen Unzerstörbarkeit des ganzen Menschen" in Dantes „figuralem Realismus" die jenseitige „Erfüllung [...] dazu [...] dient, die [irdische] Figur noch wirkungsvoller hervortreten zu lassen",[44] so daß es am Ende heißen kann: „Dantes Werk verwirklichte das christlich-figurale Wesen des Menschen und zerstörte es in der Verwirklichung selbst; der gewaltige Rahmen zerbrach durch die Übermacht der Bilder, die er umspannte."[45]

Demgegenüber steht das Boccaccio-Kapitel eindeutig im Schatten Dantes; es ist – auch schriftstellerisch – weit weniger mitreißend ausgefallen, da Auerbachs Begeisterung angesichts des *Decameron* erkennbar nachgelassen hat. Gewiß umreißt die Textanalyse eines Abschnitts aus der Novelle von Frate Alberto, der Madonna Lisetta in der Gestalt des Erzengels Gabriel verführt, sehr feinfühlig und

---

[41] Mit „einer der schönsten Seiten, die je über Dante geschrieben wurden" (S. 183), meint Auerbach einen Passus aus dem Abschnitt ‚Das romantische Epos', in dem Hegel über das „eigentliche Kunstepos des christlichen katholischen Mittelalters" unter anderem sagt: „Statt einer besonderen Begebenheit hat es das ewige Handeln, den absoluten Endzweck, die göttliche Liebe in ihrem unvergänglichen Geschehen und ihren unabänderlichen Kreisen zum Gegenstande, die Hölle, das Fegefeuer, den Himmel zu seinem Lokal und senkt nun die lebendige Welt menschlichen Handelns und Leidens und näher der individuellen Taten und Schicksale in dies wechsellose Dasein hinein." Vgl. Georg Friedrich Wilhelm Hegel: Werke. 15 Bde. Bd. 3. Vorlesungen über die Ästhetik. Frankfurt a. M.: Suhrkamp 1970, S. 406 f.
[42] Auerbach: *Mimesis* (Anm. 13), S. 185.
[43] Ebd., S. 186.
[44] Ebd., S. 191.
[45] Ebd., S. 193. Bei dieser für Auerbachs Geschichtsverständnis charakteristischen Formulierung fällt auf, daß sie nicht nur im speziellen Inhalt an Hegels *Ästhetik* anschließt, sondern mit der dramatischen Peripetie des Umschlags von ‚Verwirklichung' in ‚Zerstörung' auch einen prononciert Hegelschen Argumentationsgestus entwickelt, wie er beispielsweise Curtius völlig fremd war. Zum Problem von Auerbachs ‚Hegelianismus' vgl. auch Luiz Costa Lima: Figura e evento. In: Castro Rocha: Erich Auerbach (Anm. 5), S. 219–229, sowie verschiedene Diskussionsbeiträge dieses Bandes, etwa S. 80 f., S. 84 oder S. 230–241.

beschwingt, was das *Decameron* für die Entwicklung einer neuzeitlichen Kunstprosa in der Volkssprache bedeutet. Ja, die Analyse des Gesprächs zwischen Lisetta und der ‚Comare' scheint mir überhaupt eine der subtilsten Stilbeschreibungen zu sein, welche das *Mimesis*-Buch bietet, und zumal durch den kontrastiven Vergleich mit einem altfranzösischen Fabliau wird klar, welche Ausweitung der historischen und sozialen Perspektivik das *Decameron* mit sich bringt:

> Boccaccio übersieht und schildert auf das Konkreteste alle Gesellschaftsschichten, Berufe und Stände seiner Zeit. [...] Charakterisierung der Personen, lokaler und sozialer Schauplatz sind zugleich viel schärfer individualisiert und viel weiträumiger; der bewußte Kunstverstand eines Mannes, der über seinen Gegenständen steht und nur in dem Maße, als es ihm selbst gefällt, sich in sie hineinversenkt, formt die Erzählungsgebilde nach seinem Willen.[46]

Dagegen verdüstert sich dies freundliche Bild, sobald das *Decameron*, dessen schriftstellerischer Wert wohl unangezweifelt bleibt (wie ja auch der Kunstverstand der Goncourt einen gewissen Rang bewahrt), in eine Relation zu Dantes *Commedia* versetzt wird. Im Vergleich zur *Commedia* muß das allzu hedonistische und ästhetisierende *Decameron* zurücktreten hinter „dem weit bedeutenderen, auf einer höheren Stilebene erworbenen Weltgewinn, den eine Generation vorher Dante gemacht hatte".[47] Dabei spielt eine Rolle, daß zumal Boccaccios „ihrer selbst sehr sichere Liebes- und Naturlehre durchaus keine christliche Gesinnung" verrät.[48] Es entwickelt sich im *Decameron* eine „praktisch-irdische Moral, die ihrem Wesen nach widerchristlich ist".[49] So zeigt sich nach Auerbach, daß „die Beherrschung der Wirklichkeit in ihrer sinnlichen Vielfalt", die Dante zu verdanken war, bei Boccaccio zwar „errungen [...] blieb": [...] „aber die Ordnung, in die sie gefaßt war, ist nun verloren, und es trat zunächst nichts an ihre Stelle."[50] „Das soll [...] keine Kritik an Boccaccio sein", fügt Auerbach an dieser Stelle paradoxal akzentuierend hinzu, „aber es muß doch als geschichtliche Tatsache, die über seine Person hinausgreift, festgehalten werden: der frühe Humanismus besitzt, der Wirklichkeit des Lebens gegenüber, keine konstruktiv ethische Kraft".[51] Dem entspricht es, wenn das *Decameron* „fast als einziges" Thema die „Erotik" kennt: „Po-

---

[46] Auerbach: *Mimesis* (Anm. 13), S. 204.
[47] Ebd., S. 209.
[48] Vgl. ebd., S. 215 f.
[49] Ebd., S. 217.
[50] Ebd., S. 218. Damit entspricht Auerbachs Sicht des *Decameron* bemerkenswert genau dem Bild, das unter anderen Prämissen – in Anlehnung an Hans Blumenberg – neuerdings Joachim Küpper von dem ‚nominalistischen' Ordnungsverlust gezeichnet hat, der über Boccaccio hinaus für die gesamte Episteme der Renaissance kennzeichnend sein soll. Vgl. Joachim Küpper: Affichierte ‚Exemplarität', tatsächliche A-Systematik. Boccaccios *Decameron* und die Episteme der Renaissance. In: Renaissance. Diskursstrukturen und epistemologische Voraussetzungen. Hrsg. von Klaus W. Hempfer. Stuttgart: Franz Steiner 1993 (= Text und Kontext, 10), S. 47–93, sowie ders.: Diskurs-Renovatio bei Lope de Vega und Calderón. Tübingen: Narr 1990 (= Romanica Monacensia, 32), S. 263–290.
[51] Auerbach: *Mimesis* (Anm. 13), S. 218.

litische, gesellschaftliche, geschichtliche Probleme, die Dantes Figuralismus vollkommen durchdrang und in die alltäglichste Wirklichkeit einschmolz, fallen ganz fort."[52] Und schließlich wird „gerade an den Stellen, wo Boccaccio versucht ins Problematische oder Tragische zu dringen, [...] das Unklare und Unsichere seiner frühhumanistischen Gesinnung erkennbar": [...] „Seine Realistik, [...] vollkommen natürlich in den Grenzen des mittleren Stils, wird flau und oberflächlich, sobald Problematik oder Tragik gestreift werden."[53]

In der absteigenden Bewegung, die das Kapitel über Boccaccio bestimmt, zeigt sich erneut der tiefe moralische Ernst, der Auerbachs Darstellung durchzieht. Er äußert sich – wie gesagt – so zurückhaltend, daß er wohl nicht jedem Leser aufgefallen ist; doch läßt sich bei genauerer Lektüre kaum übersehen, daß in diesem Ernst sowohl gewisse sozialistische Sympathien wirken wie andererseits auch Solidaritäten mit spezifisch christlichen Einstellungen (für den letzteren Aspekt ist ja gleichfalls der bemerkenswert unfreundliche Abschnitt über Voltaire charakteristisch, dessen religionskritische Sarkasmen Auerbach sogar in die Nähe der faschistischen Propagandatechnik bringt).[54] Daneben stimmt das Boccaccio-Kapitel jedoch auch frappant mit der Darstellung Boccaccios und Dantes in De Sanctis' *Storia della letteratura italiana* überein. Genaugenommen gibt es hier zwischen De Sanctis und Auerbach nur eine Differenz, welche die unterschiedliche Einschätzung von Boccaccios Periodenstil betrifft.[55] Ansonsten ist die Gemeinsamkeit der Motive unverkennbar.

Auch für De Sanctis bedeutet Dantes Werk ja einen Moment von absolutem ethischen Ernst und einer einzigartigen Verbindung zwischen Inhalt *(contenuto)* und Form *(forma)*. Gegenüber der in Dantes *Commedia* realisierten Synthese erscheinen Boccaccio und Petrarca dann quasi als Agenten einer Verselbständigung des Formalen, unter der die italienische Literatur nach De Sanctis bekanntlich bis ins Settecento gelitten hat. So sieht De Sanctis in der Literatur des frühen Humanismus, kontrastiv zu Dante, eine „Schwächung des Gewissens" („infiacchirsi della coscienza"), eine „Trübung des moralischen Gefühls" („oscurarsi del senso

---

[52] Ebd.
[53] Ebd., S. 221.
[54] Zum Stellenwert dieses Abschnitts in der Tradition einer spezifisch deutschen Voltaire-Kritik vgl. Ulrich Schulz-Buschhaus: Voltaires „Beruf zur Satire" und die Kunst der Polemik. In: Romanistik als vergleichende Literaturwissenschaft. Festschrift für Jürgen von Stackelberg. Hrsg. von Wilhelm Graeber, Dieter Steland und Wilfried Floeck. Frankfurt a. M.: Peter Lang 1996, S. 331–348, hier S. 333 f. Aufschlußreich zur christlichen Fundierung von Auerbachs Wertesystem ist gleichfalls João Adolfo Hansen: Mímesis. Figura, retórica e imagem. In: Castro Rocha: Erich Auerbach (Anm. 5), S. 45–69. Freilich übersieht Hansen, daß die christlichen und die sozialistischen Neigungen sich in Auerbachs Geschichtsverständnis keineswegs widersprechen (vgl. ebd., S. 82 f.), sondern durchaus konvergieren.
[55] Während Auerbach herausarbeitet, wie Boccaccios „an antiken Vorbildern und mittelalterlichen rhetorischen Vorschriften geschulte Prosa [...] all ihre Künste spielen [...] läßt" (vgl. S. 198), erblickt De Sanctis im „periodo boccaccevole" – einem „rumor d'onde uniforme, mosse faticosamente da mare stanco e sonnolento" – schlicht ein nationales Unglück; vgl. Francesco De Sanctis: Storia della letteratura italiana. Firenze: Sansoni 1963 (= Piccole storie illustrate, 51), S. 307 ff.

morale") und die Erscheinung einer „formalen, inhaltsleeren Kunst" („un'arte ‚formale', non riscaldata abbastanza dal contenuto").[56] Wie Auerbach betont De Sanctis, daß in Boccaccios „Liebes- und Naturlehre" gleichsam zum „Gesetz" („legge") wird, was bei Dante „Sünde" („peccato") bedeutete, und daher erscheinen ihm die „tragischen" Novellen des vierten Tags „oberflächlich" und „äußerlich", allenfalls „rührend"; jedenfalls sei in ihnen die Rührung niemals „bis zur Erschütterung getrieben, wie das im überwältigenden Schmerz Dantes der Fall ist" („non condotta mai sino allo strazio, com'è nel fiero dolore di Dante"). Oberflächlich und äußerlich bliebe das Tragische hier vor allem deswegen, weil es allein auf „Abenteuer" („avventure") und „Zufall" („capriccio del caso") gegründet sei.[57] Mit praktisch der gleichen Wendung spricht Auerbach im Hinblick auf dies Phänomen vom „Herausarbeiten des zufälligen Abenteuers".[58] Und schließlich gelangt auch schon De Sanctis zu der Auerbachschen Einschätzung einer „Überlegenheit des Komischen bei Rabelais und Montaigne" („superiorità del comico di Rabelais e di Montaigne") gegenüber der „flacheren" Komik Boccaccios.[59]

Die verblüffende Übereinstimmung zwischen Auerbach und De Sanctis bei der Dante-Boccaccio-Synkrisis ist nun auch deshalb interessant, weil sie die Frage nahelegt, ob nicht vielleicht auch das umfassende *emplotment* des *Mimesis*-Buchs durch die kunst- und gedankenreichste Literaturgeschichte, welche das 19. Jahrhundert hervorgebracht hat, angeregt sein könnte.[60] Es gibt im *emplotment* der beiden Darstellungen ja in der Tat insofern eine Affinität, als sowohl Auerbach wie De Sanctis eine Geschichtsfigur rekonstruieren, welche sich im wesentlichen zwischen zwei Höhepunkten bewegt. Im Falle Auerbachs führt der Weg von dem Höhepunkt der Stilmischung in Dantes „figuralem Realismus" über die Realismusferne der klassischen Stiltrennung zum erneuten Höhepunkt der Stilmischung des bürgerlichen Realismus. Bei De Sanctis nimmt die Literaturgeschichte einen auffällig analogen Verlauf. Ihren ersten Höhepunkt bildet wiederum die Synthese von ‚Inhalt' und ‚Form' bei Dante, welche dann in einer lange währenden Trennung von Inhalt und Form zerfällt, bevor es durch die Ausbildung eines bürgerlichen Bewußtseins im Settecento und die Gründung des nationalen Staats im Risorgimento zu einer erneuten Versöhnung von Inhalt und Form kommt. Deren Resultate liegen für De Sanctis zwar noch nicht wirklich vor, doch erscheinen sie in der Vision einer Literatur, welche sich etwa am demokratisch-wissenschaftli-

---

[56] Vgl. ebd., S. 257 ff.
[57] Vgl. ebd., S. 294 f.
[58] Vgl. Auerbach: *Mimesis* (Anm. 13), S. 220.
[59] Vgl. ebd., S. 301. Daß „Boccaccio und der Frühhumanismus" den „kreatürlichen Ernst in der Erfahrung des Lebens" vermissen lassen, betont Auerbach unter anderem S. 249.
[60] Zu der geschichtsphilosophischen Erzählfigur, die De Sanctis' Literaturgeschichte eine verblüffende Nähe zum Heliodor-Schema des griechischen Romans verleiht, vgl. im einzelnen Ulrich Schulz-Buschhaus: Erzählen und Beschreiben bei Francesco De Sanctis. In: Literarische Tradition und nationale Identität. Literaturgeschichtsschreibung im italienischen Risorgimento. Hrsg. von Friedrich Wolfzettel und Peter Ihring. Tübingen: Niemeyer 1991, S. 207–227, hier S. 217 f.

chen Ideal eines Zola zu orientieren hätte, immerhin absehbar. Die Gemeinsamkeiten reichen demnach trotz des beträchtlichen historischen Abstands zwischen den Autoren bis hin zur gemeinsamen Kanonisierung von Zolas Romanwerk, welche weder in De Sanctis' noch in Auerbachs disziplinärem Kontext etwas Selbstverständliches war.[61] Offenlassen möchte ich an dieser Stelle, wo die tieferen Gründe für die erstaunliche – fast möchte man sagen: figurale – Verwandtschaft zwischen den Geschichtsbildern der beiden Literarhistoriker zu suchen sind. Ich vermute, daß die Rezeption Hegels hier mit unterschiedlichen Graden der kulturellen Vermittlung und des historischen Abstands eine wesentliche Rolle gespielt hat. Dabei würden die zeit- und kontextbedingten Differenzen der Hegel-Rezeption wenigstens teilweise auch den Unterschied erklären, der zwischen dem bei De Sanctis ziemlich kompakten und dem bei Auerbach eher zurückhaltenden narrativen *emplotment* der jeweiligen Geschichtsdarstellung besteht. Indessen führt diese Vermutung – wie alle Annahmen von Intertextualität, die außer *sensu stricto* literarischen auch und vor allem ‚wissenschaftliche' Texte betreffen – auf ein weites Feld noch ungelöster Fragen, welche detailliertere Forschung und gründlichere Reflexion verdient hätten. Im Rahmen dieses Beitrages soll es mit der bloßen Vermutung daher einstweilen sein Bewenden haben.

---

[61] Zu gewissen Schwankungen in De Sanctis' Zola-Rezeption, deren anfänglicher Enthusiasmus durch das Erscheinen des Romans *L'Assommoir* stark getrübt wurde, vgl. Mario Petrone: La réception des *Rougon-Macquart* en Italie de 1871 à 1880. In: 100 Jahre *Rougon-Macquart* im Wandel der Rezeptionsgeschichte. Hrsg. von Winfried Engler und Rita Schober. Tübingen: Narr 1995, S. 95–107, hier S. 100 ff.

Klaus Garber

Versunkene Monumentalität
Das Werk Konrad Burdachs

> Der nun über sechzigjährige Mann leistet in seinem Hauptwerk, an dem er seit Dezennien arbeitet, einen wunderbar wertvollen Beitrag zur deutschen Sprach- das ist, wie er es richtig versteht, zur deutschen Geistesgeschichte. Dieses Werk und dieses Leben, völlig unberührt von der lärmenden Mitwelt, hat etwas von der Reinheit, wie sie früheren Dezennien unserer Geistesgeschichte eignet.
>
> Hugo von Hofmannsthal

Als Konrad Burdach am 29. Mai 1929 seinen siebzigsten Geburtstag beging, gratulierte an prominenter Stelle, in der *Vossischen Zeitung,* der blutjunge und doch schon angesehene Richard Alewyn. An seinem Ehrentage werde der Berliner Sprach- und Geisteshistoriker

> von den kämpfenden Richtungen seiner Wissenschaft mit einmütiger Verehrung begrüßt werden. So hoch steht er durch das Gewicht seines Werkes über den Schulen der ‚Jungen' und ‚Alten', der ‚Idealisten' und ‚Positivisten', der ‚Philologen' und ‚Geisteswissenschaftler'. Hat er doch Kärrnerarbeit nie gescheut und doch gebaut wie ein König, hat er doch stets selbst an den Fundamenten gemauert, wenn er säkulare Überschau halten wollte. Was uns erst als Zukunftsaufgabe wieder vor Augen steht, das ist hier vor aller Entzweiung verwirklicht: die Vereinigung von Stofferschließung und Sinndeutung. Denn bei ihm ist das keine nachträgliche ‚Synthese', sondern angeborene und übrigens urdeutsche Universalität.[1]

Diese Einmütigkeit mochte schon im Fach nicht ganz ungetrübt sein. Aus der Nachbardisziplin, der Geschichtswissenschaft, war frühzeitig herbe Kritik laut geworden. Paul Joachimsen, erste Autorität in Sachen deutscher Humanismus, hatte in einer umfassenden Revue an die Fundamente des Burdachschen Werkes gerührt. Die Großen des Fachs, Karl Brandi, Gerhard Ritter, partiell sogar Ernst Troeltsch, zogen rasch nach. Seither gehörte es zum guten Ton, den Namen Burdach stets mit Einschränkung im Munde zu führen. Immerhin, auch Kritik zeugt von Präsenz, wie eingeschränkt die Kenntnis des Werkes auch sein mag. Wo Name und Leistung gar nicht mehr auftauchen, erlischt die Wirkung. Und wie viele Arbeiten, gerade auch in der Germanistik, kommen inzwischen ohne seinen Namen auf dem ureigensten Gebieten des Meisters aus. Das Werk ist monumen-

---

[1] Konrad Burdach. Zum 70. Geburtstag. In: Vossische Zeitung, 28. Mai 1929.

tal, es versagt sich umstandsloser Assimilation. Und das nicht endende Gekrittel an seiner Statur scheint mehr als einen zu der Einschätzung geführt zu haben, auf seine Rezeption überhaupt verzichten zu dürfen.

Die Wahrheit ist eine andere. Als größter Kulturhistoriker neben Jacob Burckhardt, ebenbürtig den Gleichaltrigen – Ernst Troeltsch, Karl Lamprecht, Aby Warburg –, muß Konrad Burdach der europäischen Kulturwissenschaft zurückgewonnen werden. Speziell sein Beitrag zur frühen Moderne Europas ist unausgeschöpft und unverzichtbarer Bestandteil eines facetten- und perspektivenreichen Bildes von dessen Werden im Schoße des Mittelalters. Den universalen ‚Sprach- und Geisteshistoriker' wirklich kennenzulernen setzt die Bereitschaft voraus, Umwege einzuschlagen. Denn Burdach war in allen seinen großen Büchern kein Meister der Disposition. Sie quellen über von Exkursionen, erlauben sich Verzweigungen, verstecken Wichtigstes in überbordenden Apparaten, versagen sich der hilfreichen Propädeutik und geben nur selten Hinweise auf die verfolgte Methode. Langer Atem ist Voraussetzung, um von dem profunden Kenner zu profitieren. Die Einsamkeit, in der Burdach schuf, prägte den Gestus seines Schreibens – und war im übrigen verantwortlich für das Leiden an der ihm zugefügten Kritik. Sie traf ihn doppelt, denn er hatte sein Leben ohne familiäre oder universitäre Verpflichtungen ausschließlich in den Dienst des schriftstellerischen, des wissenschaftlichen Werkes gestellt.

Blick auf Lehrer und Leben

Konrad Burdach (1859–1936) entstammt einer Familie, in der die gelehrten wie die musischen Aspirationen immer wieder hervortraten. Er selbst rang offensichtlich über Jahre um seine geistige Berufung und fühlte sich zu der Musik nicht weniger als zu den Sprachen hingezogen. Seine gelegentlichen musikalischen Exkursionen, insbesondere zu seinem Favoriten Richard Wagner, lassen diese Passion ebenso erkennen wie sein musikalisch durchgebildeter Stil, in welchem der weitgespannte, stets jedoch wohlzäsurierte Bogen vorherrscht. Seine Lebensgeschichte formte sich seit seiner Schulzeit im Angesicht der verehrten Lehrer. Die Begegnung mit den Wortführern des Kaiserreichs zumal in Berlin blieb ihm bis ans Lebensende kostbarster innerer und stets wieder in seinen Reden und Schriften gerne erinnerter Besitz. Er hätte auf der Höhe des Lebens eine glanzvolle Karriere eröffnen können. Rufe ergingen, Einladungen ins In- und Ausland erfolgten, die erste Universität des Reichs warb um sein Mitwirken. Er versagte sich, verblieb an dem einen angestammten Platz in der Akademie, dort zu jeder ihm angetragenen Aufgabe bereit. Das eigentliche Wirken vollzog sich, nur von den Kuraufenthalten vor allem im Thüringischen unterbrochen, im stillen in einer Grunewald-Villa. Eine offensichtlich immense Bibliothek verschaffte ihm die erwünschte weitgehende Unabhängigkeit. Ein Jahr vor Ausbruch des Krieges verließ sie Deutschland und gelangte nach Kalifornien, wo sie auf verschiedene Bibliotheken verteilt wurde; den Kernbestand jedoch sicherte sich Berkeley. Den Exodus der gewiß gerne besuchten Preußischen Staatsbibliothek hat der Gelehrte nicht mehr erleben müssen. Seine Bücher sind auch aus ihrem unerschöpflichen Fundus gespeist; insbesondere die wiederum unerschöpfliche von Meusebachsche Bibliothek erwähnt er wiederholt dankbar. Mit tiefem Behagen begibt sich der Liebhaber in das von Burdach souverän angelegte Stollenwerk gelehrter Verweisungen und Auseinandersetzungen, das seine Bücher und Abhandlungen wie selbstverständlich unterfängt.

> Ich bin aufgewachsen in der Vaterstadt Kant's, Hamann's, Ernst Theod. Amad. Hoffmann's unter dem schwarzen Schloss, in dem der Stifter dieser Akademie die Königskrone sich auf's Haupt setzte; zum Landsitz Luisenwahl, der die edle Dulderin auf Preussens Thron in den Tagen tiefster vaterländischer Trübsal beherbergte, führte mich mein geliebter Vater auf häufigen Spaziergängen; Schlüter's Standbild des ersten preussischen Königs gab mir einen meiner frühesten künstlerischen Eindrücke. Auf dem Gymnasium, daran einst Herder, Lachmann, Lehrs unterrichtet hatten, früh von begeisternden Lehrern, denen ich ein dankbares Gedächtnis Zeit Lebens bewahre, philologischen und geschichtlichen Interessen gewonnen, durch den hier wirkenden Geist von K. Lehrs für die lebendige Schönheit althellenischer Mythologie und Dichtung erwärmt, habe ich wohl zuerst blitzartig den Eindruck wissenschaftlicher Arbeit, die zur Nacheiferung reizt, aus Wilhelm Scherer's Vorträgen und Aufsätzen empfangen, die auf meinem Conformationstisch lagen. An der Universität Königsberg waren Schade, Friedländer und Dahn meine Lehrer. Meine eigentliche philologische Schulung danke ich der Universität Leipzig, und hier entschied ich mich im Kampfe mit den ererbten, seit der Kindheit in mir mächtigen musikalischen Neigungen endgültig für die gelehrte Laufbahn. Zarncke führte mich in die Technik unserer Wissenschaft ein und gewährte mir bis zu seinem Tode liebevolle Theilnahme; Hildebrand riss mich hin durch seine unvergleichlich tiefe Persönlichkeit und ward mir ein väterlicher Freund; Georg Curtius leitete mich zu grammatischer Arbeit an, und Braune öffnete mir den Einblick in die fortschreitende Methode althochdeutscher und altsächsischer Sprachgeschichte; Ebert weckte mein Interesse für die lateinische Literatur des Mittelalters; Ribbeck festigte meine classischen Studien; Hübschmann und Windisch vermittelten mir die Kenntnis des Sanskrit. Ein Sommersemester in Bonn, dem ersten Leipziger folgend, hatte mir durch Wilmanns, Bücheler, Jacob Bernays mannigfache, nachkeimende Anregung gegeben. Als Leipziger Doctor kam ich endlich nach Berlin, um den Mann persönlich kennen zu lernen, dessen wissenschaftliches Wollen und Vollbringen trotz manchem Widerstreben und Zweifel mich längst gefangen hielt mit der unwiderstehlichen Macht, die nur der innere Einklang ausübt: Wilhelm Scherer. Die Lösung der von ihm gestellten Preisaufgabe über die Sprache des jungen Goethe, zu der ich meinen Plan schon in Bonn, drei Jahre zuvor, unabhängig und doch mit seinen Absichten völlig übereinstimmend, gefasst hatte, knüpfte uns für immer zusammen. Neben seinen Vorlesungen hörte ich Müllenhoff's tiefgründige Collegien und durfte auch ihm persönlich nahe treten: als ich von ihm schied, um mich zu habilitieren, hat er mir segnende Worte gesagt, die ich niemals vergesse.[2]

---

[2] Hier zitiert nach Konrad Burdach: Berliner Akademieschriften (1902–1935). Leipzig: Zentralantiquariat der DDR 1985 (= Opuscula, 12), S. 3 f. Auch in: Sitzungsberichte der Königl. Preuß. Akad. d. Wiss. (im folgenden: SBA) 1902, S. 793–796, sowie in: Konrad Burdach: Vorspiel. Gesammelte Schriften zur Geschichte des deutschen Geistes, 3 Bde. Bd. 1,

Mit diesen Worten stellte sich Konrad Burdach, aus Halle kommend, wo er sich habilitiert und achtzehn Jahre gelehrt hatte, den Mitgliedern der philosophisch-historischen Klasse der Preußischen Akademie der Wissenschaften im Jahre 1902 im alten Akademiegebäude vor. Sein Eintritt bezeichnete eine Zäsur in der Geschichte der ehrwürdigen, auf Leibniz zurückdatierenden Institution.[3] Die Germanistik hatte sich nicht leicht getan damit, in ihr Fuß zu fassen. Die großen Würfe des 19. Jahrhunderts, Jacob Grimms *Deutsche Grammatik* (1819–1837), *Deutsche Rechtsaltertümer* (1828) und *Deutsche Mythologie* (1835–1844), das *Deutsche Wörterbuch* Jacob und Wilhelm Grimms, Karl Müllenhoffs *Deutsche Altertumskunde* (1870–1900) etc. waren das Werk Einzelner geblieben, nicht die Frucht akademischer Organisation und Durchführung. Anläßlich des 200. Jubiläums jedoch ließ sich Kaiserliche Gunst im Jahre 1900 dazu herab, der philosophisch-historischen Klasse drei neue Stellen „vorzugsweise für deutsche Sprachwissenschaft" zu stiften. Neben Gustav Roethe und Erich Schmidt war Burdach der dritte Begünstigte. Damit war der Zeitpunkt gekommen, eine ‚Deutsche Kommission' in der Akademie zu installieren, zusammengesetzt aus den drei Germanisten und drei Vertretern benachbarter Disziplinen, dem Graezisten Hermann Diels, dem Historiker Reinhold Koser und dem Nestor der Geisteswissenschaften Wilhelm Dilthey. Burdachs Stellung war von vornherein eine besondere. Wo die Kommission an die Organisation der großen Gemeinschaftsaufgaben ging, die Inventarisierung der Handschriften des Mittelalters, die Publikation von Texten des späten Mittelalters und der frühneuhochdeutschen Zeit, die Vorbereitung kritischer Ausgaben des 18. Jahrhunderts, allen voran Wielands, da blieb es Burdach vorbehalten, „ohne Textpublikationen auszuschließen, doch überwiegend in selbständiger indi-

---

1. Teil: Mittelalter. Halle a. d. Saale: Niemeyer 1925 (= DVLG, Buchreihe, 1), S. 3–7. Eine irgend geartete biographische Studie zu Burdach existiert nicht. Das Wichtigste findet sich in seinem Werk selbst und wird im folgenden jeweils am Ort herangezogen. Eine unausgeschöpfte Quelle bildet sein immenser und komplett erhaltener Nachlaß. Dazu Agnes Ziegengeist: Der Konrad-Burdach-Nachlaß im Berliner Akademie-Archiv (mit ungedruckten Texten von K. Burdach, R. Hildebrand, E. Schmidt, W. Stammler), in: Zs. f. Germ. N.F. 2 (1992), S. 670–683, mit wichtigen biographischen Hinweisen. Seine gelehrte Vita bis zum Eintritt in die Akademie ist am genauesten in einem Brief an Erich Schmidt skizziert, der die Basis für den erfolgreichen Antrag Schmidts auf Zuwahl in die Akademie bildete. Vgl. die beiden Dokumente bei Ziegengeist, S. 676–680, sowie dies. (Hrsg.): Der Briefwechsel zwischen Konrad Burdach und Erich Schmidt (mit 14 ungedruckten Briefen). In: Zs. f. Germ. 5 (1995), S. 353–367. Heranzuziehen auch die Miszelle von Holger Dainat: Das Studium eines Germanisten vor 100 Jahren. Konrad Burdach. In: Mitteilungen des Marbacher Arbeitskreises für Geschichte der Germanistik. 1991, Heft 1, S. 12–14. Sehr gehaltreich schließlich der NDB-Artikel Günther Jungbluths sowie der noch aus der Feder Walther Ziesemers stammende in der Altpreußischen Biographie.
3. Zum folgenden vgl. vor allem Gustav Roethe: Die Deutsche Kommission der Königlich Preussischen Akademie der Wissenschaften. Ihre Vorgeschichte, ihre Arbeiten und Ziele. In: Neue Jbb. f. d. Klass. Altertum, Gesch. u. dt. Lit. u. f. Pädagogik, 16. Jg., 31 (1913), S. 37–74. Dazu: Generalbericht über Gründung, bisherige Tätigkeit und weitere Pläne der Deutschen Kommission, aus den Akten zusammengestellt. In: SBA 32 (1905) S. 694–707, mit den wichtigen programmatischen Zielsetzungen.

vidueller Forschung, sei es in zusammenfassender Behandlung, sei es in Einzeluntersuchungen, einer künftigen ‚Geschichte der neuhochdeutschen Schriftsprache' den Weg [zu] ebnen".[4] So wurde innerhalb der Akademie eine Forschungsprofessur geschaffen, die ihrem Inhaber ungeachtet der sonstigen aus der Mitgliedschaft erwachsenden Verpflichtungen allein auf das selbständig in sie eingebrachte Projekt des Ursprungs und des Wachstums der neuhochdeutschen Schriftsprache verwies. Es blieb in der langen Geschichte des Faches das einzige Mal, daß einem seiner Angehörigen dieses unermeßliche Privileg gewährt wurde. Gleich in der Gründungsphase der ‚Deutschen Kommission' war der ältere Gedanke eines ‚Deutschen Instituts' wieder aufgetaucht und als Fernziel ins Auge gefaßt worden. Zu keinem Zeitpunkt wurde er Wirklichkeit. Damit ermangelte es dem Fach an einer Institution zur Absolvierung der dringlichsten Aufgaben der Grundlagenforschung – damals nicht anders als heute. Der erste und einzige von Lehre, Prüfungswesen und akademischer Selbstverwaltung Freigestellte jedoch bewies in seinem langen Gelehrtenleben, was einem Einzelnen möglich ist, der ungeteilt alle Kräfte auf das Werk konzentrieren darf. In der Geschichte der Germanistik stehen daher Person wie Werk aus gutem Grund singulär da.[5]

Wir aber müssen noch einmal zurückkehren in die vorangehende Zeit. Denn in sie fällt alle Bewegung; in ihr reiften die Keimzellen des immensen Werkes, das den Gelehrten in Berlin zur Seßhaftigkeit verhielt und doch seinem inneren Wesen nach auch in fast 35 Jahren rastloser Tätigkeit nicht zu runden war, sondern als – grandioses – Fragment auf uns gekommen ist. In Königsberg, wo Burdach am 29. Mai 1859 geboren wurde, wirkte sein Vater als Landgerichtsrat. Er trug den Namen des großen Anatomen, Physiologen und Schellingianers Karl Friedrich Burdach, der mit Goethe im Briefwechsel über naturwissenschaftliche Fragen

---

[4] Roethe: Die deutsch Kommission (Anm. 3), S. 705.
[5] Entsprechend auch Roethe in seiner Geschichte der ‚Deutschen Kommission': „Die akademische Arbeit unterscheidet sich von der der einzelnen Gelehrten sehr entschieden. Es liegt im Wesen der Organisation, daß in ihr die individuelle Betätigung zurücktreten muß, daß sie Aufgaben angreift, die unter einheitlicher Leitung doch von einer Vielheit betrieben werden und die den ersten grundlegenden Leiter überleben können. Authentische Ausgaben, archivalische Sammlungen, Lexika und Repertorien, das ist das eigentliche Feld organisierter akademischer Arbeit; sie bereitet mehr das Material, als daß sie es gestaltet; Darstellung und die ins Tiefste dringende Untersuchung bleibt, mag sie auch einmal im Rahmen akademischer Arbeit auftreten, doch die Sache des Einzelnen, der immer die geistige Führung der Wissenschaft in Händen behalten wird. Die Deutsche Kommission ist sich dieser Grenzen durchaus bewußt gewesen. Nur in einem Falle hat sie sich in den Dienst der besonderen wissenschaftlichen Pläne eines ihrer Mitglieder gestellt. Als in der Eingabe vom 18. Juni 1900 die Geschichte der neuhochdeutschen Schriftsprache als ein Ziel der Akademie proklamiert wurde, da dachte diese bereits an eine bestimmte Persönlichkeit, die der alten Aufgabe einen neuen Impuls und Charakter gegeben hatte": Konrad Burdach. (ebd., S. 48). Und weiter: „Die eigene Forschung Herrn Burdachs steht in diesem Kreise maßgebend im Vordergrunde; insofern nimmt die Gruppe unter den Arbeiten der Deutschen Kommission eine Sonderstellung ein." (S. 49). Es konnte nicht ausbleiben, daß diese Sonderstellung auch Neid auf sich zog.

gestanden hatte.⁶ Ein adoptierter Stiefsohn – Johann Friedrich Hager – war Burdachs Großvater. Das musikalische Erbe kam ihm über die aus dem Österreichischen stammende Familie ebenso wie die berühmte, in Berlin ansässige Familie Friedländer mütterlicherseits zu. Ein Band seiner gesammelten Schriften ist dem älteren Bruder Max gewidmet, der – gleichfalls Jurist – in Königsberg als Oberlandesgerichtsrat gewirkt hatte. Die tiefe Bindung an das Königshaus, das ihm lebendig in der alten Krönungsstadt entgegentrat, blieb lebenslänglich erhalten. Den Sturz der Monarchie, den Niedergang des so kurzlebigen Kaiserreichs hat auch Burdach nie verwunden; eine Annäherung an die Weimarer Republik blieb wie bei ungezählten anderen geistigen Repräsentanten aus; auf die Erneuerung Deutschlands setzte der glühende Patriot alle Hoffnung. In Einsamkeit seiner gelehrten Arbeit hingegeben, dürfte auch er gleich so vielen Standesgenossen ungeschult, ungeschützt, ja blind gewesen sein gegenüber dem Diabolischen des Nationalsozialismus. Es blieb ihm erspart, die Bewegung sich decouvrieren und das geliebte Vaterland in eine Katastrophe gerissen zu sehen, mit der verglichen das Ende 1918 nur als gnädige Fügung bezeichnet werden konnte. Sein Werk selbst war immun gegenüber dem tödlichen Bazillus. Viel zu tief war es verwurzelt in der abendländischen Überlieferung, als daß es sich dem völkischen und alsbald rassischen Wirrwarr an irgendeiner der vielen möglichen Einsatzstellen auch nur einen Spalt weit geöffnet hätte. Das schließlich sollte zählen, wo so viele in seiner unmittelbaren Umgebung versagten; nationalsozialistische Bekenntnisse aus seinem Munde oder seiner Feder sind nicht bekannt, die Prädisposition war für ihn angesichts eines gedemütigten Nationalismus und eines als tiefe Schande empfundenen Friedensschlusses wie allerorten auch sonst jedoch fraglos vorhanden.⁷

---

6   Vgl. ADB 3 (1876), S. 578–580; Altpreuß. Biographie I. Marburg a. d. Lahn: Elwert 1974 (Reprint), S. 95.

7   Der ganze ‚politische' Burdach ist nicht an der immer wieder beigezogenen und inkriminierten Rede *Über deutsche Erziehung*, sondern an versteckter Stelle zu gewahren. Als der große Nordist und Freund aus Leipziger und Hallenser Tagen Eugen Mogk zum 60. Geburtstag 1924 seine von Burdach wesentlich geprägte Festschrift erhielt, blickte der jüngere Freund zurück auf seine Bibliotheksreisen nach Stockholm und Uppsala. Hier im Norden, im „Völkerschoß Skandinavien", übermannte ihn die Ahnung von der geistigen wie der politischen Einheit der Germanen. Die Würdigung der Lebensarbeit des Gefeierten, so Burdach, sei „Zeugnis dafür, daß auch heute noch nach dem frevelhaften Greuel des Weltkrieges und seinen verbrecherischen Folgen, durch die das Germanentum den furchtbarsten Schlag, wie niemals zuvor in seiner gesamten Geschichte, erlitten hat, eine geistige Gemeinschaft zwischen den einzelnen Gliedern des germanischen Stammes besteht und ein Bewußtsein lebendig ist des gemeinsamen Ursprungs wie der gemeinsamen Anlage, der gemeinsamen Ideale und Pflichten". Diese Einsicht führte Burdach glücklicherweise nicht in die Politik, sondern zurück zu dem einzigen Metier, in dem er sich auskannte, der Wissenschaft, hier nun apostrophiert als Wissenschaft der im Kern *einen* germanischen Philologie. „Hoffen wir, daß es dem Germanentum doch noch gelingen wird, die Gefahren, die ihm, von den erstarkten Romanen und Slaven drohn, dereinst durch die Einheit seines Geistes zu überwinden. Hoffen wir, es werde aus der grausigen Weltsaat von Blut und Tränen, die zu erleben uns das unbegreifliche Walten Gottes verurteilt hat, eine Wiedergeburt dieses germanischen Geistes aufgehn, und er aufs neue berufen werden, wie in den Tagen, da das römische Reich zerbrach, aber durch friedliche Mittel, die Menschheit zu verjüngen." Die Worte schrieb der

Über die Linien

Kulturwissenschaftler des 20. Jahrhunderts: Eine Porträtgalerie

In Zeiten schnell wechselnder Thesen und Methoden, der Auflösung und Umstrukturierung akademischer Disziplinen wirken Versuche wohltuend, auf einem Gebiet wie den zur „Kulturwissenschaft" gewendeten Geisteswissenschaften, dem Zeitdrang auf Verabschiedung angeblich veralteter Begriffe und Methoden mit der Erinnerung an früher geleistete Arbeiten zu begegnen. Dies geschieht in einem Band mit Beiträgen zu dem Thema „Kulturwissenschaftler des 20. Jahrhunderts", den Klaus Garber herausgegeben hat. Wenn der Herausgeber auch die beschränkte Auswahl der vorgestellten Gelehrten – neunzehn Kurzmonographien –, bedauert, so ergibt sich doch ein klarer Umriss der seit jeher in den Geisteswissenschaften ausgeübten Kulturwissenschaft: Die nämlich ist nichts anderes als der beträchtliche Anteil kulturtheoretischer Fragestellungen, der jedem historischen Forschenden selbstverständlich ist, mag er sich auch vorwiegend Stil- oder Formfragen zuwenden.

Indem sie die Erforschung der frühen Neuzeit in den Vordergrund stellen, ermöglichen es die Einzelbeiträge, nicht nur die thematischen Berührungen und Verschränkungen wahrzunehmen, aus denen die gemeinsamen Fragestellungen schreibung der beweglichen Grenzlinien, die in der wissenschaftlichen Erfassung der literarischen und bildlichen Zeugnisse begegnen.

In jedem Einzelporträt erscheinen weitere Namen teils berühmter, teils weniger bekannter Gelehrter, Blitzporträts interner Auseinandersetzung, die aus Gründen fachinterner Auseinandersetzung oder als Schüler Erwähnung finden. Die Einzeldarstellungen erhellen sich gegenseitig, so etwa, wenn in dem Beitrag von Frank Rutger Hausmann über Ernst Robert Curtius und die Wirkungsgeschichte seines Hauptwerks „Europäische Literatur und lateinisches Mittelalter" die Begegnung mit Aby Warburg in der Bibliotheca Hertziana 1929 in Rom kurz erwähnt wird. Oder wenn der Beitrag von Michael Nerlich über Umberto Eco an eine Kontroverse zwischen Curtius und Hans Hermann Glunz, dem Verfasser einer Literaturästhetik des europäischen Mittelalters erinnert. Es werden Edgar Wind, Ortega y Gasset, Erich Auerbach, Johan Huizinga, Arnold Hauser, Norbert Elias, Philippe Ariès vorgestellt; Antonio Gramsci mit seinen Studien zu Machiavelli und Raymond Williams' Kulturanalyse, die für das Verständnis des methodischen Ansatzes der „cultural studies"

laufende Vertrag einvernehmlich gelöst. Mentha wird demnach nur bis August 2003 in Wien bleiben und im Sommer 2004 die Leitung des Luzerner Theaters übernehmen. Im Frühjahr hatte es um Moraks Entscheidung, den Vertrag Menthas an der Volksoper Wien nicht über 2005 hinaus zu verlängern, Wirbel gegeben. Mentha hatte das als schwierig geltende Haus zur Spielzeit 1999/2000 mit der Vorgabe übernommen, den Spielplan zu modernisieren. Kern von Menthas Planungen war eine Aktualisierung des Tanztheaters, ein neuer Schwerpunkt mit Opernwerken des 20. Jahrhunderts und eine Neubewertung der Operette. Der Aufsichtsrat des Theaters hatte dieses Konzept im Frühjahr als gescheitert gewertet.

und wie sich die Maßstäbe im Verlauf der Jahrhunderte veränderten. So fügen sich die großen Künstler – Giorgione, Tizian und Canova – in die gewachsene Umgebung der Sammlungen, die aus Antiken, kostbar illuminierten Handschriften, Münzen und Gemmen bestehen.

Die Ausstellung ist chronologisch geordnet und beginnt mit der Schatzkammer von San Marco; in ihr erinnert ein prachtvoll vergoldetes Silbergefäß in Form einer byzantinischen Kreuzkuppelkirche an Venedigs Mittlerstellung zwischen Orient und Okzident, die die Stadt sich durch intensiven Handel erwarb. Am Endpunkt der Ausstellung um 1900 steht die schillernde Sammlerpersönlichkeit des Spaniers Mariano Fortuny, der

dpa

Ziviler Widerstand

England protestiert gegen Tony Blair und den geplanten Krieg

Es war ein wunderschöner Tag. Wolkenlos, spätsommerlich. Die „Koalition gegen den Krieg" hatte 200 000 Demonstranten erwartet: Sozialisten aller Schattierungen, Liberale, Radikale, Pazifisten, moderate Muslime. Aber auf den britischen Inseln herrscht Unsicherheit, und deshalb fanden auch viele Konservative und ganz apolitische Leute sich ein.

Das Irak-Dossier, das Tony Blair eine Woche zuvor veröffentlicht hatte, um

sie den New Labour-Thatcheristen Parolli böten, waren vereint gegen den Krieg. Bob Crow, der mittvierzigjährige Eisenbahngewerkschafter, verwünschte Blair mit schneidenden Worten. Das gleiche tat Mark Serotka von der Gewerkschaft der Staatsbediensteten. Tony Benn, George Galloway und Jeremy Corbyn – die beiden letztgenannten sitzen im Unterhaus – sprachen im Namen der Labour-Mitglieder, die sich gegen Blairs

bel gewesen: Der grinsende Disc-Jockey in klerikaler Stimmung. Kriegsgeschrei und Frömmelei ist immer eine schlechte Kombination. Mag sein, dass Blair sein Kabinett überzeugt hat. Im Land der Blinden ist der Einäugige König.

Das Boulevardblatt *Daily Mirror* kritisierte das Dossier auf acht Seiten in Grund und Boden. Das einzige Stück, das sich für diesen Krieg aussprach, stammte von Christopher Hitchens, der sich das früher wohl selbst nicht zugetraut hätte.

„Kein Krieg im Irak", „Gerechtigkeit für die Palästinenser" – das waren die Slogans, hinter denen die Leute sich versammelten. Murdochs Sky TV zufolge waren es 400 000. Ein irischer Radiosender zählte eine halbe Million. Channel Five fand eine Viertelmillion. Nur die BBC folgte den offiziellen Zahlen der Polizei und sprach von 150 000 Demonstranten. Seien wir modest, bescheiden wir uns mit 350 000 Leuten, die aus allen Teilen des Landes herbeikamen, um zu zeigen, wie sehr sie dagegen sind, dass er Bushs Kriegspläne unterstützt. Viele waren da, Alte und Junge, die nie zuvor in ihrem Leben eine Demonstration besucht hatten. *Rites de passages*. Es herrschte zornige Aufsässigkeit. Die neuen Gewerkschaftsführer, die gewählt worden sind, damit Juden, die gekommen waren, konnten sich deshalb nicht äußern: Ihr bewegendes Plädoyer für die Rechte der Palästinenser wurde von einem jungen Muslim aus Leicester vorgetragen. Auch Ken Livingstone, Londons parteiloser Bürgermeister, schloß sich dem Protestzug an. Viele Londoner hatten erleichtert aufgeseufzt, als Blair verhinderte, dass Livingstone sich wieder in die Labour Partei eintrat: Da Livingstone sich nun nicht mehr lieb Kind machen muss, hat er sich einen neuen Wechsel seiner Position erlauben können. Manchmal führt Opportunismus dazu, dass einer zur Linken tendiert.

Keiner der Demonstranten ließ sich davon überzeugen, dass ein Krieg unter der Führung der UNO akzeptabler wäre als eine Attacke der beiden Blair und Bush. Die britische Friedensbewegung wird sich nicht davon beeindrucken lassen, wenn die Angehörigen des UN-Sicherheitsrates umgestimmt werden, weil amerikanisches Geld ihnen die Taschen füllt. Auf den britischen Inseln wird der Protest nicht verebben. Und wenn dann die Bomben fallen, dann wird mit Aktionen gewaltlosen Widerstandes und zivilen Ungehorsams zu rechnen sein. Gut wäre es, wenn es das gleiche auch in den Vereinigten Staaten gäbe.   TARIQ ALI

Deutsch von Franziska Augstein

...ologen, Literaturwissenschaftlern, Historikern, Soziologen hervorgehen; sie zeigen auch, dass der kulturwissenschaftliche Ansatz sich selbst der Erforschung von Umbruchs- und Übergangszeiten verdankt, während er zugleich dem Gedanken einer Gesamtentwicklung europäischer Kultur verpflichtet ist: Nicht beliebige Übergangszeiten, sondern jene als „Nachleben der Antike" zu untersuchenden Epochen des Mittelalters und Spätmittelalters in ihrem Übergang zur Renaissance sind seine Zeit.

So bleibt in den vorgelegten Porträts einer Gelehrtengeneration, deren Geburtsdaten zumeist noch in das 19. Jahrhundert fallen, dasjenige des großen Universalgelehrten Jacob Burckhardt immer gegenwärtig. In der lockeren Reihung der Werke von Aby Warburg bis Michel Foucault zeigt sich bald, dass eine Darstellung in großen Entwicklungslinien und klar umgrenzten Epochen, die zugleich den Abbrüchen, Leerstellen und Diskontinuitäten gerecht wird, ein nahezu aussichtsloses Unternehmen ist. Um so wichtiger werden die Verbindungslinien, die den weitesten, auch subversiven Umwegen folgen. Kennzeichnend für die Arbeiten der hier behandelten Autoren sind erhöhte Aufmerksamkeit gegenüber den methodischen Verfahren und schließlich eindringliche Versuche einer Be-

...wird die Literatur- und Kulturgeschichte der Frühen Neuzeit von Richard Newald und der Kunsthistoriker Richard Hamann, Josef Nadlers Literaturgeschichte der deutschen Stämme und Landschaften, Personen und Werk des Historikers Paul Joachimsen, die liberalkatholische Kultursoziologie Alfred von Martins. Schmerzlich vermisst wird hingegen ein Hinweis auf das Werk von Ernesto Grassi.

Der vorzügliche Beitrag des Herausgebers Klaus Garbers, „Versunkene Monumentalität", der sich ausführlich dem Sprach- und Literaturhistoriker Konrad Burdach widmet, kann die Einsicht bestärken, dass die Fähigkeit zur „Synthese", zur „Synopsis", wie sie den Kulturwissenschaftler auszeichnet, im anhaltenden Studium der Einzelphänomene, durch philologische Genauigkeit erprobt, Kulturwissenschaft als jenen Teil der geisteswissenschaftlichen Forschung entstehen ließ, der sich zu einer unbegrenzten Fülle seiner Gegenstände und zu einem leidenschaftlich offenen Forschen bekennt.

MARGARETHA HUBER

KLAUS GARBER (Hrsg.): *Kulturwissenschaftler des 20. Jahrhunderts*. Wilhelm Fink Verlag, München 2002. 390 Seiten, 44,90 Euro.

Der Bildungsgang aber war philologisch dominiert und verschaffte dem angehenden Gelehrten jene freie Verfügbarkeit über die alten wie die neueren Sprachen bis hin zum Sanskrit, die ihm bei seinen vergleichenden, den Wanderungen der Bilder, Motive und Gedanken gewidmeten Studien so ungemein zugute kamen. Genoß er schon auf dem Königlichen Gymnasium, dem sogenannten Friedrichs-Colleg, insbesondere eine gediegene historische und altphilologische Ausbildung, so waren auf der Albertina Oskar Schade in der Germanistik, Paul Friedländer in der Altphilologie und schließlich der Dichter Felix Dahn in der Rechtsgeschichte die prägenden Figuren. Der Durchbruch aber – philologisch wie im methodischen Habitus – erfolgte in Leipzig, wo bei namhaften Gelehrten parallel

---

gleiche Mann, der sein Leben in den Dienst der germanisch-romanischen Wechselbeziehungen auf allen Ebenen seiner Forschung gestellt hatte und gefeit war wie kaum einer sonst vor den Irrwegen einer autochthonen germanisch-deutschen Kultur. Es war der verblasene, ohnmächtige, immer noch von Wagner inspirierte Germanismus, der da einem politisch Ahnungslosen und Gutwilligen Halt und Orientierung in der tief erlittenen Krise verhieß und an den der Nationalsozialismus erfolgreich anzuknüpfen verstand. Wenige Jahre später ging aus seinem Schoß die „grausige Weltsaat von Blut und Tränen" hervor. Vgl. Festschrift Eugen Mogk zum 70. Geburtstag: 19. Juli 1924. Halle a. d. Saale: Niemeyer 1924, S. 13 f. In der Festschrift selbst der große Beitrag von Burdach: Die nationale Aneignung der Bibel und die Anfänge der germanischen Philologie (S. 231–334), der im gleichen Jahr zusammen mit der Vorrede auch als separates Buch erschien – eines der grundlegenden und heute nirgendwo mehr zur Kenntnis genommenen Dokumente zur Frühgeschichte der germanischen Philologie. – Burdachs *Über deutsche Erziehung*, zuerst im Anschluß an Rezensionen dreier deutschkundlicher Werke in: Anzeiger f. dt. Altertum u. dt. Lit. (1886), S. 134–163, hier S. 156–163, sodann „nebst einem Nachwort und Ausblick" in: Zeitschrift f. d. dt. Unterricht 28 (1914), S. 657–678, wiederabgedruckt in Vorspiel 1,1 (Anm. 2), S. 20–45. Dazu am treffendsten Jonas Fränkel: Konrad Burdach 1936. In: ders.: Dichtung und Wissenschaft. Heidelberg: Lambert Schneider 1954, S. 249–255: „Mit Konrad Burdach ist der größte Germanist der letzten Jahrzehnte ins Grab gesunken, der repräsentativste Historiker deutscher Sprach- und Bildungsgeschichte und eine Gelehrtengestalt, die im heutigen Deutschland leider keine typische, wohl aber eine Ausnahmeerscheinung war. [...] Dieser Humanist unter den deutschen Gelehrten war, was deutsche akademische Luft so selten reift: eine Persönlichkeit. Unabhängigen Sinnes war er nicht der Meinung, die Welt, in der sein Geist lebte, im Alltag verleugnen zu müssen. Der Mann, der seinen Lebensunterhalt von einer bescheidenen Pension als Mitglied der Preußischen Akademie der Wissenschaften bezog, fand mutige Worte, um gegen die Verirrungen des deutschen Nationalismus aufzutreten. Je und je erhob er seine Stimme gegen einen verstiegenen Teutonismus und warnte Fachgenossen vor einer ‚chinesischen Absonderung gegen die großen, uns vielfach überlegenen Kulturen der älteren europäischen Nationen'. Dem ‚Phantom der Erbfeindschaft' hielt er das schönere Bild einer ‚Erbverbrüderung durch jahrhundertelange Kulturgemeinschaft' mit Frankreich entgegen. [...] Bedenkt man, wie behend und unterwürfig gerade die offizielle Germanistik in Deutschland sich beeilte, den Anschluß an die nationalsozialistische Wahnlehre zu finden, und wie noch vor einem Jahre bei der Jubelfeier der Weimarer Goethe-Gesellschaft deren Präsident im Namen der großen Goethegemeinde Adolf Hitler mit würdelosem Byzantinismus huldigte, so begreift man, wie sich heute für Viele in diesem *einen* Manne, der nun dahingegangen, die Ehre und die Würde deutscher Wissenschaft verkörperten." (S. 249 und S. 253 ff.) Zum Kontext (freilich äußerst verknappend) zuletzt Jürgen Fohrmann: Das Projekt der deutschen Literaturgeschichte. Entstehung und Scheitern einer nationalen Poesiegeschichtsschreibung zwischen Humanismus und Deutschem Kaiserreich. Stuttgart: Metzler 1988, S. 255 ff.

allgemeine, germanische, griechische, lateinische, mittellateinische und orientalische Philologie betrieben wurde. Wenn Burdach auf den bleibenden Eindruck Rudolf Hildebrands stets wieder zu sprechen kam, so wurde deutlich, daß hier geheime Wahlverwandtschaft im Spiele war. An Hildebrand ging Burdach die lebensverwandelnde Macht einer ganz dem Geistigen hingegebenen Existenz auf, die zwangsläufig ins Weite, die Schranken der Disziplinen Abstreifende führte und sich erfüllte in Fühlung mit und in Einflußnahme auf die nichtakademische Welt, die Hildebrand über eine durch und durch reformierte Schule vor Augen stand. Wie immer hat Burdach es sich nicht nehmen lassen, seine Verehrung und Liebe in einem unvergeßlichen Porträt zu verströmen. An Hildebrand erfuhr Burdach, was lebenslange Überzeugung und immer reicher orchestrierte geschichtliche Erfahrung werden sollte: die Bindung der Sprache und ihrer Geschichte an Sitte und Brauchtum, an Kultur und Bildung, an Geist als Inbegriff aller schöpferischen Potenzen des Menschen. Oder in seinen eigenen, Hildebrand charakterisierenden Worten:

> Er machte vollen Ernst mit dem Gebot, die ganze deutsche Sprachgeschichte in ihrer zusammenhängenden Entwicklung als einen lebendigen Organismus zu umfassen und nach ihren Kulturbeziehungen, vor allem als Ausdruck aller psychischen Regungen der Nation, ihrer Rechtsvorstellungen, ihrer Sitten und Bräuche, ihrer Symbole, aber auch ihres kirchlich-theologischen und ihres philosophischen Denkens und aller literarischen Strömungen zu vergegenwärtigen.[8]

Sprache als Integral aller schöpferischen Kräfte und Manifestationen eines – keinesfalls nur national spezifizierten – geschichtlich geprägten Verbandes, als Organon aller kulturellen Äußerungsformen, wurde bei Hildebrand als Aufgabe einer nicht länger positivistisch besetzten, sondern geistesgeschichtlich im weitesten Sinn angelegten Sprachgeschichte erfaßt. „Seine Beiträge zum Deutschen Wörterbuch gewannen den Charakter kleiner kulturhistorischer und seelengeschichtlicher oder auch ideengeschichtlicher Monographien."[9] Und er schöpfte für sie sein Material jedweder Provenienz aus den Jahrhunderten, die die Burdachschen vor allem werden sollten, dem 14. und dem 15.

Wir dürfen vermuten, daß es auch die Gestalt Hildebrands war, die ihn nach nur einem Bonner Semester, das Wilmanns in der Germanistik und den großen Antipoden Wilamowitzens, Bücheler und Jacob Bernays, gewidmet war, rasch

---

[8] Konrad Burdach: Die Wissenschaft von deutscher Sprache. Ihr Werden, ihr Weg, ihre Führer [redaktionell bearbeitet und herausgegeben von Hans Bork]. Berlin, Leipzig: de Gruyter 1934, S. 164–184, hier S. 168. Dem abschließenden Hildebrand-Kapitel des Buches liegen zwei Einzelveröffentlichungen zugrunde: Konrad Burdach: Worte der Erinnerung. Gesprochen bei der Einweihung seines Denkmals auf dem Johannisfriedhof in Leipzig am 13. Oktober 1895. In: Euphorion 3 (1896), S. 1–7 (auch als Sonderdruck Bamberg: Buchner 1895); ders.: Rudolf Hildebrands Persönlichkeit und wissenschaftliche Wirkung. Ein Gedenkwort zu seinem hundertsten Geburtstag. In: Rudolf Hildebrand, sein Leben und Wirken. Zur Erinnerung an die Hundertjahrfeier seines Geburtstages. Langensalza: Beltz 1924 (= Veröffentlichungen des Zentralinstituts für Erziehung und Unterricht), S. 5–41.

[9] Ebd., S. 169.

nach Leipzig zurückführte. Hier war er – einem bereits bei Wilmanns empfangenen Impuls folgend – unter den Augen Zarnckes wiederum nach eigenem Zeugnis bereits im Sommersemester 1878 befaßt mit dem Verhältnis Reinmars und Walthers, dem Thema also, aus dem seine Dissertation und seine erste Buchpublikation hervorgehen sollte und dem er, wie allen anderen in einem langen Gelehrtenleben aufgegriffenen, bis zum Schluß produktiv und immer erneut einsetzend die Treue wahrte.[10] Dann fand der entscheidende und offensichtlich von langer Hand vorbereitete Übergang nach Berlin statt. Hier gedachte er seine Ausbildung abzuschließen, und das konnte nur heißen, die Verbindung zu jenem Mann zu suchen, der ihm seit seiner Schulzeit Höchstes bedeutete: Wilhelm Scherer. Burdach hat nicht nur mustergültig die Bibliographie des verehrten Lehrers besorgt, sondern gemeinsam mit Scherers Nachfolger Erich Schmidt auch Sorge für die zweibändige Sammlung der *Kleinen Schriften* Scherers getragen.[11] Wieder war es die Universalität, die den werdenden Gelehrten anzog. Scherer hatte am entschiedensten mit der Grimmschen Fixierung auf das germanische Altertum gebrochen. Das Älteste wie das Jüngste stand gleich fordernd als Aufgabe vor dem Historiker. Wo immer er aber einsetzte, stets suchte er das Einzelne aus seiner Vereinzelung zu befreien, auf tausend Wegen dem Allgemeinen zuzuführen und in ihm den Schlüssel für sein Individuelles zu finden – darin Gervinus so sehr verwandt, den er nach Burdachs Zeugnis eifrigst studierte.

> Überall handelt er im Sinne seines wissenschaftlichen Programms; er sucht die literarischen Erscheinungen als gesetzmäßig, als die natürlichen Folgen bestimmter Lebensbedingungen zu begreifen. Das Gleichbleibende strebt er zu trennen von dem Wandelbaren, das Notwendige von dem Zufälligen, und so beobachtet er besonders die Entwicklung der poetischen Motive, die Ausbildung des poetischen Stils und der poetischen Technik. Überall hat er ein Auge für die allgemeinen Strömungen der Zeit und

---

[10] Vgl. Konrad Burdach: Beiträge zur Kritik und Erklärung der Gedichte Reinmars des Alten. Diss. phil. Leipzig 1880; ders.: Reinmar der Alte und Walther von der Vogelweide. Ein Beitrag zur Geschichte des Minnesangs. Leipzig: Hirzel 1880, zweite berichtigte Aufl. mit ergänzenden Aufsätzen über die altdeutsche Lyrik. Halle a. d. Saale: Niemeyer 1928. Diese zweite, reichlich ergänzte Auflage seines ‚Erstlingsbuchs' ist Rudolf Hildebrand und Friedrich Zarncke als seinen Leipziger Lehrern, Wilhelm Wilmanns als seinem Bonner und Wilhelm Scherer als seinem Berliner Lehrer gewidmet. Das schönste Wilmanns-Porträt Burdachs findet sich in der Vorrede zu: ders.: Walther von der Vogelweide. Philologische und historische Forschungen. Erster Theil. Leipzig: Duncker & Humblot 1900, S. XXIII f. Zum Leipziger Studien-Kontext vgl. Festschrift Mogk (Anm. 7), S. 5. Von der Dissertation erschien auch ein Separatdruck (Leipzig: Hirschfeld 1880), der nur den textkritischen Anhang des vollständigen Werkes aus dem gleichen Jahr (S. 183–230) brachte. Hier im Lebenslauf am Schluß der Dissertation wird Hildebrand und Zarncke der namentlich spezifizierte Dank des Verfassers ausgesprochen.

[11] Wilhelm Scherer: Kleine Schriften. 2 Bde. Bd. 1: Schriften zur altdeutschen Philologie. Hrsg. von Konrad Burdach. Bd. 2: Kleine Schriften zur neueren Litteratur, Kunst und Zeitgeschichte. Hrsg. von. Erich Schmidt. Berlin: Weidmann 1893. Das ‚Schriftenverzeichnis' Bd. 2, S. 391–415. Dieses wurde im Blick auf die bevorstehende Ausgabe auch selbständig unter dem Titel *Wilhelm Scherers Schriften* als Manuskript gedruckt (Berlin: Weidmann 1890) und der Witwe Marie Scherer gewidmet.

ordnet jede einzelne literarische Erscheinung in den großen Zusammenhang des geistigen Lebens ein.[12]

In seinem letzten vollendeten Werk, der Literaturgeschichte, kam dieser Zug zum gegliederten Ganzen am reinsten zur Geltung. Das Substrat aber, Burdach gleichfalls so affin, kristallisierte sich aus in dem Wissen, daß die Nation in ihrer Sprache und Literatur die reinsten Spiegel ihrer geschichtlichen Entfaltung, ja noch ihrer zukünftigen Bestimmung besaß. Dazu mußten beide in lebendigstem Kontakt mit der Gesamtheit ihrer Äußerungen gebracht werden. Dieser methodische Universalismus, zulaufend auf eine Kulturgeschichte, prägte Burdachs Begegnung mit Scherer in Berlin. Auf ganz andere Weise wurde dieser von vornherein gesuchte Weg zur Synopsis befördert von Müllenhoff, dessen monumentale fünfbändige *Deutsche Altertumskunde* nicht anders als in der werdenden Klassischen Altertumskunde Wilamowitz' auf Integration des Heterogenen, auf das strukturgeschichtliche Gesamtbild hin zielte.[13]

---

[12] Konrad Burdach: Wilhelm Scherer [Nachruf]. In: Nationalzeitung Nr. 615 vom 3. November, Nr. 621 vom 6. November, Nr. 625 vom 9. November 1886, hier das Zitat in der zweiten Folge des Beitrags vom 6. November. Der gesamte Nachruf unter dem Titel *Lebensbild* wiederabgedruckt in: Burdach: Die Wissenschaft von deutscher Sprache (Anm. 8), S. 131–150, hier das Zitat S. 142. Hinzuzunehmen auch das Vorwort Burdachs zum ersten Band der *Kleinen Schriften* Scherers (vgl. Anm. 11) (dem zweiten, von Erich Schmidt veranstalteten Band fehlt leider ein entsprechendes Vorwort), auszugsweise wiederabgedruckt in: Die Wissenschaft von deutscher Sprache (Anm. 8), S. 152–159. Hier anl. der Stellung Scherers in der modernen Sprachwissenschaft auch (S. 157 f.) die Burdach so unnachahmlich charakterisierenden Sätze: „Ich möchte nur das Gefühl des Zusammenwirkens stärken, das auf dem Gebiet der grammatischen Arbeit nicht genug entwickelt ist; ich möchte die *heimliche Eintracht* der Forschung in der vielfachen äußeren Zwietracht nachweisen und meinesteils dazu beitragen, daß weniger die trennenden als die verbindenden Mächte in unserer Wissenschaft betont würden." Und schließlich sei hier die Würdigung der ersten großen Scherer-Monographie aus der Feder von Victor Basch: Wilhelm Scherer et la philologie allemande. Paris und Nancy: Berger-Levrault 1889, erwähnt, die zuerst in der Deutschen Literaturzeitung 1 (1981), Sp. 13–15, erschien und gleichfalls einging in den wissenschaftsgeschichtlich so bedeutsamen Sammelband zur *Wissenschaft von deutscher Sprache*. Hier heißt es, Burdach erneut scharf charakterisierend und so wenig zu dem überall lancierten Bild des Chauvinisten passend: „Kein Wunder, daß gerade Scherer, dem feinen Kenner und überzeugten Lobredner romanischer Bildung und ihres Einflusses auf Deutschland, ein französischer Biograph erstanden ist. An der Versöhnung der Nationen arbeitet nichts so sehr als die Ergründung ihrer Eigenart durch geschichtliche Betrachtung. Vor ihr schwindet das Phantom der Erbfeindschaft und macht Platz dem schöneren Bilde einer Erbverbrüderung durch jahrhundertelange Kulturgemeinschaft. Diesen Gedanken verstiegenem Teutonismus gegenüber zu verfechten, war eine von Scherers Lebensaufgaben. Ein Buch, welches sein Wirken dem französischen Publikum vor Augen stellt, darf als eine Förderung des Weltfriedens bezeichnet werden" (S. 152). – Der Name Burdachs spielt selbstverständlich in den Briefwechsel Scherers mit Erich Schmidt wiederholt hinein (hrsg. von Werner Richter und Eberhard Lämmert. Berlin: Schmidt 1963).

[13] Vgl. die beiden Müllenhoff-Porträts in: Festschrift Mogk (Anm. 7), S. 5 f.; Burdach: Wissenschaft von deutscher Sprache (Anm. 8), S. 134 f. Dazu aus verwandtem Geiste Scherers schöne Biographie: Karl Müllenhoff, ein Lebensbild. Berlin: Weidmann 1896 (nebst der Gedächtnisrede aus dem Jahre 1884).

In dem Vorsatz, das Gehörte und schöpferisch Angeeignete auf dem Felde der Sprachgeschichte zu bewähren, schied Burdach zum Zwecke der Habilitation aus Berlin und wandte sich Halle zu. Der ursprüngliche Impuls war ein äußerer. Doch verband er sich mit jener Gestalt, die ihn wie diejenige Walthers zeitlebens begleiten sollte, derjenigen Goethes. Bei Wilmanns in Bonn (wo er, wie erwähnt, auch mit Walther bekannt wurde), war ihm im Sommersemester 1877 die Aufgabe gestellt, die künstlerische Komposition der beiden *Werther*-Fassungen zu vergleichen. Ihre Lösung verband sich mit der Wahrnehmung der so unterschiedlichen Sprache beider Fassungen. Und sogleich tat sich hinter der schlichten Wahrnehmung ein Forschungsfeld immensen Ausmaßes auf, „das Problem der Einigung unserer modernen Literatur- und Schriftsprache".[14] Das rasch in Bonn und sodann unter den Augen Zarnckes in Leipzig erarbeitete vorläufige Fazit lautet,

> daß die Sprache Goethes in seiner Sturm- und Drangzeit mit ihren mundartlichen Idiotismen, ihren Altertümlichkeiten, ihren grammatischen Freiheiten den letzten Vorstoß gegen die auf ostmitteldeutscher Grundlage errichtete Gemeinsprache bildet, der dann mit einem Rückzug und einem Frieden in der späteren Umarbeitung endet, durch den die sprachliche Einheit anerkannt, aber zugleich im Sinne lebendiger Freiheit festgesetzt wird.[15]

So war es Burdach ein leichtes, Scherers Preisaufgabe des Jahres 1881 zu genügen. Nichts weniger als eine „umfangreiche Behandlung der gesamten Sprache des jungen Goethe von den Lauten durch Flexion und Wortbildung zu einer erschöpfenden Syntax und einem vollständigen Idiotikon des Wortgebrauchs" kam zustande und entschied zugunsten des jungen Adepten.[16] Sie blieb unveröffentlicht, bildete aber den zeitlebens gewahrten Zielpunkt der sprachgeschichtlichen Arbeit Burdachs und den Quell seiner nicht endenden Beschäftigung mit dem Dichter.[17] Der

---

[14] Konrad Burdach: Zur Geschichte der neuhochdeutschen Schriftsprache. In: Forschungen zur deutschen Philologie. Festgabe für Rudolf Hildebrand. Leipzig: Veit 1894, S. 291–324, wiederabgedruckt in: Vorspiel (Anm. 2), Bd. 1, 2. Teil: Reformation und Renaissance, Halle a. d. Saale: Niemeyer 1925 (= DVLG, 2), S. 34–69.
[15] Ebd., S. 35.
[16] Ebd.
[17] Vgl. den aus der Preisschrift hervorgegangenen Vortrag auf der Dessauer Philologen-Versammlung 1884: Konrad Burdach: Die Sprache des jungen Goethe. In: Verhandlungen der 37. Philologen-Versammlung. Leipzig: Teubner 1885, S. 166–180, wiederabgedruckt in: Vorspiel (Anm. 2), Bd. 2: Goethe und sein Zeitalter, Anhang: Kunst und Wissenschaft der Gegenwart. Halle a. d. Saale: Niemeyer 1926 (= DVLG, 3), S. 38–60. Hinzuzunehmen die Besprechung einzelner Lieferungen des Grimmschen Wörterbuchs in: Zs. f. d. österr. Gymnasien 33 (1882), S. 661–684, S. 668 ff. und S. 679; sowie die Besprechung der von Scherer veranstalteten Edition der *Frankfurter Gelehrten Anzeigen* vom Jahre 1772 in Seufferts Deutschen Literaturdenkmalen des 18. Jahrhunderts (Nr. 7 und 8 [1883]) in: Anz. f. dt. Altertum 10 (1884), S. 362–369; schließlich eine Sammelbesprechung aus dem Anz. f. dt. Altertum 12 (1886), S. 134–163 und S. 151–155. Aus der Spätzeit sodann: ders.: Aus der Sprachwerkstatt des jungen Goethe. In: Zeitwende 2, 1. Hälfte (1926), S. 123–146 und S. 253–273, wiederabgedruckt in: ders.: Die Wissenschaft von deutscher Sprache (Anm. 8), S. 26–69. Mit einem Vortrag über die Sprache des jungen Goethe hatte sich Burdach der Philosophischen Fakultät im Rahmen seines Habilitationsverfahrens präsentiert; der Entstehung von Goe-

Weg aber führte den um Erklärung und Zusammenhang Bemühten notgedrungen in gänzlich andere Regionen. Vier Jahre nach seiner Leipziger Dissertation legte er in Halle eine Habilitationsschrift zu jenem Thema vor, das ihm an Goethes *Werther* aufgegangen war: *Die Einigung der neuhochdeutschen Schriftsprache*. Publiziert wurde auch aus ihr wiederum nur ein Fragment: ‚Einleitung: Das sechzehnte Jahrhundert'.[18] Die Ausarbeitung sollte sich zum lebensbeherrschenden Großprojekt auswachsen. Und als nach mehr als fünfzig Jahren der Abschied nahte, da lagen zwar fünfzehn monumentale Bände aus seinem Umkreis vor, aber der einleitende, 1893 rasch hingeworfene und seither immer wieder in neuer Bearbeitung angekündigte erste Band fehlte immer noch. Im Strudel der ergreifenden Ursprungsforschungen blieb auch das Zeitalter Goethes ein sehnsüchtig gesuchtes, jedoch in unerreichbare Ferne gerücktes Äon.

Aufriß des Werkes

Von zwei Eck- und Orientierungspunkten aus hat Burdach sein Lebenswerk aufgebaut: Walther und Goethe. Sie bezeichneten klassische Phasen der Erfüllung und erleichterten es dem Historiker, den entsagungsvollen Weg in die Niederungen der verstreuten Überlieferung zwischen 1350 und 1650 anzutreten, der sein selbsterwähltes, aber eben durch die großen Lehrer mitgeprägtes Los wurde.[19] Mit seinem Erstling legte der frühreife, eben Dreißigjährige ein aus der Dissertation herausgewachsenes Buch vor, das nichts weniger als eine neue Betrachtungsweise des seit je im Mittelpunkt germanistischen Forschens stehenden Minnesangs bis hinauf zu Walther und Neidhardt zum Thema hatte.[20] Natürlich wußte er, daß eine Gesamtbetrachtung notgedrungen Oberflächlichkeit und Konturenlosigkeit mit sich gebracht hätte. Und so wählte er als Fixpunkt seiner Untersuchungen das Verhältnis Walthers zu Reinmar, das sich ihm als eines der sukzessiven Loslösung

---

thes Faust galt die Antrittsvorlesung daselbst. Seine Arbeit zur Sprache des jungen Goethe umfaßte 800 Seiten! Vgl. Ziegengeist: Der Konrad-Burdach-Nachlaß (Anm. 2), S. 677 f.

[18] Die Einigung der neuhochdeutschen Schriftsprache. Einleitung: Das sechzehnte Jahrhundert. Hallische Habilitationsschrift 1884. Halle a. d. Saale, Leipzig o. J. Wiederabgedruckt in: Vorspiel 1,2 (Anm. 14), S. 1–33. Zum Kontext sehr erhellend Werner Neumann: Frings und Burdach. Bindungen und Brüche. In: Sprache in der sozialen und kulturellen Entwicklung. Beiträge eines Kolloquiums zu Ehren von Theodor Frings (1886–1968). Hrsg. von Rudolf Grosse. Berlin: Akademie-Verlag 1990, S. 174–184.

[19] Dazu die Notiz in einer Entgegnung auf Georg Ellinger: „Janssens Geschichte des deutschen volkes hat auf meine forschungen nicht im mindesten anregend oder wegweisend gewirkt. Ich bin ausgegangen vielmehr von der litterarhistorischen erkenntnis des niemals genug zu schätzenden Koberstein und Wilhelm Scherers, dass die periode von 1350 bis 1600 bez. 1650 eine zusammenhängende kultureinheit bildet, und von der sprachgeschichtlichen entdeckung Karl Müllenhoffs, dass Luthers deutsch in der sprache der kaiserlichen kanzlei des ausgehenden 14. jahrhunderts seine grundlage hat." (Zs. f. dt. Philol. 32 [1900/01], S. 139).

[20] Vgl. die bibliographischen Angaben in Anm. 10.

Walthers aus dem Bann des großen Vorgängers darstellte. Neu aber war nicht diese Frage, sondern das Verfahren, das er zu ihrer Lösung anwandte. Es war ein strikt geschichtliches, vornehmlich auf Sprache und Stil gerichtetes, das von vornherein mit der Präsenz von Hörern, von Publikum in der Rezeption dieser ‚Gelegenheitsdichtung' kalkulierte und ein großes Fragezeichen hinter das – wie selbstverständliche – Dogma der Erlebnishaftigkeit auch des Minnesangs setzte. Biographismus und schlichter positivistischer Chronologismus waren mit anderen Worten zu ersetzen durch eine „wirkliche Geschichte", das heißt eine „innere Geschichte des Minnesangs".[21] Und die beiden Dichter, die er als „fruchtbares Beispiel", als einen „ergiebigen Ableitungspunkt" gewählt hatte – sie repräsentierten in dieser Perspektive nichts weniger als „zwei Richtungen des Minnesangs, zwei Epochen der mittelalterlichen Literatur, die Interessen zweier Lebenskreise".[22] Gleich am Eingang des Buches bewährte sich dieser Zugang, indem Burdach die nicht endenden Versuche, Walthers Liebesleben auf die Spur zu kommen, als „Hirngespinste" einer irregeleiteten „Stubengelehrsamkeit" disqualifizierte und – einmal befreit von dem leeren biographischen Schematismus – die Lieder der „sogenannten niedern Minne" entgegen herrschender Meinung in die spätere Zeit Walthers verlegen konnte.[23] Die Erkenntnis aber hatte Folgen für das Verständnis von Dichtung im Mittelalter, ja überhaupt für die auf antiker und alsbald mittelalterlicher Theorie und Praxis beruhende vorsentimentale Poesie schlechthin.

> Der mittelalterliche Dichter hat im Allgemeinen nichts von dem, was den Grundzug des modernen Dichters ausmacht, nichts von dem Bewußtsein, aus der Reihe aller übrigen Menschen herauszutreten. Die Idee von der Hoheit des Genies, das um seiner selbst willen da ist, gleich einem König aus der Masse gewöhnlicher Sterblichen emporragt, für sich eine eigene Welt ist, jene Idee, die seit Klopstock unsere ganze moderne Poesie durchzieht und in der Periode des Originalgenies ihren bestimmtesten Ausdruck findet, war dem allgemeinen Bewußtsein des Mittelalters zu Walthers Zeit fremd.[24]

Und das schon deshalb – und hier lag eine der großen Neuerungen Burdachs –, weil dichterische Existenz gesellschaftsbezogen war und Dichten sich im Blick auf ein festes Publikum vollzog. „Nirgends isoliert sich die Individualität des Dichters, nirgends trennt sie sich von dem Publikum."[25] Wenn auf dieser Basis in einem ersten Schritt zunächst Reinmar gegen die Gesamtheit seiner Vorgänger abgegrenzt wird, so geschieht dies neben der generellen Charakteristik und der jeweiligen soziologischen Zuordnung in allererster Linie durch ein stilkritisches Verfahren, mit dem Burdach sich von Anfang an weit erhebt über den kausalgenetischen

---

[21] Konrad Burdach: Reinmar der Alte und Walther von der Vogelweide (Anm. 10), Einleitung, S. 1 (hier und im folgenden, wenn nicht anders angegeben, stets zitiert nach der ersten Auflage aus dem Jahre 1880).
[22] Ebd., S. 2.
[23] Ebd., S. 14. Vgl. insgesamt das großangelegte zweite Kapitel *Walthers Lieder der sogenannten niederen Minne*, S. 11 ff.
[24] Ebd., S. 27 f.
[25] Ebd., S. 29.

Exterritorialismus des kurrenten Positivismus und an die Kernsubstanz der Werke gelangt.

> Die Entwicklung des Minnesangs bis auf Walther wird also durch etwas Anderes deutlicher als durch die Vergleichung der Lieder auf ihren Gedankengehalt hin: nämlich durch die Betrachtung ihrer sprachlichen Form, ihres Stils und ihrer poetischen Technik. Ich möchte diese Teile des dichterischen Kunstwerks seine innere Form nennen, im Gegensatz zu der äußeren, der metrischen und musikalischen."[26]

Erst auf dieser derart gesicherten Basis wurde es nun möglich, das nur Walther Eigene zu bestimmen, das Ziel und Zweck der mühseligen, auf Individualisierung und Differenzierung zielenden Unternehmung blieb.

Burdach also bewies in seinem Erstling, daß er im Besitz der Instrumente stilkritischer Betrachtung war, die bei Bedarf jederzeit beizuziehen waren. Er bewährte sie nur ausnahmsweise. Das Interesse blieb auf eine synoptische, gesamthistorische Betrachtung gerichtet, die prinzipiell von der Privilegierung einzelner Verfahren und Disziplinen Abstand zu nehmen suchte. Eben das begründet seine kulturgeschichtliche Kompetenz und damit seine Aktualität. Seine weiteren Walther-Studien sind der beste Beleg dafür. In seinem ersten Werk hatte er sich auf den Minnesang und damit nur einen Zweig der reichen Waltherschen Produktion beschränkt. Gleich wichtig aber blieb der Spruchdichter. Und so holte Burdach ein weiteres Mal aus. Nun aber, inmitten seiner Hallenser Lehrtätigkeit und bereits okkupiert von seinen quer durch Europa führenden Bibliotheks- und Archivreisen im Dienste seiner sprach- und bildungsgeschichtlichen Untersuchungen im Umkreis des Prager Hofs der Luxemburger, überlagerte das Lebensprojekt die mediävistischen Studien. Das Buch des Spruchdichters Walther ist nie zum Abschluß gelangt. Die letzte in seinen Umkreis gehörende Studie erschien posthum. Und auch der abgeschlossene erste Teil mußte unter wahrlich nicht eben einladenden Bedingungen zwischen Uppsala und Neapel, Prag und Paris niedergeschrieben werden. Burdach hat sich in der Vorrede vor allem über die prekäre bibliographische Fundierung seines Werkes geäußert, das fernab von den gewohnten Berliner Bibliotheken erwuchs. Dem Werk selbst ist dieser Mangel zum Segen erwachsen. Das Walther-Buch ist insbesondere in seinen ersten fünf Kapiteln, die unter dem Titel ‚Lebensbild' stehen, das lesbarste und schlackenloseste der größeren Bücher Burdachs geblieben.[27]

Mit ihm gewann Burdach der deutschen Philologie und ebensowohl der deutschen Kulturgeschichte im ständigen Blick auf den so ganz anderen Großen, auf Goethe, die Gestalt Walthers als ihres größten politischen Dichters. Das aber setzte umfassende historische Exploration bis hin zur politischen Ikonographie und Herrschaftssymbolik voraus, wie Burdach sie nun anstellte. Darum blieb er

---

[26] Ebd., S. 55. S. 55 ff. die entsprechende, fast fünfzig Seiten beanspruchende Stilanalyse.
[27] Er war für die *Allgemeine Deutsche Biographie* (Bd. 45, 1896, S. 34–92), in der er fast sechzig Seiten einnahm, geschrieben. Vgl. zu den Einzelheiten Burdach: Walther von der Vogelweide (Anm. 10), Vorwort, S. VII ff.

Mediävisten wie Kantorowicz, Schramm und Brunner teuer, wo die politische Historie sich vielfach spröde und abweisend verhielt und damit eigentlich nur das Begrenzte ihres Blickwinkels zu erkennen gab. Als Ziel zeichnete sich ihm bereits an der Schwelle zum neuen Jahrhundert nicht weniger ab als die Etablierung einer Mediävistik, in der sich alle einschlägigen Disziplinen zur Erforschung der Makroepoche zwischen der Völkerwanderungszeit und dem Aufgang der Renaissance beteiligten. In ihr hatte die Philologie, wie Burdach sie verstand, ihren unersetzlichen und keineswegs an die Geschichtswissenschaft abzutretenden Platz, lieferte sie doch in der fachgerechten Exegese der ihr überantworteten Quellen einen originären Beitrag zur historischen Erkenntnis des Zeitalters. Eine so geartete „mittelalterliche Philologie der Zukunft", wie sie Burdach vorschwebte,

> wird eines doppelten Fundaments nicht entrathen können: der *unmittelbaren Kenntniß der primären Quellen* einerseits, der *methodischen Kritik und Exegese* anderseits. Mir scheint es wahrer Philologie nicht angemessen, *moderne* historische Darstellungen – und seien es die der größten Meister – als Surrogate für die gleichzeitige, ursprüngliche geschichtliche Überlieferung zu benutzen. Verhängnisvoller aber noch wäre es, wenn die in der germanistischen Wissenschaft bedenklich um sich greifende holländische Krankheit nicht bekämpft werden könnte: ich meine, woran die classische Philologie im siebzehnten Jahrhundert gelitten hat, die Sucht nach Ausschüttung unverarbeiteter Materialmassen, nach ungesichteter Häufung äußerer Parallelen und Quellennachweise und die Unfähigkeit, jedem Fall in seiner Individualität gerecht zu werden, die Vielheit der Erscheinungen durch Kritik zu sondern, vor allem das Unvermögen, das *überlieferte Wort philologisch* zu interpretieren, worin doch die Voraussetzung aller historischen Erkenntnis beschlossen ist.[28]

Wie anders dagegen der Versuch eines der Großen des 17. Jahrhunderts, die Burdach selbstverständlich präsent waren, die Welt der Wissenschaft in einem Kopf und einem Buch zusammenzubringen, wie Morhof dies an der Schwelle zur Aufklärung noch einmal wagen durfte. Sind wir befugt, so Burdach, über diesen „ersten Versuch einer allgemeinen, europäischen Litteraturgeschichte" nur zu lächeln?

> Hat die *mittelalterliche* Litteraturgeschichte insbesondere grund, auf diese tastenden Anfänge einer universalgeschichtlichen Litteraturbetrachtung vornehm herabzusehen? Ist es nicht endlich Zeit, an die Stelle der ertragreichen und den Fortschritten unserer Wissenschaften so nützlichen *Arbeitstheilung* auch einmal die *Arbeitsvereinigung* zu setzen? Ich bin so kühn und wage es. Nur im *vollen Zusammenwirken* aller einzelnen Disciplinen der geschichtlichen Erforschung des mittelalterlichen Geisteslebens kann eine Annäherung an das Ideal der *mittelalterlichen Philologie* stattfinden, zu dem dieses Buch mit heißem Bemühen emporstrebt.[29]

---

[28] Ebd., S. XXII f.
[29] Ebd., S. XXIV. Das Burdachsche Werk ist durchzogen von diesem Programm einer umfassenden, philologisch basierten Mittelalterkunde. Ich verweise nur auf die bereits 1896 vorgetragene und erst dreißig Jahre später publizierte Abhandlung *Nachleben des griechisch-römischen Altertums in der mittelalterlichen Dichtung und Kunst und deren wechselseitige Beziehungen*, in der es – fünfzig Jahre vor Curtius und ihn an methodischer Strenge überbietend – im Blick auf

Hat ein so gearteter Philologie-Begriff an Aktualität verloren? Mit ihm gewappnet durfte Burdach es wagen, den Philologen, verpuppt in das devote Bild des Flickschusters, dem königlichen Schusterhandwerk der Historiker ebenbürtig zuzugesellen.

> Könnte auch der Vollschuster von der Arbeit des Altbüßers für seine eigene Aufgabe lernen und bedürfte vielleicht auch der Altbüßer für die rechte Ausführung seiner bescheidenen Leistung der Kenntniß der Kunst, neue Schuhe zu fertigen? Wie, wenn das *wahre* Handwerk nur der betreiben könnte, der sowohl das *Auftrennen* und *Flicken* als das *Neuschaffen* versteht? Wie, wenn die Historie erst auf dem Grunde der Philologie, die Philologie allein in Fühlung mit der Historie ihr Ziel erreichen kann?[30]

Sein Walther-Werk ist durch keine Paraphrase zu erschöpfen und kann hier nicht vorgestellt werden. Es ist jedoch offenkundig, daß Burdach mit ihm zu einer Form der Darstellung fand, die ihm wie keine andere entsprach, in der er als Meister gelten darf und die zu seiner Zeit wahrlich eine Ausnahme darstellte. Mit größter Sorgfalt und Umsicht hat er sich darangemacht, den politischen und ideengeschichtlichen Hintergrund der Spruchdichtung aufzuhellen und diese mit dem schwer zu entwirrenden Geflecht der Auseinandersetzungen in der anhebenden und sich zunehmend verdüsternden Spätzeit zwischen Philipp von Schwaben und Friedrich II., dem päpstlich gestützten Gegenkönigtum und damit der nicht endenden antistaufischen Politik der Kurie insgesamt zu vermitteln. Hier ist eine im besten Sinn politische Geschichte von Literatur zustande gekommen, die der Literatur nichts von dem nur ihr Eigenen nimmt, zugleich jedoch plausibel machen kann, daß jede Lesung ins Leere greift, die den zeitgeschichtlichen Hintergrund nicht umfassend gegenwärtig hält. ‚Politisch' aber ist hier im umfassendsten Sinn zu nehmen, umfaßt die genaue Kenntnis der kirchlichen Geschichte und insbesondere der jetzt so virulenten Reformbewegungen, ohne die etwa eine Gestalt

---

die nationalen Ursprünge der Germanistik heißt: „Es genügt nicht mehr, daß neben den Ausgaben mittelhochdeutscher Werke und neben den Geschichten der altdeutschen Literatur selbständig die Monumenta Germaniae historica und mehr oder minder vereinzelte Behandlungen gewisser herausgegriffener mittellateinischer Dichtungen einhergehn. Nein, wir müssen es uns ganz klar machen: die mittellateinische Bildung wurzelt in der lateinischen Bildung, die aus dem Altertum stammt und sich im Laufe der Jahrhunderte wohl stark gewandelt und verdünnt hatte, aber nie untergegangen war. [...] Diese *lateinische Bildung* des Mittelalters, die ganz Europa gemein war, zehrt einerseits aus dem Erbe des römischen Altertums, sie hat anderseits neue eigenartige internationale Güter geschaffen, zu welchen *alle* Völker des Abendlandes beigesteuert haben. Die Aufgabe der mittelalterlichen Literaturgeschichte wird es fortan sein, die altdeutsche Literatur in ihrer *Abhängigkeit* von der lateinischen zu erkennen und streng das wirklich nationale von dem universalen zu scheiden." (Vorspiel 1,1 [Anm. 2], S. 49–100, hier S. 50 f.). Vgl. auch die umfassende komparatistische Studie: Konrad Burdach: Die Entstehung des mittelalterlichen Romans. In: Vorspiel 1,1 (Anm. 2), S. 101–158: „Der Typus des mittelalterlichen Romans ist nicht in den nationalsprachigen Literaturen geboren, sondern in dieser völkerverbindenden lateinischen Literatur des Mittelalters, die einer ihrer gelehrtesten Kenner Adolf Ebert die einzige wahrhafte ‚Weltliteratur' im Sinne Goethes nicht ohne Grund genannt hat." (S. 104).

[30] Ebd., S. XXVI. An der Marktfreiheit des alten Breslau war Burdach der Einfall zu diesem triftigen Bild gekommen.

wie der Walthersche Klausner historisch nicht dingfest zu machen ist, umfaßt die politische Ideengeschichte in jeder die Texte erschließenden Variante wie insbesondere den spezifischen Waltherschen Imperiumsgedanken, der erst durch Burdach in seiner nationalen Färbung und Dialektik in seinen Waltherarbeiten nicht anders als seinen späteren Rienzo-Studien der spätmittelalterlich-frühneuzeitlichen Philologie und Kulturgeschichte gewonnen wurde. Schon im ersten Teil seines Walther-Buchs bahnt sich Burdach über den Vergleich mit dem großen Antipoden Goethe den Zugang zum Unverwechselbaren Walthers.

> Sein eigenster, sein besonderster und köstlichster Besitz, das ist seine Spruchpoesie. Er ist im eminentesten Sinn ein politischer Dichter, vielleicht der größte aller Zeiten und Völker. In seiner politischen Dichtung umfaßt er das ganze Leben seiner Epoche: das staatliche wie das sittliche. Alle bewegenden Fragen und Interessen, alle geistigen Kämpfe, alle großen Ereignisse, alle gesellschaftlichen und litterarischen Strömungen seiner Zeit finden an ihm den theilnehmenden Zuschauer, den gedankenvollen Beurtheiler, den erregten Mitstreiter, den souveränen Darsteller.[31]

Das im einzelnen – abgetrennt von dem ‚Lebensbild' – zu erweisen, dazu waren die speziellen Untersuchungen und Exkurse bestimmt, die Burdach schon dem ersten Teil seines Buches integrierte und die den zweiten Teil dann vor allem gefüllt hätten. Und wo der erste Teil aufgrund der geschilderten schwierigen Entstehungsbedingungen noch Zurückhaltung üben mußte, da waltete in den Fragmenten aus dem Umkreis des zweiten Teils der nun zwischenzeitlich aus anderen Publikationen zur Genüge bekannte Burdachsche Universalismus, der einzig ihm in dieser Weite in der Geschichte der deutschen Philologie verfügbar war. Ginge es mit rechten Dingen zu im Fach, sie wären lange gesammelt und gesondert publiziert und lebendiger Besitz aller an der politischen Dichtung des hohen Mittelalters und ihres namhaftesten Repräsentanten Interessierten.[32]

---

[31] Ebd., S. 116.
[32] Burdach hat sich 1931 schwersten Herzens entschlossen, den Plan einer geschlossenen Publikation des zweiten Teils seines Walther-Buches preiszugeben und zur lockeren Publikationsfolge einzelner Arbeiten überzugehen. Es sind dies: 1. Die dem Freund Otto Hintze gewidmete Abhandlung: Walther von der Vogelweide und der vierte Kreuzzug. In: HZ 145 (1932), S. 19–45; 2. Walthers Aufruf zum Kreuzzug Friedrichs II. In: Dichtung und Volkstum. Euphorion 36 (1935), S. 50–68 mit der großartigen Deutung von Walthers Alterselegie ‚owê war sint verswunden alliu mîniu jâr' als persönlichem, politischem und religiösem Vermächtnis (dazu der *Nachtrag zu Walthers Kreuzzugsaufruf*, ebd., S. 382–384); 3. Der mittelalterliche Streit um das Imperium in den Gedichten Walthers von der Vogelweide. In: DVLG 13 (1935), S. 509–562 (mit der einleitenden Bestimmung des Gedankens des politischen Universalismus als historisch notwendiger Anschauungsform jedweden nationalen Votierens); 4. Der gute Klausner Walthers von der Vogelweide als Typus unpolitischer christlicher Frömmigkeit. In: Zs. f. dt. Philol. 60 (1935), S. 313–330; 5. Die Wahl Friedrichs II. zum römischen Kaiser. In: HZ 154 (1936), S. 513–527; 6. (von Burdach noch Ende Juni 1936 wenige Wochen vor seinem Tod abgeschlossen, aber erst nach seinem Tode publiziert) Der Kampf Walthers von der Vogelweide gegen Innozenz III. und gegen das vierte Lateranische Konzil. In: Zs. f. Kirchengesch., 3. Folge VI, 55 (1936), S. 445–522. – Nicht deutlicher könnte der souveräne disziplinenübergreifende Impetus der Burdachschen Forschungen zum Ausdruck gelangen als in dieser Vielfalt der gewählten Publikationsorgane.–

Neben Walther stand für Burdach zeitlebens Wolfram.

Das Ideal, an das er geglaubt, ist ihm zerronnen: ‚diu Welt is ûzen schoene, wiz grüen unde rôt, und innân swarzer varwe, vinster sam der tôt.' Auch er hofft auf den ewigen, himmlischen Lohn, auch er langt schließlich mit seinen Wünschen da an, wo Hartmann, wo Wolfram, als er den geistlichen Stoff des heiligen Wilhelm ergriff, angelangt sind.

So endete der Erstling 1880. Anders aber als im lyrischen Genre trug Burdach den Stoff für sein Wolfram-Buch sein Leben lang mit sich und machte sich in später Stunde an die Niederschrift – zu spät, als daß er das wiederum gewaltige Werk noch ganz hätte zum Abschluß führen können; die Formulierung des abschließenden achtundzwanzigsten und eben Wolfram gewidmeten Kapitels blieb ihm versagt, so daß sein getreuer Schüler und Sachwalter der letzten Jahre, Hans Bork, einspringen mußte. Wie es aber da steht, ist es ein Zeugnis der enzyklopädischen Gelehrsamkeit seines Schöpfers, in das die Lebensarbeit eingeflossen und eine Steigerung traditionsgeschichtlicher Vergegenwärtigung schlechterdings nicht mehr vorstellbar war. Wir sprechen natürlich von Burdachs berühmtem Grals-Werk, das zwei Jahre nach seinem Tode, ein Jahr vor Kriegsbeginn, in Erich Seebergs, Wilhelm Webers und Robert Holtzmanns *Forschungen zur Kirchen- und Geistesgeschichte* zum Zeichen seiner universalen ideengeschichtlichen Statur veröffentlicht wurde.[33] Es führt vom Lanzenstich im Passionsbericht des Johannes-Evan-

---

Mir ist keine Äußerung bekannt, ob mit dieser Folge von Aufsätzen der Fundus der für den zweiten Teil des Walther-Buchs vorgesehenen Arbeiten erschöpft werden konnte. Hinzuzunehmen auch die Einleitung zu Burdachs erster – und einziger! – Vorlesung an der Berliner Universität, die Walther gewidmet war. In: Vorspiel 1,1 (Anm. 2), S. 8–19, mit wichtigen methodischen Winken zum Burdachschen Verständnis von ‚Philologie', sowie die nochmals großartige Synopsis: Der mythische und der geschichtliche Walther. In: Deutsche Rundschau 29 (1902), S. 38–65 und S. 237–256, wiederabgedruckt in: Vorspiel 1,1 (Anm. 2), S. 334–400 („Walther kann nur begriffen werden, wenn man ihn *geschichtlich*, das heißt ihn selbst inmitten seiner Hörer, für die und mit denen er lebte und schuf, kennt und versteht." [S. 348]). Schließlich nicht zu vergessen die beiden Abhandlungen: Zum zweiten Reichsspruch Walthers von der Vogelweide. In: SBA, philos.-hist. Klasse, 1902, S. 897–903, wiederabgedruckt in: Reinmar der Alte und Walther von der Vogelweide, 2. Aufl. (Anm. 10), S. 319–325, mit einem *Nachwort und Nachtrag über den Kronen-Wettstreit*, S. 325–342, sowie – ohne den Nachtrag – in: Burdach: Berliner Akademieschriften (Anm. 2), S. 5–11, und in: Die Reichsidee in der deutschen Dichtung des Mittelalters. Hrsg. von Rüdiger Schnell. Darmstadt: Wissenschaftliche Buchgesellschaft 1983 (= Wege der Forschung, 589), S. 19–27; Der heilige Speer des Söldners und der wahre Ritter bei Walther von der Vogelweide. In: Reinmar der Alte und Walther von der Vogelweide (Anm. 10), S. 344–356. Der Akademievortrag *Walthers Palinodie* ist gedruckt nur als Referat zugänglich. Vgl. SBA 1903, S. 612 f., wiederabgedruckt in: Reinmar der Alte und Walther von der Vogelweide (Anm. 10), S. 342, sowie in: Berliner Akademieschriften (Anm. 2), S. 12 f. Er sollte ausgearbeitet in den 2. Teil des Walther-Buches eingehen. Sein Verhältnis zu *Walthers Aufruf zum Kreuzzug Kaiser Friedrichs II.* (s. o.) bleibt zu untersuchen.

[33] Konrad Burdach: Der Gral. Forschungen über seinen Ursprung und seinen Zusammenhang mit der Longinuslegende. Stuttgart: Kohlhammer 1938 (= Forschungen z. Kirchen- u. Geistesgeschichte, 14), Reprint [unter Einarbeitung der Berichtigungen] mit einem Vorwort zum Neudruck von Johannes Rathofer. Darmstadt: Wissenschaftliche Buchgesellschaft

geliums über die Katakombenbilder, Sarkophagreliefs und Grabinschriften der altchristlichen Kunst, die allegorische Deutung des Physiologos und die Ausdeutung in der Patristik und den gnostischen Mysterien sowie die orientalischen, griechisch-orthodoxen und arabischen Überlieferungen zur abendländischen Longinus-Legende, und von dort hinein in die Literatur, Bildende Kunst und Theologie des Mittelalters, um bei den Passionsspielen, dem Werk Chrétiens und Robert von Borons und der Gralsvorstellung Wolframs zu enden. Nur ein Forscher mit der enzyklopädischen Zurüstung Burdachs vermochte diesen Bogen zu spannen.

So nimmt es nicht wunder, daß es auch auf der Gegenseite nach den Anfängen beim jungen Goethe wiederum der späte Goethe des *Faust* und des *Divan* ist, der Burdach anzog und herausforderte, galt es doch erneut, der weltliterarischen Verwurzelung beider Werke gerecht zu werden.[34] Für das in den Orient führende ly-

---

1974. Vgl. auch die in Vorspiel 1,1 (Anm. 2) vereinigten Vorstudien, Hinweise und Rezensionen mit dem Hinweis (S. 159) auf die ursprüngliche Beheimatung der Gralsstudien im zweiten Teil des Walther-Buches. Über den Zusammenhang von Grals- und Minnesang-Studien vgl. die grundlegende und berühmte Abhandlung: ders.: Über den Ursprung des mittelalterlichen Minnesangs, Liebesromans und Frauendienstes. In: SBA, philos.-hist. Klasse, 1918, S. 994–1029 und S. 1072–1098, wiederabgedruckt in: Vorspiel 1,1, S. 253–333, hier S. 253 die entsprechende ‚Vorbemerkung'.

[34] Die Goethe-Arbeiten bis in die Mitte der zwanziger Jahre findet man gesammelt in dem zweiten Band des *Vorpiels* (Anm. 17), der eben den Titel *Goethe und sein Zeitalter* trägt. Die in der Akademie zwischen 1904 und 1932 vorgetragenen Goethe-Arbeiten sind nachzulesen in der so überaus verdienstvollen Sammlung der Burdachschen Akademieschriften (Anm. 2). Hinzuzunehmen vor allem die drei großen *Faust*-Abhandlungen: Faust und die Sorge. In: DVLG 1 (1923), S. 1–60; Die Disputationsszene und die Grundidee in Goethes Faust. In: Euphorion 27 (1926), S. 1–69; Über das religiöse Problem in Goethes Faust. In: Euphorion 33 (1932), S. 1–83, sowie die drei Akademie-Vorträge zum *Divan* aus den Jahren 1904, 1916 und 1930, von denen nur der erste in den Sitzungsberichten der Akademie (1904, S. 858–900 und S. 1079–1080) gedruckt wurde und entsprechend einging in die Sammlung der Berliner Akadmieschriften (S. 75–119) und die alle drei Bestandteile eines geplanten und unvollendeten Buches über Goethe im Orient bildeten: Zur Entstehungsgeschichte des West-östlichen Divans. Drei Akademievorträge. Hrsg. von Ernst Grumach. 2., durchges. Aufl. Berlin: Akademie-Verlag 1959 (= Dt. Akad. d. Wiss. zu Berlin, Veröff. d. Inst. f. dt. Sprache u. Lit., 6). Dazu als wichtige Ergänzung: Die älteste Gestalt des *West-östlichen Divans* – Zweite Untersuchung von Konrad Burdach. Vortrag vom 18. Mai 1911. Hrsg. von David Lee. In: Goethe-Jahrbuch 104 (1987) S. 270–300. Zum Goethe-Orient-Projekt vgl.: Die älteste Gestalt des West-östlichen Divans (s. o.), S. 7. Der Orient, so Burdach an anderer Stelle, dürfe neben Italien und neben der Natur „als dritte bildende Macht in der künstlerischen Entwicklung Goethes" gelten. Konrad Burdach: Goethes West-Östlicher Divan. In: Goethe-Jahrbuch 17 (1896), S. 3–40, wiederabgedruckt unter dem Titel: Goethes West-Östlicher Divan in biographischer und zeitgeschichtlicher Beleuchtung. In: Vorspiel 2, S. 282–332, hier S. 282. In dieser großen Abhandlung sind einleitend die Etappen der Goetheschen Beschäftigung mit dem Orient am prägnantesten zusammengeführt. Das Orient-Projekt wurde dann bekanntlich vor allem durch Katharina Mommsen entwickelt. Vgl. u. a. Mommsen: Goethe und die arabische Welt. Frankfurt a. M.: Insel 1988. Vgl. in diesem Zusammenhang auch: Goethes eigenhändige Reinschrift des west-östlichen Divan. Eine Auswahl von 28 Blättern in Faksimile-Nachbildung. Hrsg. und erläutert von Konrad Burdach. Weimar: Verlag d. Goethe-Ges. 1911 (= Schriften d. Goethe-Gesellsch., 26) (die Einleitung selbst wiederabgedruckt in: Vorspiel 2, S. 375–401). Burdach war bekanntlich Herausgeber des *Divan* in der ‚Weimarer Ausgabe' (Bd. VI, 1888) und in der ‚Cottaschen Jubiläums-Aus-

rische Werk hatte sich Burdach bereits mit seinen Minnesang-Studien gerüstet. Ihm vor allem ist die bahnbrechende literarische Profilierung des Schmelztiegels im muslimischen Spanien gelungen, in dem auch der Minnesang wurzelte. Und zwar nicht so sehr stofflich und soziologisch – beides gegen den so verehrten Voßler gewendet –, sondern als Typus gesellschaftlich stilisierter kodifizierter erotischer Sprechhaltung, die ihrerseits über persische Zwischenstufen zurückführt auf die erste allein artistischem Anspruch verpflichtete gelehrte Kunstpflege Europas im Umkreis der Ptolemäer Alexandriens.[35] Wieder ging es zunächst und zuerst um Ursprungsforschung. Und das in einem zugleich problematischen wie grandiosen Sinn. Problematisch mußte es erscheinen, wenn nun auch Burdach für den Umgang mit Lyrik generell statuierte, was er für Walther und das Mittelalter so emphatisch in Abrede gestellt hatte: Rückführung des sammlerisch vielfältig verschachtelten lyrischen Guts auf den prägnanten Augenblick der ersten Zeugung, in der das Kind seinem Schöpfer am nächsten sein sollte. Die Exegeten, die ihr Handwerk verstehen, wissen:

> Die *lyrische Impression* ist eine Lichtwelle inneren Lebens. Schon auf dem Wege zum Wort und Vers verliert sie an Glanz und Wärme, stirbt etwas in ihr. Und das geschriebene, das gedruckte Gedicht gibt nur noch einen Auszug, einen Rest, der im Verhältnis zur unendlich gefühlten, unendlich momentanen, unendlich persönlichen lyrischen Inspiration als kalte blasse Fessel erscheint. Ein ganzer Band lyrischer Gedichte vollends ist wie eine Schmetterlingssammlung: was zuvor umherflatterte und hundertfarbig im

---

gabe' (Bd. V, 1905). Die Vorrede zu der Cottaschen Ausgabe wiederabgedruckt in: Vorspiel 2, S. 333–374, sowie in: Studien zum West-Östlichen Divan Goethes. Hrsg. von Edgar Lohner. Darmstadt: Wissenschaftliche Buchgesellschaft 1971 (= Wege der Forschung, 287), S. 48–91. Hier gleichfalls einleitend nochmals ein Resümee der lebenslänglichen Beschäftigung Goethes mit dem Orient. Zur Arbeit an der Arbeit des *Divan* für die ‚Weimarer Ausgabe' vgl. auch den Bericht Burdachs in: Goethe-Jahrbuch 10 (1889), S. 273–274. Zu gedenken ist schließlich einer kulturpolitischen Miszelle im Umkreis der Burdachschen Beschäftigung mit Goethe: Zum Gedächtniß der Jubiläums-Vorstellung im Theater zu Lauchstädt am 2. Juli 1896, für die Theilnehmer des Kostüm-Festes gedruckt, o. O., o. J. (Burdachs Widmungs-Exemplar für die Preußische Staatsbibliothek hat sich erhalten [Yp1130/10]); der vollständige Druck mit den Burdachschen Beigaben unter dem Titel: Lauchstädts Erneuung. Gedenkblatt für das Lauchstädter Fest am 2. Juli 1896. Zweiter Abdruck. Berlin: Weidmann 1909 (Yp 1130/10^2).

[35] Eben dazu die in Anm. 33 zitierte Abhandlung über den Ursprung des mittelalterlichen Minnesangs. Zur Voßler-Reminiszenz vgl. S. 276 f., Anm. 2. Es gehe um das Problem „einer literarischen Entlehnung, genauer: der Übernahme eines fremden literarischen Schemas" (S. 278). Die Deduktion des „gesuchten literarischen poetisch-sozialen Schemas" letztlich aus dem hellenistischen Literaturbetrieb im Rekurs auf das großartige, 1876 erstmals erschienene Werk von Erwin Rohde: *Der griechische Roman und seine Vorläufer*. Ein schon 1904 gezogenes generelles Fazit lautet: „Man wird sich gewöhnen müssen, die Kultur und das literarische Leben des abendländischen Mittelalters in viel höherem Maße als bisher in seinem internationalen Charakter, als Erben hellenistischer (alexandrinischer) Bildung und ihrer persisch-arabischen Umformung anzusehen." (Die älteste Gestalt des West-östlichen Divans. Hrsg. von Grumach [Anm. 34], S. 50.) Die schon hier geäußerte Vermutung über die Ursprünge des Minnesangs kam dann erst 1918 zur Darstellung!

Sommersonnenglanz funkelte, nun starr und grau, in Reih und Glied aufgespießte Leiber.[36]

Das ist Bekenntnis und Dogma empfindsamer Kunstphilosophie reinsten Wassers und in der prätendierten Allgemeinheit historisch unhaltbar, wie Burdach selbst gezeigt hatte. Würde der *Divan* unter dieser Maxime traktiert, zerginge sein Wesen im Nichts. Burdach aber, nur momentan hingerissen von seiner Sprachgewalt, hatte anderes im Sinn, nämlich den inneren Wachstumsprozeß des Werkes, in dem das schließlich Gerundete nicht tödlich erstarrt, sondern lebendig funkelt:

> Wir sehen, was Tag und Stunde, der wechselnde Schauplatz der äußeren Umgebung – hier Berka, Weimar, Jena, dort Wiesbaden, Frankfurt, Heidelberg und die Zwischenstationen der Reise –, was Landschaft und Jahreszeit dem Dichter bringt. Wir fühlen mit ihm, wie auf seiner dichtenden Wanderung in das frohe, nun befreite Land des Mains, Rheins und Neckars alte Jugend- und Heimatserinnerungen schlummernde Töne aufwecken. Wir wissen, wie ihn neue Freundschaften und neue künstlerische literarische Vorsätze anspornen. Wir erkennen, wie seine Lyrik in der geselligen Atmosphäre teilnehmender, liebenswürdiger, anregender Menschen aufsprießt, wie sie von Frauenliebe durchsonnt wird. Wir spüren den starken politischen *volkspädagogischen* Zug dieser Lyrik und messen ihn an den Glück und Unglück zusammenballenden, sich langsam und schwer entwolkenden Zeitverhältnissen. Aber alles dieses ist nur das erste, das Einzelleben der Lyrik, das sich uns hier enthüllt. Im Zusammentreten mit anderen gleichartigen beginnt das zweite, das literarische Leben. Und auch dessen allmähliche Entwicklung, die Zusammenfügung und Verschmelzung im lyrischen Zyklus, wo jedes Einzellied auf die Nachbarn und das Ganze wirkt und wieder von beiden Rückwirkungen erleidet, läßt sich am Divan so klar und gründlich wie sonst nirgend beobachten. Gibt es für das lyrische Schaffen eine künstlerische Gesetzmäßigkeit – und sie ist vorhanden –, so läßt sie sich an diesem Spätling Goethescher Lyrik studieren und begreifen, in Ehrfurcht vor dem undurchdringlichen Mysterium künstlerischen Werdens.[37]

Damit war Burdach *in praxi* sogleich zurückgekehrt zu der ihm einzig gemäßen Form umständlicher historischer Rekonstruktion des unableitbaren lyrischen Gebildes, die am *Divan* die reichsten Früchte zeitigen mußte. Von ihm als erstem ist das Wachstum des *Divan*, seine Morphologie, der Weg von dem ersten Gedicht bis hin zur Fassung letzter Hand mit der nur ihm eigenen Gabe der Synthesis nachgezeichnet und das unerschöpfliche Werk zugleich in die historischen, die geistesgeschichtlichen und weltliterarischen Bezüge eingerückt worden. Den Klassizismus durchbrechend und erweiternd, war es dem *Divan* vorbehalten, westliche und östliche Überlieferung zu verschmelzen, dem in der Naturforschung gewonnenen Begriff des Typus nun in Poesie, Moral und Religion zu bewähren „indem er die menschliche Einheit der beiden getrennten Welthälften, des Orients und des Okzidents, vor Augen stellt", und schließlich auch noch das Werden des Orients historisch-genetisch verfolgt. „Den fordernden Elementen des gegenwärtigen Zeitalters", so hieß es 1896(!), „kommt dieses Werk entgegen, insofern es die Bru-

---

[36] Grumach (Hrsg.): Die älteste Gestalt des West-östlichen Divans (Anm. 34), S. 16.
[37] Ebd., S. 18.

derschaft des Menschengeschlechts predigt und der verbündeten geistigen Arbeit aller Nationen das Wort redet. Sie kann sich nur im Frieden betätigen, und insofern lehrt und fordert der *Divan* den allgemeinen Völkerfrieden."[38]

Auch der Weg zum *Faust* führte über den Orient. Dem Bilde Fausts, so Burdach, ist dasjenige Moses' eingeschrieben; Nordisches und Semitisches vermählen sich in ihm. Das aber nicht unvermittelt, sondern über tausend verborgene Kanäle der europäischen Tradition. Drei Akademievorträge von der Güte eines veritablen Buches hat Burdach diesen Filiationen in immer neuen Ansätzen gewidmet.[39] Sie waren wiederum nur von einem in der europäischen Geistesgeschichte staunenswert bewanderten Historiker aufzudecken. Wieder ist es wie schon im *Divan* der Goethe so affine Begriff des ‚Typus', der den Zugang eröffnet. Das Ende des *Faust*, 1797 wieder vorgenommen, „es sollte gestaltet werden nach der ins *Menschliche, Typische hinaufgeläuterten* Judenfabel vom Tod des Moses".[40] Und analog der Prolog, der ein Hiobsmotiv verarbeitet, das seinerseits mit einem Motiv der rabbinischen Mosessage koinzidiert. „Die Wette im Himmel um den Knecht Gottes und die Entscheidung der Wette über die Leiche Fausts hängen innerlich fest zusammen. Und auf beide hat die Mosessage bestimmend eingewirkt."[41] Diese These aber setzt nun einen Mechanismus traditionsgeschichtlicher Forschung in Gang, der von Herders (überwältigendem) *Tod Moses* (1781) über das *Englische Bibelwerk* und die lateinische Übersetzung des Straßburger Theologieprofessors Sebastian Schmidt sich weiterleiten läßt zu den Hamburgern Fabricius und Wolf, zu Gesner und Morhof, Mosheim und Arnold, schließlich – vermittelt über Brukker – zu Plotin (in der Version des Marsilius Ficinus) und zu der dichten Kette der magisch-mystischen Spiritualisten, angefangen bei Paracelsus auf der einen Seite bis hin zu Bruno auf der anderen. Quellpunkt, das hat Burdach überzeugend dargetan, blieb die von Fabricius veranstaltete Sammlung alttestamentarischer Pseudoepigraphien und die darauf basierenden Untersuchungen des Hamburger Graezisten und Orientalisten. Schon bei Philo von Alexandria und dann wieder bei Gregor von Nyssa ist „der Typus des mystischen Theosophen" Moses vorgeprägt, welcher der Eingangsszene des *Faust II* ihr Profil verleiht.[42] Und dann zu Beginn des zweiten Kursus die Konzentration auf die Gestalt Herders, auf die von seinem unerschöpflichen Gedankengut in Straßburg an Goethe gelangenden Anregungen auch und nicht zuletzt für die Moses-Faust-Gestalt, niedergelegt etwa in der *Plastik* und dem *Entwurf über die ersten elf Kapitel der Genesis*, wenig später dann vor allem in der *Ältesten Urkunde* und der Skizze *Über die Mosaische Philosophie*.

> Moses ist Herder danach der erste geniale ‚Seher' und rückt in die Reihe der Schöpfernaturen, der wie Naturkräfte wirkenden Menschheitslehrer, Dichter und Propheten.

---

[38] Goethes West-Östlicher Divan in biographischer und zeitgeschichtlicher Beleuchtung (Anm. 34), S. 320, S. 323.
[39] Faust und Moses, in: SBA 1912, S. 358–403, S. 627–659, S. 736–789 und S. 1334. Wiederabgedruckt in: Burdach: Berliner Akademieschriften (Anm. 2), S. 190–323.
[40] Ebd., S. 213.
[41] Ebd., S. 215.
[42] Ebd., S. 229.

Prometheus, Orpheus, Homer, Mahomet, Ossian, Milton erscheinen als seine Brüder. Moses gilt Herder als Bewahrer und Gestalter ältester nationaler heiliger Epik, zugleich als Wiederhersteller der menschlichen Urreligion. Er ist der Urprophet, der Ur-Homer. Und am nächsten steht ihm Mahomet, der Wiederhersteller der Patriarchen-Religion.[43] Der Weg aber führt weiter von dort zu Moses als dem „ältesten und höchsten Epopt", dem „Urmagier".[44] „Zwischen diesen Gedanken- und Phantasieergüssen Herders und den vielerörterten Versen des ersten Faustmonologs über den Makrokosmos und das Morgenrotbad (V. 418–453) besteht die innigste Beziehung."[45] Schließlich der mystische und nochmals der pansophische Einschlag, vermittelt über die heilige Therese und die spanischen Karmeliten, über Madame de Guyon, über Susanna von Klettenberg, der Burdach in der Geschichte der altdeutschen wie der katholischen Mystik, durchaus aber auch der Magie, gleichfalls einen genauer ausgeleuchteten Platz zu geben vermochte, und insonderheit natürlich über Arnolds *Kirchen- und Ketzerhistorie*, sodann über die nun von Burdach mit Reuchlin eröffnete Reihe der mystischen Spiritualisten. Vornehmlich im Umkreis dieser Überlieferung formt sich ihm der mystische Prophetenbegriff, für den Moses wie Mahomet gleichermaßen erhabene Beispiele abgeben, die angesichts gerade der magischen Überlieferungen gebrochen, „in tragischer Weise", in den *Faust* (zumal der Erdgeistszene) eingehen.[46] Denn im *Faust*, darauf läuft es hinaus, ist das Prophetische ins Titanische gesteigert, er erscheint als „modernes Abbild und zugleich Gegenbild" des Moses.[47] All dies nur eben Angedeutete und notgedrungen flüchtig Berührte stehe stellvertretend als Exempel für das, was eine europäisch konzipierte Philologie vermag, die der Burdachschen Überzeugung gemäß die disziplinären Fesseln abgestreift hat und sich allein dem Gebot der Sache folgend des Förderlichen bedient, wo immer es sich darbietet – Kulturwissenschaft, wie sie ein werdendes Europa an der Schwelle des neuen Jahrtausends bedarf.[48]

---

[43] Ebd., S. 255 f.
[44] Ebd., S. 260.
[45] Ebd., S. 261.
[46] Ebd., S. 287.
[47] Ebd., S. 290.
[48] Ein wie feinsinniger Exeget Burdach sein konnte, zeigt insbesondere seine oben (Anm. 34) zitierte Abhandlung *Faust und die Sorge*, die ausnahmsweise einmal, von einigen forschungsbezogenen, kontextuellen und traditionsgeschichtlichen Einschüben abgesehen, weitgehend beim Text verharrt. Zumal in den Kontext der naturwissenschaftlichen und naturphilosophischen Forschungen Goethes und seiner Zeit rückt Burdach die Behandlung der ‚Disputationsszene' ein, um vermittelt über sie einen Schlüssel zur *Faust*-Konzeption zu finden. Einen Durchgang durch das Werk, fokussiert um Natur, sittliche Forderung und Erlösung, bietet dann Burdachs letzte Abhandlung *Über das religiöse Problem im Faust* (Anm. 34). Sie endet mit einer neuerlichen Betrachtung der Schlußszene des *Faust*, in der Burdach nochmals weitere traditionsgeschichtliche Schichten erschließt, zugleich aber auch Anschluß findet an seine *Divan*- und *Moses-Faust*-Studien. In diesem Sinn bezeichnet die Arbeit dann doch einen gewissen Abschluß. Nicht vergessen werden sollte der gleichfalls fundamentale Beitrag zur Schiller-Forschung. Neben der ‚Schiller-Rede' in der Berliner Philharmonie anläßlich des hundertsten Todestages (Vorspiel, Bd. 2 [Anm. 17], S. 238–262) und der schönen (auch textkritisch ergiebigen) Interpretation *Über Schillers Jugendgedicht*

Theorie der kulturellen Straßen und Räume

Hätte Burdach sich allein in den beiden Blütezeiten der deutschen Literatur angesiedelt, sein Name wäre womöglich unversehrter über die Zeiten gekommen. Seine Minnesang- und seine Goethe-Studien hatten Maßstäbe gesetzt und wurden als solche begrüßt und überliefert. Wie alles aber, was er in Angriff nahm, waren sie ihm in gewisser Hinsicht Prolegomena zu Größerem und Umfassenderem. Walther und Goethe bezeichneten Fixpunkte in der Geschichte der deutschen Literatur und Kultur, die ihm als Ganze in Gestalt einer umfassenden Bildungsgeschichte zwischen 1200 und 1800 aufgetragen erschien. Darin bekundete sich seine Abkunft weniger aus der Frühzeit der deutschen Philologie im Umkreis der Romantik, die ihm stets teuer blieb, als vielmehr aus dem nationalen Liberalismus, wie er ihm vornehmlich in Gestalt Scherers vor Augen stand. Es gehört zu den Rätseln der so traditionsbewußten Gestalt, daß sie sich über diesen Aspekt ihrer Herkunft weniger Rechenschaft ablegte. Der nationale Impetus ragt unbefragt und naturwüchsig in das Werk hinein und erscheint kaum je als ein reflektierter. Daß Burdach die Bildungsgeschichte seines Volkes bis hinauf zum klassischen Gipfel als die eigentliche Aufgabe auch und gerade des Philologen vorschwebte, um derentwillen er sein Leben gerne in die Waagschale warf, ist augenscheinlich. Bemerkenswert, ja staunenerregend bleibt, welche Wendung dieses nationale Projekt nahm. Denn es entfaltete eine Dynamik, die seinen Urheber immer weiter abführte von eben seinem Ausgang und primären Anliegen. Darin aber bewährte sich nichts anderes als die Unbestechlichkeit seiner forscherlichen Persönlichkeit, die sich unvoreingenommen auf die Gegenstände einließ, ihren Anforderungen folgte und Sachgerechtigkeit quellenbezeugter Evidenz allemal vor Statuierung von fixen Ideen und schablonenhaft gemodelten Prozessen den Vorrang einräumte. Dieser ursprüngliche Impuls, diese Preisgabe an die unaufhörlich wachsende und schließlich monumentale Ausmaße annehmende Konzeption rückt Burdach in die Nähe der Gründergestalten auf dem Felde der historischen Geisteswissenschaften

---

‚Meine Blumen'. In: Zs. f. Bücherfreunde, N.F. 7 (1915), S. 95–105 (ders.: Laura vom Dunst umzingelt? Ein neuer Beitrag zur Erklärung des Schillerschen Jugendgedichts ‚Meine Blumen'. In: Zs. f. Bücherfreunde, N.F. 7 [1915], S. 137–139) steht die wiederum in gewisser Hinsicht inkommensurable Abhandlung Schillers Chordrama und die Geburt des tragischen Stils aus der Musik. In: Deutsche Rundschau 36 (1910), Heft 5, S. 232–262; Heft 6, S. 400–433; Heft 7, S. 91–112; Vorspiel, Bd. 2, S. 116–237). Sie bildet zugleich eine der gewichtigsten Äußerungen zum Verhältnis von Musik und Literatur, die je von literaturwissenschaftlicher Seite aus zustande kamen und hat für die Erkenntnis der Literatur und Kultur des 18. Jahrhunderts nach wie vor grundlegenden, aber kaum jemals entsprechend gewürdigten Charakter. Denn wenn sie – geschult am Wagnerschen Musiktheater – das chorische Element der antiken Tragödie als Integral jener „Wiedervereinigung von Poesie, Musik und Gebärde" zumal in der Braut von Messina dartut, ohne die das Wagnersche Gesamt-Kunstwerk – eigenem Bekenntnis nach – überhaupt gar nicht denkbar wäre, so liegt ihr eigentlicher Wert doch in der umfassenden geschichtlichen Rekonstruktion dieser Symbiose seit der Renaissance. Der Ansatz besitzt im übrigen auch und gerade in den *Faust*-Arbeiten Parallelen, wie insbesondere der Eingang zu ‚Faust und die Sorge' lehrt.

um 1900 und macht seine Größe aus, die ihm so viele Widersacher gerade aus dem nationalen Lager bescherte, denen diese Statur abging.

Wie kein zweiter seines vergleichsweise jungen Faches hatte sich Burdach durch umfassendste Quellenerschließung für sein ‚nationales' Werk gerüstet, das eben auch deshalb unversehens zu einem europäischen geriet. Burdach gehört in die kleine und zumeist unscheinbare Reihe der Archiv- und Bibliotheksreisenden, die im Humanismus mit Petrarca und Poggio strahlend anhebt und seither nicht aufgehört hat, insbesondere Einzelgänger in ihrem Fach unwiderstehlich anzuziehen und lebensbestimmend zu prägen. Es bleibt ihr Schicksal, jeweils nur Bruchteile des Entdeckten selbst produktiv erschließen und verarbeiten zu können. Um so mehr sind sie in der Regel den anregenden Figuren ihres Faches zuzurechnen. Auch Burdachs Lebenswerk war – allen Selbsttäuschungen zum Trotz – zum Fragment verurteilt, nachdem er sich in seinen besten Jahren dazu hatte verleiten lassen, ein Unmaß an Handschriften in Archiven und Bibliotheken über ganz Europa aufzutun und nach Kräften zu exzerpieren.[49] Auf diesem Weg vor allem verschaffte er sich den Zugang zur Akademie. Denn nur über einen Stab von Mitarbeitern war der Schatz zu heben. Burdach aber hielt fest an dem Vorsatz, Darbietung von Quellen in Gestalt großer Editionen und geistes- bzw. bildungsgeschichtliche Auswertung in der großen Monographie durch ein und dieselbe kompetente Hand vorzunehmen. Dieser Anspruch, der nicht preiszugeben ist, solange geschichtlich gediegene Arbeit vonstatten geht, verleiht auch den Zügen Burdachs in eins mit ihrem Großartigen, ja Titanenhaften jenen Anflug von Resignation, um nicht zu sagen von Tragik, der so vielen Heroen in der Hochphase der Geschichtswissenschaften zwischen der Wende des 18. und der des 19. Jahrhunderts eingezeichnet ist.

---

[49] Vgl. den wunderschönen, auch schriftstellerisch partienweise hinreißenden Bericht über Forschungen zum Ursprung der neuhochdeutschen Schriftsprache und des deutschen Humanismus. In: Abhandlungen der Königl. Preuss. Akademie der Wissenschaften, Berlin 1903 (Verf. befindet sich im Besitz des Widmungsexemplars eines Separatums der Akademieabhandlung von Burdach an Nadler, das ihm von Tom Saine in Irvine überreicht wurde. Vgl. auch das schöne Burdach-Porträt im vierten Band der Nadlerschen Literaturgeschichte, 3. Aufl., Regensburg: Habbel 1932, S. 728 f.). Wiederabgedruckt unter dem prägnanteren Titel *Eine Forschungsreise zum Ursprung der neuhochdeutschen Schriftsprache und des deutschen Humanismus*. In: Vorspiel 1,2 (Anm. 14), S. 141–202. Es handelt sich um Berichte über drei ausgedehnte Forschungsreisen zwischen dem Oktober 1897 und dem Oktober 1899, für die Burdach bereits von der Akademie von seinen Hallenser Amtsverpflichtungen entbunden worden war. Schon der erste Bericht enthielt die Schematisierung des Projekts für die Akademie. Er wurde 1898 auch separat unter dem Titel *Vom Mittelalter zur Reformation, Forschungen zur Geschichte der deutschen Bildung* als Ankündigung der zweiten Auflage des 1893 erstmals erschienenen Werks (vgl. unten Anm. 51) in Brünn bei Winiker & Schickardt als Privatdruck publiziert (ein Exemplar z. B. in der SUB Göttingen, 8° H. Germ. un. I. 3194ª). Die Disposition des vierbändigen Werkes: 1.: Die Cultur des deutschen Ostens im Zeitalter Karls IV.; 2.: Quellen und Forschungen zur Vorgeschichte des deutschen Humanismus; 3.: Die deutsche Prosaliteratur des Zeitalters; 4.: Texte und Untersuchungen zur Geschichte der ostmitteldeutschen Schriftsprache von 1300 bis 1450.

1888 erschien im soeben aus der Nachfolge von Petzholdts berühmten *Anzeiger* hervorgegangenen *Centralblatt für Bibliothekswesen*, das damals wie heute nicht eben häufig mit Beiträgen aus der Feder von Germanisten bestückt zu werden pflegte, eine Studie von Burdach über die Handschriften-Bestände der Palatina.[50] Sie nahm ihren Ausgang von einem Handschriften-Katalog Karl Bartschs, um alsbald weit darüber hinausgehend fachliche und forschungspolitische Fragen größten Stils aufzuwerfen. Die mit Scharfsinn und dem untrüglichen Sinn für Zusammenhänge vorgenommene Analyse aller verfügbaren Informationen über die diversifizierten, vor allem zwischen Rom, Heidelberg, München und Kassel geteilten Handschriftenbestände der älteren wie der jüngeren Palatina geleitete über Fragen der Provenienz fort zu solchen des gänzlich unterschiedlichen literarischen Geschmacks im pfälzisch-schwäbischen und im bayerisch-österreichischen Raum, verband sich mit dem Problem des Ursprungs des Humanismus im deutschen Südwesten und endete noch nicht mit einer hellsichtigen Theorie der sukzessiven Ablösung des oberdeutschen Raums durch den norddeutsch-obersächsischen im Blick auf den literarischen Führungsanspruch. Vielmehr wußte Burdach, daß Fragen dieses Zuschnitts an detaillierteste zeitlich und räumlich strikt limitierte und exakt ausgewiesene Studien zur archivalisch-bibliothekarischen Überlieferung von Handschriften und Frühdrucken gebunden blieben. So wie von der Sprachgeschichte führten also parallel auch von der Bibliotheksgeschichte die Wege zu einer die Räume als soziokulturelle funktionale Einheiten und prägende Faktoren ins Auge fassenden Literatur- und Kulturgeschichte.

Drei Jahre später zeichneten sich derartige Konturen zunächst wiederum *in praxi* und dann alsbald auch theoretisch in wünschenswerter Deutlichkeit ab. Als bahnbrechend wurden von den Fachgenossen, die sich für derlei interessierten, die Studien eingestuft, die Burdach 1891 nochmals jenseits der etablierten zünftigen Organe im *Zentralblatt* publizierte.[51] Wieder nahm er seinen Ausgang von der Arbeit eines Vorgängers, Adalbert von Kellers bekanntem Verzeichnis altdeutscher Handschriften, das Burdachs Hallenser Kollege Eduard Sievers 1890 vorlegte. Burdach ordnete es souverän dem Lebenswerk des verdienstvollen Präsidenten des *Stuttgarter Litterarischen Vereins* und Tübinger Gelehrten und Bibliothekars zu und knüpfte daran überleitend zunächst allgemeine Bemerkungen zur Ge-

---

[50] Konrad Burdach: Die pfälzischen Wittelsbacher und die altdeutschen Handschriften der Palatina. In: Centralblatt für Bibliothekswesen 5 (1888), S. 111–133. Wiederabgedruckt mit dem Untertitel: Eine Studie über Püterich von Reichertshausen, die Anfänge des pfälzisch-schwäbischen Humanismus und die literarhistorischen Aufgaben der Handschriftenkunde in: Vorspiel 1,2 (Anm. 14), S. 70–99.

[51] Konrad Burdach: Zur Kenntnis altdeutscher Handschriften und zur Geschichte altdeutscher Litteratur und Kunst. In: Centralbl. f. Bibliothekswesen 8 (1891), S. 1–21, S. 145–176, S. 324–344 und S. 433–488. In erweiterter Gestalt wiederabgedruckt unter dem zukunftsweisenden Titel: Vom Mittelalter zur Reformation. Forschungen zur Geschichte der deutschen Bildung. Erstes [und einziges] Heft. Halle a. d. Saale: Niemeyer 1893. Teile unter dem vielsagenden Titel: Wandlungen der deutschen Bildung im Spiegel der Handschriftenkunde in: Vorspiel 1,2 (Anm. 34), S. 100–126.

schichte des Handschriftenwesens nach Einsatz der Druckkunst. Warum blieb das eine literarische Werk Objekt weiterer handschriftlicher Überlieferung, das andere nicht? Diese Frage geleitete hinüber zu einer Geschichte des literarischen Geschmacks, ja einer Soziologie der literarischen Geschmacksbildung Jahrzehnte vor Schücking, wie sie sich dem jungen Burdach als Aufgabe gerade auch für die mittelalterliche Literaturgeschichte abzeichnete.

> Die Aufgabe, die mir vor Augen steht und die lockend genug ist, wäre: das *Nachleben der mittelhochdeutschen Poesie* darzustellen, soweit es sich in der Anfertigung neuer *Handschriften* der alten Werke beweist. [...] Dabei würde sich bald zeigen, dass keineswegs alle Werke der mittelhochdeutschen Litteratur zu der angegebenen Zeit [um 1350] den Grad der Lebensfähigkeit eingebüsst haben, welcher neue Abschriften hervorruft. Wohl aber würde sich vielleicht ergeben, dass alle diejenigen in der That an jenem grossen Wendepunkt in das Dunkel der Vergessenheit sinken, die aus dem eigentlichen Kern der mittelalterlichen weltlichen Bildung emporgewachsen sind und dabei dem Wandel der Weltanschauung entsprechenden Metamorphosen unzugänglich bleiben.[52]

Das war eine respektable These, an die sich ein respektables Forschungsprogramm knüpfen ließ, dem Burdach sich denn auch sogleich zuwandte. Und doch blieb das Programm zu improvisiert. Burdach hatte aus ihm nicht herausgeholt und entwickelt, was in ihm schlummerte. So setzte er ein drittes Mal an. Und nun kam – unter dem bescheidenen Titel ‚Vorwort' – eine seiner wichtigsten methodischen Äußerungen zustande, die sich zufälliger-, aber eben glücklicher- und verheißungsvollerweise mit dem Titel seines Hauptwerkes verknüpften und als dessen Organon gelesen und gehütet werden sollten. Denn nun fand Burdach für das, was ihn seit fünfzehn Jahren, seit den Leipziger und Bonner Studientagen beschäftigte, den entwicklungsgeschichtlichen Obertitel *Vom Mittelalter zur Reformation*. Unter ihm ließ er die 1891 publizierten Studien zwei Jahre später separat herausgehen.[53] Und bis zum Schluß seines Lebens hielt er an ihm fest. Wir haben uns um den methodischen Kern, den programmatischen Impetus, den lebensbestimmenden Entwurf gleichermaßen zu bemühen, schwachen Glaubens, Burdach damit der Fach- und Kulturgeschichtsschreibung als einen ihrer großen Anreger zurückgewinnen zu können.

Auf das „ausgehende Mittelalter, die Zeit, in der die beiden Grundmächte der modernen Welt, *Renaissance* und *Reformation*, geboren wurden", sollte ein neues (und überraschendes) Licht fallen, und zwar über den Umweg der literarischen Überlieferungsgeschichte.[54] Spätes Mittelalter und Renaissance bzw. Reformation wurden also schon hier zusammen gesehen und verklammert. Es liegt dies noch vor aller geistesgeschichtlichen Exploration und womöglich epochalen Konstruktion in der Natur überlieferungsgeschichtlichen Fragens per se.

---

[52] Zur Kenntnis altdeutscher Handschriften (Anm. 51), S. 7 f.
[53] Vgl. Anm. 51. Die *Vorrede* war Burdach zu Recht so wichtig, daß er sie teilweise in der Sammlung seiner Aufsätze zu Renaissance und Reformation wieder abdrucken ließ. Vgl. Vorspiel 1,2 (Anm. 14), S. 127–140. Er hätte besser daran getan, sie ganz am Anfang des Bandes zu plazieren.
[54] Burdach: Vom Mittelalter zur Reformation (Anm. 51), S. III.

> Das Problem, welches ich hier klarer und nachdrücklicher als bisher geschehen war aufstelle und der Lösung zu nähern trachte, heisst: Erkenntnis des litterarischen Nachlebens und allmählichen Absterbens der mittelalterlichen deutschen Dichtung. Aber mit ihm verschlingt sich ein anderes. Welche Kräfte reissen die mittelalterliche Poesie hinab in den Orcus? Welches sind die neuen Sterne, die am litterarischen Himmel die alten überstrahlen? Welche ästhetischen und moralischen Wandlungen spiegeln sich in den Schicksalen wider, denen die Erzeugnisse der mittelhochdeutschen Litteratur in der handschriftlichen Tradition des 14. und 15. Jahrhunderts ausgesetzt gewesen sind?[55]

Welken und Verfall der mittelalterlichen Geistigkeit und Aufstieg und Ausbreitung der neuen Gedanken und Bilder werden also von vornherein nicht polar statuiert, sondern dialektisch verschränkt und sodann dingfest gemacht am materiellen Substrat von Überlieferungsträgern. Damit ist Burdach vom Ansatz her bereits jener öden Antithetik enthoben, die den Debatten um Ende des Mittelalters und Einsatz der modernen Welt immer wieder drohte und nur zum Verfehlen der komplexen Vorgänge führen konnte. Es zahlte sich (wie immer) aus, daß derjenige, der sich einer neuen Zeit zuwenden wollte, aus einer älteren kam, in der er sich glänzend auskannte. Fast zeitgleich mit Warburg eröffnete Burdach das Studium des Nachlebens geprägten Kulturguts, zunächst und zuerst jedoch auf eng umgrenztem Felde, und das gleichermaßen um der methodischen Kontrolle wie der disziplinären Verschränkung willen.

Denn was in den Mittelalter-Studien als Maxime gegolten hatte, kehrte nun in den Forschungen zur werdenden Moderne als selbstverständliches Postulat wieder: disziplinäre Freizügigkeit und literarhistorische Universalität. Es machte von daher in den Augen Burdachs wenig Sinn, eigens eine vergleichende Literaturwissenschaft zu kreieren (wie soeben geschehen).[56] Vergleichende Betrachtung wird jedem abgefordert, der sich geschichtlicher Erforschung von Literatur verschreibt. Mit einem Fragezeichen hinter der nationalphilologischen Beschränkung eröffnete Burdach daher auch seine Forschungen für die weite Periode zwischen Mittelalter und Klassik, um umgekehrt gerade auch für sie den europaweiten, alle Disziplinen vereinenden Zugang einzufordern, den er selbst so glänzend bewährte.

> Ich bin davor nicht zurückgeschreckt, sondern habe es gewagt, über die Grenzen des sogenannten Fachs hinauszuschreiten, Kunst- wie Kirchen- und Rechtshistorikern in das Handwerk zu greifen und in die Geschichte der französischen, italienischen, englischen Litteratur hinüberzuspringen. [...] Eins ist gewiss: deutsche Litteraturgeschichte der Reformationszeit, das heißt des 14. bis 16. Jahrhunderts, jener Periode, in der die Litteratur allen anderen Interessen mehr diente als den ästhetischen und nach der völligen Neugestaltung des sittlich-religiösen Ideals rang, kann nur geschrieben werden, wenn man die litterarische Production im Zusammenhange mit der gesammten Bil-

---

[55] Ebd., S. III f.
[56] Vgl. dazu Burdachs Miszelle Zur Begründung der Zeitschrift für vergleichende Litteraturgeschichte durch Max Koch. In: Deutsche Litteraturzeitung 1887, Sp. 492–495.

dungsarbeit der Nation erfasst, und wie diese allenthalben tausendfältig verflochten ist mit der europäischen Culturbewegung, so kann die deutsche Litteraturgeschichte dieser Epoche [eben] auch nur als *Universalgeschichte* und mit steter Vergleichung der übrigen Litteraturen behandelt werden. Die Erfinder und Anhänger der sogenannten ‚vergleichenden Litteraturgeschichte' mögen also immerhin ihr neugebackenes Modewort darauf anwenden, aber eine neue Methode, eine neue Wissenschaft ist hier natürlich nicht geübt, sondern nur das, was jeder Litterarhistoriker, der diesen Namen verdient, zu leisten oder wenigstens zu erstreben die Pflicht hat.[57]

So spricht, wer souverän über Kenntnisse und Methoden gebietet und deshalb nicht nötig hat, sie zu postulieren.

Wohl aber ließ sich Burdach angelegen sein, einen anderen, auch ihm weniger selbstverständlichen Gedanken einen Moment lang zu verfolgen, der geeignet war, die weitesten Horizonte zu eröffnen, ja eigentlich bis heute nicht eingeholt ist.

Längst kennt man die Wichtigkeit landschaftlicher Betrachtung. Wir besitzen für das 11. und 12. Jahrhundert wie für die neuere Zeit zahlreiche mehr oder minder consequente literarhistorische Charakteristiken bestimmter deutscher Landestheile. Längst hat man die Bedeutung gewisser Metropolen des literarischen Lebens beobachtet und die von ihnen ausgehenden Anregungen zu ermitteln gesucht. Die neueren Specialgeschichten deutscher Städte und Territorien widmen regelmässig auch der geistigen Cultur ihre Aufmerksamkeit. Aber mir scheint, als ob das Problem der *literarischen Communication* noch nicht ausreichend erwogen worden sei. Eine emsige Wissenschaft verfolgt die materielle Cultur sorgfältig auf ihren Pfaden: eine Geschichte der Handels- und Verkehrsstrassen, der Emporien, der Zollgrenzen gewährt je länger je mehr fruchtbare Einsichten, die der allgemeinen Geschichtswissenschaft zu gute kommen. Es fehlt jedoch an zusammenhängenden Untersuchungen der *geistigen Culturstrassen*.[58]

Damit war das Programm einer literarischen, einer kulturellen Raumkunde, einer Kulturraumkunde, in die Debatte gebracht. Sie blieb in der Fassung, die Burdach ihr in Theorie und Praxis zu verleihen vermochte, sein eigenstes Gut. Stammeskundliche, rassistische, Blut und Landschaft verhängnisvoll mystifizierende Züge waren ihr gänzlich fremd. An den Arbeiten Scherers, mit Gewißheit jedoch auch an denen von Gervinus hatte Burdach beobachten können, welche Vorteile eine präzise räumliche Situierung literarischer, geistiger Schöpfungen mit sich führte. Raum war ihm stets geschichtlich bestimmter, nie natürlich gegebener. Auf ihm als einem Schauplatz versammelte er, was ihm in disziplinenübergreifender Forschung zufiel und räumlich spezifiziert verdichtete. Nie aber wurde dieser Schauplatz statisch fixiert. Er hatte teil an lebendiger Bewegung, begünstigte den Austausch, der sich auf geprüften Bahnen vollzog, die zu erkunden sich allemal lohnte, weil sie geeignet waren, Erkenntnisse über literarische und geistige Zirkulationen zu eröffnen, Werke, Bilder, Ideen also in den geschichtlichen Kreislauf hineinversetzten.

---

[57] Vom Mittelalter zur Reformation (Anm. 51), S. IV.
[58] Ebd., S. V.

> Auch die Übertragung und Ausdehnung der geistigen Cultur vollzieht sich weder völlig frei noch ungeordnet. Versucht die Geschichtsforschung es längst mit Glück, die grossen Sammelstätten der geistigen Production zu erkennen, so muss sie auch darauf ausgehen, ihre Absatzgebiete schärfer zu bezeichnen und die festen Bahnen zu entdekken, auf denen der geistige Verkehr sich bewegt. Auch hier stehn geregelter Austausch und Abschliessung neben einander und es gibt auch für die geistigen Güter Communicationslinien und Zollschranken. Und wie Handel und materieller Verkehr von Zeit zu Zeit seine Mittelpunkte und seine Verbreitungspfade umtauscht, so bleiben auch die grossen geistigen Centren nicht immer dieselben, sondern wechseln im Laufe der Zeiten, so verändern sich auch die Wege, welche die geistige Cultur zieht.[59]

Damit war vor Einsatz der Geistesgeschichte von einem ihrer maßgeblichen Repräsentanten zugleich deren Fortentwicklung zu einer Kulturgeschichte anvisiert, wie sie Burdach verstand. Geistige Bewegungen haben ein materielles Substrat. Sie sind gerade nicht immanent zu verstehen, sondern nur im Kontakt mit und im Kontext von Lebenswelten, in denen sie zirkulieren. Es sind dies soziale Orte, deren Wesen es ist, nur in Gestalt von Konfigurationen wirklich greifbar zu werden. Und dies gleichermaßen im synchronen wie im diachronen Blickwinkel. Nur räumlich gegliedert, nur sozial spezifiziert ist Geistiges präzise faßbar, weil konkretisiert in Trägerschichten und Publikum. Darum müssen die Orte der Produktion und der Aufnahme von geistigen ‚Gütern' immer auch herangezogen werden, wenn es gilt, Veränderungen zu beschreiben und wo immer möglich zu erklären. Denn diesem Schererschen Anspruch auf Erklärung, zu der auch die Philologie gehalten war, wußte sich Burdach zeitlebens auf seine Weise verpflichtet. Sie führte mit innerer Notwendigkeit den Philologen über das Werk hinaus, nötigte ihn, seine diversen Schichten in einen möglichst dichten und umfassenden Kontakt mit den in genau zu umreißenden Räumen sich verdichtenden Tendenzen der Zeit zu bringen und in einem derart spezifizierten Ensemble wirkender Faktoren zu vereinigen. Wie das auszusehen hätte? Burdach war in seiner Programmschrift weit genug fortgeschritten, um auch darauf alsbald eine illustrative Antwort parat zu haben.

> Es genügt demnach nicht, für das 14. Jahrhundert Paris, Avignon, Oxford, Bologna, Florenz als die entscheidenden Weltmärkte des Geistes zu charakterisiren. Vielmehr kommt es darauf an, festzustellen, in welcher Reihenfolge sie Macht gewinnen, in welcher Ordnung sie miteinander communiciren, durch welche Zwischenstationen und nach welchen auswärtigen Plätzen sie ihre Waaren absetzen. Es reicht nicht aus, zu wissen, Köln, Nürnberg, Prag sind im 14. Jahrhundert die bedeutendsten Culturherde Deutschlands. Man darf verlangen, auch zu erfahren, ob sie auf einmal gleichzeitig oder nacheinander hervortreten, ob sie zusammen oder sich ablösend wirken, ob gleichmässig oder in wechselndem Masse, ob andauernd oder mit Unterbrechungen. Von welchen Stapelplätzen des Auslands holt sich jedes seine Nahrung? In wie weit stehen sie direct mit einander in Beziehung und in wie weit ist der Verkehr wechselseitig oder einseitig? Welche Gebiete nehmen an diesem Austausch Theil und vermitteln ihn und wie ist der Gang, in dem er stattfindet?[60]

---

[59] Ebd.
[60] Ebd., S. V f.

Man sieht, daß der dem Handel entnommene Vorstellungskreis seinen Benutzer ein gutes Stück weit trägt. Konfigurationen geistiger Zentren sind in ständiger Fluktuation begriffen. Dem Ideenhistoriker wird abverlangt, Rhythmen zu finden, Gesetzmäßigkeiten auszumachen, kurzum Zusammenhänge zu stiften. Vergleichende Betrachtung ist dafür das erste Mittel der Wahl. Sie aber darf nicht beschränkt bleiben auf die Metropolen. Geht es um Zirkulationen von Ideen, sind die Pfade ihrer Ausbreitung zu verfolgen. Und die haften nicht an Zentren und illustren Namen allein, sondern führen in die Region und damit in die alltagsweltliche Praxis. Wenn Burdach nicht müde wurde, räumlich und geistig neues Terrain zu beschreiten, so aus der hier ausnahmsweise niedergelegten Erwägung heraus, *missing links* zu erkunden, der Verästelung der geistigen Produktion auf der Spur zu bleiben, eben ihrer lebendigen Verwurzelung nachzufragen. In diesem Sinne gehört er wie Herder, wie Gervinus, wie Borchardt, später dann wie Schöffler, Alewyn, Minder zu den wenigen Literatur- und Kulturwissenschaftlern, die sich meisterlich auf das Porträtieren von Kulturräumen verstanden.

Natürlich blieb Burdach weit entfernt von jedweder Versuchung, schöpferische Impulse im Verfolg der Bahnen von Tradition zu nivellieren. Programmatisch setzte er sich im Gegenteil für ein Verständnis von Kultur ein, das eben dem unableitbaren Einschlag der Großen Raum und Geltung in der Darstellung beließ.

> Nicht unter dem Bilde einer Welle darf man sich die Verbreitung geistiger Cultur vorstellen. Gewiss hat dies Bild für einen grossen Theil aller Culturübertragung seine Berechtigung: wie ein in das Wasser geworfener Stein um die Wurfstellen concentrische Kreise hervorruft, die je weiter je mehr an Kraft verlieren und schliesslich unsichtbar verschwinden, so strömen auch von jedem Mittelpunkt geistiger Bildung in die nächste Umgebung concentrische, mit der wachsenden Entfernung abnehmende Culturwellen. Das ist aber sozusagen nur eine Bewegung in der Tiefe; sie bewirkt die leise allmähliche, fast unmerkliche Umwandlung des geistigen Lebens, an der alle Schichten Theil haben, die sich Tag für Tag abspielt, deren Träger die breite Masse des Volkes ist. Auch für sie trifft übrigens das physikalische Wellenbild nicht ganz, insofern auch bei ihr sociale, politische, religiöse Grenzen ebenso in das Gewicht fallen als die natürlichen. Es gibt aber eine andere Art der Culturübertragung, die auf den Höhen des nationalen Lebens vor sich geht. Von ihr hängen die grossen Umschwünge ab, nach welchen die Geschichte ihre Epochen rechnet; sie wird geleitet durch die geistigen Führer: durch bedeutende Individuen und durch Verbände hochstrebender Personen; durch sie entstehen an verschiedenen Stellen auf verschiedenen Lebensgebieten mächtige Vermehrungen des geistigen Besitzes, Ansammlungen von Culturschätzen, Blütezustände der Nation. Und sie dehnt sich nicht aus gleich einer zerfliessenden Wasserwoge, sondern wie ihren Inhalt die individuelle Tüchtigkeit, Intelligenz und Energie einzelner hervorragenden Menschen geschaffen hat, so bewegt sie sich sprunghaft über weite Strecken hinwegsetzend, fasst hier mit voller, dort mit halber oder Viertelkraft Fuss, vermittelt und getragen von der wechselnden Aufnahmefähigkeit. Ihren scheinbar regellosen Weg gilt es zunächst aufmerksam zu verfolgen und einfach ihre Richtung, ihre Bewegung und ihre Rasten zu constatieren. Ist dies geschehen, dann werden sich auch ihre Kometenbahnen durch feste Formeln begrenzen lassen.[61]

---

[61] Ebd., S. VI f.

Damit war der Vielfalt geistigen Lebens, der Inkommensurabilität der großen Leistung Genüge getan, ohne daß diese an ein numinoses Schicksal, ein unergründbares Gesetz verraten wurde. Auch die Bahnen der Großen wollten verfolgt, auch ihre Manifestationen nach Maßgabe des Möglichen einer faßbaren Geschichte des Menschen gewonnen und anverwandelt werden. Ob Walther, ob Dante, ob Goethe – Burdach hat das ihm Mögliche unternommen, sie in den Räumen anzusiedeln, die ihre geistige Welt prägten, ohne in ihr aufzugehen. Auch sein größtes Werk *Vom Mittelalter zur Reformation* ist mannigfach dazu angetan, dem 1893 selbstgesteckten Ziel zu genügen, ja wiederholt über dieses noch hinauszugehen.

Vom Mittelalter zur Reformation – ein europäisches Werk zu den Ursprüngen der Moderne im Kontext kontroverser Diskussion

Wie soll es auf wenigen Seiten gelingen, Anlage, Umfang und Horizont des gewaltigen Werkes zu charakterisieren?[62] Bis heute gibt es in Handbüchern und Hilfsmitteln noch nicht einmal verläßliche Angaben über Zahl und Disposition des in diverse Teilbände zerfallenden Werkes.[63] Wir tun daher gut daran, die Betrach-

---

[62] Burdach hat die Gesamt-Anlage seines Werkes wiederholt umrissen. Vgl. etwa die aus dem Jahre 1916/17 stammende *Einführung in das Gesamtwerk*. In: Der Dichter des Ackermann aus Böhmen und seine Zeit. Erste Hälfte. Berlin: Weidmann 1926 (VMZR III/2.1), S. I–LIX. Sodann ders.: Vom Mittelalter zur Reformation. Forschungen zur Geschichte der deutschen Bildung. In: The Journal of Engl. and Germ. Philol. 24 (1925), S. 1–32; ders.: Wissenschaftsgeschichtliche Eindrücke eines alten Germanisten. Berlin: Weidmann 1930, S. 17 ff. Jährliche Berichte sodann in Sitzungsberichten der Preußischen Akademie der Wissenschaften seit 1904. Hervorzuheben die ausführlicheren aus den Jahren 1920 (S. 71–86) und 1931 (S. XXXIII–XLVII), ersterer wiederabgedruckt in Vorspiel 1,2 (Anm. 14), S. 203–222 und in: Berliner Akademieschriften (Anm. 2), S. 417–432. Die für ein amerikanisches Publikum geschriebene Arbeit aus dem Jahr 1925 zeigt zugleich, wie Burdach inmitten der Inflation sein Werk zum Scheitern verurteilt sah, weil es ganz auf seinen Schultern ruhte und nur ungenügend durch die Akademie abgesichert war. Vgl. die ergreifenden Schlußworte S. 32, endend mit dem Satz: „Wird Hilfe kommen, die die Erträge aller in vierzig Jahren durchwachten Nächte ans Licht rettet und ihre Vollendung sichert, ehe meine Hand erlahmt und meine Augen sich schliessen?"

[63] Das Werk *Vom Mittelalter zur Reformation, Forschungen zur Geschichte der deutschen Bildung* (VMZR) setzt sich aus zehn Bänden in zwanzig Teilbänden zusammen. Der erste, über Jahrzehnte immer wieder in der Neubearbeitung angekündigte Band ist in der Version von 1893 selbstverständlich mitzuzählen. Der zweite Band umfaßt in fünf Teilen das Rienzo-Werk mit dem einleitenden, über 700 Seiten umfassenden Grundlegungsteil *Rienzo und die geistige Wandlung seiner Zeit* (1913–1929), mit dem Burdach seinem auf Italien bezogenen Renaissance-Bild umfassendsten Ausdruck verlieh. Dazu Klaus Garber: Zur Konstitution der europäischen Nationalliteraturen. Implikationen und Perspektiven. In: Nation und Literatur im Europa der Frühen Neuzeit. Hrsg. von Klaus Garber. Tübingen: Niemeyer 1989 (= Frühe Neuzeit, 1), S. 1–55, Kapitel III: Politische und poetische Wiedergeburt: Rienzo und Petrarca, S. 19 ff. Das große, Burckhardt ebenbürtige Werk, kann hier nicht behandelt werden. Eine Neuauflage ist vorgesehen. Der dritte Band umfaßt in drei Teilbänden das *Ackermann*-Werk (1917–1932), wiederum begleitet von einem weit über 500 Seiten umfassenden

tung immer wieder zurückzulenken zum Titel selbst. Er bildete die Klammer um das Vielfältige, wo nicht Heterogene. Er behauptete sich bis in das Jahr seines Erlöschens im Katastrophenjahr 1939, das den Untergang ungezählter mitteleuropäischer Bibliotheken und Archive einleitete, die auch das Burdachsche Unternehmen gespeist hatten. Bezeichnete er bis zum Schluß das einstmals Intendierte? Ja und nein. Das vielleicht Bemerkenswerteste dürfte in dem Umstand zu suchen sein, daß der Begriff fehlt, um den es ein halbes Jahrhundert lang in dem Werk gehen sollte, jener der Renaissance. Er wird keineswegs einfach vertreten durch den der ‚Reformation'. Vielmehr gelangt in der gewählten Nomenklatur der divergente Impuls des Vorhabens zu einem guten Teil zum Ausdruck. Hervorgegangen aus Burdachs sprachhistorischen Studien und Intentionen, sollte es heranführen an die nachhaltigste Umwälzung in der Geschichte der deutschen Sprache, wie sie sich mit dem Auftreten Luthers verknüpft. In dieser Perspektive ging es um eine Rekonstruktion der Vorgeschichte vornehmlich im ostmitteldeutschen Raum mit der Prager Kanzlei im Zentrum. Doch das sprachgeschichtliche Problem verquickte sich für Burdach, wie angedeutet, von Anfang an mit viel umfassenderen bildungs- und geistesgeschichtlichen. Sie nötigten zur Erkundung des Ursprungs der neuen sprachlichen Entwicklungen, die auch und vor allem als stilistische zu würdigen waren, in denen sich ein neuer Stilwille und damit eine neue Geistigkeit bekundete. So wurde der Blick zwangsläufig über Böhmen, über den deutschen Osten hinausgelenkt nach Italien und Südfrankreich, nach Paris und Oxford. Auf der anderen Seite aber sollte über die Sprach wie die Bildungsgeschichte der vom Osten ausgehende Impuls im Alten Reich und zumal im Westen verfolgt werden. Weit hinaus also über die Reformation erstreckte sich das Interesse bis in die Zeit Klopstocks und des jungen Goethe, in der noch einmal eine der Lutherschen Um-

---

Grundlegungsteil *Der Dichter des Ackermann aus Böhmen und seine Zeit* aus der Feder Burdachs (untergebracht im 2. Teilband, 1926–1932; voran geht die gemeinsam mit Alois Bernt veranstaltete Edition, der dritte Teil enthält das Register). Der vierte und der siebente Band sind der Einwirkung Petrarcas in Prag und Böhmen gewidmet: Bd. IV (1929): *Aus Petrarcas ältestem deutschem Schülerkreise, Texte und Untersuchungen,* die Burdach im Zusammenwirken mit Richard Kienast herausgab; Bd. VII (1933): *Petrarcas Briefwechsel mit deutschen Zeitgenossen,* von Burdach im Zusammenwirken mit Paul Piur herausgegeben. Band V (1926) bringt *Schlesischböhmische Briefmuster aus der Wende des 14. Jahrhunderts,* von Konrad Burdach im Zusammenwirken mit Gustav Bebermeyer ediert, Band IX in zwei Teilbänden *Deutsche Texte aus schlesischen Kanzleien des 14. und 15. Jahrhunderts,* betreut von Helene Bindewald unter Verwendung von Vorarbeiten Burdachs und Piurs (1935–1936). Der sechste Band unter der Obhut von Joseph Klapper ist den Schriften Johanns von Neumarkt gewidmet. Er war gleichfalls auf fünf Teile berechnet (1930–1939), doch erschien der abschließende fünfte Teilband, welcher der Darstellung der handschriftlichen Überlieferung und der Sprache sowie der Darbietung eines Glossars gewidmet sein sollte, nicht mehr. Der achte Band, herausgegeben von Paul Piur, bietet Briefe Johanns von Neumarkt (1937). Separat steht als elfter Band die Monographie von Alois Bernt: Die Entstehung unserer Schriftsprache (1934). Nicht mehr zustande kam außer der Neubearbeitung des ersten Bandes auch der zehnte, besonders schmerzlich vermißte Band, den Kienast betreute und der die Schriften des italienischen Frühhumanismus in Prag zur Zeit Wenzels IV. umfassen sollte. Ferner war eine Ausgabe der Prosawerke Heinrichs von Mügeln geplant.

wälzung vergleichbare Revolutionierung aller Verhältnisse statthatte, wenig später aber doch die Klassik überhaupt erst die Ernte Jahrhunderte währender Entwicklungen zeitigte. Es ist die Bestimmung des Burdachschen Lebenswerkes geblieben, diesen großen Bogen in immer erneuten Ansätzen rapsodisch vergegenwärtigt zu haben, in Text und Untersuchung, Dokumentation und Darstellung jedoch bei den Anfängen im 13. und 14. Jahrhundert verharren zu müssen. So sind seine Forschungen und die seiner getreuen Gefährten immer zugleich beides, tiefschürfende Bohrungen zu den Ursprüngen und Bausteine zu einer bis heute ungeschriebenen Geschichte der frühmodernen geistigen und literarischen Welt Europas. Als solche bezeichnet der einst gefundene Obertitel das Anfängliche, Ursprüngliche, Transitorische des schließlich genuin Erforschten vorzüglich. Und hat man sich daran gewöhnt, auch dem Begriff der ,Reformation' sein deutsches Ambiente zu nehmen und im Sinne Burdachs als *renovatio* zu begreifen, von der Europa als ganzes eben in dem fraglichen Zeitraum ergriffen wird, dann vermag er auch noch jene europäische Dimension anzudeuten, die allein dem Burdachschen Vorhaben gerecht wird und uns sein Werk als gründlich anzueignendes anempfiehlt.

Unter den vielen Wegen, die zu ihm geleiten könnten, wählen wir mit Bedacht selbst einen zu den Ursprüngen führenden. In gewisser Weise war Burdach sein Leben lang darum bemüht, den Wurf seiner ersten reifen Mannesjahre aus der Hallenser Zeit in seinem langen Wirken für die Akademie einzuholen. Er gibt uns in der Fassung der Jahre 1891 bzw. 1893, erweitert um eine erste Schematisierung aus dem Jahre 1898 und erweitert um drei unvergeßliche Reiseberichte der Jahre 1897 bis 1899 das nötige Rüstzeug, um zugleich die gewaltigen Dokumentationen wie die immer erneuten synoptischen Darstellungen in ihrem inneren Zusammenhang begreifen zu lernen. Burdach hat sich von diesem ersten Aufriß nicht nur nicht distanziert. Er hat vielmehr wiederholt einbekannt, die Frische und Originalität der ersten Formulierung womöglich nicht noch einmal zustande bringen zu können. Noch von der Hoffnung getragen, ein Vorhaben weitesten Ausmaßes und unabsehbarer Bedeutung für die Selbsterkenntnis des nationalen geistigen Weges der Deutschen im europäischen Kontext und Konzert zuwege bringen zu können, wird hier im perspektivischen Konspekt ein einziges Mal ganz deutlich, was als Aufgabe und doch wohl auch als der Nation geschuldeter Auftrag seinem Verfasser vorschwebte. Im Vertrauen auf dieses Gut durfte er sich im Einverständnis mit der Akademie wissen, wenn er sich ihr und zumal ihrer ,Deutschen Kommission' vorbehaltlos zur Verfügung stellte.

Ausgangspunkt der Burdachschen Betrachtungen, von Nadler später umfassend assimiliert und ausgebaut, von Alewyn als Einsatz in seiner Kulturraumlehre des Barock modifiziert, bildete die folgenreiche Beobachtung, daß

> in Deutschland die Cultur an die *Peripherie* springt: ein neues Kraftcentrum entsteht im mitteldeutschen Osten, etwas später – wie ich glaube nicht ohne Zusammenhang mit jenem – ein zweites am Niederrhein, das aus der Anhäufung alter Cultur emporsteigt. Prag, Nürnberg, Köln, die niederländischen Städte; dann Erfurt, Leipzig gewinnen die geistige Führung und communiciren direct unter einander. Was in Prag gesät ist, wird

in Köln, wird in den Niederlanden geerntet [...] Der Humanismus und die Renaissance in Böhmen ist älter als die reformatorisch-humanistische Pädagogik und Seelsorge der Brüder vom gemeinen Leben und beide gehen dem südwestdeutschen Humanismus in Schwaben und in der Pfalz voraus.[64]

Nichts hat Burdach so geschadet wie diese prononciert vorgetragene These. Sie suggerierte einen zeitlichen Vorrang des Ostens vor dem Westen, ja eine Filiation des böhmischen und des südwestdeutschen Humanismus. Burdach hätte sich diese Kontroverse ersparen können. In Wahrheit ging es ihm um die Statuierung Prags als eines kulturellen Kräftezentrums und eines maßgeblichen Einfallstors der modernen, aus Italien herüberwirkenden Ideen, die sich zuerst und auf allen Gebieten in stilistischen Neuerungen niederschlugen. Also galt es, nach den Bedingungen Ausschau zu halten, die Prag in die führende Position erhoben, und den Brückenschlag nach Italien zu bewerkstelligen. Die weitere Frage der Ausbreitung der Prager Neuerungen auf dem Boden des alten Reichs im Westen rückte über diesen Jahrzehnte in Anspruch nehmenden Forschungen gänzlich in den Hintergrund. Und während seine Gegner sich an dieser Stelle vehement engagierten, waren ihm die Hände gebunden, weil er seit langem auf gänzlich anderem Terrain beschäftigt war ...

Daß er nicht durchweg ein Meister der Disposition war, bewies gleich die Anlage seines Erstlings. Den Hauptteil seines Buches stellte er – nach einem für das Vorhaben gleichfalls deplazierten und entbehrlichen Vorspann, dem Wiederabdruck der von-Keller-Rezension – unter die Überschrift ‚Das Nachleben der mittelhochdeutschen Didaktik'. Um dieses Thema aber ging es nur auf wenigen, wiederum einleitenden Seiten. Zur Sache kam Burdach mit dem in einem Unterkapitel versteckten Titel, der – deutlich hervorgehoben – das Intendierte hätte markieren sollen: ‚Böhmens Kanzlei unter den Luxemburgern und die deutsche Cultur'. Hier wurde in fünf, am Schluß unförmig ausfernden und leider nicht mehr präzise gegliederten Abschnitten nicht weniger und nichts anderes versucht als ein Porträt der um Hof, Kanzlei und Universität zentrierten böhmischen Kultur im Zeitalter Karl IV., so angelegt und ausgeführt, daß der später für die Neubearbeitung vorgesehene Generaltitel *Die Kultur des deutschen Ostens im Zeitalter der Luxemburger* sehr wohl schon diesen Prodromus hätte zieren dürfen.[65] ‚Karl IV. und der deutsche Osten' hieß entsprechend schon jetzt der einleitende Abschnitt, den man gerne an den Anfang dieses Buches gestellt gesehen hätte. „In Böhmen", so die Generalthese, „vollzogen sich zuerst die grossen Wandlungen der deutschen Cultur, welche lange Zeit, in ihren letzten Folgen bis auf die Gegenwart nachwir-

---

[64] Burdach: Vom Mittelalter zur Reformation (Anm. 51), S. VII f.
[65] Dieser Titel findet sich in der Schematisierung seines geplanten Werkes aus dem Jahre 1898 noch nicht. Es ist dort noch auf vier Bände konzipiert und wird mit einem Band zur *Cultur des deutschen Ostens im Zeitalter Karls IV.* eröffnet. In den Klappentexten wird der spätere Titel wiederholt verwendet; in den Sitzungsberichten taucht er seit 1930 auf. Dem Porträt der Hofkultur Karls IV. blieb die das Gesamtwerk eröffnende Stellung zeitlebens gewahrt. (Vgl. Anm. 49.)

ken".[66] Wie Friedrich II. und sein Hof einleitend in Jacob Burckhardts *Kultur der Renaissance in Italien* wurde nun in wenigen, aber prägnanten Strichen der Hof Karl IV. als Brennpunkt der neuen Bestrebungen, überall angeregt und vorangetragen von der geistig beweglichen Natur des Kaisers, vergegenwärtigt. Wie bei Burckhardt war es die moderne Staatsidee, die ein Jahrhundert nach dem großen Staufer nun in dem bedeutendsten Luxemburger zum Durchbruch gelangte und das Prag des 14. Jahrhunderts zu einem repräsentativen Schauplatz dieser Idee erhob.

> Er hatte im französischen Staate die Einheit der Gewalten kennen und schätzen gelernt und suchte sie nun in Deutschland durchzuführen. Er brachte zum ersten Mal die politischen Bestrebungen seiner Vorgänger seit dem Interregnum zum glücklichen Abschluss und schuf im Königreich Böhmen eine starke, in sich gefestigte Hausmacht. Er stellte hier zuerst das Bild auf eines consolidirten Staates mit durchgreifender königlicher Gewalt, mit centralisirter Verwaltung, mit geordneten Finanzen, mit geregelter Bewirthschaftung der Domänen, mit Sicherheit des Verkehrs, mit Gewähr der Rechtshülfe und des inneren Friedens, mit Stärkung und Förderung des Handels und Gewerbes: das Bild des *modernen Staates*. Er vollendete durch seine goldene Bulle, welche die kurfürstlichen Rechte fixierte, die Ausbildung der Landeshoheit und legte so den Grund zu der modernen Fürstensouveränität. Er organisirte die Rechtspflege durch Codification und Gesetzgebung. Er verkehrte mit italienischen Rechtsgelehrten wie Bartolus von Sassoferrato, dem Haupt der juristischen Scholastiker, und anderen, bediente sich ihrer in Staatsgeschäften, begünstigte das Eindringen des römischen Rechts und leistete diesem auch dadurch Vorschub, dass er das Amt eines Hofpfalzgrafen aus Italien nach Deutschland verpflanzte. Auf das Studium des römischen Rechts legte er so grosses Gewicht, weil er darin eine Stütze der kaiserlichen Macht erblickte, wie das sein Stiftungsbrief für die Universität Orange vom 4. Juni 1365 mit feierlichen Worten ausspricht. Er suchte in der Maiestas Carolina 1355 dem ganzen Gebiet der böhmischen Krone ein verbessertes Gerichtsverfahren zu geben: er stürzte die alte Grafenverfassung und bereitete die spätere Patrimonialgerichtsbarkeit vor, aber er wollte das Recht gegen die aus verknöchertem Formalismus fliessenden Chicanen, gegen die Beeinflussung seitens des Königs selbst schützen, den Richterstand heben durch Einführung des Amtseids, durch Abschaffung der Käuflichkeit des Richteramtes. Er stellte sich zur Aufgabe, an die Stelle der rechtsprechenden, willkürlichen Barone gelehrte Juristen, Doctoren des Rechts zu setzen. Er beseitigte die Gottesurtheile und schränkte die Anwendung des Zweikampfes als gerichtlichen Entscheidungsmittels ein und schied so zwei wichtige Elemente des nationalen Gerichtsverfahrens aus. Er erliess genaue Vorschriften zur Sicherung der königlichen Forsten in weiser Erkenntnis ihrer wirthschaftlichen Bedeutung.[67]

Dies – als Kostprobe – die einleitende Charakteristik aus der Feder eines Literaturwissenschaftlers, dem man Fachblindheit am wenigsten wird nachsagen können, Weite des Blicks, Integration des Heterogenen unter einem leitendem Gesichtspunkt und nicht zuletzt Dichte und Prägnanz der Formulierung hingegen

---

[66] Ders.: Vom Mittelalter zur Reformation (Anm. 51), S. 22.
[67] Ebd., S. 24 f.

wird nachrühmen dürfen. So sei der Leser eingeladen, das Ganze der mit guten hundert Seiten doch so knappen Schrift sich vor Augen zu führen, aus der ein gelehrtes Lebenswerk weitesten Ausmaßes hervorgehen sollte. Schon hier bei Burdach findet sich die dann später von Nadler in großem Stil ausgebaute Erkenntnis, daß im Osten die Bereitschaft zur Aufnahme „fremder Culturelemente" ausgeprägter war als in den Kernländern des Reiches.[68] Deshalb die Aufgeschlossenheit gegenüber dem römischen Recht, dem italienischen Humanismus, der französischen und italienischen Kunst und Wissenschaft, der Wyclifschen Lehre, der waldensischen und sonstigen häretischen Strömungen, des – an die hussitische Bewegung geknüpften – nationalen Gedankens.

> Hier wird der Grund gelegt für den *ostmitteldeutschen* Charakter der neuhochdeutschen Schriftsprache, hier bildet sich zuerst eine formgewandte wissenschaftliche und litterarische deutsche Prosa, hier entsteht die erste wirksame, über ein Jahrhundert verbreitete deutsche Übersetzung des neuen Testaments, hier werden erfolgreiche Versuche einer prosaischen Verdeutschung der ganzen Bibel gemacht, hier unternimmt man es zuerst, antike Autoren in deutscher Prosarede sprechen zu lassen.[69]

Die kaiserliche Kanzlei, von Burdach auch personell detailliert aufgeschlüsselt, und die von Karl gegründete Universität werden als institutionelle Voraussetzungen und Kristallisationspunkte der allseitigen und umfassenden Reformbestrebungen herausgestellt.[70] Die Person des Kanzlers Johann von Neumarkt ist erst durch Burdach in ihrem allseitigen Wirkungskreis erschlossen worden.[71] Geradezu inbrünstige Zugewandtheit gegenüber Italien als Land der modernen Bildung, un-

---

[68] Ebd., S. 28.

[69] Ebd., S. 28 f. Den Bibelübersetzungen, Kernstücken in einer Geschichte der deutschen Sprache, hat Burdach später eine eigene, buchförmige Abhandlung gewidmet, die seine synoptischen Fähigkeiten und seine wissenschaftsgeschichtlichen Kenntnisse erneut eindrucksvoll unter Beweis stellt: Einführende Worte nebst einer Abhandlung über die nationale Aneignung der Bibel und die Anfänge der germanischen Philologie, in: Festschrift Eugen Mogk (Anm. 7).

[70] Vgl. die Kapitel: Die Kanzlei und die Reception des römischen Rechts, S. 30 ff., Die Kanzlei und die Universität, S. 39 ff., Die Kanzlei und der Kampf weltlicher und geistlicher Bildung, S. 47 ff.

[71] Zu Neumarkt der hervorragende Artikel von Werner Höver. In: Die deutsche Literatur des Mittelalters. Verfasserlexikon. Hrsg. von Wolfgang Stammler. 10 Bde. 2. Aufl. Berlin: de Gruyter 1983, Bd. 4, S. 686–695. Die Ausgabe im Rahmen des Burdachschen Werkes lag bei Joseph Klapper. Er legte 1930 das *Buch der Liebkosung* (VMZR VI/1) vor, 1932 den *Hieronymus* und andere Schriften (VMZR VI/2), 1935 die *Gebete des Hofkanzlers und des Prager Kulturkreises* (VMZR VI/4) und 1939 den *Stachel der Liebe* (VMZR VI/3). Im zweiten Teilband (S. VII f.) eine Skizze dessen, was für den nicht zustandegekommenen Abschlußband geplant war. 1939 war davon nicht mehr die Rede. Statt dessen nutzte der nicht mehr unter Aufsicht des verstorbenen Burdach stehende Herausgeber in einem Nachwort die Gelegenheit zu der Bemerkung: „Der Druck des vorliegenden Textes begann wenige Wochen nach der Heimkehr des Sudetenlandes ins Reich." Und dann mit Blick auf Burdach: „Den Abschluß seines Unternehmens und die nationale Sinnerfüllung seines Lebenswerkes seit dem Herbste 1938 durfte er nicht mehr erleben" (S. 338). Es ist mehr als zweifelhaft, ob Burdach den Klapperschen Enthusiasmus im Jahre 1938 nach der Progromnacht noch geteilt hätte.

abläßige Versuche, den neuen kanzlistischen und literarischen Stil der Italiener auch auf deutschem Boden heimisch zu machen, ja, im Blick auf das große Florentiner Dreigestirn den Übergang vom Lateinischen ins Deutsche zunächst vorwiegend im geistlich-erbaulichen Schrifttum zu wagen, das sind die Merkmale eines schaffensreichen Lebens, das seine Einheit in dem Bemühen mehr als ein Jahrhundert vor Celtis und den Seinen findet, kulturelle Verfeinerung unter dem Stern Italiens auch auf deutschen Boden zu verpflanzen und damit zugleich dem kaiserlichen Hof und seinem Zentrum der schriftlichen Kultur, der Kanzlei, Ansehen und Ruhm zu verschaffen. Dem abschließenden – und mehr als die Hälfte des Büchleins einnehmenden – Kapitel über ‚Die Kanzlei und die Anfänge der Renaissance' blieb es vorbehalten, diesen so prägnant gefügten Aufriß mit Details zu versehen, alle unter dem Motto des ersten Satzes versammelt: „Ohne Frage hat die böhmische Kanzlei bedeutend zur Einbürgerung jener geistigen Cultur beigetragen, die Karl IV. verehrte: der *französisch-italienischen* des 14. Jahrhunderts".[72] Breite und methodisch in diesem Umfang erstmals angestellte Analysen der Anfertigung und Verbreitung von Handschriften und der Analyse von Bibliotheksbeständen – gerade auch der privaten –, die Musterung der Übersetzungen, eingehende Charakteristiken des neuen Kanzleistils unter der Ägide Neumarkts, die Rolle der Fürstenspiegel, der deutsch-italienische Austausch im Zeichen Petrarcas, Rienzos und Boccaccios, die Wirksamkeit der Augustiner-Eremiten bzw. der Augustiner-Chorherren und damit des erneuerten Augustinismus, schließlich die neuen Marienlieder, der Anteil der Miniaturkunst, die Teilhabe der Frauen am neuen Bildungsideal – dies sind die Themen, Institutionen, Instrumente, mittels deren Burdach den Leser zu der einen alles leitenden Überzeugung führen möchte: „Karl IV. ist der Vater der deutschen Renaissance, des deutschen Humanismus geworden."[73]

Auf zwei parallelen Wegen hatte Burdach fortan voranzuschreiten. Auf der einen Seite war die Ausbreitung des Humanismus im Umkreis des Prager Hofes zu dokumentieren. Diese Forschungen kulminierten in dem monumentalen *Ackermann*-Werk. Auf der anderen Seite mußte sich Burdach jedoch auch Rechenschaft geben von dem Ursprung der Bewegung selbst. Und der lag nicht in Prag, sondern in Rom und Avignon. Er blieb an die beiden großen Namen Petrarca und Rienzo gebunden. Hinter beiden erhob sich die unerschöpfliche Gestalt Dantes. Und so sehen wir Burdach, nachdem er in den letzten Jahrzehnten des 19. Jahrhunderts die Ernte seiner ausgedehnten Bibliotheksreisen in die Scheune gefahren hatte, ein gutes Jahrzehnt mit der Ausarbeitung seines den Ursprüngen der italienischen Renaissance gewidmeten Buches beschäftigt, das er schließlich unter dem nicht eben sonderlich attraktiven Titel *Rienzo und die geistige Bewegung seiner Zeit* zur Publikation brachte.[74] Es sollte den Briefwechsel Rienzos begleiten. Und es wurde doch eine gigantische Monographie zu den religiösen, den politischen, den sozia-

---

[72] Burdach: Vom Mittelalter zur Reformation (Anm. 51), S. 52.
[73] Ebd., S. 63.
[74] Vgl. Anm. 63.

len und den nationalen Wurzeln der italienischen Renaissance und damit den Ursprüngen des nachmittelalterlichen modernen Europa. Noch einmal kam Burdach seine umfassende historische Schulung zugute. Ja, in gewisser Weise durfte er erst jetzt volle Ernte unter seinen ausgebreiteten mediävistischen Studien halten. Angel- und Fixpunkt blieb die schon in den Walther-Studien umkreiste Krise von Sacerdotium und Imperium. Die Keime des Neuen regen sich dort, wo dieser Verfall nicht nur satirisch-pamphletistisch aufgespießt und in den unerhörten Bannsprüchen und Antichrist-Attributionen erschütternd manifest wird, sondern Wege aus der Krise sich abzeichnen. Burdach findet sie auf der einen Seite in dem reichen Spektrum religiöser Erneuerungs- und Reformbewegungen. Die später von Benz – Grundmann weiterführend – so einprägsam vergegenwärtigte Bewegung der Franziskaner-Spiritualen ist in Burdachs Werk *in nuce* bereits geleistet. Ihm aber blieb es vorbehalten, die religiöse Erneuerung mit der politischen zu korrelieren. Hellsichtig gewahrte er, wie verpuppt in den imperialen Rom-Gedanken ein wiederum ursprünglich beglaubigtes gegenwärtiges Anliegen sich artikulierte. Wo die universalen Ordnungsmächte versagten und ihren ideellen Nimbus rapide verspielten, stieg die erneuerte Nation als Hüterin einer großen Vergangenheit und als Vision einer zukünftigen Bestimmung Italiens am Horizont der intellektuellen Elite auf. Dante durfte als ihr Ahnherr gelten. Sein Weltkaiser war eben nicht eine schlichte Repristination der mittelalterlich-ghibellinischen Überlieferungen. Im hergebrachten Vorstellungsschema brach sich vielmehr wiederum ein Neues Bahn. Und den Erweis hatte Burdach in einer Schlüsselszene in der Hand, die von Phantastik umrankt war und doch gleichfalls nüchtern in die Zukunft wies: die Erhebung Rienzos und die Einung der italienischen Nation unter den Weihen des Ritters vom Geiste. Mit ganz anderer Wucht als Burckhardt hat Burdach die Genese des modernen Europa über die dem Kontinent zum Schicksal gewordene nationale Aspiration freigelegt. Diese ideengeschichtliche Herleitung ist keineswegs überholt, sie ist durch einläßliches Burdach-Studium überhaupt erst wieder einzuholen.

Was also war gegen dieses grandiose Bild ins Feld zu führen? Paul Joachimsen, als erster Fachmann in Sachen Humanismus anerkannt, ließ sich 1920 zu einer längeren Abhandlung herbei, die programmatisch den Burdachschen Titel *Vom Mittelalter zur Reformation* aufnahm, um nun der Burdachschen Sicht die eigene Konzeption entgegenzustellen.[75]

---

[75] Paul Joachimsen: Vom Mittelalter zur Reformation. In: Hist. Vierteljahrsschr. 20 (1920/21), S. 426–470. Reprint Darmstadt: Wissenschaftliche Buchgesellschaft 1959 (= Libelli, 50), und in: ders.: Gesammelte Aufsätze. Beiträge zu Renaissance, Humanismus und Reformation, zur Historiographie und zum deutschen Staatsgedanken. Ausgewählt und eingeleitet von Notker Hammerstein. Aalen: Scientia-Verlag 1970 (2. unveränd. Aufl. 1983), S. 13–57 (hiernach zitiert). – Burdach war sich im klaren darüber, daß aus dem Kreise der angrenzenden Disziplinen namentlich diejenigen, „die im engeren Sinn die historischen heißen [...] – so geht die Sage – zu Zeiten der Philologie nicht übermäßig gewogen sind". (Burdach: Die älteste Gestalt des West-östlichen Divan [Anm. 34], S. 14).

Joachimsens Entgegnung pflegt noch heute stets zusammen mit Burdachs Werk erwähnt zu werden, und das in eindeutiger Absicht: Relativierung der Burdachschen Ergebnisse, ohne daß man selbst die Auseinandersetzung mit dem Kritisierten aufzunehmen hätte. Zu Recht? Joachimsen hat uns die Axiome seines Renaissance-Humanismus-Reformations-Bildes nicht vorenthalten. Das „Hervorbrechen des Individualismus" verbinde alle drei Bewegungen.[76] Damit stehen sie automatisch im Gegensatz zum Mittelalter, das als „ein organisches System mit transzendenter Zwecksetzung" aufzufassen sei.[77] „Historische Potenz" wird der Individualismus da, „wo er sich gegen ein organisches System durchzusetzen und zu behaupten sucht".[78] Dieses System aber ist die mittelalterliche „respublica christiana in der Form der theokratischen Universalmonarchie mit feudalistischem Aufbau, als einzige Heilsgemeinschaft und als allgemeine Kulturgemeinschaft".[79] Zu unterscheiden sei des weiteren ein politischer von einem religiösen Individualismus. Letzterer breche sich erst mit Luther in der deutschen Reformation Bahn. Die Franziskaner erfüllten diese Anforderung nicht. Sie verblieben im Raum der Kirche und zielten nicht auf eine neue. Erst das „sozialreformatorische Franziskanertum", das die Amtskirche bekämpfte, führe aus dem Mittelalter heraus und zu Luther hin, in dem sich der religiöse Individualismus erfülle – und alsbald in eine neue Kirche einmünde.[80] Genau auf dieses aber, verknüpft mit dem joachimitischen Eschatologismus, hatte Burdach sein Bild aufgebaut. Repräsentant dieser Bewegung ist Dante, dessen ‚nationale' Wendung Joachimsen mit Burdach klar betont. Ein Gegensatz ist schlechterdings nicht erkennbar.[81] – Der politische Individualismus bricht sich mit der Staatsschöpfung Friedrich II. Bahn und wird fortgeführt auf einer „zweiten Stufe der Renaissancekultur" im italienischen Munizipalsystem, das die drei charakteristischen Stadien der Republik, der Signorie und der Podesta bzw. Tyrannis durchläuft. „Rechenhaftigkeit" (!) ist ihr gemeinsames Merkmal, „wie schon der alte Sismondi erkannt hat".[82] Daß mit solchen und anderen, von Joachimsen immer wieder gerne aufgegriffenen Formeln aus der zeitgenössischen Diskussion schon lange kein Staat mehr zu machen war und

---

[76] Joachimsen: Vom Mittelalter zur Reformation (Anm. 75), S. 21.
[77] Ebd.
[78] Ebd., S. 22.
[79] Ebd.
[80] Ebd., S. 29.
[81] Joachimsens Formulierung ist so Burdach-gemäß wie nur irgend denkbar: Dante, so völlig richtig, habe „nach einem Maßstab *außerhalb* der ihn umgebenden politischen und sozialen Welt gesucht". Er fand ihn „an den nationalen und sozialen Bedürfnissen seines Vaterlandes, das ist sein verstecktes, aber immer lebendig bleibendes ‚guelfismo', dann aber in der Spiegelung dieser Bedürfnisse im *Altertum* […], er hat das Modell seines Philosophenkaisertums in dem römischen Imperium der heidnischen Welt gefunden […]. Damit steht der ethische Individualismus Dantes an der Schwelle des Humanismus" (S. 31). Genau das hatte Burdach auf breitester Quellenbasis in seinem Rienzo-Werk gezeigt. Vgl. auch Konrad Burdach: Dante und das Problem der Renaissance. In: Deutsche Rundschau 50 (1924), S. 129–154 und S. 260–277.
[82] Joachimsen: Vom Mittelalter zur Reformation (Anm. 75), S. 28.

Burdach mit seiner Mahnung zur Vorsicht gegenüber kurrenten Terminologien allemal recht behielt, liegt auf der Hand. Der Humanismus im engeren Sinn trete mit Petrarca in die Welt, indem er das neu entdeckte Altertum erstmals durchgehend gegen die herrschende Scholastik aufbiete. Die Synthese aus den säuberlich von Joachimsen getrennten Bewegungen Renaissance, Reformation und Humanismus verkörpert auch für Joachimsen Burdachs eigentlicher Held Rienzo. Joachimsen hat dem nichts entgegenzusetzen – außer dem einen und gewiß Zutreffenden, daß Rienzo „überhaupt auf den Bildungsprozeß der Renaissance gar keine entscheidende Wirkung geübt" habe.[83] Hatte Burdach das behauptet? Wird damit irgendeine seiner Bestimmungen hinfällig? Rienzo steht für den allfälligen Erneuerungswillen ein, den Burdach der Renaissance zuschrieb. Und für diesen gäbe es schwerlich ein treffenderes Exempel. Wenn Joachimsen gerade Rienzo – wie wenige Jahre später Brandi – über die auf der Hand liegenden apokalyptischen Züge ins Mittelalter zurückverweisen, ihn mit Gregorovius für „eine bis in den Stil hinein gotische Erscheinung" ausgeben möchte, so hat er dafür keine Argumente und zeigt sich eben in vollem Gegensatz zu Burdach ohne Sensorium für Ideen, Impulse, Signale, die auf Zukunft verweisen, mögen sie sich noch so sehr vergangener Vorstellungen bedienen.[84]

Doch zu Deutschland, zu Böhmen. Hier hat der „großartige Aufschwung des deutschen Bürgertums und Städtewesens weder zur politischen noch zur geistigen Verselbständigung des munizipalen Wesens im Sinne der Renaissance geführt".[85] Das Böhmen Karls IV. erscheint folglich auf deutschem Boden wie ein „Fremdkörper".[86] Denn wenn es einen Impuls zu einem dem „italienischen Renaissance-

---

[83] Ebd., S. 34.
[84] Ebd., S. 35. Vgl. auch Karl Brandi: Vom Mittelalter zur Reformation. In: Göttingische gelehrte Anzeigen 185 (1923), S. 187–198, wiederabgedruckt in ders.: Ausgewählte Aufsätze. Als Festgabe zum 70. Geburtstag am 20. Mai 1938. Oldenburg i. O. und Berlin: Stalling 1938, S. 305–317; ders.: Renaissance und Reformation. Wertungen und Umwertungen. In: Preußische Jahrbücher 220 (1925), S. 120–135. Auch Ritter beteiligte sich an dem ‚Feldzug'. Vgl. Gerhard Ritter: Die geschichtliche Bedeutung des deutschen Humanismus. In: HZ 127 (1923), S. 393–453. Das letzte Urteil, wenn ich recht sehe, stammt aus der Feder Winfried Dotzauers: „Sein Ansatz einer stil- und geisteswissenschaftlichen Methode hat für die Begegnung des Prager Umkreises Karls IV. mit Renaissance und Humanismus im Zeichen der italienischen Impulse vieles geleistet, ist aber auch auf starke Bedenken gestoßen. Nach Burdachs Tod beschloß die Dt. Kommission der Preußischen Akademie die Fortführung des Werkes bis zu einem organischen Abschluß [der infolge des Kriegsausbruchs nicht erreicht wurde]. So problematisch für den Germanisten und posthistoristischen Historiker diese Forschungen auch sind, die vorzüglichen editorischen Leistungen bilden eine verdienstvolle Aufbereitung wichtiger Quellenzeugnisse." Vgl. Quellenkunde zur deutschen Geschichte im Spätmittelalter (1350–1500). Hrsg. und bearbeitet von Winfried Dotzauer. Darmstadt: Wissenschaftliche Buchgesellschaft 1996, S. 300. Worin das ‚Problematische' liege, wird mit keinem Wort berührt; es ist kanonische und stereotyp wiederholte Lehrmeinung unter den Historikern. Richtig hingegen: „Erst diese [Burdachs und Piurs] Rienzo-Ausgabe hat zu einer adäquaten Würdigung der Leistung dieses römischen Staatsmannes und Humanisten geführt" (ebd., S. 301).
[85] Joachimsen: Vom Mittelalter zur Reformation (Anm. 75), S. 39.
[86] Ebd.

staat" vergleichbaren Gemeinwesen auf deutschem Boden gegeben habe, dann – in Böhmen.[87] Und so folgt denn eine Charakteristik der Schöpfung Karls IV., die derjenigen Burdachs zum Verwechseln ähnlich schaut, Burdach also restlos bestätigt, ohne darauf mit einem Wort zu verweisen.[88] Betont wird die Differenz. Auch Joachimsen wendet seine eigentliche Aufmerksamkeit der Prager Kanzlei und damit vor allem Johann von Neumarkt zu. Rienzo wirke auf ihn so wenig wie auf den Kaiser als Politiker, sondern ausschließlich als Stilist. Der vergötterte Petrarca wirke weder über die Form noch über die Themen seines Werkes. Wenn es eine Kontinuität gebe, dann in der Theorie über die deutsche Kanzleisprache, in der Rhythmisierung der Poesie. Ansonsten aber lautet das Fazit auch hier: Eine einmalige, folgenlose, mit Karl anhebende und endende Episode. Es „muß doch dabei bleiben, daß der deutsche Humanismus als selbständige geistige Bewegung sich erst wieder aus neuer Wurzel entwickelt hat und daß es Beweise für einen Zusammenhang der karolinischen Kultur mit dem, was wir deutschen Humanismus nennen, nicht gibt".[89] Auf die Kultur, die Bildungsgeschichte des deutschen Volkes habe das böhmische Experiment keinen Einfluß genommen. Sie verlaufe ausschließlich über die Reformation und die Amalgamierungen, die der deutsche Humanismus mit ihr eingehe.[90] Als ob damit aber, dies einmal zugestanden, ir-

---

[87] Ebd.
[88] „So zeigt also das Böhmen Karls IV. die deutlichsten Analogiebestrebungen zur französischen Renaissance und in dem geistigen Leben, das sich um Johann von Neumarkt gruppiert, eine bedeutende Parallelerscheinung zum italienischen Humanismus" (ebd., S. 51).
[89] Ebd.
[90] Wenn Luther in Übereinkunft mit der überwiegenden Mehrzahl der Historiker seiner Zeit der entscheidende Faktor der politischen wie der kulturellen Geschichte der Deutschen blieb, dann mußte ein Zugang zu Burdachs Leistung a priori verstellt sein. Entsprechend vernichtend ist Joachimsens Schlußurteil. Nachdem er die über Luther verlaufenden „kulturellen und Bildungsprobleme auf dem Wege vom Mittelalter zur Reformation" skizziert hat, heißt es abschließend: „Diese gilt es historisch zu erklären, d. h. die zureichenden Gründe aufzusuchen, welche diese besondere Entwicklung als in sich notwendig erscheinen lassen, und sie bis zu ihren Wurzeln zu verfolgen. Ich wüßte aber nicht, wozu wir dabei die mögliche Einwirkung des cursus auf die deutsche Schriftsprache oder die Kanzlei Karls IV. oder Rienzo oder auch den Ackermann aus Böhmen benötigten." (S. 56). Damit war die Burdachsche Konstruktion wie ein Kartenhaus zusammengestürzt und bestenfalls Einschränkung, wo nicht gleich Ablehnung seither der ständige Begleiter seines Werkes. Burdach selbst hätte in der nicht mehr zustandegekommen Bearbeitung seines Werkes zur Kultur der Luxemburger eingehend Stellung zu seinen Kritikern, an der Spitze Joachimsen, genommen. Dazu ist es ebensowenig gekommen wie zu einer noch 1930 angekündigten neuerlichen Auseinandersetzung von seiten Joachimsens. Vgl. Paul Joachimsen: Der Humanismus und die Entwicklung des deutschen Geistes. In: DVLG 8 (1930), S. 419–480, S. 420, Anm. 1 (die Abhandlung als Reprint auch wieder zugänglich als Band 289 der Reihe Libelli der Wissenschaftlichen Buchgesellschaft, Darmstadt 1969, sowie in den Gesammelten Aufsätzen [Anm. 74], Bd. 1, S. 325–386). Im gleichen Jahr starb Joachimsen im 63. Lebensjahr. Immerhin darf dankbar konstatiert werden, daß die Kontroverse der beiden führenden Humanismusforscher Deutschlands einen versöhnlichen Ausgang nahm. Joachimsen hat 1929 die gesammelten Arbeiten von Burdach zu Reformation und Renaissance (Vorspiel 1,2) in der Historischen Zeitschrift (140 [1929], S. 568 f.) sehr wohlwollend angezeigt und 1930 in dem erwähnten Aufsatz eine neue Stellungnahme zu „Burdachs großem Forschungswerk"

gendeine der Burdachschen Beobachtungen hinfällig würde. Er hatte sich gerade zunehmend gelöst von einer auf Kontinuitäten bedachten Betrachtung der Dinge. Böhmen nahm entsprechend zunehmend den Charakter einer Ausnahme, damit aber auch einer nicht realisierten Möglichkeit des deutschen Weges an. Im ständigen Blick auf Italien vergleichend zu zeigen, was das böhmische ‚Vorspiel‘ im europäischen Kontext bedeutete, blieb ihm wichtiger als die Verengung der Frage

---

verheißen. Burdach selbst, der sich noch 1929 in der Vorrede zu seinem Petrarcawerk scharf gegen einen Irrtum Joachimsens verwahrt hatte (S. VII f.), mußte ein Jahr später betroffen den frühzeitigen Tod des Kollegen und Kontrahenten zur Kenntnis nehmen: „Dem vorzeitig Heimgegangenen zolle ich gern wie schon dem Lebenden Dank und Anerkennung für seine Verdienste um die Erkenntnis der humanistischen Bewegung namentlich des sechzehnten Jahrhunderts." „Freundliche Worte" habe er für seine Aufsätze soeben noch gefunden, konstatiert Burdach sichtlich erleichtert und dankbar. Vgl. Burdach: Wissenschaftsgeschichtliche Eindrücke eines alten Germanisten (Anm. 62), S. 35, Anm. 1. Vgl. auch zur (gänzlich fragmentarischen) Auseinandersetzung Burdachs mit Joachimsen: Schlesisch-Böhmische Briefmuster (Anm. 63), S. IX f.; am eingehendsten: Der Dichter des Ackermann aus Böhmen und seine Zeit. 1. Hälfte, S. LXIII ff. Abschließend dann noch einmal in Burdachs Generalabrechnung mit seinen Kritikern kurz vor seinem eigenen Tod, die niemand aus dem Titel auch nur erahnen konnte und die folgenlos blieb: Die seelischen und geistigen Quellen der Renaissancebewegung. In: HZ 149 (1934), S. 477–521. Hier (S. 517 f.) nochmals eine kurze Erwähnung Joachimsens. Burdach zeigt sich betrübt darüber – und wer wollte ihm das verübeln? –, daß die Historiker sein Angebot zur Zusammenarbeit aufs Ganze gesehen so wenig honoriert hätten. „Verdienen meine Vorschläge, nur weil sie Zumutungen eines Außenseiters, sogar eines Philologen und vollends eines Germanisten, eines ‚Altbüßers‘ (Flickschusters) sind, wie ihn scherzhaft, aber im Grunde mit bitterstem Ernst vor 33 Jahren das Vorwort zu meiner Walther-Biographie genannt hat im Gegensatz zu den Vollschustern, den Historikern, die aus ganzem Leder arbeiten und nach der mittelalterlichen Breslauer Rechtsordnung sogar roten Besatz verwenden durften – verdienen solche Zumutungen eines nicht der Zunft Angehörenden mit Schweigen bestraft zu werden?" (S. 518). Nun, Burdach hatte genügend Stimmen auch aus dem Lager der Historiker beigebracht, die zeigten, daß man seine Arbeiten sehr wohl zur Kenntnis nahm. Knüpfte er freilich seine Hoffnung auf Änderung des unersprießlichen Zustandes an die politischen Umbrüche der Gegenwart, so trat die Blindheit und Ahnungslosigkeit des ehrwürdigen Gelehrten, die er mit ungezählten anderen Deutschnationalen teilte, erschreckend zutage: „Ich hoffe, nachdem in Italiens und Deutschlands vaterländischer Wiedergeburt das Zukunftsprogramm, das zuerst Rienzo und Machiavelli den europäischen Völkern für ihre staatliche Einheit und Freiheit aufgestellt haben, sich verwirklicht, wird auch bei uns ein Bund der Deutschkunde und der deutschen Geschichtswissenschaft aller Zweige erstehen zu gemeinsamer planmäßig organisierter Arbeit, um in Forschung und Lehre die Erkenntnis der nationalen Entwicklung unseres Volkes zu vertiefen und auszubreiten." (ebd.). Entsprechend auch die Äußerung in: Aus Petracas ältestem deutschem Schülerkreise (Anm. 63), S. 57 f: Der nationale Gedanke, wie Rienzo ihn in die Welt gesetzt habe, sei in Italien nie wieder ganz verschwunden. „Mussolini, der Erbe und Vollender der von Rienzo verfochtenen Idee des römischen Tribunus Augustus, hätte niemals seine Macht erlangen, niemals sie behaupten können, stünde nicht, ungeachtet aller politischen Parteigegensätze und bei aller Mißbilligung vieler seiner Maßnahmen und Reden, die Mehrheit, wo nicht die Gesamtheit der Gebildeten in Italien, sei es ausgesprochen, sei es heimlich auf seiner Seite, insofern und weil er der erfolgreiche Verkörperer ist der politischen und nationalen Idee Rienzos und Petracas: Einheit und Größe des Vaterlands im Aufstieg zur Weltmacht." Es blieb Burdach erspart, ein Erwachen aus seinen Illusionen verarbeiten und die Zerstörung dessen, wofür er lebenslänglich gearbeitet hatte, erleben zu müssen.

auf Deutschland. Es ging um die Eruierung eines geschichtlich Neuen, eines Ursprünglichen auf deutschem Boden, das nur aus der europäischen Perspektive und also zu dieser Zeit im Blick auf Italien zu entfalten war. Das hat kein Geringerer als Troeltsch in einer Notiz meisterhaft zum Ausdruck gebracht, derzufolge Burdach „nur die Zeit, wo religiöse, kulturelle und politische Verjüngung noch ineinanderliegen", behandle, dagegen „die Darstellung der Trennung von religiöser Reform und kultureller Renaissance, die ‚Säkularisation' der letzteren, einer späteren Darstellung" vorbehalte.[91] Burdach hat zwar in seinen vielen synoptischen Versuchen die Linien dann immer wieder bis hin zum 18. Jahrhundert ausgezogen,[92] seine eigentliche forscherliche, innovatorische Leistung lag jedoch in dem

---

[91] Ernst Troeltsch: Renaissance und Reformation. In: HZ 110 (1913), S. 519–556, eingegangen in die meisterhafte Sammlung seiner Schriften durch seinen Schüler Hans Baron, die stets neben den von Troeltsch noch selbst veranstalteten Sozialehren der christlichen Kirchen und Gruppen (1912) mit heranzuziehen ist: ders.: Aufsätze zur Geistesgeschichte und Religionssoziologie. Hrsg. von Hans Baron. Tübingen: Mohr 1925 (= Gesammelte Schriften, 4), S. 261–296. Das angeführte Zitat in der Erstfassung, S. 524, Anm. 1. Aus dem Nachlaß erweiterte Version in der Fassung 1925, S. 266, Anm. 1. Entsprechend sprach Burdach selbst in seinen frühen Plänen durchaus von „Forschungen zur Vorgeschichte des Humanismus", war also gar nicht daran interessiert, den Titel schon für diese frühen Bestrebungen in Anspruch zu nehmen.

[92] Vgl. etwa Konrad Burdach: Sinn und Ursprung der Worte Renaissance und Reformation. In: SBA, philol.-hist. Klasse, 1910, S. 594–646; ders.: Über den Ursprung des Humanismus. In: Deutsche Rundschau 40 (1914), Heft 5, S. 191–213, Heft 6, S. 369–385, Heft 7, S. 66–83. Beide Abhandlungen wiederabgedruckt in: ders.: Reformation, Renaissance, Humanismus. Zwei Abhandungen über die Grundlage moderner Bildung und Sprachkunst. Berlin: Paetel 1918, 2. Aufl. 1926, Reprint Darmstadt: Wissenschaftliche Buchgesellschaft 1978 (italienische Übersetzung von Delio Cantimori: Riforma, Rinascimento, umanesimo: due dissertazioni sui fondamenti della cultura e dell'arte della parola moderne. Firenze: Sansoni 1986); vgl. Burdach: Die Wissenschaft von deutscher Sprache (Anm. 8), Beilage: Übersicht über die seit 1930 veröffentlichten Schriften Konrad Burdachs; ders.: Deutsche Renaissance. Betrachtungen über unsere künftige Bildung. Berlin: Mittler & Sohn 1916, 2. verm. Aufl. 1918; Reprint 1920. Diese Arbeit, im Weltkrieg geschrieben, nahm scharf Stellung gegen alle Versuche vom Schlage von Richard Benz und anderen, die deutsche Bildungsgeschichte von der europäischen abzukoppeln und insonderheit die Einwirkungen der europäischen Renaissancekultur als ein ‚Verhängnis' der deutschen Geistesgeschichte zu apostrophieren. Souverän zeigte Burdach, daß das Mittelalter, von dem sich die deutschtümelnden Schwärmer um den Verleger Eugen Diederichs nationale Gesundung erhofften, genau wie die Renaissance eine europäische Angelegenheit war und eindeutig unter dem Primat Frankreichs stand. Zu keinem Zeitpunkt hat der Deutschnationale Konrad Burdach geistigen Verrat an der Einheit der europäischen Kultur geübt, deren Filiationen mit der orientalischen er gleichfalls, wie angedeutet, nicht müde wurde zu betonen. Die Schrift sei zur Lektüre empfohlen, bevor politische Verdammungssprüche über Burdach formuliert werden. Zwei – ganz verschiedenartige – Sätze aus dem Jahr 1916, die Unabhängigkeit, Souveränität und Ethos dieses Konservativen verdeutlichen dürften: Der allgemeinen „geistigen Verwirrung" in Gestalt eines hypertrophen Nationalismus entgegen wirkend solle „das humanistische Gymnasium als altbewährtes *geistiges Gemeingut* das Einverständnis der jetzt einander feindlich gegenüberstehenden Völker wieder anbahnen. Als die wirklich schaffenden, nicht nur verheerenden Epochen der Menschheit seien nur die zu betrachten, in welchen der Glaube an eine einheitliche menschliche Zivilisation vorgeherrscht hat. Das gemeinsame, auf das allgemeine menschliche Ideal gerichtete Unterrichtssystem hat der in der Renais-

detailgesättigten Epochenporträt Italiens zur Zeit Rienzos dort, Böhmens zur Zeit Karl IV. hier. Dem nicht Erfüllten, dem im Hussitensturm Untergegangenen unabhängig von Fortwirkung und Anknüpfung ein Denkmal gesetzt zu haben ist daher das große Verdienst des Burdachschen Werkes.

Und hatte er nicht ein dichterisches Zeugnis auf seiner Seite, in dem sich die Erstlings- und Führungsrolle Böhmens, von der er seinen Ausgang nahm, ein weiteres Mal schlagend geltend machte? Neben dem monumentalen Rienzo-Werk steht das gleich monumentale zum *Ackermann aus Böhmen* und seinem Schöpfer.[93] Mit ihm, so allgemein anerkannt, wurde nicht nur eine neue Phase der Beschäftigung mit dem *Ackermann aus Böhmen* eröffnet, sondern ihr überhaupt erst ein Fundament geschaffen, so daß erst seither von einer gediegen fortschreitenden Forschung auf diesem Felde gesprochen werden kann. Wir wollen keinen Versuch machen, ein Resümee der Burdachschen Ergebnisse zu bieten – nicht zuletzt, weil es gerade immer auch der weitausholende Gestus selbst ist, der nachvollzogen sein will. Eine um Verständnis bemühte, ebensowohl jedoch nüchterne und illusionslose Betrachtung wird am Ende einräumen müssen, daß der Meister geistesgeschichtlicher Ideenforschung vor dem kleinen Text versagt hat und seinen Skopus verfehlte. Warum? Weil er ganz entgegen erklärtem Grundsatz und leitender Intention auf dem von ihm selbst eröffneten Felde der stilgeschichtlichen Verfahrensweise in der Renaissance-Philologie dem formalen Gefüge des Textes viel zu wenig Aufmerksamkeit schenkte. Der Übergriff Italiens auf den Norden, das Einwirken des Trecento-Humanismus auf Böhmen sollte sich gerade doch im Umkreis Karls in einer intensivierten Pflege des Kanzleistils nicht anders als der mannigfachen Übersetzungsarbeit geltend machen. Und eben von dieser Bemühung wäre bei dem Notar und Rektor zu Saaz, wenn nicht abzusehen, so eben doch nur nebenbei zu achten? Gerade umgekehrt hatte bei einem dichterischen Text anders als bei einem pragmatischen zu gelten, sämtliche Elemente einschließlich der motivischen dem Gesetz der durchgängigen Funktionalisierung im Sinne strukturierter Gestaltbildung zu unterwerfen, statt auch nur eines dem Gefüge zu entfremden und selbständiger werkunabhängiger Exegese zu unterziehen. Dafür hatte der souveräne Kenner antiker, spätantiker und mittelalterlicher rhetorischer Theorie und Praxis sich an wiederum wenig beachteter Stelle doch selbst die Voraussetzung geschaffen.

---

sance wurzelnde Geist des Humanismus geschaffen. Darum müssen wir, indem wir mit festem Glauben an seine Zukunft auch in den heutigen schweren Tagen den Humanismus predigen, unsere Blicke nicht nur auf das Altertum, sondern auch auf die glänzende Zeit der Renaissance richten. Die innere Wandlung der deutschen Kultur, die wir erwarten, soll danach unter dem Zeichen der Renaissance deren humanistisches Menschheitsideal wieder zu Ehren bringen und dadurch der Übertreibung des nationalen Prinzips wehren" (ebd., S. 3). Und ein aktuelles Wort aus dem nämlichen Werk: „In den achtunddreißig Monaten dieses Krieges ist die Jugendtrunkenheit der Anfangszeit verflogen. Gewichen sind die Überschwenglichkeiten – zu denen ich auch die übliche Herabsetzung der Gegner rechne, z. B. das Schlagwort von der Dekadenz der Franzosen, die doch vielmehr bewundernswürdigen Opfermut bewähren und ihre Festungen und Gräben zäh behaupten." (S. 69)

[93] Vgl. Anm. 63.

Denn wie sonst im Burdachschen Werk ist auch im Falle des *Ackermann* das *opus magnum* umgeben von Resümees, Korrekturen, Weiterbildungen und den Stand der Dinge resümierenden Abhandlungen. Eben war das Hauptwerk in Text, Deutung und Register auch publizistisch unter Dach und Fach gebracht, da erschien 1933 eine bereits 1921 entstandene, jedoch erst jetzt mit mannigfachen Annexen versehene große Akademieabhandlung *Platonische, freireligiöse und persönliche Züge im ‚Ackermann aus Böhmen'*, die als konziseste Synopsis der Burdachschen Anschauungen im Blick auf den *Ackermann* gelten darf.[94] Unter dem wieder einmal in die Irre geleitenden Untertitel ‚Vorbilder des Ackermann-Dialogs' wird sie eröffnet mit einer an Prägnanz schwerlich zu überbietenden Charakteristik der Grundlagen des ‚geblümten Stils', wie sie in der spätantik-mittelalterlichen, zumal bekanntlich auf der Rhetorica ad Herenium beruhenden Dreistillehre nebst den sie begleitenden Manieren des *stilus gravis* und des *stilus subtilis* sich ausprägen. Die eine Spielart ‚geblümter Rede'

> strömt in weiten Perioden wortreich dahin, erstrebt durch Umschreibungen, Metaphern, Neologismen und Archaismen, reiche Synonymenkoppelung und rhythmischen Satzschluß eine feierliche Abundanz des Ausdrucks; die andere bevorzugt kurze, unperiodische Sätze, ist kommatisch-symmetrisch, arbeitet mit Antithesen und Parallelismus nebst den prickelnden Redefiguren des Gleichklangs (Reim, Alliteration, Wortspiel).[95]

Zwischen beiden erstreckt sich eine mittlere Stilebene, doch ist im Gegensatz zu späteren Zeiten keinesfalls eine strikte Trennung der Stilebenen obligatorisch, vielmehr der Wechsel der Modi durch den Herennius-Autor anempfohlen und stilistisch willkommen. Konstatiert Burdach, daß sich der „Stil der Ackermanndichtung auf dreigliedriger oder mehrgliedriger Synonymenverbindung und drei- oder mehrgliedrigem Satzparallelismus gründet", wie ihn die lateinische Kunstprosa seit Mitte des 11. Jahrhunderts pflegt, so stellt sich um so dringlicher auch auf dieser Ebene die Frage nach dem Neuen, das denn tatsächlich im Umkreis der Prager Kanzlei auch in der Ackermanndichtung sich rege.[96] Burdach jedoch eilt fort zu der ihn eigentlich so gut wie ausschließlich interessierenden Frage der neuen religiösen und ideellen Züge und verschenkt derart einen Schlüssel, von dem jeder Leser seiner Abhandlung wie seines großen Buches doch vermeint hätte, daß er ihn souverän nutzen würde. Wirklich – wie der Auftakt verspricht – zum Ausgang der Betrachtung genommen, würde sich mit dem Namen Burdachs nicht nur die weit ausholende geistes- und motivgeschichtliche Sicherung der traditionsgeschichtlichen Zusammenhänge, sondern ebenso auch die Entschlüsselung des formalen Duktus und seiner historischen Funktion im Umkreis des Prager ‚Frühhumanismus' verbinden.

---

[94] In: SBA, philos.-hist. Klasse (1933), S. 610–675, wiederabgedruckt in: Burdach: Berliner Akademieschriften (Anm. 2), S. 495–560. Im folgenden zitiert nach einem Sonderdruck mit separater Paginierung aus der Bibliothek Hans Pyritz, im Besitz des Verfassers.

[95] Ebd., S. 5 f. Dazu die große traditionsgeschichtliche Einleitung zu Schlesisch-böhmische Briefmuster aus der Wende des 14. Jahrhunderts (Anm. 63), S. 57 ff.

[96] Ebd., S. 7.

So blieb es einem anderen vorbehalten, den doch so naheliegenden Versuch einer Zusammenschau und Verknüpfung beider Ansätze ausgewogen vorzunehmen. Wieder also fand Burdach noch zu Lebzeiten auf ureigenem Gebiet einen kongenialen Gegenspieler, der nun in gleich großer Dezenz wie Souveränität und in gewisser Weise bereits abschließend die Dinge ins Lot brachte. Wir sprechen natürlich von Arthur Hübner, dem nur ein Jahr nach Burdach allzufrüh Verstorbenen, tief verehrt von der eine Generation jüngeren Fachkollegenschaft, die sich in Berlin um seine Vorlesungen zum Spätmittelalter scharte, in denen der Grund gelegt wurde für die Revolutionierung unserer Anschauungen von der nachstaufischen Zeit auch und gerade im Blick auf die Literatur. Hübner – Schüler Roethes, zu dem er sich leidenschaftlich immer wieder bekannte, und seit 1932 auch Akademie-Kollege Burdachs in der Deutschen Kommission – gehört zu den Germanisten mit schmalem, aber desto durchschlagenderem Œuvre. Seine Abhandlung über *Das Deutsche im Ackermann aus Böhmen*, schon 1932 in Grundzügen in der Akademie vorgetragen, gleichzeitig in zwei aufeinanderfolgenden Seminaren an der Berliner Universität vorbereitet und 1935, ein Jahr vor Burdachs Tod, publiziert, dürfte neben Burdachs ganz anders gearteten Vorstößen die bedeutendste, weil methodisch vorbildliche, ganz neue Zusammenhänge erschließende und in meisterhafter Disposition ausbreitende Abhandlung zum *Ackermann* geblieben sein.[97] Ihr folgte posthum 1937 das Pendant *Deutsches Mittelalter und italienische Renaissance im Ackermann aus Böhmen*, dem in gewisser Weise genau zwanzig Jahre nach Erscheinen der Bernt-Burdachschen *Ackermann*-Ausgabe bereits ein abschließender Charakter zukam.[98] „Es ist eine Pflicht selbstverständlichster wissenschaftlicher Dankbarkeit, den Namen Konrad Burdachs an den Anfang zu stellen:

---

[97] Arthur Hübner: Das Deutsche im Ackermann aus Böhmen. Sonderausgabe der SBA, phil.-hist. Klasse (1935), Heft 18, Berlin 1935 (hier zitiert nach dem reich annotierten Handexemplar Hans Neumanns, das dieser 1935 von Hübner zu Weihnachten erhielt. Neumann selbst hielt im WS 1958/59 ein schlechterdings unvergeßliches Hauptseminar zum ‚Ackermann' in Göttingen, in dem der Verfasser ein Referat zur Konzeption Burdachs vorzulegen hatte, das Neumann reichhaltig annotierte. Die überragende Bedeutung Burdachs wurde ihm freilich erst im Zuge seiner Forschungen zur europäischen Arkadien-Utopie im Umkreis der italienischen Frührenaissance klar. Die entsprechenden Passagen des Buchs noch unpubliziert).

[98] Arthur Hübner: Deutsches Mittelalter und italienische Renaissance im Ackermann aus Böhmen. In: Zs. f. Deutschkunde 51 (1937), S. 225–239. Der schmale, makellose, an konzentrierter Verdichtung nicht überbietbare Beitrag ist eingeleitet von einem Vorspruch G[erhard] F[rickes]; der Verewigte spreche da ein letztes Mal „von der Arbeits- und Kampfstätte seiner Wissenschaft her" (S. 226). Die Studie selbst ist jedwedem martialischem Pathos glücklicherweise abhold. Man findet sie wiederabgedruckt in der schönen Sammlung der *Kleinen Schriften zur deutschen Philologie* Hübners, die Hermann Kunisch und Ulrich Pretzel besorgten (Berlin: Ebering 1940, S. 198–210; hiernach zitiert). Der Band ist eingeleitet durch ein Porträt Hübners aus der Feder von Kunisch und wird beschlossen durch eine Bibliographie des Werkes Hübners aus der Feder des unermüdlichen Historiographen und langjährigen Zeitzeugen der Berliner Germanistik Ulrich Pretzel (S. 291–302), mit der zugleich ein früherer Versuch im Anschluß an die Gedenkrede Petersens berichtigt und vervollständigt wird.

er hat uns den ‚Ackermann aus Böhmen' wiedergeschenkt."⁹⁹ Mit diesen Worten wurde das Werk eröffnet, das über Hübners Stellung zu dem wiederum eine Generation älteren Gelehrten aus der unmittelbaren Nachbarschaft keinerlei Zweifel beließ. Es ging ausschließlich um sachliche Differenzen. Und wenn Hübner hier durchweg richtiger sah, so aufgrund seiner moderneren form- und gattungstypologischen Schulung, die ihn vor den Irrwegen einer allzu exzessiv und einseitig gehandhabten Geistesgeschichte bewahrte.

Was in der werdenden Barockforschung der zwanziger Jahre mühsam erobert und tastend in der Textbearbeitung bewährt werden mußte, war dem Mediävisten auf seinem Felde der spätmittelalterlichen Zeugnisse und insonderheit des Meistergesangs bare Selbstverständlichkeit: die relative Autonomie des künstlerischen Verfahrens, mit ihr die relative Autarkie der kurrenten Gattungen und – daraus resultierend – die mosaikartige Fügung gerade solcher Texte, die sich des formalen und motivischen Angebots diverser Formen bedienen. Daß ein der Gattung Streitgespräch zugehöriger Text diesem künstlerischen Gesetz *eo ipso* in besonderer Weise unterliegt, versteht sich. Daher verschafft sich unter den Kontrahenten eine a priori bessere Ausgangslage, wer grundsätzlich Vorsicht walten läßt gegenüber jedweder einzelnen Prägung und zuerst nach künstlerischer Absicht und Funktion fragt. Die aber ist in intertextuellen Zusammenhängen am präzisesten zu bestimmen. Und diese eröffnen sich auch noch für den Dichter des *Ackermann* zunächst und zuerst aus der Anschauung und Kenntnis der heimischen Überlieferung. Indem Hübner in erster Linie Gesellschaftslied und Meistersang, sehr wohl aber auch Fastnachtspiel und Novellistik, Schwank und Satire, Spruch- und Lehrdichtung, Frauenschelte und Frauenlob, geistliche Meditation und Didaxe, Marienlied und -hymnik konsequent vergleichend heranzieht, gelingt ihm nicht nur der Nachweis vielfältiger Verwandtschaften und damit die Überwindung einer isolierten Stellung innerhalb der deutschsprachigen Literaturpraxis. Vielmehr wird deutlich, daß der *Ackermann*-Dichter seine ‚Vorlagen' und die im Horizont seines Schreibens stehenden Formen allesamt nicht als Generatoren oder Zeugen wie auch immer gearteter ‚Positionen' beizieht, sondern seinem Willen zu formaler und stilistischer Überbietung, Prägnanz, Verdeutlichung unter Nutzung des ihm verfügbaren rhetorischen Repertoires unterwirft. Das Neue, dem auch Hübner sich keinesfalls verschloß, es war nicht da zu finden, wo Burdach es suchte, im Weltanschaulichen oder Mentalen, sondern schlicht und doch unendlich folgenreich zunächst und zuerst in der neuen Wertschätzung künstlerischer Formgebung selbst. Fasziniert und sehnsüchtig zugleich, das hatte niemand plastischer gezeigt als Burdach, war der Blick der Prager Hofkreise nach Italien gerichtet, wo das Vers wie Prosa gleichermaßen ergreifende Experiment einer durchgehend auf die Antike sich berufenden Pflege des gattungsgerechten, die Redeformen scheidenden Stils in einer Intensität von neuer Qualität unternommen wurde. Naheliegendstes Exerzierfeld blieben in guter kanzlistischer Gepflogenheit Urkunde

---

[99] Hübner: Deutsches Mittelalter und italienische Renaissance (Anm. 98), S. 209 f.

und Brief. Der Dichter des *Ackermann* setzte zu Höherem an. Die beliebte, dem gesamten Mittelalter vertraute Form des Streitgesprächs aufgreifend, nutzte er sie zum Durchspielen des ihm zugänglichen rhetorischen Reservoirs. Es ist, wie im Mittelalter so in der Frühen Neuzeit, am Lateinischen abgelesen und erlernt und tritt nun seine Bewährung vor dem Deutschen an. Noch die dialektische Zerlegung des Gedankens, die Zuweisung des einen Themas an zwei Rollenträger und Sprecher, die schlagkräftige Artikulation von Position und Gegenposition, gehört diesem formalen Experiment zu. Eine Isolierung einzelner Wendungen oder gar die Verselbständigkeit eines der beiden Sprecher aus dem strengen dialogischen Gefüge verstößt daher von vornherein gegen die Spielregel des Textes. Das Neue, so Hübner, Huizinga aufnehmend, manifestiere sich in Dingen der Kunst oftmals zuerst in der Form. So auch im *Ackermann*. In der Funktionalisierung von Tradition – gerade auch der spätmittelalterlichen – zugunsten der Erfüllung eines artistischen Anspruchs *sui generis*, regt sich auf der Wende vom 14. zum 15. Jahrhundert auch im deutschen Sprachraum erstmals jene mit dem italienischen Humanismus belebte Bekräftigung der unveräußerlichen ästhetischen Regularien einer jeden schöpferischen Pflege des Wortes. In diesem Sinn treffen sich von verschiedenen Ausgangspunkten die beiden bedeutenden Berliner Germanisten schließlich in der ausgezeichneten Rolle des schmalen, dem deutschen Schrifttum aus humanistischem Geist eine neue Zukunft weisenden Textes. Oder um es mit den abschließenden schönen Worten Hübners – ganz im Sinne Burdachschen teleologischen Schauens, Denkens und Arbeitens gesprochen – zu sagen:

> Es will scheinen, daß die neue Form eine neue ästhetische Haltung wenigstens anbahnte, ohne daß der Dichter den mittelalterlichen Grund verließ. Wenn man einen kühnen Vergleich zulassen will: der Ackermann aus Böhmen, den ein nicht einmal überschwenglicher Urteiler ‚die schönste und merkwürdigste deutsche Prosadichtung vor Goethes Werther' genannt hat, ist ein früher Vorklang jenes großen deutschen Bildungserlebnisses, daß der mittelalterliche Faust von Helena berührt wurde.[100]

---

[100] Ebd., S. 209 f.

Notker Hammerstein

Paul Joachimsen

Es wäre gewiß nicht ganz zutreffend, zu behaupten, Paul Joachimsen sei ein völlig vergessener Historiker. Im Zusammenhang bestimmter Themen wird er nämlich immer wieder zitiert, vorab von Reformationshistorikern, gelegentlich selbst auch von solchen, die sich mit Humanismus- und/oder Renaissanceforschung beschäftigen. Dennoch gehört er nicht eigentlich zu den bekannteren, den fortwirkenden Autoren, deren Themen und Erkenntnisse die wissenschaftliche Diskussion nachhaltig bestimmen. Er erscheint eher als Teil eines üblichen Zitierusus in gewissem thematischem Umkreis denn als wissenschaftliche Autorität. Anders als Otto Hintze, Otto Gierke oder Hans Baron, entschieden anders als bei Friedrich Meinecke und Hermann Oncken etwa gilt Joachimsen kaum als wichtiger Vertreter deutscher Geschichtswissenschaft der Zeit um die Jahrhundertwende bis hin in die Weimarer Republik.[1] Das hängt sicherlich auch damit zusammen, daß er weniger allgemeine, theoretische Überlegungen anstellte, sondern sein methodisch-diszipliniertes Vorgehen in die historische Arbeit selbst einbaute. So erscheint er dort, wo er gelegentlich zitiert wird, als jeweils gründlicher, faktengesättigter, fast ein wenig biederer Historiker seiner Themen, nicht aber als weiterführender, ja beispielhafter Analytiker dieser Gegenstände. In meinen Augen war er das aber in hohem Maße.

Für die gelehrte Öffentlichkeit stellen sich diese Fragen erst gar nicht, da Joachimsen dort – wie erwähnt – eigentlich kaum gekannt wird. Das erscheint mir um so erstaunlicher, als doch die Auseinandersetzung mit der Frühen Neuzeit in den letzten Jahrzehnten allenthalben stark zugenommen hat. Auch dürfte es nicht übertrieben sein, die internationale Renaissance- und Humanismusforschung als ebenfalls außerordentlich breit gestreute, ja außerhalb Deutschlands fast populäre Forschung zu bezeichnen. Woran mag es da liegen, daß der Name Joachimsen kaum bekannt ist?

Daß viele seiner Beiträge an eher entlegenen Stellen publiziert wurden, kann kaum als zureichender Grund gelten, zumal eine Reihe dieser Arbeiten inzwischen wieder bequem zugänglich ist.[2] Mir scheint vielmehr gerade der Umstand – um

---

[1] Bezeichnenderweise hielt es der Herausgeber der Reihe ‚Deutsche Historiker' in der Kleinen Vandenhoeck-Reihe, Hans-Ulrich Wehler, nicht für nötig, Paul Joachimsen aufzunehmen, obwohl nicht zuletzt vergessene Fachvertreter und „Außenseiter" berücksichtigt werden sollten.

[2] Paul Joachimsen: Gesammelte Aufsätze. Beiträge zu Renaissance, Humanismus und Reformation. 2 Bde. Hrsg. von Notker Hammerstein. Aalen: Scientia-Verlag 1970 und 1983. Insbesondere die führende angelsächsische Forschung nimmt Joachimsen nicht mehr wahr.

dies zugespitzt thesenhaft vorweg zu behaupten –, daß Joachimsen selten klar und präzise, theoretisch wie sachlich souverän argumentierte, daß er Historiker – und zwar Neuhistoriker – war, ein wichtiger Grund für sein unverdientes Vergessensein zu sein. Viele der Humanismus- und Renaissanceforscher der letzten Dezennien kommen von der bzw. einer Philologie, einige aus der mittelalterlichen Geschichte, andere von der Philosophiegeschichte her. Die ältere deutsche Humanismusforschung, die im sogenannten Dritten Reich zum Erliegen kam, war hingegen weitgehend eine Domäne der ‚Neu-Historiker'. Von dort erhielt auch Joachimsen seine eigentliche Prägung, seinen Problemzugang. Zunächst aber einige kurze Hinweise zur Person und zur vorherrschenden Problemstellung dieses Historikers.

Paul Joachimsohn – erst später schreibt er sich in der genannten Version – wurde am 12. März 1867 als Sohn eines jüdischen Holzgroßhändlers in Danzig geboren. Nach dem Besuch des dortigen humanistischen Gymnasiums studierte er ab 1884 in Heidelberg, Leipzig und München.[3] In Heinrich W. Grauert und Karl Theodor von Heigel fand er seine eigentlichen akademischen Lehrer, die ihn schon früh auf die Zeit des Humanismus wie auch die des deutschen Idealismus und der Klassik verwiesen. Im Juli 1889 promovierte er mit einer Arbeit über Gregor Heimburg.[4] Der überraschende und unverschuldete Zusammenbruch des elterlichen Geschäfts und der damit verbundene Verlust finanzieller Selbständigkeit zwangen Joachimsen dann, von der geplanten akademischen Laufbahn Abstand zu nehmen. 1894 trat er, nach Ablegung des Staatsexamens in philologisch-historischen Fächern, in den bayerischen höheren Schuldienst ein. Über Stationen in Augsburg, Hof und Nürnberg gelangte er 1903 ans Münchener Wilhelms-Gymnasium. 1908 gelang es ihm, seine ursprüngliche Absicht wenigstens teilweise zu realisieren. Er habilitierte sich an der Universität München mit einer Abhandlung über Geschichtsauffassung und Geschichtsschreibung in Deutschland unter dem Einfluß des Humanismus.[5] Darauf erhielt er an der Ludwig-Maximilians-Universität München einen Lehrauftrag für Geschichtsdidaktik, wurde 1916 Honorarprofessor und ging bis 1925 der aufreibenden Tätigkeit eines Gymnasial- und Hochschullehrers zugleich nach. In diesem Jahr quittierte er den Schuldienst, um

---

Die mangelnden Sprachkenntnisse – Deutsch wird kaum mehr gelesen! – dürften dafür einer der Gründe sein. Aber selbst bei Paul Oscar Kristeller kommt Joachimsen nicht vor, um nur ihn zu nennen. Bezeichnend ist etwa, daß im *Dictionary of the History of Ideas* (New York: Skribner 1973), in den umfänglichen, auch die ältere Literatur miteinbeziehenden Angaben zum ‚Humanism in Italy' der Name Joachimsen erst gar nicht auftaucht.

[3] Die jüngste und beste Würdigung stammt von Ulrich Muhlack: ‚Deutsche Neuzeit'. Zur Historiographie Paul Joachimsens. In: Zeitschrift für Historische Forschung 1 (1974), S. 88–115.

[4] Paul Joachimsen: Gregor Heimburg. Bamberg: Buchner 1891 (Reprint Aalen: Scientia-Verlag 1983).

[5] Ders.: Geschichtsauffassung und Geschichtsschreibung in Deutschland unter dem Einfluß des Humanismus. Erster [Einziger] Teil. Leipzig: Teubner 1910 (= Beiträge zur Kulturgeschichte des Mittelalters und der Renaissance, 6), (Reprint Aalen: Scientia-Verlag 1968).

sich ganz der akademischen Lehrtätigkeit zu widmen, die mittlerweile die gesamte Geschichte der Neuzeit umfaßte.

1927 wählte ihn die Historische Kommission der Bayerischen Akademie der Wissenschaften zu ihrem Mitglied und übertrug ihm die Leitung der neueingerichteten Serie der Reichstagsakten, die die Zeit Maximilians I. zu bearbeiten hatte. Die Deutsche Akademie übernahm etwa zur gleichen Zeit Joachimsens Ausgabe von Rankes Reformations-Geschichte in ihre historisch kritische Edition der Rankeschen Werke. 1928 verlieh die Universität Gießen Joachimsen den Doktorhut der Theologie. Eine heimtückische Krankheit beendete überraschend am 25. Januar 1930 sein Leben.[6]

Als akademischer Lehrer war Joachimsen mehr gefürchtet als beliebt, freilich hochangesehen zugleich. Sein breites, in jahrzehntelangem Schuldienst erworbenes Wissen, seine streng philologisch-historische Annäherung an historische Themen, seine fast schulische Unterrichtsweise machten ihn zu keinem leichten Lehrer. Die Schilderung Magret Boveris in ihrer Autobiographie trifft diese Seite wohl recht gut:

> Einen hohen Ruf hatte bei den ernsthafteren Studenten Paul Joachimsen, der Verfasser eines bewunderten und gefürchteten Buches *Geschichtswiederholungsfragen*. Er kam aus dem Lehrfach, wurde nicht Ordinarius. Man nannte ihn einen ‚preußischen Juden', das sollte heißen, daß er streng und patriotisch war. Die Strenge kam zum Ausdruck darin, daß in seinem Seminar wirklich gearbeitet wurde. Er nahm nur 12, höchstens 14 Leute auf, man mußte sich in seiner Wohnung vorstellen. Ich war weit unter seinem Standard, und er hat mich wohl nur genommen, weil ich bei seinen Fragen einen Namen wußte, der damals noch wenig bekannt war: Erich Rothacker (bei dem später Habermas promovierte). Für den Doktor entschloß ich mich, zu Hermann Oncken zu gehen.[7]

Aber auch als akademischer Kollege schien Joachimsen nicht sonderlich geschätzt worden zu sein. Er blieb da immer ein Außenseiter, dem als preußischem Juden evangelischen Glaubens in München nicht nur pedantische Schulmeisterei, sondern auch kleinkarierte Enge – Folge seiner zum Teil mißlichen ökonomischen Lage – nachgesagt wurden. Daß es seine nach dem Tod zurückgebliebenen Schüler – wie etwa Alexander Mitscherlich – schwer hatten, einen neuen Doktorvater zu finden, lag gewiß mit an dieser Beurteilung, erlaubte es – wie im genannten Fall – Karl Alexander von Müller, ein solches Ansinnen abzulehnen.[8] Ordinariabler Hochmut wie auch antisemitische Vorbehalte, wie verdeckt auch immer, dürften

---

[6] Die Angaben folgen Muhlack: Deutsche Neuzeit (Anm. 3) wie auch Otto Schottenloher im Nachwort zu Paul Joachimsen: Die Reformation als Epoche der deutschen Geschichte. München: Kaiser 1951 (Reprint Aalen: Scientia-Verlag 1970), dort auch die bislang umfassendste, wenngleich nicht vollständige Bibliographie der Werke Joachimsens. Der Nachlaß Joachimsens – in der Staatsbibliothek München – ist ziemlich zufällig. Er ist recht unvollständig und enthält auch wenig, was bislang nicht bekannt war.

[7] Margret Boveri: Verzweigungen. Eine Autobiographie. Hrsg. von Uwe Johnson. München: Deutscher Taschenbuch Verlag 1982, S. 151 (zuerst München: Piper 1977).

[8] Notker Hammerstein: Reformation und deutsche Modernität – Paul Joachimsen. In: Religion, Kultur und Staat. ZHF-Beiheft. Hrsg. von Luise Schorn-Schütte. Berlin 1999.

dabei eine gewisse Rolle gespielt haben.[9] Im Falle Joachimsen erscheint das besonders absurd und widersinnig. Sein wissenschaftliches Lebenswerk zeichnet sich schließlich nicht zuletzt durch eine fast glühende Vaterlandsliebe aus, den Versuch, für sich und seine Landsleute eine zureichende historische Ortsbestimmung zu erringen. Freilich, diese Absicht kam so recht erst nach dem Ersten Weltkrieg zum Vorschein, ändert dadurch aber nichts an dem Sachverhalt selbst. Durch das fast traumatische Erlebnis dieses Krieges und seines Ausgangs, das Joachimsen mit vielen seiner geistigen Zeitgenossen teilte, klärte sich seine zuvor bereits angelegte historische Fragestellung zu deutlicherer Problembezogenheit.

Begonnen hatte er in der selbstgewissen Wissenschaftspraxis des deutschen Kaiserreichs. Methodische Strenge, positivistische Exaktheit, deutschnationales Interesse, antiquarische Zufriedenheit leiteten wie selbstverständlich die wissenschaftlichen Anstrengungen. Die eigene wie auch die europäische Geschichte erschienen nicht besonders problematisch, und sie harrten allenfalls weiterer Begründungen und exakter Darstellungen, entsagungsvolle Aufgabe asketischer Gelehrsamkeit.

Die Kriegsjahre von 1914 bis 1918 brachten, wie erwähnt, auch für Joachimsen einen tiefen Einbruch, ganz so wie allenthalben damals in Deutschland. Der Krieg zwang auf je individuelle, höchst unterschiedliche Weise zum Umdenken, zu versuchen, neue, überzeugendere Antworten auf die brüchig gewordene Selbst- und Welteinschätzung zu finden. Gerade auch den Historikern war da eine wichtige Aufgabe gestellt, und Joachimsen entzog sich ihr keineswegs. Er erkannte und akzeptierte die Notwendigkeit einer „Revision der Vergangenheit". Die Chance einer „kritischen Besinnung" auf die eigene Geschichte wollte er – gemeinsam mit anderen – durchaus nutzen.[10]

Die deutsche Geschichte erwies sich ihm in der Folgezeit zunehmend als viel weniger geradlinig und kontinuierlich als die der anderen großen europäischen Völker. Sie schien ihm von „tumultuarischer" Diskontinuität geprägt. Zumindest seit Beginn der Neuzeit, der Ablösung der – ideell verstandenen – Einheit des Mittelalters habe sie die deutschen Verhältnisse immer wieder mitbestimmt. Eine gewisse Sonderstellung nehme insofern die deutsche Entwicklung ein. Das sei zwar keineswegs als eine bessere, eine besondere Historie zu verstehen, sondern müsse als Ergebnis historischer Bedingungen im Rahmen der europäischen Entwicklung akzeptiert werden. Eine Möglichkeit, ein Weg europäischer Geschichte während der Neuzeit sei eben der deutsche, der sich begreiflicherweise – dem Historiker ohnehin selbstverständlich – von dem englischen, französischen oder ita-

---

[9] Insgesamt zu diesem Zusammenhang Notker Hammerstein: Antisemitismus und deutsche Universitäten 1871–1933. Frankfurt a. M.: Campus 1995.
[10] Insoweit gehörte Joachimsen trotz seines Preußentums und seines entschiedenen Nationalstolzes zu den wenigen, die sich nicht in konservativer Verhärtung oder gar in antidemokratischer Reaktion einigelten. Vgl. insgesamt auch Muhlack: Deutsche Neuzeit (Anm. 3), S. 98 ff.

lienischen unterscheide. Ihre bestimmenden Charakterzüge habe diese Entwicklung vorab durch die Reformation erhalten.[11]

Joachimsen war damit neuerlich, nur entschieden problembewußter auf dieses Umfeld des ‚Beginns der Neuzeit' – wie das damals genannt wurde – verwiesen. Renaissance, Humanismus, Reformation bildeten folgerichtig zentrale Forschungsthemen, weil sie – so war Joachimsens Meinung – entscheidend für die Ausbildung unterschiedlicher europäischer Nationen und Staaten gewesen waren. Staaten und Nationen erschienen ihm in der Neuzeit zudem untrennbar verknüpft, sie seien die historischen Potenzen, die die Geschicke aller Menschen bestimmten. Ihr Selbstverständnis, Ergebnis ihrer geschichtlichen Entwicklung und deren Interpretationen, sei hierfür das Kennzeichen der innerhalb europäischen Zusammenhangs unterschiedlichen Staatswesen. Daher müsse dieses – der Staatsgedanke, nicht der Staat! – in seinem historischen Entstehungsprozeß analysiert werden, erschließe sich doch nur solcherart die politische, soziale und geistige Existenz der einzelnen Nationen.[12] „Die Summe der politischen Vorgänge und sozialen Gestaltungen" wie auch die im weitesten Sinne kulturellen Errungenschaften konstituierten jeweils diesen Staatsgedanken. Sie entschieden darüber, ob und inwieweit ein ausgeglichenes oder ein angespanntes Verhältnis zwischen den einzelnen Komponenten bestehe. Idee und Wirklichkeit erschienen ihm also jeweils dialektisch verknüpft, bedingten einander, stünden in einem fortwährenden Spannungsverhältnis. „[...] das Maß dieser Spannung, das ist das eigentliche Kennzeichen für die Normalität oder Anormalität der staatlichen Entwicklung überhaupt."[13] Und bei den Deutschen – so Joachimsens Fazit – bestimme ein anormales Spannungsverhältnis zwischen geistigen und politisch-sozialen Elementen den Staatsgedanken.

Dies im einzelnen zu begründen und nachzeichnend zu erörtern ist nicht erforderlich, steht es doch in den verschiedenen Arbeiten Joachimsens bequem nachzulesen. Auch mögliche und denkbare Einwendungen, zeitbedingte Grenzen dieser Problemstellungen müssen nicht erst aufgezeigt werden, denn dies sind leicht begreifliche Selbstverständlichkeiten. Hingegen scheint es mir sinnvoll, auf einige Joachimsen wichtige und in meinen Augen noch immer tragfähige Positionen sei-

---

[11] Zur Reformation am ausführlichsten Joachimsen: Reformation (Anm. 6). Dieses Werk erschien zuerst in verkürzter Form in: Propyläen Weltgeschichte. 10 Bde. Hrsg. von Walter Goetz. Bd. 5. Berlin: Propyläen 1930. Otto Schottenloher hat es aus dem Nachlaß vollständig ediert. Vgl. insgesamt ferner Hammerstein: Reformation und deutsche Modernität (Anm. 8). Zum Problem der Sonderstellung vgl. Bernd Faulenbach: Ideologie des deutschen Weges. Die deutsche Geschichte in der Historiographie zwischen Kaiserreich und Nationalsozialismus. München: Beck 1980.

[12] Paul Joachimsen: Der deutsche Staatsgedanke von seinen Anfängen bis auf Leibniz und Friedrich den Großen. München: Drei Masken 1921 (Reprint Darmstadt: Wissenschaftliche Buchgesellschaft 1967); vgl. ferner Staatslehre der Frühen Neuzeit. Hrsg. von Notker Hammerstein. Frankfurt a. M.: Deutscher Klassiker-Verlag 1995 (= Bibliothek Deutscher Klassiker, 130).

[13] Joachimsen: Der deutsche Staatsgedanke (Anm. 12), S. IX f.; ferner Muhlack: Deutsche Neuzeit (Anm. 3), S. 101.

ner historischen Einsichten zu verweisen.¹⁴ Ist ihm doch der erste systematische Vergleich etwa zwischen deutschem und italienischem Humanismus zu verdanken, der Versuch ferner, Spezifika deutschen und westeuropäischen Staatsverständnisses als Ergebnis eben der damaligen Entwicklung zu benennen.

Joachimsen beharrte streng darauf, daß gerade auch der Historiker äußerste Präzision und Klarheit beim Gebrauch von Begriffen einhalten müsse. Es müsse ihm selbstverständlich sein, genau anzugeben, was er mit einem Begriff meine, wie er ihn verstehe, was er mit einer Bezeichnung verbinde. Andernfalls komme es zwangsläufig zu Unklarheiten, zu verschwommenen, nichtssagenden – da beliebig anwendbaren – Benennungen. Insoweit könnten, wie jeder Historiker wissen müsse, zeitlich und inhaltlich verschiedene Phänomene nicht mit dem gleichen Wort, dem nämlichen Begriff zureichend benannt werden. Das nicht völlig Gleiche, in allem Übereinstimmende könne nicht identisch sein! Werde das beim Wortgebrauch jedoch übersehen und mißachtet, schade es der Erkenntnis, verrate zudem mangelnde geistige Anstrengung. Es offenbare letztlich, daß die Phänomene nicht durchdacht worden seien, daß die fragliche Sache unerklärt, uneinsichtig und undeutlich geblieben sei. Gerade etwa im Gebrauch der Begriffe Renaissance/Humanismus – und damit komme ich zum Thema zurück – stände dies zu beobachten. Es sei insofern unabdingbar, genau zu definieren, was darunter zu verstehen sei: Die Renaissance sei ein historischer und nicht ein kunsthistorischer Begriff. Er bezeichne eine Spanne der italienischen Geschichte, die Zeit von etwa 1250 bis 1550. Ganz anders sei das hingegen, wenn ein Kunsthistoriker den Begriff verwende. Da sei er relativ klar definiert, als Stil- und Gattungsbegriff etwa. Nicht aber sei das der Fall in der üblicherweise gebrauchten Verwendung innerhalb der Geschichtswissenschaft. Und darum müsse die Renaissance eben als Zeitabschnitt italienischer Geschichte verstanden und charakterisiert werden.¹⁵

Mehrere Eigentümlichkeiten kennzeichneten das Wesen dieser solcherart begriffenen Renaissance. Mit Jacob Burckhardt, den Joachimsen sehr schätzt, spricht er vom Streben nach Individualität. Burckhardts Formel in Beschreibung der italienischen staatlichen Gebilde der Zeit, der Städte und Gewaltherrscher, „deren Dasein rein tatsächlicher Art war", scheint Joachimsen nach wie vor und „gegenüber allen modernen Mißverständnissen […] für vollkommen richtig und für die einzig zutreffende Bezeichnung dessen, was man den Geist der Renaissance – Renaissance als Kulturepoche genommen – nennen kann".¹⁶ Dieses neue Lebensgefühl bzw. dieser neue Lebenswille sei der transzendentalen Wertsetzung des Mittelalters unbekannt gewesen. Sie erstrebe eine rationell sich abgrenzende

---

[14] Zum Beleg derzeitiger Positionen verweise ich an gegebenem Ort auf einige jüngere Beiträge zu den entsprechenden Problemumfeldern.
[15] Paul Joachimsen: Der Humanismus und die Entwicklung des deutschen Geistes. In: Ders.: Gesammelte Aufsätze I (Anm. 2), S. 325–386. Der Klarheit der Argumentation zuliebe beziehe ich mich hauptsächlich auf diese Arbeit. Selbstverständlich könnte auch anhand anderer Studien der gleiche Sachverhalt aufgezeigt werden.
[16] Ebd., S. 332.

Ordnung des Einzelnen wie der Gesellschaft. „Man muß nun nicht glauben, daß diese individualistische Kultur bedeuten solle, daß es früher weniger oder in geringerem Maße individuelle Gebilde und Menschen gegeben habe, und auch nicht, daß dieser Individualismus ein Bruch mit dem organischen System des Mittelalters bedeutete." Es setze dieses System gerade voraus, um sich von ihm abgrenzen zu können. Aber all das führe zu der „rationalen Durchbildung des eigenen Lebenskreises, führt zu einem ersten Weltbild, das die Welt in die beiden Machtbezirke der ratio und der fortuna auseinanderlegt, und zu einem ersten Versuch der Sinngebung dieses rein tatsächlichen Daseins innerhalb des Systems durch die Idee der virtù".[17]

Im Politisch-Sozialen entsprach diesem Individualismus das Emporkommen des Stadtstaates. Wie bei der antiken Polis, der dieser Stadtstaat in gewisser Weise glich, beruhte seine Ordnung auf der „Einschmelzung der Stände in den Bürgerbegriff". Damit ist er innerhalb der feudal-hierarchischen Ordnung des Mittelalters ein völlig eigenes, im Grunde fremdes Gebilde. Nach außen strebte er zur politischen und ökonomischen Autonomie und Autarkie, im Inneren suchte er eine rationale, „nicht bloß auf Gewohnheit und Herkunft beruhende Durchbildung seines Lebens".[18]

Die Renaissance-Polis erscheint so als das erste individualistische Gebilde der abendländischen Welt. Sie stecke sich ihren Lebensspielraum ausschließlich nach dem eigenen Interesse ab, begreife sich nicht mehr als Glied eines organischen, transzendentalen Systems. Ihre Menschen teilten dies Bedürfnis nach Individualität, was am sichtbarsten in den Tyrannen einzelner Stadtstaaten hervortrete. Gewiß seien all diese Renaissancemenschen nicht mehr Individuen als die des Mittelalters, um es zu wiederholen, aber eben solche, „die ihr egozentrisches Menschentum bejahen und zum Maßstab ihres Lebens zu machen wagen". Das – ethische – Postulat dieses Individualismus ziele hinwiederum auf Verselbständigung der Persönlichkeit sowie auf eine Neuumgrenzung in dem Begriff der Gesellschaft.

Dieser moderne Stadtstaat, in dem Politik – nicht ungefähr von Machiavelli damals ‚entdeckt' –, Selbstbehauptung und Selbstverwirklichung, rationelles Kalkül, ästhetische Selbstdarstellung eine so überragende Rolle spielten, der Augenblick, nicht Herkommen oder geheiligte Traditionen zählte, entstand nicht zufällig in Italien. Die im Grunde wenig vom Feudalismus geprägte Lage des Landes, die geringe und andere Bedeutung des Adels etwa, der häufig nicht feudalen Ursprungs, zunehmend in Städten wohnend, ‚moderner' agierend als seine europäischen Standesgenossen war, unterschied sich nicht unerheblich von den großen, feudalisti-

---

[17] Ebd., S. 382.
[18] Außer Jacob Burckhardts noch immer klassischer und in vielem unübertroffener Darstellung Die Kultur der Renaissance in Italien. Basel: Schweighauser 1860, vgl. auch Daniel Waley: The Italian City-Republics. 2. Aufl. London: Longman 1978; The Renaissance in National Context. Hrsg. von Roy Porter und Mikulás Teich. Cambridge: Cambridge University Press 1992.

schen Königreichen des Nordens und Westens. In Italien hatten all die üblichen Vorstellungen vom Adel, von Herrschaft, Stand, Recht etc. zwar auch Entsprechungen. Aber sie wurden eigentlich nie mit Leben erfüllt, hatten eigentlich nie die bestimmende Bedeutung wie nördlich der Alpen.[19] Das erleichterte begreiflicherweise das Aufkommen neuer, anderer Lebensformen und Vorstellungen und hatte schließlich noch in der Zeit der Französischen Revolution für Italien keine überkommen, überständigen Feudalgewalten zu beseitigen belassen. Schon die Renaissance-Gesellschaft hatte hier eigentlich keinen ernsten Gegner.

Was Joachimsen unter dieser neuen Rationalität, der Bejahung der Individualität und den historischen Voraussetzungen Italiens für die Entstehung der Renaissance versteht, hat er in einem unveröffentlichten Vortrag in den zwanziger Jahren am Beispiel von Mailand, Venedig und Florenz näher dargestellt. Zur Verdeutlichung seiner Argumentation kann eine Passage daraus, in der er eine relative Verschiedenheit der drei Gemeinwesen konstatiert, gewiß beitragen:

> Aber es gibt gemeinsame Züge ihrer Entwicklung. Zunächst das, was wir die Rationalisierung des staatlichen Lebens nennen können. Nicht nur die Mailänder Tyrannen, sondern auch die Aristokraten von Venedig und die Demokraten von Florenz geben sich fortgesetzt Rechenschaft von den Kräften des Gemeinwesens. Hier entsteht zum ersten Mal eine Statistik der Bevölkerung, eine Übersicht über Einnahmen und Ausgaben, eine Finanzpolitik. In den beiden Republiken tritt dazu die Aufzeichnung der Statuten und Rechtsgewohnheiten, die unter dem Einfluß von Notaren und Kanzlei bald eine feste Entwicklung erkennen läßt. Das Gesetz ist hart und grausam. Aber man bekommt das Gefühl dafür, daß es nicht Willkür sein dürfte. Auch in den Tyrannen-Staaten sieht man auf das, was die Zeit eine gute Polizei nannte. Das Zweite ist die wachsende Hingabe an das Gemeinwesen. Hier steht Florenz voran. Die Symbole seiner Einheit und innerlichen Gemeinschaft sind lange die Stadtmauer und der Dom. Es wird Sitte und schließlich Pflicht der Bürger, beide Werke in ihren Testamenten zu bedenken. Daneben stehen Werke sozialer Fürsorge. Mit seinen Hospitälern und Findelhäusern steht Italien damals der ganzen Welt voran. [...] Immer deutlicher spricht sich in den Beschlüssen, mit denen die Stadtgemeinde öffentliche Bauten geistlichen und weltlichen Charakters begründet, das Gefühl der Verantwortlichkeit vor Mit- und Nachwelt aus, das der Ruhmessehnsucht der Tyrannen gleichkommt. Berühmt ist der Beschluß vom 12. April 1339 geworden, durch den Giotto als Magnus Magister zum Stadt- und Dombaumeister bestellt wird, in dem Wunsche, daß die in der Stadt Florenz für das öffentliche Gemeinwesen begonnenen und weiterzuführenden Arbeiten ehrenvoll und schön fortschreiten, ‚[...] da auf dem ganzen Erdkreis nicht einer erfunden werden kann, welcher hierfür für vieles andere geeigneter sei als Meister Giotto di Bondone [...]'. Und als im Jahre 1373 Florentiner Bürger um die Errichtung eines Lehrstuhls für die öffentliche Verlesung und Erklärung der *Göttlichen Komödie* Dantes nachsuchten, da heißt es in der Begründung, daß sie für sich und ihre Mitbürger, für ihre Kinder und Nachkommen solcherweise zur Tugend geführt, vor Laster gewarnt, in der Eloquenz gelehrt, auch wenn sonst ungelehrt, unterwiesen zu werden wünschten. Bür-

---

[19] Notker Hammerstein: Jacob Burckhardt. Die Kultur der Renaissance in Italien. Anmerkungen zu einem ‚Versuch'. In: Kiesstraße Zwanzig Uhr. Hrsg. von Jürgen Lentes. Huss'sche Universitätsbuchhandlung 1983–1993. Frankfurt a. M.: Huss 1993, S. 297–306.

ger, die so sprechen, leben nicht mehr in dem Gottesstaate Augustins, sie wollen eine Moral, die nicht widerkirchlich zu sein braucht, aber aus der Betrachtung ihrer eigenen Welt gezogen ist, in der die Kirche in ihrer irdischen Gestalt nur ein Faktor neben vielen ist. [...] Aber damit diese neue Bildung ihrer selbst gewiß, damit sie ein abgeschlossenes Ganzes gegen die große Gemeinschaft kirchlich-feudaler Kultur wird, brauchte sie doch wieder ein Vorbild und eine Autorität, sie brauchte es gleichmäßig für die neue Moral und die neue Eloquenz. Und beides bot ihr der Humanismus.[20]

Die Legitimation also, um es zu wiederholen, die dieses Leben „rein tatsächlicher Art" – wie Burckhardt es nannte – brauchte, ihre notwendige, „ideenhafte Begründung" erfuhr dieses individualistische System der Renaissance im Humanismus. Dieser war Joachimsen eine geistige Bewegung, die danach drängte, die als untergegangen begriffene Antike wiederzubeleben. Die Humanisten boten aus der Antike der Renaissance die Normen für die eigene Kultur an, wie auch die Möglichkeiten zur Formierung der eigenen Kultur, die des Lebens insgesamt. Das mochte in Art von Wiederbelebungssehnsucht antiker Verhältnisse vor sich gehen – eine sozusagen romantische Vergewisserung – oder schlicht als generelle Rechtfertigung für das eigene bejahte Dasein unter überzeitlichem Aspekt. Der Humanismus trat kulturgestaltend und wertgebend zugleich auf, formte und normierte die Renaissance-Gesellschaft. In einer – letztlich ästhetisch gedachten – Harmonie wuchs den Menschen die Aufgabe zur eigenen Vervollkommnung zu. Ein aristokratisches Bildungsmoment eignete ihm in hohem Maße, wie schon bei Petrarca zu beobachten stände. Allein in Florenz habe das zum Versuch der Formung eines Bürgergeistes geführt. Das sei aber nicht das Hauptproblem des italienischen Humanismus gewesen, sondern das, diese „aristokratische Menschenkultur [...] in die klassische Form" zu bringen. Joachimsen führt aus:

> Die Ruhmbegier ist schön, denn Horaz und Vergil haben sie besungen. Der Genuß des Lebens nicht sündlich, denn Ovid und Epicur haben ihn empfohlen. Aber in dem all wirkt nun doch die antike polis fort, denn diese Tugenden sind nicht mehr Tugenden eines Standes, sondern die eines neuen Menschentyps. Die neue humanitas als Bildungs- und Lebensgefühl, wie sie am deutlichsten Leonardo Bruni in Florenz entwickelt. Und hier in Florenz bleibt auch der Gedanke lebendig, daß es Bürgertugenden gibt, die mit den geistlichen Tugenden wetteifern können, denn Cicero und Aristoteles haben sie gelobt. So ergibt sich, vom Humanismus aus gesehen, eine große Rückwärtsaufrollung der antiken Überlieferungen.[21]

Dieser humanistische Renaissance-Mensch wurde andererseits in eine neue soziale Bindung eingefügt. Joachimsen nennt das die Entstehung der ersten modernen Gesellschaft. Sie entstand auf dem Boden der italienischen Stadtstaaten.

> Ihr Kennzeichen ist der *consensus opinionum*, die stillschweigende Übereinstimmung über die Formen des Lebens, normiert nach obersten Prinzipien, deren Anerkennung durch die ‚human' Gebildeten vorausgesetzt, aber der Diskussion entzogen ist. Sie ist nicht

---

[20] Paul Joachimsen: Die Polis der italienischen Renaissance. Manuskript im Nachlaß. Staatsbibliothek München.
[21] Ders.: Der Humanismus und die Entwicklung des deutschen Geistes (Anm. 15), S. 334.

mehr Gemeinschaft, die auf naturgegebenem Zusammenhang beruht, nicht mehr Standesgesellschaft mit bestimmten Zeremonien des Eintritts, wie noch die ritterliche Gesellschaft des Mittelalters, die sie ablöst. Sie ruht auf keiner Konvention.[22]

Sie stellte zugleich die „neue kulturelle Einheit Italiens dar", die wiederum lange über die verlorene politische Selbständigkeit des Landes hinaus italienische Kulturhegemonie in Europa garantierte.

Für Renaissance und Humanismus wurde und war die Antike also normativ. Das unterschied sie grundlegend von jeglicher Auseinandersetzung des Mittelalters mit antiken Stoffen. Die ging jeweils davon aus, daß die antike Überlieferung Teil der eigenen, heilsgeschichtlichen Entwicklung, tradierte und fortwirkende, nicht untergegangene Positionen seien. In der Tat war schließlich die Kenntnis der antiken Stoffe im Mittelalter nur wenig geringer als im Humanismus, aber die Antike diente nicht dazu, das eigene Leben zu normieren und zu formen. Joachimsen konnte daher zu Recht die Behauptung, es habe vor der Renaissance und dem Humanismus bereits vergleichbare Phänomene gegeben, als sinnlos, unhistorisch, unsachgemäß charakterisieren.[23] Das Ganze ist eben „kein Stoffproblem, sondern ein Formproblem", eine Einsicht, die Mediävisten anscheinend nur schwer zu vermitteln ist. Diese suchen nämlich nach wie vor nach solchen Positionen, da sie – zum Teil wohl unbewußt – das ‚Nichtvorhandensein' von bestimmten historischen Erscheinungen im Mittelalter als Mangel, als Verdikt gegen die ihnen so wichtige Zeit aufzufassen geneigt scheinen.

Es zeichne schließlich historisches Denken aus, daß es nicht Textkenntnissen, sprachlich-stilistischen Problemen, vermeintlichem Bildungswechsel die entscheidende Bedeutung für grundlegende Wandlungen zuerkenne. Erst da, wo sich Kulturwandel in sozialen Erscheinungen, in politisch-geistigen Phänomenen aufzeigen lasse, sei er tatsächlich und auch wirkungsmächtig. An vielen Beispielen aus Renaissance und Humanismus hat Joachimsen das zu zeigen versucht. Beide Erscheinungen sind ihm folgerichtig – sollen die Begriffe überhaupt eine historische Bedeutung haben – zeitlich und inhaltlich klar definiert, sie sind keine sich beliebig wiederholenden Bildungsvorgänge. Sie sind einmalige, klar zu beschreibende Phänomene von singulärer Art.

Nun blieb der Humanismus nicht auf Italien beschränkt. Er überschritt alsbald die italienischen Grenzen, wurde zu einem gesamteuropäischen Phänomen. (Von daher ist – um dies eben in Parenthese anzumerken – ein Land ohne dies geistige, politisch-soziale Phänomen nicht eigentlich Teil Europas im engeren Sinne!)[24] Naturgemäß trafen die Humanisten, die diese neue Lebenshaltung propagierten – zumeist übrigens junge Akademiker, die in Italien studiert hatten – auf gänzlich

---

[22] Ebd., S. 335.
[23] Vgl. etwa Paul Joachimsen: Vom Mittelalter zur Reformation. In: Ders.: Gesammelte Aufsätze I (Anm. 2), S. 13–57, hier S. 20. Dieser Aufsatz bemühte sich, die zeitgenössisch hoch anerkannten Auffassungen Konrad Burdachs zu widerlegen.
[24] Walter Rüegg: Cicero und der Humanismus. Zürich: Rhein-Verlag 1946.

anderes Umfeld. Die einzelnen Länder übernahmen folgerichtig denn auch in je eigentümlicher Form diese Ideale, nicht so unterschiedlich freilich, daß ihre Nähe, ihre Verwandtschaft und Vergleichbarkeit verlorengegangen wäre.[25]

Im Heiligen Römischen Reich deutscher Nation, dem ich mich nun im Gefolge Joachimsens zuwende[26] – nicht, daß Joachimsen sich über die Bedingungen in Frankreich und England etwa nicht geäußert hätte –, machte sich der Humanismus in zweierlei Richtungen bemerkbar. Das hing nicht zuletzt damit zusammen, daß dieses Staatswesen nach wie vor starke mittelalterlich-universalistische Züge aufwies.[27] Das Reich erschien und verstand sich entschieden weniger ‚modern' als die westlichen Feudalstaaten. Mit den – letztlich unfeudalen – italienischen Stadtstaaten verband es einleuchtenderweise damals noch weniger. Kaisertum, Reichskirche, Reichsgedanke verwiesen die Deutschen in ihrem Selbstverständnis in ‚universalistische' Traditionen.[28] Es ist dafür unter anderem bezeichnend, daß die damals so populären ‚Gravamina' der deutschen Nation entsprechend formuliert worden waren. Ihnen entsprach zugleich der Ruf nach einer *reformatio Imperii* neben der der Kirche, was breite Zustimmung fand und die Reichspolitik nachhaltig beschäftigte.[29]

Da die Kaiser bis hin zu Maximilian I. eine so wenig überzeugende Figur machten, gab es im 15. Jahrhundert kein eigentlich repräsentatives Oberhaupt des Reichs. Zudem gab es keinen zentralen Ort, von dem aus reichsweit Wirkung hätte aufgebaut und politisch umgesetzt werden können.[30] Das ‚staatliche' Leben spielte sich daher vorab in den Territorien des Reichs ab, hier erlebten die Untertanen ihre jeweilige Obrigkeit. Freilich führte das nicht dazu, das Reich als Idee zu gefährden. Ja, es war und blieb Bezugspunkt und Bindeglied aller Reichsglieder, war, wenn auch ohne personales oder örtliches Zentrum, das einigende staatliche Moment aller Deutschen.[31] In diesem altertümlichen Staatswesen gab es nun die für die Humanisten so wichtige Öffentlichkeit eigentlich nicht. Schon gar nicht existierte eine Gesellschaft, die der der italienischen Stadtstaaten vergleichbar gewesen wäre. Allenfalls in den Universitäten und gelegentlich an Höfen fand

---

[25] Itinerarium Italicum. The Profile of the Italian Renaissance in the Mirror of its European Transformation. Hrsg. von Heiko A. Obermann und Thomas A. Brady Jr. Leiden: Brill 1975 (= Studies in Medieval and Reformation Thought, 14).

[26] Außer Joachimsens Reformationsgeschichte vgl. auch seine Einleitung zur Ausgabe von Leopold von Ranke: Deutsche Geschichte im Zeitalter der Reformation. In: Ders.: Gesammelte Aufsätze I (Anm. 2), S. 621–734, sowie seine Abhandlung ‚Vom deutschen Nationalbewußtsein'. In: Ders.: Gesammelte Aufsätze II (Anm. 2), S. 701–726.

[27] Vgl. den Artikel ‚Reich' in: Geschichtliche Grundbegriffe. 5 Bde. Hrsg. von Otto Brunner, Werner Conze und Reinhart Koselleck. Bd. 5. Stuttgart: Klett 1984, S. 456–470.

[28] Heinrich Lutz: Das große Ringen um deutsche Einheit und kirchliche Erneuerung, 1490–1648. Berlin: Ullstein 1983, S. 153 ff.

[29] Luise Schorn-Schütte: Die Reformation. Vorgeschichte – Verlauf – Wirkung. München: Beck 1996.

[30] Erich Meuthen: Das 15. Jahrhundert. München: Oldenbourg 1980.

[31] Rainer A. Müller: Heiliges Römisches Reich Deutscher Nation. Anspruch und Bedeutung des Reichstitels in der Frühen Neuzeit. Regensburg: Pustet 1990 (= Eichstätter Hochschulreden, 75).

sich eine Art Ersatz. Dorthin waren die Humanisten also verwiesen. Das war mit ein Grund dafür, daß die Universitäten im Reich einen so hohen und dauerhaften Stellenwert für den geistigen Haushalt innehatten und behielten. Sie waren und blieben die öffentlichen Orte für alle geistig Interessierten. Die geistige Selbstvergewisserung der Deutschen sollte denn auch hier ihren Ort haben – und das für Jahrhunderte![32]

Nach Joachimsen entfaltete sich der Humanismus in Deutschland in zwei Richtungen. Da gab es einerseits eine national-romantische Tendenz. Durch das italienische Vorbild auf ein – letztlich gleiches – Kulturideal verwiesen, die Antike, das freilich nicht, bzw. nur auf Umwegen, der eigenen Vorgeschichte zuzurechnen stand, mußten sich diese Humanisten aufgerufen sehen, hier ein zumindest gleichrangiges, eigenes Kulturideal gegenüberzustellen. Natürlich behielt die Antike – das exemplarisch Alte – einen unverrückbaren Stellenwert. Das Ideal eines deutschen Menschen, das einer germanischen Urzeit, der Aufweis der Abstammung der Habsburger aus Troja, der Nachweis, daß Adam eigentlich ein Germane gewesen war, die Benennung Roswithas von Gandersheim als deutsche Sappho etc., dienten dieser Absicht, suchten dem eigenen Sein Vorrang vor welscher Überheblichkeit zu sichern.[33] Kaisertum und Reichsgedanke erfuhren von daher eine nachhaltige politisch-weltliche Förderung, sicherten die Wahl der Habsburger auf lange hinaus.

Es entstand der dauerhafte Mythos des ‚Teutschen'. Diese Deutschen seien eigentlich Germanen. Frei, ungebunden aber sittlich, züchtig, hätten die Vorfahren gleichsam urwüchsig danach gestrebt, die freie und befreiende Natur zum Vorbild des Lebens im Gemeinwesen zu nehmen. Jeder für sich, nicht gebunden durch eine Gesellschaft, die zwar bloß auf Konvention beruhte, gleichwohl aber ungemein verpflichtend wirkte – kein *consensus opinionum!* – habe jeder seine Persönlichkeit zu verwirklichen, gelegentlich gar bis zum Helden, bis zur individuellen Größe fortzuentwickeln vermocht. Solcherart konnte und mochte er dem Gesamten, dem Volk – eine ebenfalls ursprüngliche Gegebenheit – dienen. Der deutsche Wald als numinoser Ort ersetzte die nicht vorhandene Piazza, erlaubte aber gleichermaßen die Ausbildung zur Persönlichkeit. Wie diese sich seit alters ausgenommen habe, konnte man Tacitus wiederentdeckter *Germania* entnehmen.[34]

Die zweite Richtung andererseits, der beschriebenen eng verwandt, war die religiös-aufklärerische. In Erasmus, dem größten und wirkungsmächtigsten außeritalienischen Humanisten, hatte sie ihren Mittelpunkt. Eine *restitutio Christianismi*

---

[32] Notker Hammerstein: Zur Geschichte und Bedeutung der Universitäten im Heiligen Römischen Reich Deutscher Nation. In: HZ 241 (1985), S. 287–328.
[33] Alphons Lhotsky: Apis Colonna. Fabeln und Theorien über die Abkunft der Habsburger. In: MIÖG 55 (1944), S. 171–245.
[34] Paul Joachimsen: Tacitus im deutschen Humanismus. In: Ders.: Gesammelte Aufsätze I (Anm. 2), S. 275–296; Klaus von See: Vom ‚edlen Wilden' zum ‚Volk der Dichter und Denker'. Die Anfänge der Germanenideologie. In: Ders.: Barbar, Germane, Arier. Die Suche nach der Identität der Deutschen. Heidelberg: Winter 1994, S. 61–82.

im Rückgriff auch auf die christliche Antike war das Ziel, ein optimistisches, bildungsgläubiges Verständnis kennzeichnete sie.

Beide Richtungen halfen Luther zu raschem Bekanntwerden wie auch dazu, daß seine Sache zunächst als ‚nationale' Angelegenheit angesehen wurde.[35] Freilich verlief der gemeinsame Weg nur eine kurze Strecke. Die ganz anders geartete Weltsicht Luthers, seine von Joachimsen auch dem Nichttheologen einsichtig gemachte Religiosität, seine religiöse Begrifflichkeit vertrugen sich letztlich nicht mit den optimistischen Anschauungen von Renaissance und Humanismus. Sein rein innerlicher Freiheitsbegriff, die ‚christliche Freiheit', die Überzeugung ferner von der Schlechtigkeit der Welt, die Gewißheit einer Verderbtheit der Vernunft widersprachen entschieden den Renaissanceidealen. Daß Luthers Vorstellungen sich in der Wirklichkeit des damaligen Reichs nur bedingt durchzusetzen vermochten – so der Gedanke eines allgemeinen Priestertums, eines Amtscharakters jeglicher Herrschaft etwa –, ist ebenfalls gut bei Joachimsen nachzulesen. In der Anverwandlung dieser Vorstellungen, im Kampf der Deutschen um konfessionelle Neubildung und Reichseinheit erfuhr – wie Joachimsen mit Ranke zu Recht annimmt – das, was deutscher Geist genannt werden könnte, ein entscheidendes Stück seines Selbstverständnisses, er „wurde mündig". Die Gründe für diese Schlußfolgerung, die umfänglichen Argumente können im einzelnen nicht erläutert werden. Wichtig erscheint mir hingegen, auf die Folgen dieser Vorgänge für den deutschen Staatsgedanken zu verweisen, wie sie sich danach ergaben, wie sie Joachimsen deduziert.

Indem es für Luther Sicherheit nur im Glauben gab, das Individuum, die Persönlichkeit allein im Religiösen – in der Unmittelbarkeit zu Gott – frei und es selbst sein konnte und immer nur dank göttlicher Gnade, ansonsten Welt, Vernunft, Wille etc. verderbt seien, konnte es keine Verbindung und Vermittlung zu den Idealen der Renaissance geben. Ja, es stand all das entschieden im Gegensatz zu den Grundprinzipien dieser Kultur, welche ja auf vernunftgemäßer, innerweltlicher Abgrenzung und Ordnung aufbaute. Für den Reformator konnte ferner das optimistische Ideal einer Vervollkommnungsfähigkeit des Menschen niemals zutreffend sein, ebensowenig wie ihm ein glückliches Leben in Gemeinschaft basierend auf Übereinkunft und freier vernünftiger Gestaltung denkbar schien.[36] Die Zwangsgewalt der Obrigkeit als göttlicher Auftrag, gelegentlich gar als christliches Amt, vermöge das allein, wie Luther befand. Dieses Amt, richtig wahrgenommen, zeige, daß Obrigkeit – ein Beruf wie jeder andere – damit ihrer christlichen Liebespflicht am Nächsten genüge.

Solch entgegengesetzte Positionen waren in der Tat nicht zu versöhnen. Sie erklären, da Luther auch für die katholisch gebliebenen Territorien des Reichs viel-

---

[35] Stadt und Kirche im 16. Jahrhundert. Beiträge des 2. wissenschaftlichen Symposiums des Vereins für Reformationsgeschichte 1977. Hrsg. von Bernd Moeller. Gütersloh: Mohn 1978 (= Schriften des Vereins für Reformationsgeschichte, 190).
[36] Bernhard Lohse: Martin Luther. Eine Einführung in sein Leben und sein Werk. München: Beck 1982.

fach stilbildend wurde, daß dem deutschen Staatsgedanken andere Bereiche wichtig und essentiell erschienen als dem, der vom Renaissancedenken geprägt worden war, also den italienischen, französischen, englischen etwa. Waren es dort ‚Politik und Wirtschaft', so hier im Reich ‚Religion und Recht'. Daher, so formulierte Joachimsen, gelte: „Renaissance und Reformation sind Gegensätze, sie sind es überall, in ihrer Auffassung der Persönlichkeit, des Staats und der Gesellschaft."[37]

Weniger entschieden hingegen mußten die Unterschiede zwischen Humanismus und Reformation sein. Da konnte es dann – vor allem dank des Wirkens Philipp Melanchthons – zu einer zukunftsweisenden und tragfähigen Übereinkunft kommen. Das neue humanistische Ideal der Bildung vertrug durchaus eine Verbindung mit der ebenfalls einen neuen geistigen Menschen erstrebenden Reformation.[38] Das hat – und nicht nur in Deutschland, wie bekannt, auch in der gegenreformatorischen Erziehungslehre der Jesuiten und noch mehr in der der Calvinisten – die vielfältigsten Konsequenzen gehabt. Selbst in der Wissenschaftslehre resultierte daraus ein modifizierender Neuansatz, wie er sich unter anderem in Melanchthons *Loci communes* fassen läßt, worüber Joachimsen erneut Entscheidendes ausgeführt hat.[39]

Die Renaissance-Entwicklung wurde in Deutschland also durch die Reformation abgeschnitten, nicht jedoch humanistische Traditionen, die insoweit ja auch die gesamteuropäische Diskussion fortzusetzen erlaubten. Für die Entwicklung des deutschen Staatsgedankens – Joachimsen nannte das zeitbedingt ‚modern' damals: für seine ‚Psychologie'[40] – hatte das gewichtige Folgen. Das spätere demokratische Gesellschaftsideal, aus dem in der Renaissance angelegten Gesellschaftsverständnis erwachsen, die Vorstellung von der Freiheit des Individuums auf Grund seiner Teilhabe an und in der Gesellschaft, die freie, vernünftige Abstekkung des gemeinsamen wie eigenen Lebensraumes, eine – nicht zu ‚hinterfragende' – Ordnung, Sitte auf Grund des *consensus opinionum*: das blieb dem deutschen Staatsdenken fremd. Joachimsen verstand darunter, um es zu wiederholen, nicht etwa ein Überbauphänomen, etwas Ideelles. Staatsdenken beschreibt und umfaßt die politische, soziale und ideelle Wirklichkeit der Deutschen, ihre Selbstverwirklichung und Selbstbeschreibung. Ein subjektivistisches Persönlichkeitsideal, ein sittenstrenges Staatswesen, die Idee eines genuinen Volkstums kennzeichnete diese Wirklichkeit.

---

[37] Paul Joachimsen: Renaissance, Humanismus, Reformation. In: Ders.: Gesammelte Aufsätze I (Anm. 2), S. 125–147, hier S. 144.

[38] Erich Meuthen: Charakter und Tendenzen des deutschen Humanismus. In: Säkulare Aspekte der Reformationszeit. Hrsg. von Heinz Angermeier. München: Oldenbourg 1983 (= Schriften des Historischen Kollegs, 5), S. 217–276; Wilhelm Maurer: Der junge Melanchthon. 2 Bde. Göttingen: Vandenhoeck & Ruprecht 1967–1969.

[39] Paul Joachimsen: Loci communes. Eine Untersuchung zur Geistesgeschichte des Humanismus und der Reformation. In: Ders.: Gesammelte Aufsätze I (Anm. 2), S. 387–442 (zuerst in: Jahrbuch der Luther-Gesellschaft VIII [1926]).

[40] Paul Joachimsen: Zur historischen Psychologie des deutschen Staatsgedankens. In: Ders.: Gesammelte Aufsätze I (Anm. 2), S. 549–620 (zuerst in: Die Dioskuren. Jahrbuch für Geisteswissenschaften 1 [1922]).

Ausgehend von den schmerzlichen Erfahrungen des Ersten Weltkrieges suchte Joachimsen mit vielen seiner Zeitgenossen eine zureichende Antwort auf die offensichtlich so unterschiedlichen Urteilsmaßstäbe zu geben, die die Siegermächte einerseits und die Deutschen auf der anderen Seite anlegten. Das führte ihn folgerichtig zurück in die Zeit, der bereits sein bisheriges Forschungsinteresse gegolten hatte, und erlaubt ihm, in klarsichtiger, auf profunden positivistischen Kenntnissen beruhender und souveräner Weise grundlegende Erkenntnisse über die Renaissance, den Humanismus und die Reformation zu gewinnen. Seine präzise Begrifflichkeit, sein genuin historischer Ausgangspunkt, sein politisch-soziales Instrumentarium und Interesse sowie seine Fähigkeit der Zusammensicht kultureller, politischer, sozialer und geistiger Entwicklungen erklären es in meinen Augen, daß er in der heutigen Renaissance- und Humanismusforschung so wenig verstanden und gekannt wird. Diese scheint mir schließlich geprägt von entschieden engeren fachlichen Fragestellungen, seien sie kunsthistorisch, seien sie philologisch und seien sie – in leider einem recht schmalen Sinn – sozialgeschichtlich. Da zudem zunehmend Mediävisten sich dieser ‚Übergangszeit' zwischen Spätmittelalter und Früher Neuzeit annehmen – an sich ja ein erfreulicher Zustand –, tritt der politische Zugang, wie er dem Neuhistoriker selbstverständlicher ist, häufig ein wenig zurück. Bei ihnen verhindern zudem andere, oben genannte ‚Verengungen' eine angemessene breite und klare Auseinandersetzung mit den von Joachimsen beschriebenen Phänomenen. Insoweit könnte es allen Renaissance- und Humanismusforschern nur von Nutzen sein, wenn sie sich mit den von Joachimsen formulierten, genuin historischen Positionen auseinandersetzten, freilich erst, nachdem sie versucht hätten, sie auch zu verstehen.

Wolfgang Neuber

Nationalismus als Raumkonzept
Zu den ideologischen und formalästhetischen Grundlagen von Josef Nadlers Literaturgeschichte[1]

I. Raumstruktur und Ideologie

Man sollte Josef Nadler nicht verkennen. In seiner seit 1912 in Regensburg erscheinenden *Literaturgeschichte der deutschen Stämme und Landschaften* fallen Sätze, die man als Modellannahmen moderner Literaturwissenschaft verstehen könnte. Schon im Vorwort zum ersten Band heißt es etwa: „Unter harten Kämpfen wurde die allgemeine Geschichte der wirtschaftlichen Betrachtung erobert […]. […] Literatur und Kunst [sind] ein Überschuß wirtschaftlicher Kräfte […]."[2] Was die Literaturwissenschaft brauche, sei nicht „*weniger* Philologie, sondern *mehr*, aber angewandte, Dialektforschung, […] Familiengeschichte, Anthropologie, eine Literaturgeographie […]."[3] Und schließlich: „Mag dem oder jenem Großen eine Zeile weniger zugeteilt worden sein! Sie haben alle ihren Wert, die Größten und die Kleinsten […]."[4] Auch innerhalb der Literaturgeschichte finden sich ähnlich modern klingende Aussagen, so etwa im Kontext der Darstellung der Pegnitzschäfer:

> Es gibt keine guten und schlechten Literaturzeiten, es gibt nur Generationen, die Form und Stoff, Vers und Sprache, Eignes und Fremdes, Erzählung, Stimmung und Handlung anders werten als ihre Vorgänger und Nachfolger, und keine Generation hat das Recht aus ihrem Gefühl heraus vergangene Kunst zu verurteilen.[5]

Vieles, was so formuliert wird, könnte als Voraussetzung dafür gelten, daß eine Frühneuzeitforschung, wie wir sie seit den späten sechziger Jahren kennen, erst möglich wurde: Berücksichtigung wirtschaftlicher Faktoren, Anthropologie, Regionalismusforschung, eine Abkehr von geistesgeschichtlicher Höhenkammkanonisierung, eine historisierende Wertung, die nicht auf unreflektierte Geschmacks-

---

[1] Die Vortragsform blieb gewahrt, die Literaturangaben wurden hinzugefügt. Ich zitiere hier wie im folgenden nach Josef Nadler: Literaturgeschichte der deutschen Stämme und Landschaften. 4 Bde. Regensburg: Habbel 1912–1928. – Ein Vergleich der folgenden drei Auflagen, das heißt der Bearbeitungen bis hin zur Literaturgeschichte des deutschen Volkes. Dichtung und Schrifttum der deutschen Stämme und Landschaften. 4 Bde. Berlin: Propyläen 1938–1941, mußte aus Platzgründen unterbleiben.
[2] Ebd., Bd. 1, S. VI.
[3] Ebd., S. VII.
[4] Ebd., S. VIII.
[5] Ebd., Bd. 2, S. 179.

kriterien der eigenen Zeit fixiert ist. Und in der Tat waren es solche Befunde, die immer wieder zu einer – wenn auch, soweit ich sehe, nicht im Druck festgehaltenen – Entlastung Nadlers herangezogen wurden, zur Entlastung von den Vorwürfen der nationalsozialistischen Propaganda, die seiner Rezeption nach 1945 entgegenstanden, und auch zur Behauptung seiner methodentheoretischen Modernität.

Die drei Zitate aus dem Vorwort, in der Form, wie ich Sie Ihnen geboten habe, unterschlagen den Kontext und auch so manchen Begriff – sie sind also bewußt manipulativ. Ich hole daher ihre korrekte Gestalt nach:

> Unter harten Kämpfen wurde die allgemeine Geschichte der wirtschaftlichen Betrachtung erobert […]. Das wirtschaftliche Problem steht im innigsten Zusammenhange mit den einzelnen Landschaften, mit dem Boden und seinen Gaben und den Stämmen, die von ihrer Heimat erzogen wurden. Literatur und Kunst, als ein Überschuß wirtschaftlicher Kräfte […] können nur dort erklärt und begriffen werden, wo der Mensch mit tausend Fasern an einem bestimmten Erdfleck festgewachsen ist, wieder nur aus der Gesamtheit aller Wirkungen, die zwischen Heimat und Abkunft spielen.[6]
> So erschließen Sauers Anregungen eine neue Welt. Nicht *weniger* Philologie, sondern *mehr*, aber angewandte, Dialektforschung, Stammeskunde, Familiengeschichte, Anthropologie, eine Literaturgeographie […].[7]
> Mag dem oder jenem Großen eine Zeile weniger zugeteilt worden sein! Sie haben alle ihren Wert, die Größten und die Kleinsten, und der Botaniker baut keine Rosengehege [um?] des Duftes und der Farbe willen.[8]

Zum einen wird durch den nachgetragenen Argumentenbestand der Sätze klar, daß Nadler wirtschaftsgeschichtliche Fragen an die Voraussetzung von so etwas wie einer regionalen Mentalität bindet, die in dem Konzept der Stämme und der von ihnen besiedelten Landschaften sich erfüllt. Zum anderen macht der herbeizitierte Botaniker deutlich, wie sehr Nadler um die szientifische Begründung von Geistes- und Mentalitätsgeschichte bemüht war.

Zur Erläuterung dieser Behauptung noch zwei Zitate aus dem Vorwort. Erstens: „Mit dem ererbten Blute rollt eine Fülle erblicher Güter von Geschlecht zu Geschlecht."[9] Und zweitens, auf derselben Seite:

> Raum und Zeit! Zum zweiten auch das erste! Nicht eine Landschaft als Tummelplatz zufällig zusammengewürfelter Einzelner, sondern als Nährboden, als Materielles, als Trägerin eines ganz bestimmten Menschenschlages, von der aus beidem, aus Blut und Erde, das Feinste, das Geistigste wie in goldenen Dämpfen aufsteigt. Es gibt auch in den Geisteswissenschaften eine Spektralanalyse.[10]

Man steht somit vor dem Befund, daß Nadler bereits 1912 von „Blut und Erde", wie es bei ihm heißt, spricht; daß er kulturelle Hervorbringungen – „das Geistig-

---

[6] Ebd., Bd. 1, S. VI.
[7] Ebd., S. VII.
[8] Ebd., S. VIII.
[9] Ebd., S. VII.
[10] Ebd.

ste" – als unmittelbare Emanation „erblicher Güter" in Verbindung mit einer nicht näher erklärten Wirkung des Lebensraumes betrachtet; und daß er schließlich dieser – einer Seinsmetaphysik geschuldeten – Unschärfe zum Trotz vermeint, die Geschichte der deutschen Literatur damit einer Analyse zuzuführen, die szientifischer Empirie gleichen soll.

Wie sich dieses Konstrukt in der Praxis der literaturgeschichtlichen Beweisführung ausnimmt, möchte ich auf zwei Ebenen vorführen, bevor ich auf die von Nadler zu zahlreichen Gelegenheiten nachgetragene Theoriekonstruktion näher eingehe.[11] Die erste von mir aufgesuchte Ebene ist jene der Makrostruktur des Buches, das heißt die Materialgliederung der einzelnen Bände, damit die begriffliche Fassung des Gegenstandes und der methodentheoretische Entwurf erkennbar werden. Auf einer zweiten Ebene werde ich mich anhand von Nadlers Darstellung zwei Gegenständen der Frühen Neuzeit zuwenden, die in der Forschung der letzten Zeit einige Aufmerksamkeit auf sich gezogen haben, zu denen also neuere methodische Ansätze und historische Befunde existieren. Es soll also Nadlers praktisches Argumentieren rekonstruiert und sodann in differentieller Darstellung an den modernen Modellkonstruktionen der beiden Gegenstände gemessen werden.

Zunächst zur Gliederung der Literaturgeschichte. Nadler unterscheidet drei Prozesse:
1. die Geschichte der sogenannten Altstämme im Westen und Südwesten (Alemannen, Franken, Thüringer, Bayern); sie rezipieren das antike Bildungsgut aus erster Hand;
2. die Neustämme östlich der Elbe (Meißner Sachsen, Schlesier, Brandenburger, Altpreußen) entstehen aus der Vermischung mit slawischen und baltischen Völkern; sie rezipieren das nun seit dem Hochmittelalter eingedeutschte Bildungsgut aus dem Westen;
3. die Sonderentwicklung im bayrisch-österreichischen Südosten und Osten, wo das klassische Bildungsgut wieder direkt aufgenommen wird, was zur Einschmelzung aller Künste im Gesamtkunstwerk des Theaters führt und die Ausbildung einer literarischen Buchkultur letztlich verhindert.

Wie sich zeigen wird, erscheinen Epochenbegriffe in der historischen Gegenstandswahrnehmung kaum; es ist vielmehr so, daß geläufige Epochenbezeichnungen auf die drei genannten Stammesgruppen projiziert werden, so daß sie als hi-

---

[11] Vgl. Josef Nadler: Die Wissenschaftslehre der Literaturgeschichte. Versuche und Anfänge. In: Euphorion 21 (1914), S. 1–63; ders.: Die literarhistorischen Erkenntnismittel des Stammesproblems. In: Verhandlungen des Siebenten Deutschen Soziologentages. Tübingen: Mohr 1931 (= Schriften der Deutschen Gesellschaft für Soziologie, 7), S. 242–257; ders.: Nation, Staat und Dichtung. In: Corona 4 (1933/34), S. 359–374; ders.: Rassenkunde, Volkskunde, Stammeskunde. In: Dichtung und Volkstum. N.F. des Euphorion 35 (1934), S 1–18; ders.: Stamm und Landschaft in der deutschen Dichtung. Groningen/Batavia: Wolters 1934; ders.: Das Stammesproblem in der Literaturgeschichte. In: Österreichische Pädagogische Warte 30 (1935), S. 163–165; ders.: Stamm und Landschaft in der deutschen Dichtung. In: Neophilologus 21 (1936), S. 81–92.

storische Kategorien fehlen, eben weil Nadler sie stammestypologisch ontologisiert: Punkt 1 entspricht die Klassik bzw. das Klassische, Punkt 2 die Romantik bzw. das Romantische, Punkt 3 das Barock bzw. das Barocke. Dazu tritt, da Nadler den Barockbegriff erst ab dem dritten Band einführt, die Gattungsontologie. Lassen Sie mich dies mit zwei Zitaten aus dem ersten Band illustrieren:

> Dem Bajuwaren wurde alles Handlung, er ist der Schöpfer des deutschen Volksspiels. Die ältesten Predigten und die ältesten Schauspiele überliefern uns baierische Klöster. Der dramatische Charakter der kirchlichen Liturgie ist die Quelle beider.
> [...] Ursprung und Einheit und ununterbrochene Tradition bestimmen es [sc. das auch außerhalb des bairischen Siedlungsgebiets liegende Drama], und die waren bairisch. Die österreichischen Landschaften, die das bairische Blut sich am reinsten erhalten hatten, Tirol und Kärnten, genossen auch die reinste Entwicklung der Gattung.[12]

So scheint an der Stelle des späterhin für Bayern und Österreich postulierten Barock zunächst das Drama bzw. Dramatische als ‚blutiges' Stammescharakteristikum auf. Nadlers Konstruktionen können auch auf dieser Ebene keine Stimmigkeit behaupten: Werden Gattungen bzw. Epochen transhistorisch auf Stämme/Landschaften ontologisiert, so werden die gleichsam übrigbleibenden Epochen bzw. überregionalen Phänomene, wie der Humanismus, in lokale Zentren zerlegt und damit atomisiert.

Im einzelnen sieht das so aus: Band I, *Die Altstämme (800–1600)* betitelt, erschien 1912. Das erste Buch ist ‚Wurzeln und Übergänge' benannt und beschäftigt sich mit der germanischen Vorzeit, der deutschen – das heißt karolingischen – Renaissance und dem ‚deutschen Wiedererwachen' 1050–1150.

Nadler hat hier zunächst zu erklären, wie aus den Germanen, von denen er am liebsten, weniger metonymisch denn ontologisierend, in der Einzahl spricht, die deutschen Stämme entstanden. Einerseits läßt er dabei deutlich werden, daß er die Region für die von ihm unterstellte spezifische Stammesidentität verantwortlich macht, andererseits wird bereits hier erkennbar, wie teleologisch Geschichte gedacht wird:

> Im ersten Jahrhundert vor Beginn unserer Zeitrechnung war der Germane noch heimatlos; denn wie in unruhigen Morgenträumen suchten die Stämme, sich drängend und in überreicher Fruchtbarkeit, Wohnsitz um Wohnsitz; [...]. Ein halbes Jahrtausend später hat sich das Angesicht der deutschen Lande verwandelt; jedem war eine Heimat geworden; die Landschaft, so charakteristisch jede und nur für einen ganz bestimmten Stammestypus geschaffen, hat nun ihren Menschen erhalten, der durch Jahrhunderte mit seiner Seele an dieser Scholle festwachsen sollte.[13]

Zudem faßt Nadler die Stammes- bzw. Volksgemeinschaft als das Resultat des kriegerischen Druckes von außen, was sich 1912 auch ideologisch nicht schlecht machte:

---

[12] Nadler: Literaturgeschichte (Anm. 1), Bd. 1, S. 187.
[13] Ebd., S. 3.

Der Germane begann mit seiner Landschaft zu verwachsen. Ein neues Gefühl ward ihm vertraut, ein neues Wort: Vaterland, Heimat. Jn stetem Kampfe mit einem Feinde, dem Schlacht und Krieg zu Kunst und Wissenschaft geworden, waren die kleinen Trümmer des Volkes machtlos. Sie mußten sich fest zusammenschließen, um den Boden zu schirmen, der ihnen eben erst lieb zu werden begann.[14]

Das zweite Buch, ‚Gesamtleben und Einzelstämme', schließt historisch mit dem 12. bis zum 15. Jahrhundert an und beginnt erstmals mit der räumlichen Gliederung des Gegenstandes, indem es die Elblandschaften, die Rheinlandschaften und die Donaulandschaften unterscheidet. Inkonsistent ist demgegenüber die Perspektive des vierten Hauptabschnittes, der ‚Zwischen zwei Jahrhunderten' betitelt ist und sich mit dem 14. und dem 15. Jahrhundert beschäftigt.

Das dritte Buch des ersten Bandes heißt ‚Fränkische und alamannische Stammesblüte'; es hat das 16. Jahrhundert zum Gegenstand, das es regional so aufschlüsselt:
 I. Franken und Frankenbürtige
 II. Die deutsche Mittelachse
 III. Die Alamannen.
Damit schließt der erste Band, dem fünf Karten beigegeben sind:
 a) Germanien um 150 n. Chr.
 b) Die deutschen Flußgebiete
 c) Deutschland um das Jahr 1000
 d) Deutschland zur Stauferzeit
 e) Deutschland im 14. Jahrhundert.
Ich halte hier nur noch zweierlei fest: Erstens, daß der zu beobachtende beständige Wechsel zwischen Regionalkategorie und Stammeskategorie nirgends theoretisch explizit gemacht wird; Nadler gelingt an keiner Stelle der Nachweis, daß ‚Stamm' und ‚Landschaft' in historischer Hinsicht über längere Zeit in Deckung zu bringen sind. Zweitens, daß sich in diesem ersten Band auch je ein Kapitel zu Prag und Wien für die Zeit von 1350 bis 1550 sowie zu Nürnberg von 1430 bis 1560 finden, beide unter dem Begriff der ‚deutschen Mittelachse'.

Band II, *Die Neustämme von 1300, die Altstämme von 1600–1780*, erschien 1913. Er beginnt mit dem vierten Buch des Gesamtplans, das martialisch ‚Aufmarsch der Stämme' betitelt ist und sich dem „Bund der Neustämme", der sächsischen Welt und den Altstämmen widmet. Buch fünf, ‚Kämpfer und Sieger', beginnt mit der Schweiz, setzt mit Leipzig und Halle fort, mit den Niedersachsen und schließt mit den Rheinfranken und Schwaben.

Band III, *Die Hochblüte der Altstämme bis 1805 und der Neustämme bis 1800*, wurde 1918 veröffentlicht. Es hebt mit dem insgesamt sechsten Buch an, wendet sich den Bayern zu, wobei die Inkonsistenz des Konzepts deutlich wird, wenn nach Band eins nun zum zweiten Mal Wien im 16. Jahrhundert, hier allerdings von 1515 bis 1790 fortgeführt, zur Darstellung gelangt. Die Behandlung Thüringens

---
[14] Ebd., S. 4.

und der Neustämme sowie der Franken und der Schwaben beschließen diesen Band.

Band IV schließlich, *Der deutsche Staat. (1814–1914). Erste und zweite Auflage*, reflektiert in diesem Zusatz auf den Umstand, daß die Bände eins bis drei bereits in überarbeiteter Fassung in zweiter Auflage erschienen waren, als 1928 nun der vierte Band folgte. Es ist hier nicht nur eine zeitliche Lücke gegenüber Band drei von 1800 beziehungsweise 1805 bis 1814 zu verzeichnen, sondern letzten Endes der Kollaps des Konzepts von Stämmen und Landschaften. Das nunmehr nach neuer Zählung der zweiten Auflage hier eröffnende 15. Buch wendet sich den ‚Europäischen Mächten' und den ‚Ostdeutschen Vorereignissen' zu, das 16. Buch dem ‚Binnenraum' und dem Rheintal, das 17. Buch nun einer erstmals für das 19. Jahrhundert begrifflich-kategorial behaupteten Opposition von ‚Städten' und ‚Landschaften'. Das 18. Buch hat die sächsischen Landschaften zum Gegenstand, sodann Meißen und Brandenburg; das 19. Buch sogenannte ‚Brennpunkte', nämlich die Städte Berlin und München, sowie den ‚Umkreis' dieser Brennpunkte, der mit den Ostdeutschen, den Rheinsachsen und den Rheindeutschen spezifiziert wird. Das abschließende 20. Buch gibt Raum und Zeit als neutralistisch-objektivistische Kategorien gänzlich preis; es ist aufgeteilt in eine ‚Inventur', die sich auf die Schweiz, das Baltikum und die Vereinigten Staaten richtet, und einen Abschnitt ‚Der Preis', der Karpatendeutsche, Sudetendeutsche, die ‚Baierische Ostmark' und nochmals Wien (vom 19. Jahrhundert bis zur Gegenwart) betrifft.

Mit anderen Worten: die Stammeskonzeption hält der Moderne noch weniger stand als der Zeit bis zum Ende der Aufklärung; die meisten Belege Nadlers entstammen der Zeit vor 1800, also, wenn man so will, einer weit gefaßten Frühen Neuzeit. Man wird dies unter Umständen mit einer zunehmenden Mobilität der Bevölkerung im 19. Jahrhundert erklären können – doch scheint mir, daß ein solcher Erklärungsversuch Nadlers Stammes- und Raummetaphysik zuviel explikatorischen Wert als kaum zu unterstellende sozialgeschichtliche Wahrnehmung zumißt.[15] Schließlich war die Territorialgliederung des deutschen Sprachraums niemals so oder auch als politische, konfessionelle oder ökonomiegeschichtliche Größe ins Spiel gekommen. Man wird das am 19. Jahrhundert zunehmende Offensichtlichwerden der Fehlkonstruktion wohl eher damit zu erklären haben, daß literarische Strömungen – von literaturgeschichtlichen Epochen ist bei Nadler ohnehin nicht die Rede – in rascherer Folge auftreten als zuvor. Nicht eine „Beschleunigung innerhalb des Räumlichen" (Meissl) kann Nadlers größer werdende Inkonsistenzen plausibel machen, sondern eine zeitliche Beschleunigung ist dafür verantwortlich zu halten.

---

[15] Vgl. Sebastian Meissl: Zur Wiener Neugermanistik der dreißiger Jahre. Stamm – Volk – Rasse – Reich. Über Josef Nadlers literaturwissenschaftliche Position. In: Österreichische Literatur der dreißiger Jahre. Ideologische Verhältnisse – Institutionelle Voraussetzungen – Fallstudien. Hrsg. von Klaus Amann und Albert Berger. Wien: Böhlau 1985, S. 130–146, hier S. 134.

Ich komme damit zu meiner zweiten Ebene, zwei literaturgeschichtlichen Musterfällen, für die ich aus bereits genannten Gründen den Wiener Humanismus und die Nürnberger Pegnitzschäfer ausgewählt habe. Zunächst zum historisch älteren Phänomen.

Aus Gründen der stammeslogischen Begriffszuschreibung von Drama gleich „bairisch" oder „baierisch" – Nadler ist hier völlig inkonsistent in seiner Schreibweise – muß zunächst geleugnet werden, daß es einen Wiener Humanismus gegeben habe:

> Der Alamanne und Rheinländer, der Ostfranke und Thüringer, dem Westen so nahe, hatte sich schon in der höfischen Zeit in der Kunst geübt, fremdes, französisches Leben nachzudichten; daß es jetzt [um 1500] antike Formen waren, bedeutete im Grund für ihn nur einen Kostümwechsel. Hatte aber der Baier und Österreicher damals, der Ostmärker vor allem, wälsche Bilder nachgebildet? Der Humanismus war ihm wesensfremd, fremder als den andern Stämmen. Diese Bewegung übersprang er.[16]

Da aber evidenterweise der Humanismus in Wien eine nicht unbedeutende Rolle gespielt hat – „Früher als in ganz Deutschland wurde in Wien, von Äneas Silvius gefördert, die neue Zeit lebendig"[17] –, kann Nadler nur auf blutmäßige Verbindungen und Begründungen zurückgreifen: „Welche Widersprüche, welch streitendes Lichterspiel! Und daß in dieser Zeit der fränkischen und alamannischen Hochblüte neben den fränkischen Poeten in Wien der alamannische Kaiser einen hellen Strahl auf die baierische Landschaft zieht!"[18] Nachdem nun Maximilian als Habsburger gleich Schweizer identifiziert wurde, ist dem begrifflichen Jonglieren Tür und Tor geöffnet, sind es nur noch Alemannen bzw. vor allem Franken, die den Humanismus in Wien tragen: „Verhältnismäßig spät schuf sich die Stadt [Wien] auch materielle Grundlagen für das Gedeihen humanistischer Bildung. Der erste Buchdrucker in Wien war ein Rheinfranke […]."[19] – Der ‚Befund' gilt auf allen Ebenen: „Er [Celtis] war ein halber Heide. Voll Verachtung für alle Gesetze des Lebens und der Sitte, ein Franke wie Hutten im Leben und Denken, […] voll Zynismus […]".[20]

Das rasche Abflauen des Humanismus in Wien nach 1520 wird heute – neben der drohenden ‚Türkengefahr' – in konfessions- und auch sozialgeschichtlicher Modellkonstruktion zumal mit dem Umstand erklärt, daß die Reformation die katholisch gebliebene Wiener Universität austrocknete, da Gelehrte wie Studenten aus konfessionellen Gründen in die protestantischen Universitätsstädte wanderten.[21] Nadler sieht dies, stammestheoretisch, anders:

---

[16] Nadler: Literaturgeschichte (Anm. 1), Bd. 1, S. 207.
[17] Ebd., S. 208.
[18] Ebd., S. 209.
[19] Ebd.
[20] Ebd., S. 211.
[21] Vgl. Johannes Wrba SJ: Ignatius, die Jesuiten und Wien. In: Aspekte der Bildungs- und Universitätsgeschichte. 16. bis 19. Jahrhundert. Hrsg. von. Kurt Mühlberger und Thomas Maisel. Wien: Universitätsverlag 1993 (= Schriftenreihe des Universitätsarchivs Universität Wien, 7), S. 61–90, hier S. 61–63; Ingrid Matschinegg: Bildung und Mobilität. Wiener Stu-

> Aber der Einbruch des Humanismus unmittelbar von Italien aus über Wien und Prag war gescheitert, so günstig die äußern Bedingungen waren. Woran er mißlang, das waren nur zum kleinsten Teil an der Donau äußerliche Gründe. Der letzte und tiefste lag im Stammescharakter. [...] Der Baier und Österreicher war in diesen Jahren nicht auf die Bühne gerufen. Sein eigenes erstes Leben [das mittelalterliche Drama] hatte er zu Ende gelebt und dieses zweite war nicht das seine. Der Humanismus hat sich Deutschland nur auf dem andern Wege natürlicher Entwicklung erobert, der führte aber vom Westen her, von der Rheinmündung über das klassische Erfurt ins Herz der Nation. [...] Und dennoch bedeutet Wien in der Mechanik der Kräfte unendlich viel. Nirgend läßt es sich so gut beobachten, wie hier, daß wirklich zwei Stammeskulturen, die fränkische und die alamannische, diese Geschlechter erfüllten, zwei selbständige, eigenartige Strömungen, die vom Rhein her die baierischen Landschaften wie eine Insel gewissermaßen umflossen, an der Donau aber zusammenrannen, wo sich ja allein zum bairischen Wesen viel Fränkisches und Alamannisches gefunden hatte. Die Rechnung geht ohne Rest auf.[22]

Ich komme zu meinem zweiten Musterfall, dem Pegnesischen Blumenorden. Schon im ersten Band deutet Nadler seine Konstruktion an: „Nürnberg ist neben Wien, wo Fränkisches und Alamannisches beisammen waren, und neben dem alamannischen Augsburg die dritte Grenzstadt, durch die der baierische Stamm, hier in Verbindung mit dem Franken, teilnahm an der Stammesblüte."[23] In Band zwei wird dann die Brücke vom 16. zum 18. Jahrhundert auf derselben argumentativen Grundlage geschlagen:

> [Es] flossen die geistigen Ströme Nürnbergs [vom 16. bis zum 18. Jahrhundert] ununterbrochen fort, weil das aristokratische Stadtregiment immerhin ein fester Bogen war aus alten Zeiten in neue. So ringt es einem ungedämpfte Bewunderung ab, wie unverwüstlich dieser Freistaat die Fremde aufnahm, die sich lebenspendend verzehren ließ, und wie fest er abwehrte, was zu verzehren drohte. Nürnberg ist im siebzehnten Jahrhundert das einzige Beispiel noch, das ahnen läßt, was aus der Stadtkultur der fränkischen und alamannischen Zeit in lückenloser folgerichtiger Entwicklung geworden wäre.[24]

Es ist nicht erstaunlich, erneut eine ungebrochen geschichtsteleologische Argumentation vorzufinden. Zugleich macht das Zitat deutlich, daß stammestypologische Differenzen nicht unter die Kategorie des Fremden fallen, weil sie unter dem Oberbegriff des Nationalen stehen. Fremd ist offensichtlich vielmehr das, was aus anderen Sprachräumen kommt; daß es als identitätsauslöschend – „was zu verzehren drohte" – gefaßt wird, läßt seinen antinomisch gedachten Status als pure Ideologie hervortreten. Die Denkfigur wiederholt sich, so etwa am Beispiel Harsdörffers:

---

denten an italienischen Universitäten in der frühen Neuzeit. In: ebd., S. 307–331, hier S. 310 f. – Diese von der rezenten Forschung bestätigte Position ist seit langem Handbuchwissen, vgl. Die Religion in Geschichte und Gegenwart. 7 Bde. Hrsg. von Kurt Galling. Tübingen: Mohr 1957–1965, Bd. 6, Sp. 1704.
[22] Nadler: Literaturgeschichte (Anm. 1), Bd. 1, S. 211.
[23] Ebd., S. 253.
[24] Ebd., Bd. 2, S. 169.

Harsdörfer war ein glänzender Erzähler, der beste dieser Zeit. [*Heraklit und Demokrit* und der *Geschichtsspiegel* sind] kleine Erzählungen, meist ausländischer Herkunft, zunächst nur dem Unterhaltungsbedürfnis, vielleicht des Verfassers mehr als des Lesers geopfert, aber sie entsprachen einem Kernpunkte in Harsdörfers Lebensplan, die Fremde unschädlich zu machen durch völlige Aneignung, gute Übersetzungen und Bearbeitungen.²⁵

Dieser Status des Bedrohlichen gilt allerdings wohl eher für die Romania als die Germania, so daß sich die Frage stellt, ob nicht doch ein wie auch immer verdeckter Rassismus bei Nadler zu beobachten ist.²⁶ Die Schauspiele der englischen Komödianten werden nämlich nicht unter das Verdikt des verzehrenden Fremden gestellt, sie sind bloß „räumlich weit entlegen" [...]: „War die dramatische Volksliteratur Nürnbergs ein Ausdruck seines bairischen Teilelements, jetzt stößt an dieser Stätte eine eben erwachte räumlich weit entlegene Bewegung [die engli-

---

²⁵ Ebd., S. 178.
²⁶ Das ist nicht dasselbe wie ein ein ‚rassenkundlicher' Ansatz, den Nadler immer weit von sich gewiesen hat; denn Nadlers Stämme-Konzept wurde von den Verfechtern der Rassenkunde angegriffen. Die Replik Nadlers erfolgt 1934 in seinem Aufsatz ‚Rassenkunde' (vgl. Anm. 11; vgl. dazu Meissl: Zur Wiener Neugermanistik [Anm. 15], S. 135 f.): Er wirft ihren Vertretern fehlende Empirie vor; ihr Denkfehler liege in einem Zirkelschluß, weil das, „was gerade unter Beweis zu stellen ist" (Nadler, ebd., S. 3 f.), vorausgesetzt werde. Die Rassenkunde begnüge sich damit, aus Bildnissen von Einzelindividuen den rassischen Befund herauszulesen. „Die Rückführung geistiger Leistungen auf den vermuteten biologischen Typus ist für Nadler [...] ,individualistisch', ,erkenntniskritisch hoffnungslos' [...]" (Meissl, ebd., S. 135). Die Methode der Rassenkunde, „das, was Blut und Geist zu Leben gemacht haben, auf seine Einzelposten mechanisch zurückzurechnen" (Nadler), sei wegen der geringen Zahl der Bildquellen gescheitert. Die Stammes- im Verein mit der Volkskunde dagegen sei eine soziologische Disziplin, beziehe alle „gemeinschaftsbildenden Kräfte", „die Landschaft wie den Staat, die Stände wie die Formen des Glaubenslebens" mit ein und beschreibe die geistigen Leistungen von Großgruppen (Stämmen) (Nadler, ebd., S. 5–9). – Wenig später, 1935, geht Nadler in dieser Sache selbst vor Gericht (in einer Klage gegen Oskar Benda, der nach 1945 Nadlers Nachfolger in Wien wurde): „Wenn man heute von Blut und Boden spricht, so denkt jeder Mensch an den Rosenbergschen Mythos. Nun habe ich schon im Jahre 1911 über den Einfluß von Blut und Boden auf das Schaffen eines Menschen geschrieben, es ist daher nicht meine Schuld, wenn die Nationalsozialisten sich manches von meinem Gedankengut – sehr verändert – angeeignet haben." Seine Abhandlung lege klar, daß er „mit Rassentheorie nichts zu tun haben will" (Nadler zitiert nach Meissl [ebd.], S. 136). Dennoch hat die 4. Auflage seiner Literaturgeschichte „unmißverständlich die Stammestheorien aufgegeben und den ‚jüdischen Weltfeind' entdeckt" (Peter Sturm: Literaturwissenschaft im Dritten Reich. Germanistische Wissensformationen und politisches System. Wien: Edition Praesens 1995, S. 40). So trifft auch sein älteres Konzept auf breite Zustimmung als „methodisch fundierte[r] Ausgangspunkt des sog. ‚geistigen Imperialismus' der nationalsozialistischen Germanistik" (ebd.). So beschäftigt die Sorge um den „deutschen Lebensraum" nicht nur die politische Führung im Dritten Reich, sondern auch die Germanistik. „Die globalen Adressen des deutschen Lebensraumes wurden genau formuliert, etwa von Josef Nadler, dem Fachmann für deutsche Landschaften und Stämme: Österreich, Sudetenland, Baltenland, Deutsch-Pensylvanien, Wolgadeutschland, Ostafrika, Brasilien, Argentinien, Chile, etc. In all diesen Gebieten sei deutsche Literatur und somit deutsches Volk versteckt." (ebd., S. 230). Nadlers „stammheitliche Gliederung der deutschen Literatur" hat „in Theorie und literaturgeschichtlicher Praxis den germanistischen ‚Blick in die Ferne' vorbereitet" (ebd.).

schen Komödianten] auf äußerlich verwandte, im Kern bairische Traditionen und verschmilzt mit ihnen."[27]

Es läßt sich allerdings auch feststellen, daß Nadler letztlich völlig beliebig mit seinen Kategorien umgeht. War für ihn der Humanismus in Wien von Alemannen und vor allem Franken getragen, so daß er in einem bairischen Milieu nicht reüssieren konnte, so macht Nadler am Beispiel Nürnbergs das, was angeblich von stammesfremden Zuwanderern mitgebracht wurde, dennoch zum Autochthonen:

> Die Kunst und Literatur Nürnbergs seit dem fünfzehnten Jahrhundert war durchaus bodenständiges Milieu, wenn ihre Träger auch zumeist Zugewanderte oder Söhne von Zugewanderten waren. Nun brach um die Mitte des siebzehnten Jahrhunderts plötzlich eine Literatur aus dem Dunkel, in der eine Fülle von Fäden zusammenschoß, deren Zweck und Ziel in frühern Jahrzehnten nicht deutlich war.[28]

Den teleologischen Zweck der Geschichte zeigt Nadler nicht zuletzt am Beispiel des Pegnesischen Blumenordens:

> Zu einer Doppelhochzeit 1644 erschien ein seltsames Gedicht: *Das pegnesische Schäfergedicht angestimmt von Strefon und Klajus*. Der Plan stammte von Harsdörfer und Klajus und dieser hatte den größten Anteil.
> Es schlürfen die Pfeiffen, es würblen die Trumlen,
> Die Reuter und Beuter zu Pferde sich tumlen
> [...]
> Das war die Art, die als besonderer Charakterzug die ganze Gruppe zeichnen soll, und man kann sogar zugeben, daß es noch lautere Verse gibt, noch lautere als die üblichen von Buch zu Buch zitierten. Aber ein paar Strophen aus der späten Lyrik des dreizehnten Jahrhunderts und ein Blick in die Wortkunst der Romantik zeigen, daß dieses Übermaß an Lautmalerei ein Zeichen hochentwickelter Formkultur ist. [...] Das Gedicht war der Ausgangspunkt des Poetenkränzchens, das sich nun um Harsdörfer und Klajus zusammenschloß.[29]

Die Ontologisierung literarischer Ausdrucksformen könnte nicht deutlicher hervortreten als hier, wo das dreizehnte Jahrhundert mit der Romantik kurzgeschlossen wird. Kurzgeschlossen werden aber nicht nur die Zeiten, sondern auch die Räume: „Birken gab dem Kränzchen die eigentümliche Note. Kann der Einfluß theosophischer Ideen aus dem slavischen Osten nirgends hoch genug angeschlagen werden, hier war er wohl am stärksten."[30] Und nachdem über familiengeschichtliche Herleitungen neben Birken auch noch fast alle anderen Mitglieder des Ordens teilslawisiert wurden, ist der Weg frei für eine Erklärung, die allen rezenten Ansätzen hohnspricht. Diese betonen nämlich gerade sozialgeschichtlich die identitätsstiftende Rolle der Pegnitzschäfer für das Nürnberger Stadtpatriziat, heben den politikgeschichtlichen Nexus der Gründung hervor und sehen in ihm das Bestreben der Präsides, den Orden als Vorfeldorganisation für die Fruchtbrin-

---

[27] Nadler: Literaturgeschichte (Anm. 1), Bd. 2, S. 172.
[28] Ebd., S. 176.
[29] Ebd., S. 179.
[30] Ebd., S. 180.

gende Gesellschaft zu funktionalisieren.³¹ Nadler divergiert in allen Punkten: „Doch dieser Dichterbund war weder das Wesentliche an Harsdörfer, noch war das, was man so lustig fand, die Hauptsache der Genossenschaft."³² – Und weiter:

> So sind alle Züge beisammen für die stammesgeschichtliche Erkenntnis dieses Bundes. Es ist eine auffallende Tatsache, daß unter den dreizehn ersten Mitgliedern kein einziger Patrizier war, auch hundert und fünfzig Jahre später unter den fünfundfünfzig Genossen nicht. Es ist keine Frage, der Orden war stadtfremd und wie sich während des sechzehnten Jahrhunderts die Renaissance der Patrizier und die Volksliteratur der Handwerker streng geschieden hatten, Bewegungen, die sich ja bis in diese Zeit fortsetzten, so war nun ein drittes Element hinzugekommen, in gleicher Weise und gleicher Entfernung von den beiden älteren. Und wie jene als Ausstrahlungen des bairischen und fränkischen Anteils zu erkennen sind, der Orden war der Ausdruck des Dritten, der Zugewanderten, die sich jetzt bewußt zusammenschlossen. Das war im wesentlichen eine Literatur, die in Böhmen hätte dasein sollen. [...] Wenn nun schon zur höfischen Zeit die Liebe der böhmischen Epiker für zierliche Sprachformen, für Verkleinerungen und Kosenamen Einfluß des tschechischen Temperaments war, um wieviel mehr nicht die Lautmalerei der Ordensglieder. [...] Drei Mitglieder stammten aus Böhmen, der vierte aus dem ehemals slavischen, Böhmen so nahen Meißen, unweit der wendischen Gemarkung. Die Pegnitzschäfer sind die außerböhmische Literatur Deutschböhmens. Nürnberg ist nach Köthen, Halle und Dresden der vierte Punkt an der alten Volksgrenze, wo die Kultur der alten und neuen Welt zusammenfloß, ein neues Becken, wo sich leise slavische Einflüsse sammelten.³³

II. Die theoretische Konstruktion aus dem Inventar der Formalästhetik

Durchgehend ist die Argumentation Nadlers darauf ausgerichtet, apriorische Temperamente, stammestypologische Neigungen und andere transhistorische Konstanten festzuschreiben, auf die einzelne Texte oder Gruppenerscheinungen, wie die Pegnitzschäfer, bezogen werden. Eine solche Methodologie wird deduktiv genannt. Demgegenüber hatte Nadler in sämtlichen theoretischen Begründungen seines Konzepts eine induktive Vorgehensweise postuliert: „Wir schliessen nicht von den Stämmen auf die Dichtung, sondern von der Dichtung auf die Stämme."³⁴ Da Nadler niemals eine empirische Untersuchung aus den literarischen Quellen vorgelegt hat, aus der sich stammestypologische Konstanten ableiten lie-

---

[31] Vgl. etwa Jörg Jochen Berns: Zur Tradition der deutschen Sozietätsbewegung im 17. Jahrhundert. In: Sprachgesellschaften, Sozietäten, Dichtergruppen. Arbeitsgespräch in der Herzog August Bibliothek Wolfenbüttel, 28.–30. Juni 1977. Vorträge und Berichte. Hrsg. von Martin Bircher und Ferdinand van Ingen. Hamburg: Hauswedell 1978 (= Wolfenbütteler Arbeiten zur Barockforschung, 7), S. 53–73, hier S. 67.
[32] Nadler: Literaturgeschichte (Anm. 1), Bd. 2, S. 178.
[33] Ebd., S. 180.
[34] Nadler: Stamm und Landschaft (Anm. 11), S. 88.

ßen, ist nun auf seine theoretischen Äußerungen zur stammesregionalen Literaturgeschichte einzugehen, um ihre wissenschaftsgeschichtlichen Wurzeln freilegen zu können.

Das Vorwort zum ersten Band der *Literaturgeschichte der deutschen Stämme und Landschaften* ist in dieser Hinsicht noch wenig profiliert. Nadler spricht hier ganz zu Beginn davon, daß August Sauer als großer Anreger zu betrachten sei, vor allem die Prager Rektoratsrede aus dem Jahr 1907 habe den Status einer Initialzündung gehabt.[35] Damit ist Nadlers Orientierung an Sauers volkskundlicher Stammeshypothese jedoch wenigstens ausreichend benannt. Nur die Konzentration auf den Volksstamm könne empirisch brauchbare Befunde abwerfen: „Wir brauchen Zwischenglieder zwischen dem Einzelnen und der letzten Einheit, eine Zwischeneinheit, die vor dem Einzelnen die Kontinuität der Entwicklung voraus hat und vor dem letzten Ganzen, der Nation, die Mannigfaltigkeit, die Vielheit solcher Entwicklungen."[36]

Und noch eine zweite Wurzel seiner theoretischen Ausrichtung gibt Nadler, nun am Ende des Vorworts, selbst zu erkennen: Wilhelm Scherers Positivismus, dessen „biologische Tendenz konzeptionell [bei Nadler] voll zur Geltung" kommt durch den Einfluß der Lebensphilosophie, wie Rainer Rosenberg das formuliert hat.[37] Man sollte indessen die Bedeutung Scherers für Nadler nicht überschätzen. Betrachtet man seine wichtigste theoretische Stellungnahme, Nadlers 1914 gleichsam zur *Literaturgeschichte* nachgereichten 63 Seiten langen Aufsatz *Die Wissenschaftslehre der Literaturgeschichte. Versuche und Anfänge*, so findet man hier eine heftige Invektive gegen Scherer. „Es würde", sagt Nadler,

> Gegenstand einer zweiten Arbeit sein, eines geschichtlichen Gegenstückes zu dieser logischen und erkenntnistheoretischen, nachzuweisen, daß die literarhistorischen Anfänge, vorgedeutet durch des Celtis *Germania illustrata* im siebzehnten und frühen achtzehnten Jahrhundert der familiengeschichtlichen und stammeskundlichen Erfassung des deutschen Schrifttums zustrebten. Gerade Wilhelm Scherer hat die Wissenschaft von diesem historischen Wege abgedrängt.[38]

Dies ist eine Attacke, die ernst genommen werden muß. Sie ist zu erklären aus Nadlers Geschichtsteleologie, die dem zyklischen Konzept Scherers widerspricht, sowie seinem biologischen Fundamentalismus oder auch Egalitarismus, der dem Höhenkamm-Positivismus Scherers fremd gegenüberstehen mußte.

Daß Nadler diesen Theorie-Aufsatz mit einem Zitat aus Diltheys *Leben Schleiermachers*[39] schließt, ist nicht als versuchtes Anknüpfen an die Hermeneutik und ihre Verstehenslehre zu sehen, die freilich eine stammestypologische Fragestellung

---

[35] Ders.: Literaturgeschichte (Anm. 1), Bd. 1, S. V.
[36] Ebd., S. VII.
[37] Rainer Rosenberg: Zehn Kapitel zur Geschichte der Germanistik. Literaturgeschichtsschreibung. Berlin: Akademie-Verlag 1981, S. 182.
[38] Nadler: Wissenschaftslehre (Anm. 11), S. 62.
[39] Nach der Ausgabe Berlin: De Gruyter 1867, S. 3.

nicht zulassen konnte. Man höre das Zitat aus Dilthey, „vor dem sich alles neigt",[40] bei Nadler:

> Einem unbestreitbaren, tatsächlichen Verhältnis gemäß, das freilich bis jetzt nicht erklärt, ja nicht einmal in seinen wahren Grenzen als empirisches Gesetz festgestellt werden kann, steigert sich in einer großen Anzahl von Fällen ein bestimmter Familiengeist mehrere Generationen hindurch, bis er sich dann in einem einzelnen Individuum zu seiner klassischen Gestalt zusammenfaßt.[41]

Nach allem Bisherigen dürfte deutlich sein, daß Nadlers Hauptinteresse dem ersten Teil dieses Satzes gilt, also der familiengeschichtlichen Vererbungslehre, nicht aber dem großen Subjekt, mit dem es sich zu verständigen gälte.

Die germanistische Forschung ist wiederholt auf das Problem der Nadlerschen Theoriekonstruktion eingegangen. Sie hat dabei meist ihren Erklärungsanspruch auf das konzentriert, was als Einfluß Sauers und Scherers geltend zu machen war oder schien. Versucht man, den Stand der Diskussion exemplarisch – etwa an dem umsichtigen Aufsatz von Sebastian Meissl aus dem Jahr 1985 – zu fassen, so lassen sich die Ergebnisse wie folgt skizzieren:[42]

Nadler verficht strikt die Induktion und die Kausalität; der

> extreme Begriffsnominalismus kann freilich nicht verbergen, daß in dieses Konzept schon Vorstellungen von Realsubstanzen vermengt sind, die in der Folge – gegen alle methodologischen Beteuerungen – das Feld beherrschen sollten. Springender Punkt ist die Einführung des Stammesbegriffs als kultur- und gesellschaftsbildender Hauptfaktor [...].[43]

Die Vorstellung der Ganzheit ‚Stamm' ist nur auf deduktivem, niemals auf induktivem Weg zu gewinnen;[44] „die Versicherung, es handle sich beim ‚Stamm' zunächst nur um eine hypothetische Setzung", widerlegt „sich durch den begriffshypostasierenden, inflationären Wortgebrauch selbst".[45] Der Begriff ist dabei mehrdeutig, in ihm fallen Natur und Kultur zusammen;[46] bzw. ist er mit einem ethnographisch-biologischen sowie einem geistesgeschichtlichen Substrat unterfüttert.[47] Zudem müssen die Stämme als „relativ beständige historische Realtypen" angenommen werden.[48] Nadler entwirft für den Soziologentag 1930

> unter Vermeidung der sonst üblichen Terminologie [...] eine Skala von ‚Bedeutungskonkurrenzen' jener Formationen, die für Texte und Autoren jeweils funktional bedeutsam werden: Stand, Staat, Konfession sind ihm dabei die wichtigsten, während als

---

[40] Nadler: Wissenschaftslehre (Anm. 11), S. 63.
[41] Ebd.
[42] Vgl. Meissl: Zur Wiener Neugermanistik (Anm. 15).
[43] Ebd., S. 131.
[44] Vgl. ebd., S. 132.
[45] Ebd., S. 137; Meissl bezieht sich hier auf Nadler: Stamm und Landschaft (Anm. 11), S. 8.
[46] Vgl. Meissl: Zur Wiener Neugermanistik (Anm. 15), S 132.
[47] Vgl. ebd., S. 135.
[48] Ebd., S. 132.

‚letzte Instanz' die ‚natürliche Volksgruppe' über die Zuordnung entscheidet.[49] Es ist unschwer zu erkennen, daß dieses Konzept ohne die Fiktion eines jeweiligen Kollektivgeistes (Kollektive verstanden als Gruppenpersonen mit Geist-, Instinkt-, Triebausstattung) nicht auskommen kann [...].[50]

Soweit ein kurzes Forschungsresümee. Das skizzierte Profil bedarf allerdings einer deutlichen Verschärfung durch einen bislang völlig unberücksichtigten Aspekt. Man hat den Anteil des Herbartianismus, das heißt der Formalästhetik, an Nadlers Theoriedesign nicht bemerkt und daher Sätze wie den folgenden, aus dem Vorwort (Bd. I) der *Literaturgeschichte*, nicht für bare Münze genommen: „Die Form war mir nicht alles, aber viel [...]."[51]

Die Formalästhetik Herbarts entspringt einer antiidealistischen Philosophie als Weiterentwicklung von Leibniz und Wolff; sie wird spätestens nach 1848 (Schulreform) zur staatstragenden Philosophie in Österreich.[52] Die Formalästhetik ist konzipiert als Lehre von den Harmonien, Proportionen und Verhältnissen auf Basis einer Psychologie, deren zentrale Begriffe die Vorstellungsreihe und die Relationen sind.

Das Seiende, das bei Herbart ‚Reale' statt Monade heißt, ist absolut einfach und so ohne erkennbare Qualität; es wird ohne Zeit, Raum und Veränderung gedacht. Alles Geschehen resultiert aus Verhältnissen/Relationen von ‚Realen', insofern sie sich perspektivisch aus der Wahrnehmung ergeben, und wird als ‚objektiver Schein' qualifiziert. In dieser Konstruktion, die in aller Wahrnehmung nur den Schein von Verhältnissen sieht, den eine Mehrzahl von an sich unerkennbaren Seienden bildet, liegt die metaphysische Wurzel der Formalästhetik.[53]

Von ihren Vertretern werden auch Raum- und Zeitwahrnehmungen „aus der bloßen ‚Form' von Assoziationsreihen" erklärt.[54] Im *Lehrbuch der empirischen Psychologie* von Gustav Adolph Lindner, einem Herbartianer, der bis 1887 Professor für Pädagogik, Psychologie und Ethik an der Universität Prag war, steht etwa zu lesen: „Indem sich der Unterschied des Vor und Nach aufhebt, wird aus dem zeitlichen Nacheinander ein räumliches Nebeneinander, aus der Zeitreihe eine Raumreihe."[55]

---

[49] Ebd., S. 133; Meissl bezieht sich hier auf Nadler: Die literarhistorischen Erkenntnismittel (Anm. 11), S. 251.
[50] Meissl: Zur Wiener Neugermanistik (Anm. 15), S. 139.
[51] Nadler: Literaturgeschichte (Anm. 1), Bd. 1, S. VIII.
[52] Vgl. zum folgenden Georg Jäger: Die Herbartianische Ästhetik – ein österreichischer Weg in die Moderne. In: Die österreichische Literatur. Ihr Profil im 19. Jahrhundert (1830–1880). Hrsg. von Herbert Zeman. Graz: Akademische Druck- und Verlagsanstalt 1982, S. 195–219; Wolfgang Neuber: Paradigmenwechsel in psychologischer Erkenntnistheorie und Literatur. Zur Ablöse des Herbartianismus in Österreich (Herbart und Hamerling, Freud und Schnitzler). In: ebd., S. 441–474.
[53] Jäger: Die Herbartianische Ästhetik (Anm. 52), S. 199.
[54] Alois Höfler: Was die gegenwärtige Psychologie unserem Gymnasium sein und werden könnte. Wien: Selbstverlag 1893, S. 205.
[55] Gustav Adolf Lindner: Lehrbuch der empirischen Psychologie als inductiver Wissenschaft. Für den Gebrauch an höheren Lehranstalten und zum Selbstunterrichte. 2. vollst. umgearb. u. erw. Aufl. Wien: Gerold 1868, S. 29.

Der Musikwissenschaftler Otakar Hostinský, wie Lindner ein Herbartianer, war bis zu seinem Tode 1910 Professor für Ästhetik an der Universität Prag, an der Nadler von 1904 bis 1908 studierte. Er ist eine der möglichen Kontaktstellen zur Formalästhetik, die im Hinblick auf Nadler anzusetzen sind. In Hostinskýs Schrift *Herbarts Ästhetik* findet sich ein Passus, der dazu angetan ist, zum einen meine kurze Skizze der Formalästhetik zu ergänzen und zum anderen dasjenige herauszuarbeiten, was sich ganz unmittelbar bei Nadler wiederfinden läßt:

> Das Vorstehende ist nun zwar hoffentlich deutlich genug, um demjenigen, der nach Ästhetik fragt, zu sagen, wo er sie zu suchen hat. *Psychologische Analysen* sind es, an die er nicht bloß sich wenden, sondern die er selbst vornehmen muss. Diese Analysen bestehen aber nicht in Beantwortung ungereimter Fragen, z. B. was wohl der Sinn, und die Phantasie, und der Verstand, und das Gefühlsvermögen beim Auffassen des Schönen thun mögen; wer sich noch mit diesen Fabeln trägt, dem bleibt die Wahrheit versteckt hinter der Fabel. Sondern die *Vorstellungsreihen* muss er *auseinander nehmen*, welche das Kunstwerk ineinander verwoben hatte; und sie teils einzeln, teils ihre Verknüpfungen studieren, solange, bis er die Elemente des Schönen und dessen Bedingungen findet.[56]

Zum Schluß möchte ich nun in aller Kürze Positionen aufzeigen, die den unmittelbaren Anschluß von Nadlers Theoriekonzept an die Formalästhetik belegen. Ich beziehe mich dabei erneut auf den bereits erwähnten Aufsatz *Die Wissenschaftslehre der Literaturgeschichte*. Nadler bezeichnet hier Textgemeinsamkeiten verschiedener literarischer Zeugnisse als „Vorstellungsreihen",[57] ein literarisches „Denkmal ist zunächst reine Form",[58] erweckt aber dennoch „Vorstellungen in mir".[59] Man hat, so Nadler, auf die Form und den Inhalt Bedacht zu nehmen, wenn man „eine Wissenschaft von den literarischen Denkmälern" betreibt[60]: Denn „die zahllosen Verschiedenheitsübergänge im Gegenstande" lassen sich „begrifflich erfassen", so „daß sich daraus durch ein logisches Verfahren eine ganze Reihe herstellen" läßt, nämlich eine logische Reihe, die „einer Zeitreihe und einem Raumganzen" entspricht.[61] Die gesamten Denkmäler füllen „in gleicher Weise alle eine Zeitreihe und einen Raum" aus.[62] Programmatisch fordert Nadler unter anderem: „Theoretische Arbeiten über Sprache, Stil, Metrik, Vorstellungsverbindungen und alle Arbeiten rein psychologischer Art, die sich auf das Verhältnis des Erkennenden zu den Denkmälern beziehen"[63] – eine Psychologie ohne Geschichte also; sowie: „Einordnen der Denkmäler in die Zeitreihe und in das Raumganze".[64]

---

[56] O[takar] Hostinský: Herbarts Ästhetik in ihren grundlegenden Teilen quellenmäßig dargestellt und erläutert. Hamburg u. Leipzig: Voss 1891, S. 18.
[57] Nadler: Wissenschaftslehre (Anm. 11), S. 17.
[58] Ebd., S. 21.
[59] Ebd., S. 28.
[60] Ebd., S. 26.
[61] Ebd., S. 31.
[62] Ebd., S. 26.
[63] Ebd., S. 54.
[64] Ebd.

Die Begrifflichkeit ist, wie ich denke, klar genug, um ihren formalästhetischen Ursprung hervortreten zu lassen. – Was hat, so lautet nun meine abschließende Frage, dieser Befund für Konsequenzen für eine Deutung von Nadlers nationalistischer Raumkonzeption, besonders im Hinblick auf die Frühe Neuzeit? Daß Nadler auch in seiner praktischen Argumentation innerhalb der *Literaturgeschichte* formalästhetisch argumentiert, wird, wie ich meine, aus zahlreichen Beobachtungen deutlich. Ich verweise auf den im Vorwort formulierten Primat der Form vor dem Inhalt, der auch in jener Argumentation greifbar wird, die das späte Mittelalter, die Pegnitzschäfer und die Romantik, wie vorgeführt, kurzschließt. Damit sind alle Fragen, die etwa auf Tradition, Innovation und Modernität zielen, unmöglich, weil alle formalen Optionen letzthin immer schon existieren, da sie im invarianten Bestand der Stammestypologie angesiedelt sind. Die Konsequenzen liegen auf der Hand, doch Nadler wehrt sie schon im Vorwort (Bd. I) zur *Literaturgeschichte* ab: „Mag ich den Zusammenhang innerhalb einzelner Dichtungsgattungen da und dort zerrissen haben! Es sind künstliche Gruppen, und ich suchte die Natur."[65]

Wer die Natur sucht, wird sie allenthalben finden, doch Nadler trifft sie notwendigerweise bereits auf der elementarsten Ebene seiner Theorie, nämlich in Raum und Zeit, die transhistorisch gefaßt und damit eben naturalisiert werden. Raum- und Zeitkonstruktion fallen ineinander und löschen ein chronologisches Konzept von Historiographie aus. Nadler ist daher gezwungen, im Rückgriff auf Räume immer wieder geschichtlich neu anzusetzen, um formale Gegebenheiten zueinander in Beziehung zu bringen. Die Frühe Neuzeit als literaturgeschichtliche Einheit gibt es daher bei ihm nicht, ja selbst einzelne Epochen, wie das Barock, müssen in verschiedenen Raummodellen von Band eins bis drei immer wieder erneut auftauchen. Doch da auch die Epochenbegriffe, wie gezeigt, stammestypologisch ontologisiert werden, gibt es für Nadler gar keine Epoche des Barock, sondern nur barocke Stämme. Als Nadler 1918 den Terminus erstmals, in Band drei, einführt, beschreibt er damit vor allem das bairisch-österreichische Theater aller Epochen. In umgekehrter Lesart: Gryphius etwa wird an keiner Stelle als barocker Autor bezeichnet.

Nadlers Fragestellung zielt erstens auf die „Identität zwischen Bevölkerung und geistigen Vorgängen bestimmter Räume"[66] und zweitens auf das Problem, „ob tatsächlich besondere Zeiten und Räume ihre jeweils besonderen Ideen denken"[67] bzw. „im Literarischen bestimmte herrschende Stile und Gattungen hervorbringen".[68] Daß dies ein nationalistisches Raumkonzept meint, geht aus dem Apriori der stammestypologischen Ontologie hervor, die unter dem Oberbegriff des „Deutschen" Stämme und Landschaften zusammenschließt und damit auch eine monolithische Wissenschaft begründet:

---

[65] Nadler: Literaturgeschichte (Anm. 1), Bd. 1, S. VIII.
[66] Ders.: Erkenntnismittel (Anm. 11), S. 242 und S. 245 f.
[67] Ebd., S. 249.
[68] Meissl: Zur Wiener Neugermanistik (Anm. 15), S. 139.

Es kann gar keine gleichberechtigten ‚Richtungen' in einer Wissenschaft geben, sondern nur eine Richtung und diese wird bestimmt durch den logischen Gang der Erkenntnisse und der logische Gang der Erkenntnisse wird bestimmt durch die letzte, oberste und heiligste Frage nach dem Grund des Seins, durch den die [literarischen] Denkmäler überhaupt und gerade so sind.[69]

Mit antiindividualistischem Hohn begegnet Nadler daher in seinem Aufsatz *Die Wissenschaftslehre der Literaturgeschichte* 1914 allen Denkmöglichkeiten von Individualität, die sich dem Volksganzen entziehen oder gar entgegenstellen könnte: „Große Zeiten, die Menschenkraft zu unzerbrechlichen Bünden schnüren und so zum höchsten spannen können, lehren freilich ihr Geschlecht, daß die schöne ‚Individualität' nicht das kleinste Rädchen zu hemmen vermag."[70]

Wohin dies führen sollte, ist bekannt.

---

[69] Nadler: Wissenschaftslehre (Anm. 11), S. 62.
[70] Ebd., S. 60.

Richard Faber

Christlicher Humanismus versus Heroischer Nihilismus

Alfred von Martins liberal-katholische Kultursoziologie des Renaissance-Humanismus – ein wissenssoziologischer Beitrag zur Urgeschichte bürgerlicher Intelligenz[1]

> Was heute not täte, wäre ein militanter Humanismus, welcher gelernt hat, daß das Prinzip der Freiheit und Duldsamkeit sich nicht ausbeuten lassen darf von einem schamlosen Fanatismus; daß er das Recht und die Pflicht hat sich zu wehren.
>
> Thomas Mann, Humaniora und Humanismus (1936)

1. Formale und universal- wie zeitgeschichtliche Soziologie

Wer von der Urgeschichte eines modernen Phänomens handelt, ist Genealoge und betreibt deswegen Zeitgeschichte.[2] So auch – nachweislich, ja ausdrücklich – der intellektuellensoziologische Kulturhistoriker oder kulturhistorische Wissenssoziologe Alfred von Martin in seinem ‚Beitrag zum Problem des Verhältnisses zwischen Besitzschicht und Bildungsschicht‘, mit dem Obertitel ‚Der Renaissance-Humanismus als soziologisches Phänomen‘. Freilich – bereits von Martins Untertitel impliziert das –, der historische Soziologe ist zugleich formaler Soziologe, dem gesellschaftliche Konstanten eine Selbstverständlichkeit sind.[3] So be-

---

[1] Alle Zitate stammen – wenn nicht anders angegeben – aus folgenden Werken Alfred von Martins (in Klammern die im weiteren Verlauf des Beitrags verwendeten Abkürzungen): Geist und Gesellschaft. Soziologische Skizzen zur europäischen Kulturgeschichte. Frankfurt a. M.: Knecht 1948 (= Geist); Im Zeichen der Humanität. Soziologische Streifzüge. Frankfurt a. M.: Knecht 1974 (= Humanität); Mensch und Gesellschaft heute. Frankfurt a. M.: Knecht 1965 (= Mensch); Nietzsche und Burckhardt. München: Reinhardt 1941 (= Nietzsche); Der heroische Nihilismus und seine Überwindung. Ernst Jüngers Weg durch die Krise. Krefeld: Scherpe 1948 (= Nihilismus); Ordnung und Freiheit. Materialien und Reflexionen zu Grundfragen des Soziallebens. Frankfurt a. M.: Knecht 1956 (= Ordnung); Die Religion Jakob Burckhardts. Eine Studie zum Thema Humanismus und Christentum. 2. Aufl. München: Erasmus 1947 (= Religion); Soziologie der Renaissance. 3. Aufl. München: Beck 1974 (= Renaissance); Coluccio Salutati und das humanistische Lebensideal. Ein Kapitel aus der Genesis der Renaissance. 2. Aufl. Hildesheim: Gerstenberg 1973 (= Salutati).
[2] Vgl. Geist, S. 64, vor allem aber Renaissance, S. 8–10.
[3] Vgl. Alfred von Martin: Soziologie. Die Hauptgebiete im Überblick. Berlin: Duncker & Humblot 1956, S. I und S. 10 (= Soziologie).

nennt von Martin – in unserem Zusammenhang – auch das, was „zwischen der jeweilig herrschenden sozialen Gruppe und der jeweilig führenden Intelligenzschicht immer der Fall ist".[4]

Noch grundsätzlicher heißt es schon Seiten vor dieser Formulierung:

> Eine politisch-wirtschaftliche [...] oder eine wirtschaftlich-politische Oberschicht [...] gehört immer zusammen mit einer ihr entsprechenden, weil aus der gleichen gesellschaftlichen Situation wie sie selbst erwachsenen, geistigen Oberschicht, welche die äußere Machtposition unterstützt durch eine ideologische Hilfsstellung, indem sie die der gesellschaftlichen Situation entsprechende öffentliche Meinung schafft.[5]

Freilich spezifiziert von Martin die „politisch-wirtschaftliche Oberschicht" als „die feudale des Mittelalters" und die „wirtschaftlich-politische" als „die neue kapitalistische" Oberschicht, so wie die jeweils dazugehörige intellektuelle als „die geistliche Bildungsschicht" des Mittelalters bzw. „die humanistische" des beginnenden Kapitalismus. Vor allem aber häufen sich ab dem Augenblick, von dem an von Martin zum Tendenzanalytiker wird, die bewußten und zutreffenden Anachronismen der allermodernsten Art:[6]

Die Humanisten behandeln ihre „noch schwer erreichbare Ware humanistische Bildung als ein Objekt von Seltenheitswert", wenn sie selbst, „nicht ohne Reklame", auf dem Markt sich ausstellen. Einige von ihnen, wie vor allem Aretino, werden „öffentliche Meinung zu machen" suchen „im Sinne einer übelsten ‚Journaille'", ja „im Sinne der erpresserischen Revolverjournalisten".[7] Fast alle Humanisten, mit ganz wenigen Ausnahmen, gehören zu einer „in jedem Sinne ‚freischwebenden'" Intelligenzschicht, sind also Intellektuelle nach der Definition der von von Martin auf die Renaissance applizierten Wissenssoziologie Karl Mannheims.[8] Schließlich erweisen sich einige Humanisten, vor allem Machiavelli, als intellektuelle Pendants der „charismatischen" Condottieri und werden damit zu Vorläufern jener „heroischen Nihilisten" in der Art Ernst Jüngers und Carl Schmitts, denen von Martins engagierte und aktuelle Kritik gilt.[9]

Nicht nur dort, wo er sich thematisch zur ‚Soziologie der Gegenwart' äußert, ist von Martins Forschung ‚geistesgegenwärtig'.[10] Ein Titel wie ‚Die Dialektik der Aufklärung und die Situation heute' könnte variiert werden.[11] Aktuelle Fragestellungen sind bei von Martin (mehr oder weniger) stets anzutreffen, und er kritisiert (heftig) geschichtliche Untersuchungen (von Kollegen), die es an Reflexion der eigenen Zeit mangeln lassen:

> Schlechthin nichts [...] wird zum [...] Verstehen der Gegenwart beigetragen, wo ein

---

[4] Geist, S. 109.
[5] Ebd., S. 101.
[6] Ebd., S. 194 ff.
[7] Ebd., S. 104 und S. 107.
[8] Ebd., S. 113.
[9] Ebd., S. 97 und S. 119.
[10] Ebd., S. 224 ff.
[11] Humanität, S. 171 ff.

der soziologischen Analyse des ‚Geistes der Neuzeit' gewidmetes Buch, Erscheinungsjahr 1935, so geschrieben wird, wie es zur Not dreißig Jahre zuvor hätte geschrieben werden dürfen, nämlich unter völliger Ignorierung der Krisenproblematik, in der wir stehen.[12]

Von Martin will problembewußt zum Verstehen der Gegenwart beitragen, doch gerade auch er in Form historischer Forschung. (‚Soziologie der Gegenwart und Geschichte' ist das Kapitel überschrieben, aus dessen letztem Absatz ich eben zitierte.) Ja, er ist sich wie wenige bewußt, daß uns „die ‚moderne' geistige Haltung im typischen Sinne [...] nicht erst in unserer spezifisch so genannten ‚Neuzeit'" begegnet, „sondern ebenso da, wo die Antike (in der Sophistik) oder da, wo das Mittelalter (in Duns Scotus und Ockham) modern wird. Wir müssen also geschichtlich [weit] zurückgreifen", wie von Martin schlußfolgert, „wollen wir einen genügend universalen Blick gewinnen, um ein Bild von typischer Bedeutsamkeit entrollen zu können".[13]

2. Historische und soziologische Typologie

Ich unterstreiche von Martins universal(geschichtlich)en Blick (aus aktuellem Interesse), wende mich dann aber dem – von ihm selbst akzentuierten – Typischen zu: Im Vorwort zur *Soziologie der Renaissance* von 1932 ist die Rede vom im „soziologischen Sinne Typischen: [...] eine soziologische Darstellung kommt [...] nicht aus ohne jenen Begriff des ‚Idealtypus', der von dem bis heute größten deutschen Soziologen [...] herrührt." Allerdings war Max Weber „zugleich ein höchst vielseitig unterrichteter Historiker", der seinerseits nicht ohne diese „Hilfskonstruktion" auskommt, wie von Martin weiß, ist er doch selbst ein solcher „Historiker", für den „das Arbeiten mit ‚Epochen' nicht lediglich ein rein praktischer ‚Einteilung' dienender Behelf sein soll, sondern [...] die [...] Fragestellung involviert [...] nach dem jeweils zum Ausdruck kommenden ‚Wesen des Geistes' einer Zeit, also nach dem Wesen des Mittelalters, der Renaissance usw."[14]

Dabei weiß von Martin, wieder im Anschluß an Max Weber, „daß im chronologischen Sinne [...] keine reinliche Scheidung möglich ist [...], die Idealtypen gehen in der Realität ineinander über, es gibt Vorwegnahmen wie ein Hinterherhinken. Worauf es ankommt, ist nur, welche Haltung jeweils dominiert (und damit zeittypisch ist)".[15] Kaum überraschend, kann von Martin – vielleicht (tatsächlich) Antonio Gramsci vorwegnehmend – auch von jeweiliger „Hegemonie" sprechen.[16] Entscheidend ist aber, was er von dem aufs höchste verehrten „Typologen"[17] Jacob Burckhardt schreibt:

---

[12] Geist, S. 229.
[13] Humanität, S. 95.
[14] Renaissance, S. 7.
[15] Geist, S. 127.
[16] Ebd., S. 102.
[17] Renaissance, S. 15.

> In Burckhardt steckt nicht ein Soziologe ‚neben' dem Historiker, sondern seine ganze ‚kulturgeschichtliche' Methode ist soziologisch, insofern die gesamte Richtung seines wissenschaftlichen Interesses auf die Herausarbeitung des Typischen geht, auf das ‚Konstante', Zuständliche: im Gegensatz zu dem Interesse für bloße einmalige (individuelle) ‚Ereignisse' und ihr ‚Werden'.[18]

Auch hierbei handelt es sich um eine Selbstcharakteristik von Martins. Schon in seiner historischen Habilitationsschrift von 1915 über den Renaissancehumanisten Coluccio Salutati wollte er „stets das Typische hervortreten" lassen. Und gerade weil Salutati – im Unterschied zum „Typus Petrarca"[19] – „keine schöpferische Persönlichkeit ist", scheint er dem Historiker

> ein umso wertvolleres Medium für die allgemeinen Strömungen der Zeit [zu sein], die sich in ihm in relativer Objektivität, nur wenig getrübt durch eine aktive geistige Individualität offenbaren. Er ist weniger Vorkämpfer als Ausdruck einer bestimmten Kultur, weniger Treibender als Getriebener; darum kommt die geistige Zeitatmosphäre in ihm umso reiner zur Selbstdarstellung. Diese Atmosphäre heißt noch nicht Renaissance, aber auch nicht mehr Mittelalter; es ist die Atmosphäre einer Übergangszeit, so daß wir an der Persönlichkeit Salutatis das unter schweren Wehen sich vollziehende Werden einer neuen geistigen Welt beobachten können.[20]

„Salutati bezeichnet [...] den Übergang.";[21] wie über dreißig Jahre später Ernst Jünger will von Martin den spätmittelalterlichen Florentiner als „paradigmatischen Fall" behandeln,[22] indem er ein „lebendig Persönliches" und ein „allgemein geistig Typisches [...] zugleich"[23] gibt: „Um für unsere Betrachtung ein Bild zu gewinnen, das möglichst lebensvoll ist, werden wir den konkreten Einzelfall bis in die feinsten Verästelungen seiner individuellen Problematik zu verfolgen trachten. Doch was wir in dem Bilde suchen, das uns so – in individueller Gestalt – entgegentritt, ist ein Typisches."[24]

3. Wissenssoziologie und deren Selbstkritik

So hat von Martin im ‚Jünger'-Buch die zuvor zitierte Formulierung von 1915 expliziert, immer noch davon überzeugt, daß die „biographisch-literarhistorische Methode [...] nur dann Wertvolles leisten [kann], wenn sie, jeder Isolierung der Persönlichkeit widerstrebend, diese durchaus im Zusammenhang mit ihrem gan-

---

[18] Geist, S. 211.
[19] Ebd., S. 97.
[20] Salutati, S. V f.
[21] Ebd., S. 266.
[22] Nihilismus, S. 7; Vgl. auch Alfred von Martin, Romantischer ‚Katholizismus' und katholische ‚Romantik' (1925). In: Romantische Utopie – Utopische Romantik. Hrsg. von Gisela Dischner und Richard Faber. Hildesheim: Gerstenberg 1979, S. 16.
[23] Salutati, S. VI.
[24] Nihilismus, S. 7.

zen Milieu darstellt, wenn sie den Hintergrund ebenso detailliert ausführt wie das davor gestellte Porträt."[25]

Diese Formulierungen finden sich in der kulturgeschichtlichen Habilitationsschrift wieder und erweisen damit bereits diese als kultursoziologische, jedenfalls in von Martins Verständnis von ‚Kultursoziologie'. – Die seine gibt in aller Zukunft acht auf das „ganze Milieu", in das ein Werk, sein Autor, die (mit) von ihm vertretene Geistes- und Lebensart gehört (dieses Milieu bedingend und selbst von ihm bedingt).

Wohl am prägnantesten formulierte von Martin über zwanzig Jahre später in ‚Zur Soziologie der Gegenwart':

> Eine Soziologie der Kultur muß von der jeweiligen realen gesellschaftlichen Struktur ausgehen und die Kultur auf ihre Zusammenhänge mit jener hin untersuchen, insbesondere nach den jeweiligen Trägern der kulturellen Entwicklung fragen und nach der schichtmäßigen Zuordnung der die Kultur tragenden Bildungsschicht, also ihrer gesellschaftlichen Zusammensetzung und ihrer gesellschaftlichen Situation. In dieser Richtung tragen Wesentliches und besonders auch methodisch Wertvolles bei zwei Arbeiten deutscher Schüler des nach London emigrierten Soziologen Karl Mannheim, die dann von dem der Soziologie geneigten Hamburger Historiker Justus Hashagen als Dissertationen angenommen wurden, die Arbeit von Hans Gerth über ‚die sozialgeschichtliche Lage der bürgerlichen Intelligenz um die Wende des 18. Jahrhunderts, ein Beitrag zur Soziologie des deutschen Frühliberalismus' und die Soziobiographie Gustav Freytags von Otto Herrmann; sie zeigen die historische Fruchtbarkeit Mannheimscher ‚Wissenssoziologie'.[26]

Diese Passage gibt über vieles zugleich Aufschluß: Zunächst dürften unschwer ‚Struktur' und ‚Situation' als Synonyme des älteren ‚Milieus' erkennbar sein und ‚gesellschaftlich' als inhaltlichere bzw. soziologischere Version des ‚ganzen'. Als verschärfend muß das Adverbiale ‚real' angesehen werden, dem – spätestens mit Aufrufung der paramarxistischen „Wissenssoziologie" – ein Kryptomaterialismus eignet. Schließlich war schon von Martins eigene Arbeit ‚Zur Soziologie' – nicht des ‚Frühliberalismus', aber eben – ‚der Renaissance' Karl Mannheim nachdrücklich verpflichtet.[27] Noch in ihrer zweiten, leicht veränderten Auflage heißt es:

---

[25] Salutati, S. V.
[26] Geist, S. 228.
[27] Die Erstauflage der *Soziologie der Renaissance* (1931) ist „Karl Mannheim, dem Meister historisch-soziologischen Denkens und Forschens" gewidmet (S. III). Peter Burke erwähnt diese Widmung, glaubt aber dennoch von Martin eine „marxistische Interpretation der Renaissance" ohne Wenn und Aber unterstellen zu können, vgl. Peter Burke: Die Renaissance in Italien. Sozialgeschichte einer Kultur zwischen Tradition und Erfindung. Berlin: Wagenbach 1984, S. 20. Auch ohne ausdrückliche Referenz gegenüber Mannheim gäbe das von Martins Text nicht her; erst recht dementieren seine zahlreichen Kontexte die Burkesche Unterstellung. Freilich läßt Burke von Martins andere Publikationen völlig unberücksichtigt, andererseits nimmt er den historischen Soziologen prinzipiell ernst und gibt sogar zu, „daß die These Alfred von Martins, der Humanismus sei ‚bürgerlich', am Ende doch manches für sich hat" (S. 121). – Die Herausgeber einiger ins Deutsche übersetzter Arbeiten Hans Barons und John G. A. Pococks über den ‚Bürgerhumanismus' der Renaissance (Horst Gün-

> [...] der Soziologe [...] sucht, was man den Geist ‚der Zeit' heißt, zu verstehen aus seinem Zusammenhang mit der Mentalität der in dieser Zeit – wirtschaftlich, politisch und kulturell – führenden Schichten; er fragt nach der gesellschaftlichen Bedingtheit und der gesellschaftlichen Funktion der eine Zeit beherrschenden Ideen.[28]

Freilich hat von Martin spätestens nach 1945 ein monokausales Verständnis von „gesellschaftlicher Bedingtheit" und „Funktion" der Ideen abgelehnt. Statt dessen unterstellt er ein Wechselverhältnis von ‚Geist und Gesellschaft';[29] immer noch heißt es im gleichnamigen Aufsatzband von 1948: „Da es sich durchgehend um Kultursoziologie handelt, ist der entscheidende Punkt die Auffassung des Verhältnisses von Geist und Gesellschaft", doch jetzt wird sofort hinzugesetzt: „Die Gefahr ist hier der Soziologismus, der ‚alles' vom Gesellschaftlichen her erklären will."[30] Andererseits wird der Materialismus, die „Realsoziologie", auch jetzt keineswegs in toto kritisiert, wie bereits die oben wiedergegebene Eloge auf Karl Mannheim hat erkennen lassen.

Im Renaissance-Buch warf von Martin den Humanisten einschließlich ihres „unerbittlichen Kritikers" Machiavelli geradezu vor, ihnen habe es an jenem „Realitätssinn" gemangelt, „der das dem Historiker wie dem Politiker nötige Interesse für die gesellschaftliche Bedeutung der Wirtschaft aufbringen würde". Dagegen wollte er selbst „die meist mehr oder weniger ‚schöngeistig' gesehene Renaissanceepoche [...] mit der Sonde einer grundsätzlich desillusionierenden Fragestellung" anfassen: „es wird die Frage gestellt nach der gesellschaftlichen Realität, die hinter jener Kultur stand, – nach der hier zum ersten Mal in der modernen Geschichte auftretenden Schicht von ‚Besitz und Bildung' – wobei zuerst vom Besitz und erst an zweiter Stelle von der Bildung zu reden ist."[31]

Wer „grundsätzlich" desillusionieren will, der tritt auch als Ideologiekritiker auf, so immer wieder von Martin im weiteren Verlauf seines Renaissance-Buches.[32] Zugleich ist ihm die – wenn auch apostrophierte – Rede vom ‚Unter- und Überbau' keineswegs fremd: Von Martin, der bereits im Vorwort die Priorität des Besitzes (vor der Bildung) unterstellt hat, schreibt, daß „durch die Geld- und Kreditwirtschaft die Entfaltung eines bis dahin unbekannten wirtschaftlichen Unter-

---

ther und Werner Sewing) erwähnen den Baron-Schüler von Martin noch nicht einmal. Die wohl einzige Ausnahme stellt in den achtziger und neunziger Jahren der von Baron und Pocock inspirierte Herfried Münkler dar: Machiavelli, die Begründung des politischen Denkens der Neuzeit aus der Krise der Republik Florenz. Frankfurt a. M.: Europäische Verlagsanstalt 1982, S. 30 ff. Freilich steht Münkler von Martins Machiavelli-Interpretation in einer Weise kritisch gegenüber, die ich in ihrem Extremismus nicht teilen kann. Dabei ist Affirmation an sich nicht meine Sache. Ich empfehle nachdrücklich Werner Raiths generelle Humanismus-Kritik Florenz vor der Renaissance. Der Weg einer Stadt aus dem Mittelalter. Frankfurt a. M. und New York: Campus 1979 und Kurt Lenk: Marx in der Wissenssoziologie. 2. Aufl. Lüneburg: zu Klampen 1986.

[28] Renaissance, S. 17.
[29] Vgl. z. B. Alfred von Martin: Soziologie (Anm. 3), Teil C, S. 66, Anmerkung 9.
[30] Geist, S. 7.
[31] Renaissance, S. 98, S. 125 und S. 9 f.
[32] Ebd., S. 27, S. 43 und S. 50.

nehmungsgeistes möglich gemacht" worden sei. Und er erkennt „auch die neue Wissenschaft von der Natur" als

> Produkt eines ‚Unternehmertums', das sich nicht mehr abfindet mit ‚Gegebenheiten' überkommener Art, mit der Anerkennung ‚gottgewollter Abhängigkeiten', sondern alles zu einem Objekt rationeller Behandlung macht: nicht nur im theoretischen Sinne, im Sinne einer voraussetzungslosen Wissenschaft, sondern weiterhin auch im praktischen Sinne einer sofortigen technischen Nutzbarmachung der gewonnenen Einblicke in den natürlichen Zusammenhang der Dinge, wie sie dem bürgerlichen Typus des geborenen Ingenieurmenschen von Natur nahe liegt. Man will wissen, um in die Natur ‚eingreifen', um die Dinge berechnen und damit beherrschen zu können und so seine Machtziele zu realisieren. Und weil man die technische Überlegenheit über die Natur nur auf Grund des neuen bürgerlich-naturalistischen Weltbildes gewinnen konnte, weil dieses neue Wissenschaftsbild die gesellschaftliche Funktion erfüllte, den Bedürfnissen der neu heraufkommenden Schicht Dienste zu leisten, wurde es ‚herrschend'.[33]

Völlig analog heißt es im Aufsatz ‚Zur kultursoziologischen Problematik der Geistesgeschichte' von 1930: „Die [...] frühkapitalistische Ethik ist die rein soziologisch bedingte Denkweise des ‚ehrbaren Kaufmanns', die, unabhängig von aller konfessionellen Dogmatik, durchaus jenseits der Gegensätze von Katholizismus und Calvinismus steht."[34] Von Martin wendet sich hier eindeutig gegen die berühmte Max-Weber-These, und das nicht nur in religionssoziologischer Hinsicht: indem er das calvinistische Monopol auf den „Geist des Kapitalismus" negiert, sondern ganz grundsätzlich: indem er die Bedeutung des religiösen Faktors überhaupt in Zweifel zieht. Für ihn ist die frühkapitalistische Ethik, gleich welcher Couleur, nur jener „ideologische ‚Überbau'", von dem er im nächsten Satz ausdrücklich spricht: „Auch der Katholizismus, so gut wie später der Puritanismus konnte für jenen ideologischen ‚Überbau' der frühkapitalistischen Sozialsituation die Voraussetzungen einer adäquaten religiösen Theorie hergeben."[35]

Entscheidend war der hier „frühkapitalistische Situation" genannte ‚Unterbau', weswegen von Martin im Renaissance-Buch auch formulieren konnte: „Die Autonomsetzung der nun alleinbestimmend werdenden bisherigen ‚causae secundae' ist die ideologische Widerspiegelung der Emanzipationsbewegung des Bürgertums."[36] Formulierungen wie diese[37] sind spätestens nach 1945 von Martins ‚Soziologismus'-Verdikt verfallen. Ganz dementsprechend wird am „Soziologen Jacob Burckhardt" gerühmt, daß er „kein Soziologe" gewesen ist: „neben den Realfaktoren stehen die Idealfaktoren: die Empfänglichkeit des Geistes und die seelische Hingabe".[38]

---

[33] Ebd., S. 45.
[34] Zuerst erschienen in: Historische Zeitschrift 142 (1930), S. 229 ff.
[35] Geist, S. 86; vgl. auch Humanität, S. 177, Ordnung, S. 82 ff. und S. 122 ff. sowie Soziologie (Anm. 3), Teil C, S. 84 f.
[36] Renaissance, S. 43.
[37] Vgl. Geist, S. 61.
[38] Ebd., S. 211.

Völlig im Sinne Burckhardts beginnt von Martins eigener Vortrag ‚Die Dialektik der Aufklärung und die Situation heute' mit den Sätzen:

> Wen, in Geschichte wie in Gegenwart, die gesellschaftliche Rolle von Ideen interessiert, der wird auf der einen Seite nach der gesellschaftlichen Mitbedingtheit des Aufkommens der Ideen fragen, nach dem Milieu, in dem sie aufwachsen – im Falle der Aufklärung also dem des aufsteigenden Bürgertums – umgekehrt aber und nicht minder auch nach der Wirkung, welche die Ideen im Gesellschaftsleben als effektive Kräfte ausüben können, indem sie den Erfordernissen der Zeit gerecht werden und sonach Resonanz finden.[39]

Achthaben auf den *kairos* bleibt für von Martin (nicht anders als für Burckhardt) sein ganzes Forscherleben hindurch unaufgebbar; dergleichen das Interesse für „die gesellschaftliche Rolle von Ideen": „Erst da, wo man nach dem dem Bewußtsein entsprechenden Sein fragt, nach dem gesellschaftlichen Substrat, nach seiner bedingenden Kraft, und nach der repräsentativen Funktion, welche das Geistige erfüllt, ist eine soziologische Fragestellung gegeben."[40]

So schreibt von Martin auch nach 1945, doch jetzt ist für ihn das „Aufkommen der Ideen" bloß noch gesellschaftlich mitbedingt. Deswegen insistiert er, nur konsequent, neben dem Beachten der gesellschaftlichen Voraussetzungen von Ideen auf der Frage „nach der Wirkung, welche die Ideen im Gesellschaftsleben als effektive Kräfte ausüben können":

> „[…] Wenn es auf der einen Seite eine weitgehende Bedingtheit des Geistigen durch das Gesellschaftliche gibt, so umgekehrt auch eine weitgehende Bedingtheit des Gesellschaftlichen durch das Geistige." So heißt es wieder im Aufsatz über ‚Soziologie und Soziologismus', wobei von Martin gegen jede „einseitige Seheweise" plädiert: „Der Ökonomismus ebenso gut wie eine […] nur ideenmäßige, weltanschauliche, in wirklichkeitsfremdem Idealismus mit dem ‚reinen Geist' operierende Betrachtung der Dinge, bedeutet eine verfälschende Simplifizierung der komplizierten […] Verhältnisse."[41]

Es geht von Martin um die „rechte Mitte", und die sieht er bei einem richtig (nicht wie von ihm zeitweise miß-)verstandenen Karl Mannheim immer schon gegeben:

> Die rechte Mitte zwischen einer ökonomistischen (oder doch, wie im Falle Tönnies, immer wieder in den Ökonomismus zurückfallenden) Soziologie und einer (bei aller Höhe des geistesgeschichtlichen Niveaus und Weite des kulturgeschichtlichen Horizonts) das spezifisch soziologische Anliegen zu sehr außeracht lassenden Kultursoziologie im Stile Alfred Webers innezuhalten, gelingt […] im allgemeinen der Methode Karl Mannheims.[42]

---

[39] Humanität, S. 171.
[40] Geist, S. 15.
[41] Ebd., S. 16 und S. 243.
[42] Ebd., S. 244.

4. Humanistische Wertphilosophie

So positiv bleibt von Martins Urteil über Karl Mannheim, oder entwickelt es sich gerade nach 1945, aber deswegen war von Martin doch nie ein (integraler) ‚Mannheimerianer'. Dessen ontologischem Relativismus in Form eines generellen Ideologieverdachts war von Martin immer schon abhold, obgleich die folgende (gerade auch gegen Mannheim gerichtete) Formulierung erst von 1946 stammt: „Der einzige wirksame Schutz gegen eine Düpierung durch bloße Ideologien [...] besteht im Verankertsein in echten Ideen." Diese können – obwohl Geschichte eine „Geschichte des ständigen Ringens um Ideen, um Werte" ist – nicht aus der Geschichte „abgeleitet" werden,[43] sind vielmehr ‚ewige' Ideen bzw. „überzeitliche" Werte.[44] Und von Martin ist überzeugt, zum Schluß seines Aufsatzbandes *Mensch und Gesellschaft heute*: „Durch einen Verzicht [...] auf humane Werturteile – welche, über alle Parteien- und Gruppenstandpunkte hinweg, Allgemeingültigkeit beanspruchen dürfen – würde eine Wissenschaft vom Menschen sich selbst ihres höheren Sinnes berauben."[45]

Von Martin war auf eine heute anachronistisch wirkende Weise Wertphilosoph, doch nicht in der Art Max Schelers und des von ihm beeinflußten Mannheim-Kritikers Ernst Robert Curtius.[46] Von Martin grenzt sich, um von Mannheim auf Max Weber zurückzulenken, auch von letzterem nicht völlig ab, er plädiert an eben zitierter Stelle nachdrücklich für eine politische Enthaltsamkeit der Soziologie, so wie er – speziell im Blick auf die Historie – für eine wertfreie Analyse sogenannter „Zeitwerte" eingetreten ist: Der Soziologe „fragt nach der gesellschaftlichen Bedingtheit und der gesellschaftlichen Funktion der eine Zeit beherrschenden Ideen".[47]

Das tut von Martin dann auch, sich auf Jacob Burckhardt berufend, und – wie dieser – nicht zuletzt in Sachen Renaissancehumanismus, begann doch mit ihm gerade auch die Diskreditierung humaner Moral als bloß bourgeoiser. Von Martin wirft Mannheim vor, daß sein genereller Ideologieverdacht dem von Machiavelli vorformulierten antibourgeoisen Ressentiment Sukkurs geleistet habe: „[...] genährt an der skeptischen Grunddisposition der Zeit", mache er sich „einen wissenschaftlichen Sport daraus [...], unterschiedslos alle Ideen und Ideale lediglich aus standortsbedingten Interessiertheiten herzuleiten und als illusionäre Selbstrechtfertigungsversuche zu dekuvrieren".[48] So schließlich auch den „Humanitätsgedanken", der von Martins Kompaß immer schon gewesen ist.[49]

---

[43] Humanität, S. 91 und S. 87.
[44] Renaissance, S. 16.
[45] Mensch, S. 281.
[46] Vgl. Ernst Robert Curtius: Deutscher Geist in Gefahr. Stuttgart: Deutsche Verlagsanstalt 1932, S. 79 ff., sowie von Martins ausdrückliche Auseinandersetzung mit Curtius: Soziologie als Resignation und Mission. In: Neue Schweizer Rundschau 23 (1930), S. 20 ff., in der von Martin sich von Curtius und Mannheim zugleich absetzt.
[47] Renaissance, S. 17.
[48] Humanität, S. 15.
[49] Vgl. ebd., S. 9.

5. Antifaschismus

Nicht daß er, für den „Gegenwartsbewußtsein" generell „Krisenbewußtsein" bedeutet,[50] sich irgendwelche Illusionen über die Krise des „Humanitätsgedankens" machen würde. Mit folgenden Sätzen beginnt der erste (inhaltliche) Absatz seines Aufsatzbandes *Im Zeichen der Humanität* von 1974: „In welcher Krise die Humanität sich heute befindet, zeigen, um nur die gröbsten Ausdrucksformen zu erwähnen, die dokumentarischen Belege der Amnesty International über routinemäßiges Foltern in einer Unzahl von Staaten."[51] Doch von Martin ist um so überzeugter: „Der Geist lebt von der Aufrechterhaltung eines Dennoch",[52] war doch „schon die (juristische) Promotionsarbeit, die er sich wählte, [...] der Geschichte des Widerstandsrechtes gewidmet. 1940 konfrontierte er Humanität und Inhumanität in einer Darstellung mit durchsichtiger aktueller Tendenz; sie verfiel der Beschlagnahme", wie von Martin zu Protokoll gibt.[53] Er hätte auch darauf hinweisen können, daß er „bei der Machtergreifung durch den Nationalsozialismus sofort seine Lehrtätigkeit nieder[legte], nachdem es keine Lehrfreiheit mehr gab". Von Martin konnte sich zu Recht als Mitglied der „ethischen Opposition gegen den [...] Ungeist des ‚Dritten Reiches'" betrachten.[54] Er war kein ‚Trittbrettfahrer', als er seine Ernst-Jünger-Kritik den Nazi-Opfern Hans Scholl und Friedrich Reck-Malleczewen widmete.[55]

Der 1979 verstorbene von Martin, der noch sein letztes, 1976 erschienenes Buch „Dr. Wassilis Philias (Athen), dem [...] opferfreudigen Freiheitskämpfer gegen die Diktatur der Macht" widmete,[56] beschloß den Aufsatz ‚Zur Krise der Intelligenz' mit dem Satz: „Die Frage nach der Zukunft der Intelligenz ist gleichbedeutend mit der Frage nach ihrer Zivilcourage."[57] An anderer Stelle, in einem Vortrag vor Ärzten, spezifiziert er, daß „wohl Anlaß für die Ärzteschaft" bestünde, dem Göttinger Manifest der (Atom-)Physiker ein medizinisches folgen zu lassen, auch um zu den Bakterienkulturen Stellung zu nehmen, die in westlichen wie östlichen Laboratorien gezüchtet werden". Von Martin geht in diesem Vortrag so weit, zu deklarieren:

> Vorbildhafte Humanität manifestierte sich stets, anhebend mit der Antigone der sophokleischen Tragödie, in einem Tun, welches ein persönliches Risiko oder Opfer einschloß, das übernommen wurde im Bewußtsein einer sittlichen Pflicht: mag dies Tun

---

[50] Geist, S. 224 ff.
[51] Humanität, S. 9.
[52] Geist, S. 158
[53] Humanität, S. 9.
[54] Renaissance, Vorbemerkung und S. 7.
[55] Nihilismus, S. 5; Hans Scholl wurde verhaftet kurz nach einem Besuch im Hause von Martins.
[56] Alfred von Martin: Macht als Problem. Hegel und seine politische Wirkung. Wiesbaden: Steiner in Komm. 1976 (= Abhandlungen der geistes- und sozialwissenschaftlichen Klasse der Akademie der Wissenschaften und Literatur 1976, 6), S. 3.
[57] Ordnung, S. 291.

Dienst sein an der Barmherzigkeit – auch der kann mit persönlicher Gefahr verbunden sein, wie schon im Fall des Samariters des Evangeliums – oder Widerstand und Empörung gegen ein unmenschliches politisches Regiment oder ein ‚J'accuse' im Stile Voltaires oder Zolas gegen ein Unrecht der Justiz.[58]

Doch damit nicht genug: von Martin weiß, daß die „Tat" des Intellektuellen „vorzugsweise geistige, nicht eigentlich ‚politische' Tat sein" wird – „selbst wenn sie eingreift in die politische Sphäre" –, „zum Wirken des Geistigen gehört aber, nicht zuletzt, auch das Martyrium."[59] Und deswegen ist von Martin überzeugt, „daß nicht erfüllte Widerstandspflicht Schuld bedeutet". Eine Schuld, von der er sich – Pointe der Pointe – nicht ausnehmen will. Ja, er meint:

diese Mitschuld war um so größer bei dem, der innerlich – also in seiner Gesinnung – alles andere als gleichgültig, auch gut genug orientiert war über alles Wesentliche, und trotzdem nicht mehr tat als etwa literarischen Widerstand zu leisten. Ganz ungefährlich zwar war auch das nicht; doch man hätte mit bei den Männern vom 20. Juli sein müssen.[60]

Diese Sätze wurden zum ersten Mal 1960 und dann wieder 1974 publiziert, „weil jene Vergangenheit eben noch nicht bewältigt ist. Das aber könnte eine Gefahr bedeuten für unsere Zukunft", wie von Martin überzeugt war.[61] „Es handelt sich", wie er hinzusetzte, „weniger darum, daß wir nicht vergessen, was geschah, als darum, daß wir uns klar machen, was leider nicht geschah, was aber hätte getan werden können und sollen." Für ihn hatte „das *principiis obsta* zu gelten, das Verhüten schon der Ansätze zu illiberaler und undemokratischer Politik".[62] Es hatte zu gelten in seiner Gegenwart, hätte in der ‚jüngsten' Vergangenheit beachtet werden müssen, aber auch in weit zurückliegender. Weil es schon in der Renaissance mißachtet wurde, muß von Martin das Kapitel über ‚Bürgertum und Staat' in der zweiten Auflage seines Renaissance-Buchs mit dem Satz beschließen: „[…] ‚das Volk' […] war reif geworden für die Unfreiheit."[63]

6. Liberaler Republikanismus

Die aktuelle Konnotierung ist kaum zu überhören, aber auch dort nicht, wo von Martin, ganz am Anfang seines Staats-Bürgertums-Kapitels, davon ausgeht, daß das Bürgertum, „solange es gesund und kräftig, bereit zu kämpfen" ist, „wo es die

---

[58] Humanität, S. 42 f.
[59] Ordnung, S. 291.
[60] Humanität, S. 159 und S. 163.
[61] Von Martins zahlreiche Leserbriefe in der Süddeutschen Zeitung, von den vierziger bis in die sechziger Jahre hinein, sind nicht zuletzt bestimmt von dieser Sorge und durch sie motiviert. Unter anderem der Germanist Walter Müller-Seidel hat mir die außerordentliche intellektuelle Wirkung dieser Leserbriefe bestätigt.
[62] Humanität, S. 159 und S. 170.
[63] Renaissance, S. 137.

Freiheit zu verteidigen gilt gegenüber den ‚Anmaßungen der Tyrannei, des Despotismus'. In diesem Sinne feiert Schiller den Befreiungskampf der Niederländer als ein ‚Denkmal bürgerlicher Stärke'."[64]

Von Martin selbst nennt den amerikanischen Befreiungskrieg und die – nicht zuletzt deutschen – Freiheitskriege. Auch in diesen Fällen fiel, wie er (im Anschluß an Schiller) überzeugt ist, „das nationale Anliegen [...] zusammen [...] mit ‚der guten, der gerechten' Sache: mit der Verteidigung der ‚edelsten Rechte', moralischer Rechte, welche Rechte ‚aller Menschen', der ‚Menschheit' sind. Ein humanes Ethos war's, das diesen bürgerlichen Kampf befeuerte", wie von Martin resümiert[65] – um erst jetzt auf den „humanistisch-liberalen Republikanismus" der italienischen Frührenaissance zu sprechen zu kommen:

> [In ihm] lebt noch das aus dem Mittelalter überkommene Denken in Ordnungskategorien weiter, demzufolge es wahre Freiheit nur gibt im Zusammenhang mit einer Rechtsordnung und diese rechtliche Ordnung ihre Grundlage im *ordo moralis* hat, der seinerseits verankert ist in der von Gott gesetzten Weltordnung. So erscheint die *justitia*, auch im politischen Leben, noch als unverzichtbares Postulat: so, daß also ungerechter Herrschaft Widerstand entgegenzusetzen nicht nur berechtigt, solcher Widerstand vielmehr geradezu Pflicht ist. Auf diesem moralischen Fundament baut der Geist des bürgerlichen Freistaats auf. Diesen Geist fördern zudem die durch den Humanismus wieder sehr lebendig gewordenen Reminiszenzen an die politischen Freiheitsideen der Antike. Der humanistische Freiheitsgeist wird also, neben dem religiös verwurzelten festen Rechtsbewußtsein, die zweite der Säulen, welche jene echte bürgerliche Staatsgesinnung tragen, die uns bei Männern wie Coluccio Salutati und Leonardo Bruni begegnet. Humanisten und gleichzeitig Staatskanzler der heimischen Republik, sehen sie die geistige Freiheit noch in untrennbarer Zusammengehörigkeit mit dem ebenso unabdingbaren Gute der staatlichen Freiheit.[66]

7. Machttheorie und Machtkritik

Letzteres wird von von Martin so sehr betont, weil „ein apolitischer Individualismus, der in jedem Fall die Macht (und das heißt: die Realität) verachtet, verhängnisvoll [ist] gerade für die Freiheit. Denn wie soll die Freiheit verteidigt werden, wenn man aller und jeder Macht sich begeben hat? Auch Ohnmacht kann Verschuldung sein."[67]

Nicht, als ob es nicht auch einen „bürgerlichen [einen bourgeoisen] Willen [...] zur Macht" gäbe, dem Hobbes klassischen Ausdruck verleihen sollte; er, der, „soziologisch gesehen, eine Parallele zu Machiavelli" darstellt: „So wie Machiavelli die virtù des politischen Menschen, des homo politicus, zu Zwecken größtmöglichen Machterwerbs gelehrt hat, so lehrt Hobbes [...] die virtù des homo oecono-

---

[64] Ebd., S. 116.
[65] Ebd.
[66] Ebd., S. 116 f.
[67] Ebd., S. 120.

micus, des rationell wirtschaftenden Tüchtigen."⁶⁸ Und schon das „Renaissance-Bürgertum hat einen ausgesprochenen Sinn für die Erfordernisse seines Machtinteresses" gehabt; „dem dient sein Rationalismus, ohne je ihm gefährlich werden zu können". Noch „für die Denkziele und Denkmethoden der neuen Wissenschaft, deren Stil bestimmt wird durch Naturforschung, Technik und Industrie" ist (wie schon einmal zitiert) „der Wille zur Herrschaft und Lenkung [...] mitbestimmend" gewesen.⁶⁹ Doch die „Kraftquelle" dieses Herrschafts- bzw. Machtwillens ist seit der Hochrenaissance eben nur noch eine individuelle, ja egoistische.⁷⁰

Von Martin sieht in der Tatsache, daß sich „die bürgerliche Gesellschaft" ganz „dem Geld und dem Geiste ergeben" hat, den Grund für das Vergessen der Macht, die die Freiheit zu ihrer Selbstbehauptung bedarf. Insofern mußte sich „der vernachlässigte Machtgedanke [...] mit nur desto heftigerem Ungestüm zu Wort" melden, „um, durch den Mund Machiavellis, gegen seine Vernachlässigung zu protestieren und den Besitz wie die Bildung deswegen anzuklagen".⁷¹ Nur, daß Machiavelli es nicht beim scharfsinnigen Diagnostizieren beließ, sondern eine verderbliche, von von Martin „faschistisch" genannte Therapie empfahl bzw. rechtfertigte.⁷² In gewisser Weise hat er die bourgeoise Immoral nur ins Politisch-Staatliche transponiert. Für von Martin jedenfalls gehört es schon

> zu der Rationalität und absolut unpersönlichen Sachlichkeit und Objektivität des Geldes wie des Intellekts, daß sie keinerlei Hemmung kennen: Hemmungsvorstellungen sind nur Sentimentalitäten, und Rücksichtslosigkeit wird eine ganz positive Verhaltensart. Das alles kennzeichnet die neue ‚virtù' der Renaissance,

wie eben Machiavelli sie beschreiben wird: „die äußerstmögliche Ausnutzung der potentiellen Kräfte, das Verschwinden aller Gefühlsbetonungen in einer rein intellektuell, rein rechenhaft aufgefaßten Welt". Freilich, um mich zu wiederholen, Machiavellis Kalkül ist kein ökonomisches oder intellektuelles mehr, sondern ein politisches. Sein Telos ist „ein politisches System, in dem reiner Machtwille mit rein politischen Mitteln rein politische Ziele erstrebt".⁷³

Für von Martin hat die „Verbindung von irrationalem Machtziel und streng rationeller (d. h. unbedingt ‚zweckmäßiger') Mittelwahl [...] ihren historisch bedeutendsten paradigmatischen Ausdruck [...] bei Machiavelli" gefunden.⁷⁴ Und er schreibt dies, als ein „rückwärtsgewandter Prophet", in seinem Buch gegen den ‚Heroischen Nihilismus' Ernst Jüngers und Carl Schmitts:

> [...] bei Machiavelli begegnen wir bereits einem Ideal von ‚virtù', das [...] sich nicht genugtun kann im Preisen reiner ‚Männlichkeit'. Und wenn ein erfolgreicher ‚Tyrann'

---

[68] Humanität, S. 175.
[69] Renaissance, S. 47.
[70] Humanität, S. 175.
[71] Renaissance, S. 120 f.
[72] Ebd., S. 10.
[73] Geist, S. 103 und S. 35.
[74] Nihilismus, S. 102 f.

(wie zum Beispiel Castruccio Castracani von Lucca) panegyrisch gefeiert wird, dann vereint sich die Vorliebe für individuelles Machtmenschentum mit Leidenschaft für ‚den Staat‘ und für militärische und politische Technik in einer Weise, daß das Eine vom Andern kaum klar zu sondern ist. Von da führen Linien so gut zu dem Etatismus Hegels wie zu dem, was Nietzsche seinen ‚radikalen Aristokratismus‘ nennt. Jünger endlich ersetzt das Individuum durch den ‚Typus‘ und vollendet damit die Kontrastierung der ‚Kraft‘ gegen die Freiheit: des höchsten Ausdrucks unmittelbaren ‚Lebens‘ gegen ein – bloß ‚geistiges‘ – ‚Abstractum‘. Und der militante Staat neuen Stils, der sich auf ‚den Arbeiter‘ stützt gegen ‚den Bürger‘, er geht zur effektiven Mobilmachung über, wie gegen die Tradition, so gegen die Freiheit, zum Generalangriff, wie auf alle erhaltenden, so auf alle freiheitlichen Werte.[75]

8. Liberal-katholischer Humanismus versus rechtskatholischer Autoritarismus und Pessimismus

Dem „militaristischen Arbeitsstaat", der „der Gegenpol [...] des bürgerlichen Rechtsstaats" ist,

> liegt nur an seiner organisierten Macht, deren Siegel ihre (machtmäßige) ‚Unanfechtbarkeit‘ ist. Darin kommt Jünger völlig überein mit Carl Schmitt, dem Kronjuristen des Dritten Reiches, der, anknüpfend an absolutistische Theorien der Vergangenheit, die Inappellabilität als das eigentlichen Kriterium ‚des Rechts‘ herausarbeitet.[76]

Schmitt, „der letzte der ‚politischen Theologen'", wie von Martin ihn nennt,[77] ist für den liberalen Katholiken wenigstens insofern noch aufregender als Jünger, als er bei mindestens ebenso großer intellektueller Brillanz und öffentlicher Wirkung katholisch war oder wieder ist. Von Martin hat gerade auch Gegner *intra muros ecclesiae*, die er – wie die in Schmitt kulminierende absolutistisch-papalistische Tradition – der „Heterodoxie" zu zeihen sich überhaupt nicht scheut.[78] Er ist überzeugt: „Auf den totalitären Staat und seine Rechtfertigung zielte die politische Theologie von Anfang an." Indem Schmitt speziell „seinen Übertritt vollzieht zum Nationalsozialismus", zeigt er nur, „wohin die Reise ging".[79]

Es ist nicht meine Aufgabe, von Martins Beschreibung dieser Reise hier zu referieren.[80] Ich möchte nur erwähnen, daß er auch in diesem Zusammenhang auf Hobbes zu sprechen kommt und wieder unter Namensnennung Machiavellis.[81] Außerdem muß ich darauf hinweisen, daß er sich mit genau jenem de Maistre aus-

---

[75] Ebd., S. 124 f.
[76] Ebd., S. 106.
[77] Humanität, S. 130.
[78] Ebd., S. 126.
[79] Ebd., S. 130.
[80] Weitgehend unabhängig von von Martin habe ich sie kritisch rekonstruiert in meinem Buch Die Verkündigung Vergils. Reich – Kirche – Staat. Zur Kritik der „Politischen Theologie". Hildesheim: Olms 1975.
[81] Humanität, S. 132 f.

einandersetzt, der als erster (päpstliche) Infallibilität auf Inappellabilität reduziert hat, deswegen von Schmitt kanonisiert, von Joseph Bernhart aber (ganz im Sinne von Martins) als „Machiavelli des Papstes" denunziert worden ist.[82] Vor allem ist jedoch von Bedeutung, daß von Martin gegen die Erbsündenlehre polemisiert, die weit hinter de Maistre zurückreicht, aber noch von Schmitt vertreten wird: „die menschliche Natur sei durch die Erbsünde radikal verderbt." Der auf dieser „Heterodoxie" fußende „Pessimismus [...] gipfelt – politisch – in der Forderung, allein auf die inappellable autoritäre Entscheidung [...] eine (rein äußere) Ordnung zu gründen: ein Regime äußerster Konzentration der Macht und ihrer bedingungslosen Ausübung – mit allen Mitteln des Zwangs, und sei's durch den Henker."[83]

Von Martins Polemik ist nicht nur der Erbsünden-Lehre wegen von Bedeutung; im Blick auf unser übergeordnetes Humanismus-Thema ist entscheidend, daß er die „theologische Mißachtung des Menschen" als solche für inakzeptabel hält[84] und sich nicht zuletzt dadurch als christlicher Humanist zu erkennen gibt: Ein „Standpunkt, der sich zwar für genuin christlich hält, der aber das spezifisch Christliche zuspitzt und überspitzt zu einem grundsätzlichen Antihumanismus", verfehlt damit auch „das Wesen des Christlichen".[85] Statt des falschen „Entweder – Oder" eines „katholischen Kierkegardianismus" geht es von Martin, der schon früh die „echt ‚katholische' Weitherzigkeit" eines Joseph von Eichendorff – „‚katholisch' im wörtlichsten und höchsten Sinne des Wortes" – gegen Carl Schmitt ausgespielt hat,[86] um „christlich-humanistische" bzw. „katholisch-humanistische Synthesen" im „Rahmen eines universellen ‚Sowohl als auch'".[87] Deswegen lobt er den „kulturvollen Katholizismus" einer Madame de Sevigné und – natürlich – die „katholische Renaissancekultur", den „Renaissancekatholizismus".[88]

Den hat es für von Martin auch gegeben, und er hat ihn zum nicht generellen, aber prinzipiellen Verteidiger der Renaissance gemacht.[89] Noch die Aufklärung, die „jene Fragen, die in der Renaissance aufgerührt, doch nicht beantwortet worden waren, und die dann zum Schweigen gebracht wurden, mit neuer Vehemenz und Konsequenz wieder aufnahm",[90] wird in von Martins Wertschätzung miteinbezogen.[91] Er lobt (den in dogmatischer Hinsicht gar nicht katholischen) Albert Schweitzer, weil er – aus seiner „Christlichen Humanität" heraus – für „ein Wiederanknüpfen an das menschliche und menschheitliche, universalistische Denken

---

[82] Vgl. Joseph Bernhart, in: Joseph M. de Maistre: Vom Papste. 2 Bde. München: Recht 1923, Bd. 2, S. 299.
[83] Humanität, S. 126.
[84] Ebd., S. 130.
[85] Religion, S. 7.
[86] Vgl. von Martin: Romantischer Katholizismus (Anm. 22), S. 34.
[87] Religion, S. 44, S. 101 und S. 205.
[88] Ebd., S. 207, S. 104 und S. 205.
[89] Vgl. Nietzsche, S. 128 f.
[90] Religion, S. 131.
[91] Vgl. Nihilismus, S. 40 und S. 51.

des 18. Jahrhunderts" plädiert, „insbesondere an das Naturrecht, auf daß ‚ein neues' rechtliches Bewußtsein sich heranbilde, eines, das wieder die Persönlichkeit achten lehrt, nachdem so lange die Inhumanität und Widerchristlichkeit etatistischer und biologistischer Irrlehren über die Rechte des Menschen meinte hinweggehen zu dürfen."[92]

Als christlichem Humanisten liegt von Martin „nichts ferner, als im Humanismus den Generalnenner zu sehen, unter den auch das Christentum zu subsummieren wäre, und im Christentum lediglich ein das Humane ‚verklärende' Element".[93] Ganz im Gegenteil ist er davon überzeugt, „daß die Idee der Humanität ganz zu sich selbst erst komme, wenn sie ein religiöses Element in sich aufnimmt".[94] Das „Heilige" soll krönen und umgreifen.[95] Zugleich aber ist von Martin jede Stärkung einer „philosophia perennis" als solche wertvoll und nicht zuletzt eine Stärkung des von ihr überlieferten Naturrechts.[96] So feiert er auch die Menschenrechtserklärung der Großen Französischen Revolution, unbeschadet späterer Perversionen, als eine „sehr humanistische".[97]

Für von Martin sind noch die revolutionären Menschenrechte jener „zweitausendjährigen geistigen Überlieferung des Abendlandes" verpflichtet, die er gegen Jünger und Schmitt aufruft und (im selben Zusammenhang) „die Klassik aller Zeiten" nennt.[98] Schon in seiner Nietzsche-Kritik, die gleichfalls unter die ethische Widerstandsliteratur gegen den Nationalsozialismus zu rechnen ist, hat es geheißen: „Der ‚klassische' Kulturbegriff ist gebunden an den Glauben an überzeitliche, an ‚ewige' Werte, welche jeder Zeit – und mit um so größerem Nachdruck, je ‚verfallener' die Zeit ist – entgegengestellt werden können und müssen."[99]

9. Christlicher versus nihilistischer Renaissance-Humanismus

Auch Vertreter des Renaissance-Humanismus waren – um auf ihn zurückzukommen – Protagonisten solch ‚klassischer' Kultur und ihrer überzeitlichen Wertordnung. Von Martin denkt vor allem an die Florentiner Neuplatoniker und Pico della Mirandola allen anderen voran. Aber bereits Coluccio Salutati gilt das speziell politologische Lob: „Dem Anarchismus wie dem Despotismus stellt er den auf moralisch-religiösen Grundlagen aufgebauten Gedanken des Rechtsstaates entgegen."[100]

---

[92] Humanität, S. 143.
[93] Religion, S. 8.
[94] Humanität, S. 52.
[95] Nihilismus, S. 235.
[96] Humanität, S. 108.
[97] Geist, S. 156.
[98] Nihilismus, S. 224 und S. 217.
[99] Nietzsche, S. 77.
[100] Salutati, S. 133.

Salutatis generell christlichen Humanismus charakterisiert von Martin folgendermaßen:

> Nichts lag ihm ferner als der Gedanke einer Erneuerung antiken Geistes oder eine von den Gegebenheiten des Glaubens absehende ‚Voraussetzungslosigkeit'. Daß in der antiken Literatur ‚feindliche' Mächte verborgen liegen, vor deren ‚gefährlichen Nachstellungen' und ‚todbringenden Geschossen' man sich zu hüten habe, das gibt Salutati dem [den Humanismus bekämpfenden Fra Giovanni Dominici] unumwunden zu. Aber über die Frage, welches diesen ‚Feinden' gegenüber die beste Strategie sei, gehen ihre Meinungen grundsätzlich auseinander: In dem, was der Fratre (und spätere Kardinal) befürwortet, sieht Salutati ein Sichverstecken vor der Gefahr. Statt solcher Vogel-Strauß-Taktik empfiehlt er, Stellungen, Absichten und Kampfesweise des Feindes lieber genau zu erkunden, um ihm wohl vorbereitet zu begegnen und ihm eine offene Niederlage beibringen zu können. Und wo ist der Feind zu suchen? In dieser Frage scheiden sich wiederum die Meinungen. Giov. da S. Miniato sieht in der gesamten antiken Literatur den unversöhnlichen Feind; Salutati gibt das nur für einen Teil der philosophischen Literatur zu; [...] die Poesie dagegen sei eine durchaus im Sinne der Religion wirkende Macht, daher deren gegebene Bundesgenossin: der Dichtung Sinn harmoniere durchaus ‚mit der theologischen Wahrheit'. Und Salutati zitiert ‚die Kirchenväter: ihre Autorität soll für ihn gegen die extreme Negation fanatischer Möncherei zeugen'.[101]

Von Martin, der fast durchgängig mit Salutati sympathisiert und „fanatische Möncherei" an sich ablehnt, konstatiert dennoch: „[...] die Furcht ließ ihn [Dominici] richtig sehen, wo den andern [Salutati] sein Vertrauen blind machte." Von Martin tut dies freilich nur, um sogar Salutatis freisinnigem Gegner Poggio Gerechtigkeit widerfahren zu lassen, der die Befürchtungen Dominicis voll bestätigte: Poggios „Ausschließlichkeit" ließ „neben der Antike überhaupt nichts anderes mehr gelten [...]: ein derartig radikaler Standpunkt war für einen so ausgesprochen christlichen Humanisten [wie Salutati] unannehmbar." So urteilt von Martin, aber eben auch:

> [...] eine Weiterentwicklung [des Humanismus], deren Grenzen nicht schon im voraus festgelegt waren, war [...] nur auf Poggios Wege möglich. Es mußte erst einmal wieder der Persönlichkeit das Recht und die Freiheit errungen werden, nach der Wahrheit wirklich zu suchen. Nur wenn es wieder, wie im Altertum, erlaubt war, zu fragen: Was ist Wahrheit?, konnte der Autoritätsglaube überwunden werden. Und da mußte es wohl sein, daß die vorwärtsstrebende junge Generation sich erst einmal auf den radikalen Standpunkt stellte, nur das Beweisbare für wahr zu halten. Sie mußte erst einmal den Versuch machen, alles mit ihrer Vernunft zu ergründen. Dann erst wurde es möglich, durch eigene Vertiefung die wahren Grenzen der Vernunfterkenntnis zu finden, die der Glaube allzu eng abgesteckt hatte. Dann konnte man auf Salutatis Einsicht zurückkommen, daß die Wahrheit der Dinge ja nicht von ihrer Beweisbarkeit abhängt. Aber die absolute Forderung des Glaubens an eine objektive Offenbarung, wie sie derselbe Salutati vertritt, war ein fortschrittsfeindliches Prinzip, das man erst aus dem Wege räumen mußte, sollte einer wirklichen ‚Renaissance' des menschlichen Geistes Raum geschaffen werden.[102]

---

[101] Ebd., S. 228.
[102] Ebd., S. 231, S. 210 und S. 62.

Dieses Urteil ist nur konsequent, nachdem sich von Martin bereits auf den ersten Seiten der Einleitung in sein Salutati-Buch gegen einen „Ton" zeitgenössischer Renaissance-Kritik gewendet hat, „der sich nicht mehr wesentlich unterscheidet von dem klerikalen Zelotismus eines Pastor, der ‚die falsche heidnische Renaissance' von der ‚wahren christlichen Renaissance' wie die Böcke von den Schafen scheidet". Umgekehrt heißt es dementsprechend vom Poggio-, doch eben auch Dominici-Gegner Salutati: „Er würde heute etwa in den Reihen der ‚Modernisten' und der ‚Kraus-Gesellschaft', der Freunde des Fortschritts im Katholizismus, zu finden sein." „[...] mit den ultrareaktionären Scharfmachern konnte er sich nicht eins erklären" – „mit seinen [eigenen] Grundanschauungen" stand er aber „durchaus auf konservativem Boden, trotz einzelner liberalisierender Tendenzen".[103]

Das ist wohl auch eine Selbstcharakteristik von Martins (obwohl der 1882 geborene erst 1940 zum Katholizismus konvertiert ist),[104] jedenfalls widerspricht ihr die hohe Wertschätzung Pico della Mirandolas nicht. Dessen sympathetisches Porträt ergibt sich ‚organisch' aus von Martins Jacob Burckhardt nachempfundenem Gesamturteil über die Renaissance, wobei er komparatistisch vorgeht, Renaissance und Mittelalter bilanziert:

> Insofern [...] innerhalb der neueren Geschichte erst seit der Renaissance wieder die ‚freie Persönlichkeit' im Sinne der Antike erstand – der freie Denker und eine wieder ‚neben' (und nicht mehr einfach ‚unter') Religion und Theologie stehende Philosophie –, insofern muß Burckhardt ‚der Renaissance' Recht geben gegen ‚das Mittelalter'. Doch ist das – nach beiden Seiten hin – recht zu verstehen. – Zwar mußte die Bildung ‚frei werden' von der ‚Gewalt' der Kirche, damit der ‚ganz auf sich gestellte' Mensch zur ‚Persönlichkeit' würde – in einem Sinne, der die Renaissance verbindet mit der Goethezeit. Aber [...] auf der anderen Seite ist eine Lösung des Individuums von schließlich allen – auch den inneren – Bindungen in Burckhardts Augen gerade das ärgste Übel: kennzeichnend speziell für die allerneuste Zeit. Insoweit er also [...] ‚der Renaissance' das Wort redet, bedeutet das bei ihm [...] eine Option für die klassische ‚Mitte'. Was notwendig war, nachdem die europäischen Völker (und zuerst, als das vorgeschrittenste, die Italiener) dem mittelalterlichen System ‚entwachsen' waren, war lediglich eine ‚Lockerung' der mittelalterlichen Bindungen, die zu starr waren, als daß ihr ungeschwächtes Fortbestehen nicht als eine den Aufstieg der kulturellen Kräfte ‚hemmende Schranke' hätte wirken müssen. Die Freiheit aber, welche das Individuum brauchte um der Aufwärtsentwicklung der Kultur willen, [...] war lediglich die, sich organisch entfalten zu können gemäß dem ‚Gesetz', das der Persönlichkeit, sofern sie ein Wertträger ist, innewohnt. Nach jenem Ideal der freien Persönlichkeit, welches Pico della Mirandola verkündet, soll der Mensch wohl ‚sein eigener Bildner' sein, aber eben doch sein eigener ‚Bildner': und ‚bilden' kann man sich nur nach Maßgabe einer Norm, nicht aber, wenn alles ins freie Belieben gestellt ist; – und wie der Mensch sich hinaufbilden soll, so ist ihm das Herabsinken auf eine untermenschliche Stufe verwehrt: gegenüber dieser stets vorhandenen Möglichkeit soll er daher zugleich immer ‚sein eigener Überwinder' sein. Diese ethische Verpflichtung, die in dem humanistischen Ideal mitenthalten ist, bedeutet eine Verantwortung, die durch die Freiheit nur noch gestei-

---

[103] Ebd., S. 4 und S. 228.
[104] Nach Angaben von von Martins Sohn Georg.

gert erscheint, und die bei Pico sich darstellt als eine Verantwortung vor dem Willen des göttlichen Schöpfers, den die Kreatur zu erfüllen habe. Denn auch für Pico noch steht der Mensch innerhalb eines ordo, eines gottgeschaffenen Kosmos – wie für die hochmittelalterliche Theologie, zu deren Geistigkeit die der platonischen Akademie von Florenz nur in einem methodischen, aber in keinem prinzipiellen Gegensatz steht. Bedeutsam läßt Burckhardt seine Darstellung der Renaissancekultur ausklingen in den Preis dieser Platoniker, die nicht eigentlich im geistigen Ziel, wohl aber im geistigen Weg sich bedeutungsvoll unterschieden von den Denkern des hohen Mittelalters. Das Ziel blieb das alte, objektive, aber der Weg war der neue, individuelle. Und daß dieser neue Weg, der der Renaissance und der neueren Zeit überhaupt – beschritten wurde, das war ‚eine erhabene Notwendigkeit': auch wenn dieser Weg, in seinem weiteren Verlaufe, zunächst von Gott wegführte. Er werde schon, meint der innerlich fromme Agnostiker, wieder ‚zu Gott zurückführen', wenn man auch nicht im vornhinein sagen könne, ‚wie bald und auf welchen Wegen'. Mit ‚allgemeinen Vorschriften und irgendeinem dogmatischen Entscheid' lasse diese große Angelegenheit sich freilich nicht erledigen, – und das Mittelalter, welches ‚sich im ganzen die Empirie und das freie Forschen erspart hatte', also auch unsere Schwierigkeiten noch nicht kannte, habe wenig dazu zu sagen.[105]

So weit von Martins ausführliches Burckhardt-Referat. Ich habe es an der Stelle abgebrochen, an der sich der Weg des gläubigen Katholiken von dem des wie auch immer ‚frommen' Agnostikers trennt – in der Beurteilung der kirchlichen Dogmatik und des für sie grundlegenden Mittelalters. – Auch Burckhardt war nicht dem verfallen, was von Martin als „das moderne Ressentiment gegen das Mittelalter" denunziert,[106] doch nur er kann – wie selbstverständlich – behaupten, daß es von der „repräsentativen Philosophie des Hochmittelalters und des Katholizismus überhaupt" – dem „Thomismus" – „geradezu Brücken hinüber zu typischem Renaissance-Denken" gibt.[107] Für von Martin ist bereits die „Denkweise" des heiligen Thomas von Aquin „vom bürgerlichen Geist ergriffen" gewesen:

Die völlige Ignorierung des Lehenswesens und die einseitige Orientierung der Sozialtheorie an der Stadt und ihrem – dem adeligen Kriegergeiste durchaus entgegengesetzten – Friedensprinzip (der Lebensbedingung des Gewerbes) sowie die – bürgerlicher, aber nicht feudaler Ethik gemäße – Forderung, daß alles Einkommen und alle Differenzierung auf der persönlichen Arbeitsleistung beruhen müsse, erscheint gerade bei einem Sprößling des Feudaladels, wie Thomas es ist, doppelt bezeichnend für die vordringende Kraft stadtbürgerlicher Anschauungsweise. Das bürgerlich werdende Mittelalter greift wieder zurück auf den in der christlichen Antike wurzelnden, einer Zeit städtisch bestimmter Kultur entsprungenen und deren Denkstruktur entsprechenden

---

[105] Religion, S. 85–87.
[106] Daß es zugleich eine reaktionäre Mittelalter-Begeisterung gegeben hat, gerade auch noch zu seiner (Lebens-)Zeit, ist von Martin dabei nicht verborgen geblieben. Selbst vom historischen Mittelalter, seinem Hierarchismus bzw. Gradualismus, wie von Martin sich ausdrückt, hat er sich deutlich distanziert: „[...] in dieser Hinsicht können wir im Mittelalter [...] nur noch eine historische Entwicklungsstufe sehen, die ihre zeitliche Berechtigung hatte, uns aber nichts mehr zu lehren hat" (Humanismus umd Demokratie. Eine kleine Diskussion mit Amerika. In: Deutsche Beiträge 1 [1946], S. 74).
[107] Religion, S. 165 und S. 44.

rationalen Naturbegriff, der im agrarischen Feudalzeitalter und seinem entsprechend gewandelten Denktypus keinen Raum gehabt hatte. Die Wiederverstädterung der Bildung führt zu einer Verbürgerlichung des klerikalen Denkens. Die weitgehende Anerkennung der *natura* bringt in das scholastische Denken einen höchst praktisch-verständigen, nüchtern-realistischen Zug. Auch die Askese – ein ursprünglich heroisches Ideal – wird ermäßigt auf ein ‚verständiges', bürgerliches Maß. Bürgerliche Tugenden, ökonomische Tugenden (wie Fleiß und Arbeitsamkeit) werden gepriesen wegen ihres Wertes für eine Methodisierung und Rationalisierung der Lebensform, so daß der katholische Moraltheologe Franz Keller und der bekannte Nationalökonom Sombart bereits in der Hochscholastik die ersten ethischen Grundlagen für den ‚Geist des Kapitalismus' finden konnten. Freilich ist dabei nicht zu übersehen, daß jenes Stadtbürgertum, dessen Geist sich im Thomismus widerspiegelt, noch ganz von einem durchgehenden Solidaritätsbewußtsein durchdrungen und dementsprechend noch durchaus konservativ geartet ist, ja daß die mittelalterliche Binnen- und Gewerbestadt, welche Thomas vorschwebt, noch eng mit den Bedingungen des agrarischen Lebens und seinen einfachen Verhältnissen verbunden ist, daß sich also hier (um Sombarts Unterscheidung zu verwenden) zwar der ‚Bürgergeist', also die eine, nicht aber der ‚Unternehmungsgeist', also die andere Komponente des kapitalistischen Geistes, entfalten konnte.[108]

So hat von Martin in seiner zusammen mit der *Soziologie der Renaissance* entstandenen *Soziologie der Kultur des Mittelalters* explizit und damit ein weiteres Mal seine schon in der Habilitations-Schrift vorgetragene These bestätigt: „Nicht eine Grenzlinie, nur eine Grenzzone kann es zwischen ‚Mittelalter' und ‚Renaissance' geben."[109] Von Martin feiert zeitlebens „die jeden revolutionären plötzlichen Bruch vermeidende italienische [Renaissance]"[110] und das heißt, von ihm nie geleugnet, den „christlichen [...] Humanismus der Renaissance". Wie er bereits, ganz zum Schluß seiner Mittelalter-Soziologie präzisiert hat, leitet „Thomas [...] vom ‚Mittelalter' [...] nur zum christlichen [...] Humanismus der Renaissance" hinüber[111] – herüber zu dem von von Martin geschätzten Renaissancehumanismus.

Dieser dem Mittelalter verpflichtete christlich-konservative, aber auch bürgerlich-liberale, auf die philanthropische Aufklärung vorausweisende Humanismus ist der chronistische Ausgangspunkt für von Martins unausweichliche Gegnerschaft gegen Machiavelli, bei dem „der revolutionäre Bruch mit aller religiös-moralischen Tradition [...] besonders offenkundig" geworden ist.[112] Machiavellis „nur noch ‚politisch' verstandene ‚virtù' [...], deren ‚Moralfrei'heit" noch „der Antihumanist Nietzsche" erheben wird, setzt sich „rücksichtslos" über „allen Humanismus" hinweg, ist selbst bereits Antihumanismus.[113]

So hat von Martin in seinen Jünger bzw. Nietzsche kritisierenden Büchern der vierziger Jahre geurteilt. Und auch in der zweiten Auflage des Renaissance-Buches

---

[108] Geist, S. 57 f.
[109] Salutati, S. 1.
[110] Religion, S. 181.
[111] Geist, S. 64.
[112] Nihilismus, S. 121 f.
[113] Religion, S. 41.

(von 1949) heißt es: „Was – unter dem Namen der ‚virtù' und dem Namen der Männlichkeit – von Machiavelli zur höchsten und einzigen Tugend erhoben wird, ist die Stärke, welche, kraft eigenen Rechts, sich emanzipiert hat von allen Normen der Religion wie der Menschlichkeit, der Humanität." Ebenso wird schon an dieser Stelle auf Nietzsche eingegangen, „der in der Krise des 19. Jahrhunderts an genau der entsprechenden Stelle der soziologischen Entwicklung steht wie Machiavelli in der Krise der Renaissance".[114]

Von Martin zieht bewußt historische Parallelen, wie wir wissen;[115] so auch, wenn er schreibt, Mussolini habe sich „mit unbestreitbarem Recht auf Machiavelli berufen", und dementsprechend von dessen „faschistischem Standpunkt" spricht.[116] Machiavelli ist für von Martin der früheste intellektuelle „Verräter am Geiste" – in der Art Ernst Jüngers[117] oder Friedrich Nietzsches:

> Wie der spätere, der nicht mehr humanistische Nietzsche, so vollzieht schon Machiavelli den Übergang vom Geiste Athens, dem er abtrünnig geworden ist, zu dem Geiste politischen Römertums, um ein anderes Altertum wiederzubeleben. Machiavelli will einen heldischen (und heidnischen) Patriotismus als Religionsersatz. Das Christentum, das zur Besinnlichkeit, zur Innenschau, zur Kontemplation auffordert und eine Moral der Friedfertigkeit predigt, wird zusammengesehen mit der weichlichen, kriegsscheuen, unaktiven Moral desjenigen Bürgertums, das Machiavelli vor sich hat: darin sieht er beide übereinkommen, daß sie die Energie – so wie der Staatsmann und Krieger sie versteht – lahmlegen. Und der Tat entwöhnt ist – nicht minder als der im Handel aufgewachsene Bürger, der, völlig unkriegerisch geworden, nur verhandeln noch kann, – der Intellektuelle, der mit nichts anderem aufzuwarten hat als mit den tönenden Worten seines fragwürdigen Humanistenwissens und Humanistenlateins.[118]

Auch von Martin kritisiert heftig die „formalistische Tendenz" dieser die „virtus" auf das „studium" reduzierenden Humanisten[119] und bezweifelt überhaupt nicht, daß der „Kritiker [...] das Manko bürgerlicher Schwächlichkeit" richtig sieht, aber eben „mit falscher Ausschließlichkeit":

> [...] indem er diese Schwächlichkeit für die alleinige Ursache des Verfalls hält, zieht er den Schluß, die Regeneration hänge allein vom Wiedererwachen von Willenskraft und Tapferkeit ab. Alles Heil allein von der Kraft, der Dynamik erwartend, achtet er die erhaltenden Werte für nichts. Damit erweist sich der Kritiker [der Zeit] als selbst von der Krise ergriffen. Er ist selbst viel zu sehr ein Kind dieser Zeit, der Kritiker der Krise viel zu sehr ein letzter Ausdruck der Décadence [...], als daß er nicht aus dem Verfall der Zeit gerade die letzten Konsequenzen ziehen müßte.[120]

Nicht zuletzt diese „verschlimmbessernde Konsequenzmacherei" macht aus Machiavelli einen Antiintellektuellen bzw. Antihumanisten und deswegen auch, wor-

---

[114] Renaissance, S. 100.
[115] Vgl. Soziologie (Anm. 3), Teil I, S. 16.
[116] Renaissance, S. 130 und S. 10.
[117] Vgl. Nihilismus, S. 11 und Ordnung, S. 288.
[118] Renaissance, S. 122.
[119] Geist, S. 104.
[120] Renaissance, S. 131.

auf von Martins Dekadenz-Vokabel bereits hingedeutet hat, einen ästhetizistischen Romantiker oder romantischen Ästhetizisten. Als solcher affirmierte schon Machiavelli, „der, wie über die ‚arte della guerra', so über die ‚arte della politica' schrieb", „die bête humaine als das schöne Raubtier".[121] – So hat von Martin in seiner Kritik am „Heroischen Nihilismus" formuliert, und auch im Renaissance-Buch zählt er Machiavelli unter die

> ‚romantische [...] Klasse' der Intellektuellen [...]. Stark künstlerisch geprägt, begeistert er sich gern für alles, was Kampf, Macht, ‚Größe' heißt: für alles ‚Spannende' (wie Ibsens Hilde Wangel sagen würde), für alles, was un-gewöhnlich oder außer-ordentlich ist, indem es herausfällt aus der ‚gewohnten (der bürgerlichen) Ordnung'. Diese romantische Neigung mußte in demselben Maße zunehmen, in dem der moderne Prozeß einer ‚Entzauberung' der Welt (wie Max Weber ihn genannt hat) fortschritt. Die Renaissance ist die erste Etappe dieses Prozesses; und schon Machiavelli gehört – wie kaum ein Zweiter, man müßte denn an Ernst Jünger denken, – zu denen, die, im Rahmen der Gegebenheiten und Möglichkeiten ihrer Stufe, selbst alles sagen und tun, was den Prozeß zu seinen letzten Konsequenzen zu treiben geeignet ist, und – die doch so nicht leben können, das heißt nicht ohne gleichzeitig die Welt von neuem zu – ‚verzaubern', das heißt zu romantisieren. Zu Machiavellis Aufstand wider die Bürgerlichkeit gehört beides; die Radikalität, mit der er, jede Idealität destruierend, die Technisierungstendenzen der Zeit perfektioniert, und der Aufbau einer neuen romantischen Kulisse.[122]

Im Sinne von Martins kann man bereits bei Machiavelli einen „reactionary modernism" konstatieren.[123] Verweilen wir an dieser Stelle bei der Vokabel ‚reaktionär' oder eben ‚romantisch': Konsequenterweise läßt von Martin auch den modernen Antimodernismus in der Romantik der Renaissance entspringen, bis dahin, daß er noch im Romantiker *sans phrase* den „Renaissancemenschen" erkennen will; etwa wenn er in (dem frühen) Friedrich Schlegel immer mal wieder „den Renaissancemenschen oder Übermenschen (auch der Präger dieser Schlagworte war ja wieder ein Romantiker) mimen [...]" sieht.[124] Nicht, daß von Martin alle Romantik – via Nietzsche – in Jüngers „heroischem Nihilismus" verenden sähe, aber er ist doch zeitlebens davon überzeugt: „Romantik – wo sie ohne [...] wohltätige [...] Hemmungen auftritt[125] – und Nihilismus haben sehr viel mit einander zu tun."[126]

Für von Martin entwickelt die „Zentralidee des schönen und interessanten Lebens", „welche bereits die Frühromantik den – logischen und ethischen – Vernunftbegriffen der Aufklärung entgegenstellte", ihre „gefährlichen Konsequenzen" erst dann, wenn sie hineinwirkt in die „Regionen des Politischen":[127] wenn

---

[121] Nihilismus, S. 121 und S. 52.
[122] Renaissance, S. 102 f.
[123] Was diesen Begriff angeht, vgl. Jeffrey Herf: Reactionary Modernism, Technology, Culture and Politics in Weimar and the Third Reich. Cambridge: Cambridge Uiversity Press 1984.
[124] Vgl. von Martin: Romantischer Katholizismus (Anm. 22), S. 19.
[125] Ebd., S. 18.
[126] Nihilismus, S. 147.
[127] Ebd., S. 24 f.

Nietzsche Jünger ‚inspiriert', wie von Martin exemplifiziert. Doch schon Nietzsche soll eben in die „Fußstapfen" der für ästhetizistisch erachteten Frühromantik getreten sein. Wie wenig stichhaltig solche ‚Interpretation' der Frühromantik ist, erweist von Martin unfreiwillig selbst, wenn er – erneut in Nietzscheschem Kontext – schreibt: „Schon Novalis hatte auf die ‚brutale Anziehungskraft' hingewiesen, die das ‚Ideal der höchsten Stärke, des kräftigsten Lebens in Zeiten verwildernder Kultur gerade unter den größten Schwächlingen' auszuüben imstande sei, indem es der Barbarei ‚sehr viele Anhänger' würbe."[128]

Bereits seiner Anti-Jünger-Schrift hatte von Martin das Hardenbergsche Originalzitat als Motto vorangestellt:

> Das Ideal der Sittlichkeit hat keinen gefährlicheren Nebenbuhler als das Ideal der höchsten Stärke, des kräftigsten Lebens, das man auch das Ideal der ästhetischen Größe benannt hat. Es ist das Maximum des Barbaren und hat leider in diesen Zeiten verwildernder Kultur gerade unter den größten Schwächlingen sehr viele Anhänger erhalten.

10. Charakteristik des Renaissance-Humanismus und seiner geschichtlichen Entwicklung

Von Martin war, von anderem ganz abgesehen, zu sehr Eichendorffianer, um Novalis Gerechtigkeit widerfahren lassen zu können,[129] aber seine Konstatierung eines „romantischen Machtwillens" bei Machiavelli[130] – am Beginn der Neuzeit – und einer „Machtromantik" bei Nietzsche[131] – an deren Ende – bleibt verdienstvoll, einschließlich der Identifizierung dieser Romantik als ästhetizistischen bzw. „heroischen" Nihilismus. Und um so mehr, als von Martin ihm den Humanismus kontrastiert, der, sei es vor oder nach Machiavelli, vor oder nach Nietzsche, humaner Humanismus ist.

Historisch konzentrieren wir uns im folgenden ganz auf den Renaissancehumanismus, ohne zu vergessen, was von Martin zum Abschluß seines Renaissance-Buches festgehalten wissen wollte: „In jenem (Renaissance-)Vorspiel [...] klingen, wie in ersten, vorläufigen und gedrängten Andeutungen, schon alle jene wesentlichen Leitmotive an, deren thematische Ausführung und vielfältige Abwandlung einer späteren Epoche vorbehalten blieb."[132]

Was macht für von Martin die bleibende Bedeutung der Renaissance, ihres Humanismus und der sie tragenden Schichten aus? Wie charakterisiert er Besitz- und Bildungsschicht und ihre – sie verändernde – Geschichte?[133] Schon im ersten Satz

---

[128] Humanität, S. 224.
[129] Vgl. Richard Faber: Kritik der Romantik. Zur Differenzierung eines Begriffs. In: Der Deutschunterricht 1 (1987), S. 26 ff.
[130] Renaissance, S. 130.
[131] Nietzsche, S. 67.
[132] Renaissance, S. 155.
[133] Ich wiederhole damit in gewisser Weise nur Fragen, die von Martin selbst – bereits zu Beginn seiner Salutati-Habilitationsschrift – gestellt hat (S. 1 ff.).

des für uns zentralen ‚Beitrags zum Problem des Verhältnisses zwischen Besitzschicht und Bildungsschicht' wird die Renaissance als „Beginn der ‚Neuzeit'" tituliert, jedenfalls ihrer „eigentlichen ‚Tendenz'" nach.[134] Die „typologische Bedeutung der Renaissance" bestehe „darin, daß sie den ersten gesellschaftlich-kulturellen Umbruch von ‚Mittelalter' zu ‚Neuzeit' darstellt, also ein typisches Frühstadium von Neuzeit". Von Martin betrachtet sie, wie wir schon gehört haben, als „Vorspiel" der bürgerlichen Geschichte, so wie den „Renaissance-Italiener" als „früheste [...] Form des bürgerlichen Menschen".[135] Beidesmal ist das Attribut ‚bürgerlich' nicht zu übersehen:

> Die Renaissance, als Beginn der ‚Neuzeit', bedeutet eine Mobilisierung der bis dahin vorwiegend statischen Gesellschaft und des bis dahin weitgehend traditionell gebundenen Geistes, – eine Mobilisierung, die auf das wirtschaftliche, gesellschaftliche und kulturelle Tonangebendwerden der städtischen Elemente zurückgeht. Das Bürgertum emanzipiert sich von den bisherigen Bindungen ständischer und kirchlicher Natur, indem aus dem mittelalterlichen Kleinbürgertum mittelständischen Gepräges im Zusammenhang mit dem Aufkommen der Geldwirtschaft ein Großbürgertum hervorgeht, das sich seiner Macht bewußt ist. Diese neue Macht ist, im Gegensatz zu der auf militärisch-politischer Grundlage beruhenden Macht des Mittelalters wirtschaftlichen Ursprungs: ‚Reichtumsmacht' (Sombart). – Aber durch die gesellschaftliche Neuordnung wird auch der Geist mobilisiert und wird auch die Bildung zu einer selbständigen Macht, indem auch sie sich emanzipiert von den bisherigen geistlichen Bindungen. Ein Stand bürgerlicher Bildungsträger entsteht, für den die überkommene scholastische Bildung nur Hemmung bedeutet. Wie das Geld gegen das Blut revoltiert, der Kapitalismus gegen die gesellschaftliche Tradition des Feudalismus, so der Humanismus gegen die geistige Tradition des Klerikalismus, der bürgerliche Gedanke gegen die geistliche Autoritätskultur. Das bürgerliche Laientum steht auf gegen die bisher von Adel und Klerus behaupteten Vorrechte und Vorherrschaften.[136]

Mit diesem Satz resümiert von Martin die ersten beiden Absätze seiner *Soziologie des Renaissance-Humanismus*. Wie der bürgerliche Frühkapitalismus stelle er eine Emanzipationsbewegung des ‚individualistischen Geistes' dar[137]:

> Die freie Persönlichkeit, mit dem Recht, mit ihrem – wirtschaftlichen oder geistigen – Eigentum frei zu schalten, das war jetzt die einzige Losung. Dem Mittelalter war der Begriff des freien Eigentums so fremd, wie der der freien Persönlichkeit: es gab nur Lehen und Amt; und es gab auch nicht den Begriff des geistigen Eigentums. Der Gedanke des individuellen Eigentums eines Schriftstellers oder Künstlers an seinem Werk kommt erst auf mit dem neuen Willen, eigen, originell, ein ‚uomo singolare' oder ‚unico' zu sein, mit dem bewußten Schriftstellerideal, daß ‚jeder seinen eigenen Stil zu schreiben habe' (Petrarca), – um durch ihn zu wirken: eben als Individualität zu wirken.[138]

---

[134] Wie später immer wieder: Vgl. Geist, S. 240, Nihilismus, S. 121.
[135] Renaissance, S. 16, S. 21 f. und S. 47.
[136] Geist, S. 92 und Renaissance, S. 19 ff.
[137] Renaissance, S. 26.
[138] Geist, S. 105 f.

Frühkapitalist wie Renaissancehumanist sind Eigentumsindividualisten, was ihre neuzeitliche Bürgerlichkeit geradezu ausmacht, doch

> bleibt [...] die Neigung des Geldes zur Geistverachtung wie die Neigung des Geistes zur Geldverachtung. Die Klagen über das Banausentum der großen Masse der Besitzenden als materiell gerichteter Menschen sind bei den Humanisten sehr zahlreich, – wenngleich es sich dabei mehr um die Verachtung der faktischen Verhaltensweise einer bestimmten Menschenklasse handelt und die gelegentlich zur Schau getragene Verachtung des Geldes als ökonomischen Wertes mehr Ideologie der sauren Trauben ist. Auf der andern Seite mußten den nüchternen Kaufleuten die humanistischen Prunkreden bisweilen sehr lächerlich vorkommen [...] und sie mit rechter Ironie gegenüber diesen Wichtigtuern erfüllen. Doch es geht dabei um viel Tiefergreifendes. Sieht der Intelektuelle in den Vertretern des Besitzes leicht eine Gefahr für die geistige Kultur, so der Besitzende in der Intelligenz leicht eine Gefahr für die gesellschaftliche Zivilisation. Bei der herrschenden Schicht reagiert stets ein feiner Instinkt sehr scharf auf die (meist auch bewußt) gesellschaftskritische und mindestens unbewußt leicht gesellschaftsfeindliche Potenz, die im reinen Geist als solchem angelegt ist. Und die Intelligenz, die sich im Besitz einer besonderen geistigen Mission fühlt und sich demgemäß als die Elite der Schicht, der sie entstammt, ansieht, will auch von dieser als ihre geistige Repräsentantin anerkannt sein, – was diese aber umso weniger zugestehen kann, als die Intelligenz tatsächlich ein eigentümliches Eigen- und Sonderdasein führt: gesellschaftlich wie dem (damit zusammenhängenden) Lebensgefühl und (erst recht) der Weltanschauung nach. So kann der Bürger die Intelligenz weder ohne weiteres als seine geistige Vertretung anerkennen, noch mag er sie als irgendwie höher stehend ästhimieren, – wie umgekehrt der Vertreter des Geistes sich von der kompakten bürgerlichen Masse der nur auf Erwerb Eingestellten nicht genügend ästhimiert fühlt. So kommt es zu dem inneren Aufstand der sich aus Einzelnen – und sich ihrer Einzelheit mit Stolz Bewußten – zusammensetzenden bürgerlichen Intelligenz gegen die Masse des Bürgertums, insbesondere gegen das Bürgertum als Handelsstand, als kaufmännischen Berufsstand. Der Mann, der über nur geistiges Kapital verfügt und von ihm leben will, wird zwar erst auf bürgerlichem Boden möglich; aber er fühlt sich doch zumeist vom Bürgertum unten gehalten und reagiert mit Ressentiment gegen eine allzu bürgerliche Geistverachtung bei der besitzenden, wirtschaftlich erwerbenden und politisch mächtigen Schicht.[139]

Von Martin konstatiert im Laufe der Humanismusgeschichte ein ausgeprägt elitäres Bewußtsein aus Ressentiment, und nicht nur gegenüber dem besitzenden Großbürgertum, sondern gerade auch gegenüber dem „vulgus": „Romantik ist, als wesenhafter Gegensatz zu allem Vulgären, immer Sache einer Elite – erhebt sich über die Masse der Bürger und Arbeiter, die in einem Leben ‚alltäglicher' Mühseligkeit sich abquält."[140] So urteilt von Martin im Blick auf das 19. und 20. Jahrhundert, doch, wie sein „Immer" nochmals andeutet, gibt es für ihn eine Proto-Romantik schon in der Renaissance-Epoche (wenn auch eigentlich erst an ihrem Ende). Und – das ist entscheidend – ihr Humanismus war von Anfang an demokratisch bloß, „insofern er – expliciter dem Feudalismus, impliciter aber auch dem

---
[139] Ebd., S. 109 f.
[140] Nihilismus, S. 181.

Klerikalismus gegenüber – jene traditionellen Werte negiert[e], auf welche die alten herrschenden Stände ihre gesellschaftliche und kulturelle Bevorrechtigung" gestützt hatten. Er tat „die Vorzugsstellung der feudalen Nobilität als ungerechtfertigt, die scholastische Bildung als unfruchtbar ab; der Tradition stellt[e] er die ratio gegenüber, und nur eine an dem Maßstab rein persönlicher Leistung gemessene virtus" erkannte er an.

> Aber dieser Demokratismus bedeutet[e] nur ein neues, nämlich bürgerliches Ausleseprinzip, nur die ideologische Rechtfertigung der Machtergreifung durch eine neue Elite, welche freie Bahn fordert[e] für den – wirtschaftlich oder intellektuell – ‚Tüchtigen', für einen wirtschaftlichen oder geistigen Unternehmertypus.[141]

Was speziell den geistigen Unternehmertypus des Humanisten angeht, formuliert von Martin:

> [...] indem man den Klerus verdrängte, war man weit entfernt, etwa Fühlung mit ‚unten' zu suchen, – man wollte vielmehr selbst in eine neue Führerposition einrücken, die Position der Führer der Bildung gegenüber den Ungebildeten – womit sich eine neue soziale Kluft auftat, die sich der vom Kapitalismus geschaffenen ökonomischen Kluft ebenbürtig an die Seite stellte. Gab doch das neue Wissen seinem Besitzer nicht nur selbst ein ungeheures Überlegenheitsbewußtsein [...], sondern verlieh es ihm doch vor allem in den Augen des von ihm verachteten vulgus den Nimbus eines Prestiges.[142]

Später genügte diese Situation den Humanisten nicht mehr, und sie begannen, auch ihre ehemaligen Verbündeten zu ‚snobben': die Großbürger. Und zwar so weitgehend, daß sie sich den neuen, teilweise tyrannischen Höfen zur Verfügung stellten: Das „Höfische" erschien ihnen jetzt als „die höchste Aufgipfelung des ‚Menschenwürdigen' [...]; wobei jener (schon von der florentiner platonischen Akademie [...] geprägte) Begriff von der ‚Würde' des Menschen durch die Betonung der adeligen und höfischen Würde einen neuen, wieder ins Standesmäßige und Standesgemäße verlegten Akzent" erhielt. „Der bürgerlichen Nivellierungstendenz folgt[e] nun wieder eine aristokratische Distanzierungstendenz", wie von Martin resümiert.[143]

Vorbereitet war diese reaktionäre Kehre durch das die Hochrenaissance prägende Desinteresse an der praktischen Politik, das sich auch in einem bezeichnenden Ortswechsel dokumentierte: weg vom Forum des städtischen Marktes hin zur ländlichen Villa. Nicht zuletzt das Leben in ihr bereitete das spätere (barocke) bei Hofe vor:

> Lebenskern der neuen bürgerlichen Epoche ist die Stadt. Dort treibt der Bürger die Geschäfte, welche die wirtschaftliche Basis seiner Existenz schaffen; dort treibt er die Politik, welche ‚bürgerliche' Politik ist; dort bildet sich die neue, primär auf dem Intellekt ruhende Geistigkeit. Aber diese neue Geistigkeit, die aus dem städtischen Milieu stammt, nicht aus irgendeiner Klosterzelle, sie nimmt nun [in der Hochrenaissance]

---

[141] Geist, S. 93.
[142] Ebd., S. 95 f.
[143] Ebd., S. 139.

eine eigentümlich literatenhafte Wendung gegen das Stadtleben, in der das Distanzierungsbedürfnis des Literaten gegenüber dem dem kaufmännischen Geschäft nachgehenden Bürger zum Ausdruck kommt. Denn seine ganz neu entdeckte Vorliebe für das ländliche Leben auf der ‚Villa' ist nichts als ein Reaktionskomplex und eine Hinneigung zum Kontrast.[144]

Freilich, und erst dieser Vorgang rückt die Villa ins Zentrum des gesamtbürgerlichen Lebens, die großbürgerliche Kaufmannschaft wandelt sich gleichfalls in eine „leisure class" (Thorstein Veblen), so daß auch ihr ‚Ideal' die Villa werden kann. Hier begegnen sich dann Besitz- und Bildungsschicht erneut:

> Die erste Begegnung hatte auf dem Boden der Stadt stattgefunden, mitten im wogenden Leben einer Zeit, in der Neues ans Licht wollte, und in der es der Anspannung aller produktiven Kräfte bedurfte. Nun ist der erwerbstätige Bürger saturiert und der Humanist zum Literaten geworden, und man begegnet sich wieder *procul negotiis*, fern vom pulsierenden Leben, abseits der tätigen Welt, der Welt der Geschäfte und der Staatsgeschäfte: in der Stille einer ländlichen Muße, – auf der ‚Villa', die das Symbol der nunmehrigen inneren Haltung ist.[145]

Das Interesse an der politischen Freiheit weicht dem

> an der persönlichen Ungestörtheit einer beschaulichen Privatmannsexistenz. Und in dieser quietistischen Luft eines Interesses nur noch an Ruhe und Ordnung gedeiht die [...] Vorliebe für diejenige Staatsform, welche – gegen den Verzicht auf Freiheit – Ruhe und Ordnung am besten zu garantieren scheint, und unter deren Schutz man am sichersten eine ‚vita solitaria' *procul negotiis* und ‚remota a tempestatibus civilis insaniae' (Poggio) glaubt führen und Freiheit für seine Privatinteressen haben zu können: die Neigung für die *Tyrannis*. Dabei vereint sich das romantische Ideal des starken Mannes mit dem antidemokratischen Affekt, der in der republikanischen Staatsform nur eine Herrschaft der Mittelmäßigkeiten und eine Begünstigung des ‚großen Haufens' sieht, jedenfalls den Nährboden eines Parteienunwesens, über das schon Boccaccio beweglich klagt. Und die Antike gibt dazu den Mythos von den ‚Männern, welche die Geschichte machen', den der Humanist, als unpolitischer Literat, auch (oder gerade) wenn er persönlich eine unentschiedene Natur ist, gern auf jeden der kleinen ‚Tyrannen' seiner Gegenwart anwendet, der ihm irgendwie Eindruck macht, ihm imponiert.[146]

Wir kennen von Martins Polemik schon gegen die früheste, eben (spät)renaissancehumanistische Spielform der „Machtromantik"; bleibt zu betonen, daß er gerade auch sie materialistisch ‚abzuleiten' verstand, hält er doch generell fest, daß „eine solche Zwischenschicht wie die der Intelligenz [...] naturgemäß immer einer Anlehnung irgendwo" bedarf, „um ihre materielle Existenz zu sichern":

> Die ökonomische Abhängigkeit zwang den Humanisten [...] bei den Wohlsituierten Anschluß zu suchen. Und wo er den beim kapitalistischen Bürgertum nicht fand, suchte er Anlehnung an die Reste der alten Aristokratie (wie schon Petrarca an die römischen Colonna) oder (wie gleichfalls schon Petrarca) an die neuen Höfe der ‚Tyrannen'

---

[144] Ebd., S. 120 f.
[145] Ebd., S. 125.
[146] Ebd., S. 121 f.

und Fürsten. Wo diese, wie im Falle der Medici, selbst der reich gewordenen Bourgeoisie entstammten, hatte sich der Kreis dann wieder geschlossen.[147]

Was sich bei diesem noch so „„philosophischen' [...] Rentnerdasein"[148] durchhält, ist eben die „ökonomische Abhängigkeit", die in der „Villa", vor allem aber bei „Hofe" den Humanisten in ein „feudales" Dienstverhältnis zurückführt. Unbeschadet dessen ist selbst solch „exklusivem" Hof-Humanismus nicht völlig auszutreiben, was das essentiell Moderne (gegenüber dem Mittelalter) ist und bleibt: das „relativ Freischwebende" dieser intellektuellen Renaissancehumanisten. Gerade im – einem Salutati entgegengesetzten –

> Typus Petrarca ... hat der Einzelne sich gewolltermaßen wurzellos gemacht, um nunmehr ‚freischwebend', jene äußere und innere Ungebundenheit zu gewinnen, die den eigentlichen Literatentyp macht. Petrarcas Lebensweise, mit dem ständigen Umherziehen, der ewigen (auch in der Einsamkeit nicht weichenden) Unruhe, dem Bedürfnis nach Zelebrität, dem übersteigerten Selbstbewußtsein und – der frühen Anlehnung an vornehme Häuser und an Höfe kleiner Despoten, ist so recht das Beispiel eines Literatenlebens.[149]

11. Plädoyer für einen sozialliberalen Humanismus in illiberaler Zeit

Von Martin steht diesem Intellektuellen-„Typus", der im „literarischen Wegelagerer", dem „gewerbsmäßigen literarischen Erpresser", verendet, generell skeptisch bis ablehnend gegenüber: „Eine geistig entwurzelte, des inneren Haltes entbehrende, ‚freischwebende' Intelligenz ist eine Kulturgefahr."[150] Andererseits hat der Intellektuelle, gerade auch „als Träger geistiger Werte", „keinen fixierten Platz innerhalb der Gesellschaft, ist er nur lose placiert an ihrer Peripherie".[151] Jedenfalls ‚heutzutage', und von Martins Interesse ist ja ein zeitgeschichtliches bis aktuelles (auch dann, wenn er sich mit der Renaissance beschäftigt, in der das Intellektuellentum historisch beginnt[152]):

> Der ‚Impuls zu fragen' ist der Grundimpuls, der den Intellektuellen bewegt; der hat wohl an sich schon etwas Outsiderhaftes; und sein Stand muß immer schwieriger werden nicht etwa nur in totalitären Regimen, sondern kaum weniger, wo, wie in Amerika schon heute, Kritik von vornherein als ‚eigenbrödlerisch' und ‚ungesellig' bei der Gesellschaft in Verruf kommt.[153]

---

147 Ebd., S. 96 und S. 113.
148 Renaissance, S. 97.
149 Geist, S. 97 und S. 141.
150 Ebd., S. 104 f. und S. 218.
151 Mensch, S. 195.
152 Vgl. ebd., S. 194, sowie Volker Kruse: Historisch-soziologische Zeitdiagnosen in Westdeutschland nach 1945. Eduard Heimann, Alfred von Martin, Hans Freyer. Frankfurt a. M.: Suhrkamp 1994, S. 122.
153 Mensch, S. 233.

So schreibt von Martin in seinem grundlegenden Aufsatz ‚Die Intellektuellen als geschichtlicher Faktor' von 1962, und weiter: „Mit der Unterbindung von Widerspruchsmöglichkeiten der Intellektuellen wird die Gesellschaft selbst eines potentiellen Schutzes vor Gefahren beraubt – Gefahren nämlich für ihre Menschlichkeit."

> Schon ‚Kies zu sein im Getriebe der Staatsmaschine' (Graham Greene), auch des Wirtschafts- und Kulturbetriebs, also auch die bloße Störung eines rational und ethisch anfechtbaren, allzu glatt verlaufenden Funktionierens gesellschaftlicher oder staatlicher Apparaturen, kann heilsam sein. Schon die bloße Verneinung des Verneinungswerten kann fruchtbar wirken; in Anbetracht derjenigen Daseinsorientierung, die dem Wesen des Intellektuellen entspricht, stehen ja auch hinter seinen Negierungen leitende Wertvorstellungen geistiger Art. Saint-Exupéry meinte, das sei ‚das einzige Problem in der Welt', daß man vom Interesse bloß an Geld, Bequemlichkeit und billigen Unterhaltungen, aber auch an Politik, nicht leben könne; und seine Frage war: ‚Wie kann man dem Menschen eine geistige Bedeutung, eine geistige Unruhe wiedergeben?' Es ist die Grundfrage der Intellektuellen.[154]

Mit diesem affirmativen und identifikatorischen Satz endet von Martins noch heute sehr empfehlenswerter Aufsatz. Allerdings hat er seine Aktualität nicht zuletzt deswegen behalten, weil in der nachbürgerlichen Gesellschaft, die schon in seinem Erscheinungsjahr selbstverständlich unterstellt wurde, die „sozialen Ausstrahlungschancen" für ein „unabhängiges Intellektuellentum"[155] nach wie vor sehr gering sind. Bereits in den sechziger Jahren sah von Martin das intellektuelle Engagement im Zeichen eines „Dennoch"[156]:

> Gerade in einer durchtechnisierten Welt ist als erhaltender Faktor ein geistiges Gegengewicht [...] vonnöten, soll der Mensch ein eigenwertiges, selbstzweckliches Wesen sein und bleiben und nicht zum bloßen Mittel werden, um das Funktionieren eines Kollektivmechanismus aufrechtzuerhalten. Als Korrelat zur spezialisierten Ausbildung für diese oder jene Praxis bedarf es einer Heranbildung allgemein-geistiger Kräfte des Verstehens und Erkennens, wie sie einer ‚freien', das heißt außer- und überberuflichen Bildung im Humboldtschen Sinne verdankt werden, welche Geistigkeit um ihrer selbst willen pflegt. Auf ihr fußen die Intellektuellen.[157]

Von Martin unterstreicht seinen konservativen (Neu-)Humanismus, indem er erläuternd hinzufügt:

> ‚Humanistische' – als nicht in Funktionalisierungen aufgehende – Bildung bedeutet im Wesenhaften eine Grundintention und einen ihr nachtrachtenden Prozeß: nämlich den des Sichbildens zu erhöhter Menschlichkeit (außer und über aller Sachlichkeit), deren Anwalt – so oder so sie verstehend – der Intellektuelle ja ist. Nur sekundär und in jederzeit reformablem Sinne deutet der Begriff ‚humanistisch' auch auf (Unterrichts-)Inhalte und -Methoden.[158]

---

[154] Ebd., S. 235 und S. 239.
[155] Vgl. Kruse: Zeitdiagnosen (Anm. 152), S. 123.
[156] Geist, S. 158.
[157] Mensch, S. 236.
[158] Ebd., S. 305, Anmerkung 24.

Diese Erläuterung bestätigt zugleich, was ich immer wieder betont habe, daß Humanismus für von Martin nur wirklich einer ist, wenn er der Humanität verpflichtet bleibt und ihr dient. „[...] gerade die heutige krisenhafte Bedrohung der Persönlichkeitswerte darf als Grund gelten, das Soziale im Zeichen des Humanen zu sehen", wie von Martin 1965 formuliert. „An und für sich hat Soziologie, als Wissenschaft nichts zu tun mit Weltanschauung: ‚Funktionalismus' aber, auch ‚Rollen'-spiel, ist (oder verrät) eine bestimmte Weltanschauung, auch wenn man es nicht weiß und es abstreiten würde." – Eine Weltanschauung, die der Humanist (im Sinne von Martins) ablehnen muß, obwohl er als Realist, der er gleichzeitig ist, ihr *fundamentum in re* nicht leugnen kann: die nichtbürgerliche als funktionsteilige, auch den Einzelmenschen partialisierende Gesellschaft. Mit ihr muß nicht nur gerechnet, sondern auf ihren Boden muß sich gestellt werden, ohne jedoch,

> in der üblichen Art amerikanischer Soziologen, auf grundsätzliche gesellschaftskritische Fragestellungen verzichtend, den wirtschaftlich-sozialen status quo als selbstverständliche Gegebenheit hin(zu)nehmen und nur am reibungslosen Funktionieren der Maschinerie noch interessiert zu sein [...]. Solchermaßen verzichten die Intellektuellen selber auf mögliche Gegenwirkungen gegen die mit der Verfestigung und Ausbreitung der bürokratischen Tendenzen sich ergebenden autokratischen Neigungen, die auch unter parlamentarischer, formal liberaler Decke im Wachsen sind,

wie von Martin den für ihn neuesten „Verrat der Intellektuellen" beurteilt.[159]

Die „wahre Aufgabe des geistigen Menschen" kann „in solcher Zeit [...] allein die des Gegenspielers" sein, wie von Martin schon in seiner Jünger-Kritik formuliert hat[160] und jedesmal aus demokratischem Engagement heraus, also aufgrund politischer Moralität. Für ihn, dem Sokrates als „erster der europäischen" und Kant als „typisch bürgerlicher Intellektueller" galt,[161] war es die hauptsächliche Angelegenheit der Intellektuellen, „Grundwerte" zu artikulieren und ihnen gesellschaftlich zur Geltung zu verhelfen[162] – gerade auch in einer Zeit, wo die „Maßstäbe sittlicher Ordnung [...] zunehmend irrelevant" werden, „in den durch den Rationalisierungs- (also den Bürokratisierungs- und Technisierungs-)Prozeß geschaffenen, völlig heteronomen Zusammenhängen."[163]

In ihnen erstickt die „Bürokratisierung" des politischen und gesellschaftlichen Lebens schließlich auch das demokratische Interesse an Politik. Von Martins Sichtweise von Staat und Politik ist wesentlich von den Erfahrungen der zeitgenössischen Adenauer-Ära geprägt, was besonders im folgenden Satz deutlich wird:

> Wo [...] eine Regierung – mag sie auch formal auf liberal-demokratischem Wege zustande gekommen sein –, auf eine kompakte Majorität sich stützend, über die oppositionelle Minderheit wie über die öffentliche Meinung achtlos und achtungslos hinweg-

---

[159] Ebd., S. 7 und S. 230 f.
[160] Nihilismus, S. 11.
[161] Humanismus, S. 202 f.
[162] Vgl. Kruse: Zeitdiagnosen (Anm. 152), S. 121.
[163] Ordnung, S. 19 f.

geht, da ist auch die Kritik unabhängiger Geister, welche die öffentliche Meinung für eine lebendige Demokratie zu gewinnen versuchen, von vornherein zur Wirkungslosigkeit verurteilt, und ein Gefühl der Ohnmacht lähmt alles demokratische Bewußtsein.[164]
[...] Als die oberste der machttragenden Institutionen ist der Staat generell der Hauptgegenstand intellektueller Kritik, neigt doch primäres Machtwollen immer auch zu Mißbrauch der Macht. Das vom Staat gesetzte Recht – willkürlicher Auslegung oder Anwendung (bzw. Nichtanwendung) fähig und von dem auf dem Prinzip überstaatlicher Gerechtigkeit fußenden Naturrechtsgedanken sich immer wieder distanzierend – kann weitgehend manipuliert werden. [...] auch wo die Freiheit der Meinungsäußerung verfassungsmäßig garantiert ist, wird der Regel nach zwischen der freien Idee und der realen Macht ein (nur mehr oder weniger) gespanntes Verhältnis bestehen, das auf Gegenseitigkeit beruht.[165]

Und diese Spannung ist unaufhebbar, aber eben auch eine Herausforderung und für den konfliktbereiten Intellektuellen speziell. Von Martin läßt keinen Zweifel:

[...] ein Einreißen von Schranken ist [...] nicht jedesmal befreiend: es kann auch zerstörende Wirkungen haben. – Dennoch bedarf es immer wieder eines Elements, das eine Gesellschaft, die sich mit ihrem äußerlich glatten ‚Funktionieren' zufrieden gibt, aus ihrer Ruheseligkeit aufstört, das allen ‚offiziellen' Standpunkten unbequeme Fragen stellt und überall, wo, unter der Decke von Zweckheucheleien, Ungerechtes und Willkürliches geschieht und Mißstände und Fragwürdigkeiten jeder Art sich breitmachen, warnend und protestierend hervortritt. Dieser Aufgabe haben die Intellektuellen [...] immer wieder in der Geschichte sich unterzogen,

wie von Martin universalgeschichtlich resümiert.[166]

Gerade auch aktualiter unterscheidet er dabei zwischen „radikaler oder liberaler Art" der von der „spezifisch kritischen Intelligenz getriebenen Opposition" und schlägt sich auf die Seite der „liberalen":

Im Gegensatz zu jeder – sei es auf revolutionärem Fanatismus, sei es auf einem Hängen an Vorurteilen beruhenden – einseitigen Einstellung sucht eine (im formalen Sinne des Wortes) ‚liberale' Intelligenz jeden Sachverhalt immer von mindestens zwei Seiten zu sehen, um überparteiliche Anregungen und Impulse zu geben. Wenn ihr dabei ‚Kompromisse' naheliegen, so braucht das durchaus nichts mit Verantwortungsscheu zu tun zu haben (die Schumpeter ihr vorwirft).[167]
[...] Als ‚liberaler' Typ wird der unvoreingenommene (und daher wesensmäßig nie streng ‚fixierte') Intellektuelle einerseits der Kritiker auch in den Reihen seiner eigenen Partei sein (es sei eine konservative, eine sozialistische oder was immer), und er wird andererseits von innen her bereit sein, mit den Vertretern anderer Standpunkte nicht nur formal auf ‚parlamentarischem' (d. h. auf gleichem) Fuße zu diskutieren, sondern auch in dem echten Wunsche, ihren Anliegen ‚gerecht' zu werden, also auch von ihnen zu lernen (wohingegen allerdings eine Funktionärsintelligenz nur in Propagandataktik und zu Werbungszwecken Scheindiskussionen führen kann). Von der Seite freier Intel-

---

[164] Mensch, S. 161.
[165] Ebd., S. 224.
[166] Ebd., S. 194 und S. 224.
[167] Ordnung, S. 251.

lektueller am ehesten sind Auflockerungen verhärteter Fronten zu erwarten und damit Annäherungen und Verständigungen zwischen gegnerischen Gruppen.[168]

Wer von Martin aufgrund dieser Passage Harmonismus (um jeden Preis) unterstellen würde, hätte durchaus Unrecht.[169] Sein „sozial verstanden voller Liberalismus" in der Nachfolge eines Kantschen Bildungsbürgertums[170] ist (mit einem bloß scheinbaren Paradox) radikaler, wenn nötig revolutionärer Liberalismus[171], der sogar „Sozialismus" heißen kann – freilich nur im Sinne des neukantianischen „Revisionismus". – Dieser Sozialismus, „welcher ‚Menschenrechte' achtet", versteht sich „nicht als Feind des Individuums, sondern erkennt, daß gerade sein eigentliches Ziel die ‚Ausbildung und Sicherung der freien Persönlichkeit' zu sein habe, wie Eduard Bernstein es einmal prägnant formuliert hat".[172]

Ihm und seinesgleichen gilt von Martins Sympathie, also unter den jüngeren (ausdrücklich) Leonard Nelson, Hermann Heller, Gustav Radbruch und Karl Popper. In früheren, auch Bernstein voranliegenden Zeiten ist von Martins Mann Lorenz von Stein, bei dem sich bereits „die sozialen Gesichtspunkte mit liberalen, individualistischen, idealistischen" verbinden:

> Die soziale Frage wird für ihn identisch mit der Frage nach der Schaffung einer Sozialordnung, die dem Menschen sein Recht auf Freiheit gewährleistet. Und die Antwort, welche Stein auf diese Frage erteilt, geht dahin, daß der Staat nicht einem wirtschaftspolitischen ‚laisser faire, laisser aller' huldigen, nicht untätig zusehen dürfe, wenn eine ‚ganze Klasse' [...] von Menschen durch die besitzbürgerliche Schicht und deren egoistische ‚Interessen' ausgebeutet werde; die staatliche Ordnung habe sie zu schützen vor der Ausnutzung eines Zustandes wirtschaftlicher Abhängigkeit, der faktische Unfreiheit bedeute.[173]

Von Martin ist Anhänger des „Sozialen Rechtsstaats", wie gerade auch die Nennung jüngerer seiner Theoretiker signalisiert hat. Ich erwähne nur nochmals Hermann Heller; denn wie vor allem für ihn war auch für von Martin – noch 1965 – die „‚überwundene' Klassengesellschaft" eine bloße „Legende": „Die wesentlichen Momente des Klassengegensatzes bestehen nach wie vor: die Zweiteilung in Planende und Anordnende ‚oben' und Gehorchende, Ausführende ‚unten', und mit dem Herrschaftsverhältnis der latente Interessenkonflikt". Selbst die staatliche Anerkennung des Tarifsystems, so wichtig es ist, stellt keineswegs eine Überwindung, sondern lediglich „Institutionalisierung" des Klassengegensatzes dar. „Die Institutionalisierung einer Spannung setzt logischerweise deren Fortbestehen voraus; der Kampf geht weiter, wenngleich nun nach bestimmten Spielregeln."[174] – „Mögen die Kampfformen noch so sehr sich gemildert haben und weiter mil-

---

[168] Ebd., S. 62.
[169] Vgl. Mensch, S. 23, S. 28 und S. 151.
[170] Von Martin: Macht (Anm. 56), S. 141.
[171] Mensch, S. 215 f.
[172] Ordnung, S. 239.
[173] Ebd., S. 189 f.
[174] Mensch, S. 28, S. 59 und S. 70 f.

dern, das grundlegende Verhältnis bleibt immer das eines ‚Oben' und ‚Unten'." Ja, „seine Verwischung (ob von der ‚Partnerschafts'- oder der ‚Mitbestimmungs'-Ideologie her) bedeutet Schwächung oder Selbstschwächung einer Vertretung der Arbeiterinteressen."[175]

An deren Wahrnehmung, das heißt aber an einer gewerkschaftlichen Gegenmacht ist von Martin lebhaft interessiert,[176] wobei ihm keineswegs entgeht, daß auch solche Gegenmacht auf eine Großorganisation hinausläuft, die unabdingbar Konzentration von Macht bedeutet. Es gibt hier im Prinzip nur zwei Alternativen, wie von Martin überzeugt ist: die totalitäre Gesellschaft, in der sich alle Macht in der Hand eines omnipotenten Staates konzentriert, oder eine pluralistische Gesellschaft mit rivalisierenden Machtblöcken, die sich gegenseitig ausbalancieren. – Im Spannungsfeld rivalisierender Machtblöcke sieht von Martin in der nachbürgerlichen Gesellschaft den Ort, wo Freiheit gedeihen kann. Das setzt aber voraus, daß das Prinzip des Konflikts bejaht wird: „Konflikte freilich muß in Kauf nehmen, wer Freiheit will."[177]

So formuliert von Martin 1965, im vollen Bewußtsein, daß es sich um eine „nachbürgerliche" Freiheit handelt:

> Unsere Gesellschaft hat keine spezifisch bürgerliche Struktur mehr. Doch indem diese pluralistische Gesellschaft sich der Absorption durch eine totale Staatlichkeit zu erwehren und ihre Eigenständigkeit gegenüber dem Staat zu wahren wußte, blieb sie fähig, selbständiges, nicht von einer monokratischen Staatsgewalt dirigiertes und auf Schritt und Tritt kontrolliertes Leben in Wirtschaft und Kultur zu entfalten. Den Untergang dieser Möglichkeit zu verhüten, bleibt die erhaltende Aufgabe des die bürgerliche Gesellschaft überlebenden bürgerlichen Menschentyps[178]

– nicht zuletzt des liberalen Intellektuellen in der Art von Martins.

Seine skeptisch-defensive, vielleicht desperate Position könnte kaum deutlicher werden als in diesem Paradox: daß der letzte Rettungsanker für die bloß relative Freiheit der nachbürgerlichen Gesellschaft der ihre Vorgängerin überlebende bürgerliche Menschentyp sein soll: der Urururenkel des humanen Renaissancehumanisten. Dessen Geschichte ist für von Martin noch nicht zu Ende,[179] im Unterschied zu der ihn bedingenden bürgerlichen Gesellschaft. Kann aber ‚der Fisch' auf Dauer außerhalb seines ‚Wassers' überleben? Kann eine „Geistigkeit" sich behaupten, „gerade auch im Gegensatz zu der gesellschaftlichen Umwelt"?[180]

Walter Benjamin hat schon in den Jahren, in denen von Martins Renaissance-Studien entstanden, heftige Zweifel geäußert und die von dem liberal-katholischen Kultursoziologen geteilte Intellektuellen-Theorie eines Julien Benda metakritisch zu überholen versucht. Ich bin an anderen Stellen ausführlich darauf ein-

---

[175] Ebd., S. 37.
[176] Vgl. nicht zuletzt Soziologie (Anm. 3), Teil B, S. 158.
[177] Mensch, S. 35.
[178] Ebd., S. 165.
[179] Vgl. auch Renaissance, S. 8.
[180] Ebd., S. 20.

gegangen.[181] Hier möchte ich nur wiederholen: Benjamins materialistische Metakritik mag heute nicht wenigen ihrerseits anachronistisch erscheinen, aber eine einfache Rückkehr zu Zolas *J'accuse* ist es erst recht; bloße Anklage ist tatsächlich hilflos geworden.

Ich gebe ein letztes Mal von Martin selbst das Wort. Bereits am 6./7. September 1958 beschloß er einen seiner vielen Leserbriefe in der *Süddeutschen Zeitung*, überschrieben: ‚Auch die Verfolger werden entschädigt', mit dem tief skeptischen Satz, der rhetorischen Frage: „Zola erregte damals die Weltöffentlichkeit, als er für ein Justizopfer eintrat. Wird im Massenzeitalter, in dem Tausende von Mördern nicht verfolgt werden, eine Massenressonanz erfolgen?"[182]

---

[181] Vgl. Richard Faber: Dialektik des Privilegs. Theorie der Intelligenz und rettende Kultur-Kritik. In: Wer hat Angst vor der Philosophie? Eine Einführung in Philosophie. Hrsg. von Norbert W. Bolz. Paderborn: Schöningh 1982, S. 67 ff., sowie ders.: Religiöse, laizistische und neureligiöse (Anti-)Intellektuelle. Ansätze zu einer Realtypologie. In: Rechtsextremismus, Ideologie und Gewalt. Hrsg. von Richard Faber, Hajo Funke und Gerhard Schoenberner. Berlin: Hentrich 1995, S. 269 ff.

[182] Für Überlassung des Faksimiles danke ich Volker Kruse. Auch verpflichtet – für Anregung, Bestätigung oder Kritik – bin ich: Alois Hahn, Christine Holste, Manfred Lauermann, Barbara Marx, Alf Mintzel, Achatz von Müller, Herfried Münkler, Karl-Siegbert Rehberg, Barbara von Reibnitz, Pierangelo Schiera, Werner Sewing, Eckehard Stegemann, Erhard Stölting, Manfred Voigts, vor allem aber Klaus Garber. – Von Kruse erschien kürzlich, auch von Martin behandelnd: Geschichts- und Sozialphilosophie oder Wirklichkeitswissenschaft? Die deutsche historische Soziologie und die logischen Kategorien René Königs und Max Webers. Frankfurt a. M.: Suhrkamp 1999.

Jost Hermand

Naturalismus oder Repräsentation?
Kunst und Kultur der Frühen Neuzeit in der Sicht Richard Hamanns

Richard Hamann war ein Mensch, dessen wissenschaftliche Leistungen – bei aller Tendenz zu kunstphilosophischer Objektivierung – nur vor dem Hintergrund seiner proletarischen Herkunft, seines politischen Linksaktivismus und seines durch keinen Widerstand zu brechenden Temperaments zu verstehen sind. All das machte ihn zum Professor, das heißt ‚Bekenner' im besten Sinne des Wortes. Er konnte sich zwar auch wochenlang in sein Arbeitszimmer zurückziehen, wo er seine achtundzwanzig Monographien und zahlreichen Aufsätze zu Papier brachte, aber er war letztlich ein Kunst- und Kulturhistoriker, der über das Akademische hinaus in die breite Öffentlichkeit wirken wollte.[1] „Ich habe nie ein Buch geschrieben", sagte er einmal, „das zu zwei Dritteln aus Fußnoten bestand, wohl aber solche, die sich bemühten, den Massen verständlich zu sein."[2] Er hielt daher gern Vorträge vor Arbeiterbildungsvereinen, an Volkshochschulen oder in Ladengalerien, um den „kleinen Kreis der Kenner", wie sich Bertolt Brecht gern ausdrückte, in den „großen Kreis der Kenner" zu erweitern. Aus dem gleichen Grund schrieb er für Zeitungen, gab die Marburger *Kunstbücher für Jedermann* (1922–1949) heraus, gründete einen kunstgeschichtlichen Verlag und schuf unter dem Motto „Wer die meisten Bilder hat, gewinnt" das weltberühmte Bildarchiv *Foto Marburg*, wohl die größte Photosammlung ihrer Art, die bei seinem Tode fast 250 000 Negative besaß.[3] Dennoch war Hamann alles andere als ein profitgieriger Journalist, Verleger, Kunstpublizist oder gar ‚Vulgarisator'.[4] Bei all diesen Aktivitäten ging es ihm nie um ein modisches Anschnuppern oder persönliches Glänzenwollen, sondern stets um die ‚volksbildnerische' Absicht, auch den legendären ‚kleinen Mann von der Straße' mit den großen Kunstwerken der Vergangenheit vertraut zu machen. Allerdings biederte er sich dabei nie an, sondern bemühte sich, in einer zwar klar formulierten, aber respektvoll-komplexen Sprache die gesellschaftliche und zugleich ästhetische Bedeutsamkeit der jeweils behandelten Werke herauszustrei-

---

[1] Vgl. die vollständige Liste seiner Veröffentlichungen in: Richard Hamann in memoriam. Berlin: Akademie-Verlag 1963 (= Schriften zur Kunstgeschichte, 1), S. 111–121.
[2] Vgl. Edgar Lehmanns Vorwort zu ebd., S. 11.
[3] Vgl. Frieda Dettweiler: Richard Hamann. In: NDB VII (1966), S. 578.
[4] Vgl. Peter H. Feist: Beiträge Richard Hamanns zur Methodik der Kunstgeschichtsschreibung. Berlin: Akademie-Verlag 1980 (= Sitzungsberichte der Akademie der Wissenschaften der DDR, Gesellschaftswissenschaften, 1/G), S. 4.

chen – und sie dann im Zuge einer dialektischen Aneignung für seine Zuhörer und Zuhörerinnen gesellschaftspolitisch relevant zu machen, indem er das Vergangene fast immer mit dem Gegenwärtigen verknüpfte, ja selbst Ausblicke in die Zukunft nicht verschmähte. In diesem Sinne war er einer der letzten Universalgelehrten alter Schule, der jedoch die Fülle seines Wissens stets für die Gesamtgesellschaft nutzbar zu machen versuchte.

Als ihn seine Mutter 1879 in Seehausen bei Wanzleben im Magdeburgischen zur Welt brachte, hätte das niemand vorhergesehen. Sein Vater war ein Landbriefträger, in dessen Leben das, was in den höheren Ständen als ‚Kunst' galt, keine Rolle spielte. Und dies hat sein Sohn Richard nie vergessen, der aufgrund kirchlicher Beihilfe erst Stipendiat am Magdeburger Domgymnasium wurde und dann 1898 als Student an die Berliner Friedrich-Wilhelms-Universität kam, wo es ihm nach sechs Semestern gelang, im Jahr 1901 bei Wilhelm Dilthey mit einer – an einem Wochenende geschriebenen – Arbeit über *Das Symbol* zu promovieren. Schon diese Dissertation beweist sein Bemühen, mitten im Zeitalter des Symbolismus bei aller Aktualität zugleich das Allgemeine, Kunstphilosophische eines solchen Begriffs ergründen zu wollen. Obwohl der alte Dilthey, der mit manchen Tendenzen des Stefan-George-Kreises sympathisierte, dem jungen, gutaussehenden und genialen Dr. phil. sicher alle Wege geebnet hätte, eine akademische Laufbahn einzuschlagen, zog es Hamann nach dem Rigorosum vor, sich einige Jahre in die ihm bisher weitgehend unzugängliche hohe Kunst zu vertiefen und zugleich – neben Rosa Luxemburg und Franz Mehring – an Berliner Arbeiterbildungsvereinen zu unterrichten.[5] Sein Auftreten war dabei das eines „ungebärdigen Eindringlings" oder „doktorierten Einbrechers", der sich – in den Worten Martin Warnkes – als einer „der ersten Repräsentanten der Unterschichten" in das „Arcanum der Kunstwissenschaft" vorwagte.[6]

Wie breit Hamanns ästhetisches Interesse und wie intensiv sein soziales Verantwortungsgefühl schon in diesen Jahren war, belegen einerseits Publikationen wie *Rembrandts Radierungen* (1906), *Impressionismus in Leben und Kunst* (1907) und *Die Frührenaissance der italienischen Malerei* (1909), andererseits *Gerhart Hauptmann und der Naturalismus* (1900), *Das Wesen der strafrechtlichen Zurechnungsfähigkeit. Eine Kritik der neuesten Bestrebungen zu einer Reform des Strafrechts* (1907) und *Gleiches Recht für alle* (1909). Daß er überhaupt staatlich approbierter Kunsthistoriker wurde, verdankte er hauptsächlich der Aufforderung Heinrich Wölfflins, sich 1911 bei ihm mit einer Schrift über die Kapitelle im Magdeburger Dom zu habilitieren. Damit war eine entscheidende Weiche in Hamanns Leben gestellt. Noch im gleichen Jahr wurde er an die Posener Akademie berufen und ging 1913 als ordentlicher Professor nach Marburg, wo er bis zu seiner Emeritierung im Jahr 1949 wirken soll-

---

5 Nach Gesprächen mit Richard Hamann in den Jahren 1955–1960 in Marburg, Zeuthen und Berlin-Buch.
6 Martin Warnke: Richard Hamann zum 100. Geburtstag. In: Marburger Jahrbuch für Kunstwissenschaft (1981), S. 7 ff.

te.[7] Dort hielt er 1914 erstmals Vorlesungen über *Kunst und Photographie* sowie *Sachkultur und Personalkultur als Hauptproblem der Kulturphilosophie*, in denen er sich eindeutig zu auf Demokratie dringenden, das heißt antiwilhelminischen Anschauungen bekannte.

Auch im Ersten Weltkrieg nahm er in politischer Hinsicht kein Blatt vor den Mund. In seinen Vorlesungen behandelte er in dieser Zeit vor allem die französische Kunst des Mittelalters, publizierte im September 1914 in der *Frankfurter Zeitung* einen Beitrag unter dem Titel *Wir Barbaren und die Kathedrale von Reims* und hielt 1917 am Geburtstag des Kaisers in der Marburger Aula eine Rede, in der er die Kriegskunst dieser Jahre einer scharfen Kritik unterzog und zugleich aus seiner Abneigung gegen Kriege schlechthin und diesen Krieg im besonderen kein Hehl machte.[8]

In der Weimarer Republik war er einer der wenigen Marburger Professoren, der sich zu allen progressiven, das heißt eine ‚Sachkultur' befördernden Tendenzen des Expressionismus, der Neuen Sachlichkeit und des Bauhauses bekannte. Als Gegner aller nationalen Einseitigkeiten habilitierte er 1928 den ‚Juden' Richard Krautheimer mit einer Schrift über mittelalterliche Synagogen und wandte sich in seinen Vorlesungen nachdrücklich gegen das allmählich immer „frecher" werdende Auftreten der Nationalsozialisten.[9] Als daher im Januar 1933 seine *Geschichte der Kunst von der altchristlichen Zeit bis zur Gegenwart*, die mit einem offenen Bekenntnis zu linken Bauhaus-Konzepten schloß, bei dem ‚jüdischen' Verlag Knaur erschien,[10] waren die NS-Größen so empört, daß ihn Joseph Goebbels wenige Monate später nach Berlin beorderte und ihm die inquisitorische Frage stellte, wie er sich die Zukunft der deutschen Kunstgeschichte vorstelle. Und Hamann soll gesagt haben, daß dieses Reich „ja wohl auf einen Krieg hinauslaufe" und er daher seine Aufgabe darin sehe, sofort alle wichtigen deutschen Baudenkmäler für *Foto Marburg* aufzunehmen, worauf ihn Goebbels mit einer größeren Geldsumme wieder nach Marburg zurückfahren ließ.[11] Doch damit war noch nicht alles ausgestanden. Im Frühjahr 1934 wurde Hamann auf Betreiben seines Kollegen Horst, der mit den Nationalsozialisten sympathisierte, vorübergehend aus seinem Amt

---

[7] Vgl. hierzu das maschinenschriftliche Exemplar der detailreichen Schrift: Richard Hamann und seine Schüler. Eine Chronik des kunstgeschichtlichen Seminars der Philipps-Universität Marburg. Marburg 1990, S. 5–10.

[8] Abgedruckt in Richard Hamann: Krieg, Kunst und Gegenwart. Aufsätze. Marburg: Elwert 1917, S. 5 ff.; vgl. hierzu auch die Bemerkungen Martin Warnkes in dem maschinenschriftlichen Exemplar des Ausstellungskatalogs Kriegszeit. Künstlerflugblätter im 1. Weltkrieg. Marburg: Verlag des Kunsthistorischen Instituts 1978, S. 1–5.

[9] Vgl. Richard Hamann und seine Schüler (Anm. 7), S. 36.

[10] Richard Friedenthal, der ehemalige Cheflektor des Knaur-Verlages, erzählte mir in den siebziger Jahren in London, daß Hamann, „dieses Arbeitstier", während der Korrekturperiode seiner *Geschichte der Kunst* im Verlag mehrere Nächte auf dem Fußboden geschlafen habe.

[11] Nach mündlichen Aussagen seines Schülers Rudolf Zeitler in Uppsala.

entfernt, aber dann – aufgrund vieler Gutachten von Kollegen und Schülern – rehabilitiert.[12]

Anschließend lavierte er ständig an der Grenze des gerade noch Zulässigen. Er trat nicht in die Partei ein, unterstützte keinerlei NS-Aktivitäten, ließ Krautheimer bis 1935 weiter unterrichten, stellte 1940 den Halbjuden Helmuth Philippson als Ägyptologen ein,[13] nahm Kontakte zu Marburger Linken wie Ludolf Koven auf, der damals als Buchverkäufer bei der Elwertschen Universitätsbuchhandlung untergeschlüpft war und nach dem Kriege den Ostberliner Akademie-Verlag gründete,[14] und hielt lediglich politisch ‚ungefährliche' Vorlesungen über die Kunst der Antike und des Mittelalters. Als minimales Zugeständnis an die neuen Machthaber könnte man höchstens das Schlußkapitel seiner neuaufgelegten *Geschichte der Kunst* interpretieren, in dem er sich zwar weiterhin zum Expressionismus und zum Bauhaus bekannte, aber auch den neuen Zweckbauten des Reichssportfelds, wo sich die „Vertreter aller Nationen" zum „friedlichen Wettkampf" versammelt hätten, eine gewisse „Großartigkeit" nicht absprach.[15] Auch die 1939 von seinen Schülern herausgegebene Festschrift weist nur in einem Beitrag eine leicht ‚braune' Färbung auf.[16] Ja, im Vorwort wird er als ein unermüdlicher Forscher charakterisiert, der weder „Eitelkeit" noch „Geltungsbedürfnis" kenne und sich als „Geistesarbeiter" nie über die „Handarbeiter" erhoben habe.[17]

Nach der militärischen Niederlage des NS-Regimes trat Hamann sofort an die Öffentlichkeit, beteiligte sich an Rundfunksendungen und Podiumsdiskussionen, in denen er scharf mit dem Faschismus abrechnete, und hielt bereits im Wintersemester 1945/46 wieder seine auf Hochschätzung des Arbeiters und der Arbeit pochende Vorlesung *Personenkult und Sachkultur*.[18] 1947, im Alter von 68 Jahren, erhielt er von der Berliner Humboldt-Universität das durch den jungen Wolfgang Heise persönlich vermittelte Angebot, den nach dem Tode Wilhelm Pinders verwaisten Lehrstuhl für Kunstgeschichte zu übernehmen.[19] Diesen Ruf nahm er auf der Stelle an und las einige Semester an beiden Universitäten, bis er 1949 in Marburg emeritiert wurde. In Berlin ernannte man ihn im gleichen Jahr zum Mitglied der Akademie der Wissenschaften und verlieh ihm einen der ersten Nationalpreise der eben gegründeten Deutschen Demokratischen Republik. Die 100 000 DM, die ihm ausgezahlt wurden, stellte er sofort zum Ankauf von Photopapier zur Verfü-

---

[12] Die Akte über diesen Fall, die im Marburger Staatsarchiv liegt, war mir leider nicht zugänglich.
[13] Helmuth Philippson nannte später das Marburger Institut „eine Insel in der Nazi-Zeit", vgl. Richard Hamann und seine Schüler (Anm. 7), S. 97.
[14] Nach Aussagen Ludolf Kovens in Berlin.
[15] Richard Hamann: Geschichte der Kunst von der altchristlichen Zeit bis zur Gegenwart. 4. Aufl. Berlin: Th. Knaur Nachfolger 1938, S. 880.
[16] Vgl. Richard Hamann zum sechzigsten Geburtstage am 29. Mai 1939 überreicht von seinen Schülern. Burg bei Magdeburg: Hopfer 1939. Gemeint ist der Aufsatz von Elisabeth Pfeil: Die biologischen und soziologischen Grundlagen der Kunstgeschichte, S. 94–106.
[17] Ebd., S. 1 f.
[18] Vgl. Richard Hamann und seine Schüler (Anm. 7), S. 109.
[19] Nach einem persönlichen Gespräch mit Wolfgang Heise.

gung, um das Berliner Institut mit Abzügen der wichtigsten Photos des Bildarchivs *Foto Marburg* zu versorgen.[20] Als Ordinarius der Humboldt-Universität und zugleich als erster Direktor des Kunsthistorischen Forschungsinstituts der Berliner Akademie protestierte er 1950 in geharnischten Briefen an Pieck, Ulbricht, Grotewohl und Ebert gegen den geplanten Abriß des Berliner Schlosses. Den Franzosen sei es trotz aller Revolutionen auch nicht eingefallen, schrieb er ihnen, den Louvre in die Luft zu sprengen. Ja, selbst die Sowjets wären nie auf den Gedanken gekommen, den Kreml abzureißen, sondern hätten sich in ihm eingenistet und von dort aus regiert. Als sich die Parteiführung – mit aktiver Unterstützung des Referatleiters für bildende Kunst Gerhard Strauss – über diese Proteste hinwegsetzte, sperrte sich Hamann, bereits einundsiebzigjährig, am Morgen der Sprengung in dem noch erhaltenen Teil des Schlosses ein und wollte mit in die Luft gesprengt werden, wurde jedoch von der Polizei aus dem Gebäude gezerrt und gezwungen, sich die Zerstörung mitanzusehen.[21] Daraufhin zog er sich schmollend nach Marburg zurück, ging aber auf Bitten seiner Schüler und Schülerinnen, sie nicht im Stich zu lassen, wieder nach Berlin zurück. Als er 1957 gegen den von Wilhelm Girnus und der SED ins Auge gefaßten Nachfolger, und zwar ausgerechnet seinen Erzfeind Gerhard Strauss, der sich zwar durch Parteigehorsam, aber nicht durch nennenswerte Publikationen ausgezeichnet hatte, mit den Worten „Es gibt nur einen Sozialismus der Leistung, aber keinen Sozialismus des Parteibuchs" sein Veto einlegte, wurde er auf brutale Weise aus dem Amt entfernt.[22] Ja, einige seiner engsten Mitarbeiter mußten binnen 48 Stunden die DDR verlassen. Von einem langen Leben der Arbeit erschöpft, schloß er in den folgenden Jahren dennoch die Manuskripte seiner *Theorie der bildenden Künste* sowie des umfangreichen Buchs *Kunst und Askese. Bild und Bedeutung in der romanischen Kunst in Frankreich* ab und starb schließlich im Jahr 1961.

Die Presse schwieg sich über seinen Tod weitgehend aus. Der Osten hatte ihn zwar anfangs auf den Schild gehoben, aber dann hinterrücks als ‚Nichtmarxisten' beargwöhnt. Noch infamer verhielt sich der Westen seiner Person und seinem Werk gegenüber. Nicht einmal die *Kunstchronik*, das offizielle Mitteilungsblatt des westdeutschen Kunsthistorikerverbandes, dessen Ehrenmitglied er war, brachte

---

[20] Nach einer Aussage von Brigitte Walbe im Marburger Bildarchiv.
[21] Vgl. Renate Petras: Sprengt man den Louvre? Sprengt man den Kreml? Proteste des Kunsthistorikers Richard Hamann gegen die Schloßsprengung – sein Weg in die Ungnade. In: Tagesspiegel vom 7. September 1993. Über die parteikonforme Rolle, die Gerhard Strauss bei dem Schloßabriß spielte vgl. Kunstdokumentation SBZ/DDR 1949–1990. Aufsätze, Berichte, Materialien. Hrsg. von Günther Feist, Eckhard Gillen und Beatrice Vierneisel. Köln: DuMont 1996, S. 822.
[22] Vgl. ebd. In einem Brief, der in diesem Beitrag abgedruckt ist, schloß Hamann seinen Abschiedsgruß an die Berliner Studenten mit den Worten: „Das scheint mir der wahre Sozialismus, daß Arbeit und Arbeiter allen Werten vorangehen, getreu meinem Motto: ‚Gesinnung kann man heucheln, Können muß man beweisen'." Er bat mich, diesen Brief auch am Wandbrett der Humboldt-Universität aufzuhängen, wo er kurze Zeit später – wegen des großen Aufsehens, den er erregte – von einigen Parteisekretären entfernt wurde, die ihn anschließend vor dem Gebäude verbrannten.

einen Nachruf auf ihn.[23] Sogar in Marburg, wo er fast vierzig Jahre gelehrt hatte, wurde ihm nach 1949 kein Respekt mehr gezollt. Lediglich Karl Hermann Usener, sein Nachfolger, wagte es, 1954 zu Hamanns 75. Geburtstag eine kleine Feier im engsten Kreis zu veranstalten.[24] Sonst schnitten ihn die meisten. Und so wurde Hamann – den die konservativen Kunsthistoriker der zwanziger Jahre wegen seines linken Relevanzanspruchs als „unzünftig", um nicht zu sagen „proletarisch" abgelehnt hatten und der von den gleichen Konservativen, die sich nach 1933 mehrheitlich den Nazis anschlossen, nochmals diffamiert worden war – in seinem letzten Lebensjahrzehnt wegen seiner Parteinahme für einen „Sozialismus der Arbeit und des Arbeiters" zum dritten Mal verfemt, wenn nicht verachtet.[25] Wie massiv dieser Bannstrahl war, mußte selbst ich erfahren, als ich 1959 naiverweise einen Beitrag zu Hamanns 80. Geburtstag für die Hamburger *Welt* verfaßte, dem die dortige Redaktion das abwertende Adjektiv „sowjetzonal" beifügte.[26] Genau besehen, hält diese Verfemung zum Teil bis heute an. Lediglich Edgar Lehmann, Elmar Jansen, Martin Warnke, Peter H. Feist und ich sind nach Hamanns Tod positiv auf seine Schriften eingegangen.[27] Alle anderen, die sich mit der Geschichte der Kunstgeschichte oder Kunsttheorie im 20. Jahrhundert befaßt haben, schweigen sich hingegen über ihn aus oder marginalisieren ihn.[28] Daher steht eine Würdigung, ja Entdeckung seiner wirklichen Statur als einem der bedeutendsten deutschen Kunst- und Kulturhistoriker des 20. Jahrhunderts noch immer aus. Hierzu sollen im folgenden einige erste Hinweise gegeben werden.

---

[23] Vgl. Feist: Methodik der Kunstgeschichte (Anm. 4), S. 16. Feist weist dort darauf hin, daß auch Christian Töwe: Die Formen der entwickelnden Kunstgeschichtsschreibung. Diss. phil. Bonn 1939, und Hermann Bauer: Kunsthistorik. Eine kritische Einführung in das Studium der Kunstgeschichte. München: Beck 1976 Hamann entweder verschweigen oder nur am Rande behandeln.

[24] Ein maschinenschriftliches Exemplar der Rede, die Karl Hermann Usener bei dieser Feier hielt, befindet sich im Archiv des Marburger Kunsthistorischen Instituts.

[25] Vgl. Renate Petras: Sprengt man den Louvre? (Anm. 21).

[26] Jost Hermand: Richard Hamann wird achtzig Jahre. In: Die Welt vom 30. Mai 1959.

[27] Vgl. Lehmann: Vorwort (Anm. 2); Feist: Methodik der Kunstgeschichtsschreibung (Anm. 4); Warnke: Richard Hamann zum 100. Geburtstag (Anm. 6), sowie Elmar Jansen: Richard Hamann. Über einige Voraussetzungen. Leitlinien und Wirkungen seiner Forschungsmethodik zum 19. Jahrhundert. In: Künstlerisches und kunstwissenschaftliches Erbe als Gegenwartsaufgabe. Hrsg. von der Humboldt-Universität zu Berlin, Sektion Ästhetik und Kunstwissenschaft, Bereich Kunstwissenschaft. Berlin: Abteilung Dokumentation und Information der Sektion Ästhetik und Kunstwissenschaft der Humboldt-Universität 1975, S. 110–120; Jost Hermand: Literaturwissenschaft und Kunstwissenschaft. Methodische Wechselbeziehungen seit 1900. 2. Aufl. Stuttgart: Metzler 1972, S. 19 und S. 23, sowie ders.: Periodisierungsfragen der Kunstgeschichtsschreibung. In: Wissenschaftliche Zeitschrift der Humboldt-Universität. Gesellschafts- und Sprachwissenschaftliche Reihe 5/6 (1980), S. 495–502.

[28] Das gilt unter anderem für neuere Darstellungen der Geschichte der Kunstgeschichte und Kunsttheorie wie z. B. Heinrich Dilly: Kunstgeschichte als Institution. Studien zur Geschichte einer Disziplin. Frankfurt a. M.: Suhrkamp 1979, und Udo Kultermann: Kleine Geschichte der Kunsttheorie. Darmstadt: Wissenschaftliche Buchgesellschaft 1987.

Beginnen wir mit der Frage: Welche kunst- und kulturhistorische Sehweise, kurz: welche Wissenschaftsmethode paßt zu einem solchen Leben? Sicher keine ästhetisierende, formalistische, kunstschmuserische, sondern eher eine konkrete, engagierte, politisch-aktivistische. Doch so einfach stellte sich diese Frage für Hamann nicht. Er war nicht nur ein ‚Inhaltist', sondern auch ein ‚Denkist' und Formalist, ja alles drei mit gleicher Intensität. Er wollte mit seinen Büchern, von denen seine *Geschichte der Kunst* ein wahres ‚Volksbuch' wurde – bis zu seinem Tode wurden 450 000 Exemplare verkauft! –, seine Leser und Leserinnen nicht nur für den sozialen Fortschritt, sondern auch für die große Kunst gewinnen.[29] Er gab sich hierbei nie mit irgendwelchen Tagesmeinungen zufrieden, sondern versuchte – mit dem leicht entzündlichen Auge des Liebhabers und zugleich dem Blick des auf systematische Erkenntnis dringenden Wissenschaftlers – stets die Gesamtheit der abendländischen Kunst von ihren Anfängen bis zur Gegenwart im Auge zu behalten. Worum es ihm letztlich ging, war eine Kunst- und Kulturphilosophie, die auf entwicklungsgeschichtlichen Gesetzmäßigkeiten beruht, aus denen sich Folgerungen für den Gesamtablauf der westlichen Kultur ableiten lassen, ohne dabei den jeweiligen politischen, sozialen und kulturellen Veränderungen und Umschichtungen allzusehr Gewalt anzutun.

Dieses Bemühen setzte bei ihm schon sehr früh ein, das heißt schon kurz nach seiner Promotion, als er sich in Berlin als junger Philosoph – inmitten der vielen neuidealistischen, formalistischen und sozialgeschichtlichen Theoriemodelle dieser Jahre – um eine eigene Sehweise bemühte, die schließlich in einer Art synthetischen Interpretierens kulminierte, das bereits 1907 seinem Buch *Impressionismus in Leben und Kunst* zugrunde liegt und dem er erstmals 1911 in seiner kleinen *Ästhetik* eine systematische Fassung zu geben versuchte. Die Hauptanregungen dazu, welche Hamann jedoch auf eine höchst eigenwillige Weise miteinander vermischte und weiterentwickelte, waren folgende: 1. die kulturmorphologische Sehweise Wilhelm Diltheys, der als einer der letzten deutschen Universalhistoriker das gesamte abendländische Wissen – trotz deutlicher Neigungen zu einer individualpsychologischen Sehweise, wie sie vor allem in den Essays seines Buchs *Das Erlebnis und die Dichtung* (1906) zum Ausdruck kommt – in einem neuidealistischen Stufensystem deutlich voneinander unterschiedener Weltanschauungen zusammenzufassen versuchte, 2. die betont formalistische Sehweise Heinrich Wölfflins, die fast ausschließlich auf stilgeschichtlichen Kriterien beruht und sich – wie in seinem Buch *Kunstgeschichtliche Grundbegriffe* (1915) – bemüht, den Stil gesamter Jahrhunderte aus dem Wandel vom Linearen zum Malerischen, vom Flächenhaften zum Tiefenhaften, von der geschlossenen zur offenen Form, von der vielheitlichen Einheit zur einheitlichen Einheit sowie von der absoluten zur relativen Klarheit des Dargestellten abzuleiten und zugleich auf alterierende Wellenbewegungen zurückzuführen,[30] 3. die sozialgeschichtliche und sozialpsychologische

---

[29] Vgl. Dettweiler: Richard Hamann (Anm. 3), S. 578.
[30] Vgl. Hermand: Literaturwissenschaft und Kunstwissenschaft (Anm. 27), S. 14–19.

Sehweise eines Karl Lamprecht, der gegenüber der herrschenden Schule Heinrich von Treitschkes in seiner *Deutschen Geschichte des 19. Jahrhunderts* (1891–1895) und den beiden Bänden *Zur jüngsten deutschen Vergangenheit* (1902–1904) nicht mehr die großen Einzelnen herausstellte, sondern den Hauptnachdruck auf die sozialen und ökonomischen Grundlagen der verschiedenen Kulturerscheinungen legte und etwa den Impressionismus als großstädtische Erscheinungsform einer gesteigerten „Reizsamkeit" definierte, sowie schließlich 4. die kunstphilosophische Sehweise eines Max Dessoir, der in seiner *Zeitschrift für Ästhetik und allgemeine Kunstwissenschaft* (1906 ff.), an der auch Hamann mitarbeitete, die Kunstgeschichte zu einer schlackenlosen philosophischen Gesetzeswissenschaft zu erheben suchte, indem er an die Stelle des historisch Besonderen immer stärker das geistig Allgemeine, das „reine" Ideengebilde oder die „reine" Form setzte,[31] um so dem Wesen künstlerischer Erscheinungsformen a priori auf die Spur zu kommen.[32]

Solche Vorbilder waren für einen jungen Kunsthistoriker dieser Jahre, als allerorten von Form- oder Stilkunst die Rede war, an sich nicht ungewöhnlich, zeugen aber zugleich von dem hohen Anspruch, mit dem Hamann, der Sohn des Landbriefträgers, an die Kunst heranging und ihr einen für alle Menschen verbindlichen Sinn abzuringen versuchte. Daß Männer wie Dilthey und Wölfflin, die ideologisch auf einer ganz anderen Linie lagen, ihn dennoch anerkannten und förderten, beweist wohl zur Genüge, welch ein intellektuelles Potential in diesem Mann gesteckt haben muß, der sich zwar von den Größen seiner Zeit beeinflussen ließ, sich aber zugleich bemühte, seinen eigenen Weg zu finden, um nicht im Wirrwarr der methodologischen Opulenz der Vorkriegsära unterzugehen oder in einen einträglichen Kunstjournalismus abzudriften. Dieser Mann wollte kein „Tagesschriftsteller wie Karl Scheffler oder Julius Meier-Gräfe" werden, die in jener Zeit mit modisch aufgeputzten Thesen viel von sich reden machten. Daher fand er es später richtig, als Ludwig Justi diese beiden „mit treffendem Sarkasmus", wie Hamann schrieb, zu erledigen suchte, um „ein für allemal den Unterschied zwischen der eine künstlerische Mode zum Prinzip ihrer Kritik machenden Journalistik und einer *sub speciae aeternitatis* wissenschaftlich abwägenden Kunstbetrachtung" festzulegen.[33]

Im Hinblick auf seine eigene kunstwissenschaftliche Sehweise dieser Jahre läßt sich folgendes sagen: Einmal ganz grob gesprochen, versucht sie sich auf zwei Hauptprinzipien zu stützen: eine stilgenetische, der die Aufeinanderfolge von archaischen, klassischen, manieristischen und barocken Ausdrucksmitteln zugrunde liegt, und eine sozialgeschichtliche, welche die bürgerlich-rebellischen oder proletarisch-revolutionären Elemente als „naturalistisch" charakterisiert, während sie im Bereich höfisch-aristokratischer, klassizistischer oder schlechthin restaurativer

---

[31] Ebd., S. 12.
[32] Vgl. hierzu auch Richard Hamann: Theorie der bildenden Künste. Berlin: Akademie-Verlag 1980.
[33] Von anderen Kunsthistorikern dieser Zeit scheinen Hamann vor allem Wilhelm Vöge, Adolph Goldschmidt und Werner Weisbach beeinflußt zu haben.

Tendenzen gern das Adjektiv „repräsentativ" verwendet. Was dabei auf den ersten Blick – in der scheinbaren Widersprüchlichkeit formaler und sozialgeschichtlicher Sehweisen – als diskrepant erscheint, hat jedoch durchaus Methode, das heißt beruht weder allein in vulgärmaterialistischer Vereinfachung auf den Kriterien ‚Fortschritt und Reaktion' noch allein auf reinen Form- und Stilkriterien. Obwohl es also in Hamanns frühen Publikationen, wie in vielen stilgeschichtlich orientierten Büchern dieser Ära, von Begriffen wie ‚früh', ‚hoch' und ‚spät' nur so wimmelt, mit denen die jeweils behandelten kunst- und kulturgeschichtlichen Abläufe umschrieben werden sollen, verlor Hamann – im Unterschied zu den konsequenten Wölfflineanern oder den mit der legendären Stange im Nebel herumfuhrwerkenden Geisteswissenschaftlern – bei solchen Charakterisierungen nie die sozial- und kulturgeschichtlichen Hintergründe aus dem Auge. Darum gelangte er zu einer wesentlich differenzierteren Sehweise als jene Kunst- und Literaturhistoriker, die damals in Anlehnung an Scherer, Dilthey oder Wölfflin alle künstlerischen Ausdrucksformen in periodisch wiederkehrende Blütezeiten oder ähnliche Wellenabfolgen einordneten, deren angebliche Gesetzmäßigkeit auf nicht näher definierte, immanente Wandlungen des seelischen Empfindens, der geistigen Disposition oder der ästhetischen Wahrnehmungsfähigkeit zurückgeführt wurden.

Wenn daher Hamann von Stilen oder Ismen sprach, meinte er keine autonomen Seelen-, Geistes- oder Kunstphänomene, sondern versuchte bereits in frühen Jahren zur Erklärung deutlich erkennbarer stilistischer Wandlungen auch auf soziale Ursachen, ob nun in Form von Revolutionen oder Restaurationen, einzugehen, statt allein die formale Immanenz oder kunstautonome „Fälligkeit", wie sich Arnold Hauser später ausdrückte, zum obersten Kriterium zu erheben.[34] Ihm ging es bei diesen Epochen- und Stilkriterien bereits in wilhelminischer Zeit stets um die dahinterstehende Gesellschaft, das heißt um die Klassenverhältnisse, die ökonomischen Grundlagen, die Auftraggeber usw. Allerdings tat er das nicht im Sinne klar erkennbarer materialistischer Ableitungstheorien, für die es damals noch kaum Vorbilder gab, sondern eher in Form einer „materialistischen Form- und Geistesgeschichte",[35] deren Hauptprinzipien er bereits in dem großen Aufsatz *Die Methode der Kunstgeschichte und die allgemeine Kunstwissenschaft* entwickelte, der 1916 in den *Monatsheften für Kunstwissenschaft* erschien.[36] Statt sich in Details zu verlieren, forderte er hier, im Sinne der Hegelschen Maxime „Das Ganze ist das Wahre", auch in der Kunstgeschichte stets von „philosophischen Einheitsbegriffen" auszugehen.[37] Als Beispiel solcher synthetischen Konstruktionen gebrauchte er gern die Trias von „Entstehung, Höhe und Verfall" bestimmter Stilabfolgen, wobei er keineswegs davor zurückschreckte, für diesen Prozeß recht konkrete politische

---

[34] Arnold Hauser: Soziologie der Kunst. München: Beck 1983, S. 81 ff.
[35] Vgl. Jost Hermand: Synthetisches Interpretieren. Zur Methodik der Literaturwissenschaft. München: Nymphenburger Verlagshandlung 1968, S. 222.
[36] Richard Hamann: Die Methode der Kunstgeschichte. In: Monatshefte für Kunstwissenschaft 9 (1916), S. 1–41.
[37] Ebd., S. 23 f.

Faktoren verantwortlich zu machen, um so auch den zum Teil höchst komplexen „dialektischen Verschränkungen" innerhalb der einzelnen Phasen der kulturellen und künstlerischen Entwicklungen gerecht zu werden.[38]

Dieses Konzept versuchte Hamann seit den frühen zwanziger Jahren auf alle Hauptepochen der abendländischen Kunstentwicklung seit dem frühen Mittelalter anzuwenden. Um nicht allzusehr ins Allgemeine abzuweichen, möchte ich mich im folgenden auf Hamanns Sicht der Frühen Neuzeit beschränken, die sich – wegen ihrer revolutionären Auflehnungen, aber auch restaurativen Gegenbewegungen – als weltgeschichtliche Umbruchsschwelle ersten Ranges für eine solche an kulturgeschichtlichen Ursachen interessierte Stilgeschichte geradezu anbietet.

Wie läßt sich diese Epoche, also das 15. bis 17. Jahrhundert, in das Entwicklungsschema ‚Archaik, Klassik, Manierismus, Barock' und zugleich in das Gegensatzpaar ‚Naturalismus contra Repräsentation' einordnen? Muß es dabei nicht zu gewaltsamen Vergröberungen in ein einseitiges Ismen-Denken kommen, das uns als sozialgeschichtlich denkenden Kunst- und Kulturhistorikern inzwischen fremd geworden ist? Welchen Sinn hat es überhaupt noch, sich mit solchen Etikettierungen auseinanderzusetzen? Sind nicht solche Begriffe längst zu nichtssagenden Schlagwörtern verkommen, mit denen man lediglich gelangweilte Touristen traktiert, die sich in alten Kirchen anhören müssen, daß das Westwerk noch romanisch, das Mittelschiff bereits frühgotisch und der Hochchor spätgotisch sei, während der Hauptaltar eindeutig barocke Züge aufweise? Daß dies zum Teil unzulässige Verallgemeinerungen sind, wissen wir alle. Aber was wäre die Alternative dazu? Auf solche synthetisierenden Begriffe von vornherein zu verzichten und nur noch das Spezifische des Einzelkunstwerks hervorzuheben? Wie so oft gibt es zwischen diesen beiden Extremen keinen bequemen Mittelweg. Und das wußte auch Hamann, als er sich bemühte, diese Begriffe mit Bedeutungsinhalten aufzuladen, die nicht allein von der stilgeschichtlich abzulesenden Formgestaltung ausgehen, sondern auch die Qualität der dahinterstehenden Weltanschauungsweisen miteinzubeziehen suchen.

Beginnen wir mit dem Gegensatzpaar ‚Naturalismus contra Repräsentation', das ihn von seinem ersten Aufsatz über *Gerhart Hauptmann und sein Naturalismus* (1900) bis zu seinem nachgelassenen Essay *Kunst als Protest. Zur niederländischen Malerei des 17. Jahrhunderts* (1963) beschäftigte. Im Hinblick auf den Naturalismus, den Hamann als eine Kunst der Unteren, als Ausdruck neu in die Geschichte tretender Klassen oder bisher unterdrückter Völker verstand, war seine Sicht stets eine positive, wenn nicht gar deutlich engagierte. Die erste Phase dieses Stils sah er in der Kunst des frühen 15. Jahrhunderts,[39] die er bereits 1909 in seinem Buch *Die Frührenaissance der italienischen Malerei*[40] und dann noch präziser 1919 in seinem als Manuskript gedruckten *Gesamtverlauf der neueren Kunstgeschichte von der alt-*

---

[38] Ebd., S. 34.
[39] Vgl. Richard Hamann und seine Schüler (Anm. 7), S. 116 ff.
[40] Richard Hamann: Die Frührenaissance der italienischen Malerei. Jena: Diederichs 1909 (= Die Kunst in Bildern, 2).

christlichen Zeit bis zur Gegenwart, der bereits die entscheidenden Grundzüge seiner späteren *Geschichte der Kunst* von 1933 enthält, mit folgenden Stichworten als den Einbruch der Bürger in die Kunst charakterisierte:

> Statt Konvention und Regulierung Geltenlassen des unmittelbar Gegebenen, Individuellen und Besonderen. Natur als Wert im Gegensatz zu gesetzlicher Form. Der Mensch als natürliche Gegebenheit anstelle der Personalität des Mittelalters (Würde, Herrschaft, Höflichkeit). Individualität der äußeren Form, Verwitterung der Gesichtszüge statt höfischer Glätte. Zufälligkeit der Gestalt. Wüstheit. Zufälligkeit der Gewandung, Zerknitterung statt gotischen Stabwerkgefältes. Schilderung der Zufälligkeit des menschlichen Tuns, Individualisierung des äußeren Vorgangs ohne Rücksicht auf die ethische Bedeutung. Heiligenmartyrien als wirklichkeitsgetreue Hinrichtungsszenen statt der Hervorhebung der Vorbildlichkeit des Leidens. Die Landschaft als Naturschilderung, nicht als Hintergrund. Empirismus als Geltenlassen der individuellen Wahrnehmung von Gegenständen, deren Existenz als selbstberechtigt anerkannt wird.

Ja, im gleichen Zusammenhang schrieb er noch deutlicher:

> Kampf gegen mittelalterliche Form und Repräsentation. Proteststil. Präsentation des Unrepräsentablen. Frechheit des Auftretens, Profanierung des Heiligen. Zerlumptheit. Nacktheit und Scham. Schwangerschaft. Die Madonna als Bauersfrau. Volksversammlung statt höfischen Empfangs. Abwendung des Heiligen vom Beschauer. Anarchie des Benehmens. Sich Gehenlassen und Ausgelassenheit, der Mann des Volkes. Ohrenputzen und Nasenschnäuzen im Leichenzug. Gleichsetzung des Profanen und Heiligen in Stifterbildern,

um so seine These zu untermauern, daß es in dieser Kunst nicht mehr wie im hohen Mittelalter um respektheischende „Kultbilder", sondern um „Lebensbilder" gehe, denen eine revolutionäre Auflehnung oder zumindest respektlose Einfühlung zugrunde liege.[41]

Mit relativ ähnlichen Attributen charakterisierte Hamann Teile der niederländischen Kunst des Jahrhunderts, vor allem die Malerei Brouwers und Ostades.[42] Während sich der frühbürgerliche Naturalismus der ersten Hälfte des 15. Jahrhunderts gegen die aristokratische Welt der ritterlichen Gotik aufgelehnt habe, wende sich der Naturalismus dieser Maler – als Ausdruck einer bürgerlich-demokratischen Opposition zum „tyrannischen Willkürregiment" der Spanier – gegen das Höfisch-Glatte, Idealisierende, Repräsentative, Verklärende, Kultische in der flämischen Barockkunst eines Rubens und van Dyck.[43] Statt das Leben der „vornehmen Gesellschaft", also das Treiben edler Damen, eleganter Höflinge und ins

---

[41] Ders.: Gesamtverlauf der neueren Kunstgeschichte von der altchristlichen Zeit bis zur Gegenwart. Als Manuskript gedruckt. Marburg: Verlag des Kunsthistorischen Instituts 1919, S. 13–15. Weit ausführlicher hat Hamann später den Gegensatz zwischen ‚Kultbild' und ‚Lebensbild' in seiner Theorie der bildenden Künste (Anm. 32) behandelt, vgl. S. 25–60 und S. 63–99.

[42] Ders.: Kunst als Protest. Zur niederländischen Malerei des 17. Jahrhunderts. In: Richard Hamann in memoriam (Anm. 1), S. 79–100.

[43] Ebd., S. 79.

Adlige nobilitierter Bürger darzustellen, hätten diese Maler „wüste, verkommene Trunkenbolde, zerlumpte Bauern und schmutzige, häßliche Vetteln" dargestellt, wodurch viele ihrer Bilder, wie auch manche von Frans Hals, fast wie gezielte „Karikaturen" auf den „höfischen Barock" dieses Zeitraums wirkten.[44] Fast die gleiche Perspektive herrscht in Teilen seines Rembrandt-Buchs (1948), das offenkundig mit autobiographischen Zügen ausgestattet ist.[45] Auch dieser „struppige Kerl", lesen wir hier,[46] der von unten aufgestiegen sei, habe sich auf vielen seiner Bilder auf naturalistische Weise gegen die „antikisierende Fürstenkunst des 16. und beginnenden 17. Jahrhunderts" aufgelehnt und dabei seinen künstlerischen Ausdruck „zuweilen bis zur Gemeinheit und blasphemischen Karikatur" gesteigert.[47] Selbst er, der ganz Große, die Jahrhundertfigur, schrieb Hamann, sei ohne die Opposition gegen den „barocken Formenschwulst" eines Rubens gar nicht zu würdigen. Rembrandt sei zwar einerseits ein Meister der verinnerlichten Menschendarstellung, die vor allem seinen Porträts ihre einmalige Beseeltheit gebe, habe jedoch andererseits auch viele derbe Szenen gemalt, in denen weiterhin die Stimmung der Auflehnung der „Niedergestellten gegen die Oberen" nachklinge, die noch aus der „Zeit der Befreiung des bäuerlich-bürgerlichen und protestantischen Hollands von dem Joch der spanischen Herrschaft und all ihrer Begleiterscheinungen einer aristokratisch höfischen und königlichen Kultur" herrühre.[48] Als ebenso karikaturistisch, ja pamphletisch empfand Hamann die Kunst des deutschen Naturalismus der achtziger und neunziger Jahre des 19. Jahrhunderts, vor allem die eines Lovis Corinth, aber auch eines Heinrich Zille, für die er wegen ihrer rebellischen Note eine deutliche Sympathie hegte.[49]

Doch trotz aller Gegenüberstellungen naturalistisch-aufrührerischer und höfisch-repräsentativer Strömungen in der Kunst, die in manchem auf spätere vulgärmaterialistische Vereinfachungen vorauszuweisen scheinen, nach denen sich die gesamte Kunst- und Kulturgeschichte ausschließlich im Spannungsfeld von Fortschritt und Reaktion abgespielt hat, lag Hamann – trotz seiner Widerborstigkeit – ein vandalistischer oder auch nur respektloser Umgang mit den Großwerken höfisch-aristokratischer Kunstströmungen von Anfang an fern. Vor allem gegenüber der Gotik, mit der er sich in Vorlesungen, Übungen und Publikationen fast fünf Jahrzehnte lang auseinandersetzte, weil sie ihm im Vergleich zur „archaischen" Kunst der Romanik als die „klassische" Kunst des Mittelalters erschien, hat er es nie an Respekt fehlen lassen. So erklärte er etwa die „Selbständigkeit der einzelnen Bauglieder" gotischer Kathedralen gern aus den „freien Konventionen

---

[44] Ebd., S. 95.
[45] Warnke: Richard Hamann zum 100. Geburtstag (Anm. 6), S. 11.
[46] Richard Hamann: Rembrandt. Berlin: Safari 1948, S. 46.
[47] Ebd., S. 236–261.
[48] Ebd., S. 37.
[49] Vgl. mein Vorwort zu dem Band Richard Hamann und Jost Hermand: Naturalismus. Berlin: Akademie-Verlag 1958 (= Deutsche Kunst und Kultur von der Gründerzeit bis zum Expressionismus, 2), S. 7 ff.

der gotischen Gesellschaft und ritterlichen Höfe". Das gleiche versuchte er an ihren Statuen nachzuweisen, deren „gesellige Repräsentation" in Form „edler Haltungen" und einem „Sichverneigen vor den anderen" die „Höflichkeit als Lebensform" widerspiegelten. In ihnen sah Hamann Kultfiguren einer „feudalen Welt", die in ihren „gegenseitigen Ehrenbezeugungen", ihrer „Erhebung Marias zur Dame" und ihrer „Liebenswürdigkeit" einen deutlichen Fortschritt gegenüber der starren Monumentalität der mönchisch-asketischen Haltung in der Plastik der Romanik darstellten.[50] Ja, in manchen Zügen sei die Gotik – in Analogie zur Entwicklung der griechischen Kunst vom Archaischen zum Klassischen – durchaus als eine „Klassik" zu werten, wenn auch nicht eine Klassik des Heroischen und Personenkultischen, so doch eine Klassik der Demut und Höflichkeit.

Nicht ganz so positiv fiel hingegen Hamanns Urteil über jene Epoche aus, die seit Jahrhunderten als ‚Renaissance' bezeichnet wird. Während die Kunst und Kultur dieser Ära seit der bürgerlich-aufgeklärten Ästhetik des 18. Jahrhunderts und später auch der marxistischen Ästhetik wegen ihrer angeblichen Befreiung des Geistes aus mittelalterlichen Fesseln und ihrer ästhetischen Formvollendung als ein kaum zu überbietender Höhepunkt der abendländischen Kunstentwicklung herausgestrichen wurde, sah Hamann diese Epoche mit seinem an dem Begriffspaar ‚Naturalismus contra Repräsentation' orientierten Blick unter einer völlig anderen Perspektive. Für ihn waren Renaissancen weniger Durchbrüche zu Neuem als Erneuerungen aus dem Alten, also Renovationen oder Restaurationen. So sprach er etwa im Hinblick auf die Kunst der zweiten Hälfte des 15. Jahrhunderts mit ihrer den Naturalismus der ersten Jahrhunderthälfte wieder zurückdrängenden gotisierenden Form- und Ausdruckshaltung gern von einer „Restauration des mittelalterlichen Feudalismus", kurz einer „Renaissance-Gotik".[51] In Stichworten ausgedrückt, hört sich das bei ihm folgendermaßen an:

> Rückkehr zum höfischen Leben und gotischer Kunst, aber mehr zu den Formen der späten Gotik vom Ende des 14. Jahrhunderts als der hohen Gotik. Daher in Deutschland auch Spätgotik genannt, obwohl gar nicht reine Gotik, sondern durchsetzt mit der Intimität und dem Naturalismus des 15. Jahrhunderts. Daher Manierismus. Suchen nach Stil und Aufpfropfen des Stiles auf den Naturalismus. Geziertheit. Preziosentum. Deshalb nicht Weiterentwicklung des Mittelalters, sondern Übernahme, Nachahmung, Wiederbelebung. Emporkömmlingsstil der reich gewordenen Erben der zur Herrschaft emporgearbeiteten bürgerlichen Gesellschaft. Neues Bedürfnis nach Repräsentation

---

[50] Hamann: Gesamtverlauf (Anm. 41), S. 6–13. Vgl. hierzu auch die Ausführungen zum „mönchischen" Charakter der romanischen Kunst in Richard Hamann: Kunst und Askese. Bild und Bedeutung in der romanischen Kunst in Frankreich. Worms: Wernersche Verlagsgesellschaft 1987, S. 3–41.

[51] Ebd., S. 15; vgl. auch die kritischen Äußerungen über die „Renaissancen" in Hamanns Buch *Die Frührenaissance in der italienischen Malerei* (Anm. 40), in dem er davor warnt, den Naturalismus des 15. Jahrhunderts als Vorstufe der sogenannten Hochrenaissance zu verstehen (S. 5), sowie seinen Aufsatz *Zur Methode der Kunstgeschichte und die allgemeine Kunstwissenschaft*, in dem er „Renaissancen" als Rückgriffe auf die Antike und damit im Sinne Hegels als „Restaurationen" bezeichnet, die stets eine „Revolution" voraussetzen, in diesem Falle die des Naturalismus des frühen 15. Jahrhunderts (S. 34 f.).

und höfischem Leben mit unzulänglichen Mitteln. Neo-Gotik, altertümelnder Stil. Romantik. Humanismus im Dienst höfischer Schmeichelei, Ruhmsucht. Elemente innerlicher Bildung als Schmuckstücke höfischer Geselligkeit.[52]

Ähnlich komplex erschien Hamann die Kunst des frühen 16. Jahrhunderts, die in Italien oft ins Aristokratische tendiere und eine antikisch-klassizistische oder vorbarocke Form aufweise, während sie in Deutschland – im Zuge der Reformation – erneut naturalistische Züge erhalte. Im Unterschied zur flandrisch-italienischen Kunst der ersten Hälfte des 15. Jahrhunderts sei jedoch dieser Naturalismus, aufgrund der verstärkten „Revolution des religiösen Individuums gegen die päpstliche Hierarchie", zum Teil noch rebellischer als der seiner Vorgänger. Stichwortartig schrieb er über ihn:

> 1. Protest. Verhäßlichung des Heiligen und Höfischen. Proletarisierung wird zur krassesten Elendsschilderung. Der Heilige nicht als Helfer, sondern selbst bejammernswertes Opfer (Grünewald). Die Hexe statt der Dame. Gemeinheit des Fleisches. 2. Intimisierung des Verhältnisses von Bild und Beschauer. 3. Mangel an Repräsentation. Mittelalterliche Allegorien werden zu intimen Stimmungen. Der Heilige im Gehäuse. 4. Naturalismus. Steigerung des Eigenlebens der Nebendinge, Haustiere, Hausgeräte. Eigenleben des Zimmers, der Landschaft. Herzlichkeit der Familienbeziehungen. Mutterglück. Heimlichkeit und Heimatlichkeit der Umwelt.[53]

Eine Fortsetzung dieser Art von Kunst mit anderen Mitteln sah Hamann vor allem in der niederländischen Malerei des 17. Jahrhunderts, die er ebenso hochschätzte wie die Kunst eines Masaccio, Castagno, Filippo Lippi, Donatello, Piero della Francesca und Mantegna aus dem 15. Jahrhundert sowie die Kunst Grünewalds und selbst Dürers, jedenfalls da, wie er einschränkend schrieb, wo sie „nicht vom italienischen Klassizismus angesteckt" sei.[54] Auch in dieser Malerei konstatierte Hamann, wie bereits ausgeführt, vor allem das „Naturalistische in Form des zwanglosen Durcheinanders Gleichberechtigter", des „regellosen Kommens und Gehens", der „herausfordernden Unverschämtheit", der „Bauernfeste, Bordellinterieurs, Sauf- und Freßgelage" sowie alles „Verlumpten, Häßlichen und Ungöttlichen".[55] Das Hauptprinzip dieser Kunst, schrieb er, sei ein „sensualistischer Naturalismus", der sich „noch viel stärker als im 15. und Anfang des 16. Jahrhunderts" in der Selbständigkeit der gesehenen Objekte (Landschaften, Stilleben), ja selbst einer fortschreitenden „Sensualisierung" des Vornehmen, Festlichen, Galanten und Mythischen äußere.[56]

Dagegen setze sich in der Kunst anderer Länder, in denen die bürgerliche Stadtkultur durch eine höfische Staatenkultur verdrängt werde, während des späten 16. und dann verstärkt im 17. Jahrhundert, erneut ein repräsentativ-monumentaler Stil durch, der sich in den Dienst der Fürsten und des Adels stelle. Al-

---

52 Hamann: Gesamtverlauf (Anm. 41), S. 16.
53 Ebd., S. 17 f.
54 Ebd.
55 Ebd., S. 29.
56 Ebd., S. 30 f.

lerdings könne diese „neue Feudalität" die „Revolution und Verbürgerlichung des 15. Jahrhunderts" nicht ungeschehen machen. Überhaupt sei sie keine „direkte Fortsetzung des Mittelalters und seiner gesellschaftlichen Feinheit", wie Hamann behauptete, sondern nach dem Durchbruch der „demokratischen, naturalistischen Bewegung der intimen Kunst und Kultur" ein „Rückfall in eine primitivere, naturhaftere repräsentative Kunst, eben der vorgotischen, antiken Kunst".[57] Daher sei der Barock, neben der „Fortführung mittelalterlicher Kirchlichkeit und höfischer Kultur", auch eine „Renaissance der Antike".[58] Auf die barocke Kunst angewandt, faßte Hamann das in folgenden Kriterien zusammen:

> Kunst wieder ganz im Dienst beherrschender und vorbildlicher Mächte. Fürstenverherrlichung und Heiligenbild. Heroische Stationen im Siegen und Erdulden. Vorbildliche Form überlegener Männerkraft oder Bewunderung heischende Frauenschönheit. Imperatorische Gesten. Idealisierung durch Apotheose. Steigerung der Gebärden und des Ausdrucks des Kultheischens und Kultübens. Typ des egoistischen Herrschers. Vorherrschaft des Palastes. Wirkung auf die Masse. Höchste Kirchlichkeit, andererseits Illusion, Täuschung, berechneter Effekt. Es fehlt der Glaube. Machiavellismus. Religion nur Mittel, auf die Menge zu wirken. Der Himmel muß dem Volke erhalten bleiben.[59]

Bei einer solchen Sehweise der Kunst und Kultur vom 15. zum 17. Jahrhundert blieb von der vielgerühmten Renaissance nicht viel übrig. Wenn Hamann im Hinblick auf diesen Zeitraum überhaupt von „Renaissancen" sprach, dann stets in einem restaurativen, aber nicht in einem befreienden, revolutionären Sinn. Er verklärte sie also nicht als Ausdruck eines bürgerlichen Emanzipationsverlangens, Tataktivismus und Schönheitskults, sondern sah sie fast immer mit dem kritischen Blick eines Vertreters der unteren Volksschichten, der sich zwar von der Idealität dieser Kunst einnehmen ließ, aber in ihr zugleich die Tendenz zu einer antikisierenden Restauration klassizistisch-personenkultischer Vorstellungen, wenn nicht gar fürstlich-aristokratischer Machtverherrlichung erblickte. Was ihm an dieser Kunst, vor allem in ihrer italienischen Ausprägung fehlte, war sowohl das gotische Element der Demut und des Zueinanderneigens als auch das rebellische Element der verschiedenen Durchbrüche naturalistischer Kunstströmungen. Mit einer solchen Sehweise brüskierte er sowohl die bürgerlich-liberale Kunstkritik, die in dieser Kunst vornehmlich einen Durchbruch ins Humanistisch-Individuelle sah, als auch einen Großteil der späteren marxistischen Ästhetik, die dieses Bild der Renaissance weitgehend unkritisch übernahm. Unter den Vertretern der letzteren Richtung war es vor allem der dem stalinistischen Personenkult verpflichtete Michael W. Alpatow, der Hamanns Problematisierung des Renaissance-Begriffs in seiner Schrift *Zur Verteidigung der Renaissance* (1954) als einen Angriff auf den sozialistischen Humanismus hinstellte.[60] Schließlich waren auch für ihn, wie für vie-

---

[57] Ebd., S. 18.
[58] Ebd., S. 21.
[59] Ebd., S. 24.
[60] Michael W. Alpatow: Zur Verteidigung der Renaissance. In: Gegen die bürgerliche Kunst

le Liberale und die sie beerbenden Pseudomarxisten, die höchsten Werte die Emanzipation ins Humanistische und damit letztlich das Prinzip des ‚Personalen', aber nicht die im Dienste einer sozial eingestellten Sachkultur hergestellten Produkte.

Demgegenüber hielt Hamann stets an einer Haltung fest, die im Kunstwerk nicht in erster Linie einen Ausdruck der Selbstrealisierung, der Ichgier, der Ruhmsucht, des Starkults oder anderer Übel eines solchen Liberalismus sah, sondern der auch in der ästhetischen Leistung vor allem der Einsatz für eine überindividuelle, also ‚dritte Sache' im Brechtschen Sinn, als vorrangig erschien. Seine Ideale waren Leistung, Können, Kunstfertigkeit, Absehen von Ich und Herrschaft, mit anderen Worten: die Ideale einer Sachkultur, in der niemand auf seinen eigenen Vorteil oder Ruhm bedacht ist, sondern sich alle in den Dienst einer unentfremdeten Gemeinschaft stellen, kurz: wo jeder das, was er tut, mit bestem Vermögen und allein um der Sache willen tut. Und die Spuren einer solchen Haltung suchte er auch aus dem Gesamtverlauf der abendländischen Kunst von der altchristlichen Zeit bis zur Gegenwart herauszulesen, den er als einen Entwicklungsprozeß begriff, bei dem sich die „Verchristlichung der Welt und zugleich die Verweltlichung des Christentums" auf eine dialektisch untrennbare Weise miteinander verschränkten.[61] Alles, was in diesem Prozeß in Richtung Monumentalisierung, Repräsentationsanspruch, aristokratisches Zeremoniell und höfisch-imperiale Formgebung tendiere, also zu Renaissancen antiker Formen des Personenkults neige, konnte er zwar in seinen ästhetischen Großformen anerkennen, aber nicht wirklich bewundern. Um so mehr schätzte er, wie wir gesehen haben, das Realistische, Natürliche, Ungezwungene, Rebellische, Produktive, aber auch Verinnerlichte. Es gibt deshalb von ihm keine Publikationen über Raffael, Michelangelo oder Rubens, aber dafür über die anonym schaffenden Meister der Gotik, den Naturalismus des frühen 15. Jahrhunderts, die Niederländer, den „Einbrecher" Rembrandt, den Expressionismus sowie das Bauhaus, das anfangs durchaus an die mittelalterliche Bauhüttengesinnung anzuknüpfen versuchte.

Wohl ihren souveränsten Ausdruck hat diese Haltung in einer seiner letzten Arbeiten, dem Aufsatz *Christentum und europäische Kunst*, gefunden, der zwei Jahre nach seinem Tode erschien.[62] In ihm versuchte Hamann, die drei großen Ideenkonzepte, die diesem Entwicklungsprozeß seinen politischen, geistigen und kulturellen Rang verliehen, in Form eines Vermächtnisses zusammenzufassen. So wie Ernst Bloch, mit dem er in der Berliner Akademie in derselben Klasse saß, das utopische Denken der letzten fünf Jahrhunderte für den Marxismus nutzbar zu

---

und Kunstwissenschaft. Hrsg. von Vladimir S. Kamenov. Berlin: Akademie-Verlag 1954, S. 169 f. Dagegen hatte Wolfgang Harich in seinem Beitrag *Es geht um den Realismus. Die bildenden Künste und die Kunstkommission* zur Berliner Zeitung vom 14. Juli 1953 die SED ausdrücklich aufgefordert, sich endlich mit den ästhetischen Anschauungen Richard Hamanns und seiner Einstellung zum kulturellen Erbe auseinanderzusetzen.

[61] Richard Hamann: Christentum und europäische Kultur. In: Richard Hamann in memoriam (Anm. 1), S. 36.
[62] Ebd., S. 19–77.

machen suchte, bemühte sich Hamann, in diesem Aufsatz seine Utopie einer leistungsverpflichteten Sachkultur in einen sich sozialisierenden Staat einzubringen, um sich damit gegen jene falschen, weil ichbezogenen Humanitätsvorstellungen zur Wehr zu setzen, die der Kritik Alpatows zugrunde gelegen hatten. Statt dabei allein auf die rebellische Kraft ‚naturalistischer' Strömungen zu vertrauen, die neben ihren demokratisch-enthierarchisierenden Tendenzen auch in ein ungebärdiges Auftrumpfen mit dem eigenen Ich oder eine respektlose Frechheit, Parodie und damit Entwertung aller Werte umschlagen können, hob er an diesem Prozeß der „Verchristlichung der Welt und der Verweltlichung des Christentums" vor allem drei Momente hervor, deren Bedeutung nicht verkannt werden dürfe.

Das eine war für ihn weiterhin die „höfische Kultur des Mittelalters" mit ihrer geselligen „Höflichkeit als der christianisierten Lebensform eines aristokratischen Gemeinwesens, als Ritterlichkeit und christianisierte Erotik des Frauenkults".[63] Hamann wich dabei keineswegs der Frage aus, ob die hohe Kunst der Gotik nicht doch das „Gegenteil von christlicher Demut und Entsagung", also nur der ästhetische Abglanz einer „bevorzugten Klasse" sei. Ein solcher Einwand, betonte er, lasse sich nicht von der Hand weisen. Allerdings sehe man diesen Statuen deutlich an, wieviel die sich in ihnen ausdrückende Geselligkeitskultur zur „Bändigung kriegerischer und räuberischer Instinkte und einer Lebensführung in Friedfertigkeit und gegenseitiger Achtung" beigetragen habe.[64] Die gleiche Dialektik gelte im Hinblick auf die Klöster des Mittelalters, die Stätten der Unterdrückung, aber auch der Mildtätigkeit, Gastlichkeit, Belehrung, Arbeit, Krankenpflege und sozialen Gleichheit gewesen seien und deren Bewohner weitgehend in friedfertiger Armut miteinander gelebt hätten. Das Problematische dieser beiden Lebensformen, ob nun der höfisch-ritterlichen oder der mönchisch-arbeitsamen, habe also weniger in ihrem Wesen als in ihrer sozialen „Exklusivität" bestanden.

Als sich im Laufe des späten Mittelalters „Macht und Geltung von den Fürsten und Adelshöfen immer mehr zu den Städten und Städtern verlagert" hätten, sei deshalb die ritterlich-höfische und die mönchisch-arbeitsame Lebensform von einer neuen, und zwar diesmal wesentlich größeren Klasse getragenen Lebensform, der bürgerlichen, abgelöst worden. Auch diese habe in ihrer „Christianisierung der Welt und Verweltlichung des Christentums" von vornherein einen höchst ambivalenten Charakter gehabt. Einerseits sei sie durch Kriterien wie Naturgefühl, bürgerliche Mitmenschlichkeit, Sympathie, Miterleben und einzelpersönliche Verinnerlichung ausgezeichnet, in denen ein säkularisiertes Christentum weiterwirke. Andererseits habe sie durch die Beförderung von Handel und Gewerbe zugleich den „krassesten Egoismus" unterstützt und so der kapitalistischen „Profitgier" und der „Eroberungssucht des Kolonialismus" Tür und Tor geöffnet.[65]

Aufgrund dieser Entwicklung hätten die Besten dieser Klasse schließlich eine neue Lebensform ins Auge gefaßt, nämlich die der „Vergesellschaftung des Men-

---

[63] Ebd., S. 36.
[64] Ebd., S. 37.
[65] Ebd., S. 72.

schen auf der Grundlage der Arbeit und ihrer Organisation", also „des Sozialismus im weitesten Sinne".[66] Hamann definierte dabei das Wesen des von ihm anvisierten Sozialismus durchaus im Einklang mit seiner Gesamtkonzeption der abendländischen Sozial- und Kulturentwicklung vom Mönchtum und Feudalismus über das Bürgertum bis hin zu jenen Werktätigen, welche im Rahmen der angestrebten Sachkultur ihren produktiven Beitrag zur Gesamtgesellschaft „im künstlerischen Sinne produktiver Arbeit" verstehen.[67] „Die christliche, sich ihres eigenen Ichs entäußernde Liebe", schrieb Hamann in diesem Zusammenhang, müsse von solchen Arbeitern, von denen sich jeder als Künstler empfinden solle, endlich auf die hergestellten „Sachen" übertragen werden. „Nicht die Güte des Herrn und nicht die Güte der Mitmenschen, nicht der Profit und nicht der Erwerb von Geld", schloß er diesen Gedankengang, „sondern die Güte der Sache, die erarbeitet ist, die Qualität, bildet den Lohn und das Motiv der Arbeit".[68]

Man sage nicht, daß dies alles blinder Idealismus sei. Dahinter stehen höchst beachtliche Erkenntnisse, die Hamann im Laufe eines langen, produktiven Wissenschaftlerlebens entwickelte und die er am Schluß in die DDR-Gesellschaft einbringen wollte. Daß er daran scheiterte, spricht weder gegen ihn noch gegen die Idee des Sozialismus. Schließlich ist der Sozialismus immer nur ein Postulat, das uns in Form eines gesteigerten Gemeinsinns dazu befähigen könnte, im Rahmen unseres hochindustrialisierten Gesellschaftssystems, in welchem an die Stelle von Werten wie Höflichkeit, Naturgefühl und Werkgesinnung die Fetische der persönlichen Selbstrealisierung des Einzelnen und ungehemmten Akzelerierung der ökonomischen Expansionsrate getreten sind, den sich immer deutlicher abzeichnenden politischen, sozialen und ökologischen Krisen die Hoffnung auf einen neuen, das heißt weniger ich- als leistungsbezogenen Solidarpakt aller verantwortungsbewußten Menschen entgegenzusetzen.[69]

---

[66] Ebd.
[67] Ebd., S. 37.
[68] Ebd., S. 73.
[69] Dieser Vortrag wurde 1994/95 an den Universitäten Osnabrück, Marburg, Berlin und Oldenburg gehalten.

Peter Uwe Hohendahl

Das Projekt Sozialgeschichte der Kunst und Literatur
Arnold Hauser

1. Arnold Hauser und seine Rezeption

Der 1892 in Ungarn geborene Arnold Hauser, dessen wichtigste Veröffentlichungen in die fünfziger, sechziger und siebziger Jahre fallen, gehört heute schon wieder zu den fast vergessenen Wissenschaftlern. Zumindest hat sich die Germanistik in den letzten zehn Jahren kaum noch um ihn gekümmert. Nicht anders ist das Bild in den Vereinigten Staaten; auch hier kann von einem spürbaren Einfluß Hausers in der Anglistik und Amerikanistik nicht mehr die Rede sein. Da Hauser seine wichtigen Bücher auch auf englisch veröffentlicht hat, ist dieser Mangel einer Präsenz in Amerika um so bemerkenswerter. Man muß ein unerschütterliches Vertrauen auf die Gerechtigkeit der Geschichte haben, um diesen Befund als angemessen anzuerkennen.

Daher stellt sich die Frage: Woran liegt es, daß ein Œuvre vom Gewicht Arnold Hausers so sehr marginalisiert worden ist, daß nur noch Spezialisten darauf Bezug nehmen? Der Grund ist in biographischen, politisch-geschichtlichen und wissenschaftsgeschichtlichen Faktoren zu suchen. Arnold Hauser blieb zeit seines Lebens ein Wissenschaftler und Kritiker zwischen den Fronten, jemand, der zwar Interessantes zu sagen hatte, aber nie ganz dazu gehörte, weder in Wien oder Berlin, wo er seine frühen Jahre verbrachte, noch in seiner Wahlheimat England oder in den Vereinigten Staaten, wo er schließlich einen Lehrstuhl hatte. In jedem Milieu wirkte er ein wenig fremd, seine Weise zu denken und sich auszudrücken stieß auf Widerstände, die man an den Besprechungen seiner Bücher unschwer ablesen kann. Ich möchte das an zwei Beispielen vorführen, zunächst an der Rezension seiner *Sozialgeschichte der Kunst und Literatur* durch den einflußreichen Kunsthistoriker Ernst H. Gombrich, der damals am Warburg Institute London tätig war. Gombrich begrüßt das Projekt einer Sozialgeschichte der Kunst als ein Desiderat innerhalb der Kunstgeschichte[1], bemerkt dann aber sogleich, daß Hausers Darstellung leider die bestehende Lücke nicht füllt:

Leider beschäftigen sich Hausers zwei Bände nicht mit solchen Einzelheiten der sozia-

---

[1] Ernst. H. Gombrichs Besprechung erschien auf englisch in: Art Bulletin 35 (1953), S. 79–84, hier S. 80 (Übersetzung d. Verf.).

len Lage, denn er hat von seiner Aufgabe eine durchaus andere Vorstellung. Was er beschreibt, ist nicht so sehr die Sozialgeschichte der Kunst oder der Künstler, sondern eine Sozialgeschichte der westlichen Welt, wie er sie in den verschiedenen Tendenzen und Formen des künstlerischen Ausdrucks, sei es visuell, literarisch oder filmisch gespiegelt findet.

Der Vorbehalt ist offensichtlich; während eine empirisch fundierte Sozialgeschichte zumindest einen Beitrag geleistet hätte, verirrt sich Hausers Darstellung ins Allgemeine. Wenig später läßt Gombrich die Katze aus dem Sack: Es ist der dialektische Materialismus in Hausers Darstellung, mit dem sich der Rezensent nicht anfreunden kann. Dieser Vorbehalt ist typisch für die fünfziger Jahre; im Bereich der Literaturwissenschaft hätte zum Beispiel René Wellek ähnlich reagieren können.[2] Aus der englischen und amerikanischen Perspektive erscheint Hauser als der Vertreter eines spekulativen Marxismus, wie man ihn auf dem europäischen Kontinent anzutreffen gewöhnt war.

Mein zweiter ‚Zeuge' ist ein 1976 in der DDR veröffentlichter Handbuchartikel über Arnold Hauser. Dort bemerkt der Verfasser im *Lexikon der Kunst*:

> Auf Grund der Anregungen von Max Weber erschließt Hauser zwar (oft beachtliche) Einsichten in die sozialökonomische Bindung der Kunst, stößt aber nirgends zum dialektischen Materialismus vor, genau so wie er die Rolle der Produktivkräfte unberücksichtigt läßt und die klare Folge der Produktionsweisen verwischt [...].[3]

Auch in diesem Artikel finden sich Anerkennung und Kritik nebeneinander, aber es überwiegt die Distanz. Hausers Theorie und Methode werden letztlich abgelehnt, weil sie dem dialektischen Materialismus nicht gerecht werden.

Diese beiden Beispiele vermitteln wenigstens einen Eindruck von Hausers prekärer Situation – im Westen als Marxist beargwöhnt, im Osten als Revisionist verdächtigt, der sich an Max Weber und nicht an Lenin orientiert. Der Vertreter einer spekulativen Kunst- und Literatursoziologie, der gleichwohl den Anspruch erhebt, den geschichtlichen Prozeß auch in seinen materiellen Phänomenen darzustellen. Eine schwierige und unbequeme Position zwischen Ost und West, zumal in den Jahren des Kalten Kriegs, wie an dem Artikel im *Lexikon der Kunst* abzulesen ist. Arnold Hauser erscheint als ein Wanderer zwischen zwei Welten, der seinen sicheren sozialen und politischen Kontext verloren hat.

Dieses Schicksal war nur zum Teil ein selbstgewähltes. In Ungarn zur Zeit der K.u.K.-Monarchie geboren, studierte er Kunst- und Literaturgeschichte an den Universitäten Budapest, Wien und Paris und schloß das Studium 1918 mit einer Promotion an der Universität Budapest ab. Die frühen Jahre standen unter dem Einfluß von Simmel, Bergson und Wölfflin, später kamen Max Weber und Ernst Troeltsch als prägende Einflüsse hinzu. Bemerkenswert ist, daß Hauser in einem knappen englischen Lebenslauf aus dem Jahr 1955 die marxistische Tradition nicht eigens nennt, sondern amerikanische Soziologen wie Veblen und Dewey

---

[2] Vgl. René Welleks und Austin Warrens Position in ihrer grundlegenden Darstellung Theory of Literature. 3. Aufl. New York: Hartcourt, Brace & World 1956, S. 20–28 und S. 94–109.

[3] Lexikon der Kunst. Hrsg. von Ludger Alscher. 5 Bde. Leipzig: Seemann 1976, Bd. 2, S. 225.

hervorhob.⁴ Obgleich sich Hauser bereits in den zwanziger Jahren entschied, ein soziologisches Verfahren zu entwickeln, fallen seine wichtigen Veröffentlichungen erst in die fünfziger und sechziger Jahre, nachdem er sich, durch die Nationalsozialisten gezwungen, ins englische Exil begeben hatte. Wie die Mitglieder der Frankfurter Schule gehörte er zu den zahlreichen jüdischen Wissenschaftlern, die durch das Dritte Reich zur Emigration gezwungen wurden. Doch im Unterschied zu Adorno und Horkheimer kehrte Hauser nach 1945 nicht nach Österreich oder Ungarn zurück, sondern blieb in England, wo er 1951 mit 59 Jahren eine Professur an der Universität Leeds erhielt. Auf Grund von Kontakten mit amerikanischen Kollegen erhielt er später einen Ruf nach Amerika, wo er an der Brandeis University lehrte. Sein letztes Buch war seine *Kunstsoziologie*, die 1974 in Deutschland und wenige Jahre vor seinem Tod 1982 auch in den Vereinigten Staaten erschien.

2. Das Projekt Sozialgeschichte

Arnold Hausers *Sozialgeschichte der Kunst und Literatur* erschien bezeichnenderweise 1951 zunächst in England und Amerika, die deutsche Ausgabe folgte 1953, das heißt zu einer Zeit, als die deutsche Literaturwissenschaft sich bemühte, geschichtliche Kontexte so weit als möglich zu vergessen.⁵ Die Kunst der Interpretation, wie sie von Emil Staiger oder Wolfgang Kayser gefordert und praktiziert wurde, zeigte sich insbesondere an Sozialgeschichte wenig interessiert. So überrascht es nicht, daß Hausers monumentale Darstellung, die die Geschichte der Kunst von der Steinzeit bis zur Moderne verfolgt, auf die Germanistik zunächst kaum einen Einfluß ausübte. Selbst die zweite Auflage, die 1958 herauskam, setzte in der deutschen Literaturwissenschaft keine neuen Zeichen. Arnold Hausers Methode und Darstellungsweise beginnen erst in den sechziger Jahren auf eine jüngere Generation zu wirken, die sich aus dem Ghetto der werkimmanenten Interpretation befreien wollte. Diese Wirkung ist übrigens nicht leicht einzuschätzen, da sie sich mit der Wirkung von Georg Lukács und der Frankfurter Schule überschnitt.⁶ Für die theoretische Entwicklung des Faches erwiesen sich sowohl die Frankfurter Schule als auch Lukács als ergiebiger und fruchtbarer. Gleichwohl gingen von Hausers Sozialgeschichte zahlreiche Anregungen aus, weil hier nicht nur ein theoretisches Modell, sondern eine weiträumige geschichtliche Darstellung vorgelegt wurde, wie man sie in dieser Breite weder bei Adorno noch bei Lukács finden kann.

---

[4] Vgl. den Artikel zu Arnold Hauser in: Twentieth Century Authors. A Biographical Dictionary of Modern Literature. 1st supplement. Hrsg. von Stanley Kunitz. New York: H. W. Wilson 1955, S. 418 f.
[5] Arnold Hauser: Sozialgeschichte der Kunst und Literatur. 2 Bde. 2. Aufl. München: Beck 1958 (zuerst 1953).
[6] Vgl. Jost Hermand: Geschichte der Germanistik. Reinbek: Rowohlt 1994, S. 121–140.

Lassen Sie mich zunächst versuchen, Hausers Projekt in seinen Umrissen vorzustellen, bevor ich mich dann, um die spezifische Sicht- und Darstellungsweise des Autors zu erläutern, mit einem Abschnitt eingehender befasse. Wie ich andeutete, greift Hausers Darstellung bis in die Steinzeit zurück, um den Zusammenhang von Kunst und Magie bzw. Animismus zu erläutern. Der Ansatz ist bestimmt durch zwei Gesichtspunkte, einmal das Prinzip der künstlerischen Differenzierung, zum anderen durch die Rolle und Funktion des Künstlers. Beide Gesichtspunkte ziehen sich als Leitmotive durch die Darstellung hindurch, beide sind, wie wir später sehen werden, von zentraler Bedeutung für Hausers Bestimmung des sozialen Moments in der Geschichte der Kunst.

Hausers Darstellung setzt mit der Steinzeit ein. An die Steinzeit schließt sich die altorientalische Stadtkultur an, wobei besonders die Entwicklung der Kunst im ägyptischen Reich verfolgt wird. Ausführlicher, wie nicht anders zu erwarten, wird dann die griechische und römische Antike dargestellt, wobei das Schwergewicht eindeutig auf der Seite der griechischen Kunst und Literatur liegt. Das homerische Epos ist für Hauser das Muster, an dem das Verhältnis zwischen Autor, Gegenstand und Publikum entfaltet wird, das sich dann in späteren Epochen verändert und ausdifferenziert. Gleichwohl ist nicht zu verkennen, daß in Hausers Untersuchung die griechisch-römische Antike nur eine Vorgeschichte für das darstellt, was seine Konzeption in den Mittelpunkt rücken will, nämlich die Geschichte der neueren europäischen Literatur und Kunst. Anders gesprochen, Hauser bricht mit dem klassischen Schema, in dem die Antike zum Vorbild und Maß der Moderne wird und in dem umgekehrt das Mittelalter nur die Funktion einer Zwischenzeit erhält.

Ohne daß ich die Einzelheiten seiner Darstellung hier verfolgen kann, möchte ich drei Gesichtspunkte hervorheben. Zum einen legt Hauser den Nachdruck seiner Untersuchung auf die Sozialstruktur und ihre determinierende Bedeutung für die Entwicklung von Kunst und Literatur. Konkreter gesprochen: Was bedeutet zum Beispiel Feudalismus für die Organisation der Kunst? Etwa für die Thematik und die Form, aber auch für die Kommunikation zwischen Autor und Publikum? Zum anderen wendet sich Hauser intensiv den Institutionen zu, die im Mittelalter als Träger der Kunst und Literatur in den Vordergrund treten, unter anderem der Kirche. Schließlich verfolgt Hauser, wie auch in den vorangehenden Kapiteln, die Lage und die gesellschaftliche Funktion des Künstlers, etwa die Rolle des Dichters am Hof oder die Organisation künstlerischer Arbeit beim Kirchenbau in der Bauhütte.

Einer der Gesichtspunkte, der sich in den verschiedenen Abschnitten der Darstellung immer wieder in den Vordergrund drängt, ist das Moment der künstlerischen Emanzipation, das heißt der sukzessiven Befreiung der künstlerischen Arbeit von nichtästhetischen, nämlich religiösen oder gesellschaftlichen Funktionen. Unverkennbar ist dieser Gesichtspunkt aus der Moderne bezogen. Er wird nicht unhistorisch aus der Moderne in das Mittelalter übertragen, doch dieser moderne Blickpunkt stellt Hausers Erzählung eine Optik zur Verfügung, an der sich die Erzählung abarbeiten kann. In diesem Zusammenhang erhält der Übergang zur Renaissance eine besondere Bedeutung, denn in der Renaissance und im Humanismus sieht Hauser eine gesellschaftliche Umwälzung, die sich in der Kunst als ein Autonomisierungsschub niederschlägt. Sozialhistorisch gesehen treten wir in das Zeitalter einer bürgerlichen Gesellschaft ein, obschon Hauser in seiner Darstellung der Renaissance und des Barock einen simplifizierenden Kontrast zwischen mittelalterlichem Feudalismus und bürgerlichem Kapitalismus meidet und sehr viel spezifischer die soziale Konfiguration der italienischen Städte und Höfe nachzeichnet, in denen sich die neue Kunstproduktion und Konsumation entfaltet.

Nur kurz erwähnen möchte ich Hausers Darstellung des Barockzeitalters, die zwischen dem höfisch-katholischen Barock auf der einen Seite und dem bürgerlich-städtischen auf der anderen unterscheidet. Die Beispiele nimmt Hauser freilich aus zwei Kulturen, die traditionell weniger mit dem Barockbegriff verbunden sind, nämlich Frankreich und den Niederlanden, während Deutschland und Italien im Hintergrund bleiben. In dieser Perspektive wird der französische Klassizismus, zum Beispiel die Tätigkeit der französischen Akademie, ein Bestandteil des Barock. Zweifellos ist dies eine Historisierung des Barockbegriffs, bei der dann Stilkategorien sekundär geworden sind. Im Vordergrund steht für Hauser nicht eine Stil- oder Formtypik, die sich historisch wiederholen kann, sondern eine sozialgeschichtliche Determination von Form und Ausdruck, die jeweils das historisch Einmalige zu erfassen versucht.

Wie ich bereits andeutete, läuft Hausers Sozialgeschichte auf die Neuzeit zu, genauer gesagt auf die europäische Moderne, die sich dann im 18. Jahrhundert voll entfaltet. Diesem Prozeß ist der zweite Band der Darstellung gewidmet. Geographisch stehen Frankreich, England und Deutschland im Vordergrund, während Italien und Spanien in den Hintergrund treten. Der europäische Osten spielt in dieser Geschichte kaum eine Rolle, mit Ausnahme des russischen Romans des 19. Jahrhunderts, der zusammen mit dem englischen Roman unter der Überschrift ‚Der soziale Roman in England und Rußland' abgehandelt wird.

Faßt man die Gliederung des zweiten Bandes genauer ins Auge, fällt eine Spannung auf, die uns auch aus politischen und soziologischen Darstellungen vertraut ist, die Polarisierung nämlich zwischen Deutschland auf der einen Seite und Westeuropa auf der anderen. Die Behandlung der deutschen Verhältnisse steht unter dem Vorzeichen der Verspätung und der Rückschrittlichkeit, die jeweils gemessen werden an einem westeuropäischen Standard. Dieser Gesichtspunkt, der sich ebenfalls bei Lukács oder den Theoretikern der Frankfurter Schule findet,[7] geht natürlich auf Marx und Engels zurück, die ihn aus der ökonomischen Analyse der europäischen Entwicklung ableiteten. Ich werde darauf zurückkommen müssen, wenn wir uns methodischen und theoretischen Fragen zuwenden.

---

7   Zu Georg Lukács vgl. ders.: Deutsche Realisten des 19. Jahrhunderts. Berlin: Aufbau-Verlag 1952, wie auch ders.: Goethe und seine Zeit. Bern: Francke 1947; im Falle von Adorno wird diese Perspektive sichtbar in dem Kapitel über die ‚Kulturindustrie' in: Max Horkheimer und Theodor W. Adorno: Dialektik der Aufklärung. Amsterdam: Querido 1947.

Bevor ich auf Hausers Behandlung der Aufklärung eingehe, an der ich seine Verfahrensweise vorführen möchte, muß ich wenigstens knapp das historische Selektionsprinzip ansprechen. Was versteht Hauser unter der Geschichte der Kunst und Literatur? Worauf richtet sich sein Augenmerk? Trotz der einleitenden Kapitel, die sich mit der Steinzeit und der ägyptischen Kultur beschäftigen, handelt es sich im wesentlichen um eine Geschichte der europäischen Kunst und Literatur. Fast muß man sagen: der Gegenstand ist die westeuropäische Kunst und Literatur. Nicht nur die europäischen Randgebiete im Norden, Süden und Osten fehlen weitgehend, sondern auch Nord- und Südamerika, Afrika und Asien. Der eurozentrische Duktus der Darstellung wird unterstrichen durch die exponierte Position, die die griechische und römische Kultur einnimmt, die eindeutig als Vorstufe der modernen europäischen Entwicklung betrachtet wird. Ich hebe diese Gewichtung nicht hervor, weil ich von Hauser eine Weltgeschichte erwarte, für die die Kenntnisse eines individuellen Autors nicht mehr ausreichen, sondern um anzudeuten, daß für Hauser die europäische Geschichte noch mehr oder weniger gleichbedeutend ist mit der Geschichte an sich. In dieser Hinsicht steht Hauser in der gleichen Tradition wie Erich Auerbach oder Ernst Robert Curtius, von denen er sich methodisch signifikant unterscheidet.[8] Bei einer erneuten Lektüre seiner Darstellung werden wir diese Globalisierung der europäischen Geschichte im Auge behalten müssen.

Hausers Analyse der Aufklärung unterscheidet sich in dieser Hinsicht nicht von den anderen Teilen der Untersuchung: Sie beschäftigt sich im wesentlichen mit Frankreich, England und Deutschland als den Ländern, in denen sich die Aufklärungsbewegung abspielte, wo die gesellschaftlichen wie ökonomischen Voraussetzungen gegeben waren und wo sich die literarischen und ästhetischen Diskurse entfalteten, die wir mit dem Begriff der Aufklärung verbinden. Die vier Kapitel, die dieser Epoche gewidmet sind, beleuchten einerseits verschiedene Aspekte des historischen Prozesses und andererseits die unterschiedliche Verteilung eben dieser Prozesse in den beteiligten Ländern. Ein Jahrzehnt später, nämlich in Jürgen Habermas' *Strukturwandel der Öffentlichkeit* (1962), sollte sich übrigens diese Einteilung wiederholen. Wie überhaupt anzumerken ist, daß der frühe Habermas für seine Darstellung nicht wenig von Hauser gelernt hat, unter anderem die Beschreibung des neuen Lesepublikums in England, die für seine Analyse der neuen bürgerlichen Öffentlichkeit unverzichtbar war.[9] Freilich zog Habermas theoretische Konsequenzen, die Hauser fernlagen.[10] Das hängt unter anderem damit zusammen, daß Hausers Untersuchung der Aufklärung im wesentlichen auf einer

---

[8] Erich Auerbach: Mimesis. Dargestellte Wirklichkeit in der abendländischen Literatur. 3. Aufl. Bern und München: Francke 1964; Ernst Robert Curtius: Europäische Literatur und lateinisches Mittelalter. 2. Aufl. Bern: Francke 1954.
[9] Jürgen Habermas: Strukturwandel der Öffentlichkeit. 2. Aufl. Neuwied und Berlin: Luchterhand 1965, S. 24–37.
[10] Für Habermas stand der Zerfall der bürgerlichen Öffentlichkeit in der Gegenwart im Mittelpunkt seiner Analyse. Daraus erklärt sich seine Tendenz, die Öffentlichkeit der Aufklärung als ein Modell zu behandeln, an dem die spätere Entwicklung zu messen ist.

traditionellen Klassenanalyse aufgebaut ist, die von einer Dominanz der höfischen Kultur im 17. Jahrhundert ausgeht, deren Verfall dann im ersten Kapitel eingehend beschrieben wird.

In folgender Formulierung wird dieses Thema sogleich angeschlagen:

> Der Angriff auf die Barock-Rokoko-Tradition [in der sich höfische Kultur artikuliert] erfolgt aus zwei verschiedenen Richtungen, ist aber in beiden Fällen an dem gleichen, dem höfischen Geschmack gegensätzlichen Kunstideal orientiert. Der durch Rousseau und Richardson, Greuze und Hogarth vertretene Emotionalismus und Naturalismus ist die eine dieser Richtungen, der Rationalismus und Klassizismus Lessings und Winckelmanns, Mengs' und Davids die andere [...]. Am Ende des Jahrhunderts aber gibt es in Europa nur noch eine bürgerliche Kunst, die maßgeblich ist.[11]

Deutlicher und einprägsamer könnte die Teleologie nicht ausgesprochen werden: Im 18. Jahrhundert bewegt sich die europäische Kunst und Literatur von einer höfisch-aristokratischen weg und auf eine bürgerliche Fundierung zu. Nicht nur zeichnet Hauser hier eine lineare Entwicklung nach, sondern unterstellt gleichzeitig (und Habermas sollte ihm auch darin folgen), daß dieser Umschlag alle wesentlichen ästhetischen und literarischen Artikulationen enthält. Mit anderen Worten, das 18. Jahrhundert – und in ihm die Aufklärung – stellt sich als eine Auseinandersetzung des Bürgertums mit dem Adel und der höfischen Kultur dar. In diesem Schema werden die plebejischen Elemente weder sozial noch kulturell sichtbar. Der kulturelle Ausdruck der Unterschichten wird entschieden marginalisiert. Das Gleiche gilt für jene Momente des Prozesses, die nicht in das allgemeine Schema hineinpassen, zum Beispiel ethnische Gesichtspunkte.

Innerhalb des von ihm entworfenen Entwicklungsmodells bemüht sich Hauser freilich um Differenzierung, so daß die verschiedenen Momente des historischen Prozesses zu ihrem Recht kommen. Bei der Behandlung der französischen Situation des frühen 18. Jahrhunderts zum Beispiel bemerkt Hauser zwei gegeneinanderlaufende Tendenzen, nämlich eine neue Aristokratisierung auf der einen Seite und eine Nivellierung zwischen Bürgertum und Adel auf der anderen. Hauser vermutet einen kausalen Zusammenhang zwischen beiden Tendenzen dergestalt, daß der kulturelle Ausgleich zwischen den Klassen eine soziale Selbstdistanzierung der Aristokratie zur Folge hat. „Die materielle Gleichgestelltheit und die praktische Überlegenheit des Bürgertums forderten den Adel dazu heraus, die Ungleichheit der Herkunft und die Verschiedenheit der Traditionen zu betonen."[12] Die Unterstellung eines für die Epoche bestimmenden gemeinsamen Zentrums enthält gleichzeitig die Aufgabe, die Vielfalt der widersprüchlichen Erscheinungen zur Geltung zu bringen.

Bei der Darstellung der Aufklärung steht Hauser insbesondere vor zwei entscheidenden Fragen: Gibt es Kunstformen und literarische Gattungen, die spezifisch sind für das 18. Jahrhundert? Und wie verhielten sie sich zu den gesellschaft-

---

[11] Hauser: Sozialgeschichte der Kunst und Literatur (Anm. 5), Bd. 2, S. 2.
[12] Ebd., S. 9.

lichen und politischen Veränderungen, die sich gleichzeitig abspielten? Für einen Kunstsoziologen wie Hauser ist die zweite Frage selbstverständlich die ausschlaggebende – der Nachweis, daß zwischen den materiellen Verhältnissen und den literarischen beziehungsweise den ästhetischen ein Zusammenhang besteht.

Die Gattung, an der die Literaturwissenschaft einen solchen Zusammenhang vornehmlich hat nachweisen wollen oder auch in Abrede gestellt hat, ist das bürgerliche Trauerspiel, dem immer wieder ein spezifisch bürgerliches Klasseninteresse unterstellt worden ist. So verwundert es nicht, daß Hauser dieser Gattung ein eigenes Kapitel widmet. Bereits im ersten Absatz hebt er hervor, daß er das bürgerliche Drama in der Tat als den Ausdruck des Bürgertums begreift, als eine Form, in der der Konflikt zwischen Bürgertum und Adel thematisiert wird wie nie zuvor. Damit geht die zweite These einher: Für Hauser ist das bürgerliche Drama eine entschieden neue Gattung, die sich von der klassizistischen Tragödie des 17. Jahrhunderts grundlegend unterscheidet. Anders gesprochen, in diesem Fall hängen sozialer Wandel und formale Veränderung eng zusammen. Wie er diesen Zusammenhang erklärt, wird uns später beschäftigen.

Sieht man sich Hausers Beschreibung des bürgerlichen Trauerspiels genauer an, zeigt sich indessen, daß ihn nicht so sehr die Novität interessiert als vielmehr der Kontrast zwischen klassizistischer Tragödie und bürgerlichem Drama, die Tatsache also, daß eine Form an die Stelle einer anderen tritt, sich an der älteren abarbeitet, gegen ihr Ethos polemisiert und die Lösungen, die sie hervorgebracht hat, in Frage stellt. Das heißt, die Struktur des bürgerlichen Trauerspiels ist für Hauser *ex negativo* bestimmt durch die Auseinandersetzung mit der klassizistischen Tragödie Corneilles und Racines, in denen sich die Probleme des französischen Adels gegenüber dem absolutistischen Staat niederschlugen. Es ist also nicht nur die Tatsache, daß – mit Hausers Worten – „gewöhnliche Bürger zu den Protagonisten von ernsten und bedeutenden dramatischen Handlungen"[13] gemacht werden, sondern weit mehr die Beobachtung, daß sich die Natur des dramatischen Konflikts, die Psychologie der Charaktere und der Begriff des Tragischen verändern. So unterstreicht Hauser den Kontrast zwischen der Isolierung des Menschen in der *tragédie classique* und seiner gesellschaftlichen Funktionalisierung im bürgerlichen Drama. „Das bürgerliche Drama faßt ihn [den Menschen] dagegen als Teil und Funktion seiner Umgebung auf und schildert ihn als ein Wesen, das, statt die dingliche Realität wie einst in der Tragödie zu beherrschen, von ihr beherrscht und absorbiert wird."[14] Hauser beschreibt hier, was Hannah Arendt in einem anderen Zusammenhang den „Zerfall der klassischen Öffentlichkeit und das Hervortreten des Gesellschaftlichen" genannt hat.[15] Aus dieser Beobachtung folgt Hauser nun, daß die Form des Dramas sich verändern muß, um der gewandelten Auffassung menschlicher Beziehungen gerecht zu werden. Dies bezieht

---

[13] Ebd., S. 90 f.
[14] Ebd., S. 93.
[15] Hannah Arendt: The Human Condition. Chicago: University of Chicago Press 1958.

sich in letzter Instanz auf den Begriff des Tragischen, der unter dem Einfluß einer deterministischen Auffassung des Menschen einen neuen Sinn annimmt, nämlich das Zerbrechen unter der Übermacht der Verhältnisse. Diese Umfunktionierung hat nun, wie Hauser hervorhebt, sehr konkrete Folgen für die Darstellung von Charakteren: diese verlangt nach Psychologisierung der Figuren in einem Maße, wie sie das ältere Drama nicht benötigte. Damit aber verschiebt sich gleichzeitig das Gewicht der dramatischen Handlung von der öffentlichen zur privaten Seite, der dramatische Konflikt wird intimer. Daß diese Analyse Folgen gehabt hat, wäre an Peter Szondis *Theorie des modernen Dramas* unschwer abzulesen.[16]

Ich kann die Analyse hier abbrechen, da das Wesentliche sichtbar geworden ist. Für Hauser steht der Kontrast zwischen der alten und der neuen literarischen Form im Mittelpunkt, der als ein ‚an die Stelle Treten' bestimmt wird. Doch müssen wir genauer fragen: wie kommt es zu einer solchen Ersetzung? Ist das eine Frage der reinen Formengeschichte? Offensichtlich nicht. Für Hauser ist die Veränderung der Form und Gattung bestimmt durch die Veränderung der Gesellschaft, in diesem Fall durch das Hervortreten einer neuen Klasse, die ihre eigenen Konflikte thematisiert. Gattungsgeschichte ist also vermittelt durch Sozialgeschichte.

Freilich sind nicht alle literarischen Gattungen so offensichtlich determiniert durch gesellschaftliche Veränderungen, und selbst im Falle des bürgerlichen Dramas hat die neuere Forschung gegen Hausers Modell gewichtige Einwände vorgetragen, auf die ich hier nicht eingehen kann.[17] Es stellt sich daher die Frage, wie Hauser mit literarischen Traditionen umgeht, die die Grenzen von Epochen übergreifen. Ein Beispiel wäre das pastorale Genre, das auf die Antike zurückgeht und sich dann in der Frühen Neuzeit in verschiedenen Ausprägungen entfaltet. Offensichtlich fallen also literarische Tradition und gesellschaftlicher Prozeß nicht regelmäßig so zusammen, daß sie einander thematisch abbilden. Hauser ist sich dessen bewußt, wenn er die neuere Pastoraldichtung des 18. Jahrhunderts bespricht. Daher wird die Entwicklung der Tradition knapp skizziert, und zwar bis zu dem Punkt, wo die Autoren des 18. Jahrhunderts die Formen malerisch oder literarisch aufgreifen. Hausers These lautet, daß das „18. Jahrhundert […] seinem Wesen nach zu einer Renaissance des Pastoralen [sic] führen" mußte.[18] Hier wird nicht nur die Möglichkeit, sondern die Notwendigkeit der Wiederaufnahme der Form behauptet. Der Grund liegt für Hauser in der Komplexität moderner Gesellschaften, ihrer Entfernung von natürlichen Lebensformen. In dieser Situation entsteht die Sehnsucht nach einer Kontrafaktur. Das Pastorale ist die Spielform, in der sich diese Sehnsucht niederschlägt. Freilich legt Hauser an dieser Stelle den Nach-

---

[16] Peter Szondi: Theorie des modernen Dramas. Frankfurt a. M.: Suhrkamp 1956.
[17] Grundlegend ders.: Die Theorie des bürgerlichen Trauerspiels im 18. Jahrhundert. Frankfurt a. M.: Suhrkamp 1974; ferner Alois Wierlacher: Das bürgerliche Drama. Seine theoretische Begründung im 18. Jahrhundert. München: Fink 1968; Andreas Huyssen: Das Drama des Sturm und Drang. Kommentar zu einer Epoche. München: Winkler 1980.
[18] Hauser: Sozialgeschichte der Kunst und Literatur (Anm. 5), Bd. 2, S. 23.

druck nicht auf den Aspekt des Bruchs, sondern auf die sukzessive Veränderung einer extensiven Tradition, die dann im 18. Jahrhundert ihre eigenen Varianten ausbildet, ohne daß er diesen Prozeß bis in die Einzelheiten verfolgt. Dieses Beispiel ist insofern wichtig, als es zeigt, daß Hauser literaturgeschichtliche Prozesse mit einer Reihe von verschiedenen Modellen erklärt, je nachdem, ob es sich um einen Bruch oder um Kontinuitäten handelt.

Bisher habe ich vorzustellen versucht, wie Arnold Hauser die Geschichte von Kunst und Literatur konzipiert. Zu erörtern ist ebenfalls die zweite Frage: wie bestimmt seine Darstellung die Beziehung von Gesellschaft und Kunst? Um diese Beziehung anschaulicher zu machen, wende ich mich dem Kapitel über das Entstehen des neuen bürgerlichen Lesepublikums zu, das zweifellos auf spätere Untersuchungen (etwa die Sozialgeschichte des Hanser-Verlags)[19] einen nachhaltigen Einfluß ausgeübt hat. Ins Auge fällt sogleich, wie weit Hauser ausholt, um dieses neue Lesepublikum verständlich zu machen. Er vermittelt nicht weniger als einen Abriß der englischen Sozialgeschichte vom frühen 17. bis zur Mitte des 18. Jahrhunderts, wobei das Verhältnis zwischen Adel, Krone und Bürgertum im Mittelpunkt steht. Der Nachdruck dieser Darstellung liegt auf dem englischen Klassenkompromiß, durch den sich England von den kontinentalen Verhältnissen unterscheidet. Dieser Kompromiß schlägt sich, Hauser zufolge, unter anderem in der Herausbildung des neuen Lesepublikums nieder:

> Die geistige Nivellierung äußert sich in England am auffallendsten in der Entstehung des neuen, regulären Lesepublikums, unter dem ein verhältnismäßig weiter Kreis zu verstehen ist, der regelmäßig Bücher liest und kauft und damit die von persönlichen Verpflichtungen unabhängige Existenz einer Anzahl von Schriftstellern sichert.[20]

In diesem Zitat wird eine Reihe wichtiger Momente gleichzeitig angesprochen, zunächst einmal die soziale Offenheit der neuen Leserschicht, dann die Entwicklung eines erweiterten Buchmarktes und schließlich die Herausbildung des freien Schriftstellers, dessen Produkte über den Markt vermittelt werden. Damit verändert sich, wie Hauser unterstreicht, die Konzeption von Kultur im Vergleich mit dem 17. Jahrhundert, als in England künstlerische Kultur auf den Hochadel beschränkt blieb. Der neue Kulturbegriff hebt sich gegenüber dem religiösen Bereich ab, ohne in der Aufklärung diesen Zusammenhang ganz zu verlieren. Das Programm der englischen Aufklärung ist nun nach Hauser ohne das neue Lesepublikum und den neuen Typ des freien Schriftstellers nicht zu denken. Es handelt sich um die materiellen und organisatorischen Voraussetzungen des ideellen Kampfes in der Auseinandersetzung zwischen Aufklärern und Vertretern der Tradition.

---

[19] Hansers Sozialgeschichte der deutschen Literatur. 12 Bde. Hrsg. von Rolf Grimminger. München: Hanser 1980–1992. Bd. 3: Deutsche Aufklärung bis zur Französischen Revolution 1680–1789.
[20] Hauser: Sozialgeschichte der Kunst und Literatur (Anm. 5), Bd. 2, S. 43 f.

Meine knappe Zusammenfassung kann von dem Reichtum und der Vielfalt dieses Kapitels freilich kaum einen Eindruck vermitteln. Hauser synthetisiert Sozial- und Wirtschaftsgeschichte, Buch- und Verlagsgeschichte. Er geht auf die Entwicklung des Mäzenats ein wie auf die der literarischen Zeitschriften. Er beschäftigt sich mit der Entwicklung des englischen Romans, namentlich mit Richardson, und dem Verhältnis zwischen Autor und Publikum. Diese Vielfalt läßt zugleich die groben Linien ein wenig verwischen. Die Breite der Darstellung wird mit einer gewissen Unschärfe der Argumentation erkauft. An einer Stelle zum Beispiel macht Hauser darauf aufmerksam, daß im 18. Jahrhundert künstlerische Produkte zu Waren werden, die sich nach den Gesetzen des Marktes zu richten haben.[21] Doch dieser Gesichtspunkt, der in Adornos Kunstsoziologie zum Angelpunkt der Konzeption wird, erscheint bei Hauser nur als ein Gesichtspunkt unter mehreren. Während Adornos Kunstsoziologie von den Produktivkräften und Produktionsverhältnissen ausgeht und daher die Vermarktung in den Mittelpunkt stellt,[22] hält Hauser an einer Vielfalt von Faktoren fest, die miteinander und gegeneinander wirken.

Einer dieser Faktoren ist die determinierende Kraft des politischen Systems, die Hauser am Beispiel der deutschen Aufklärung untersucht. Seine These, daß die Aufklärung in Deutschland später und weniger nachhaltig zur Wirkung gelangte als in den westeuropäischen Ländern, ist natürlich nicht neu. Lukács hatte sie bereits in den dreißiger Jahren in seinen Aufsätzen zur deutschen Literaturgeschichte in den Mittelpunkt gerückt.[23] Für Lukács war dieser Mangel an Durchdringung mit dem Geist der Aufklärung ein wesentlicher Grund für die Anfälligkeit des deutschen Geistes für den Nationalsozialismus. Ein solcher direkter Zusammenhang wird bei Hauser nicht hervorgehoben, ihm liegt im Rahmen einer europäischen Sozialgeschichte der Kunst und Literatur mehr daran, Ungleichzeitigkeiten herauszuarbeiten, in diesem Fall die Folgen einer politischen Organisation, die das deutsche Bürgertum von der vollen Teilnahme an der Emanzipationsbewegung abschnitt und damit auf die Ausbildung des kulturellen Lebens einen nachhaltigen Einfluß hatte. „Die Machtlosigkeit der bürgerlichen Klasse, ihre Ausschließung von der Regierung des Landes und so gut wie jeder politischen Tätigkeit führt eine Passivität herbei, die sich auf das ganze Kulturleben erstreckt."[24] Hauser zufolge entfaltet sich die kulturelle Produktion und Rezeption in Deutschland nach dem Muster einer scharfen Trennung von öffentlichem und privatem Raum, Innerlichkeit und politischer Partizipation, die sich dann in einer Idealisierung der inneren Freiheit artikulierte.

Freilich enthält dieses Modell einen Schwachpunkt: Wie erlaubt die angebliche Passivität des Bürgertums einen kulturellen Aufstieg, der gegen Ende des Jahr-

---

[21] Ebd., S. 54.
[22] Theodor W. Adorno: Ästhetische Theorie. Hrsg. von Gretel Adorno und Rolf Tiedemann. 4. Aufl. Frankfurt a. M.: Suhrkamp 1980.
[23] Vgl. Lukács: Deutsche Realisten (Anm. 7); ders.: Goethe und seine Zeit (Anm. 7).
[24] Hauser: Sozialgeschichte der Kunst und Literatur (Anm. 5), Bd. 2, S. 110.

hunderts die Aufmerksamkeit der übrigen europäischen Staaten auf sich zog? Angesichts dieser Frage modifiziert Hauser seine These und argumentiert, daß das deutsche Bürgertum zwar politisch passiv gewesen sei, aber im kulturellen Bereich, den der deutsche Adel nicht besetzt hielt, sich frei entfalten konnte, um die Führung zu übernehmen. So beschreibt er dann die Teilnahme des Bürgertums an der deutschen Geschichte als eine primär ideologische, da es auf die praktische verzichtet habe.[25] Im Kontrast zur französischen Bourgeoisie, die sich an den Idealen der Aufklärung geschult hat, erweist sich das deutsche Bürgertum als eine nach innen gewandte, zur Spezialisierung geneigte Klasse. Ihre Vertiefung des Geistes spielte letztlich, so Hausers Argument, den konservativen Mächten in die Hände.

In veränderter Form stehen wir hier erneut vor Lukács' Interpretation der deutschen Geschichte als der Geschichte einer bürgerlichen Verfehlung. Ob diese These der deutschen Geschichte gerecht wird, sei dahingestellt. Im Hinblick auf Hausers Untersuchung kann sie uns jedoch zu allgemeineren methodischen und theoretischen Fragen führen. Schauen wir uns zunächst an, was diese These bereits voraussetzt. Sie unterstellt einen kausalen Zusammenhang zwischen der Herausbildung einer Klasse und der intellektuellen, kulturellen und schließlich politischen Formation der Gesamtgesellschaft. Anders gesprochen, für Hauser ist Sozialgeschichte die Geschichte von Klassenkonflikten, in denen sich nicht nur die gesellschaftliche Dominanz, sondern auch die kulturelle Vorherrschaft entscheidet. Folglich ist jedes einzelne Kunstwerk, sei es ein Bild oder ein literarischer Text, jeweils mehrfach vermittelt. Zunächst besteht ein Zusammenhang zwischen dem Werk und der sozialen Gruppe, aus der es hervorgegangen und an die es adressiert ist. Um das Beispiel des bürgerlichen Dramas noch einmal heranzuziehen: das aufsteigende Bürgertum thematisiert seine eigene Situation in einer literarischen Form, die ihm gestattet, seine externen wie internen Konflikte ästhetisch zu artikulieren. Nicht nur der Inhalt, sondern auch die Form ist durch die Klassenkonstellation vermittelt. Eine weitere Vermittlungsstufe besteht dann zwischen der spezifischen Klassenlage und dem weiteren historischen Prozeß, in dem eine Reihe von Faktoren zur Geltung kommen, nicht zuletzt ökonomische. Doch wir haben bereits bemerkt, daß Hauser es vermeidet, die Produktionsverhältnisse in den Mittelpunkt zu rücken; eher nimmt er eine Verflechtung von interdependenten Faktoren an. So spielt die Einsicht, daß seit dem 18. Jahrhundert Kunst und Literatur über einen kapitalistischen Markt vermittelt sind, bei seiner Analyse des bürgerlichen Dramas kaum eine Rolle. Das dürfte damit zusammenhängen, daß Hauser für die Erklärung von historischen Prozessen mehr nach handelnden Subjekten Ausschau hält als nach abstrakten Strukturen, die sich dann in den Subjekten bemerkbar machen. In dieser Hinsicht ist seine Darstellung des 18. Jahrhunderts derjenigen Foucaults konträr entgegengesetzt.[26] Hausers Subjekte er-

---

[25] Ebd., S. 117.
[26] Michel Foucault: Surveiller et punir. Naissance de la prison. Paris: Gallimard 1975.

scheinen als im historischen Prozeß determiniert, doch dergestalt, daß sie als Agenten diese Determination für sich ausnützen können, falls sie zum historisch angemessenen Zeitpunkt handeln. Genau dies ist der Grund, warum für Hauser das deutsche Bürgertum versagte oder seine Mission nur partiell erfüllte: aufgrund der besonderen politischen Konfiguration in Deutschland konnte es sich nicht voll entwickeln.

3. Hausers Theorie

In meinen abschließenden Bemerkungen möchte ich mich Hausers Methodologie und Theorie zuwenden. Da der Autor der *Sozialgeschichte der Kunst und Literatur* seine theoretischen Grundlagen nicht explizit vorführt, müssen wir sie aus seiner historischen Darstellung entwickeln. Es dürfte deutlich geworden sein, daß Hauser vor allem an einer geschichtlichen Einbettung von Kunst und Literatur interessiert ist. Das heißt, das Phänomen der Kunst selbst ist für ihn eine historische Tatsache, so daß eine Geschichte der Kunst, ihrer Formen und Gattungen, erforderlich wird. In dieser Hinsicht steht Hauser zweifellos in der Tradition des Historismus, wie er ihn zum Beispiel bei Ernst Troeltsch vorgefunden hat. Doch mit einer solchen Historisierung der Kunst gibt sich Hauser nicht zufrieden. Sein Ziel ist vielmehr, zwischen der Geschichte der Literatur und der Gesellschaftsgeschichte einen Zusammenhang herzustellen, durch den die Einbettung der Kunst genauer konzipiert werden kann. Der gedachte Zusammenhang ist mehr als eine bloße Korrespondenz, vielmehr sieht Hauser eine kausale Determination von der Gesellschaftsgeschichte in Richtung auf die Kunst- oder Literaturgeschichte. Unter Gesellschaftsgeschichte versteht Hauser die Geschichte der sozialen Klassen und ihrer Gegensätze und Konflikte, die sich dann unter anderem in der Kunst und Literatur niederschlagen. Was sich im Kunstwerk niederschlägt, ist freilich Hauser zufolge nicht bloß das Thema oder der Inhalt, sondern gleichzeitig die Form beziehungsweise die Struktur einer Gattung. Um diese Beziehung herauszuarbeiten, bedarf es, wie wir gesehen haben, mehr als einer Vermittlungsstufe. Es ist sowohl die interne als auch die externe Dialektik in Betracht zu ziehen. Zur externen Seite gehört z. B. die gesellschaftliche Rolle und Funktion des Künstlers und des Publikums, auf die Hauser großen Wert legt; zur internen auf der anderen Seite der Umschlag einer inhaltlich-thematischen Veränderung in der Form.

Das *Lexikon der Kunst*, 1976 in Leipzig veröffentlicht, wirft Hauser vor, trotz seiner Bemühung um einen historisch-dialektischen Ansatz nicht zu einer streng marxistisch-leninistischen Theorie vorgestoßen zu sein. Der Vorwurf ist nicht grundlos. In der Tat vermeidet er es, die Beziehung zwischen Produktivkräften und Produktionsverhältnissen zur Basis zu erklären; seine Darstellung bleibt offener, unterstellt mehr ein Geflecht von interdependenten Beziehungen als eine strenge ökonomische Determination. In seinen späteren theoretischen Veröffentlichungen hat Hauser diesen revisionistischen Standpunkt eher betont als korrigiert. In seiner *Philosophie der Kunst* (1958) treten neben den sozialgeschichtlichen

Ansatz andere theoretische Modelle.[27] Unter anderem erörtert Hauser ausführlich die Möglichkeiten eines psychoanalytischen Ansatzes wie auch die Fruchtbarkeit immanenter formaler Verfahren, wie sie vor allem in der Kunstgeschichte entworfen worden sind. Bei dieser Gelegenheit kommt er auf Wölfflin und den kunstgeschichtlichen Historismus zurück. Gleichwohl hält er im Vorwort ausdrücklich an dem sozialgeschichtlichen Projekt fest und erklärt die kunstsoziologische Methode als unentbehrlich, doch gleichzeitig erinnert er seine Leser an die Grenzen der Kunstsoziologie und damit an die Notwendigkeit einer Kunstphilosophie.

Obgleich Hauser in seinem 1957 geschriebenen Vorwort betont, daß sich die neue Untersuchung eng an seine Sozialgeschichte anschließt, ist eine Verschiebung der Methode nicht zu übersehen. Während Hauser unverändert an der historischen Natur dialektischer Vorgänge festhält, wird nunmehr eine Verbindung des marxistischen Ansatzes mit den Einsichten der Psychoanalyse versucht. Anders gesprochen: Der absolute Anspruch des sozialgeschichtlichen Ansatzes wird zurückgenommen und durch psychologische Perspektiven ergänzt. Zu den Grenzen des soziologischen Ansatzes bemerkt Hauser: „Alle Kunst ist sozial bedingt, doch nicht alles in der Kunst ist soziologisch definierbar."[28] Diese Maxime bereitet die Einsicht vor, daß die Kunstsoziologie als Wissenschaft die Komplexität des Kunstwerks notwendig reduzieren muß, insofern ihre begriffliche Sprache dem Kunstwerk nicht vollkommen angemessen sein kann. Um diesem Verlust an Komplexität entgegenzuwirken, schlägt Hauser vor, an das Kunstwerk mit einer Kombination von Methoden heranzutreten, nämlich mit Hilfe der Soziologie, Psychoanalyse und der Stilgeschichte.

Die Verbindung von Soziologie und Psychoanalyse ergibt sich Hauser zufolge aus dem begrifflichen Apparat beider Disziplinen, denn Freuds Begriffe wie auch sein theoretisches Modell enthalten Soziales, ohne daß dieses Moment indessen historisch entfaltet wird. So hält Hauser der Psychoanalyse entgegen, weitgehend unhistorisch zu denken, indem sie partikulare Kategorien generalisiert. Entsprechend bleibt der Bereich, in dem er den Beitrag der Psychoanalyse anerkennt, beschränkt. Er enthält zum einen die Untersuchung der Produktivität des Künstlers und die Bedingungen des ästhetischen Produktionsprozesses und zum anderen die Analyse der ästhetischen Rezeption. Ferner interessiert Hauser die Freudsche Traumanalyse (Symbolisierung, Verdichtung, Verschiebung, Überdeterminierung etc.) und ihre Anwendbarkeit auf fiktionale Texte. Für ihn besteht der Nutzen der Traumdeutung in der Möglichkeit, literarische Symbole aufzuschließen.

Im ganzen bleibt Hausers Diskussion der Freudschen Psychoanalyse auf der Stufe einer direkten Anverwandlung stehen, die zwischen den Spannungen und Widersprüchen der soziologischen und der psychoanalytischen Kategorien auszugleichen versucht. Sie erreicht nicht das theoretische Niveau von Herbert Marcuses *Eros and Civilization* (1955), welches die psychoanalytische Problematik den

---

[27] Arnold Hauser: Philosophie der Kunstgeschichte. München: Beck 1958; erneut veröffentlicht unter dem Titel: Methoden moderner Kunstbetrachtung. München: Beck 1970.
[28] Ders.: Methoden moderner Kunstbetrachtung (Anm. 27), S. 6.

marxistischen Ansatz im Kern getroffen und bereichert hat. Mit Recht haben Hausers Kritiker darauf hingewiesen, daß diese Trennung der Aufgaben zu einer bloßen Reihung führt, in der die innere Verflechtung zwischen philosophischen und soziologischen sowie psychologischen Gesichtspunkten nicht zum Ausdruck kommt, wie sie beispielsweise in Adornos *Ästhetischer Theorie* gelungen ist. Die verschiedenen Theorieelemente wollen sich nicht recht zu einem Ganzen zusammenfügen.

Schärfer gewählt ist der Brennpunkt in Hausers 1974 veröffentlichter *Soziologie der Kunst*, weil ihr Autor hier erneut an die Fragestellungen der *Sozialgeschichte der Kunst und Literatur* anknüpft.[29] Möglicherweise unter dem Eindruck der Wiederbelebung marxistischer Theorie in den sechziger Jahren kehrt Hauser in seinem letzten Buch zu den Fragestellungen seiner Sozialgeschichte zurück und versucht, theoretisch zu klären, was in dem früheren Buch auf der Ebene der historischen Beschreibung behandelt wurde. Dabei fällt auf, daß er die Beziehung zwischen Kunst und Gesellschaft nunmehr nicht nur differenzierter, sondern auch dialektischer behandelt. Mit Recht hebt er hervor, daß pauschale Begriffe wie Kunst und Gesellschaft bereits erstarrt sind und folglich die Einbettung des singulären Kunstwerks nicht angemessen treffen können. Außerdem ist die Dialektik in jedem Fall als eine doppelte aufzufassen — von der Gesellschaft zur Kunst und von der Kunst zur Gesellschaft. Politisch wie theoretisch rückt Hauser in dieser Untersuchung näher an den westlichen Marxismus heran, der sich seit den 1930er Jahren von der marxistischen Orthodoxie abgegrenzt hatte.[30] Politisch äußert sich diese Einstellung in der klaren Unterscheidung zwischen den theoretischen Einsichten des Marxismus, mit denen Hauser sympathisiert, und seiner politischen Orientierung. Theoretisch artikuliert sich diese Haltung in der Zurückweisung des traditionellen Konzepts der Vermittlung wie auch in einer Umdeutung des Dialektik-Begriffs. Nicht nur ist die klassische Einheit von Theorie und Praxis bei Hauser aufgegeben, sondern auch das durchgehende Schema des dialektischen Dreischritts, dem die Analysen Lukács' verpflichtet bleiben. Insofern verstärkt sich im Spätwerk Hausers die revisionistische Tendenz.

Das Problem der Dialektik ist für Hauser primär ein historisches Problem, nämlich das der Frage nach der Gestaltung historischer Prozesse, in denen die Einseitigkeit der Standpunkte innerhalb der Totalität sich antinomisch artikuliert. Im Hinblick auf die Kunst und das individuelle Kunstwerk versteht Hauser Dialektik speziell als eine Beziehung gegenseitiger Abhängigkeit zwischen immanenten Momenten und externen Faktoren. Dabei kommt es ihm allerdings darauf an, nicht bei dem Konstatieren der Antinomien stehenzubleiben; vielmehr besteht er auf ihrer „wechselseitigen Durchdringung".[31] So ist die Kraft der dialektischen Bewegung für Hauser der Grund für die Dynamik des geschichtlichen Prozesses,

---

[29] Ders.: Soziologie der Kunst. 2. Aufl. München: Beck 1978.
[30] Zum westlichen Marxismus vgl. Eugene Lunn: Marxism and Modernism. A Historical Study of Lukács, Brecht, Benjamin and Adorno. Berkeley: University of California Press 1982.
[31] Hauser: Soziologie der Kunst (Anm. 29), S. 356.

die Tatsache also, daß es nicht zu statischen Harmonisierungen kommt. In diesem Prozeß erscheint Kunst als ein bedingtes wie bedingendes Moment innerhalb der geschichtlichen Totalität, die Hauser folgendermaßen beschreibt:

> Die Gruppengefüge, Eigentumsverhältnisse, Herrschaftsformen, Rechtsnormen, Institutionen, Sitten und Bräuche entstehen und verändern sich infolge der Begegnung der Individuen mit sich wandelnden materiellen Gegebenheiten und der Opposition, Verdrängung oder Anpassung, die sie diesen gegenüber zur Geltung bringen.[32]

In eine solche Struktur erscheint nun auch die Kunst eingeschlossen. Obschon Hauser geistige Produktivkräfte neben materiellen anerkennt, wird die ästhetische Produktion doch vornehmlich in den ‚Überbau' verlegt, und zwar unter Rückgriff auf die traditionelle Kategorie der Widerspiegelung.[33] Freilich modifiziert Hauser die klassische Lehre, indem er den Grund der Veränderung sowohl in die Produktivkräfte als auch in die Produktionsverhältnisse verlegen will.

Relativ scharf scheint sich Hauser zunächst gegenüber Hegel abzugrenzen, dem er vorwirft, ein starres Schema der Dialektik entwickelt zu haben, das dem realen geschichtlichen Prozeß durch seinen mechanischen Dreischritt von These, Antithese und Synthese Gewalt antut. Hier berührt er sich mit Adornos Kritik der Hegelschen Synthese, ohne jedoch ein Modell negativer Dialektik zu entwickeln. Daran hindert ihn ein ungebrochenes Vertrauen in eine geschichtliche Realdialektik, die ihre Herkunft von Hegel nicht verbergen kann, dann jedoch im Sinne von Marx materiell umgedeutet wird:

> Die Dialektik bekundet und bewährt sich durch den Umstand, daß die Negation, mit welcher sie ihren Verlauf beginnt, den Sinn und den Geltungsbereich der verneinten Elemente vertieft und erweitert, statt sie zu beeinträchtigen. Die kapitalistische Akkumulation bringt ihre eigene Verneinung und ihren Untergang durch die Koalition der im Anfang ausgebeuteten Arbeiterschaft mit sich. Die negativen Folgeerscheinungen gehören im gleichen Maße zur Konkretisierung des Prozesses wie seine positiven Anfangsgründe.[34]

Für die Kunst- und Literaturwissenschaft stellt sich freilich die entscheidende Frage, wie sich der realgeschichtliche Prozeß im kunstgeschichtlichen bemerkbar macht. Hauser geht mehrfach auf dieses Problem ein, zunächst im zweiten Teil, der sich mit der Wechselwirkung zwischen Kunst und Gesellschaft beschäftigt, und schließlich in dem Abschnitt ‚Die Dialektik des Ästhetischen' des dritten Teils der Untersuchung. Während der zweite Teil sich auf die materiellen Momente konzentriert, wendet sich der dritte Teil der Dialektik der Werkstrukturen wie auch dem kunstgeschichtlichen Prozeß zu. Der letztere stellt sich für Hauser als die Dialektik der stilgeschichtlichen Entwicklung dar, die durch technische Innovationen oder auch durch eine neue Formkonzeption ausgelöst werden kann.[35]

---

[32] Ebd., S. 357.
[33] Ebd., S. 358.
[34] Ebd., S. 380.
[35] Ebd., S. 436.

Deutlich hat sich hier das theoretische Modell gegenüber der *Sozialgeschichte* verändert, denn das Ästhetische tritt nunmehr als eine (spezielle) Produktivkraft auf, die sich in der Geschichte der Kunst als kollektiver Vorgang in der Auseinandersetzung zwischen Gruppen und Schichten niederschlägt. So behauptet Hauser: „Die Kunstgeschichte als Stilgeschichte ist nur auf Grund der dialektischen Kategorie der Aufhebung zu begreifen. Jeder neue kunsthistorische Ansatz hebt die vorhandenen stilistischen Formen auf, zersetzt und antiquiert sie, indem er jedoch ihre weiter entwickelbaren Elemente bewahrt."[36]

Wie wir gesehen haben, schwankt Hauser in der Behandlung der ästhetischen Dialektik zwischen einer eher traditionellen Position, in der das Ästhetische in den Überbau verschoben wird, und einer radikaleren, in der dem Ästhetischen selbst die Rolle einer Produktivkraft zugebilligt wird. Freilich liegt ihm jeder Versuch fern, das Soziale als ein Geflecht von Diskursen zu verstehen, also als ein sprachliches Konstrukt. Folglich neigt er schließlich doch mehr zu einer Begründung des Ästhetischen im Gesellschaftlichen als umgekehrt. Er kann sich, wie er gesteht, eine Gesellschaft ohne Kunst, aber keine Kunst ohne Gesellschaft vorstellen. Theoretisch hält Hauser also an der dialektischen Relation von Strukturen fest, will indes den dem orthodoxen historischen Materialismus eigentümlichen Ökonomismus vermieden wissen. Er sieht im orthodoxen Marxismus die Gefahr einer einseitigen Ableitung des Kunstwerks aus ökonomischen Faktoren, die dem Kunstwerk äußerlich bleiben.

Eine solche Formulierung lädt zum Vergleich mit Adorno ein, doch bleibt dieser letztlich nicht übermäßig fruchtbar, denn Hauser operiert mit dem Marxschen Gegensatz von Sein und Bewußtsein als primär objektiven Kategorien, die dann soziologisch entfaltet werden können. Der nachdrückliche Hinweis auf den subjektiven Faktor, der später folgt, kann die Dominanz der objektiven Seite nicht ganz ausgleichen.

In seiner Kunstsoziologie versucht er eine begriffliche Klärung der historischen Sachverhalte, die er in seinem ersten Buch nachgezeichnet hatte. Besonders in der Erörterung methodischer Gesichtspunkte und in der Auseinandersetzung mit vereinfachten positivistischen oder materialistischen Modellen leistet Hauser einen Beitrag, der auch heute noch lesenswert ist, besonders für ein Publikum, das mit der deutschen Tradition des Neomarxismus vertraut ist. Was bei Hauser fehlt, obgleich er in England und Amerika lebte, ist jede Auseinandersetzung mit dem britischen und dem französischen strukturalistischen Marxismus,[37] gar nicht zu reden von Formen eines dekonstruktivistischen Marxismus. Für Hauser blieben die Schriften von Walter Benjamin und Theodor W. Adorno die äußerste Grenze

---

[36] Ebd., S. 437.
[37] Louis Althusser: Ideologie und ideologische Staatsapparate. Aufsätze zur marxistischen Theorie. Hamburg: VSA 1977; Raymond Williams: Marxism and Literature. Oxford: Oxford University Press 1977; Michael Ryan: Marxism and Deconstruction. A Critical Articulation. Baltimore und London: John Hopkins University Press 1982.

seiner theoretischen Erfahrung. Doch selbst diese Anregungen werden in eine Theorie eingebaut, die Benjamins und Adornos Radikalität nicht erreicht.

Sollen wir daraus schließen, daß es sich nicht mehr lohnt, Hausers Arbeiten zu lesen, daß seine Version des dialektischen Materialismus als Modell nicht mehr interessant ist? Genau vor dieser Schlußfolgerung möchte ich warnen, denn sie verkürzt unser Verständnis der Methoden und Theorien, mit denen Literatur- und Kunstwissenschaft zu arbeiten haben. Der Rückblick auf die monumentale Leistung von Hausers Sozialgeschichte erinnert uns daran, was unter spezifischen geschichtlichen und theoretischen Bedingungen, die nicht mehr die unsrigen sind, geleistet worden ist, und gleichzeitig an das, was zu tun bleibt, wenn wir Hausers Darstellung neu schreiben wollten.

Jan-Dirk Müller

Johan Huizinga (1872–1945) und der *Herbst des Mittelalters*[1]

„Eduard – so nennen wir einen reichen Baron im besten Mannesalter [...]", „In mezzo del cammin di nostra vita [...]", „Wenn ich an den Indianer denke, fällt mir der Türke ein [...]": Im ersten Satz eines Werks zeigt sich oft schon viel von seinem Gehalt.[2] Nehmen wir das letzte Beispiel – ein Teil der männlichen Leser hat darin gewiß den Beginn des Vorworts von Karl Mays *Winnetou I* erkannt –, dann enthält der Satz im Kern schon die Herrenmenschen-Ideologie, die Mays Werk bestimmt und die z. B. den nordamerikanischen mit dem orientalischen Zyklus verklammert.

Das Buch, von dem ich spreche, beginnt so:

> Als die Welt noch ein halbes Jahrtausend jünger war, hatten alle Geschehnisse viel schärfer umrissene äußere Formen. Zwischen Leid und Freude, zwischen Unheil und Glück schien der Abstand größer als für uns; alles, was man erlebte, hatte noch jenen Grad von Unmittelbarkeit und Ausschließlichkeit, den die Freude und das Leid im Gemüt der Kinder heute noch besitzen.[3]

I. Perspektive

Ein halbes Jahrtausend jünger – das datiert den Gegenstand des Buchs und rückt ihn zugleich in ferne Vorzeit. Damals, so suggeriert der Satz, war nicht nur die Welt noch jünger, sondern die Menschen und ihr Lebensgefühl. Ein merkwürdiger Satz, vergleicht man ihn mit dem Epochenbewußtsein der Zeit, von der er handelt. Diese Zeit nämlich wurde von den Zeitgenossen ebenfalls als Spätzeit erfahren. Der *mundus senescens*, die Natur, die sich in vielen Geburten verausgabt

---

[1] Der folgende Vortrag, konzipiert für eine Vorlesungsreihe 1996 in Osnabrück, wurde für den Druck nur wenig erweitert; vor allem mußte aus Zeitgründen darauf verzichtet werden, Nachweise zur Forschungsliteratur über das Spätmittelalter einzufügen und, wie zunächst geplant, den wissenschaftsgeschichtlichen Zusammenhang schärfer zu konturieren.

[2] Bei den Zitaten handelt es sich um die Anfänge von Goethes *Wahlverwandtschaften*, Dantes *Divina commedia* und Karl Mays *Winnetou I*.

[3] Johan Huizinga: Herbst des Mittelalters. Studien über Lebens- und Geistesformen des 14. und 15. Jahrhunderts in Frankreich und in den Niederlanden. Hrsg. von Kurt Köster. 9. Aufl. Stuttgart: Kröner 1965 (Titel der Originalausgabe: Herfsttij der Middeleeuwen, studie over levens- en gedachtenvormen der veertiende en vijtiende eeuw in Frankrijk en de Nederlanden, Haarlem: Tjeenk Willink 1919).

hat, die nur noch Zwerge statt Riesen hervorbringt – das sind beliebte Vorstellungen des späteren Mittelalters und der Frühen Neuzeit, die sich auf das unmittelbar bevorstehende Weltende einrichten. Johan Huizinga dagegen assoziiert, aus dem Blickwinkel eines noch späteren Greisenalters, dieses Greisenalter mit der Kindheit. Doch nennt er sein Buch *Herbst des Mittelalters*: Die Kindheit der heutigen Welt ist selbst eine Spätzeit. Dem Herbst folgt ein Winter, der andauert.

Haec novissima tempora – für das 15. Jahrhundert kündigten sie die baldige Ankunft des Antichrist an, und selbst die Reformatoren, die eine Beseitigung der jüngst eingerissenen Mißstände betrieben, lebten im Bewußtsein einer Endzeit. Erst allmählich setzte sich zur Aufklärung hin die konkurrierende Gegenvorstellung durch (die doch auch Humanismus und Reformation schon kannten): daß der Tag anbricht, die Finsternis weicht und ein neuer Mensch die Bühne betritt. Die Genealogie dieser anderen Geschichte hatte ein halbes Jahrhundert vor Huizinga Jacob Burckhardt geschrieben, in seiner *Kultur der Renaissance in Italien* – obwohl auch er skeptisch gewesen war, was die weitere Zukunft dieser Geschichte betraf.[4] Huizingas *Herbst* ist eine Antwort auf Burckhardt, den er als sein großes Vorbild betrachtete. Er schreibt das Buch in einer Zeit, in der der neue Mensch Burckhardts sich aus der Geschichte zu verabschieden beginnt.

Huizinga selbst hat auf außerwissenschaftliche Orientierungen verwiesen, wie sie – wie jeder historischen Forschung – auch dieser Antwort zugrunde liegen; er hat nämlich seiner Abhandlung über ‚Das Problem der Renaissance', die direkt auf Burckhardt und die Burckhardt-Rezeption Bezug nimmt, einen Dialog zwischen einem „Träumer" und einem „Frager" vorangestellt. Der „Träumer" meint: „Die Renaissance ist ganz und in allem positiv, und zweifellos ist sie in C-dur gesetzt." Der „Frager" ist skeptisch, läßt sich mit keiner der vagen Bestimmungen des Inhalts und der Bedeutung von ‚Renaissance' (Individualismus, Schönheitsdrang, Weltlust usw.) abspeisen und bleibt unbeeindruckt vom „Chor der Träumer", der fleht: „Nimm uns die Renaissance nicht weg! Wir können sie nicht entbehren. Sie ist für uns der Ausdruck einer Lebenseinstellung geworden."[5] Damit zeigt sich, daß „Renaissance [...] ursprünglich nicht eine wissenschaftliche Bezeichnung" ist.[6] Allerdings haben sich inzwischen Alltagsvorstellung und wissenschaftliches Konzept der Renaissance so weit auseinanderentwickelt, daß eine Revision erforderlich ist. Diese relativiert zwar das alltagsweltliche Klischee, verabschiedet es aber nicht, sondern führt bloß das wissenschaftliche Konzept wieder auf seinen ursprünglichen Kern zurück, den es inzwischen nur differenzierter und

---

[4] Hans Rudolf Guggisberg: Burckhardt und Huizinga – Zwei Historiker in der Krise ihrer Zeit. In: Johan Huizinga 1872–1972. Papers delivered to the Johan Huizinga Conference Groningen 11th–15th December 1972. Hrsg. von Willem R. H. Koops, Ernst Heinrich Kossmann und Gees van der Plaat. Den Haag: Nijhoff 1973, S. 155–174; Vgl. Jacob Burckhardt: Die Kultur der Renaissance in Italien. Vollständige Ausgabe. Berlin: Knaur 1928.
[5] Johan Huizinga: Das Problem der Renaissance. Renaissance und Realismus. Tübingen: Wissenschaftliche Buchgesellschaft 1953 (= Libelli, 6), S. 5.
[6] Ders.: Herbst des Mittelalters (Anm. 3), S. 6 f.

vollständiger erfaßt. Geschichte erfüllt nämlich – auch als Wissenschaft – ein „Lebensbedürfnis",[7] und so hat der Gegenentwurf zur *Kultur der Renaissance*, der nordwesteuropäische *Herbst des Mittelalters*, gleichfalls seine nicht-wissenschaftlichen Wurzeln.

Burckhardt schrieb über Italien im 14. und 15. Jahrhundert, Huizinga über das hybride Herzogtum Burgund. Doch wechselte nicht nur der geographische Raum, sondern vor allem die Perspektive.[8] Sie ist für die Zeit, in der das Buch entstand, charakteristisch. Die Idee des Buchs kam Huizinga zwischen 1906 und 1909. Er arbeitete sie über längere Zeit hin in Vorlesungen und Übungen aus. Die Arbeit wurde mehrfach unterbrochen; außerdem wechselte er inzwischen vom Groninger Lehrstuhl nach Leiden. Nach der wichtigsten Phase der Ausarbeitung in den letzten Kriegsjahren erfolgte die Publikation 1919, kurz nach dem Ersten Weltkrieg, in dem das, was schon im spätmittelalterlichen Herbst ‚dahinzugehen' begann, endgültig vernichtet wurde, das alte Europa, dessen politische Grundkonstellationen sich in dem Raum und in der Zeit auskristallisiert hatten, von denen das Buch handelt.

Der Erstdruck geht um wenige Jahre dem sogenannten ‚Aufstand der Mediävisten' voran, der sich gegen das Geschichtsbild des eben untergegangenen bürgerlich-liberalen Zeitalters richtet: ein Aufstand gegen den Entwurf der Renaissance als jugendlichen Aufbruch in die Moderne und des Renaissance-Menschen als *uomo universale*, der alle Möglichkeiten der neuen Zeit in sich verkörpert. Die Rückverlegung der Renaissance ins Mittelalter stellte nicht nur das Datum dieses Aufbruchs in Frage, sondern das Konzept, dem zufolge die Geschichte auf die bürgerliche Gesellschaft zuläuft, so daß diese die Renaissance und (vor allem in Deutschland) die Reformation als ihr eigenes Heldenzeitalter verstehen konnte. *The Renaissance of the Twelfth Century* von Charles Homer Haskins und die vielen Nachfolger, die dieses Werk fand, wiesen nicht nur nach, daß Innovationen, wie sie Burckhardt und die Historiographen der Renaissance im 14. und 15. Jahrhundert gefunden hatten, schon zwei- bis dreihundert Jahre früher nachweisbar waren, sondern sich zum Teil eben jenen Instanzen wie der Kirche und der scholastischen Wissenschaft verdankten, die beim Aufbruch in die ‚Neuzeit' doch angeblich gestürzt wurden.[9] Verabschiedet wurde damit auch das triadische Modell der Geschichtsphilosophie, in dem für die Errungenschaften des Mittelalters wenig Platz gewesen war und in dem das Spätmittelalter nur als letzte Phase eines all-

---

[7] Ders.: Vier Kapitel über die Entwicklung der Geschichte zur modernen Wissenschaft. In: ders.: Geschichte und Kultur. Gesammelte Aufsätze. Hrsg. von. Kurt Köster. Stuttgart: Kröner 1954, S. 17–118, hier S. 42.

[8] Über Huizingas Buch heißt es: „which attempted to do for the fifteenth-century North what his master Jakob Burckhardt had done for Italy in the Renaissance", vgl. Rosalie Littell Colie: Johan Huizinga and the Task of Cultural History. In: The American Historical Review 69 (1964), S. 607–630, hier S. 608; Zu Huizinga und Burckhardt vgl. Huizinga: Das Problem der Renaissance (Anm. 5), S. 20–25, zur räumlichen Begrenztheit vgl. S. 26.

[9] Charles Homer Haskins: The Renaissance of the Twelfth Century. Cambridge (Mass.): Harvard University Press 1927.

gemeinen Niedergangs vorkam. Der Aufstand der Mediävisten war auch ein Aufstand gegen ein Gesicht der Moderne, wie es sich seit Beginn des 20. Jahrhunderts immer deutlicher in seinen negativen Zügen enthüllt hatte. An die Stelle der Kontinuität bürgerlichen Fortschrittsdenkens trat die Erfahrung des Bruches mit der Vergangenheit, die Erfahrung eines Verlustes der vertrauten Welt, deren man ein letztes Mal, wenn sie zerstört wird, ansichtig wird.

In der Spätzeit der mittelalterlichen Welt nun konnte sich das Spätzeitbewußtsein der Moderne spiegeln. Wenn Huizinga erzählt, wie ihm die Idee zum *Herbst des Mittelalters* gekommen sei, dann nennt er als Auslöser die „Kunst der van Eycks" und das Bild eines sonntäglichen Spaziergangs vor der Stadt Groningen, „die damals noch auf allen Seiten unmittelbar in das weite frische Groninger Land überging". Was er dabei erblickte, war selbst schon im Begriff zu vergehen und existierte gut dreißig Jahre danach, als er die Erinnerung niederschrieb, nicht mehr. Der Spaziergang eröffnete den Blick in ein noch ferneres Damals. Die Einsicht, daß „das späte Mittelalter nicht als Ankündigung eines Kommenden, sondern als das Absterben dessen, was dahingeht", aufzufassen sei, wurde heraufgerufen von der Erfahrung dessen, was sich in der eigenen Lebenswelt anschickte unterzugehen.[10]

Ein Plan, der sich der Sensibilität eines Ästheten verdankt – als der Huizinga immer wieder beschimpft wurde, zu dessen Position er sich jedoch schon in seiner Groninger Antrittsvorlesung bekannt hatte[11] –, erwies sich bei seiner Ausarbeitung als seismographische Reaktion eines wachen Zeitgenossen auf Erschütterungen des frühen 20. Jahrhunderts, die in den vergleichsweise ruhigen, nicht in den Weltkrieg verwickelten Niederlanden gewiß weniger spürbar waren als in den großen Staaten Europas. Es dürfte deshalb kein Zufall sein, daß die Rezeption des Werkes[12] vor allem vom Ausland, an der Spitze Deutschland, forciert wurde: *Herfstij der Middeleeuwen* wurde in den Niederlanden bei Erscheinen 1919 zunächst kühl aufgenommen, dann aber in kürzester Frist zum Welterfolg (deutsch 1921, englisch 1924, schwedisch 1927, spanisch 1930, französisch 1932, ungarisch 1937, italienisch 1940, finnisch 1951, japanisch 1958, polnisch 1961, portugiesisch 1962). Diesen Erfolg verdankt das Buch nicht nur seinem exzeptionellen wissenschaftlichen Rang und seiner vollendeten Darstellung, sondern auch seinem Thema und dessen Behandlung. Mit ihm berührte Huizinga einen Nerv der Zwischenkriegszeit.

---

[10] Huizinga: Herbst des Mittelalters (Anm. 3), S. VII.
[11] Gerhard Oestreich: Huizinga, Lamprecht und die deutsche Geschichtsphilosophie. Huizingas Groninger Antrittsvorlesung von 1905. In: Koops (Hrsg.): Johan Huizinga (Anm. 4), S. 1–28.
[12] Vgl. Kurt Köster: Johan Huizinga (1872–1945). Oberursel: Verlag Europaarchiv 1947; Frederic W. N. Hugenholtz: The Fame of a Masterwork. In: Koops (Hrsg.): Johan Huizinga (Anm. 4), S. 91–103, hier S. 91. – Die wissenschaftliche Reaktion, die Hugenholtz untersucht, nimmt auf den zeitgeschichtlichen Kontext keine Rücksicht. Neben Deutschland war besonders die Deutschschweiz mit dem Zentrum Basel, von wo aus man die verhängnisvollen Entwicklungen im Reich besonders wach und aus der Position des Mitbetroffenen beobachtete, ein Brennpunkt der Rezeption.

Noch Huizingas Widerstand gegen die Nazis ist Konsequenz aus seinem unbeirrbaren Eintreten für eine jahrhundertealte Kultur. Er hat wie viele Intellektuelle des ersten Jahrhundertdrittels die moderne Welt, Antivernunft, Vermassung, Massenvergnügen, Massenmedien und Massenwahn, besonders auch die neue Führungsmacht USA kritisiert. Huizinga setzt ihnen die alte Kultur einer Elite entgegen, doch so, daß die Hybridität und der Untergang dieser Kultur und der sie tragenden Gesellschaft stets mitgedacht wurden.[13] Schon früh hat er die Barbarei der modernen Massenbewegungen erkannt, noch bevor der Nationalsozialismus sie für seine Zwecke instrumentalisierte.[14]

II. Das Alte und das Neue

Huizingas *Herbst* behält, anders als Haskins' *Renaissance of the Twelfth Century*, die Epochenschwelle Burckhardts bei, doch wirkt die Suggestion des Buchs in eine ähnliche Richtung, denn sie entsteht in der gleichen konservativ-kulturkritischen Stimmung. Anders als Burckhardt interessiert Huizinga nicht das Neue. Das Interesse am Abgelebten und Ablebenden aber maskiert das Interesse an der eigenen Kultur:

> Unser Geist richtet sich mit Vorliebe auf das Erkennen der ‚Ursprünge' und ‚Anfänge'. Das Versprechen, das eine Zeit mit den kommenden bindet, scheint uns meist wichtiger als die Erinnerungen, die sie mit den vorhergehenden verknüpfen. [...] Sterben und Werden halten aber in der Geschichte ebenso gleichen Schritt wie in der Natur. Das Ableben überreifer Kulturformen zu verfolgen ist von keiner geringeren Bedeutung [...] als den Werdegang der sich neu entwickelnden zu verfolgen.[15]

Huizinga beschwört den Glanz des Alten, der höfisch-mittelalterlichen Kultur, die aus der Perspektive der nüchternen Gelehrtenwelt des Humanismus hybrid und todgeweiht scheint. Diese andere Seite hat er zwar auch gesehen und ihr in seinem *Erasmus* (1924) ein Denkmal gesetzt, aber es ist wohl nicht nur Koketterie, wenn er später sagt, Erasmus, mit dem alle Welt ihn identifizierte und als dessen Reinkarnation er in seinem nüchternen Gelehrtensinn vielen erschien, Erasmus also habe er nicht gemocht.[16] „So groß meine Bewunderung für Erasmus ist, so gering ist meine Sympathie."[17] Nicht um den *Herbst des Mittelalters* habe er ringen

---

[13] Huizingas Verhältnis zur Zeitgeschichte ist Zentrum des Beitrags von Ernst H. Gombrich: Huizinga's Homo Ludens. In: Koops (Hrsg.): Johan Huizinga (Anm. 4), S. 133–154.
[14] Etwa in seiner Kritik an modernen Massenmedien in: Johan Huizinga: Im Schatten von morgen. Eine Diagnose des kulturellen Leidens unserer Zeit. Leipzig: Gotthelf 1935; Zur Kritik an Huizingas Fixierung auf die Vergangenheit vgl. Colie: Huizinga and the Task of Cultural History (Anm. 8), S. 616 f.
[15] Huizinga: Herbst des Mittelalters (Anm. 3), Vorrede, S. XIII.
[16] Ders.: Erasmus. Basel: Schwabe 1928.
[17] Ders.: Mein Weg zur Geschichte. Basel: Schwabe 1947, S. 59; vgl. Colie: Huizinga and the Task of Cultural History (Anm. 8), S. 616; Zu Huizinga und Erasmus vgl. Jean Margolin: Huizinga et les recherches érasmiennes. In: Koops (Hrsg.): Johan Huizinga (Anm. 4), S. 116–132.

müssen, bescheidet er einem Frager, der vermutet hatte, dieses Buch sei ihm saure Pflicht und der *Erasmus* Herzensangelegenheit gewesen. Das schöne Bild des herbstlichen Mittelalters, ebenso glänzend wie scheinhaft, hat ihn mehr fasziniert als die (vermeintlich) in die Zukunft weisende Gestalt.

Denn auch Erasmus ist ihm vor allem eine Figur vergeblichen Widerstandes gegen katastrophische Zeitläufe, gegen Parteienstreit und gegen den der Katastrophe der Bürgerkriege zutreibenden Konfessionalismus.[18] Deshalb beschäftigt ihn das Leben des Erasmus weit mehr als das Werk, und deshalb erscheint Erasmus als alles andere denn ein Gründerheros einer neuen Zeit. Huizingas Bemerkungen über ihn lesen sich wie ein Tugendkatalog mittelständischer Weltanschauung, die sich von allen Extremen und extremistischen Ideologien freihalten zu können glaubt[19]: Dem *Herbst des Mittelalters*, dessen glänzender Schein unter Blitzen untergeht, wird das Ideal einer weit weniger spektakulären, doch in die Breite wirkenden Bildung entgegengestellt, die „in der Hitze des Kampfes" – der Konfessionen damals und der Ideologien heute – keiner der Parteien gefällt und doch „an keinem der Lager ungehört" vorbeigeht, sondern – eine geheime Hoffnung, die sich in der eigenen Zeit nicht bewahrheiten sollte[20] – von beiden schließlich vereinnahmt wird.[21] Am „Wiederaufbau" im konfessionellen Zeitalter seien nicht nur Luther und Loyola beteiligt, sondern auch „die Gemäßigten, die Verständigen, die Versöhnenden"[22]: Melanchthon, Sadoletus oder eben Erasmus.

Und: „Nirgends faßte dieser Geist so leicht Wurzel wie in dem Land, das Erasmus das Leben geschenkt hatte." Die Niederlande sind der Raum, in dem unter ‚herbstlichen' Fieberkrämpfen das Alte zusammenbricht und in dem ein Neues sich vorbereitet, im Laufe einer, verglichen mit „irgendeinem der umliegenden Länder", „viel weniger blutigen" Geschichte. „Nicht umsonst hat Erasmus jene Eigenschaften als echt niederländisch gepriesen, die wir auch echt erasmisch nennen könnten: Sanftmut, Wohlwollen, Mäßigung und eine allgemein verbreitete mittlere Bildung. Keine romantischen Tugenden, wenn man so will. Sind sie darum weniger heilsam?"[23] So verdankt sich das Bild der Gegenfigur zum burgundischen *Herbst* derselben Auffassung vom historischen Wandel und dem rechten Verhältnis von Alt und Neu wie dort. Auch an dem – im übrigen recht knappen – Schlußkapitel des *Herbstes* ist sie ablesbar, obwohl der Titel dem scheinbar widerspricht: ‚Das Kommen der neuen Form'. Es setzt ein mit der Feststellung, daß es keinen jähen Wechsel gegeben habe und neben dem Neuen „Geist und Aus-

---

[18] Huizinga: Erasmus (Anm. 16).
[19] Margolin: Huizinga et les recherches érasmiennes (Anm. 17), S. 122; zur Affinität zu Huizingas eigenen Auffassungen vgl. S. 127.
[20] „Die gebildete Menschheit hat Ursache, den Namen des Erasmus in Ehren zu halten, wäre es auch nur darum, weil er der tief ehrliche Prediger jener allgemeinen Milde des Herzens gewesen ist, die die Welt noch so bitter nötig hat." In: Huizinga: Erasmus (Anm. 16), S. 232.
[21] Ebd., S. 229.
[22] Ebd., S. 230.
[23] Ebd., S. 231.

drucksformen" des Alten weiterleben.[24] Das ist nicht gegen Burckhardt, wohl aber gegen eine trivialisierte Burckhardt-Rezeption gesagt.[25] Die langsamen Übergänge vor allem weist Huizinga dann an vielen Beispielen nach, durchweg mißtrauisch gegenüber der Prätention des Neuen, seinen Gespreiztheiten und Lächerlichkeiten.

Der Titel *Herbst* bemüht die in der Kulturgeschichte seit langem gängige Jahreszeiten- und Lebensalter-Metapher. Huizinga hat den Gebrauch dieser Metapher später als gefährlich bezeichnet,[26] nicht wegen ihres ‚Stimmungs'wertes, der Konnotation der Spätzeitlichkeit, wohl eher weil sie einen biologistisch-evolutionistischen Determinismus suggeriert. Seine Verwendung der Metapher schließt freilich jede Ähnlichkeit mit solchem Denken aus. Doch trifft das Bild einen Grundakkord der Kulturgeschichte in den zwanziger Jahren. Mit Spenglers *Untergang des Abendlandes* wurde der *Herbst* verglichen. Huizinga lehnte Spenglers Buch ab, obwohl er sich als fasziniert von seinen Thesen bekannte, kritisierte es aber wegen der vergröbernden Synthesen und des großzügigen Umgangs mit Fakten.[27] Dagegen fühlte er sich verstanden in Walther Rehms *Kulturverfall und spätmittelhochdeutsche Didaktik*.[28]

Rehm geht von der mittelalterlichen Weltalterlehre aus, die eine Welt nach der anderen vergehen läßt, damit wieder eine neue entsteht. Sein Thema ist das Greisenalter der Geschichte, das seit Christus andauere. Ihn interessiert das „seltsam mystische Gefühl, wirklich auch physisch in einer alternden greisenhaften Welt zu leben".[29] Dabei beruft er sich auf Burckhardt, der ebenfalls solchen Stimmungen nachspürte, vor allem aber auf Huizinga, der unter seinem „symbolischen Titel […] den langsamen Wandlungs- und Verfallsprozeß, den Ausklang einer Kultur, ihr Alt- und Anderswerden untersucht" habe.[30] Rehms Anschauungsmaterial ist die deutsche didaktische Dichtung des Spätmittelalters. Ihr zunehmender Rigorismus ist ihm Ausdruck jener „Spannung des Lebens" (ein Huizinga-Zitat!), den der *Herbst* beschwor, denn ihr steht eine ebenso radikale Weltlust gegenüber.

> Der bisherige Kulturträger glaubt nicht nur, sondern auch die anderen Stände glauben nicht mehr an den inneren Wertgehalt der Kultur, nicht mehr an ihre Ideale, und wo das Ganze einer Kultur nicht mehr ‚dauernd aus der Quelle lebendiger letzter Wertüberzeugungen schöpfen' kann, verfällt sie, zersetzt sie sich innerlich.[31]

---

[24] Ebd., S. 462.
[25] Ähnlich in ders.: Das Problem der Renaissance (Anm. 5), S. 60.
[26] Im Vorwort zur deutschen Ausgabe von 1923, S. XIV.
[27] Huizinga: Vier Kapitel über die Entwicklung der Geschichte (Anm. 7), S. 71.
[28] Walther Rehm: Kulturverfall und spätmittelhochdeutsche Didaktik. In: ZfdPh 52 (1927), S. 289–330. Huizinga zitiert Rehm in der Vorrede zur dritten deutschen Auflage von 1931 (S. XV).
[29] Ebd., S. 291.
[30] Ebd., S. 294 f.
[31] Ebd., S. 323.

Der Feind aber hinter all dem Verfall ist für Rehm „der Geist der Rechenhaftigkeit, im Gewande der Habgier und des Geizes".[32] So gerät sein Spätmittelalter-Panorama zur letztlich positionslosen Kapitalismuskritik. So weit geht Huizinga nicht. Er konnte die nüchterne Vernünftigkeit würdigen, die an die Stelle der überspannten Ritterkultur tritt. Wo Huizinga die Herbstmetapher relativiert, schwelgt Rehm in organizistischer Bildlichkeit:

> Das herbstliche Laub, das zu Boden fällt, wird der Boden, aus dem neue Keime sprießen. Aber die Gesamtstimmung jener Jahrhunderte ist herbstlich, und was Huizinga vom 15. Jahrhundert in Frankreich und den Niederlanden sagt, das gilt, trotz allem Neuen, ans Licht Drängenden auch für Deutschland. [...] All das ist Auflösung des organischen Kulturgefüges, Zersetzung der ‚Gradusgliederung', neue Schichten rücken ein und werden langsam Träger der neuen Kultur. [...] Kulturkrisis tritt ein, vom Mittelalter her als Kulturverfall, weil der ritterlich-ethische Kultur- und Pflichtgedanke stirbt. Die wenigen, denen das Alte noch Ideal bedeutet, arbeiten umsonst, sie geraten in Widerspruch mit den neuen Lebensforderungen und Lebensinhalten, die sich langsam anbahnen und das ausgesprochen und wesensmäßig Mittelalterliche zurückdrängen.[33]

Huizinga verweigert sich derartigen Tendenzen zur Renaturalisierung der Geschichte, die sie letztlich menschlicher Verantwortung und menschlicher Vernunft entzieht. Die Stimmung jedoch ist vergleichbar mit jener in Mitteleuropa am Vorabend des Nationalsozialismus. Indem bei Huizinga aber das Schicksalspathos und die Lust an der Katastrophe fehlt, hatte der *Herbst* Bestand auch noch, als im Zweiten Weltkrieg irrationalistische Mystifikationen, wie sie sich selbst bei Gegnern der Nazis finden, zusammengebrochen waren; und das Buch über ein scheinbar ethnisch, politisch und sozial so unmögliches Gebilde wie das alte Burgund wurde als eines der europäischsten Bücher der Zwischenkriegszeit erkannt, an dem sich nach 1945 der Westeuropagedanke aufrichten konnte.

Huizingas Beschwörungen – etwa die erasmianischen Maßes[34] – klingen naiv, gemessen an dem, was gespielt wurde und was noch kommen sollte. Aber vielleicht speisen sich große Forschungsunternehmen wie der *Herbst* und der *Erasmus*, die Generationen von Wissenschaftlern den Weg weisen, letztlich aus solch schlichten Voraussetzungen. Und gewiß erweist sich Kulturgeschichte, wo sie mehr ist als antiquarische Sammelwut, immer wieder als ein Mittel, sich über Probleme der eigenen Gegenwart zu verständigen.

---

[32] Ebd., S. 319.
[33] Ebd., S. 330.
[34] „Doch solange sich noch jemand zu dem Ideal bekennt, daß sittliche Erziehung und allgemeine Verträglichkeit die Menschheit glücklicher machen können, solange ist sie Erasmus noch immer Dank schuldig." In: Huizinga: Erasmus (Anm. 16), S. 229: Worte, die eher auf die Krisen des frühen 20. Jahrhunderts gemünzt sind.

III. Kultur als Tableau

Zwischen Burckhardt und Huizinga gibt es viele Gemeinsamkeiten: Kulturgeschichte ist definiert durch die Abgrenzung gegenüber der politischen Geschichte, die in der ersten großen Phase der Geschichtswissenschaft im 19. Jahrhundert vorherrschte. Damit hält sie Distanz zu den dort dominierenden Verfahren archivalischer Studien und Urkundenexegese. Sie grenzt sich weiter von Spezialgeschichten wie der um 1900 mächtig aufholenden Wirtschaftsgeschichte ab, ist weder ‚Geschichte von unten' wie die Alltagsgeschichte noch Summe von vielen kleinen Einzelgeschichten. Sie bleibt an den Spitzenleistungen der Kultur orientiert. Am ehesten läßt sie sich als Versuch einer disziplinenübergreifende Synthese beschreiben, einer Synthese aus Geschichte der Kunst, der Architektur, der Literatur, Musik, des religiösen Kults, der Rechtspflege, der höfischen und bürgerlichen Feste, auch des Alltagslebens. Solch eine Synthese kann sich auf weit ältere Geschichtsdarstellungen berufen, die sich noch nicht dem Zwang genauer Dokumentation und Erklärung unterworfen hatten, wie etwa Voltaires *Siècle de Louis XIV*.[35] Mit solch älteren Werken setzt sie sich immer wieder dem Dilettantismusverdacht aus. Sie ist deshalb angesichts stupender Spezialisierung in den historischen Einzeldisziplinen auf Gemeinschaftsarbeit der Fachleute angewiesen. Indem er dem Koordinator weiterhin die „Denkarbeit" zuweist, vertraut Huizinga etwas vorschnell auf die Validität des Gesamtbildes.[36]

Man wird die methodologische Basis dieser Synthese als etwas schmal ansehen müssen. Auch verfuhr Huizinga so wenig wie Burckhardt nach dem Rezept der Gemeinschaftsarbeit, indem beide ihre Epochenbilder allein verfaßten. Der Grund für ihr Gelingen wird damit letztlich in die Persönlichkeit des Historikers verlegt, sein Ethos, sein Verantwortungsgefühl, seine Lebenserfahrung. Beide Bücher sind insofern einmalig. Weder der *Kultur der Renaissance* noch dem *Herbst des Mittelalters* liegt eine ausgearbeitete Kulturtheorie zugrunde; im Gegenteil läßt sich bei Huizinga ein massives Mißtrauen gegen kulturtheoretische Ansätze aller Art nachweisen, und was er zur Methode sagt, kommt kaum über den Charakter wohlmeinender therapeutischer Ratschläge hinaus.

Die Darstellungsform ist essayistisch im besten Sinne: Huizinga kann an plastisch geschilderten Details große Zusammenhänge verdeutlichen. Er komponiert effektvolle Tableaus. Kulturgeschichte ist ein Problem der Kolorierung: grelle Farben und scharfe Kontraste müssen gegeneinandergesetzt werden, in den einzelnen Kapiteln wie im Werk insgesamt: der Prunk und das Elend, die Zeremonien und die Exekutionen, Askese und Ausschweifung, die Ausbrüche von Wut und von Trauer, die ritterliche Bewährung und die neue Militärtechnik. Entstehen

---

[35] Zur Bedeutung der älteren Kulturgeschichte für die Epochenbildung vgl. ders.: Das Problem der Renaissance (Anm. 5), S. 10–20.
[36] Ders.: Vier Kapitel über die Entwicklung der Geschichte (Anm. 7), S. 44–46.

soll nicht ein Abbild der Zeit, sondern eine wissenschaftlich begründete Nach- und Neubildung, hinter der ein Konzept steht, das ihre ‚Wahrheit' herausbringt.[37]

‚Die Spannung des Lebens' – so ist das erste Kapitel überschrieben. Diese Spannung ist im Burgund des 15. Jahrhunderts vielfältig: diejenige zwischen einem überständigen Rittertum und einer entstehenden Bürgerwelt, zwischen Traum und Berechnung, Lebensgenuß und Tod usw. Grundfigur ist der bis zum Reißen gespannte Gegensatz, der zum Untergang führen muß. Indem auf allen Gebieten die antagonistischen Tendenzen entfaltet werden müssen, verbietet sich ein chronologischer Aufbau ebenso wie ein systematischer. Nicht Strukturen und kausale Abhängigkeiten werden herausgearbeitet, sondern ein Gemälde ans andere gefügt. Kritiker haben ein Desinteresse an historischer Entwicklung bei Huizinga festgestellt. Er selbst hat den Entwicklungsbegriff kritisiert[38] und gesagt, daß „sich die Wahrnehmung des Historischen am besten umschreiben lasse als eine Sicht, besser vielleicht als eine Evokation von Bildern".[39] Jedes dieser Bilder setzt sich aus bunten und vielfältigen Szenen zusammen. ‚Die Spannung des Lebens', ‚Die Sehnsucht nach schönerem Leben', ‚Die hierarchische Auffassung der Gesellschaft', ‚Der Rittergedanke', ‚Der Traum von Rittertum und Liebe', zwei weitere Kapitel zum Rittertum (das letzte desillusionierend), zwei weitere zur Liebe, eins zur Flucht in regressive Traumwelten, eins zum Tod, fünf zur Religiosität, eins zum Alltagsleben, vier zur Kunst und eines, ein besonders skeptisches zum ‚Kommen der neuen Zeit'.

Am glänzendsten und bekanntesten sind die Abschnitte zur späten Ritterkultur. Huizinga malt diese Ritterherrlichkeit, ihren Schönheitsrausch, ihre hochgespannten Ideale und Maskenspiele in unerhörten Farben, doch sieht er sie ins „Kunstlicht der ritterlichen Romantik" getaucht; sie nährt sich aus der Ursünde des „Hochmuts";[40] sie bemäntelt Verrat und Verbrechen; ihre Geschichte ist eine Kette des Scheiterns, angefangen vom Harakiri des europäischen Adels bei Nikopolis 1393 und der Katastrophe der französischen Ritterschaft vor Azincourt 1410 bis hin zu den schmutzigen Kriegen, in denen Karl der Kühne untergeht. Der nackte Leichnam des Téméraire vor den Mauern von Nancy ist ein Emblem historischer Erfahrung schlechthin.

> Überschaut man […] mit einem Blick die französisch-burgundische Welt des fünfzehnten Jahrhunderts, dann ist der Haupteindruck: düstere Grundstimmung, barbarische Pracht, bizarre und überladene Formen, eine fadenscheinig gewordene Phantasie – alles Kennzeichen des mittelalterlichen Geistes in seinem Niedergang.[41]

Verräterisch die Redeweise „mit einem Blick" und „Haupteindruck": Gerade wo

---

[37] Oestreich: Huizinga, Lamprecht und die deutsche Geschichtsphilosophie (Anm. 11), S. 7.
[38] Huizinga: Vier Kapitel über die Entwicklung der Geschichte (Anm. 7), S. 59–61.
[39] Ders.: Mein Weg zur Geschichte (Anm. 17), S. 50. Als Grund seines Erfolgs vermutet Huizinga „die Gabe eines glücklichen Findens und eines gewissen Schauens" (S. 58).
[40] Ders.: Herbst des Mittelalters (Anm. 3), S. 47 und S. 88.
[41] Ebd., S. 463.

sich Bewegung zeigen müßte, ist Geschichte zum Panorama stillgestellt, und in diesem Panorama ändern sich die Farben kaum merklich.

Doch gerade die Buntheit des Tableaus garantiert seine ‚Wahrheit'. In seiner Studie zum Renaissance-Konzept kritisiert Huizinga an der Renaissance-Forschung die einseitige Akzentuierung des Neuen auf Kosten von Gegentendenzen. Sie dürfen nicht unterschlagen werden. ‚Wahrheit' ergibt sich immer nur annäherungsweise, indem jede Vereinseitigung die Korrektur und jede Korrektur die Gegenkorrektur herausfordert.[42] Was in der Geschichte der Geschichtswissenschaft dem oberflächlichen Blick Beliebigkeit scheint, zeigt in Wahrheit ihr langsames Fortschreiten an. In diesem Sinne sind der *Herbst* wie der *Erasmus* korrigierende Ergänzungen Burckhardts, indem der italienischen Renaissance-Kultur dort die scheinbar barbarischere Nordwesteuropas hier und dem *uomo universale* dort die bescheidene und fleißige Gelehrtenexistenz hier an die Seite gesetzt wird.

Indem das eine das andere relativiert, verschwinden die spektakulären Wendemarken zugunsten allmählicher, kaum bemerkbarer Übergänge, die manchmal in der Statik der Bilder nur noch mühsam zu erkennen sind. Nicht „die grellen Blitze des Unwetters von Gironde und Montagne" seien für die Französische Revolution entscheidend gewesen, schreibt Huizinga einmal, sondern größere Gruppen, die „lange Zeit nur einer Herde von Statisten glichen", und, auf die Reformationszeit übertragen, „jene breite Mittelsphäre, [...] die von erasmischem Geist durchzogen war". Gegen den *éclat* beschwört er die Normalität.

Auch diese ist freilich nie nur als statistischer Durchschnitt faßbar: „[...] ihr werdet das alles niemals – wenigstens niemals im historischen Sinne – verstehen, wenn ihr nicht das Bild der Einzelnen vor Augen habt, welche die Gedanken zuerst aussprachen, den Mut zu den Taten faßten, wagten und siegten oder Zeugnis ablegten und litten, wo die Vielen versagten."[43] Die Rollen wurden ausgetauscht – sie sind nicht mehr nur für Heroen geschnitten – doch historisches Interesse ist immer Interesse am Einzelnen. Etwa an Erasmus: „Er war der einzige der Humanisten, der wahrhaft für alle schrieb, das heißt für alle Gebildeten." „Alle" und „alle Gebildeten" ist für dieses Denken weithin noch dasselbe.[44]

Bei allem Schaudern vor den Exzessen des ritterlichen Schönheitsrauschs und den illusionären Fluchtwelten und bei allen dunklen Schatten einer von Krankheit, Mangel und Krieg heimgesuchten Welt, die das grelle Licht nur noch schwärzer macht: das alte Burgund verdankt seinen Glanz nicht den Vielen, die die flämischen Städte zu den reichsten der Welt machten, sondern wenigen, oft überspannten Einzelnen, und so enthält das Buch immer wieder Porträts: Philippe le Bon und sein Sohn, der Graf von Charolais, genannt le Téméraire, der Maréchal

---

[42] Ders.: Das Problem der Renaissance (Anm. 5), S. 52–54 und S. 58–60.
[43] Ders.: Vier Kapitel über die Entwicklung der Geschichte (Anm. 7), S. 78.
[44] Ders.: Erasmus (Anm. 16), S. 228. Erasmus sei „Vorläufer und Vorbereiter modernen Geistes" gewesen: in der „Verkündigung des Glaubens an Erziehung und Vervollkommnung, des warmen sozialen Gefühls und des Vertrauens auf die Güte der menschlichen Natur, des friedliebenden Wohlwollens und der Verträglichkeit".

de Boucicaut, Jacques de Lalaing und wie sie alle heißen. Der *Herbst* ist auch eine Porträtgalerie des halbverrückten Individualismus, bei dem Stil und Marotte zwei Seiten derselben Sache sind. Das Prinzip ‚große Männer machen Geschichte' ersetzt Huizinga durch ein anderes: ‚große Männer schaffen Kultur'.

IV. ‚Traum' und ‚Wirklichkeit'

Die Beschreibungsformel ‚Traum vom schönen Leben'[45] erinnert selbst an eine jüngst abgelebte Epoche: den Ästhetizismus des späten 19. Jahrhunderts. „Jede Zeit sehnt sich nach einer schöneren Welt", beginnt das Kapitel ‚Die Sehnsucht nach einem schöneren Leben'.[46] Huizinga kommt aus einer auch in den Niederlanden wirksamen geistesgeschichtlichen Bewegung (im Umkreis der Zeitschrift *De Nieuwe Gids*), die eine banale und rohe Wirklichkeit zugunsten der schöneren Welt der Kunst ablehnte.[47] Er ist von dieser Bewegung geprägt und hat zugleich das schlechte Gewissen dessen, der um die Scheinhaftigkeit jener schöneren Welt weiß und deshalb an seinem ethischen Pragmatismus festhalten will.[48]

Mit der ‚Spannung' im Titel des ersten Kapitels des *Herbst* ist der Ton angeschlagen. Ihm liegt der Antagonismus von Kultur und dem zugrunde, was Huizinga ‚Wirklichkeit' nennt. Was diese Wirklichkeit betrifft, ist Huizinga zunächst Erbe des 19. Jahrhunderts: Sie ist das unbezweifelbar Verläßliche, durch Urkunden, Akten, Zahlen zu Ermittelnde, von dem sich der hybride Überbau kultureller Draperien abhebt.[49] Sie meint weiterhin den nüchtern zu kalkulierenden Interessenzusammenhang, die verfügbaren Ressourcen, die erfolgversprechenden Taktiken, an denen ein hochfliegendes kulturelles Ideal wie der „Rittergedanke" zuschanden wird.[50] In diesem Sinne spricht Huizinga von der „Macht der Wirklichkeit".[51]

Inhaltlich gefüllt wird der Begriff jedoch meist nicht. Denn das, was in diesem Sinne ‚Wirklichkeit' heißt, ist für Huizinga nur die halbe Wahrheit: „[...] die Geschichte der Kultur hat es ebensoviel mit den Träumen von Schönheit und dem Wahn eines edlen Lebens zu tun wie mit den Bevölkerungszahlen und Steuern."[52] Gleichwohl, er spricht von einem „Wahn"! Zählt dieser „Wahn" nicht auch zur

---

[45] Vgl. ders.: Herbst des Mittelalters (Anm. 3), S. 46, S. 50, S. 71, S. 86 f., S. 154 u. ö.
[46] Ebd., S. 36.
[47] Pieter Geyl: Huizinga as an accuser of his age. In: History and Theory 2 (1963), S. 231–262; vgl. Walter Thys: Huizinga en de beweging van negentig. In: Koops (Hrsg.): Huizinga (Anm. 4), S. 29–52.
[48] Insofern ist die Wendung des späten Huizinga zur Kulturkritik hier vorbereitet; vgl. auch Huizingas Überlegungen zu ‚Kunst und Leben' in Mittelalter und Moderne und das Verhältnis von ‚Renaissance' und ‚Puritanismus', in: Huizinga: Herbst des Mittelalters (Anm. 3), S. 48 f.
[49] Ebd., S. 126.
[50] Vgl. durchweg Kapitel 7.
[51] Ebd., S. 146.
[52] Ebd., S. 126.

‚Wirklichkeit'? Huizinga argumentiert halbherzig. Vor einem Schritt über eine ‚fakten'orientierte Geschichtsschreibung hinaus, hin auf eine Geschichte der ‚Mentalitäten', scheut er zurück, denn er löst sich nicht vom hergebrachten Wirklichkeitsbegriff.

Daß Realität selbst eine sprachliche Konstruktion ist, ihr Status also keineswegs als gegeben vorausgesetzt werden kann, ist Huizinga ausdrücklich noch kein Problem. Implizit freilich steht eine solche Einsicht im Hintergrund, wenn er gegen den „naiven Realismus" und Objektivismus der älteren Geschichtswissenschaft polemisiert. Der Geschichte ist ihr Material nicht einfach vorgegeben, so daß sie es nur noch zu reproduzieren hätte. Dies schließen schon Komplexität und Detailreichtum der Vergangenheit aus. „Die Gesamtheit der Ereignisse einer früheren Zeit ist niemals das Objekt der Geschichte."[53] Geschichte greift selegierend und strukturierend in das Überlieferte ein. Daß historische ‚Tatsachen' insofern immer Konstruktionen sind, klingt mindestens an: „Es werden immer so viele Tatsachen sein, wie mein Geist in einer Verbindung mit dem betreffenden historischen Phänomen zu sehen vermag."[54] Solche Argumente unterminieren die Sicherheit, mit der eine ‚Wirklichkeit' mit dem Schein konfrontiert wird. Woher wissen wir, was die ‚wirkliche', tatsächlich wirksam werdende ‚Wirklichkeit' ist? Das Problem bleibt ungelöst oder wird in einer Weise vorentschieden, die letztlich die Relevanz des Untersuchungsgegenstandes gefährdet.

Weithin sieht es nämlich so aus, als sei jener schöne Schein nichts mehr als Lüge. Burgund ist der Versuch, sich in eine illusionäre ‚schönere' Ordnung hineinzuträumen,[55] die „widerliche Grausamkeiten"[56] verdrängt oder nur an den Rändern der eigenen Welt zuläßt: „Die Spannung zwischen Lebensform und Wirklichkeit ist ungemein stark; das Licht ist falsch und grell."[57] „Überall lugt die Lüge aus den Löchern des ritterlichen Staatskleides hervor. Fortwährend straft die Wirklichkeit das Ideal Lügen."[58] Die Darstellung folgt also einer Dramaturgie des *desengaño*, der fragt, was sich hinter der Fassade tut und was die Fassade irgendwann zusammenbrechen läßt, aber sie speist sich gerade nicht aus deren Entlarvungspathos – wie etwa die katholische Gegenreformation oder – näherliegend – der Calvinismus, dessen Argumente in Huizingas Verdikten gelegentlich anklingen.

Das kulturgeschichtliche Panorama ist ambivalent: Faszination durch das Spiel, Bewunderung für Schein und Exaltation auf der einen Seite und skeptisch-nüchterne Bescheidung, Ergebung ins Notwendige, Maß, Zurückhaltung auf der anderen. Die Ambivalenz durchzieht Huizingas Arbeiten bis in die Spätzeit. Sein *Homo Ludens* trägt den Untertitel „Vom Ursprung der Kultur im Spiel"; und trotzdem

---

[53] Ders.: Vier Kapitel über die Entwicklung der Geschichte (Anm. 7), S. 51 f.
[54] Ebd., S. 54.
[55] Ders.: Herbst des Mittelalters (Anm. 3), S. 87.
[56] Ebd., S. 135.
[57] Ebd., S. 47.
[58] Ebd., S. 140.

finden sich Sätze wie „Über dem Ganzen dieser [spätrömischen] Kultur liegt ein falscher äußerlicher Glanz, steckt ein Maß von Nichternst. Ihr spielhaftes Moment drängt sich stark vor, aber es hat keine organische Funktion mehr im Aufbau und in den Taten der Gesellschaft": ‚Spiel' als Ablenkung von der tristen ‚Wirklichkeit'?[59]

Es gibt kein Entrinnen vor der Illusion. Huizinga geht auch mit den Fluchtwelten des Spätmittelalters hart ins Gericht:

> Das schöne Spiel des höfischen Lebens war so bunt, so falsch, so lähmend. Fort aus der mühsam aufgebauten Lebenskunst zu sicherer Einfachheit und Ruhe! Hier gab es zwei Wege, die vom ritterlichen Ideal wegführten: den zum wirklichen, tätigen Leben und modernen, kritischen Geist, und den der Weltverleugnung.[60]

Nur vom zweiten ist dann die Rede, vom einfachen Hirtenleben, den höfischen Schäfereien des ein Königreich nach dem anderen verlierenden *bon roi* René.

Die Welt jenseits dieser dekadenten Elite[61] hat jedoch insgesamt wenig Chancen, etwa jener Zweikampf zweier einfacher Bürger in Valenciennes, auf den Huizinga verschiedentlich zurückkommt: Aus seinem höfisch-ritterlichen Rahmen herausgelöst, als ‚ernste' Auseinandersetzung ums Recht, ist der Zweikampf ein degoutantes und gräßliches Gemetzel. Dennoch, diesen Gerichtskampf, bei den Historikern Chastelain und La Marche im Zerrspiegel höfischer Historiographie aufgefangen, nennt Huizinga „ein mit schärfstem Blick gesehenes realistisches Bild"[62]: Es ist ‚wahr', aber auch geschmacklos: La Marche „berichtet von der Beschämung, die hinterher den Adel überkam, sich so etwas mitangesehen zu haben. Und darum, sagt der unverbesserliche Hofpoet, ließ Gott einen ritterlichen Zweikampf folgen, der ohne Schaden verlief."[63] Für Huizinga ist dies ein „Konflikt zwischen Wirklichkeit und Rittergeist". Die Präferenz ist klar.

Trotz der Verlogenheit, Hohlheit, Künstelei, „Unwahrhaftigkeit" ist deshalb ganz überwiegend von der schönen Illusion die Rede.[64] Huizinga feiert bewundernd und kritisiert schaudernd den Todesrausch einer Klasse, die sich noch nicht um ein rationales Verhältnis von Mittel und Zweck, um ökonomische Vernunft und um politische Gleichheit schert. Nur am Rande kommen die Gegenkräfte zur Sprache: die straffe Finanzverwaltung, die Bürokratisierung, der Aufbau einer neuen Staatlichkeit, die „Mechanisierung des Kriegs".[65] Gegeninstanz der Kritik ist eher eine austere Moral: Das Scheitern resultiert aus Selbstüberhebung, mora-

---

[59] Ders.: Homo Ludens. Vom Ursprung der Kultur im Spiel. Reinbek: Rowohlt 1956, S. 169 f. Wenn „Spiel den Ernst nicht aus[schließt]" (S. 173), dann muß man zwei Arten von Spiel annehmen. Was aber ist „Ernst", was Schein, was Wahrheit?
[60] Ders.: Herbst des Mittelalters (Anm. 3), S. 177.
[61] Als „eine Müdigkeitserscheinung" interpretiert Huizinga eine Dichtung von Eustache Deschamps: Der Dichter – ein décadent. In: ebd., S. 181.
[62] Ebd., S. 134.
[63] Ebd., S. 135.
[64] Ebd., S. 188.
[65] Ebd., S. 139.

lischem Versagen, Intrige, Habgier, Schmeichelei usw., Verhaltensmustern, wie sie seit jeher die moralistische Hofkritik anprangert.[66] Die hypertrophe und illusionäre Ritterwelt geht insofern nicht an der Modernisierung in Staat und Gesellschaft zugrunde, sondern an ihrer moralischen Insuffizienz.

Was Huizinga ‚Wirklichkeit' nennt, meint deshalb neben den sozialen, politischen, ökonomischen Strukturen und technischen Errungenschaften einer neuen Welt noch etwas anderes, weit Elementareres, die Begrenztheit und Härte der *conditio humana*. ‚Wirklichkeit' ist eine moralische Kategorie. Widerpart des schönen Scheins ist deshalb letztlich der Tod, „realistisch" ausgemalt mit allen gräßlichen Details.[67] Insofern erscheint er in derselben Perspektive wie die Welt, der er ein Ende setzt: „grell und scharf", als eine alle Illusionen zerstörenden „Vergänglichkeit".[68] Der Tod ist einer der Pole im Spannungsgefüge. „Ist es wirklich ein frommer Gedanke, der sich so in den Abscheu vor der irdischen Seite des Todes verstrickt? Oder ist es die Reaktion einer allzu heftigen Sinnlichkeit, die nur auf diese Weise aus ihrem Rausch von Lebensdrang aufwachen kann?"[69] Das Erwachen (zur ‚Wirklichkeit'?) hängt selbst noch von dem Traum ab, den es unterbricht.

V. Methodisches

Vom Handwerk des Historikers seiner Generation hat sich Huizinga im *Herbst* weit entfernt. Die klassischen Grundlagen historischer Dokumentation – Urkunden, Akten, Archive, Inventare – bleiben unberücksichtigt. Das wurde dem Buch von Anfang an vorgeworfen.[70] Auch hätten nach Meinung traditioneller Geschichtswissenschaft die großen politischen, sozialen und ökonomischen Phänomene stärkeres Gewicht erhalten sollen. Huizingas Gewährsleute sind vor allem die Chronisten und Poeten des alten Burgund. Dank seiner distanzlosen Darstellungskunst gelingt eine erstaunliche Angleichung des wissenschaftlichen Werks an seine Quellen; sie wurden durch den *Herbst des Mittelalters* geradezu verdrängt. Die Quellenverarbeitung tritt an die Stelle der Quelle selbst, sie ist selbst eine groß angelegte Inszenierung. Für eingehendere theoretische Überlegungen ist da wenig Platz, und Huizinga hat sie denn auch verschiedentlich von sich gewiesen.

Der traditionelle Historiker bleibt mit seinem Vorbehalt nur implizit als Diskussionspartner spürbar, wenn Huizinga das, was seine Gewährsleute sagen, mit dem, was er als ‚Wirklichkeit' aus anderen Quellen kennt, konfrontiert. Seine Un-

---

[66] Ebd., S. 61.
[67] Ebd., S. 193.
[68] Ebd., S. 190.
[69] Ebd., S. 194.
[70] Zu den Kritikern vgl. Hugenholtz: The Fame of a Masterwork (Anm. 12), S. 94. Das scheint die kühle Aufnahme in der noch in den Anfängen steckenden Mediävistik der Niederlande geprägt zu haben.

terscheidung zwischen Illusion oder Lüge und Wahrheit hat insofern neben dem moralischen auch einen wissenschaftsgeschichtlichen Grund. Es ist der Tribut an eine positivistische Geschichtswissenschaft, gegen die die Kulturgeschichte ihr Feld erst noch gewinnen muß.

Trotzdem, wegweisend ist Huizingas Wahl des Quellenspektrums. Er schiebt das, was von der älteren Geschichtswissenschaft (und manchem ihrer jüngeren Vertreter) naiv als Faktum verstanden wird, beiseite gegenüber den Bildern und Vorstellungen von Realität, den Habitus, mit denen man ihr begegnet, und den Formen des Denkens und Empfindens, mit denen man sie sich aneignet. Ihn interessiert nicht einfach das durch geschriebene und nicht geschriebene Zeugnisse rekonstruierbare Burgund des 15. Jahrhunderts mit seinen politischen Verwicklungen, ökonomischen Ressourcen, seiner materiellen Kultur, sondern das Bild, das sich die zeitgenössischen Historiker Burgunds machten: ihr schmaler Weltausschnitt, die Stilisierung der Politik zum Kampf um die Ehre, ihre Entwürfe von gottgefälligem Leben und ihre Erfahrungen mit dem Tod. Gewährsleute sind Historiker wie Froissart, Chastelain, Olivier de la Marche, Molinet, deren Kredit dem traditionellen faktizistischen Geschichtsverständnis der wissenschaftlichen Disziplin zufolge nicht allzu hoch ist.

Gewiß, aus der Sicht neuerer Kulturtheorie ist, abgesehen vom moralistischen Grundton, mit dem die Blüten späthöfischer Pracht zerpflückt werden, zu kritisieren, daß Huizinga die unterschiedlichen Textsorten, ob poetisch oder in irgendwelche Gebrauchszusammenhänge eingebunden, völlig gleichmäßig behandelt, wenn es gilt, seinem Panorama einen weiteren bunten Farbtupfer hinzuzufügen. Auch müßten Sprecherinstanzen, Adressatenbezug, Wirkungsintention und diskursiver Zusammenhang der benutzten Schriften beachtet werden. All dies ist Huizingas Sache nicht. Trotzdem erschließt er den besonderen Wahrheitsgehalt einer vernachlässigten Überlieferung.

Hofhistoriographen, Wappenkönige, Panegyriker, Poeten sind die beste Auskunftsinstanz über die Muster, in denen die burgundische Hofgesellschaft Realität erfuhr, verarbeitete und aneignete. Eine solche Quellenauswahl ist neu, und das macht sein Buch bis heute zur faszinierenden Lektüre, nicht als Referenz, ‚wie es wirklich war', sondern als Bild einer ‚gedachten Realität'. Was Huizinga auf vielen Seiten ausbreitet, ist gerade nicht jene sogenannte ‚Wirklichkeit', die er dauernd beschwört, sondern der ‚Traum' – oder, um es mit einem moderneren Begriff Jacques LeGoffs abzuwandeln, „*l'imaginaire* du bas moyen age": das Imaginäre des Spätmittelalters.[71] Insofern gehört Huizinga bei aller methodischen und theoretischen Abstinenz in die Geschichte eines wissenschaftlichen Paradigmenwechsels, wie er am entschiedensten von der sogenannten *Annales*-Schule, der LeGoff angehört, betrieben wurde.

Das Interesse, das die beiden wichtigsten Vertreter dieser Schule in der ersten Hälfte des 20. Jahrhunderts, Lucien Febvre und Marc Bloch, Huizingas Werken

---

[71] Jacques LeGoff: L'imaginaire médiéval. Essais. Paris: Gallimard 1985.

entgegenbrachten,[72] ist insofern kein Zufall, denn die Auswertung der burgundischen Hofhistoriographen ist ein Stück ‚Mentalitätsgeschichte'. Ein Stück freilich nur, obwohl es in Huizingas Darstellung wie ein Ganzes auftritt, verkürzt um die Analyse des Alltagslebens und der durchschnittlichen Welterfahrung, die vermutlich nicht allzuviel mit den Meinungen jener elitären Hofgesellschaft gemein hatte; es fehlt die Strenge serieller Untersuchungen von Massenschrifttum, das Interesse an Statistik, es fehlen die Diskussionen um eine neue Methodologie einer ‚Geschichte von unten', es fehlt eine ausgearbeitete Historik, wie sie später, in wechselnder Akzentuierung Elemente des Marxismus, der Psychoanalyse, der Ökonomie und Soziologie aufnehmend, am Ziel der Entdeckung historischer ‚Gesetze' festhält. Im Vergleich mit Marc Bloch oder Lucien Febvre, zu schweigen von Michel Vovelle, Georges Duby oder Jacques LeGoff, ist Huizinga als Kulturhistoriker ‚altmodisch'.

Ziele einer neuen, auf ‚Gesetze' gegründeten ‚histoire totale', wie sie schon die frühe *Annales*-Schule anstrebte, hat Huizinga an Lucien Febvre als illusionär kritisiert.[73] Sein Untersuchungsradius ist weit enger, doch in diesem engen Rahmen kann er stärker ins Detail gehen. Er beschränkt sich weithin auf eine kleine kulturelle Elite, geschart um die ephemere Hofhaltung eines hybriden Staats, die Feste, die diese Elite feiert, die extremen Lebensformen zwischen Lebensgenuß und Askese, denen ihre Mitglieder huldigen. Sein Interesse am möglichst bunten Bild führt auch ihn zwar weg von der Ereignisgeschichte. Anders als die *Annales*-Schule beschäftigen ihn aber nicht die unterschiedlichen ‚Zeitrhythmen' wie die *moyenne* oder *longue durée* (allenfalls benutzt er verwandte Argumente, um das Gerede von Krisen und Umbrüchen zum Schweigen zu bringen), sondern die Reflexe von Licht und Schatten, die jene Zeitrhythmen auf der Oberfläche hinterlassen.

Die Konzentration auf Quellen, die Geschichte schon verarbeitet haben, rückt ihn aber in die Nähe noch eines anderen in der aktuellen Geschichtstheorie einflußreichen Forschers: Hayden White. Durch seine Quellenauswahl trägt Huizinga dem Umstand Rechnung, daß uns Vergangenheit nur als schon diskursiv verarbeitete zugänglich ist, die Annahme eines direkten Zugriffs auf eine historische ‚Wirklichkeit' ist mithin eine Illusion. Gewiß gibt Huizinga den Begriff der Wirklichkeit nicht auf, wie diffus auch immer er sein mag (und entgeht durch seine unbeirrbare Naivität in diesem Punkt einigen von Whites Aporien), und gewiß läßt sich mit den Mitteln einer verfeinerten Diskursanalyse leicht zeigen, daß Huizinga den rhetorischen Strategien, den literarischen Stilisierungsmustern und den impliziten Wirklichkeitsmodellen zuwenig Aufmerksamkeit widmete, so daß er beim Oberflächeneffekt der Lichtreflexe stehenblieb. Dennoch, der Schritt weg von traditioneller Quellenauswertung ist damit getan.

---

[72] Vgl. Hugenholtz: The Fame of a Masterwork (Anm. 12), S. 94, S. 99 und S. 101 f.
[73] Huizinga: Vier Kapitel über die Entwicklung der Geschichte (Anm. 7), S. 56.

In der Wahl der Quellen steckt mithin ein methodologisches Argument, das Huizinga gar nicht als solches wahrnimmt, obwohl es ihn der Lösung eines Problems historischer Theoriebildung näherbringen könnte. Huizinga fragt nämlich, ob man für die unumgänglichen Selektions- und Strukturierungsverfahren der Geschichte, den „geistige[n] Prozeß des historischen Erkennens", allgemeine Regeln angeben könne. Eine befriedigende Antwort hat er nicht. Doch stößt er auf einen scheinbaren Sonderfall:

> Es kann freilich vorkommen, daß die Überlieferung der Quellen dem Forscher den Stoff schon in einer redigierten geschichtlichen Erkenntnis bietet, auf die er nur noch seine kritische Methode anzuwenden braucht, um ihre Zuverlässigkeit zu bestimmen. Dies ist beispielsweise bei unserer Kenntnis der Perserkriege oder der Punischen Kriege im wesentlichen der Fall. Hier hat aber die eigentliche Bildung der geschichtlichen Erkenntnis schon früher stattgefunden, so daß die Frage, wie eigentlich die historische Erkenntnis entstehe, nur nach rückwärts verschoben wird.[74]

Damit diagnostiziert er eine weit über den angeblichen Sonderfall hinausreichende Voraussetzung geschichtswissenschaftlicher Arbeit. Der Historiker hat es immer schon mit einer sprachlich ausgelegten Welt zu tun; er steht nie einer objektiven Menge von Tatsachen gegenüber, sondern einer

> Vielheit fragmentarisch überlieferter, unendlich mannigfaltiger und gänzlich unverarbeiteter physischer, biologischer und geistiger Gegebenheiten [...]. Dieser Komplex ist als solcher der unmittelbaren historischen Wahrnehmung und Reduzierung unzugänglich. [...] Erst dadurch, daß der Historiker der Überlieferung bestimmte Fragen stellt und bestimmte Daten, die sich auf eine solche Frage beziehen, absondert und ordnet, formt er historische Erkenntnis über jene Vergangenheit.[75]

Wie dies geschieht, bleibt trotz immer neuer Anläufe dunkel. Einmal scheint ein subjektiver „vom Historiker a priori angelegter Maßstab" vorausgesetzt, der den Historiker „auf Grund seiner persönlichen Lebensweisheit, Einsicht und Menschenkenntnis", „seiner Weltanschauung und seinem Gefühl für Wahrheit" zur historischen Erkenntnis befähigt, dann wieder erscheint diese seltsam mystifiziert als Ergebnis von disziplinärer Entwicklung, als Leistung einzelner Forscherpersönlichkeit oder bedingt durch den jeweiligen sozialen Kontext: „Die Fragen, welche die Geschichte stellt, hängen von der geistigen Einstellung und der kulturellen Haltung ab, mit denen eine Zeit oder ein Volk der Vergangenheit entgegentritt."[76] Doch liegt der Grund für das Schwanken in der Sache. Keiner, der sich zur Vergangenheit verhält, steht vor einer *tabula rasa*, jeder hat es mit einer bereits – wie rudimentär auch immer – interpretierten Vergangenheit, kurz mit Geschichte zu tun, in die er sich einschreibt. Was Huizinga an Perserkriegen und punischen Kriegen beschreibt, gilt für historische Forschung generell. In einer Formulierung,

---

[74] Ebd., S. 50.
[75] Ebd.
[76] Ebd., S. 51, S. 53 und S. 58; vgl. S. 66: „die geschichtliche Darstellung [hängt] immer von der Kultur ab [...], in der und aus der sie gewachsen ist".

die Huizinga nie gebilligt haben würde, läßt sich aus seinen Argumenten folgern: Die Geschichtswissenschaft hatte es immer schon mit Diskursen über die Vergangenheit zu tun, und ihre Wissenschaftlichkeit bewährt sich darin, daß sie diese Diskurse fortsetzt und immer wieder umschreibt.

Aus diesem Grund muß Huizinga die am Ideal der Naturwissenschaften orientierte, schematisierende und systematisierende Geschichtswissenschaft Lamprechts und seiner Gefolgsleute dort ablehnen, wo sie mehr sein will als eine Heuristik zur Erkenntnis und Strukturierung des Besonderen. Lamprecht rechnet mit dem Historiker objektiv vorgegebenen Entitäten. Für Huizinga sind das leere Abstraktionen, die nicht nur dem „bunten Bild der mit Leben erfüllten Vergangenheit" nicht gerecht wurden,[77] sondern den hermeneutischen Prozeß historischer Erkenntnis überspringen zu können glauben. Schemata sind unwissenschaftlich, bloße Krücken, sind dazu da, korrigiert zu werden. Doch ist Huizingas Alternative nicht ein ebenso illusionärer Empirismus, der glaubt, über – vermeintlich objektive – Einzeltatsachen Schritt für Schritt zu immer komplexeren Gebilden aufsteigen zu können. Der hermeneutische Prozeß historischer Erkenntnis ist auf Vorgriffe angewiesen. Wenn er ihn beschreibt, setzt Huizinga selbstverständlich voraus, daß „vereinfachte Schemata" am Anfang stehen, damit „früher darin vernachlässigte [Züge]" hineingearbeitet werden.[78] Die Interpretation der Vergangenheit hat immer schon stattgefunden, wenn der Historiker seine Arbeit beginnt.

Huizinga erwartet, daß er in der verantwortungsvollen Fortsetzung des Prozesses der Wahrheit ein Stück näher kommt, wenn auch „die Ergebnisse der Geschichtsforschung [...] selten oder niemals als definitiv gelten" können.[79] Seine Polemik gegen soziologische Theorien, den Marxismus und das szientistische Instrumentarium einer am Objektivitätsideal der Naturwissenschaften orientierten Historie (Kausalität, Gesetz, Entwicklung)[80] mag traditionell klingen, wenn er ihnen immer nur die irreduzible Vielfalt der Vergangenheit entgegenzusetzen hat. Der Kern seiner Argumente jedoch nimmt Komponenten einer diskurstheoretisch orientierten Geschichtsforschung vorweg, die den Konstruktionscharakter ihrer Ergebnisse reflektiert. Zu einer theoretischen Reflexion ist Huizinga trotz vieler Ansätze nicht durchgestoßen; die unhintergehbaren Aporien dieses Ansatzes hat er jedoch klar erkannt. Seine Lösung ist pragmatisch: Er setzte ein Überlieferungsgeschehen fort, das er vorfand und von dem er wußte, daß es über ihn hinausreichen würde.

---

[77] Ebd., S. 47; vgl. Oestreich: Huizinga, Lamprecht und die deutsche Geschichtsphilosophie (Anm. 11), S. 5 f.
[78] Huizinga: Vier Kapitel über die Entwicklung der Geschichte (Anm. 7), S. 71.
[79] Ebd., S. 49.
[80] Ebd., S. 55–63 und S. 100 f.; vgl. Colie: Johan Huizinga and the Task of Cultural History (Anm. 8), S. 622; vgl. Gombrich: Huizinga's Homo Ludens (Anm. 13), S. 147 f.

VI. Schluß

Der *Herbst des Mittelalters* hat von Anfang an ein größeres Publikum erreicht als nur die Historikerzunft. Sein Titel wurde nahezu sprichwörtlich, und wenn an den einzelnen Bildern des burgundischen Herzogtums inzwischen kaum übersehbar viele Korrekturen angebracht wurden – dies durchaus im Sinne von Huizinga selbst –, so hat das Buch doch das Bild von einer europäischen Zentrallandschaft nachhaltig geprägt, am stärksten vielleicht in den Anfängen eines aus Deutschland, Frankreich, Italien und den Benelux-Staaten sich zusammenschließenden Europa. Als ein Klassiker der Kulturgeschichte gilt Huizinga längst; als ein Theoretiker *malgré lui*, Theoretiker einer diskursanalytisch verfahrenden Kulturgeschichte ist er noch zu entdecken.

Martin Dinges

Philippe Ariès (1914–1984)
Pionier der Mentalitätengeschichte

Die ‚Geschichte der Kindheit' ist heute ein Thema, das nicht mehr nur die Pädagogen interessiert, sondern auch in der allgemeinen Geschichtswissenschaft, insbesondere des westeuropäischen Auslandes, eine große Beachtung findet. Ebenso ist seit einigen Jahren eine ‚Geschichte des Todes' entstanden, die nicht nur Bucherfolge verzeichnet, sondern auch in Ausstellungen – wie zum Beispiel 1995 in Zürich und Köln – eine erhebliche Breitenwirkung entfaltet. Beide Themen verdanken ihre aktuelle Bedeutung dem Historiker, den ich vorstellen will: es ist der Franzose Philippe Ariès. Er hat sie als erster und wie kein anderer aus dem Kuriositätenkabinett einer traditionellen Kulturgeschichtsschreibung herausgeholt, in der man natürlich immer schon Themen wie Kindheit und Tod behandelt hat. Mit seinen grundlegenden Studien wurden ganze Problemfelder neu vermessen.[1] Dies ist seine Hauptleistung und sein Vermächtnis an nachfolgende Historikergenerationen.

Ich möchte den Historiker Ariès zunächst als Person biographisch und dann anhand seiner Hauptwerke vorstellen. Dem folgen Bemerkungen zur Rezeption des Werkes. Abschließend möchte ich meine eingangs geäußerte Bewertung durch Überlegungen zur Nachwirkung des Werkes und zu seinen Anregungen für eine erneuerte Kulturgeschichte vertiefen.

1. Person und Lebensweg

Die Präsentation der Person wird gerade bei Philippe Ariès besonders erleichtert, denn er war nicht nur mit seinen Werken innovativ, sondern auch selbstbewußt genug, die Einladung von Michel Winock zu einem mehrtägigen Gespräch über sein Leben anzunehmen. Daraus entstand eine Historikerautobiographie, die bereits zu seinen Lebzeiten wirken konnte.[2] Diese wurde übrigens zur Anregung für

---

[1] Das gilt auch, wenn man die methodisch strengeren Untersuchungen von Michel Vovelle zur Provence im 18. Jahrhundert und von Pierre Chaunu zu Paris in der Frühen Neuzeit schätzt, die beide räumlich und zeitlich eingeschränktere Ziele verfolgen: Michelle Vovelle: Piété baroque et déchristianisation en Provence au XVIIe siècle. Paris: Plon 1973; Pierre Chaunu: La mort à Paris. XVIe, XVIIe, XVIIIe siècles. Paris: Fayard 1978.
[2] Philippe Ariès: Ein Sonntagshistoriker. Philippe Ariès über sich. Frankurt a. M.: Hain 1990 (Un historien de dimanche, Paris: Seuil 1980).

ein neues Genre der Selbstdarstellung unserer französischen Kollegen, in denen lebende Historiker die Motivationen zu ihrer Arbeit selbst beschreiben.[3] Es handelt sich um die sogenannte *Ego-histoire*. Aus ihr erhofft man sich, ergänzend zu den Werken der Historiker selbst, Aufschlüsse über ihre üblicherweise nicht veröffentlichten Intentionen. Diese Texte sollen also zu einem besseren Werkverständnis führen.[4] Ob dadurch tatsächlich das Problem der impliziten Autorenorientierungen, die in die Bearbeitung des Forschungsgegenstandes eingehen, gelöst wird, sei dahingestellt. Daß aber überhaupt Verleger die *Ego-histoire* der französischen Kollegen mit Erfolgsaussichten auf den Markt bringen, ist ein weiterer Nebeneffekt des Wirkens von Ariès: Nur mit Veröffentlichungen zu solchen das Publikum interessierenden historischen Themen, wie sie Ariès vorlegte, konnten die dortigen Historiker ein entsprechendes Ansehen in der Öffentlichkeit gewinnen.

In der angenehm zu lesenden Autobiographie erfahren wir, daß die Familie Ariès erst kurz vor der Geburt des kleinen Philippe im Jahre 1914 in Blois aus Martinique von den französischen Antillen zurückgekehrt war, wohin die Vorfahren im 18. Jahrhundert ausgewandert waren. Die Insel spielte in der Familienlegende die Rolle eines imaginären Ortes des guten Lebens, an den man schöne Erinnerungen pflegte.[5] Der Vater war der erste Ingenieur in einer Familie, die sich früher mit Zuckerrohr, Handel und Recht beschäftigt hatte. Nach dem Krieg wuchs Ariès in Paris auf, „ohne deshalb ein richtiger Pariser" zu werden.[6] Die Familie Ariès hielt nämlich, wie alle weißen Martiniquais, mit dem Heimathafen der französischen Westindienkolonisation, Bordeaux, ständigen Kontakt. Ariès verbrachte in dieser Stadt oder ihrer näheren Umgebung bei Tanten, Onkeln und Cousins die gesamten Ferienzeiten seiner Kindheit.

Im elterlichen Haushalt lebte unter anderem noch eine Tante, die 1902 beim Ausbruch des Vulkans Pelée auf Martinique alles verloren hatte. Selbstverständ-

---

[3] Leben mit der Geschichte. Vier Selbstbeschreibungen. Hrsg. von Pierre Nora. Frankfurt: Fischer 1989 (Essais d'ego-histoire. Paris: Gallimard 1987) enthält weitere Beiträge von in Deutschland verlegerisch offenbar weniger wichtigen Autoren. Der Anspruch der späteren Autobiographie von Emmanuel LeRoy Ladurie: Paris-Montpellier. P.C.-P.S.U. 1945–1963. Paris: Gallimard 1982 ist ein anderer: Er wollte für eine Generation französischer Wissenschaftler über die Abkehr vom Marxismus Rechenschaft ablegen; vgl. allerdings etwas früher die Äußerungen von Fernand Braudel: Personal Testimony. In: Journal of Modern History, 44 (1972), S. 448–479 (Die Suche nach einer Sprache der Geschichte. Wie ich Historiker wurde. In: ders.: Der Historiker als Menschenfresser. Berlin: Wagenbach 1990, S. 7–14).

[4] Ariès war also nicht nur der Erneuerer ganzer Forschungsfelder, sondern auch der erste, der den Versuch unternahm, die problematische Annahme des objektiven oder objektivierenden Historikers dadurch aufzubrechen, daß er systematisch öffentlich über die Motive seines Forschens Rechenschaft ablegte. Darin trifft sich seine Praxis mit den methodischen Forderungen der Ethnomethodologie.

[5] Vgl. dazu auch Philippe Ariès: Saint Pierre oder die Süße des Lebens. Versuche der Erinnerung. Berlin: Wagenbach 1994, S. 7 ff.

[6] Ders.: Sonntagshistoriker (Anm. 2), S. 15.

lich hatte man sie in alter Siedlersolidarität aufgenommen. Außerdem wohnte dort alljährlich einige Monate im Frühjahr die Schwester des Vaters; die Familie beschäftigte auch ein bis zwei Hausmädchen, natürlich aus Martinique. Ariès nimmt die Beschreibung dieses vergrößerten Haushaltes zum Anlaß, die Vorzüge zu schildern, die dieser Familientypus des ausgehenden 19. Jahrhunderts bot. Man sei als Kind den Eltern weniger als heute ausgeliefert gewesen, da man damals leichter auf andere Personen innerhalb des Haushaltes ausweichen konnte. Außerdem hätten die älteren Menschen meist Zeit gehabt, Geschichten zu erzählen, die die Phantasie anregten. Einer der Onkel von Ariès war es denn auch, der das Interesse des Jungen an der Geschichte weckte. Diese Vielfalt der Beziehungen zwischen den Generationen, die auch in den Ferien gepflegt wurde, sei sehr bereichernd und sozial integrativ gewesen.

Die Familie Ariès war „grosso modo katholisch und royalistisch", insbesondere die Frauen, die angeblich in diesen Dingen seit Mitte des 19. Jahrhunderts das Sagen hatten.[7] Man war aus Erinnerung und Tradition (unter anderem, weil ein Vorfahr bei den königstreuen französischen Garden erschossen worden war) gegen die Französische Revolution, deren Bewertung bis heute die politische Kultur des Landes spaltet. Die Mutter verließ die Stadt Paris immer absichtlich vor dem französischen Nationalfeiertag am 14. Juli, um nicht die volksfestartige Revolutionserinnerung miterleben zu müssen. Aufgrund des Berufs des Vaters war man zwar durchaus technikfreundlich, politisch aber reaktionär. Wichtiger als diese Selbsterkenntnis Ariès' erscheint mir der hintergründige, gewissermaßen geheime Lehrplan seiner Familienerfahrung zu sein: Gegenüber allen politischen Diskussionen und Veränderungen war das eigentlich Tragende seiner Kindheitserfahrung die Solidarität des weitmaschigen Familiennetzes. Von daher neigte er dazu, dem Politischen nur eine recht eingeschränkte Bedeutung zuzuerkennen.[8]

In seiner Kindheit „fraß" Ariès, wie er selbst schreibt, „Bücher", eine Tätigkeit, die bekanntlich eine der notwendigen, allerdings nicht hinreichenden Voraussetzungen ist, Historiker zu werden. Ariès war ein schwieriger Schüler, der von einer Ordensschule auf die nächste wechselte; da schließlich selbst die Jesuiten von dem Quintaner zuviel hatten, schickten die Eltern ihn auf die verhaßte, laizistische öffentliche Schule.[9] Der Geschichtsunterricht hatte aber hier im Gegensatz

---

[7] Ebd., S. 19.
[8] Eben diese politikferne Tendenz prägte lange auch die *Annales*-Geschichtsschreibung und wurde ihr von den deutschen Kritikern vorgeworfen. Es wäre zu prüfen, ob die expliziten Lebenserfahrungen von Ariès einen Ansatz für eine lebensweltliche Erklärung dieser Tendenzen abgeben könnten, die neben den bekannteren wissenschaftsgeschichtlichen Gründen zu beachten wären.
[9] Die Ablehnung erklärt sich aus der politischen Position der Eltern: Die Staatsschule galt (und wurde von ihren Vertretern stilisiert) als die Vollendung der Französischen Revolution, nicht zuletzt weil sie das Prinzip der Chancengleichheit unter den Fahnen der Republik verwirklichen wollte. Demgegenüber galten die – meist katholischen – Privatschulen als Hort der Privilegierten, also des antirevolutionären, antiegalitären Frankreich. Nur vor diesem Hintergrund wird verständlich, warum auf dem Höhepunkt des ‚Schulkampfes' Mitte der 1980er Jahre über eine Million Franzosen für den Erhalt der Privatschulen – nota bene

zur Jesuitenschule den Vorteil, auch Grundlagen und Methoden des Fachs zu vermitteln, die das Interesse des Jungen an der Historiographie festigten. In der Schule ließ sich Ariès für die *Action Française* politisieren – also für die französische Variante der konservativen Revolution. Nachdem er zu häufig geschwänzt hatte, wurde Ariès der Schule verwiesen. Sein Vater steckte ihn in die Buchhaltungsabteilung einer Elektrofirma, weit weg von der Familie, gab ihm aber nach einiger Zeit eine letzte Chance, neben seiner Tätigkeit das Fernabitur zu machen. Da Philippe wußte, daß mit seinen Eltern nicht mehr zu spaßen war, ergriff er diese Möglichkeit.

Er studierte gegen gewisse elterliche Widerstände an der Sorbonne Geschichte, war aber unbefriedigt über die traditionelle Politikgeschichtsschreibung der ‚kapetinigischen Schule', weil sie so gar nicht zu den Geschichten seiner ‚Familienlegende' paßte. Auch fehlte ihm die Beachtung des Religiösen und des Irrationalen. Angezogen war er vielmehr von der positivistischen Geschichtsschreibung, deren Ergebnisse ihm auf objektiven Daten zu beruhen schienen und die Kontinuität der Geschichte als Wert verkörperten. Er übte sich während des Studiums im asketischen Erlernen der Chronologie; die dadurch ausgelöste Langeweile sei um so erträglicher geworden, je mehr das Wissen zunahm.

Daneben entdeckte er aber die Sozialgeschichte, die mit ersten Studien von Henri Hauser zur Geschichte der Preise sowie von Georges Lefebvre zur Französischen Revolution die für die damals herrschende Politikgeschichtsschreibung skandalöse Idee untermauerte, daß es einen von Staat und Politik unabhängigen Raum des Gesellschaftlichen gebe, der autonom wirke und sich erst in Revolutionen politisches Gehör verschaffe.[10] Das waren gerade während der Besetzung Frankreichs durch die deutsche Wehrmacht Ideen, die den politisch sensiblen Ariès ansprachen. Ariès war bereits im Krieg ein begeisterter Leser der Zeitschrift *Annales: Economies, Sociétés, Civilisations*, die damals die neu aufkommende Sozialgeschichte vertrat. Wie er 1978 stolz bemerkt, war er auch einer ihrer ersten privaten Abonnenten.[11] Mit dem Namen dieser Zeitschrift ist eine Gruppe wichtiger Erneuerer in der französischen Historiographie verbunden, die zunächst inspiriert von Marc Bloch und Lucien Febvre in Straßburg, dann nach dem Krieg von Fernand Braudel und Ernest Labrousse in Paris die Wirtschafts- und Sozialgeschichte – nach Rezeption insbesondere deutscher und englischer Ansätze – schließlich in den 1970er Jahren hin zur Geschichte der Mentalitäten weiterentwickelte. Stichworte wie ‚lange Dauer' als Gegensatz zur kurzen Dauer politischer Ereignisgeschichte, ‚Dreischichtenmodell der historischen Zeit' im Unterschied zur domi-

---

– in Versailles auf die Straße gingen und der sozialistische Präsident Mitterrand letztlich von einem Gesetz, das lediglich eine geringere staatliche Unterstützung für die Privatschulen vorsah, trotz entsprechender parlamentarischer Mehrheit Abstand nahm.

[10] Henri Hauser: Recherches et documents sur l'histoire des prix en France de 1500 à 1800. Paris: Presses Modernes 1936; Georges Lefebvre: La Grande Peur de 1789. Paris: Colin 1932.

[11] Vgl. zu Ariès' früher Nähe zum Ansatz der *Annales*: Ariès: Sonntagshistoriker (Anm. 2), S. 54.

nant gedachten Zeit herrschaftsbezogener Vorgänge der Politikgeschichte, ‚Geschichte des Gefühls' als Öffnung der Geschichtsschreibung zu (sozial-)psychologischen Fragestellungen, ‚Quellenkorpus' statt beliebiger Quellenauswahl und ‚quantitative' statt qualitativer Methoden wären wesentliche Merkposten dieses Neuansatzes in der französischen Geschichtsschreibung.[12] Sehr anregend für diese neue Sozialgeschichte war während der Studienzeit von Ariès die Geographie. In diesem Fach lehrte man die Studenten, Landschaften als historische Zeugnisse zu sehen, indem man ihr Bücherstudium durch Exkursionen ins Gelände ergänzte. Diese dürfte Ariès nicht zuletzt deshalb geschätzt haben, weil er auf ihnen seine spätere Frau traf. Lebensweltlich kam für Ariès in diesen Jahren noch die Wiederentdeckung der traditionellen Lebensweise während der Besatzung hinzu. Man machte nur kurze Wege und ging zu Fuß, pflegte Nahbeziehungen sowie das kollektive Leben und lernte die Bedeutung von kleinen Gemeinschaften schätzen.

Ich habe diesen ersten Lebensabschnitt so ausführlich dargestellt, weil in ihm grundlegende Prägungen des Menschen Ariès gut sichtbar werden, die auch beim späteren Historiker nachwirkten: Hochschätzung der kleinen Gemeinschaften, insbesondere der Familie; ein gewisser Traditionalismus; Skepsis gegenüber dem Politischen; Sensibilität für die Integration einer Gesellschaft vor und jenseits der staatlichen Institutionen; schließlich die Frage nach den Kontinuitäten in der Geschichte. Das ist das intellektuelle Profil des Studenten, der sich nach einer Magisterarbeit über das Offizierskorps, das er ebenfalls als ‚unmittelbare Gruppe' begriff, anschickte, sein erstes Buch zu schreiben. Ariès strebte bewußt keine akademische Karriere an, die in Frankreich unweigerlich mit einigen Jahren Tätigkeit als Gymnasiallehrer begonnen hätte, denn er wollte – wie er schreibt – „sofort etwas Eigenes machen"; er verschweigt allerdings, daß er zweimal durch die *Agrégation*-Prüfung gefallen war, womit ihm die Universitätskarriere faktisch versperrt war.[13]

---

[12] Als anschauliche und gelungene Einführung anhand der Werke bleibt Michael Erbe: Die Gruppe um die *Annales*. Zur neueren französischen Sozialgeschichtsforschung. Darmstadt: Wissenschaftliche Buchgesellschaft 1979 (= Erträge der Forschung, 110) sehr lesenswert. Einen Blick in die damalige Werkstatt erlaubt am besten Faire de l'histoire. 3 Bde. Hrsg. von Jacques LeGoff und Pierre Nora. Paris: Gallimard 1974. Eine fast autoritative Selbstdarstellung bietet La Nouvelle histoire. Hrsg. von Jacques LeGoff. Paris: Rez 1978 (sowie die Neuausgabe Bruxelles: Editions Complexes 1988 mit neuem Vorwort) (in die deutsche Ausgabe wurden unter einem etwas pompösen Titel nur die ‚Leitartikel' übernommen: Die Rückeroberung des historischen Denkens. Frankfurt a. M.: Fischer 1990). Zur Historiographiegeschichte vgl. zuletzt Lutz Raphael: Die Erben von Bloch und Febvre. *Annales*-Geschichtsschreibung und *Nouvelle histoire* in Frankreich 1945–1980. Stuttgart: Klett-Cotta 1994, und zum aktuellen Selbstverständnis vgl. auf der Grundlage von Interviews Francisca Loetz: Gespräche an der Grenze: Französische Sozialgeschichte in Selbst- und Fremdeinschätzungen. In: Historische Anthropologie 7 (1999), S. 295–318, sowie anhand des ‚Verständnisses' der französischen Historiker für das Werk von Michel Foucault sehr instruktiv Jacques Revel: Machines, stratégies conduites: ce qu'entendent les historiens. In: Au risque de Foucault. Hrsg. von Dominique Franche. Paris: Editions du Centre Pompidou 1997, S. 109–128.

[13] Ariès: Sonntagshistoriker (Anm. 2), S. 76; zur *Agrégation* vgl. das Vorwort von Roger Chartier In: ders.: Le temps de l'histoire. Paris: Seuil 1986, S. 11. Zum französischen Univer-

Nach einem kurzen Zwischenspiel als Geschichtslehrer an einer Kaderschule des Vichy-Regimes verdiente er sein Geld als Leiter der Dokumentationsabteilung eines Institutes, das sich ausschließlich mit dem Handel mit tropischen Früchten beschäftigte; er war also – entgegen einem weit verbreiteten Diktum – nicht Bananenhändler.[14] Diese Berufstätigkeit ließ ihm, insbesondere während der Handelsflaute im Zweiten Weltkrieg, viel Zeit für sein Buchprojekt.

Vor seinem lebensweltlichen Hintergrund ist es verständlich, daß Ariès sensibel für die Aufwertung der Traditionalismen des regionalen Lebens durch das Vichy-Regime war. Angeregt wurde er aber auch durch die *Caractères originaux de l'histoire rurale française* (1931) von Marc Bloch – einem der Gründer der *Annales*-Schule – der mit diesem Werk eine viel beachtete Agrarsoziologie der französischen Provinzen vorlegte. Ariès verstand analog die Charaktere der Regionen nicht als dauerhafte Widerstände gegen Veränderung, sondern als Konstanten einer Veränderungsrichtung. Wichtig ist sein erstes Buch hier nur, weil Ariès selbst den Titel als aufschlußreich für die Deutung seiner damaligen Interessen bezeichnet.[15] Es ging um *Les traditions sociales dans les pays de France* (1943), also um Traditionen und Traditionalismus, um Soziales als Gegensatz zum liberalen Individualismus und um die Regionen Frankreichs als Gegensatz zum Zentralstaat, der in Frankreich auch immer ein Synonym für die Nivellierungen durch den Jakobinismus und die Grundschule Jules Ferrys, also für die von den Konservativen abgelehnte Formel ‚Moderne durch Gleichmacherei' steht, während die Regionen in der politischen Rhetorik den Sitz der bewahrenswerten Traditionen symbolisieren.[16]

Aufgrund seiner wissenschaftlichen Überlegungen gelang es Ariès dann auch, den entscheidenden politischen Einfluß, den der rechte Meisterdenker Charles Maurras auf ihn hatte, zu überwinden. Dessen antimodernes und antiparlamentarisches Ideenkonglomerat, das die traditionellen sozialen Bindungen ideologisch verklärte, erschien Ariès zunehmend als ahistorisches Denken. Ariès wurde demgegenüber klar, daß die Hochschätzung der ‚unmittelbaren Gruppen' und sozialen Netze durchaus von ihrer Vereinnahmung durch rechtes Denken getrennt werden konnte.[17]

Nur zur Abrundung der Lebensbeschreibung möchte ich hinzufügen, daß Ariès seit dem Krieg immer wieder auch als Journalist tätig war. So arbeitete er in den

---

sitätssystem vgl. Bernd Schwibs: Kurze Erläuterungen zum französischen Hochschul- und Forschungssystem. In: Didier Eribon: Michel Foucault. Eine Biographie. Frankfurt a. M.: Suhrkamp 1991, S. 499–509, S. 502.

[14] Es kann hier offen bleiben, wer ein Interesse daran hatte, ein solches Gerücht in die Welt zu setzen, das im Französischen mit der Anspielung auf die Bananen auf einen Dummkopf hindeutet.

[15] Ariès: Sonntagshistoriker (Anm. 2), S.78.

[16] Auch dies steht wieder in einem Zusammenhang mit den Deutungen der Französischen Revolution, vgl. Anm. 9.

[17] Ariès: Sonntagshistoriker (Anm. 2), S. 53 f., S. 102 f., S. 191. Ariès spricht sogar von einer „durchschnittenen Nabelschnur".

ersten Nachkriegsjahren einige Monate bei einer Zeitung, die die Machtübernahme der Kommunisten verhindern wollte.[18] Später wirkte er als nebenamtlicher Verlagslektor und gab unter anderem mit dem *Annales*-Dissidenten Robert Mandrou eine Buchreihe heraus, in der nach Ablehnung durch eine Reihe anderer Verlage die Geschichte des Wahnsinns von Michel Foucault ediert wurde.[19] Hier kreuzten sich 1960 also die Wege der beiden bedeutendsten Außenseiter der französischen Historiographie, lange bevor sie Weltruhm erlangten. Beide starben 1984. Kehren wir aber in die beginnenden 1940er Jahre zurück, in denen Ariès' erstes Hauptwerk entstand.

2. Hauptwerke

Ariès war nach der Fertigstellung seiner *Traditions sociales des pays de France* über die methodische Unmöglichkeit, eine regionale Kultur anhand von „religiösen, politischen, ökonomischen, sozialen oder literarischen Gewohnheiten" überzeugend herauszuarbeiten, sehr unzufrieden.[20] So entwickelte er diesen Forschungsansatz in eine andere Richtung weiter und folgte dabei seiner Neigung zu „weitläufigen Streifzügen durch Zeiten und Räume", die ihm die ‚Historische Demographie' ermöglichte. Für sie empfand er eine „Liebe auf den ersten Blick", denn sie erschien ihm als eine wissenschaftliche, objektive Methode, mit der man den Tiefenschichten der menschlichen Motivationen endlich näher kommen konnte. Diese faszinierten Ariès so, weil sie seiner Ansicht nach die Gesellschaften unterschwellig im Raum des Sozialen bewegten.[21] Ariès' methodische Neuentdeckung dieser Jahre bestimmt denn auch seine *Histoire des populations françaises et leurs attitudes devant la vie depuis le XVIIIe siècle* von 1948, die ich als erstes Hauptwerk vorstellen möchte.

Die Fragestellung des Buches ergab sich aus der Erfahrung der totalen Niederlage Frankreichs im Jahre 1940, die mit der Massenflucht der nord- und ostfranzösischen Bevölkerung vor den deutschen Truppen in den Süden endete.[22] Diese Niederlage wurde in der zeitgenössischen Diskussion als Zeichen der generellen Schwächung Frankreichs wahrgenommen, deren wichtigster Indikator die demographische Entwicklung – insbesondere die sinkende Geburtlichkeit – sein sollte.[23] Man nahm an, daß ein Volk, das immer weniger Nachwuchs zeugt, keinen

---

[18] Ebd., S. 96.
[19] Vgl. Eribon: Foucault (Anm. 13), S. 171 f.
[20] So der ‚Waschzettel' *(prière d'insérer)* des Buches, zitiert nach Roger Chartier in: Ariès: Le temps de l'histoire (Anm. 13), S. 10.
[21] Ariès: Sonntagshistoriker (Anm. 2), S. 82.
[22] Ebd., S. 73.
[23] Diese und entsprechende Diskussionen in anderen Ländern vergleicht Christiane Dienel: Kinderzahl und Staatsräson. Empfängnisverhütung und Bevölkerungspolitik in Deutschland und Frankreich bis 1918. Münster: Westfälisches Dampfboot 1995 (= Theorie und Geschichte der bürgerlichen Gesellschaft, 11).

Überlebenswillen mehr habe. Der sich hier andeutende Zusammenhang zwischen einer politischen Katastrophe und dem demographischen Verhalten faszinierte Ariès. Er begann also, Daten zur Bevölkerungsentwicklung zu sammeln, fuhr im Land umher und entdeckte ein erstes Taufregister und ein erstes Grundbuch in der Touraine. Auch erschlossen sich dem Sohn bürgerlicher Eltern die Lebensverhältnisse von Arbeitern im Steinkohlerevier bei Lille. Dort wohnte er bei seinem Bruder, der sich in die nordfranzösische Regionalhauptstadt abgesetzt hatte, um dem STO *(Service de travail obligatoire)*, der Verschleppung zur Zwangsarbeit nach Deutschland, zu entgehen. Ariès' Ziel war es, möglichst weit in die Geschichte zurückreichende demographische Datenserien zusammenzustellen. Er selbst beschreibt diese Arbeit so: „In einer vor den Kriegsleiden geschützten Einsamkeit entdeckte ich unterirdische Kräfte, die stärker als Krieg und Staat sind", womit erneut seine Politikferne anklingt. Der erste Teil des Buches enthält regionale demographische Profile, die – im Gegensatz zur späteren historisch-demographischen Literatur – ausgesprochen lesbar sind, denn Ariès illustriert sie jeweils sehr anschaulich durch Einzelbeispiele von Familiengeschichten. Auch interessiert ihn die regional unterschiedliche Reaktion auf demographische Herausforderungen. So zeigt er, wie in den ärmeren Alpengebieten eine große Zahl von Kindern und die Auswanderung zusammengehören, während in dem im 18. Jahrhundert reicheren Aquitanien die Bauern zur Erhaltung des Wohlstandes dann im 19. Jahrhundert mit malthusianischer Familienplanung – also Geburtenbeschränkung – begannen. Gegen das ältere Modell einer durch Hunger und Seuchen fremdbestimmten Demographie setzen sich im 19. Jahrhundert die ‚Techniken des Lebens' durch, die die Menschen selbst in die Hand nehmen. Im zweiten Teil werden weitere demographische Fragen wie Geburtlichkeit, Migration, Landflucht und Urbanisierung systematisch behandelt. Kapitelüberschriften heißen aber auch schon ‚Christentum und Geburtlichkeit', ‚Das Kind in der Familie', ‚Die Techniken des Todes' sowie zusammenfassend ‚Demographie und Zivilisation'. Ariès setzt dabei bereits viele literarische Quellen ein und greift mit ihnen auch in die vorstatistische Zeit zurück. Nicht nur in seiner Einleitung betont er, daß es sich beim demographischen Verhalten um einen langsamen Wandel seit dem 18. Jahrhundert – mit Wurzeln bereits im 16. Jahrhundert – handelt, für den die soziale Klasse eine wichtige Variable ist. Diese Veränderungen kann er aber nicht als Fortschritt beschreiben; vielmehr drücken sie unterschiedliche Zivilisationen aus.[24] Der ältere Familientypus, der auf Eigentum und Autorität basiert, ist demnach durch einen jüngeren, auf das Kind zentrierten Typus, ersetzt worden. Sippensolidarität ist langsam dem „esprit de famille" gewichen. Das Leben hat man

---

[24] Philippe Ariès: Histoire des populations françaises et de leurs attitudes devant la vie depuis le XVIIIe siècle. Paris: Seuil 1971, S. 11, S. 400. Diese zutreffende Einschätzung eines nicht zielgerichteten demographischen Wandels bestätigt die neuere Forschung, vgl. Jürgen Schlumbohm: Lebensläufe – Familien – Höfe. Die Bauern und Heuerleute des Osnabrückischen Kirchspiels Belm in protoindustrieller Zeit. 1650–1860. Göttingen: Vandenhoek und Ruprecht 1994 mit weiterer Literatur.

seit dem 18. Jahrhundert mehr und mehr in die Hand genommen und sich damit einen Teil der Natur angeeignet.[25] Damit hört es auf, einfach da zu sein, und wird zu einem geplanten Mittel der Lebensgestaltung – wie andere kulturelle Techniken. Dabei heben sich aber Bergbewohner und Christen ab, die jeweils überregional erkennbare neue demographische Modelle herausbilden. In einem Fall geschieht das aus Traditionalismus, im anderen aus religiöser Wurzel. Insgesamt sieht Ariès die Demographie weder als abhängige Variable des Ökonomischen (Marxismus) noch von Moral, Religion oder Politik (Konservative), sondern als Phänomen *sui generis*, das nur vorübergehend mit ökonomischen oder moralischen Entwicklungen übereinstimmt.[26] Man spürt an diesen Aussagen, daß Ariès damals zu prononcierten Thesen neigte, die der Autor selbst 1971 für den Ausdruck jugendlichen Schwungs hielt. Ich denke aber, daß sie der Rezeption dieses und auch seiner späteren Werke genützt haben. Trotzdem wird man aus heutiger Perspektive sicher eine zu starke Entgegensetzung von altem und neuem Familienmodell konstatieren müssen. Als Pionierleistung einer entstehenden historischen Demographie waren solche Denkanstöße aber sehr nützlich.

Rückblickend schätzt Ariès selbst diese Zeit und das Werk so ein:

> Die Jahre 1943 bis 1947 sind meine tatsächliche Ausbildungszeit gewesen; damit verglichen war mein Studium an der Sorbonne eine einfache technische Lehre. Sie [diese Jahre] haben mich zu dem gemacht, der ich heute bin. Mein ganzes späteres Werk ist bereits in *L'Histoire des populations françaises et de leur attitudes devant la vie* vorgezeichnet.[27]

Da man sich meines Erachtens dieser Selbstdeutung anschließen kann, denke ich, daß es nützlich war, auf dieses in Deutschland fast unbekannte Buch etwas näher einzugehen.[28] In Frankreich wurde es in *Le Monde*, der damals wichtigsten Zeitung für ‚Meinungsführer', rezensiert, so daß die Demographen auf Ariès aufmerksam wurden und ihn in ihrer Zeitschrift *Population* zu zwei Artikeln einluden.[29] Sonstige Reaktionen der Fachhistoriker blieben allerdings aus.

Ariès schrieb nach diesem Buch eine Reihe von Aufsätzen, in denen er über seine Motivationen zum Schreiben der Geschichte sowie über die Geschichtsschreibung seiner Zeit Rechenschaft ablegte. Er ergänzte diese 1946 bis 1951 geschriebenen Reflexionen durch zwei Rückblicke auf die Geschichtsschreibung des Mittelalters und des 17. Jahrhunderts *(L'attitude devant l'histoire: au Moyen Age* bzw. *le XVIIe siècle)*, deren Thesen noch heute Bestand haben. *Le temps de l'histoire* war lange vergessen und wurde erst 1986 mit einem Vorwort des neuen Stars der *Annales*-Mentalitätengeschichte, Roger Chartier, wieder herausgegeben, wodurch es sofort eine erhebliche zusätzliche Bedeutung gewann.[30] Die beiden hatten sich

---

[25] Ariès: Histoire des populations (Anm. 24), S. 404.
[26] Ebd., S. 399.
[27] Ders.: Sonntagshistoriker (Anm. 2), S. 84.
[28] Seinerzeit war es vom Verlag Plon abgelehnt worden.
[29] Ariès: Sonntagshistoriker (Anm. 2), S. 108.
[30] Ders.: Le temps de l'histoire (Anm. 13).

bei der Herausgabe des dritten Bandes der *Histoire de la vie privée* kennen- und schätzengelernt.

Bemerkenswert scheint mir Ariès' 1948 einzigartige Parallelisierung von marxistischer und konservativer Historiographie: beide sind – wie er ausführt – auf den Staat fixiert und opfern den Einzelnen und die kleinen Gemeinschaften entweder dem Kollektivschicksal der Nation oder dem der Menschheit. Man versteht diese Distanz zu den herrschenden ‚Großerzählungen' seiner Zeit besser vor dem Hintergrund von Ariès' *Histoire des populations françaises*, aber es machte den Autor natürlich weder bei den Traditionalisten noch bei den marxistischen Neuerern beliebt, die sich anschickten, die intellektuelle Hegemonie innerhalb einer ganzen Alterskohorte französischer Humanwissenschaftler zu gewinnen.[31] Bezeichnenderweise war Ariès auch einer der ersten, der den Bruch mit der bisherigen Geschichtsschreibung, den die *Annales*-Gruppe versuchte, in einem Kapitel über „existentielle Geschichte" bemerkte.

Jedenfalls war der Weg von einer historischen Demographie, die die Verhaltensoptionen der Menschen in den Vordergrund stellte, zur Frage nach der historischen Tiefendimension der Einstellungen zum Kind nicht mehr weit. Diese Problemstellung war gleichermaßen die Zuspitzung der Bevölkerungsgeschichte auf das Kind und die Ausweitung der Frage nach dem Zeugungsverhalten auf dessen Kontext. Ariès interessierte dabei, ob die Annahme richtig sei, daß die bekannten Einstellungen zum Kind bereits eine lange Tradition hatten, also gewissermaßen „schon immer galten" oder ob es sich dabei um jüngere Traditionsbildungen handelte. Das verleitete ihn zur Suche nach den historischen Ursprüngen der Einstellung zum Kind. Wichtig ist bei der Bewertung des Buches, daß Ariès keine Geschichte der Kindheit, sondern eine Geschichte der Einstellungen zum Kind vorlegte. Damit fragte er nach den unbewußt wirkenden Verhaltensdispositionen.

Das Buch enthält zwei Hauptthesen, die ich – gekürzt – in Ariès eigenen Worten darstelle: Die „alte, traditionale Gesellschaft" hat vom Kind und mehr noch vom Heranwachsenden nur schwach entwickelte Vorstellungen gehabt.[32]

> Die Dauer der Kindheit war auf das zarteste Kindesalter beschränkt [...]; das Kind wurde, kaum, daß es sich physisch zurechtfinden konnte, übergangslos zu den Erwachsenen gezählt. Die [...] Sozialisation des Kindes wurde von der Familie weder gewährleistet noch durch sie kontrolliert. [...] Die Erziehung beruhte dank dem Zusammenleben von Kind bzw. Jugendlichen und Erwachsenen jahrhundertelang auf dem *Lehrverhältnis*. Es lernte die Dinge, die es wissen mußte, indem es den Erwachsenen bei ihrer Verrichtung half. Der Auftritt des Kindes in der Familie und in der Gesellschaft war zu kurz und zu unbedeutend, als daß es sich ins Gedächtnis einprägen und besondere Aufmerksamkeit hätte beanspruchen können. Immerhin konnte das Kind in den allerersten Jahren, wenn es noch ein kleines drolliges Ding war, auf eine oberflächliche Ge-

---

[31] Ebd., S. 44–69. Vgl. dazu als Zeitzeugen LeRoy Ladurie: Paris - Montpellier (Anm. 3) und mit wissenschaftsgeschichtlicher Distanz Eribon: Foucault (Anm. 13), S. 64 f.
[32] Ich folge hier der Selbstdarstellung der Thesen durch Ariès in der Einleitung zur zweiten französischen Auflage von Philippe Ariès: Geschichte der Kindheit. Mit einem Vorwort von Hartmut von Hentig. 2. Aufl. München: Deutscher Taschenbuch Verlag 1979, S. 45 f.

fühlszuwendung rechnen, die ich ‚Gehätschel' genannt habe. [...] Wenn es dann starb, [...] mochte dies den einen oder anderen betrüben, doch in der Regel machte man davon nicht allzuviel Aufhebens: ein anderes Kind würde sehr bald seine Stelle einnehmen.

Zur Ausbildung gab man es außer Haus.

Die Mission, von der diese alte Familie geprägt war, war die Erhaltung des Besitzes, die gemeinsame Ausübung eines Handwerkes [...] und im Krisenfall die Verteidigung von Ehre und Leben. Eine affektive Funktion hatte sie nicht. Das soll nicht heißen, daß es ihr grundsätzlich an Liebe fehlte; sie ist oft durchaus erkennbar, [...] Doch waren Gefühle zwischen Ehegatten, zwischen Eltern und Kindern keine unabdingbare Voraussetzung für die Existenz wie für das Gleichgewicht der Familie: um so besser, wenn sie sich zusätzlich einstellten. Für gefühlsmäßige Bindungen und soziale Kontakte war außerhalb der Familie gesorgt; sie entwickelten sich in einem sehr dichten und warmen ‚Milieu',

indem man sich ständig besuchte und auch Feste feierte, also ‚Sozialität' pflegte.

Diese erste These von Ariès versucht, „traditionale Gesellschaften" zu interpretieren, die zweite soll den neuen Platz bezeichnen, den das Kind und die Familie in Industriegesellschaften einnehmen.

Von einer bestimmten Periode ab [...], endgültig und unabweisbar jedoch jedenfalls seit dem Ende des 19. Jahrhunderts hat sich in der Verfassung der Lebensformen [...] ein bemerkenswerter Wandel vollzogen. Er läßt sich von zwei unterschiedlichen Ansatzpunkten her begreifen. Die Schule ist als Mittel der Erziehung an die Stelle des Lehrverhältnisses getreten. Das bedeutete, daß das Kind sich nicht länger einfach nur unter die Erwachsenen mischt und das Leben direkt durch den Kontakt mit ihnen kennenlernt. [...] Das Kind ist nun von den Erwachsenen getrennt und wird in einer Art Quarantäne gehalten, ehe es in die Welt entlassen wird. [...] Daß man die Kinder so beiseite rückt – und damit zur Raison bringt – muß als eine Ausprägung der großangelegten Moralisierungskampagne der katholischen und protestantischen Reformer in Kirche, Justiz und Staat gedeutet werden. Sie wäre faktisch jedoch nicht denkbar gewesen ohne den gefühlsmäßigen Zusammenhalt der Familien – und das ist der zweite Angelpunkt dieses Phänomens, den ich hervorheben möchte. Die Familie ist zu einem Ort unabdingbarer affektiver *Verbundenheit* zwischen den Ehegatten und auch zwischen Eltern und Kindern geworden, was sie zuvor nicht gewesen war. Diese affektive Verbundenheit läßt sich vor allem an dem Rang ablesen, der der Erziehung von nun an eingeräumt wird. Es handelt sich nicht mehr einfach darum, seine Kinder in den Dienst des Besitzes und der Ehre zu stellen. Wir haben es mit einer völlig neuen Einstellung zu tun: Die Eltern interessieren sich für die Studien ihrer Kinder und verfolgen sie mit einer Aufmerksamkeit, wie sie [...] zuvor [...] unbekannt war. Die Familie beginnt also, sich um das Kind herum zu organisieren, ihm so viel Bedeutung beizumesssen, daß es aus seiner einstigen Anonymität heraustritt. Man kann es nicht mehr ohne großen Schmerz verlieren oder ersetzen [...] und es empfiehlt sich, die Anzahl der Kinder zu beschränken, damit man sich ihnen besser widmen kann. Es ist nicht weiter erstaunlich, daß diese Revolution auf dem Gebiet der schulischen Erziehung und der gefühlsmäßigen Einstellung auf lange Sicht mit einem demographischen Malthusianismus, einer freiwilligen Geburtsbeschränkung, einhergeht, die sich im 18. Jahrhundert beobachten läßt. Die spätere Entwicklung [...] führt zu einer Polarisierung des gesellschaftlichen Lebens im 19. Jahrhundert in den familiären Bereich einerseits und den beruflichen andererseits und zum Verschwinden [...] der alten Sozialität.

Die zweite These ist von der Forschung insgesamt zustimmend aufgenommen worden, während die erste, insbesondere hinsichtlich des angeblich fehlenden Sinns für die Kindheit im Mittelalter und der geringeren Zuneigung zum Kind von den Historikern skeptischer betrachtet wurde. Den großen Entwicklungslinien stimmte man aber zu.

Allerdings bezeichnet genau dieser Begriff der großen Linien auch die besonderen Stärken und Schwächen des Werkes: Ariès hat mit dem Buch über die Kindheit eine Pioniertat gewagt, die auf einer beeindruckenden Materialfülle beruht, und er hatte den Mut zu Verallgemeinerungen. Nach seiner Chronologie entstehen die Zuneigung zum Kind und analoge Abgrenzungstendenzen der großbürgerlichen städtischen Familie von ihrer Umwelt zuerst im Oberitalien des 15. Jahrhunderts. Folgt man bildlichen Darstellungen, wird später auch in Flandern, Deutschland und Frankreich die Ausbildung eines familären Binnenraumes nachvollziehbar. Die Mitte des 16. Jahrhunderts beginnende Moralisierungs- und Erziehungsoffensive der Kleriker und Juristen für die Notwendigkeit der Erziehung von nunmehr als formbar und formierungsbedürftig gedachten und dementsprechend auch für die Schule geeigneten Kindern setzt sich seit Anfang des 17. Jahrhunderts durch. Diese Bestrebungen bleiben lange auf einen eher von den freien Berufen und den Kaufleuten geprägten bürgerlichen Kern der Gesellschaft und auf die Jungen beschränkt, während Adel, Unter- und Mittelschichten sowie die Mädchen zunächst nicht erfaßt werden. Erst später im 17. und dann besonders im 18. Jahrhundert ergänzen Armenschulen und Mädchenerziehung der Orden die Erziehungsoffensive. Breitenwirkung erzielen auch diese erst im ausgehenden 18. Jahrhundert.

Ariès verfolgt also im Gegensatz zu Robert Muchembled, Gerhard Oestreich oder anderen Theoretikern der Zivilisationsoffensiven kein Modell der kulturellen Übermächtigung und Disziplinierung von oben, sondern stellt die Veränderungen in den Familien, also zum Beispiel die Bildungsnachfrage von unten, an den Anfang der veränderten Einstellung zum Kind.[33] Diese wiederum verursacht auch den Wandel des demographischen Verhaltens, nicht etwa die Moralisierungskampagnen der Kleriker. Sozial ist also bei Ariès der Schub für die neuen Einstellungen klar verankert, er selbst verweist sogar auf den Zusammenhang von Klas-

---

[33] Der jüngste Versuch in dieser Richtung ist bezeichnenderweise nun weniger an einer kulturellen Diffusion von oben nach unten orientiert, vgl. Robert Muchembled: Die Erfindung des modernen Menschen. Gefühlsdifferenzierung und kollektive Verhaltensweisen im Zeitalter des Absolutismus. Reinbek: Rowohlt 1990 (L'invention de l'homme moderne: culture et sensibilité en France du XVe au XVIIIe siècle. Paris: Fayard 1988). Allerdings fiele der Vergleich noch deutlicher zugunsten von Ariès aus, wenn man das frühere, für Ariès zeitgenössische Werk von Robert Muchembled heranzöge: Kultur des Volkes, Kultur der Eliten. Die Geschichte einer erfolgreichen Verdrängung. Stuttgart: Klett-Cotta 1982 (Culture populaire et culture des élites. Paris: Flammarion 1978), das ganz der Massenkulturtheorie verpflichtet war.

senbildung und Familiensinn. Seine Verallgemeinerungen müßten sicher hier und da chronologisch präzisiert werden, grundsätzlich sind sie aber tragfähig. Allenfalls verleitet die These des Buches in der verkürzten Form, wie ich sie hier anhand von Ariès eigener Beschreibung vorgestellt habe, dazu, sozialhistorische Defizite zu vermuten. Bei genauerer Lektüre des Werkes verflüchtigen diese sich allerdings weitgehend. Die Einstellungen zur Kindheit schweben nicht so „kulturalistisch" im luftleeren Raum, wie das die Kritik teilweise behauptete. Allerdings wird die Familie bei Ariès wenig in sozioökonomischen Bedingtheiten gesehen, deren genauere Untersuchung mittlerweile ein differenzierteres Bild familialer Strategien entstehen ließ. Daß noch viel Detailforschung vonnöten war, um diesen großen Wurf auszufüllen und zu modifizieren, war Ariès selbst klar. Diese wurde in Sondernummern der bedeutenden sozialgeschichtlichen Zeitschriften und wird mittlerweile selbst in einer eigenen Zeitschrift, der *History of Childhood*, publiziert. Auch in dieser letztgenannten Institutionenbildung zeigt sich die Fruchtbarkeit des weiten Forschungsfeldes, das Ariès aufgetan hat.

Ansonsten ist das Buch ein gutes Beispiel für strukturalistische Geschichtsschreibung. Ich kann nur empfehlen, das Kapitel über die Anfänge der Schulklassen noch einmal nachzulesen. Wie Ariès dabei, ausgehend von einer bei ihm immer aktuell inspirierten, auf eigener Lebenserfahrung beruhenden und auf das interessierte Publikum zugeschnittenen Problemstellung die Bausteine, also die Elemente der Struktur, nämlich Lerninhalt, Lehrer, Raum, Altersstufe, ‚herauspräpariert', ist beste *histoire-problème* im Sinne der *Annales*-Schule, die diese Orientierung am öffentlichen Interesse im Gegensatz zu der oft antiquarischen Gelehrsamkeit traditioneller Historiographie betonte. Die von Ariès isolierten Elemente werden dann so lange in ihren Beziehungen historisch verfolgt, bis sich die heutige ‚Struktur' – also eine relativ feste Zusammengehörigkeit von Elementen und Beziehungen – herausgebildet hat: eine Lebensaltersklasse, die ein (Klassen-)Lehrer mit einem bestimmten Lernprogramm unterrichtet, das immer und nur in dieser Klasse gelehrt wird, in einem bestimmten Raum, den die Schüler dann wechseln. Der letzte Schritt ist die Fixierung des Zusammenhangs eines Lebensalters mit einer Schulklasse – aber auch die anderen Prozesse erstrecken sich von ersten Reformversuchen im Spätmittelalter bis in das 19. Jahrhundert. Da mag mancher unscharfe Chronologien kritisieren, Ariès erfaßt die Komplexität nicht nur detailreich, sondern auch mit langem Atem und kann sie dann noch sehr lesbar präsentieren. Dabei dürfte ihm die erwähnte journalistische Tätigkeit genützt haben, die die verbreitete Sprödigkeit akademischen Schreibens gar nicht erst aufkommen ließ.

Ich möchte abschließend kurz auf eine methodische Besonderheit der *Geschichte der Kindheit* aufmerksam machen. Ariès' Quellenmaterial sind neben den gebräuchlichen deskriptiven und normativen Texten (wie Universitätsstatuten und Benimmbücher) auch Bildquellen. Diese werden nicht nur illustrierend, also hilfsweise eingesetzt, sondern tragen zum Beispiel den Einstieg in den dritten Hauptteil der *Geschichte der Kindheit*, der mit dem Kapitel ‚Familienbilder' beginnt. Ariès beschreibt dort die langsame Anreicherung des mittelalterlichen Bildthemas der

Monatsarbeiten um Darstellungen von Nachbarn, Frauen und schließlich im 15. Jahrhundert auch von Kindern. Das Auftauchen der Kinder kann er anhand von Stundenbüchern verschiedener europäischer Länder gleichzeitig belegen. Auch das Bildthema der Lebensalter wird weniger mit der Leiter, statt dessen zunehmend anhand der drei Lebensalter des Kindes, des (Ehe-)Mannes und des Greises dargestellt. Weiterhin stellen Stifterbilder seit dem 15. Jahrhundert zunehmend nicht mehr einzelne Stifter, sondern ganze Familien mit Kindern dar. Darüber hinaus werden nun auch anderen Themen – wie die Verkündigung – in intime Innenräume versetzt. Mitte des 16. Jahrhunderts bildet sich dann das Familienporträt heraus – bald mit Verbundenheitsgesten zwischen den zunächst nebeneinander hingestellten Personen, die später im 16. Jahrhundert dann um einen Tisch gesetzt oder bei einer gemeinsamen Tätigkeit gezeigt werden, die Zusammengehörigkeit stärker ausdrückt. Selbst für die Darstellung von Allegorien werden schließlich im 17. Jahrhundert Szenen des Familienlebens – man denke an die stillende Mutter als Caritas – einsetzbar, so daß das Familienthema sogar auf andere Gattungen ‚abfärbt'. Schließlich weist Ariès noch darauf hin, wie bei religiösen Themen der Hl. Josef als Familienvater aufgewertet wird und damit die heilige Familie im 17. Jahrhundert zum Modell stilisiert werden kann, während gleichzeitig die Familie beim Tischgebet, das das kleinste Kind spricht, zum neuen Genrethema avanciert. Ariès benutzt also die Veränderung älterer Bildtypen und die Entstehung neuer Bildthemen sowie deren Verbreitung als Argument für die sichtbare Entstehung eines Familiensinns.

Das Verfahren ist bemerkenswert, weil es die bildlichen Quellen gleichwertig in die historische Beweisführung einbringt und ihnen damit einen angemessenen Platz innerhalb der verschiedenen Quellen gibt. Die etwas einseitige Bevorzugung schriftlicher Quellen durch Historiker und die zu seiner Zeit fast ausschließliche Überlassung bildlicher Quellen an die Kunsthistoriker wird von Ariès mit beachtlichen Ergebnissen durchbrochen.[34] Ariès hat damit frühzeitig ein Quellenpotential in die historiographische Diskussion eingeführt, das erst langsam von Historikern stärker aufgegriffen wird.[35]

Allerdings ist das Verfahren von Ariès gleichzeitig auch recht fragwürdig. Für Überblicksthesen auf seinem Abstraktionsniveau sind seine Beispiele sicher aussagekräftig. Allerdings wäre methodisch die Bildung eines kontrollierten Quellenkorpus – wie ansonsten in der *Annales*-Schule in der Nachfolge von Emile Mâle praktiziert – eine solide Grundlage für historische Aussagen.[36] Dabei wird die

---

[34] Mittlerweile hat sich das auch in Deutschland geändert, vgl. zum Beispiel Mundus in imagine. Bildersprachen und Lebenswelten im Mittelalter. Festgabe für Klaus Schreiner. Hrsg. von Andrea Löther. München: Fink 1996.

[35] Heike Talkenberger: Von der Illustration zur Interpretation. Das Bild als historische Quelle. In: Zeitschrift für Historische Forschung 21 (1994), S. 289–314.

[36] Vgl. dazu die – allerdings sämtlich späteren – Arbeiten von Marie-Hélène Froeschle-Chopard: La religion populaire en Provence Orientale au XVIIIe siècle. Paris: Beauchesne 1980 (= Bibliothèque Beauchesne, 7); Alain Croix: La Bretagne aux 16e et 17e siècles, La vie – la mort – la foi. 2 Bde. Bd. 2. Paris: Maloine 1981, S. 863 f., S. 876 f.; vgl. Michel Vovelle:

Auswahl der Bildserie begründet und methodisch reflektiert. Weiterhin müßten Entstehungsbedingungen der Bilder wie zum Beispiel die Auftraggeberschaft, außerdem die Aneignungsbedingungen genauer beachtet werden.[37] Nicht alle Bilder sind so unproblemtisch gleichwertig verwendbar, wie Ariès dies tut. Sein Vorgehen ist etwas zu großzügig – und war schon 1960 nicht mehr ganz auf dem Stand der Kunstgeschichte, die allerdings damals noch weit davon entfernt war, Ariès' sozialhistorische Fragestellungen an ‚ihr' Material heranzutragen. Diese methodische Kritik kann aber sein Verdienst nicht schmälern, die Bildquellen aufgewertet und massiv in den Blick der Historiker gebracht zu haben.

Lebensgeschichtlich ist das übrigens seiner Frau zu verdanken, die Kunsthistorikerin war und Ariès seit der Mitte der 1940er Jahre die Bedeutung der Bilder nahebrachte. Primerose nahm ihn zu ausgiebigen Besichtigungen selbst drittrangiger Museen mit, wo er sich anfangs vor den Vitrinen ziemlich langweilte. Sie vermittelte ihm aber – nach den geographischen Exkursionen ein weiteres Mal – das Sehen, diesmal von Kunst. So entdeckte Ariès den Quellenwert von Bildern und Grabsteinen, Bauten und Alltagsobjekten für die Geschichtsschreibung, den er in seinen späteren Werken bis hin zu dem Bildband zur Geschichte des Todes immer wieder deutlich machte.[38]

Die zweite, im Grunde auch schon in der *Histoire des populations françaises* angelegte inhaltliche Perspektive war die Frage nach dem Umgang mit dem Tod. Die entsprechenden Untersuchungen entstanden aber nicht in direkter Fortsetzung früherer Forschungen. Vielmehr bedurfte es erst eines Anstoßes durch den amerikanischen Kollegen Orest Ranum von der Johns Hopkins Universität in Baltimore.[39] Er lud Ariès wegen seiner geschichtstheoretischen Publikation ein, über das französische Nationalgefühl zu sprechen.[40] Ariès erklärte ihm, daß das einzige, was er liefern könne, ein Beitrag über die französische Einstellung zum Tod sei, die er allerdings als exemplarisch für die Fragestellung betrachte. So erhielt er die Einladung zu vier Vorträgen und schrieb den ersten Entwurf des geplanten Buches über den Tod, zu dem er bereits eine große Materialsammlung angelegt hatte. Das Thema beschäftigte ihn schon fünfzehn Jahre vor dem Erscheinen des Essaibandes, weil Ariès wieder der Versuchung des weiteren Zurückschreitens in der Zeit nicht widerstehen wollte. So entstanden in diesem Werkzusammenhang

---

Iconographie et histoire des mentalités. In: ders. (Hrsg.): Iconographie et histoire des mentalités. Paris: CNRS 1979.

[37] Vgl. dazu Klaus Herding und Rolf Reichardt: Die Bildpublizistik der Französischen Revolution. Frankfurt a. M.: Suhrkamp 1989 und an einem Beispiel Hans-Jürgen Lüsebrink und Rolf Reichardt: Die ‚Bastille'. Zur Symbolgeschichte von Herrschaft und Freiheit. Frankfurt a. M.: Fischer 1990.

[38] Philippe Ariès: Bilder zur Geschichte des Todes. München: Hanser 1984.

[39] Ranum ist ein exzellenter Kenner der Geschichte der Fronde (1648–1653); in diesen Jahren gaben seine Kollegen von der Johns-Hopkins-Universität eine Auswahl von wichtigen Aufsätzen aus den *Annales* heraus, so daß die Einladung an Ariès aus dieser Stadt und Universität nicht ganz zufällig kam.

[40] Philippe Ariès: Essais sur l'histoire de la mort en Occident du Moyen âge à nos jours. Paris: Seuil 1975, S. 12.

Texte, die den Zeitraum von der Antike bis zum 20. Jahrhundert abdecken. Drei Jahre nach den 1974 zuerst in englischer Sprache erschienenen *Essais sur l'histoire de la mort en Occident du Moyen Age à nos jours* legte Ariès die fast 800 Seiten starke Geschichte des Todes *(L'homme devant la mort)* vor, der dann 1983 noch ein Bildband folgte. In ihm machte Ariès die Kernstücke der Materialsammlung systematisch zugänglich, die er für seine Bücher genutzt hatte. Mit dem Bildband beschritt der Erfolgsautor auch medial neues Terrain, das den Rezeptionsgewohnheiten der Fernsehgesellschaft entgegenkam und das Todesthema noch weiter popularisierte. Damit machte er sich natürlich auch die rhetorischen – also auf Überredung hinwirkenden – Möglichkeiten von Bildern zunutze, die auf dem französischen historischen Sachbuchmarkt später besonders von Georges Duby und Fernand Braudel eingesetzt wurden. Ariès' Bildband ist seiner Frau gewidmet, die ihn auf die Bilder aufmerksam gemacht und bei der Auswahl im Cabinet d'Estampes der Nationalbibliothek sowie teilweise sogar bei der Auswertung der Testamente im Minutier central in Paris unterstützt hatte. Ich werde diese drei Veröffentlichungen hier zusammen, allerdings mit dem Schwerpunkt auf dem Hauptwerk, der *Geschichte des Todes* von 1977, behandeln.

Ein früher Anstoß zum Thema wurde Ariès übrigens erst später bewußt: Als er seine *Histoire des populations françaises* von 1948 seinem Verleger vorlegte, wollte er dem Untertitel „*Leurs attitudes devant la vie* ‚et devant la mort' hinzufügen, aber [sein] Verleger R. Whitman ließ [ihn] auf diesen seiner Ansicht nach düsteren Zusatz verzichten". Ariès „war damals nicht klar, daß [er] hier auf eines der ersten Zeichen für die heutige Ablehnung des Todes stieß".[41] Diese aktuelle Beobachtung war – ganz im Sinn der *histoire-problème* – der Ausgangspunkt des Buches. Seine Hauptthese ist, daß die Einstellungen zum Tod ein sehr aussagekräftiger Indikator für die grundlegenden Einstellungen zum Leben sind. Ariès konstatiert aber nicht nur lange vor der von ihm mit ausgelösten Diskussionswelle die Verdrängung des Todes aus dem Alltag bis hin zum Tabu, ihn dem Todgeweihten anzukündigen, und zu der sozialen Praxis, beim Umgang mit dem Trauernden über den Tod zu schweigen. Vielmehr gelingt ihm erneut die Systematisierung eines noch viel enormeren Stoffes von der Antike bis zu Gegenwart, in der nun erstmals neben seinen fünf europäischen Standardländern Frankreich, England, Italien sowie – immer etwas schwächer belegt – Deutschland und die Niederlande nun auch die USA und andeutungsweise Rußland in die Untersuchung einbezogen werden. Außer den Schrift- und Bildquellen werden jetzt noch massiver als schon in der *Histoire des populations françaises* auch literarische Texte ausgewertet. Methodisch ist aber vor allem die große Bedeutung von sächlichen Zeugnissen wie Grabmälern und Friedhöfen, Särgen und anderen Realien des Totenbrauchtums für Ariès' Beweisführung bemerkenswert. Die Beachtung der Lage eines Friedhofes in der Stadtmitte oder am Stadtrand zeigt erneut Ariès' Prägung durch die historische Geographie der 1930er Jahre. Er weitet hier also noch einmal den

---

[41] Ders.: Sonntagshistoriker (Anm. 2), S. 84.

von ihm benutzten Quellenbestand aus. In der *Geschichte der Kindheit* hatten zwar schon Kleidung und Spielzeug, allerdings zumeist in Form bildlicher Darstellungen, eine Rolle gespielt. In der *Geschichte des Todes* werden die Realien selbst zu vollwertigen Quellen.[42]

Die *Geschichte des Todes* wird in einer typisch französischen *conclusion* in Form eines Modells ‚theoretischer' – also verallgemeinerungsfähiger – als in früheren Werken formuliert. Aus dem „gezähmten Tod" des Frühmittelalters wird nach Ariès der individueller erfahrene „eigene Tod" des späten Mittelalters, in dem zum Beispiel das Fegefeuer erfunden wird, um dem Sünder noch Chancen zur Nachbesserung für das ewige Heil zu geben. Diese sollten nicht zuletzt durch die bedachte Wahl des Begräbnisortes in der Nähe des Heils, also des Altares, gesichert werden. In der Frühen Neuzeit wird das Modell des guten, das heißt vorbereiteten Sterbens in der für das Seelenheil immer wichtiger werdenden Sterbestunde weiter kultiviert und im Barock dann mit angemessener Ansprache des Sterbenden an die Umstehenden und mit aufwendigen Leichenzügen pathetisiert. Dem folgt der „verwilderte Tod" des 18. Jahrhunderts, bei dem man vom Zeremoniell langsam Abstand nimmt und Einfachheit, aber auch Schönheit des Todes ästhetisierend bevorzugt. Die Hölle verliert nun ihre Glaubwürdigkeit. Im 19. Jahrhundert folgt der „Tod des Anderen", also eines geliebten Menschen, als großes melancholisches Thema, der schließlich durch den „verdrängten Tod" des 20. Jahrhunderts abgelöst wird. Dem Glauben an die heilende Wirkung der Natur, den man zum Beispiel im England des 19. Jahrhunderts unter anderem durch die Landschaftsfriedhöfe Ausdruck verleiht, folgt der entschlossene Optimismus, mit der Technik das Böse und damit auch das Leiden sowie den Schmerz und so letztlich implizit auch den Tod abschaffen zu können, der deshalb nur noch als Skandal totgeschwiegen werden muß. Ariès präsentiert – wiederum strukturalistisch – ein Ausgangsmodell des Umgangs mit dem Tod, das hinsichtlich von vier Parametern langsam variiert hat. Es sind „das Bewußtsein des Menschen von sich selbst (1); [...] die Verteidigung der Gesellschaft gegen die wilde Natur (2), der Glaube an ein Leben nach dem Tode (3) und der Glaube an die Existenz des Bösen (4)".[43]

Die Epochenbildung ist übrigens weit komplizierter, die These vielschichtiger, als ich sie hier dargestellt habe. Ich kann aber aus Raumgründen nicht weiter auf dieses am besten bekannte Buch eingehen, das in Deutschland sogar im Spiegel rezensiert wurde.[44] Es schien mir wichtiger, einem deutschen Publikum das weniger bekannte Frühwerk stärker in Erinnerung zu rufen.

---

[42] Vgl. Croix: Bretagne (Anm. 36), Bd. 2, S. 863 f.
[43] Philippe Ariès: Geschichte des Todes. München: Hanser 1980, S. 774.
[44] Marlies Janz: „Nehmen wir etwa den Sarg". In: Der Spiegel 12 (1981), S. 237–245; vgl. Erbe: Die Gruppe um die *Annales* (Anm. 12), S. 113.

3. Aspekte der Rezeption

Es ist bisher nicht ausreichend unterstrichen worden, daß der maßgebliche Initiator von zwei neuen Forschungsfeldern, den Einstellungen zur Kindheit und zum Tod, lange ein Außenseiter des universitären und postuniversitären (Ecole des Hautes Etudes en Sciences Sociales, EHESS) Wissenschaftsbetriebes in Frankreich geblieben ist. Daran änderten auch freundliche Rezensionen seiner Bücher durch bestimmte *Annales*-Historiker in ihrer Zeitschrift oder die Taschenbuchauflage seiner *Histoire des populations françaises* (1971) und von *L'enfance et la vie familiale* (1973) zunächst wenig.[45] Wirklich akzeptiert wurde er in Frankreich erst, als er schon international angesehen war. Die Entwicklung dieses Renommées läßt sich am besten anhand der Übersetzungen seiner Werke nachvollziehen.

Philippe Ariès: Werke und Übersetzungen[46]

Kurztitel	französisch	Ausgabe engl.	italien.	deutsch
Monographien				
Les traditions sociales	1943	—	—	—
Histoire des populations françaises	1948 (*1971)	—	—	—
Le temps de l'histoire	1954 (*1986)	—	1987	—
L'enfance et la vie familiale	1960 (*1973)	1965	1968	1975 (*1978)
Essais sur l'histoire de la mort	1975 (*1977)	1974	—	1976
L'homme devant la mort	1977 (*1985)	1981	1978	1981
Images de l'homme devant la mort	1983	1985	—	1984
Autobiographische Texte				
Un historien de dimanche	1980	—	1993	1990
Essais de mémoire	1993	1993	—	1994***
Wichtigste Herausgeberschaft				
Histoire de la vie privée	1985**	1987	1994	1989

Die Tabelle weist die *Geschichte der Kindheit* als das Buch aus, mit dem Ariès als über Fünfzigjähriger der Durchbruch zu internationaler Bekanntheit gelang.[47] Als

---

[45] Das Verhältnis zu den *Annales* zieht sich durch die Autobiographie; vgl. zum Beispiel Ariès: Sonntagshistoriker (Anm. 2), S. 54, S. 108 f. Ariès selbst spricht von einer „Quarantäne", die von 1948 bis 1962 gedauert habe. Vgl. Raphael: Erben (Anm. 12), S. 368 f.

[46] Eigene Recherche anhand der Nationalbibliographien; die Liste bei Raphael (Anm. 45) ist in bezug auf die ausgewählten Titel von Ariès unvollständig: es fehlt die deutsche Übersetzung. * heißt Paperback- bzw. Taschenbuchausgabe; **: Ariès starb während der Vorbereitung des Buches, das ihm dann gewidmet wurde; ***: Teilübersetzung.

[47] Möglicherweise hat sie auch die Wiederauflage der *Histoire des populations françaises* veranlaßt. Michel Winock kannte dieses Buch aus einem Seminar an der Sorbonne bei Raoul Girardet, einem alten Freund aus Ariès' Tagen an der Sorbonne; vgl. dazu Ariès: Sonntagshistoriker (Anm. 2), S. 48. Girardets Buch *La société militaire dans la France contemporaine (1815–1939)* hatte Ariès 1953 in seiner Reihe *Civilisations d'hier et d'aujourd'hui* bei Plon herausgebracht; er erwähnt es auch wieder als beispielhaft am Ende seines Mentalitätenaufsatzes in der

Indikator ist dafür die Übersetzung ins Englische entscheidend, weil sie das Buch mit einem Schlag auf dem größten Markt für historisches Wissen weltweit zugänglich machte und gleichzeitig die Wahrnehmung in vielen anderen Sprachräumen ermöglichte. In den USA wurde das Buch begeistert insbesondere von Pädagogen, Soziologen, Sozialarbeitern und auch von Historikern aufgenommen und außerdem breit öffentlich diskutiert. Die etwas spätere italienische Übersetzung zeigt die Ausweitung des Rufes in ein historiographisch für die *Annales*-Rezeption teilweise sehr freundlich gesonnenes Land.[48] Die um fünfzehn Jahre verspätete deutsche Übersetzung belegt erneut, mit welchem zeitlichem Abstand man in diesem Land die veränderte Welt der Historiographie zur Kenntnis nahm. Bevorwortet wurde der Text bezeichnenderweise von dem Pädagogen Hartmut von Hentig. Das deutsche Presseecho in dieser Zeit der Diskussionen über Bildung und Erziehung war erheblich und sehr positiv, die Historiker blieben eher zurückhaltend. Das war bezeichnend für das Auseinanderklaffen zwischen dem öffentlichen Interesse und dem Desinteresse der Fachhistoriker an kulturhistorischen Themen.

Bei den *Essais über die Geschichte des Todes* erschien sogar zunächst eine amerikanische Fassung, bevor 1975 die französische, bereits 1976 die deutsche Übersetzung folgte. In der ersten Begeisterung für die *Geschichte der Kindheit* hatte man auch in Deutschland den Autor Ariès – und seine gute Lesbarkeit – entdeckt, und es gab einen Verlag (Hanser), der ihn ‚pushte'. Die schnelle Folge der anderen Übersetzungen bestätigt *ex post*, daß die *Geschichte der Kindheit* der entscheidende, weiter tragende internationale Durchbruch war.

Der dritte Welterfolg wurde dann die *Geschichte des Todes* selbst. Hier folgten die Übersetzungen des immerhin 800seitigen Werkes dem Original auf den Fuß, was die gesteigerte und andauernde Aufmerksamkeit des Publikums und der *international scientific community* für Ariès verdeutlicht, die entsprechende verlegerische Aktivitäten wenig risikoreich machten: Ein Jahr nach dem Erscheinen in Frankreich folgte die italienische Übersetzung, drei Jahre später die deutsche und die englische. Die relative Verspätung dieser beiden Märkte dürfte sich aus dem Vorliegen von Übersetzungen der *Essais sur l'histoire de la mort* erklären, die alle wichtigen Thesen des Buches enthielten und ein schnelles ‚Nachschieben' des ausgearbeiteten Werkes verlegerisch nicht angeraten erscheinen ließen. Die kurzen Zeiträume zwischen Originalausgabe und Übersetzung seit Mitte der 1970er Jahre belegen auch, daß sich mittlerweile der Weltmarkt für historische Themen, zumindest was die öffentliche Nachfrage betrifft, homogenisiert hatte. Schließlich begann auch die deutsche Historikerzunft seit den siebziger Jahren in den für Ariès wichtigen Themenfeldern wie historischer Demographie und Familiengeschichte zaghaft zu

---

Nouvelle histoire; vgl. dazu auch Chartier in: Ariès: Le temps de l'histoire (Anm.13), S. 11. Für Winock war Ariès' Buch eine Entdeckung der Hintergründe des Politischen, die ihn als 1968er ganz in Beschlag genommen hatte. Als er eine historische Reihe bei den Editions du Seuil übernahm, veröffentlichte er es dort als zweiten Titel. Vgl. dazu das Vorwort von Michel Winock zu Ariès: Sonntagshistoriker (Anm. 2), S. 9.

[48] Zu den Problemen der sonstigen *Annales*-Rezeption in Italien vgl. Raphael: Erben (Anm. 12), S. 467 f.

forschen, auch wenn sie bis heute keinen den westeuropäischen Ländern vergleichbaren Stellenwert haben. Die Erklärung von Ariès' Welterfolg, der sich anhand der Übersetzungen in weitere Sprachen und der posthum erschienenen, von ihm mit herausgegebenen *Geschichte des privaten Lebens* noch vertiefen ließe, liegt auf der Hand: Die Themen interessierten die Öffentlichkeit. Ariès' Nutzung vielfältiger Quellengattungen entsprach der Lesererwartung nach Anschaulichkeit, ohne dabei vom Material erschlagen zu werden, und nach solider historischer Information, die sicher von dem Quellenreichtum auch rhetorisch gestützt wird. Daß der Autor auch den Mut zur epochenübergreifenden Darstellung und zu weitgreifenden Thesen hatte und gut lesbar schrieb, dürfte zu der breiten Rezeption im Publikum beigetragen haben.

Für die Anerkennung des Werkes von Ariès läßt sich aus den Übersetzungsdaten außerdem schließen, daß spätestens nach Mitte der siebziger Jahre (also etwa 1977) dieser Prophet auch im eigenen Lande nicht mehr zu überhören war. Dort lagen mittlerweile Taschenbuchausgaben von *L'enfance et la vie familiale* und des grundlegenden demographischen Frühwerkes *Histoire des populations françaises* vor, die über alte Freundschaftsnetze aus Ariès' Zeit an der Sorbonne ermöglicht worden waren.[49] Die mittlerweile marktbeherrschende *Annales*-Historiographie hatte bisher eine große Distanz zu Ariès gehalten. Weder schrieb Ariès in ihrer Zeitschrift, noch war er gar an der EHESS oder an der Sorbonne, den beiden Hochburgen dieser Strömung, tätig. Und bezeichnenderweise lernte Ariès – nach zwei folgenlosen Begegnungen mit Lucien Febvre – Fernand Braudel, den damals unbestrittenen ‚Häuptling' der *Annales*-Gruppe, erst 1976 bei einer kurzen Begegnung, nicht etwa in Paris, sondern im fernen Washington kennen.[50] Nun mußte man Ariès zur Kenntnis nehmen – und konnte es wohl auch leichter als früher, denn die *Annales*-Gruppe hatte sich mittlerweile selbst thematisch und personell verjüngt und damit auch für ‚weichere' Themen geöffnet. Georges Duby, Roger Chartier, Jean-Louis Flandrin, Emmanuel LeRoy Ladurie und andere wandten sich von den ‚härteren' wirtschafts- und sozialhistorischen Ansätzen der ‚histoire totale' eines Braudel mit ihrem latenten Materialismus und ihrem Basis-Überbau-Schema der Kultur ab.[51] Sie betonten bei dieser Neuorientierung strategisch geschickt das Ziel, die bisherige *Annales*-Geschichtsschreibung umfassender zu machen, und bahnten einer noch unscharf definierten ‚Geschichte des dritten Niveaus' neben Wirtschaft und Politik, nämlich der Mentalitätengeschichte oder auch ‚Historischen Anthropologie' den Weg.[52] Dabei konnten sie unter anderem

---

[49] Zu dem Freundschaftsnetz aus alten Tagen Girardet–Winock–Ariès, das hier am Werk war, vgl. Anm. 47.

[50] Ariès: Sonntagshistoriker (Anm. 2), S. 81.

[51] Ariès hat das selbst früh und deutlich in seinem Artikel über die Mentalitäten in der Darstellung der *Nouvelle histoire* herausgestellt, vgl. Philippe Ariès: Histoire des Mentalités. In: LeGoff: Nouvelle histoire (Anm. 12), S. 402–423, S. 409 f.

[52] Vgl. dazu Peter Schöttler: Mentalitäten, Ideologien, Diskurse. Zur sozialgeschichtlichen Thematisierung der ‚dritten Ebene'. In: Alltagsgeschichte. Zur Rekonstruktion historischer Erfahrungen und Lebensweisen. Hrsg. von Alf Lüdtke. Frankfurt a. M.: Campus-Verlag 1989, S. 85–136.

auf die gleichen Wurzeln wie Ariès zurückgreifen, nämlich auf das Interesse eines Febvre am kollektiven Unbewußten und an der Geschichte des Gefühls, die er durch eine Annäherung an die Psychologie entstehen lassen wollte. So war es leicht, Ariès nun als einen der Ihren zu kooptieren – um nicht zu sagen zu vereinnahmen. Das Stichjahr für diesen Vorgang war 1977. Damals wurde Ariès gebeten, in der maßgeblichen Selbstdarstellung der erneuerten *Annales*, in dem Handbuch *La nouvelle histoire*, den Artikel über die Geschichte der Mentalitäten zu schreiben.[53] Als das Buch 1978 erschien, stand der 64jährige Außenseiter sogar als Leiter eines Forschungsseminars mit dem prestigeträchtigen Titel eines ‚directeur d'études' im Herzen – um nicht zu sagen auf dem Feldherrenhügel – der *Annales*-Gruppe, in der VI. Sektion der École Pratique des Hautes Etudes en Sciences Sociales.[54] Er kannte sie schon aus der Studienzeit, als sie noch nicht als École des Hautes Études en Sciences Sociales in der von Braudel gegründeten Maison des Sciences de l'Homme firmierte.

In diesem interdisziplinären Forschungszentrum für Sozialwissenschaften, dem zweitgrößten der Welt, rekapitulierte Ariès seinen eigenen Weg ausgerechnet mit einem Text über das ‚Geheimnis' – ich ergänze: als historische Kategorie.[55] Man muß diesen Text zur Eröffnung des Seminars genau lesen, um die feinen Spitzen zu verstehen. Zitiert werden 1978 neben dem unvermeidlichen Febvre und außer dem ausdrücklich als Freund bezeichneten Michel Vovelle, der mit quantitativen Methoden über den Tod in der Provence gearbeitet hatte, vorzugsweise die qualitativ orientierten Forscher wie Philippe Joutard (*La légende des Camisards*, 1977), Jacques LeGoff (*Pour un autre moyen Âge*, 1977), Jean Delumeau (*La peur en Occident*, 1978), Yves Castan (*Honnêteté et relations sociales en Languedoc*, 1974) und besonders Jean-Louis Flandrin (*Famille, parenté, maison, sexualité dans l'ancienne société*, 1976; *Le sexe et l'Occident*, 1981).[56] Deutlicher konnte ein Kooptierter die Distanz zum latenten Materialismus und zur noch vorherrschenden Begeisterung für quantitative Ansätze in der zweiten *Annales*-Generation um Braudel und Labrousse an diesem

---

[53] Ariès: Mentalités (Anm. 51); Bewertung als epistemologisch nicht weiterführend bei Raphael: Erben (Anm. 12), S. 369 f.
[54] Mit diesem Titel präsentiert ihn jedenfalls die *Nouvelle histoire* (Anm. 51), S. 402. In dieser Zeit der Neuorientierung der *Annales* fand am 20. Mai 1978 auch ein Gespräch mit Michel Foucault statt: L'impossible prison. Recherches sur le système pénitentiaire au XIXe siècle. Débat avec Michel Foucault. Hrsg. von Michelle Perrot. Paris: Seuil 1980. Beobachter aus der EHESS halten diese zeitliche Koinzidenz mit dem ersten Auftreten von Ariès für zufällig.
[55] Philippe Ariès: Das Geheimnis. In: ders.: Saint Pierre (Anm. 5), S. 22 f.
[56] Flandrin hatte als erster Ariès *Geschichte der Kindheit* in der *Annales E.S.C.*, allerdings vier Jahre nach dem Erscheinen besprochen. Es kann hier offen bleiben, ob er wegen der von ihm bevorzugten – weichen – Themen nicht zum Directeur d'Etudes an der EHESS wurde. Möglicherweise ist das Zitat mit dem Titel der Thèse von LeRoy Ladurie *(Les paysans du Languedoc)*, das dann diesen Autor aber gerade nicht nennt, sondern sich auf Castan bezieht, sogar eine gezielte Spitze gegen LeRoy Ladurie, der zumindest in der Nachkriegszeit ein überzeugter Marxist war und die Kultur der Bauern dementsprechend aus der Entwicklung der Grundrente ableitete. Emmanuel LeRoy Ladurie: Les paysans du Languedoc. Paris: Flammarion 1969; vgl. Ariès: Saint Pierre (Anm. 5), S. 29.

Ort nicht ausdrücken. Implizit bedeutete er damit seinen Zuhörern, daß der Außenseiter Ariès den auf dem damaligen Höhepunkt der *Annales*-Popularität erkennbaren erfolgreicheren Weg der Mentalitätengeschichte bereits seit den 1940er Jahren eingeschlagen hatte.

4. Bewertung

Das gibt Anlaß, abschließend auf einige Konzepte und deren Problematik in Ariès' Werk einzugehen, die für eine heutige Kulturgeschichtsschreibung Bedeutung haben könnten. Ariès rechnete sich selbst der ‚Mentalitätengeschichte' zu. Diese war heuristisch ungemein fruchtbar, wie weitere Studien, etwa die schon erwähnten zur Geschichte des Todes (Vovelle, Chaunu), der Angst (Delumeau), der Sexualität (Flandrin), des Zeitverständnisses (LeGoff) oder zur Geschichte der Gerüche (Alain Corbin, *L'odorat et l'imaginaire social*, 1982) und zur Richtermentalität (Robert Mandrou, *Magistrats et sorciers en France au XVIIe siècle*, 1968) als Beispiel einer berufsgruppenspezifischen Anwendung belegen. Auch läßt sich die Mentalitätengeschichte weiterführend mit der politischen Geschichte verbinden.[57]

Das Interesse der Mentalitätengeschichte betraf immer die Einstellungen und Verhaltensweisen des Durchschnittsmenschen, weshalb man von ‚sozialen' Mentalitäten sprach. Die Rückbindung solcher Einstellungen an soziale Milieus macht gerade die *differentia specifica* zur Ideengeschichte oder auch zu einem Teil der *intellectual history* aus. Mir scheint diese Fragestellung nach wie vor aktuell, und es wäre wünschenswert, daß in Deutschland auch nur ein Zehntel der empirischen Ergebnisse vorläge, die andere Länder aufweisen. Mentalitätengeschichte bleibt gerade beim heutigen historisch anthropologischen Interesse an individuellen Akteuren und ihren expliziten und impliziten Motivationen als Korrektiv durch Bezug auf größere Gruppen, Kollektive oder empirisch gebildete Klassen aktuell, denn manche der neueren Ansätze betonen etwas zu stark einen gewissen Subjektivismus. Mentalitätengeschichte erinnert demgegenüber an die Bedeutung nicht individueller und wenig bewußter Verhaltensdispositionen. Allerdings liegt in ihrer Bezugnahme auf das Durchschnittsindividuum und der unzureichenden Reflexion über die Vermittlung zwischen kollektiven Dispositionen und individuellen Verhaltensweisen auch eine epistemologische Grenze des Konzeptes. Das Mentalitätenkonzept ist fraglos begrifflich unscharf, was nicht zuletzt deutsche Historiker immer wieder dargestellt haben.[58] So verfügt es weder über ein klares Modell histori-

---

[57] So führt etwa die Verknüpfung von Bürgermentalitäten mit Problemen der obrigkeitlichen Durchsetzung von Fürsorgemaßnahmen zu einem besseren Verständnis für die Rahmenbedingungen von Armenpolitik in der Frühen Neuzeit. Vgl. dazu Martin Dinges: Stadtarmut in Bordeaux (1525–1675). Alltag, Politik, Mentalitäten. Bonn: Bouvier 1988, S. 475 f., S. 516 f.

[58] Volker Sellin: Mentalität und Mentalitätsgeschichte. In: Historische Zeitschrift 241 (1985), S. 555–598; vgl. auch Hagen Schulze: Mentalitätsgeschichte – Chancen und Grenzen eines Paradigmas der französischen Geschichtswissenschaft. In: Geschichte in Wissenschaft und

schen Wandels noch über eine Handlungstheorie individueller Akteure, die die Rolle des Unbewußten präzisiert, und leidet auch unter Abgrenzungsschwierigkeiten seines Gegenstandes Mentalität, etwa gegenüber der Gesellschaft. Aber die konzeptuelle Unschärfe hat anderswo beachtliche empirische Erträge nicht behindert. Es spricht viel dafür, daß auch wegen des ablehnenden Artikels in der *Historischen Zeitschrift* entsprechende empirische Umsetzungen nicht gerade ermutigt wurden. Erst seit kurzem liegt mit der Habilitation von Rudolf Schlögl eine erste größere deutsche Studie vor, die sich auf die französische Forschung und die Mentalitätengeschichte bezieht und für die Sozialgeschichte des Religiösen methodisch und inhaltlich durchaus weiterführt.[59]

Problematischer scheint mir das Konzept des ‚inconscient collectif‘, also des kollektiven Unbewußten, zu sein. Ariès versteht darunter „erstens ein veritables System von un(ter)bewußten Verhaltensdispositionen, das zweitens tatsächlich in einer Gesellschaft wirkt, ohne daß diese drittens darüber Bescheid weiß".[60] Hier setzt sich nun doch im Stile Hegels ein bißchen zu viel hinter dem Rücken der historischen Subjekte durch. Außerdem werden die kulturellen Dispositionen zu strukturalistisch als System gedeutet, was der Variabilität und Veränderbarkeit von Kultur nicht ganz entsprechen dürfte.[61] Ariès selbst benennt die breite Zone zwischen bewußtem und unbewußtem Handeln 1978 in seinem zitierten Referat an der EHESS als Problemfeld, das er mit der Frage nach dem ‚Geheimnis‘ zu untersuchen vorschlägt, ohne allerdings über Andeutungen hinauszukommen. Methodisch interessanter dürfte nach Foucault und Lacan die ausschließliche Betrachtung des ‚Textes‘ – im weitesten Sinn – und seiner Funktionsweisen sein.

Unterricht 36 (1985), S. 247–270; Frantisek Graus: Mentalität – Versuch einer Begriffsbestimmung und Methoden der Untersuchung. In: ders. (Hrsg.): Mentalitäten im Mittelalter. Sigmaringen: Thorbecke 1987, S. 9–48; weiterführende Kritik aus der Sicht eines einflußreichen *Annales*-Historikers bei Roger Chartier: Intellektuelle Geschichte und Geschichte der Mentalitäten. In: Mentalitätengeschichte. Zur historischen Rekonstruktion geistiger Prozesse. Hrsg. von Ulrich Raulff. Berlin: Wagenbach 1987, S. 69–96; weitere Literatur zur Diskussion des Konzeptes bei Raphael: Erben (Anm. 12), S. 327 f. Es scheint besonders stark in Deutschland wirkende Rezeptionsbarrieren gegen als nicht-zünftisch betrachtete Autoren zu geben, die historische Themen kreativ behandeln, vgl. Martin Dinges: The Reception of Michel Foucault's Ideas on Social Discipline. Mental Asylums, Hospitals and the Medical Profession in German Historiography. In: Reassassing Foucault: Power, Medecine and the Body. Hrsg. von Colin Jones und Roy Porter. London: Routledge 1994, S. 181–212.

[59] Rudolf Schlögl: Glaube und Religion in der Säkularisierung. Die katholische Stadt: Köln, Aachen, Münster 1700–1840. München: Oldenbourg 1995 (= Ancien Regime, Aufklärung und Revolution, 28), S. 18 f.

[60] Ariès: Sonntagshistoriker (Anm. 2); vgl. ders.: Mentalités (Anm. 49), S. 422 f.

[61] Vgl. dazu die einschlägige Kritik am Systembegriff von Clifford Geertz: Dichte Beschreibung. Beiträge zum Verstehen kultureller Systeme. Frankfurt a. M.: Suhrkamp 1983. Eine entsprechende Veränderung des Themenzuschnitts bereits bei Emmanuel LeRoy Ladurie: Karneval in Romans. Von Lichtmeß bis Aschermittwoch 1579–1580. Stuttgart: Klett-Cotta 1982 (Le carnaval à Romans, de la Chandeleur au mercredi de cendres 1579–1580, Paris: Gallimard 1979).

Damit kann man sich zumindest unbeantwortbarer und damit nicht wissenschaftlicher Fragen entledigen, statt sie in den Nebel des Geheimnisses zu hüllen.

Auch ist die im kollektiven Unbewußten mitgeschleppte Erbschaft der früheren ‚mentalité primitive' problematisch. Dieses Konzept teilt die fragwürdigen Dichotomien zwischen Hochkultur und Volks- bzw. Massenkultur, die implizit hier und da auch in Ariès' Werk eingegangen sind.[62]

Daß Ariès das individuelle Funktionieren der von ihm dargestellten kollektiven Mentalitäten als offenes Forschungsproblem betrachtet, zeigt zumindest ein waches Bewußtsein für die Grenzen des eigenen Ansatzes.[63] Man wird deshalb gut daran tun, ihn weniger als Theoretiker denn als einen sehr anregenden Empiriker zu schätzen, der sowohl hinsichtlich der Themen als auch hinsichtlich der verwendeten Quellenmaterialien Neuland erschlossen hat. Als entscheidende methodische Innovation ist hier die mit den Schriftquellen völlig gleichberechtigte Verwendung von Bildquellen und Realien in Erinnerung zu rufen.[64] Ihm in dieser fundamentalen Aufwertung dieser Quellengattungen zu folgen wäre weiterführend. Dabei wären natürlich methodische Kautelen zu beachten.[65]

Hinsichtlich der Bewertung des Quellenkorpus teile ich nicht Ariès' Skepsis, daß dieser Aufwand einen zu geringen Ertrag bringt.[66] Vielmehr scheint mir hier gerade ein Weg zu liegen, die Erforschung von Mentalitäten auf eine methodisch solidere Basis zu stellen. Insgesamt bleibt in Deutschland noch unendlich viel zu tun, um in einer neuen Kulturgeschichte all die Anregungen aufzugreifen und umzusetzen, die Ariès gegeben hat. Wir sollten uns dabei nicht zuletzt von seiner praktizierten Interdisziplinarität inspirieren lassen.

---

[62] Vgl. zu diesem Problemfeld neben Raphael: Erben (Anm. 12), S. 371 f. auch Martin Dinges: Ehrenhändel als kommunikative Gattungen. Kultureller Wandel in der Frühen Neuzeit. In: Archiv für Kulturgeschichte 75 (1993), S. 359–393.

[63] Ariès: Geheimnis (Anm. 55), S. 82. Neben dem Habitus-Konzept könnte das Lebensstilkonzept hier weiterführen, vgl. Martin Dinges: ‚Historische Anthropologie' und ‚Gesellschaftsgeschichte'. Mit dem Lebensstilkonzept zu einer ‚Alltagskulturgeschichte' der Frühen Neuzeit? In: Zeitschrift für Historische Forschung 2 (1997), S. 1–36.

[64] Zu methodischen Problemen der Nutzung von Bildern als Quellen bei Historikern vgl. grundlegend Talkenberger: Illustration (Anm. 35).

[65] Vgl. dazu die Veröffentlichungen des Kremser Instituts für Realienkunde des Mittelalters und der Frühen Neuzeit, so etwa als Überblick über die Reichweite des Ansatzes Symbole des Alltags, Alltag der Symbole. Festschrift für Harry Kühnel zum 65. Geburtstag. Hrsg. von Gertrud Blaschitz. Graz: Akademische Druck- und Verlagsanstalt 1992.

[66] Vgl. Ariès: Sonntagshistoriker (Anm. 2), S. 118.

Wilhelm Voßkamp

„Menschenwissenschaft"
Norbert Elias' Zivilisationstheorie in kommunikationswissenschaftlicher Perspektive[1]

I.

Norbert Elias (1897 in Breslau geboren und 1990 in Amsterdam gestorben) gehört – neben Max und Alfred Weber, Georg Simmel und Pierre Bourdieu – zu den großen Kulturwissenschaftlern des 20. Jahrhunderts.[2] Darüber hinaus verkörpert Norbert Elias – als „deutscher Jude" – ein exemplarisches Gelehrtenschicksal dieses Jahrhunderts.

Nach einer durch das klassische Bildungsideal geprägten Gymnasialzeit am Breslauer Johannes-Gymnasium studierte Elias Philosophie, Germanistik, Medizin und Soziologie. Zu seinen Lehrern gehörten Heinrich Rickert, Edmund Husserl, Karl Jaspers und Martin Heidegger. Die Heidelberger Zeit im Anschluß an seine Promotion (1924–1930) spielte dabei die wichtigste Rolle. In Jaspers' Seminar hielt Elias ein „erstes größeres Referat [...] über Thomas Mann und die Zivilisationsliteraten".[3] Bei den Soziologen spielten Max Weber und Karl Mannheim, dessen Assistent Elias später wurde, die Hauptrolle.

Das Jahr seiner Habilitation 1933 in Frankfurt am Main war zugleich der Beginn eines Emigrantenlebens, das Norbert Elias zunächst nach Frankreich und – seit 1935 – nach England vertrieb, wo er bis 1975 blieb. Professuren in Leicester (1954–1962) und in Ghana (1962–1964) deuten neben verschiedenen Gastprofessuren in Deutschland, etwa in Frankfurt am Main und Bielefeld, den Horizont an, der allein unter lebensgeschichtlichen Aspekten die Person Norbert Elias prägt.

---

[1] Um Anmerkungen ergänzte Fassung des Vortrags; die Vortragsform wurde beibehalten.
[2] Norbert Elias: Notizen zum Lebenslauf. In: Macht und Zivilisation. Materialien zu Norbert Elias' Zivilisationstheorie 2. Hrsg. von Peter Gleichmann, Johan Goudsblom und Hermann Korte. Frankfurt a. M.: Suhrkamp 1984, S. 19–82; Hermann Korte: Über Norbert Elias. Das Werden eines Menschenwissenschaftlers. Frankfurt a. M.: Suhrkamp 1988; Jörg Hackeschmidt: „Die Kulturkraft des Kreises". Norbert Elias als Vordenker der zionistischen Jugendbewegung. Zwei unbekannte Briefe aus den Jahren 1920 und 1921. In: Berliner Journal für Soziologie 7 (1997), S. 147–168; Michael Schröter: Triebkräfte des Denkens bei Norbert Elias. Ein Versuch psychoanalytischer Theoriedeutung. In: ders.: Erfahrungen mit Norbert Elias. Frankfurt a. M.: Suhrkamp 1997, S. 183–225; Norbert Elias und die Menschenwissenschaften. Studien zur Entstehung und Wirkungsgeschichte seines Werkes. Hrsg. von Karl-Siegbert Rehberg. Frankfurt a. M.: Suhrkamp 1996.
[3] Norbert Elias: Notizen zum Lebenslauf (Anm. 2), S. 11.

„Menschen sind ja nicht eindeutig; im Unterschied zu Büchern kann man von ihnen nicht erwarten, daß sie widerspruchslos sind", heißt es in seinen *Notizen zum Lebenslauf*, aber auch: „[...] beim Nachdenken über menschliche Angelegenheiten [muß man] statt von *dem* Menschen immer von *den* Menschen, von den Gesellschaften, die viele Menschen miteinander bilden, ausgehen" – eine Maxime, die die gesamte wissenschaftliche Forschungsarbeit von Norbert Elias charakterisiert.[4]

Zu seinen wichtigsten Werken[5] – und hier zeigt sich die erstaunliche Spannbreite von Elias' Œuvre – gehören das 1939 in der Schweiz veröffentlichte Buch *Über den Prozeß der Zivilisation*, dessen Neuauflage 1969 endlich die produktive Wirkung in der Soziologie, Philosophie, Psychologie, Literaturwissenschaft und Pädagogik entfalten konnte, ein Buch mit dem bezeichnenden Titel *The Established and the Outsiders* (1965), *Die höfische Gesellschaft* (1969), eine Arbeit, die in der deutschen Barockforschung eine große Rolle gespielt hat, *Über die Einsamkeit der Sterbenden in unseren Tagen* (1982), der Essay *Über die Zeit* (1985), *Die Gesellschaft der Individuen* (1987) und *Studien über die Deutschen* (1989). Manche mögen eher Elias' Buch über Mozart kennen und die Literaturkenner einen Gedichtband mit dem selbstcharakterisierenden Titel *Los der Menschen* (1987).

In diesem Vortrag kann nur von einem Teilaspekt in Elias' Werk die Rede sein, der allerdings für das Gesamtwerk in mehrfacher Hinsicht charakteristisch und exemplarisch ist. Es geht um das Problem von ‚Zivilisation' oder genauer um ‚Zivilisationstechniken', die unser Leben seit Jahrhunderten bestimmen. ‚Zivilisation' wird bei Elias nicht als Gegenbegriff zu ‚Kultur' verstanden, wie das in den zwanziger und dreißiger Jahren in Deutschland der Fall war (vgl. etwa bei Thomas Mann).[6] ‚Zivilisation' ist vielmehr „die Gesamtheit der menschlichen Lebensäußerungen einer bestimmten Gesellschaftsformation (einer Gruppe, einer Ethnie, eines Volkes) zu einem bestimmten Zeitpunkt oder zeitlichen Abschnitt".[7] Die ‚Kultur' – im Sinne geistiger oder künstlerischer Manifestationen – wird deshalb ebenso einbezogen wie das Feld aller menschlichen Tätigkeiten und Verhaltensweisen, was die Möglichkeit der ‚De-Zivilisierung' grundsätzlich mit einschließt. ‚Zivilisation' darf daher nach Elias auch nicht mit einem normativen Begriff verwechselt werden; es geht vielmehr um Zivilisationstechniken und Gesetzmäßigkeiten im Zivilisationsprozeß, die mit bestimmten Macht- und Herrschaftskonstellationen gekoppelt sind.[8] Elias nähert sich diesem Problem als Kultursoziologe. Er beschreibt deshalb nicht nur die äußeren Merkmale im unterschiedlichen Benehmen, Höflichkeitsverhalten oder in den Eßsitten, wie sie in der Literatur und anderen unterschiedlichen Texten dargestellt werden, sondern er ver-

---

[4] Ebd., S. 28.
[5] Vgl. die Bibliographie in: Macht und Zivilisation (Anm 2), S. 312–315.
[6] Vgl. Thomas Mann: Betrachtungen eines Unpolitischen. Berlin: Fischer 1919.
[7] Reiner Wild: Literatur im Prozeß der Zivilisation. Entwurf einer theoretischen Grundlegung der Literaturwissenschaft. Stuttgart: Metzler 1982, S. 69.
[8] Vgl. Korte: Über Norbert Elias (Anm. 2), S. 156.

sucht, diese Merkmale historisch-soziologisch zu analysieren. Auch das ‚Soziale' ist kulturell vermittelt in den Vorstellungen und Interpretationen von Menschen.[9] Diese sind zugleich durch Konkurrenzen und Machtprozesse bestimmt, die den ‚politischen' Charakter sich verändernder Kultur und Kulturen ausmachen.

II.

Norbert Elias geht hauptsächlich davon aus, daß sich in der kulturellen Entwicklung Europas als „Prozeß der Zivilisation eine Veränderung des menschlichen Verhaltens und Empfindens in einer ganz bestimmten Richtung" beobachten läßt.[10] Diese „Richtung" ist nach Elias durch einen grundlegenden Wandel bestimmt, der als „Verwandlung zwischenmenschlicher *Fremd*zwänge in einzelmenschliche *Selbst*zwänge" bezeichnet wird.[11] „Die zunehmende soziale Verflechtung zwingt den Einzelnen zu einer verstärkten Selbstregulierung des eigenen Verhaltens, zu vermehrter Selbstkontrolle und stärkerem An-sich-Halten".[12] Anders formuliert:

> An die Stelle der Angst vor Sanktionen in der Gestalt *äußerer* Gewalt tritt die *Verinnerlichung* der Angst vor den Folgen gesellschaftlichen Fehlverhaltens; der ursprünglich als äußere Bedrohung erfahrene soziale Druck wird nach innen gewendet, was unter anderem am Vorrücken der Scham- und Peinlichkeitsgrenzen erkennbar ist.[13]

Diesen paradigmatischen Wechsel eines durch äußere Faktoren bestimmten Verhaltens zu selbstdiszipliniertem Benehmen beschreibt Norbert Elias an ganz unterschiedlichen Beispielen aus verschiedenen Jahrhunderten. So etwa an der Veränderung von Eßsitten und -gewohnheiten, am Peinlichkeits- und Schamverhalten oder am Verhalten im gegenwärtigen Straßenverkehr. Das Ergebnis besteht in einer „beständige[n] Selbstüberwachung" des einzelnen bzw. einer „höchst differenzierte[n] Selbstregelung des Verhaltens". Allgemeiner:

---

[9] Vgl. die Parallelen zwischen den Konzepten von Norbert Elias und Ernst Cassirer, die bisher nicht näher untersucht worden sind.
[10] Norbert Elias: Über den Prozeß der Zivilisation. Soziogenetische und psychogenetische Untersuchungen. 2 Bde. Bd. 1: Wandlungen des Verhaltens in den weltlichen Oberschichten des Abendlandes, Bd. 2: Wandlungen der Gesellschaft. Entwurf zu einer Theorie der Zivilisation. Frankfurt a. M.: Suhrkamp 1977, hier Bd. 2, S. 312.
[11] Ebd., Bd. 1, S. 61.
[12] Wild: Literatur im Prozeß der Zivilisation (Anm. 7), S. 73.
[13] Vgl. ebd.; Zur Zivilisationstheorie von Norbert Elias vgl. die Beiträge von Johan Goudsblom: Die Erforschung von Zivilisationsprozessen; Christian von Ferber: Zur Zivilisationstheorie von Norbert Elias – Heute; Johan Goudsblom: Zum Hintergrund der Zivilisationstheorie von Norbert Elias. Das Verhältnis zu Heusinger, Weber und Freud. Alle in: Gleichmann, Goudsblom, Korte (Hrsg.): Macht und Zivilisation (Anm. 2), S. 83–147; Michael Schröter: Scham im Zivilisationsprozeß. Zur Diskussion mit Hans Peter Duerr. In: Gesellschaftliche Prozesse und individuelle Praxis. Bochumer Vorlesungen zu Norbert Elias' Zivilisationstheorie. Hrsg. von Hermann Korte. Frankfurt a. M.: Suhrkamp 1990, S. 42–85.

Das Verhalten von immer mehr Menschen muß aufeinander abgestimmt, das Gewebe der Aktionen immer genauer und straffer durchorganisiert sein, damit die einzelne Handlung darin ihre gesellschaftliche Funktion erfüllt. Der Einzelne wird gezwungen, sein Verhalten immer differenzierter, immer gleichmäßiger und stabiler zu regulieren.[14]

Um das an einem von Elias anschaulich geschilderten Beispiel zu illustrieren, wähle ich das der Eßsitten in der Veränderung vom Mittelalter bis in die Neuzeit. Im ersten Band des Buches *Über den Prozeß der Zivilisation* beschreibt Elias das in der ritterlich-höfischen Blütezeit übliche Essen mit den Händen:

> Die Verbote der mittelalterlichen Gesellschaft, selbst der höfisch-ritterlichen, legen dem Spiel der Affekte noch keine allzu großen Beschränkungen auf. Die gesellschaftliche Kontrolle ist verglichen mit später milde. Die Manieren sind gemessen an den späteren in jedem Sinne des Wortes ungezwungen. [...] Aus der gleichen Schüssel oder auch von der gleichen Unterlage mit anderen zu essen, ist selbstverständlich. Man soll sich nur nicht über die Schüssel hermachen, wie ein Schwein, nicht das Abgebissene wieder in die allgemeine Soße tauchen.[15]

Das ändert sich in der Frühen Neuzeit, wobei Erasmus ein wichtiger Gewährsmann ist:

> Das Tischgerät ist noch immer beschränkt, links das Brot, rechts Glas und Messer. Das ist alles. Aber die Gabel wird schon erwähnt, allerdings mit begrenzter Funktion als Instrument zum Herübernehmen von Speisen aus der gemeinsamen Schüssel. Und, wie das Schnupftuch, so taucht auch die Serviette schon auf, beide noch – Symbol des Übergangs – als mögliche, nicht als notwendige Geräte: ‚Wenn Du ein Schnupftuch hast', so heißt es, ‚ist es besser als wenn Du die Finger zum Schneuzen nimmst. Wenn eine Serviette gegeben wird, lege sie über die linke Schulter'. 150 Jahre später sind beide, Serviette und Schnupftuch, ebenso wie die Gabel in der höfischen Schicht mehr oder weniger unentbehrliche Geräte.[16]

Ähnliches beschreibt Elias etwa beim Essen der Suppe, wo sich langsam die Sitte durchsetzt, daß jede und jeder einen eigenen Löffel erhält. „Bereits 1672", so zitiert Elias aus einer zeitgenössischen Quelle,

> gab es Leute, [...] die so delikat sind, daß sie nicht aus einer Schüssel essen wollen, in die andere ihren schon gebrauchten Löffel getaucht haben. Es ist deswegen nötig, seinen Löffel, bevor man ihn in die Schüssel taucht, mit der Serviette abzuwischen. Und manchen Leuten genügt selbst das nicht mehr. Dort darf man den einmal gebrauchten Löffel überhaupt nicht mehr in die gemeinsame Schüssel tauchen, sondern muß sich einen neuen dafür geben lassen.[17]

Das Essen bekommt so über einen längeren Zeitraum einen „neuen Stil". Elias macht darauf aufmerksam, daß „nichts an den Verhaltensweisen bei Tisch [...]

---

[14] Elias: Prozeß der Zivilisation (Anm. 10), Bd. 2, S. 317.
[15] Ebd., Bd. 1, S. 142.
[16] Ebd., S. 143.
[17] Ebd., S. 143 f.

schlechthin selbstverständlich, gleichsam als Produkt eines ‚natürlichen' Peinlichkeitsgefühls"[18] zu verstehen sei.

Worauf es Elias ankommt, ist das sich langsame Durchsetzen von Verhaltensweisen, die heute als selbstverständlich erscheinen. Das besondere Augenmerk richtet er dabei auf den „gesellschaftlichen Mechanismus dieser Standardisierung" im Zusammenhang historischer Ausdifferenzierungsprozesse.[19]

Läßt sich diese Art der Standardisierung, die am Ende zu einem selbstdisziplinierten Verhalten führt, historisch genauer beschreiben und soziologisch analysieren? Damit geht es um jene „Ordnung der geschichtlichen Veränderungen",[20] die den Schlüssel für den „Prozeß der Zivilisation" liefern muß. Man kann auch von einer ‚Verlaufslogik' der geschichtlichen Prozesse sprechen, die Elias zu erklären versucht. Diese ‚Verlaufslogik' ist nicht mit einem geschichtlichen, zielgerichteten Fortschrittsprozeß zu verwechseln. Elias hat wiederholt vor diesem Mißverständnis gewarnt und deswegen den Begriff ‚Zivilisation' nach 1939 auch immer seltener gebraucht. Statt dessen sollte man – wie schon betont – eher an Zivilisationstechniken denken und an ‚Mechanismen', die sich von idealistisch-teleologischen Vorstellungen der Menschheitsgeschichte (Geschichte des ‚Geistes') ebenso unterscheiden wie von Gesetzlichkeiten der ‚Natur'.[21] Wichtig ist allerdings eine *dynamische*, das Evolutionäre von Gesellschaftskonzepten betonende Vorstellung, die sich gegen soziologische Modelle von Talcott Parsons und die seiner Schüler wendet und „viel stärker in der Tradition der [sozialgeschichtlichen] Modernisierungstheorien des 19. und 20. Jahrhunderts steht als Elias wahrhaben wollte [...]".[22]

Evolution untersucht Elias auf drei Ebenen: Auf der von individuellen Lernprozessen (der *psychogenetische* Aspekt); auf der Ebene gesellschaftlicher Normen und ihrer Veränderungen (der *sozialgenetische*, staatliche Aspekt) und auf der Ebene der gesamten Menschheitsgeschichte (*globale* Prozesse einer „Weltinnenpolitik" oder der „Weltgesellschaft").[23] Im Mittelpunkt der Analysen stehen Veränderungen auf der *mittleren* Ebene, auf der der gesellschaftlichen Normen und ihrer Veränderungen:

> Aus ihr, der Interdependenz der Menschen, ergibt sich eine Ordnung von ganz spezifischer Art, eine Ordnung, die zwingender und stärker ist als Wille und Vernunft der einzelnen Menschen, die sie bilden. Es ist diese *Verflechtungsordnung*, die den Gang des geschichtlichen Wandels bestimmt; sie ist es, die dem Prozeß der Zivilisation zugrundeliegt.

---

[18] Ebd., S. 144.
[19] Ebd.
[20] Ebd., S. 77.
[21] Ebd., Bd. 2, S. 315.
[22] Jürgen Kocka: Über Norbert Elias aus einer Historiker-Perspektive. In: Ansprachen anläßlich der Aufstellung einer Büste für Norbert Elias am 16. Oktober 1992 im Zentrum für interdisziplinäre Forschung der Universität Bielefeld. Hrsg. von Maria Kastner. Bielefeld: Hans Kock 1992, S. 14.
[23] Vgl. den Begriff bei Niklas Luhmann.

Diese Formulierung macht auf die Komplexität der Evolutionstheorie von Norbert Elias aufmerkam. Wenn sowohl die individuellen als auch die gesellschaftlichen Prozesse in einer „Verflechtungsordnung" zusammengedacht werden sollen, wie lassen sich dann psychogenetische und soziogenetische Aspekte stringent verknüpfen?

Diese Frage wird im letzten Teil meines Vortrags eine zentrale Rolle spielen, wenn es um die Diskussion des Evolutionskonzepts im Zusammenhang mit kommunikations- und systemtheoretischen Interpretationen geht. Ich möchte zunächst – wiederum an einem Beispiel – erläutern, welche Dynamik auf der ‚mittleren' Ebene, der staatlich-gesellschaftlichen, zu Veränderungen im Verhalten von Menschen und Menschengruppen führt. Das bietet sich deshalb besonders an, weil der staatlich-gesellschaftliche Aspekt für den Soziologen – im Unterschied zum individuellen und menschheitsgeschichtlichen – im gesamten Œuvre von Elias im Mittelpunkt steht. Für ihn spielt die „Eigengesetzlichkeit der gesellschaftlichen Verflechtungserscheinungen"[24] die entscheidende Rolle sowohl in Hinsicht auf die Richtung des individuellen als auch im Blick auf die des menschheitsgeschichtlichen Verhaltens.

Die eigentliche Zäsur in der europäischen Mentalitäts- und Kulturgeschichte sieht Norbert Elias, ähnlich wie Reinhart Koselleck oder Niklas Luhmann, im Übergang von einer stratifikatorisch organisierten Stände- zu einer funktionsorientierten modernen Gesellschaft:

> Je mehr […] sich [gesellschaftliche Funktionen] differenzieren, desto größer wird die Zahl der Funktionen und damit der Menschen, von denen der einzelne bei allen seinen Verrichtungen, bei den simpelsten und alltäglichsten ebenso, wie bei den komplizierteren und selteneren, beständig abhängt. Das Verhalten von immer mehr Menschen muß aufeinander abgestimmt, das Gewebe der Aktionen immer genauer und straffer durchorganisiert sein, damit die einzelne Handlung darin ihre *gesellschaftliche Funktion* erfüllt. Der Einzelne wird gezwungen, sein Verhalten immer differenzierter, immer gleichmäßiger und stabiler zu regulieren.[25]

Der gesellschaftliche Ausdifferenzierungsprozeß ist die Ursache für eine notwendig immer differenziertere (Selbst-)Regulierung des menschlichen Lebens. Modernisierung bedeutet – bis in die Gegenwart – auch für den einzelnen zunehmende Funktionsdifferenzierung.

Für diesen Prozeß der „fortschreitenden Funktionsteilung"[26] macht Elias in der ersten historischen Phase einerseits das Herausbilden des *Gewalt*monopols im absoluten Königtum verantwortlich und andererseits das *Steuer*monopol in einer sich bürokratisierenden, bereits moderne Züge tragenden absolutistischen Gesellschaft. Ablesbar ist die europäische „Monopolisierung der Gewalttat in […] befriedeten Räumen"[27] – nach dem Ende der Konfessionskriege – am absoluten

---

[24] Elias: Prozeß der Zivilisation (Anm. 10), Bd. 2, S. 314.
[25] Ebd., S. 316 f.
[26] Ebd., S. 320.
[27] Ebd., S. 327.

Königtum im Frankreich des 17. Jahrhunderts. Nach Vorstufen relativ kleiner personeller Einheiten und einem „Schub der Staatsbildung" in der Reformation[28] bildet die höfische Gesellschaft das zentrale Paradigma für den historischen Transformationsprozeß auch unter Gesichtspunkten des individuellen Verhaltens. Der Königshof stellt eine zentrale Monopolinstanz der Gewalt dar, dem sich der übrige, zunehmend entmachtete Adel zu unterwerfen hat. Elias spricht von einem „Königsmechanismus", der bedeutsame Folgen im kulturellen Leben hat. Das wird – wie Elias es in seinem Buch *Die höfische Gesellschaft*[29] beschreibt – unmittelbar evident in der „Verhofung des Adels" und im Aufbau eines „höfisch-städtischen Lebens mit seiner größeren Gebundenheit, seinen komplizierteren hierarchischen Zwängen und seinen stärkeren Anforderungen an die Selbstkontrolle des einzelnen Menschen".[30] Demgegenüber ist der Entwurf eines Gegenbildes mit der „Sehnsucht nach dem freieren selbstherrlicheren Ritterleben" verbunden, einer „Schäferromantik, die bereits als episodisches Motiv in den Ritterromanen vorgebildet" war.[31]

Mit den politischen Konsequenzen der „Verhofung des Adels" geht eine kulturelle Wirkung einher, die außerordentlich produktiv wird im Blick auf die Entstehung einer Literatur, die nicht nur im Zeichen der Schäferidylle ein Gegenbild zum disziplinierten Leben am Hof entwirft, sondern zugleich die Utopie einer in Liebe und Poesie möglichen Selbstverwirklichung des einzelnen darstellt. Die Schäferliteratur erlaubt kein imaginäres Probehandeln als Mimesis sozialgeschichtlicher Realität, sie ist vielmehr ein Entwurf in die Zukunft, die die vorgefundene Wirklichkeit überschreitet. Damit ist eine zentrale Einsicht für jede aktuelle und künftige Funktionsgeschichte literarischer Utopien formuliert.[32]

Neben der Doppelfunktion, die der „Königsmechanismus" im 17. Jahrhundert hat, weist Norbert Elias noch auf einen weiteren Aspekt hin, der für einen ‚Schub' im Blick auf die Moderne von zentraler Bedeutung ist. In der höfischen Gesellschaft – und insbesondere im Hinblick auf die Selbstdisziplinierungsnotwendigkeiten am Hof – wird eine Rationalität entwickelt, die eine Vorstufe für Verhaltensmaximen der europäischen Aufklärung bildet. Zwischen höfischer Rationalität und der Rationalität der Aufklärung besteht ein Zusammenhang, der als nicht bedeutsam genug eingeschätzt werden kann. ‚Aufklärung' läßt sich „keineswegs allein im Zusammenhang mit der berufsbürgerlich-kapitalistischen Rationalität [...] verstehen [...], starke Kommunikationswege" führen vielmehr „von der höfischen Rationalität" zu ihr herüber: „Sie wären beispielsweise bei Leibniz ziemlich leicht

---

[28] Vgl. Schröter: Scham im Zivilisationsprozeß (Anm. 13), S. 79.
[29] Norbert Elias: Die höfische Gesellschaft. Untersuchungen zur Soziologie des Königtums und der höfischen Aristrokratie. Mit einer Einleitung: Soziologie und Geschichtswissenschaft. Neuwied und Berlin: Luchterhand 1969.
[30] Ebd., S. 322.
[31] Ebd.
[32] Vgl. Utopieforschung. Interdisziplinäre Studien zur neuzeitlichen Utopie. Hrsg. von Wilhelm Voßkamp. Stuttgart: Metzler 1982 (Frankfurt a. M. ²1985).

aufzudecken. Aber etwa auch bei Voltaire läßt sich diese Kommunikation mit der höfischen Rationalität unschwer feststellen."[33]

Erst nach der Ausdifferenzierung einzelner Handlungsfelder im Politischen und Wirtschaftlichen neigt sich – so läßt sich die Haupthypothese von Elias verallgemeinernd zusammenfassen – „die *Fremdzwang*-Selbststeuerungs-Balance" in der Frühen Neuzeit „mehr der *Selbststeuerungs*seite zu".[34] Die Form und das Tempo der Dynamik solcher Prozesse verdienen dabei das größte Interesse – nicht minder Möglichkeiten der Umkehrung und Inversion. ‚Krisen' (und Katastrophen) im Modernisierungsprozeß sind deshalb immer mitgedacht. Daß Elias sein Hauptwerk *Über den Prozeß der Zivilisation* in den dreißiger Jahren geschrieben hat, sollte im Bewußtsein bleiben. Der ‚Prozeß der Zivilisation' ist eben nicht abgeschlossen und unumkehrbar. Elias spricht vom „Hin und Her der Vor- und Rückbewegungen".[35]

III.

Auch wenn Elias den Unterschied zwischen *fremdzwang-* und *selbststeuerungs*dominierten Zivilisierungsmustern in seinen letzten Arbeiten nur noch als „Kern- oder Ausgangsprozesse" verstand, also nicht mehr als *einheitliches* Erklärungsmodell für alle gesellschaftlichen Differenzierungsprozesse gesehen hat,[36] so bleibt die erhoffte *Pazifizierung* der Menschen und ihres Zusammenlebens doch zeit seines Lebens eine Art liberale Utopie („my private utopia"), mit der die geschichtliche Entwicklung insgesamt beobachtet und erfaßt wird.[37] Im Zentrum steht dabei, wie betont, der staatliche Aspekt, also die soziogenetische Perspektive. Der Gesichtspunkt individueller Lernprozesse (die *psycho*genetische Frage) und die Rolle der *menschheitsgeschichtlichen* Entwicklung bleiben noch zu diskutieren.

Das Hauptproblem besteht darin, ob und inwieweit der *psycho*genetische mit dem *sozio*genetischen Aspekt gekoppelt werden kann. Elias geht davon aus, daß sich – unter Hinweis auf Sigmund Freuds Kategorien – der Wandel psychischer Strukturen „als historische Veränderung des Zusammenspiels der psychischen Instanzen Es, Über-Ich und Ich und des Beziehungsgefüges zwischen diesen Instanzen und der Realität begreifen [läßt]".[38] Die Rolle der Freudschen Psychoanalyse kann deshalb auch kaum überschätzt werden. Elias hat sie viel intensiver rezipiert

---

[33] Elias: Die höfische Gesellschaft (Anm. 29), S. 171 f.
[34] Wolfgang Engler: Vom Deutschen. Reflexive contra selbstdestruktive Zivilisierung. In: Sinn und Form 43 (1991), S. 269.
[35] Elias: Prozeß der Zivilisation (Anm. 10), Bd. 1, S. XII.
[36] Vgl. ders.: Studien über die Deutschen. Machtkämpfe und Habitusentwicklung im 19. und 20. Jahrhundert. Frankfurt a. M.: Suhrkamp 1989.
[37] Vgl. Nico Wilterdink: Die Zivilisationstheorie im Kreuzfeuer der Diskussion. Ein Bericht vom Kongreß über Zivilisationsprozesse in Amsterdam. In: Gleichmann, Goudsblom, Korte (Hrsg.): Macht und Zivilisation (Anm. 2), S. 282 f.
[38] Vgl. Wild: Literatur im Prozeß der Zivilisation (Anm. 7), S. 75.

als seine Lehrer Max Weber und Karl Mannheim. Nicht zu Unrecht spricht Reinhard Blomert von einer „Fortschreibung der Psychoanalyse in Richtung auf eine Kulturtheorie".[39] Der zivilisatorische Wandel wird in engem Zusammenhang mit der Sozialisation von Individuen gesehen, ein Gedanke, der zudem an Friedrich Schillers Idee der Erziehung einzelner Individuen zu Mitgliedern republikanischer Staaten erinnert (vgl. *Über die ästhetische Erziehung des Menschen in einer Reihe von Briefen*).

Dennoch bleibt die Frage, ob sich das Konzept individueller Sozialisation auf Prozesse gesellschaftlichen Wandels übertragen und in eine unmittelbare Verbindung zu ihnen bringen läßt. Um dieses Problem zu lösen, arbeitet Elias mit dem Begriff der „Figuration". Figuration bezeichnet das sich historisch stets verändernde Interdependenzgefüge von Individuen, jene „Verflechtungsordnung", in der der Dualismus von Individuum und Gesellschaft im Sinne eines Wechselverhältnisses erforscht und dargestellt werden soll:

> Die Strukturen der menschlichen Psyche, die Strukturen der menschlichen Gesellschaft und die Strukturen der menschlichen Geschichte, sie sind Komplementärerscheinungen und nur im Zusammenhang miteinander zu erforschen [...]. Sie bilden, zusammen mit anderen Strukturen, den Gegenstand der einen Menschenwissenschaft.[40]

Wie dieses Wechselverhältnis genauer zu fassen wäre, ist damit allerdings noch nicht geklärt. Handlungs- und kommunikationstheoretische Überlegungen könnten hier anschließen.[41] Niklas Luhmann sucht ‚Kommunikation' und ‚Handlung' in systematischer Perspektive zu verbinden:

> Der elementare, Soziales als besondere Realität konstituierende Prozeß ist ein Kommunikationsprozeß. Dieser Prozeß muß aber, um sich selbst steuern zu können, auf Handlungen reduziert, in Handlungen dekomponiert werden. Soziale Systeme werden demnach nicht aus Handlungen aufgebaut, so als ob diese Handlungen auf Grund der organisch-psychischen Konstitution des Menschen produziert werden und für sich bestehen könnten; sie werden in Handlungen zerlegt und gewinnen durch diese Reduktion Anschlußgrundlagen für weitere Kommunikationsverläufe.[42]

Soziale Systeme und ihre Geschichte werden damit wesentlich durch gesellschaftliche Kommunikation anstelle von Strukturen menschlicher Psyche bestimmt. Niklas Luhmann geht – übereinstimmend mit Elias – davon aus, daß der „Umbau des Gesellschaftssystems als Wandel der Form gesellschaftlicher Systemdifferenzierung beschrieben [werden kann] als Übergang von primär stratifikatorischer zu

---

[39] Reinhard Blomert: Abwehr und Integration. Wandlungen im Verhältnis von Soziologen zur Psychoanalyse. In: Korte (Hrsg.): Gesellschaftliche Prozesse und individuelle Praxis (Anm. 13), S. 40; Vgl. auch Schröter: Triebkräfte des Denkens (Anm. 2), S. 186 und S. 202.
[40] Norbert Elias: Die Gesellschaft der Individuen. Hrsg. von Michael Schröter. Frankfurt a. M.: Suhrkamp 1987, S. 60; Vgl. dazu auch Hackeschmidt: „Die Kulturkraft des Kreises" (Anm. 2), S. 158 f.
[41] Vgl. Niklas Luhmann: Soziale Systeme. Grundriß einer allgemeinen Theorie. Frankfurt a. M.: Suhrkamp 1984
[42] Ebd., S. 193.

primär funktionaler Differenzierung".[43] Der Unterschied zwischen Elias und Luhmann besteht allerdings darin, daß letzterer Kommunikation für *das* Mittel dieses „Umbaus" hält: Sie sei das einzige Mittel als „Operationsweise, über die die Gesellschaft selbst" verfüge.[44]

Folgt man diesem Ansatz, könnte der Prozeß der Zivilisation auch durch die zunehmende Mobilität und eine *Veränderung der Kommunikationsmedien* erklärt werden, wobei die Zäsuren des jeweiligen Medienwandels zentral sind. Zu den wichtigsten Veränderungen gehören der Übergang von mündlicher zu schriftlicher Kommunikation, die Erfindung des Buchdrucks und der heute viel diskutierte ‚Übergang' von den Printmedien zu den sogenannten ‚Neuen Medien' (TV, Video, Computer und Internet).[45] Im Blick auf die Arbeiten von Elias spielen die „Evolution von Schriften und die Erfindung der Druckpresse"[46] die Hauptrolle, weil sie in jene Zeit fallen, die für den Prozeß der Zivilisation entscheidend ist. Erst der Buchdruck liefert die Voraussetzung für eine massenhafte Verbreitung von Geschriebenem und damit für eine Lesekultur, die im 18. und 19. Jahrhundert ihren Höhepunkt erreicht. Die Ausrichtung des eigenen Lebens am Gelesenen oder die Diskussion darüber ist ein kaum zu überschätzendes Medium der Selbstverständigung im Prozeß der gesellschaftlichen Modernisierung. Luhmann hält die Orientierung an gelesenen Ideen spätestens seit dem *Don Quijote* für geläufig. Die Veränderung von Verhaltensweisen von Menschen in der gegenwärtigen Medienlandschaft dürften nicht geringer sein. Alle empirischen Untersuchungen zeigen, daß die Entwicklung von Kommunikationsmedien und -technologien und ihre Auswirkungen in ihrer Reichweite bisher kaum ausgelotet sind.

Die Eigendynamik und die Tendenz zur Selbstgesetzgebung von Kommunikationsmedien im Sinne ihrer Selbstreferentialität ist dabei besonders zu beachten. Die Funktionsweise autopoietischer Systeme[47] könnte den zivilisatorischen Wandel möglicherweise genauer charakterisieren als das Konzept der „Figuration". Der *literarische Wandel* innerhalb des Prozesses der Zivilisation ließe sich zudem in seiner ästhetisch-autonomen Besonderheit untersuchen.[48]

---

[43] Ders.: Vorwort zu: Gesellschaftsstruktur und Semantik. Studien zur Wissenssoziologie der modernen Gesellschaft. 3 Bde. Frankfurt a. M.: Suhrkamp 1993, Bd. 3, S. 7.

[44] Ebd.

[45] Vgl. etwa Friedrich A. Kittler: Geschichte der Kommunikationsmedien. In: Raum und Verfahren. Hrsg. von Jörg Huber und Alois Martin Müller. Basel und Frankfurt a. M: Stroemfeld/Roter Stern 1993, S. 169–188.

[46] Niklas Luhmann: Die Kunst der Gesellschaft. Frankfurt a. M.: Suhrkamp 1995, S. 32.

[47] Ebd. S. 23.

[48] Vgl. das Verhältnis von Literatursystem und Sozialsystem; dazu: Vom Umgang mit Literatur und Literaturgeschichte. Positionen und Perspektiven nach der ‚Theoriedebatte'. Hrsg. von Lutz Danneberg und Friedrich Vollhardt in Zusammenarbeit mit Hartmut Böhme und Jörg Schönert. Stuttgart: Metzler 1992, darin auch: Reiner Wild: Literaturgeschichte – Kulturgeschichte – Zivilisationsgeschichte (S. 349–363).

IV.

Fragt man abschließend nach den *menschheitsgeschichtlichen* Perspektiven von Zivilisationsprozessen im Sinne einer Globalisierung („Weltinnenpolitik"), spielen – neben einzelnen kritischen Einwänden gegenüber der Zivilisationstheorie Elias' (unterschätzte Bedeutung der Kirche und der Klöster für die Verhaltenssteuerung von Menschen; Diskussion über Peinlichkeits- und Schamempfinden im Umgang vom Mittelalter zur Neuzeit)[49] – zwei Fragen eine besondere Rolle: die nach den Besonderheiten *außereuropäischer* Gesellschaftsformationen und die nach dem Zusammenhang von Zivilisation und Rebarbarisierung im 20. Jahrhundert als eines „Informalisierungsschubes".[50]

Was den ersten Punkt betrifft, so hat Elias sich gegen jede Form des Euro- oder Ethnozentrismus zur Wehr gesetzt und seinen Untersuchungen zur Frühen Neuzeit in Europa nur eine begrenzte Reichweite zugebilligt. Sie bildeten keinen allgemeinen Gradmesser für Art und Form der Zivilisierung. Allerdings bleibt die Terminologie in allen Arbeiten mit bestimmten Wertvorstellungen verbunden. Schwieriger ist die Frage von „Prozeßvielfalt und der jeweiligen Vereinheitlichung von Prozessen" (Karl-Siegbert Rehberg). Zwar gibt es heute erhebliche Vorbehalte gegenüber der Vorstellung einer Totalität des Prozeßverlaufs, aber einzelne Tendenzen (universale Kapitalisierung, weltweite Informationssysteme und Medienvernetzung, Wunsch nach einer ökologischen Weltpolitik und Weltfriedensordnung) deuten immerhin eine Richtung an, selbst wenn sie sich aus durchaus gegenläufigen Einzelprozessen zusammensetzt. Hierin mag gerade das Kennzeichen der Moderne gesehen werden.

Von besonderer Bedeutung im Blick auf eine universalhistorische und menschheitsgeschichtliche Betrachtungsweise ist schließlich die Frage, ob die Menschen im 20. Jahrhundert (und darüber hinaus) „in einem Zeitalter der zivilisatorischen Regression, der Rebarbarisierung leben".[51] Beispiele dafür gibt es genug.

Elias macht hierbei darauf aufmerksam, daß es historisch langfristige Entwicklungen von „Humanitätsstandards" gebe, an denen das Verhalten von Menschen gemessen werde:

> Die alten Griechen etwa, die uns so häufig als Vorbilder zivilisierten Verhaltens hingestellt werden, betrachteten es noch als ganz selbstverständlich, Akte der Massenvernichtung zu begehen, die mit denen der Nationalsozialisten zwar nicht identisch sind, aber doch in gewisser Weise ihnen ähnlich sehen. Die Athenische Volksversammlung beschloß die Ausrottung der gesamten Bevölkerung von Melos, weil die Stadt sich nicht das Kolonialreich der Athener einfügen wollte. Es gab Dutzende von anderen Formen dessen, was wir heute Genozid nennen, in der Antike.[52]

---

[49] Vgl. vor allem die Kritik und Diskussion mit Hans Peter Duerr; vgl. auch Schröter: Scham im Zivilisationsprozeß (Anm. 13), S. 43–85.
[50] Elias: Studien über die Deutschen (Anm. 36), S. 44.
[51] Ebd., S. 45.
[52] Ebd., S. 46.

Der Unterschied zu den dreißiger und vierziger Jahren des 20. Jahrhunderts sei auf den ersten Blick nicht leicht zu bestimmen. Dennoch sei er

> ganz klar. In der griechischen Antike galt dieses kriegerische Verhalten als normal. Es entsprach dem Standard. Die Gewissensbildung der Menschen, ihre Persönlichkeitsstruktur war so beschaffen, daß ihnen ein solches Vorgehen als normales menschliches Vorgehen erschien. Die Gewissensbildung der europäischen Gesellschaften – und in der Tat weiter Teile der Menschheit – im 20. Jahrhundert ist anders. Sie setzt einen Maßstab für menschliches Verhalten, an dem gemessen das Vorgehen der Nationalsozialisten als abscheuerregend erscheint und mit spontanen Gefühlen des Horrors betrachtet wird.[53]

Der Hinweis auf die griechische Antike hat nichts mit einer Relativierung von Verbrechen im 20. Jahrhundert zu tun. Der historische Vergleich soll vielmehr darlegen, worum es Elias in seiner Arbeit geht:

> [...] die Entwicklung von Persönlichkeitsstrukturen und insbesondere von Gewissens- oder Selbstkontrollstrukturen zu erklären und verständlich zu machen, die einen Humanitätsstandard [...] repräsentieren und die dementsprechend auf ein Verhalten wie das der Nationalsozialisten oder vergleichbare Verhaltensweisen bei anderen Völkern mit spontanem Abscheu reagieren.[54]

Unterschiedliche „Zwänge", so Elias, fordern den Menschen gewissermaßen heraus; er hat sich ihnen zu stellen. Gerade „Informalisierungs"-Schübe bringen „eine stärkere Beanspruchung der Selbstzwangapparaturen mit sich"[55] – sprich: des eigenen Gewissens! Hierin also bleibt der späte Elias dem jungen treu: den Krisen und Katastrophen der Moderne gilt es Widerstand entgegenzusetzen mittels einer im Judentum ebenso wie im antiken Stoizismus und am klassischen deutschen Humanitätsideal geschulten Instanz im einzelnen Menschen selbst. Zwar ist auch die Psyche des Menschen historisch wandelbar, an der „Struktur der Ich- und Überichfunktion"[56] aber hält Elias fest. Ziel des Menschen könne es sein, „ein dauerhaftes Gleichgewicht oder gar den Einklang zwischen seinen gesellschaftlichen Aufgaben, zwischen den gesamten Anforderungen seiner sozialen Existenz auf der einen Seite und seinen persönlichen Neigungen und Bedürfnissen auf der anderen" zu erreichen.[57] – Dies ist eine wahrhaft utopische Perspektive!

---

[53] Ebd.
[54] Ebd.
[55] Ebd., S. 53.
[56] Elias: Prozeß der Zivilisation (Anm. 10), Bd. 2, S. 390.
[57] Ebd., S. 454.

Lothar Knapp

Antonio Gramsci und das Erbe Machiavellis[1]

Gramsci notiert nach seiner Verhaftung 1926 in den Briefen aus dem Gefängnis zur Beziehung Marx–Machiavelli:

> Dieses Thema bietet die Gelegenheit zu einer zweifachen Arbeit; erstens einer Analyse der Beziehungen zwischen den beiden als Theoretikern der kämpferischen Politik, der Aktion, zweitens ein Buch von der Art des Fürsten, das aus den marxistischen Lehren ein System entwickelt, das der gegenwärtigen Politik entspricht. Sein Thema wäre die politische Partei in ihrer Beziehung zu den Klassen und dem Staat.[2]

Machiavelli, Sekretär des Florentiner Rats der Zehn zwischen 1498 und 1512, hat sein Buch über den Fürsten für einen Herrscher konzipiert, der in der Lage wäre, die frühbürgerliche Stadtgesellschaft zu einen, ihr im Hinblick auf eine Staatsbildung politisches Gewicht zu verleihen. Die Modernität Machiavellis und seiner Schrift *Il Principe* sieht Gramsci in der Reaktualisierung des Fürsten, Metapher der Partei der Arbeiterklasse, die, um zu siegen, der bürgerlichen Gesellschaft und ihren faschistischen Statthaltern die Hegemonie streitig machen muß.[3]

Daß Gramsci bis in die Renaissance zurückgeht, um einen Konflikt zu verdeutlichen, der für ihn noch in der Gegenwart nachwirkt, nämlich die nicht vollendete nationale Einheit Italiens, kennzeichnet eigentlich schon das Bild, das er von der Frühen Neuzeit entwirft. Zur selben Zeit, in der sich in Frankreich und Spanien nationale Monarchien konstituieren, kommt die Entwicklung der italienischen Stadtstaaten gegen Ende des 14. Jahrhunderts zum Stillstand und mündet in eine

---

[1] Sämtliche Zitate sind den *Gefängnisheften* von Antonio Gramsci entnommen. Die Belege in der Originalsprache werden nach den beiden folgenden Ausgaben ausgewiesen: Antonio Gramsci: Quaderni del carcere. 6 Bde. Rom: Editori Riuniti 1971, hier nach den Bandtiteln: Bd. 1: Il materialismo storico e la filosofia di Benedetto Croce; Bd. 2: Gli intellettuali e l'organizzazione della cultura; Bd. 4: Note sul Machiavelli, sulla politica e sullo stato moderno; Bd. 5: Letteratura e vita nazionale; ferner nach der jüngeren Ausgabe: Quaderni del carcere. Edizione critica dell'Istituto di Gramsci. Hrsg. von Valentino Gerratana. Turin: Einaudi 1975. Anderweitig nicht nachgewiesene Zitate sind der Anthologie Antonio Gramsci, Marxismo e letteratura. Hrsg. von Giulio Manacorda. Rom: Editori Riuniti 1975 entnommen. Die entsprechenden Belege in deutscher Übersetzung verweisen auf die kritische Gesamtausgabe der Gefängnishefte. Hrsg. von Klaus Bochmann. 9 Bde. Hamburg: Argument Verlag 1991–1999; alle weiteren Übersetzungen in diesem Beitrag stammen vom Verfasser selbst.
[2] Vgl. Fabio Frosini: Krise, Gewalt und Konsens. In: Utopie und Zivilgesellschaft. Rekonstruktionen, Thesen und Informationen zu Antonio Gramsci. Hrsg von Uwe Hirschfeld und Werner Rügener. Berlin: Elefanten-Press 1990, S. 61.
[3] Federico Sanguineti: Gramsci e Machiavelli. Rom und Bari: Laterza 1981; vgl. das zweite Kapitel ‚Il Machiavellismo'.

Refeudalisierung der Herrschaft, die die Einigung zur Nation in weite Ferne rückt. Als verantwortlich für diese historische Fehlentwicklung sieht Gramsci das politische Eigeninteresse der Kirche und des Kirchenstaates, die militärische Anwesenheit fremder Mächte auf italienischem Boden und damit verbunden die Stärkung der Fürsten gegenüber regionaler Autonomie. Daraus resultiere, wie Gramsci stets betont hat, das Scheitern aller Versuche, den nationalen Volkswillen zu entwickeln, „di creare una volontà collettiva nazionale popolare".[4]

In unserer Untersuchung über die Beziehung Gramscis zur Frühen Neuzeit, genauer zum italienischen Rinascimento, werden wir die von Gramsci auf die eigene Zeit bezogene Geschichtsdeutung und die politische Programmatik des *Principe* ins Zentrum rücken. Aber erst langsam gewinnt Machiavelli diese zentrale Position im Denken Gramscis. Für den Gramsci des *Ordine Nuovo* steht der Name Machiavelli für den verfemten politischen Machiavellismus, und dieser wird noch 1921 mit Faschismus identifiziert, Mussolini mit einem „capitano di ventura medioevale" verglichen.[5] Als 1924 Mussolinis *Preludio al Machiavelli* erscheint,[6] antwortet darauf Piero Gobetti, der Herausgeber der *Rivoluzione Liberale*, mit einer Anthologie von Zitaten aus den *Discorsi*, die erstmals einen eindeutig antifaschistischen Machiavelli erkennbar werden lassen. Gobetti thematisiert die schon auf Machiavelli zurückgreifende Fragestellung Gramscis nach der nicht vollendeten Einheit Italiens, die dem Mangel einer nationalen politischen Führung geschuldet ist. Das wird ausschlaggebend auch für Gramsci; wie Gobetti verweist er auf die spätmittelalterlichen *Comuni* als „die Zeit, in der sich Elemente des modernen wirtschaftlichen Lebens herausbildeten",[7] woran Machiavellis Forderung nach Politisierung der territorialen Herrschaft anknüpfen konnte. Aber gleichzeitig erfolgt hier auch der Bruch in der frühzeitigen nationalen Entwicklung; die *Comuni* waren außerstande, so Gobetti, intellektuelle und moralische Reformen in Gang zu setzen, die auch nur von Ferne mit der Reformation im nördliche Europa vergleichbar gewesen wären. An deren Stelle rückt Machiavelli als Theoretiker der Politik zur Symbolfigur einer ‚Riforma italiana' auf und bleibt als solche in der Geschichte präsent.[8] Er inspiriert den Kampf um eine moderne Gesellschaft Italiens, der in der Phase des Faschismus neu entbrennt.

Aus diesen Prämissen läßt sich auch Gramscis Einschätzung der Hochkultur als Kompensation der nicht vollendeten Nation verstehen. In seinen Reflexionen

---

[4] Note sul Machiavelli (Anm. 1), S. 7; Quaderni del carcere (Anm. 1), S. 1559.
[5] Sanguineti: Gramsci e Machiavelli (Anm. 3), S. 14 f.
[6] Ebd., S. 15.
[7] Ebd., S. 16.
[8] Gobetti zitiert nach Sanguineti (Anm. 3.), S. 17. – Gobettis Einschätzung Machiavellis schließt: „Machiavelli è uomo moderno perché fonda una concezione dello Stato ribella alla trascendenza, e pensa un'arte politica come organizzazione della pratica e professa una religiosità della pratica come spontaneità di iniziativa e di economia." – [„Machiavelli ist ein moderner Mensch, weil er eine Konzeption des Staates begründet, die unverträglich mit der Transzendenz ist, weil er Politik als Organisierung der Praxis versteht und sich zu einer Religiosität des Tuns bekennt im Sinne der Spontaneität der Antriebe und des Wirtschaftens."]

beginnt er den Geschichtsprozeß zu analysieren; einerseits der Entstehung und Ausbildung von historischen Gesellschaftsformationen nachzugehen, andererseits den den Geschichtsverlauf charakterisierenden kulturellen Zäsuren. Von Interesse ist also zum einen, wie und wieweit Gramsci Kultur als Vergesellschaftung interpretiert, zum anderen, welche Rolle er der Wissenschaft – oder den Intellektuellen – in der gesellschaftlichen Veränderung zumißt. Die Fragestellungen bedingen auch das Verhältnis zur Frühen Neuzeit, in dem die Bezugnahme auf Machiavellis Geschichtsprognosen dominiert.

1. Der Kulturbegriff

Kultur umfaßt für Gramsci sowohl das Künstlerische (Kunst und Literatur) als auch das Gesellschaftliche (Sitte und Moral) und wird mit *civiltà* begrifflich gleichgesetzt. Gramsci:

> Aber was heißt Kultur [...]? Zweifellos bezeichnet sie eine kohärente, einheitliche, national verbreitete Konzeption des Lebens und des Menschen, eine Religion der Laien, eine Philosophie, die Kultur geworden ist, die eine Ethik, eine Lebensweise, eine [...] Verhaltensform hervorgebracht hat.[9]

Und bezüglich der Kunst heißt es: „Es erscheint einleuchtend, daß man genau genommen vom Kampf für eine neue Kultur und nicht für eine neue Kunst [...] sprechen muß."[10]

Die Abspaltung der Literatur von der Allgemeinkultur veranlaßt Gramsci zu der Feststellung, daß die hohe Literatur in Italien nicht mit dem zusammenfällt, was in anderen Ländern als Nationalliteratur gilt, da eine dieser zugrundeliegende populäre Literatur in Italien nicht existiert. Gramsci:

> Es gibt weder eine Popularität der hohen Literatur noch eine einheimische Produktion von volkstümlicher Literatur, weil es fehlt an einer gleichartigen Weltsicht zwischen Schriftstellern und Volk, d. h. die im Volk lebendigen Gefühle werden von den Schriftstellern nicht als die eigenen gelebt und dementsprechend nicht gestaltet.[11]

Hier ist in der Substanz die Position Gramscis gegenüber der nachklassischen italienischen Literatur schon umschrieben:

> Der Begriff *national* hat in Italien eine ideologisch sehr eingeengte Bedeutung und fällt auf jeden Fall nicht mit *volkstümlich* zusammen, weil die italienischen Intellektuellen dem Volk, d. h. der Nation fernstehen und einer Kastentradition verbunden sind, die nie erschüttert worden ist von einer starken volkstümlichen oder nationalen Bewegung von unten [...].[12]

Die Intellektuellen gehen nicht aus dem Volk hervor, auch wenn sie zufällig dort gebo-

---

[9] Letteratura e vita (Anm. 1), S. 4; Quaderni del carcere (Anm. 1), S. 2185 f.
[10] Letteratura e vita (Anm. 1), S. 8; Quaderni del carcere (Anm. 1), S. 2192.
[11] Letteratura e vita (Anm. 1), S. 125 f.; Quaderni del carcere (Anm. 1), S. 2114.
[12] Letteratura e vita (Anm. 1), S. 127; Quaderni del carcere (Anm. 1), S. 2116.

ren sind; sie fühlen sich ihnen nicht verbunden (allenfalls rhetorisch); sie kennen und fühlen nicht dessen Bedürfnisse, Sehnsüchte, unbestimmte Gefühle [...].[13]

Die Vernachlässigung der nationalen Erziehung in der hochentwickelten – aber kosmopolitischen – Kultur des Rinascimento rührt daher, daß die Intellektuellen

> eben keine laizistische Kultur vertreten haben, [daß] sie unfähig waren, einen modernen Humanismus zu begründen, geeignet, sich bis in die rohesten und ungebildetsten Schichten zu verbreiten, wie es vom nationalen Gesichtspunkt nötig gewesen wäre, da sie einer antiquierten, kleinlichen, abstrakten, zu individualistischen Kastenwelt sich verbunden fühlen.[14]

Das Ausbleiben einer Reformation, das heißt einer volksnahen Erneuerung des Glaubens und der Kirche, wirkt nach Gramsci als moralische und intellektuelle Unzulänglichkeit des Katholizismus bis in die Gegenwart fort.[15] Gegen eine solche bildungszentrierte Tradition macht Gramsci die Ansprüche einer sozialistischen Kultur geltend, deren Zweck er mit Vico und Novalis auf die Bildung der *cittadini* gründet, auf deren Selbsterkenntnis und deren Selbstverantwortlichkeit:

> Man muß endlich aufhören, Kultur als ein enzyklopädisches Wissen zu begreifen [...]. Die Kultur ist etwas ganz anderes, sie ist Organisation, Verfügungsgewalt über das eigene Ich [„disciplina del proprio io interiore"], Besitzergreifung der eigenen Persönlichkeit, Erwerb eines höheren Bewußtseins, das uns in die Lage versetzt, unseren geschichtlichen Wert, unsere Funktion im Leben und unsere Rechte und unsere Pflichten zu verstehen.[16]

Doch zur Kultur zählen andererseits auch die Entfaltung der Produktivkräfte und die Höherentwicklung der Arbeitsorganisation, die in die Kompetenz der organischen Intellektuellen übergehen müssen, wenn die *società civile* verändert werden soll. Hier stellt sich die Frage der Zugehörigkeit der organischen Intellektuellen und der Arbeiterklasse, aus der sie hervorgehen, zur bestehenden Gesellschaft. Als zerstreuter oder marginalisierter Teil der *società civile* finden sich die Arbeiter der bürgerlichen Gesellschaft ökonomisch und rechtlich unterworfen; sie können ihre subalterne Position nur verlassen, wenn sie sich in der *società civile* artikulieren und auf dem Wege der Organisation zur *società politica* fortschreiten. Dies – nämlich die Hegemonie der Arbeiterklasse – ist das politische Ziel, das der Stratege der Arbeiterbewegung anvisiert. Das aber setzt eine Vergesellschaftung voraus, wie sie Gramsci unter dem Gesichtspunkt einer demographischen Umwälzung in *Amerikanismus und Fordismus* (1934) modellhaft beschrieben hat. Die Arbeitsorga-

---

[13] Letteratura e vita (Anm. 1), S. 128; Quaderni del carcere (Anm. 1), S. 2117.
[14] Letteratura e vita (Anm. 1), S. 113; Quaderni del carcere (Anm. 1), S. 2118.
[15] Diese Defizite „sind eines der sprechendsten Indizien für die tiefe Kluft, die zwischen der Religion und dem Volk besteht: letzteres befindet sich in einem erbärmlichen Zustand der Gleichgültigkeit und des Fehlens eines lebendigen spirituellen Lebens: die Religion ist verharrt im Stadium des Aberglaubens [...]. Das Italien des Volks lebt noch unter den Bedingungen, die ihm die Gegenreformation beschert hat." In: Letteratura e vita (Anm. 1), S. 131; Quaderni del carcere (Anm. 1), S. 2119 f.
[16] Marxismo e letteratura (Anm 1), S. 91.

nisation des Fordismus erscheint ihm vorbildlich nicht nur im Hinblick auf höhere Produktionsleistungen, sondern auch, weil sie gesellschaftliche Leistungsfunktionen zunehmend von der Politik in den Arbeitsprozeß verlagerte und ein höheres Gesamtbildungsniveau erforderlich machte. In der ersten Hälfte des Jahrhunderts, das heißt in einer Phase der Produktionserweiterung im Hinblick auf die Bedürfnisse der Massengesellschaft, erwies sich die Notwendigkeit einer Arbeitsgesellschaft als zweifellos besonders akut.[17] Gramsci beobachtet und analysiert diesen Veränderungsprozeß in der Phase des Übergangs der bürgerlichen Gesellschaften in das Stadium des Massenkonsums. Das demographische Problem, das in *Amerikanismus und Fordismus* ins Bewußtsein drängt, ist das Ungleichgewicht von Arbeit und Konsum, von kapitalschaffender und kapitalverzehrender, parasitärer Bevölkerung. Die revolutionäre Veränderung in den industriellen Gesellschaften erfordert entsprechend die Umwandlung des oszillierten bürgerlichen Individuums in einen Bestandteil der Arbeitsgesellschaft oder der gesamtgesellschaftlichen Ökonomie; die Wandlung zum kollektiven Menschen bezeichnet den „Übergang vom alten ökonomischen Individualismus zur geplanten Ökonomie".[18] Die ökonomische Basis des *uomo collettivo*, so Gramsci, ist die industrielle Produktion. Ob der kollektive Mensch auch schon vor dieser existierte, beantwortet er wie folgt:

> Es gab ihn in Form einer charismatischen Führung [...], d. h. ein kollektiver Wille entstand in der unmittelbaren Beziehung oder Nähe eines Helden, eines repräsentativen Menschen; [...]. Der kollektive Mensch von heute dagegen bildet sich wesentlich von unten nach oben, auf der Grundlage der von der Kollektivität eingenommenen Position [im Produktionsprozeß] in der Welt der Produktion.[19]

Die Beziehung zwischen Gesellschaft und Staat auf der Basis der neuen Kollektivität ist als Vergesellschaftung zu beschreiben, das heißt als Integration der Individuen in die arbeitende Bevölkerung (Arbeitsgesellschaft).[20] Dem Staat der Massengesellschaft im Stadium der industriellen Produktion fällt die erzieherische Aufgabe zu (die aber die Entwicklung zur zivilen Gesellschaft im Prinzip nicht

---

[17] Lediglich verwiesen sei hier auf die Veränderungen im Bereich der Persönlichkeitsmerkmale, die Gramsci im Übergang in die Massengesellschaft registriert und die den Abschwung in die postindustrielle Gesellschaft, wenn es eine solche überhaupt gibt, sicherlich überlebt haben. Die Verifikation von Merkmalen der Massengesellschaft in der zeitgenössischen Literatur (zum Beispiel im Nouveau Roman) wäre zweifellos eine interessante literaturwissenschaftliche Aufgabe.

[18] Im italienischen Original: „il pasaggio apppunto dal vecchio individualismo economico all'economia programmatica". In: Quaderni del carcere (Anm. 1), S. 2139; Zum Verhältnis Arbeit–Parasitentum vgl. Distribuzione delle forze umane di lavoro e di consumo. In: Materialismo storico (Anm. 1), S. 338; Quaderni del carcere (Anm. 1), S. 1343.

[19] Note sul Machiavelli (Anm. 1), S. 186; Quaderni del carcere (Anm. 1), S. 862; Gefängnishefte (Anm. 1), S. 870.

[20] Ich gebrauche den Terminus ‚Arbeitsgesellschaft' im Sinne der in *Amerikanismus und Fordismus* beschriebenen demographischen Umwälzung zugunsten der ‚Welt der Arbeit'; wichtig in dieser Hinsicht der Abschnitt ‚L'uomo-individuo e l'uomo-massa' (Quaderni del carcere [Anm. 1], S. 861–863). Dort heißt es unter anderem: „Welches ist der Bezugspunkt für die in Entstehung begriffene Welt? Die Welt der Produktion, die Arbeit."

behindern darf), „neue und höhere Formen der Gemeinschaft (civiltà) zu schaffen, die Kultur und die Moral der breiten Bevölkerungsmassen den Notwendigkeiten der Entwicklung des Produktionsprozesses anzugleichen, schließlich auch physisch neue Typen der *umanità* zu entwickeln".[21] Die notwendigen Zwänge, die ein solcher Erziehungsprozeß auferlegt, müssen ihrerseits auf dem Wege der Konsensbildung in der zivilen Gesellschaft, die den Zwang entsprechend mildern soll, sozialisiert werden.[22]

Welche Rolle die Intellektuellen in der Genese und Ausbildung von Gesellschaftsformationen spielen, hat wohl niemand eindringlicher analysiert als Gramsci in den den Intellektuellen gewidmeten Abschnitten der *Gefängnishefte*.[23] Bekanntlich unterscheidet Gramsci zwischen den traditionellen Intellektuellen, die als Funktionäre und Mittler im Dienst einer herrschenden Klasse stehen, und den organischen Intellektuellen, die aus der aufsteigenden Klasse selbst hervorgehen und deren Gefühle, Leidenschaften und Interessen artikulieren. Organische Intellektuelle der Arbeiterklasse sind all diejenigen, die an der Erringung der Hegemonie dieser Klasse auf dem Boden der noch bestehenden Gesellschaft mitwirken. Der Terminus bezeichnet daher nicht in erster Linie eine spezifische Berufsgruppe, also einen professionellen Standard, sondern eine soziale Funktion, die von jedem Menschen wahrgenommen werden kann. „Intellektuell-zerebrale" wie „nervlich-muskuläre" Fähigkeiten werden entscheidend in der Ausübung dieser menschlichen Produktionsvermögen ausgebildet. „Es gibt keine menschliche Tätigkeit", so Gramsci,

> aus der man jegliche intellektuelle Mitwirkung ausschließen könnte; der tätige Mensch (homo faber) läßt sich nicht vom Wissenden (homo sapiens) trennen. Jeder Mensch entfaltet jenseits seines Berufs irgendeine intellektuelle Tätigkeit, d. h. ist Philosoph, Künstler [...], hat teil an der Konzeption der Welt [...]. Das Problem der Entstehung einer neuen intellektuellen Schicht besteht folglich darin, kritisch die intellektuellen Fähigkeiten weiterzuentwickeln, die in jedem von uns vorhanden sind [...].[24]

Und bezüglich der spezifisch gesellschaftlichen Leistungen: „Die Berechtigung des neuen Intellektuellen kann nicht mehr in der Beredsamkeit gesehen werden [...], sondern in der aktiven Einmischung in das praktische Leben, als Konstrukteur, Organisator und ‚ständig Überzeugender' [ohne Rhetorik] [...]."[25]

---

[21] Note sul Machiavelli (Anm. 1), S. 102; Quaderni del carcere (Anm. 1), S. 1565 f.
[22] Die Vergesellschaftung der Arbeiter betreffend, wehrt sich Gramsci entschieden gegen die Gleichsetzung von Volkserziehung mit Vermassung – *socializzazione* bleibt für ihn nach wie vor mit *nazionalizzazione* verbunden – im Sinne der Massenpsychologie, der er eine wissenschaftliche Kompetenz abstreitet, vgl. Note sul Machiavelli (Anm. 1), S. 187 f., Quaderni del carcere (Anm. 1), S. 767 f;. Volksbildung meint genau das Gegenteil von Vermassung (von Proletarisierung im negativen Sinne), nämlich die intellektuelle Höherentwicklung der civiltà durch die Vergesellschaftung des Proletariats; vgl. Quaderni del carcere (Anm. 1), S. 1565.
[23] Vgl. Gli intellettuali (Anm. 1).
[24] Ebd., S. 21 f.; Quaderni del carcere (Anm. 1), S. 1550 f.
[25] Gli intellettuali (Anm. 1), S. 22; Quaderni del carcere (Anm. 1), S. 1551.

Erforderlich ferner hinsichtlich Produktion und Politik sind die Fähigkeit der Leitung: „capacità dirigente e tecnica (cioè intellettuale)",[26] Führungs- und Organisationskompetenzen, erzieherische Fähigkeiten: „funzione direttiva e organizzativa, cioè educativa, cioè intellettuale";[27] alles Anforderungen, die unter die ‚intellektuellen Fähigkeiten' subsumiert werden.

Das ökonomisch-kooperative Stadium der Arbeiterorganisation muß mit Blick auf die gesamtgesellschaftlichen Qualifikationen im Kampf um die Hegemonie überwunden werden.[28]

2. Die Wissenschaft der Politik

Machiavellis *Principe* ist das Werk, aus dem Gramsci sein historisches Verständnis der Politik (insbesondere der italienischen) gewinnt.[29] Der *Principe* wird als Metapher für den Staatengründer gesetzt oder mit dem Staat selbst identifiziert, wie den *Note sul Machiavelli* zu entnehmen ist.[30] Die Gründung des Staats ist der eigentliche Zweck aller Politik, die wiederum die Vollendung und die Auflösung des Staats zu ihrem Ziel hat, des Staates also, der sein eigenes Ende in sich schließt.[31] Die Wissenschaft der Politik, deren Werk der Staat ist, hat es als Wissenschaft nicht mit der menschlichen Natur zu tun, sondern mit den sozialen Beziehungen der Menschen in einem gegebenen Zeitpunkt: „L'insieme dei rapporti sociali storicamente determinati";[32] ihr Gegenstand, die Politik, ist – unabhängig von Moral und Religion – der autonome Bereich menschlichen Handelns und Entscheidens, was Machiavellis eigentliche Einsicht in das Wesen der Politik ausmacht und was

---

[26] Gli intellettuali (Anm. 1), S. 3; Quaderni del carcere (Anm. 1), S. 1503.
[27] Gli intellettuali (Anm. 1), S. 13; Quaderni del carcere (Anm. 1), S. 1523.
[28] Gli intellettuali (Anm. 1), S. 14.
[29] „Das Wesentliche am *Principe* ist, daß er keine systematische Abhandlung ist, sondern ein ‚lebendiges' Buch, in dem sich politische Ideologie und politische Wissenschaft verbinden in der grammatischen Form des ‚Mythos'. Halb Utopie, halb scholastischer Traktat, wie sich die politische Wissenschaft bis zu Machiavelli darbot, wird sie von diesem für seine Idee in einer phantastischen und künstlerischen Form genutzt, um das doktrinale und rationale Element in einem *condottiere* zu verkörpern, der das Symbol des ‚kollektiven Willens' plastisch und vermenschlicht repräsentiert." In: Note sul Machiavelli (Anm. 1), S. 3; Quaderni del carcere (Anm. 1), S. 1555.
[30] „Wollte man den Begriff des *Principe* in die Sprache der modernen Politologie übersetzen, so wie er im Buch Machiavellis verwendet wird, müßte man eine Reihe von Differenzierungen vornehmen: der *Principe* könnte ein Staatschef sein, ein Regierungschef, aber auch ein politischer Führer, der sich eines Staates bemächtigen oder auch einen neuen Typus von Staat gründen will; in diesem Verständnis könnte man *Principe* in moderner Sprache mit ‚politische Partei' übersetzen." In: Note sul Machiavelli (Anm. 1), S. 114; Quaderni del carcere (Anm. 1), S. 661 f.
[31] Note sul Machiavelli (Anm. 1), S. 115; Quaderni del carcere (Anm. 1), S. 662; Gefängnishefte (Anm. 1), S. 685.
[32] Note sul Machiavelli (Anm. 1), S. 10; Quaderni del carcere (Anm. 1), S. 1599.

Gramsci wiederholt ins Gedächtnis ruft.³³ Den ersten Schritt der Autonomisierung des Politischen, der in Italien in die Zeit der *Comuni* (12. bis 14. Jahrhundert) fällt, sieht Gramsci in dem einfachen Heraustreten der Bürger aus dem rein Ökonomischen, charakterisiert als „ein Moment, in dem der Überbau sich in der Phase der unmittelbaren, reinen Willensaffirmation befindet, noch unbestimmt und elementar".³⁴

Im Prozeß der Konstituierung des Politischen unterscheidet Gramsci historisch drei Phasen, die fortschreitend die Entwicklung vom ökonomisch-korporativen Stadium der Vergesellschaftung über die Ausbildung von Gruppensolidarität (von Standes- und Klassenbewußtsein) bis hin zur Bildung politischer Parteien markieren.³⁵ Die Entwicklung dessen, was Gramsci die *rapporti di forza* nennt – von ihrer primitiven Form des Ökonomischen bis zur entfalteten Form des Politischen – beschreibt insbesondere der Abschnitt ‚La questione così detta dei rapporti di forza' in *Note sul Machiavelli*.³⁶

Mit der Herausbildung der politischen Ebene im Sinne einer immer umfassenderen *società politica*, die begrifflich mit dem Staat zusammenfällt (wobei es im Kampf der Klassen oder der Parteien um dessen Beherrschung geht), wird schließlich eine Phase erreicht, in der der Staat aufhört, den komplexen *rapporti di forza* zu genügen. In dieser Phase, so Gramsci, „läßt sich kein Verfassungsrecht im traditionellen Sinn mehr gründen, sondern nur ein System von Grundsätzen, die als Ziel des Staates sein eigenes Ende postulieren, sein Verschwinden, das heißt das Wiedereingehen der politischen Gesellschaft in die zivile".³⁷ Doch dieses Absterben des Staates ist ein noch nicht verifiziertes Resultat der Gesellschaftsentwicklung (unter Umständen ein sogar fraglich gewordenes). Nicht das soll uns hier beschäftigen, sondern das konkrete Auseinanderbrechen einer Gesellschaftsformation, nämlich des historischen Blocks der bürgerlichen Herrschaft in der Krise nach dem Ersten Weltkrieg, mit der nach Gramsci der Kampf um eine neue Hegemonie neu entbrennt.

---

33 Note sul Machiavelli (Anm. 1), S. 10–13; Quaderni del carcere (Anm. 1), S. 1598–1601 und S. 1568 f.
34 Note sul Machiavelli (Anm. 1), S. 13; Quaderni del carcere (Anm. 1), S. 1568.
35 Note sul Machiavelli (Anm. 1), S. 55 f.; Quaderni del carcere (Anm. 1), S. 1583 f.
36 „Das erste und elementarste Kräfteverhältnis ist das ökonomisch-korporative: ein Kaufmann fühlt sich solidarisch mit einem andere Kaufmann, ein Handwerker [„fabbricante"] mit dem anderen Handwerker usw., aber der Kaufmann fühlt sich noch nicht solidarisch mit dem Handwerker […]." – „Ein zweites Stadium ist erreicht, wenn sich zwischen allen Mitgliedern einer sozialen Gruppe das Bewußtsein einer Solidarität der Interessen entwickelt hat, aber noch rein beschränkt auf den ökonomischen Sektor." – „Ein drittes Stadium ist erreicht mit dem Bewußtsein, daß die korporativen Interessen […] den engen Kreis der nur ökonomischen Gruppe überschreiten und mit den Interessen anderer subordinierter Gruppen zusammenfallen. Das ist die eigentlich politische Phase, die den Übergang bezeichnet von der ökonomischen Basis zu komplexeren Strukturen des Überbaus […]." In: Note sul Machiavelli (Anm. 1), S. 55 f; Quaderni del carcere (Anm. 1), S. 1583 f.
37 Note sul Machiavelli (Anm. 1), S. 115; Quaderni del carcere (Anm. 1), S. 662; Gefängnishefte (Anm. 1), S. 685.

Hegemonie bezeichnet bei Gramsci eine Form indirekter Herrschaft, die sich primär ausdrückt im Konsens innerhalb der *società civile*, deren Gewicht aber bestimmend wird, sobald das politische Kräfteverhältnis zur Veränderung der Machtverhältnisse tendiert und die an die Macht drängende Gruppe oder Klasse auf Bündnisse angewiesen ist, um effektiv Herrschaft auszuüben. Ihre Vorherrschaft im Bündnis oder ihr kulturelles Gewicht sind Ausdruck ihrer hegemonialen Macht. Daß es dem Stadtbürgertum des Spätmittelalters nicht gelungen ist, die ökonomisch-korporative Form seiner Herrschaft zu überwinden und seine Vorherrschaft auf das umliegende Land auszudehnen, wofür Machiavelli plädiert hatte, ist einer der entscheidenden Gründe für das Ende der kommunalen *civiltà* in Städten wie Florenz, Pisa, Genua etc. Gramsci geht – in seiner Exegese Machiavellis – den Ursachen dieser politischen Fehlentwicklung nach und leitet daraus seine wesentlichen Einsichten her hinsichtlich der nationalen Geschichte Italiens und der Klassenkämpfe seiner eigenen Zeit.

Deutlich wird das, wenn man die (allerdings noch wenig dokumentierten) Beziehungen Gramscis zum Weltkommunismus im Rahmen der Dritten Internationalen analysiert,[38] was eine ausführliche Untersuchung erfordern würde und deshalb hier nur stichwortartig geleistet werden kann. Als Parteiführer im Gefängnis hat Gramsci keinen Einfluß mehr auf die Politik der Dritten Internationale (die Togliatti unter dem Tarnnamen Ercole von Moskau aus leitet); er hat sich nachweislich von Stalin entfremdet. Während dieser die Zukunft des Kommunismus an die militärische Stärke der Sowjetunion bindet, muß der inhaftierte Parteisekretär von der Niederlage ausgehen, die die Arbeiterbewegung im Kampf gegen den Faschismus erlitten hat und die er in das strategische Kalkül der *Gefängnishefte* einbezieht.

Was auf dem Spiel steht, ist der historische Verlauf der Revolution(en) in Europa, die mit der Französischen Revolution den dritten Stand zur Herrschaft bringt, von welcher aber das Volk, das Proletariat, ausgeschlossen bleibt. Die Revolutionen des 19. Jahrhunderts – insbesondere 1848 und die Pariser Kommune – halten an den Forderungen fest, das Volk an der Herrschaft zu beteiligen und es in die Nation zu integrieren. Die Russische Revolution verwirklicht schließlich, was in der jakobinischen Phase der Französischen Revolution Programm geblieben war: die Befreiung der unteren Klassen aus ihrer Knechtschaft und ihre Einbeziehung in die politischen Entscheidungen der Nation. Gramsci legt diese strukturelle Ähnlichkeit seiner Auffassung zugrunde, daß auch die Leninsche Strategie eine jakobinische Komponente aufzuweisen habe,[39] in der Einbeziehung

---

[38] Vgl. Aldo Natoli: La ‚svolta' del 1929–1930. Il contrasto Longo-Terracini. In: Rivista di storia contemporanea 1 (1976), S. 135–145; ders.: La storia del partito Comunista di Amendola. In: Rivista di storia contemporanea 4 (1978), S. 538–545; Tanja Schucht und Antonio Gramsci. Eine moderne Antigone. Hrsg. von Ursula Apitzsch. Frankfurt a. M.: Cooperative-Verlag 1992 (italienischer Originaltitel: Antigone e il prigioniero, Tania Schucht lotta per la vita di Gramsci. Rom: Editori Riuniti 1990).

[39] Wladimir Iljitsch Lenin: Zwei Taktiken der Sozialdemokratie in der demokratischen Revolution. In: ders.: Ausgewählte Werke. 6 Bde. Berlin: Dietz 1977. – „Die Jakobiner der heu-

nämlich der Bauern in das Proletariat, was schließlich zurückdatiert wird auf Machiavellis Forderung an die Adresse der damals revolutionären Klasse (der *Comuni*), sich der Landbevölkerung zu versichern – wie die Jakobiner der Sansculottes –, und ihre hegemoniale Macht über das gesamte Territorium auszudehnen.[40]

Aus derselben Perspektive betrachtet der Parteistratege auch die Krise der internationalen Arbeiterbewegung, die er als Moment der noch unabgeschlossenen revolutionären Bewegung sieht. Ausgehend von 1789 und einmündend in die Russische Revolution (als die in dieser Kette jüngste) ist die Bewegung nach der Revolution von 1848 offenbar zum Stillstand gekommen oder – bedient man sich der militärischen Metapher Gramscis – übergegangen vom Bewegungskrieg („guerra manovrata') in einen Krieg der Positionen oder Grabenkrieg,[41] weshalb eine strategische Angleichung der Arbeiterbewegung an diese Lage notwendig erscheint. Unter Berufung auf Lenin befürwortet der Parteisekretär eine Politik der Allianzen, die die Phase der Passivität überwinden soll.[42]

---

tigen Sozialdemokratie [...] wollen mit ihren Lösungen das revolutionäre und republikanische Kleinbürgertum und besonders die Bauernschaft auf das Niveau des konsequenten Demokratismus des Proletariats heben, das seine Sonderstellung als Klasse dabei voll bewahrt." – „Nur im Falle eines vollen Sieges der demokratischen Revolution wird das Proletariat im Kampf gegen die inkonsequente Bourgeoisie nicht mit gebundenen Händen dastehen. Nur in diesem Falle wird es in der bürgerlichen Demokratie nicht ‚aufgehen', sondern der ganzen Revolution seine proletarischen, richtiger gesagt, proletarisch-bäuerlichen Stempel aufdrücken." (S. 66 f.) – Vgl. auch Sanguineti: Gramsci e Machiavelli (Anm. 3), S. 56 f.: „qui la rivoluzione è presentata praticamente come la realizzazione dell'egemonia del proletariato che guida i suoi alleati, primo fra tutti la classe dei contadini."

[40] Das Problem, das sich schon in der Zeit Machiavellis stellte, war die Umwandlung der Stadtrepubliken in einen nationalen Staat, der den Übergang der ökonomisch-korporativen Form der Herrschaft zur primär politischen beinhaltet. Diese nationale Programmatik des *Principe* wird besonders in ‚Die mittelalterlichen Kommunen als ökonomisch korporative Phase des Staats' herausgearbeitet; vgl. Note sul Machiavelli (Anm. 1), S. 104 und S. 164; Quaderni del carcere (Anm. 1), S. 758 und S. 760. In einem Brief aus dem Gefängnis bezieht Gramsci diesen Sachverhalt ein in seine Theorie der jakobinischen Revolution: „Die Kommunen waren also ein syndikalistischer Staat, der nicht in der Lage war, diese Phase zu überwinden und ein Gesamtstaat zu werden, wie es Machiavelli vergeblich forderte, der mittels eines organisierten Heeres die Hegemonie der Stadt über das Land errichten wollte und der daher der erste Jakobiner genannt werden kann." (Vgl. Sanguineti [Anm. 3], S. 43 f.).

[41] Note sul Machiavelli (Anm. 1), S. 82 f., Quaderni del carcere (Anm. 1), S. 865–867.

[42] „Mir scheint, daß Iljitsch [Lenin] erkannt hatte, daß man den offensiven Krieg, siegreich 1917 im Osten, zugunsten des Stellungskriegs aufgeben mußte, des im Westen einzig möglichen [...]." In: Note sul Machiavelli (Anm. 1), S. 83; Quaderni del carcere (Anm. 1), S. 866. Vor diesem Hintergrund ist auch Gramscis Kritik an Trotzkis permanenter Revolution zu sehen; vgl. Note sul Machiavelli (Anm. 1), S. 102 f.; Quaderni del carcere (Anm. 1), S. 865 f. und S. 1566.

3. Gramsci und die Frühe Neuzeit[43]

Um Gramscis kritische Auseinandersetzung mit der Renaissance und dem Humanismus würdigen zu können, sollte man sie im Zusammenhang mit der Geschichte der Intellektuellen sehen, die Gramsci in den *Gefängnisheften* nachgezeichnet hat. In diesem dritten Abschnitt meiner Untersuchung sollen die hauptsächlichen Etappen oder Zäsuren markiert werden, anhand deren die Funktionen der Intellektuellen hervortreten und beschrieben werden können. Deren historische Bedeutung – im allgemeinen – sieht Gramsci in ihrem Beitrag zur Konstitution der Nation, das heißt in der Mitwirkung an der Integration und Verschmelzung von *nazionale* und *popolare* als Kennzeichen der politischen Reife des Gesellschaftszustands. Gramsci möchte seine Abhandlung über die Geschichte der Intellektuellen verstanden wissen als jeweilige „Untersuchungen über die ‚Kulturgeschichte' [im Text deutsch geschrieben] und die Politikwissenschaft".[44]

Nach einem Blick auf die Frühgeschichte Italiens bis um das Jahr 1000 setzt Gramscis historische Darstellung ein in der Zeit der Stadtrepubliken, deren Ende die Renaissance besiegeln wird. Die Frühgeschichte zu studieren, so Gramsci, sei unerläßlich,

> wenn man die historische Funktion der Kommunen und des frühen italienischen Bürgertums verstehen will, das die alte Einheit [die des römischen Imperiums] auflöste, ohne eine neue eigene an deren Stelle zu setzen: das Problem der territorialen Einheit stellte sich nicht und wurde nicht einmal gesehen, die frühbürgerliche Blüte hatte keine Folgen [...].[45]

Die Anwesenheit militärischer Invasoren (Spanier, Deutsche, Österreicher, Franzosen) in den folgenden Jahrhunderten (15. und 16.) und die Vorherrschaft der Kirche in ganz Mittelitalien verurteilen alle Versuche zum Scheitern, Italien, wie Machiavelli erwartet hatte, durch die Formierung eines hegemonialen Zentrums zu einen. Fremdherrschaft und Kirche verursachen die Entnationalisierung der Kultur und potenzieren den Kosmopolitismus der Intellektuellen: „Italien ist das

---

[43] Zum klassischen Bild der italienischen Renaissance siehe Jacob Burckhardt: Die Kultur der Renaissance in Italien. 18. Aufl. Stuttgart: Kröner 1947; Zum Humanismus in Italien Giuseppe Toffanin: Che cosa fu l'umanesimo. Firenze: Sansoni 1928. Was die Bedeutung Croces in der Kulturgeschichte und Historiographie Italiens betrifft, so findet man die wohl aufschlußreichste Kennzeichnung seiner Position bei Gramsci selbst, insbesondere im Band ‚Il materialismo storico e la filosofia di Benedetto Croce'. Die Parteiergreifung für De Sanctis und gegen Croce dokumentiert speziell der Abschnitt ‚Fase economica-corporativa dello stato', vgl. ebd., S. 104 f., und Quaderni del carcere (Anm. 1), S. 761. Gramscis Urteil über die Kultur der Renaissance stützt sich maßgeblich auf die kritische Charakterisierung dieser Epoche bei De Sanctis, vgl. Francesco De Sanctis: Storia della letteratura italiana. Turin: Einaudi 1870/71 (= Gli Struzzi, 22), S. 1958 f., Kap. XII: ‚Il Cinquecento'.

[44] Gli intellettuali (Anm. 1), S. 6; Quaderni del carcere (Anm. 1), S. 1515.

[45] Gli intellettuali (Anm. 1), S.40; Quaderni del carcere (Anm. 1), S. 568; Gefängnishefte (Anm. 1), S. 603

Komplement aller anderen Länder, als Produzent von Schönheit und Kultur für ganz Europa."[46]

Die Gegenreformation blockiert dann die Einheitsbestrebungen über zwei Jahrhunderte und verfestigt die Abhängigkeit der Intellektuellen von der kirchlich dominierten Kultur (die auch noch im geeinten Italien ein bestimmender Faktor bleibt). Diese Einigung wird schließlich unter der Dynastie der Savoyer (1861) zwar herbeigeführt, bewirkt aber nicht die Integration des Volkes in die Nation. Die Schwäche des jakobinischen Elements in der von Aristokratie und Kirche dominierten neuen Gesellschaft (im Europa des beginnenden Industriezeitalters) perpetuiert die von Gramsci beklagte Spaltung der Kultur bis in das 20. Jahrhundert hinein. Der von den herrschenden Klassen beanspruchte nationale Charakter der Kultur *(il nazionale)* erweist sich als unverträglich mit dem *popolare*, das es wie einen Fremdkörper von sich stößt; das Publikum der populären Lesestoffe andererseits, abgeschnitten von den Wurzeln der eigenen Kultur, sieht sich in seinen Lesebedürfnissen auf ausländische Klassiker der volkstümlichen Literatur angewiesen. Die von Gramsci, in der Funktion des Literaturkritikers, konstatierte Spaltung zwischen hoher Literatur und *cultura nazionale-popolare*, zwischen kosmopolitisch ambitionierter literarischer Kultur des Bürgertums und einer zur Subalternität herabgestuften Volkskultur, findet ihre theoretische Grundlegung in der Opposition Croce–De Sanctis, in Croces ästhetischer Autonomisierung der Literatur einerseits und in De Sanctis Versuch einer gesellschaftlichen Grundlegung der italienischen Literatur andererseits.[47]

Der kosmopolitisch orientierten Literatur, von zweifellos internationaler Geltung, steht flankierend eine katholische Literatur zur Seite, die auf ihrem Höhepunkt – mit Manzonis großem Roman *I promessi sposi* – zwar als eine Art Kompromiß zwischen katholischer Weltsicht und nationalem Selbstverständnis konzipiert worden war, deren spätere Ausprägung und deren antilaizistische Intentionen Gramsci aber schließlich mit dem Jesuiten-Pater Bresciani und seiner Ideologie schlechthin identifizierte: „Man sollte wissen, daß der Brescianismus im Grunde ein antistaatlicher und antinationaler Individualismus ist";[48] damit ist der katholischen Kultur und ihrem antilaizistischen Zauber das Urteil gesprochen. Dagegen repräsentiert De Sanctis für Gramsci eine die demokratischen Traditionen auf-

---

[46] Gli intellettuali (Anm. 1), S. 50; Quaderni del carcere (Anm. 1), S. 1118; Gefängnishefte (Anm. 1), S. 1105.

[47] Vom Theoretiker und Historiographen der letteratura artistica, das heißt der hohen Literatur, heißt es: „Die Ästhetik Croces ist im Begriff […], eine ‚Rhetorik' zu werden […]." Und: „Man könnte [allerdings] fragen, ob sich die Ästhetik, als Wissenschaft, nicht anderen Aufgaben widmen sollte als einer Theorie der Kunst, der Schönheit, des Ausdrucks." In: Letteratura e vita (Anm. 1), S. 21; Quaderni del carcere (Anm. 1), S. 794. Nicht übergangen werden darf jedoch Gramscis äußerst positive Darstellung des italienischen Melodramas (vor allem in der Gestalt der italienischen Oper), die für ihn nationale Momente authentischer Volkskultur repräsentieren. Vgl. Gramscis Artikel ‚Il melodrama' in: Marxismo e letteratura (Anm 1), S. 108 f.; Letteratura e vita (Anm. 1), S. 80 f.

[48] Letteratura e vita (Anm. 1), S. 17; Quaderni del carcere (Anm. 1), S. 2197.

greifende und das jakobinische Moment aufhebende Literaturkritik, die seiner Auffassung von Nationalliteratur ziemlich nahe kommt, was seine kanonisierende Bewertung offensichtlich bestätigt: „De Sanctis trat in Italien ein für die Schöpfung einer neuen nationalen Hochkultur gegen die Tradition des Alten, die Rhetorik und die Jesuiten."[49]

Vor dem Hintergrund des hier aufgezeigten Dilemmas der Intellektuellen, das Gramsci bis auf seine Wurzeln zurückdatiert, nämlich auf die im Rinascimento erfolgte anationale, kosmopolitische Richtungsänderung der italienischen Kultur, wollen wir abschließend betrachten, wie der marxistische Kulturanalytiker den Verlauf des gesellschaftlichen Bildungsprozesses und den Einfluß der Intellektuellen auf die nationale Kultur beurteilt.

Verblüffend ist, daß er die in der Renaissance bezeugte Spaltung der Kulturen und die Verselbständigung eines kosmopolitischen Universalismus eigentlich schon als kulturelles Erbe (oder Übel) des römischen Imperiums aufdeckt und belegt:

> Das Aufkommen der traditionellen Intellektuellen [im Sinne einer Bildungskaste] ist geschichtlich am interessantesten. Es ist zweifellos verbunden mit dem Sklaventum der klassischen Antike und mit der Lage der Freigelassenen griechischen und orientalischen Ursprungs in der sozialen Organisation des römischen Imperiums.[50]

Die Loslösung der Intellektuellen von ihrem Ursprung

> wiederholt sich nach dem Sturz des Imperiums zwischen germanischen Kriegern und Intellektuellen aus romanisierten Ländern, die Nachfolger der Kategorie der Freigelassenen. Dazu kommt der sich entwickelnde Katholizismus (samt kirchlicher Organisation), der für Jahrhunderte den größten Teil intellektueller Tätigkeit absorbiert und das kulturelle Monopol ausübt; mit Sanktionen gegen alle, die sich ihm widersetzen oder das Monopol umgehen wollen.[51]

Was Gramsci als Übertragung des Bildungsmonopols von der Antike auf die Kirche beschreibt, setzt sich als Bildungsprivileg auch gegenüber den frühbürgerlichen Städten durch: „Nach einer kurzen Unterbrechung, wo es unter kommunaler Freiheit eine Blüte von Intellektuellen populären Ursprungs gibt, fällt die intellektuelle Funktion an die traditionelle Kaste zurück [...]."[52]

In den spätmittelalterlichen Emanzipationsversuchen des Bürgertums gegenüber dem kirchlichen Bildungsmonopol wird der laizistische Anspruch erkennbar, Bildung für die Zwecke der politisch-weltlichen Konstituierung des Gemeinwe-

---

[49] Letteratura e vita (Anm. 1), S. 6; Quaderni del carcere (Anm. 1), S. 2188 f.; in seiner Parteinahme für das *nazionale-popolare* und gegen das Kosmopolitische geht Gramsci allerdings so weit, Paul Nizan, den französischen Marxisten, Schriftsteller und Kritiker, des Kosmopolitismus von links zu bezichtigen, vgl. Letteratura e vita (Anm. 1), S. 13–15; Quaderni del carcere (Anm. 1), S. 1820 f.
[50] Gli intellettuali (Anm. 1), S. 14; Quaderni del carcere (Anm. 1), S. 1523 f.
[51] Gli intellettuali (Anm. 1), S. 14 f.; Quaderni del carcere (Anm. 1), S. 1524.
[52] Gli intellettuali (Anm. 1), S. 26; Quaderni del carcere (Anm. 1), S. 355; Gefängnishefte (Anm. 1), S. 394.

sens zu nutzen. Die Befreiung vom kirchlichen oder machtpolitischen Universalismus, der eigentlich nur noch der Legitimation der mittelalterlichen Feudalmächte Kaiser- und Papsttum dient, manifestiert sich in den Universitätsgründungen, die sich insbesondere in Frankreich im Kampf gegen das kirchliche Monopol erfolgreich behaupten.

In dem Maß aber, wie die italienischen Intellektuellen des 15. und 16. Jahrhunderts – Gelehrte, Schriftsteller, Poeten – auf universalistische Bildungsgüter und Bildungsansprüche zurückgreifen und insbesondere Latein als Bildungssprache bevorzugen oder neu zur Geltung bringen, wirken sie objektiv, so Gramsci, der intellektuellen und moralischen Erneuerung Italiens entgegen – einer „riforma intellettuale e morale"[53] – nach dem Vorbild der Reformation in nordeuropäischen Ländern. Die sporadischen Protestbewegungen gegen die gegenreformatorische Kultur in den Ländern des Südens qualifiziert Gramsci als „Übergang vom orthodoxen jesuitischen Katholizismus zu liberaleren Formen der Religion oder [...] Flucht vor dem Konfessionalismus in ein modernes Weltbild".[54]

Von dieser Warte aus erstaunt es nicht, daß das Urteil Gramscis über den Humanismus als elitär, volksfern und zeitentrückt – sowie über die Renaissance als machtorientiert – gegenreformatorisch – im Grunde außerordentlich negativ ausfällt. In Stichworten zusammengefaßt lautet es:[55]

– Entgegen der Darstellung Jakob Buckhardts läßt sich der Humanismus nicht gegen die Kirche gerichtet verstehen und eröffnet auch keine Wege zur Erneuerung der Religion;
– Die Entdeckung einer neuen Persönlichkeit bleibt auf das Studium beschränkt, auf eine philologische Rezeption der Antike;
– Häretisch und damit widerständlich gegenüber dem Bildungsanspruch der Kirche ist nicht der Humanismus, sondern die vorangehende *civiltà comunale*, die sich gegen die *romanitas* richtete und gegen den Bildungsanspruch der römischen Literatur zugunsten des *Volgare*;
– Kennzeichen des Humanismus ist seine Distanzierung der Kultur vom *Volgare*;
– Der Humanismus bleibt (einschließlich Dante) noch der Scholastik verhaftet bzw. der neuen höfischen Kultur verschrieben und ist nicht Ausdruck der städtischen Zivilisation.

Gramsci faßt schließlich zusammen, seinen Gewährsmann Toffanin zitierend:

Toffanin bestreitet, daß der Humanismus in die Reformation mündet, da diese mit ihrer Distanz zur *romanità*, mit der rebellischen Haltung der Plebejer und mit vielen anderen den Herzschlag der kommunalen Kultur wiedererweckt, sowie auch deren Häresie, gegen die ja der Humanismus Front gemacht hatte. Erst als der Humanismus zu

---

[53] Gli intellettuali (Anm. 1), S. 58; Quaderni del carcere (Anm. 1), S. 1684.
[54] Ebd.
[55] Gli intellettuali (Anm. 1), S. 45–47; Quaderni del carcere (Anm. 1), S. 904–907; Gefängnishefte (Anm. 1), S. 908–910.

Ende geht, tritt die Häresie wieder ans Licht; Machiavelli, Erasmus, Luther, Giordano Bruno, Descartes, Jansenius stehen jenseits des Humanismus.⁵⁶

Schließen möchte ich mit einem zusammenfassenden Gesamt- oder Globalurteil Gramscis, das seine Parteilichkeit bezeugt, aber auch ansatzweise eine tiefere Würdigung des Rinascimento spüren läßt:

> Die Renaissance scheint mir die in der Moderne kulminierende Phase der ‚internationalen Funktion der italienischen Intellektuellen' zu sein, weshalb sie auch keine Resonanz im nationalen Bewußtsein hatte, das von der Gegenreformation dominiert war und noch wird. Die Renaissance ist lebendig, wo sie im Bewußtsein neue Ströme der Kultur und des Lebens erweckt hat, wo sie in die Tiefe gegangen ist, nicht wo sie erstickt worden ist mit nichts als Rhetorik und Worten und wo sie folglich der Gegenstand reiner Gelehrsamkeit, d. h. äußerlicher Neugier geblieben ist.⁵⁷

Man kann Gramscis Urteil einseitig finden und womöglich seine Kompetenz als Fachwissenschaftler in Frage stellen; man wird aber nicht negieren können, daß seine Grundaussagen über den Humanismus im Einklang stehen mit der im Kern kulturellen Orthodoxie der italienischen Renaissance, die heterodoxe Strömungen nicht zur Geltung kommen ließ.⁵⁸

---

56 Gli intellettuali (Anm. 1), S. 47; Quaderni del carcere (Anm. 1), S. 906; Gefängnishefte (Anm. 1), S. 909; Gramsci fährt fort: „Diese Themen Toffanins stimmen oft mit den Aufzeichnungen von mir in anderen Heften überein. Nur daß Toffanin immer im literarisch-kulturellen Bereich bleibt und den Humanismus nicht mit den ökonomischen und politischen Fakten in Verbindung bringt, die sich zeitgleich in Italien abspielen: Übergang zur Herrschaft der Fürsten und des Adels, Erlöschen der bürgerlichen Initiative und Umwandlung der Bürger in Landbesitzer. Der Humanismus war ein reaktionäres Moment in der Kultur, weil die gesamte italienische Gesellschaft sich anschickte, reaktionär zu werden." Vgl. Gli intellettuali (Anm. 1), S. 47; Quaderni del carcere (Anm. 1), S. 906.
57 Gli intellettuali (Anm. 1), S. 48; Quaderni del carcere (Anm. 1), S. 401; Gefängnishefte (Anm. 1), S. 435.
58 Hingewiesen sei in diesem Zusammenhang auf das Buch von Carlo Ginzburg: Il formaggio e i vermi. Il cosmo di un mugnaio del '500. Turin: Einaudi 1976. Hier werden anhand der Dokumentation eines Inquisitionsprozesses Quellen und Querverbindungen eines häretischen Wissens freigelegt, die ein wenig den Fragehorizont der Welt der Laien erschließen. Die von Gramsci genannten Autoren – von Machiavelli bis Jansenius – werden offensichtlich dem noch zu entdeckenden Universum des profanen Wissens zugerechnet. – Vgl. ferner ders.: Miti, emblemi, spie. Morfologia e storia. Turin: Einaudi 1986 (= Nuovo politecnico, 152). Darin insbesondere die Kapitel: ‚Stregoneria e pietà popolare – L'alto e il basso' und ‚Il tema della conoscenza proibita nel Cinquecento e Seicento'.

Wolfgang Karrer

Raymond Williams
Vom ‚Kultur'-Begriff zur Kulturanalyse

Während in Deutschland die sogenannte ‚Kulturwissenschaft' sich in der Tradition von Volkskunde und Europäischer Ethnologie sieht,[1] haben die ‚Cultural Studies' in England mit den sechziger Jahren einen Bruch mit dem traditionellen Paradigma von Kulturtheorien vollzogen. Durch die Öffnung für die Neue Linke, Theorien wie die von Althusser, Gramsci und Habermas sowie eine Institutionalisierung nicht ‚als eigenständige wissenschaftliche Disziplin', sondern als ein interdisziplinäres Forschungszentrum, das Studierende schon früh in den Forschungsprozeß mit einbezog, gewann das Birminghamer Zentrum für Zeitgenössische Kultur (CCCS) Modellcharakter, der auch – zumindest teilweise durch Übersetzungen im Argument- und Syndikat-Verlag – in Deutschland einige Beachtung fand. In England haben sich die Kulturstudien an den größeren Universitäten durchgesetzt, und ein Blick in die Regale der akademischen Buchläden in London, Oxford oder Cambridge zeigt, wie diese Durchsetzung aussieht. Nicht in Form von Handbüchern oder Theoriesynopsen, sondern in Form von Sammelbänden, die die verschiedensten Bereiche der Kulturstudien, zumeist in gezielter interdisziplinärer Durchbrechung, vorstellen und auf die großen Themen der Kulturstudien – Macht, Diskurs, Dekolonisierung, Medien, Sexismus und Rassismus – beziehen. Ich nenne hier nur vier Texte, die den Studierenden in England als Einführungstexte dienen: *Cultural Studies; Culture, Power, History; Media, Culture and Society; Culture and Power*, alle jüngeren Datums.[2] In mehreren von ihnen abgedruckt ist der grundlegende Aufsatz ‚Cultural Studies: Two Paradigms' von Stuart Hall, ein Text von 1980, der bis heute nichts von seiner Aktualität eingebüßt hat.[3]

Einer, der zusammen mit Stuart Hall die theoretischen Grundlagen für das Birminghamer CCCS schuf, war Raymond Williams.

---

[1] Vgl. Literaturwissenschaft – Kulturwissenschaft. Hrsg. von Renate Glaser und Matthias Luserke. Opladen: Westdeutscher Verlag 1995.
[2] Cultural Studies. Hrsg. von Lawrence Grossberg, Cary Nelson und Paula Treichler. New York, London: Routledge 1992; Culture, Power, History. A Reader in Contemporary Social Theory. Hrsg. von Nicholas B. Dirks. Princeton: Princeton University Press 1994; Media, Culture and Society. A Critical Reader. Hrsg. von Richard Collins. London: Sage 1992; Culture and Power. A Media, Culture and Society Reader. Hrsg. von Paddy Scanell. London: Sage 1992.
[3] Stuart Hall: Cultural Studies. Two Paradigms. In: Media, Culture and Society (Anm. 2), S. 33–48 und in: Culture, Power, History (Anm. 2), S. 520–538; in Cultural Studies führt Stuart Hall die Diskussion mit ‚Cultural Studies and its Theoretical Legacies' (S. 277–294) fort.

Das umfangreiche Werk von Raymond Williams, das von politischen Manifesten über Romane bis hin zu literaturhistorischen und kulturtheoretischen Schriften reicht, ordnet sich letztlich dem Projekt einer Neuen Linken zu, der Standortbestimmung zwischen Labour und Kommunistischer Partei in England. Das hat für Williams politische und kulturelle Veränderungen bedeutet, die für ihn immer eng zusammenhingen. Er hat diese Veränderungen 1961 als „lange Revolution" bezeichnet und ihre Entwicklung seit dem 18. Jahrhundert aufgezeichnet.[4] Ihre Hauptelemente sind die erweiterte Demokratisierung verschiedener Bereiche, heute vor allem der Medien und des Bildungssystems, und – damit eng verbunden – die Veränderung einer ganzen Lebensweise im Sinne unserer Alltagswelt. Williams' Kulturanalyse steht auch immer ganz explizit in dieser Absicht der Veränderung, die er – ähnlich wie Fernand Braudel – nicht als Ereignis, sondern eher als lange Welle sieht. Demokratie ist nicht etwa ein bereits etablierter Zustand, sondern ein noch lange nicht abgeschlossener Prozeß der Demokratisierung.

Diese zu Lebzeiten nie aufgegebene Überzeugung hat tiefe biographische Wurzeln, auf die ich im einzelnen hier nicht eingehen kann. Ein kürzlich erschienener Sammelband von Morgan und Preston bietet vieles Neues zur Biographie.[5] Hier nur soviel: Raymond Williams kommt aus einer Arbeiterfamilie mit Labour-Traditionen. Er wurde 1921 an der walisischen Grenze geboren, und die Erfahrung, zwischen zwei Kulturen aufzuwachsen, hat ihn zeitlebens geprägt. Durch Stipendien kommt er 1939 nach Cambridge, wo er für eine kurze Zeit der kommunistischen Partei beitritt. Die Schwierigkeiten, seinen populistischen Marxismus mit der Arbeit in der Erwachsenenbildung in Oxford praktisch zu vereinen, führt zu den beiden ersten großen Werken *Culture and Society* (1958) und *The Long Revolution* (1961).[6] In den sechziger Jahren beginnt Williams mit der Berufung zum Jesus College in Cambridge eine umfassende Neulektüre von Marx und marxistischer Theorien, die dazu führt, daß er seinen ursprünglichen Ansatz, den er später Plechanov zurechnete, fallenläßt. Es beginnt für ihn eine Phase des Umdenkens, für die er Goldmann und Lukács, die Frankfurter Schule, Benjamin und Gramsci, Althusser und Marx' *Grundrisse* als wichtige Anstöße nennt. Diese Phase kommt mit *Marxism and Literature* (1977) zu einem vorläufigen Höhepunkt und Abschluß. Die Vorworte zu *The Long Revolution* (1961) und *Marxism and Literature* (1977) reflektieren diesen intellektuellen Werdegang. Ich würde dem Spätwerk der achtziger Jahre – Williams starb 1988 – eine neue, eher konstruktiv theoretische Bedeutung zumessen, insbesondere dem Buch *Culture* (1981), auf das ich noch eingehen werde.

---

[4] Raymond Williams: The Long Revolution. Harmondsworth: Penguin 1965.
[5] Ders.: Politics, Education, Letters. Hrsg. von W. John Morgan und Peter Preston. London: Macmillan 1993; vgl. ders.: Politics and Letters. Interviews with New Left Review. London: NLB 1979; Alan O'Connor: Raymond Williams. Writing, Culture, Politics. London: Blackwell 1989 mit einer ausgezeichneten Bibliographie zu und über Williams (S. 129–175); Stephen Regan: Raymond Williams. London: Harvester Press 1994.
[6] Williams: The Long Revolution (Anm. 4); ders.: Culture and Society 1780–1950. Harmondsworth: Penguin 1961.

Man kann die drei Phasen auch als eine zunehmende Europäisierung von Williams' Werk verstehen, eine Öffnung auf die französischen, deutschen und italienischen Diskussionen der Neuen Linken. Das hängt auch mit seinen Gastdozenturen in Neapel, Bremen, Belgrad, Stanford und Montreal zusammen, die Williams weiter bekannt machten.

Ich werde im folgenden Williams' Kulturbegriff in den beiden ersten Phasen rekonstruieren, dessen Auswirkungen auf den Literaturbegriff andeuten, um dann eine Kulturanalyse methodisch zu skizzieren, wie sie sich aus der Spätphase, insbesonders aus *Culture* (1981) ergibt.

‚Kultur'-Begriff

Der Ansatz in der ersten Phase von *Culture and Society* und *The Long Revolution* scheint auf den ersten Blick Ideengeschichte. Williams beginnt mit einer Schlüsselwort-Untersuchung, wie sie in den fünfziger Jahren üblich war. Er untersucht den Kulturbegriff in Großbritannien zwischen 1780 und 1950 im Zusammenhang mit anderen Schlüsselwörtern wie ‚Industrie', ‚Demokratie', ‚Klasse' und ‚Kunst'. Er zeigt, wie der Kulturbegriff in eine Spannung zwischen Demokratie und Industrie gerät, wie sein meteorhafter Aufstieg eine doppelte Antwort auf die Industrialisierung gibt – die praktische Trennung zwischen moralisch intellektuellen und wirtschaftlichen Tätigkeiten – und wie kulturelle Tätigkeiten zur Berufungsinstanz, zur mildernden oder mobilisierenden Alternative zu den praktischen gesellschaftlichen Urteilen, zur Marktgesellschaft werden.[7] Bei der Rekonstruktion dieses Prozesses von Edmund Burke über Matthew Arnold bis hin zu George Orwell geht es Williams nicht um Einflüsse, sondern um das Dialogische im Gebrauch dieser Schlüsselwörter, sowohl ihren Einfluß aufeinander in einem Text wie auch deren intertextuelle Bezüge zu politischen Gegnern oder Verbündeten. Williams versteht bereits hier Begriffe und ihre Erweiterung, Verengung oder Ersetzung als ein komplexes soziales Aushandeln von Bedeutungen, das auf unterliegende soziale Konflikte schließen läßt. Er ‚betreibt' praktisch Bachtin, ohne Bachtin zu kennen.

Den in *Culture and Society* gewonnenen Kulturbegriff – Kultur als ganze Lebensweise, „a whole way of life"[8] – wendet Williams in *The Long Revolution* praktisch an. Hier formuliert er schon 1961 im berühmten zweiten Kapitel die Prinzipien einer Kulturanalyse.[9] Er unterscheidet drei Ebenen der Kulturanalyse: die der gelebten, die der dokumentierten Kultur und die der selektiven Tradition. Neu ist vor allem der Traditionsbegriff. Bei Kulturanalysen der Vergangenheit genügt es nicht mehr, von der dokumentierten Kultur, den Dokumenten, den Werken, auf

---

[7] Ebd., S. 17.
[8] Ebd., S. 313.
[9] Raymond Williams: The Analysis of Culture. In: ders.: The Long Revolution (Anm. 4), S. 57–88.

die gelebte Kultur, die ganze oder gesamte Lebensweise zu schließen. Einem solchen Vorgehen steht als erstes entgegen, daß die untersuchte Zeit beim Dokumentieren selektiv verfährt, selektiv im Sinne der dominanten Kulturzüge. Zweitens muß sich die Analyse selbst die Frage ihrer eigenen Selektion an der Vergangenheit stellen. Tradition verfährt immer selektiv, und die Selektion ist an Institutionen gebunden, deren Rolle erst zu untersuchen ist. Damit das Wegfallende wenigstens *ex negativo* rekonstruierbar wird, bildet Williams den Begriff ‚Struktur des Fühlens' oder freier übersetzt ‚Erfahrungsstruktur'.[10] Das Erfahren, das Fühlen verändert sich mit der Zeit, und beide sind historisch bedingt. Durch die Erfahrungsstruktur, die sensibler als die Institutionen oder der Sozialcharakter – eine dritte analytische Kategorie, die Williams später wieder fallenläßt – die Probleme der Selektion registriert, lassen sich Rückschlüsse auf die zugrundeliegenden sozialen Ausgrenzungen ziehen. Williams ‚betreibt' Benjamin, ohne diesen gelesen zu haben.

Am Beispiel der vierziger Jahre, der Zeit von Charles Dickens, zeigt Williams, wie sich die Erfahrungsstruktur, die ‚structure of feeling' besonders deutlich am Roman und dessen magischen Schlüssen ablesen läßt.[11] Mit *The Long Revolution* hat Williams also bereits den Schritt von einer Schlüsselwort-Untersuchung zu einer rudimentären Kulturanalyse vollzogen. Ihre drei Schritte und das systematische Inbezugsetzen verschiedener Praktiken legen den Grund für die nächste Phase, ohne daß die historische Schlüsselwort-Untersuchung dabei aufgegeben wird. Sie wird selbst Bestandteil einer erweiterten Kulturanalyse. Die Begriffe der Analyse selbst entstammen einer selektiven Tradition und müssen in aktiver kultureller Arbeit umgeformt werden. Gerade diese Frühschriften haben nachhaltig auf die Kulturanalyse, insbesonders wie sie in Birmingham praktiziert wird, gewirkt. Williams selbst hat sein Programm unter anderem in Arbeiten zum Fernsehen, zum Roman im 19. Jahrhundert und zur Pastorale eingelöst.[12]

Die Früchte dieser Arbeit der sechziger Jahre, die Umarbeitung der marxistischen Tradition, legt Williams in *Marxism and Literature* vor.[13] Das Buch hat drei Teile: Grundbegriffe, Kulturtheorie und Literaturtheorie; Teile also in absteigender Allgemeinheit. Damit Literatur im Rahmen von Kulturanalyse betrachtet werden kann, ist es zunächst einmal notwendig, den Literaturbegriff selbst einer historischen Schlüsselwort-Untersuchung zu unterziehen. Diese Rekonstruktion kann dann helfen, die Verengungen der literaturanalytischen Tätigkeit aufzubrechen und neue Begriffe zu entwickeln.

---

[10] Ebd., S. 64–88.
[11] Ebd., S. 84 f.
[12] Raymond Williams: Communications. Harmondsworth: Penguin 1968; ders.: The English Novel from Dickens to Lawrence. London: Chatto Windhus 1970; ders.: The Country and the City. London: Paladin 1975.
[13] Ders.: Marxism and Literature. Oxford: Oxford University Press 1977.

‚Literatur'- und ‚Kultur'-Begriff in der Kulturanalyse

Williams hat die Ergebnisse seiner Untersuchungen zum Literaturbegriff gleich zweimal vorgelegt, einmal unter den Grundbegriffen in *Marxism and Literature* und einmal in *Keywords* (1976), das zu einem unerläßlichen Nachschlagwerk für Anglisten geworden ist.[14]

Nach Williams ist der dominante zeitgenössische Literaturbegriff naiv ideologisch. Seine idiographisch hermeneutische Ausrichtung – die unendliche Interpretation von Einzelwerken und Autoren – dient der Abschirmung der Literaturwissenschaft vor Soziologie und Politik einerseits und unterschlägt andererseits durch die Fixierung auf das Einzelwerk die Herstellung von Literatur als soziale Praxis. Das sind aus den sechziger Jahren bekannte Positionen. Interessant ist nun, wie Williams diese aus der Geschichte des Wortes ‚Literatur' ableitet und mit der Geschichte von ‚Kultur' verknüpft. Einiges davon ist wohl auf die deutsche Entwicklung übertragbar.

‚Literatur' meint demnach seit dem 14. Jahrhundert so etwas wie Lesefähigkeit, später insbesondere Lesefähigkeit für Bücher, etwas, das im modernen Englisch ‚literacy' heißt und für das das Deutsche nur den negativen Ausdruck ‚Analphabetismus' ausgebildet hat. ‚Literarizität' wurde frei für andere Belegungen. Literatur war also ursprünglich im Englischen eine Ableitung aus Grammatik und Rhetorik in der Ausbildung, und unser Ausdruck ‚Literaturstudium' statt Studium der Literaturwissenschaft enthält wohl noch Reste des Trivium. Mit dem Anwachsen der Buchproduktion treten dann verschiedene Einengungen des Literaturbegriffs auf, die wichtigsten im 18. Jahrhundert. Sie gehen alle in Richtung von Belesenheit, das heißt entweder Latein- und Griechischkenntnisse oder allgemein höherer Bildungsstand. Noch aber umfaßte ‚Literatur' alle Bücher höheren Anspruchs, die sich auf ‚Bildung', ‚Geschmack', ‚Sensibilität', das ‚polite learning' berufen. Literatur erbringt so Distinktionsgewinne.

Erst mit der Romantik setzt sich dann die Verengung auf kreative, imaginative oder fiktionale Texte durch, die einerseits mit dem Drama über den engeren Bereich der Bücher hinausgeht, andererseits nun aber große Bereiche der Buchproduktion aus dem Begriff der Literatur ausschließt. Diese Verengung wird flankiert durch das Verflechten von ‚Literatur' mit ‚Nation' und ‚Tradition', das heißt, Literatur wird zu einer Nationalliteratur mit selektiver Tradition ausdifferenziert. Eine doppelte Ausgrenzung von fremder und nicht kanongemäßer Literatur erfolgt. Die feinen Unterschiede von Literatur und Nichtliteratur treten in den Vordergrund.

Diese Ausgrenzungen haben im 20. Jahrhundert verschiedene Reaktionen hervorgerufen: die ideologiekritische Variante, den Einbezug von Populärkultur und die sozial- und wirtschaftsgeschichtliche Erweiterung der Literaturinterpretation. Damit ist aber das Erscheinen neuer elektronischer Medien, das den Literatur-

---

[14] Ebd., S. 45–54; ders.: Keywords. London: Fontana 1976, S. 150–154.

begriff in eine ähnlihe Krise wie die Gutenberg-Erfindung geführt hat, keineswegs bewältigt.

Der heutige naive Literaturbegriff, im Sinne von wertvoller Literatur fiktionalen Inhalts, kann also in seiner Abwehr anderer Disziplinen und den Ausgrenzungen von minderwertigen Texten auf eine lange selektive Tradition zurückblicken. Kritisch wendet Williams ein, daß dieser naive Literaturbegriff – naiv im Sinne, daß er sich seiner selektiven Tradition nicht bewußt ist – nicht nur einem großen Teil der Literaturdiskussion der siebziger Jahre unterliegt, sondern auch von den marxistischen Kritikern übernommen wird, die eine marxistische Ästhetik gerade da begründen wollen, wo Marx am schwächsten ist: in seinen literarischen Beiträgen. Schwach deshalb, weil auch er den selektiven Literaturbegriff zugrunde legt. Das ist der erste Grundstein zu einer Rekonstruktion der Literaturtheorie.

Der zweite folgt aus der Begriffsgeschichte von ‚Kultur'.[15] Auch Kultur macht eine Entwicklung in Richtung auf Distinktionsgewinne durch. Zunächst ein Wort für den Prozeß der Kultivierung, verlagert sich das Wort im 18. Jahrhundert auf die Mittel der Kultivierung und wird zunehmend zum Sammelbegriff für die schönen Künste, die Literatur, die Geschichtsschreibung, alles Wörter mit einer ähnlich aufschlußreichen Geschichte. Im 19. Jahrhundert nimmt der Begriff zunehmend Züge einer Metaphysik des Subjektes an, die zum Nachfolger der Religion wird. Eine weitere Ausgrenzung erfolgt etwa zu gleicher Zeit mit der Unterscheidung von Kultur und Zivilisation sowie ihren nationalen Ableitungen von Kulturvölkern und Barbaren oder Wilden.

Gegen die zunehmende Verengung und Verdinglichung des Kulturbegriffes wehrt sich eine Reihe von Schriftstellern, die von Vico über Herder und Marx bis zur modernen Anthropologie führt. Diese verstehen Kultur zunehmend wieder als ganze Lebensweise, die die Praktiken, nicht die Produkte als Ausgangspunkt enthält. Williams' eigene Begrifflichkeit schließt sich an die anthropologische Erweiterung an.

Das heißt aber für den Literaturbegriff, daß er von seinen verdinglichenden Verengungen von Lesefähigkeit auf hochwertige fiktionale Literatur, von Praktiken auf Bücher befreit werden muß, um ihn einer Kulturanalyse nützlich zu machen. Das heißt auch, einen großen Teil der literaturtheoretischen Konzeptionen zur Disposition zu stellen. Und das schließt die traditionelle marxistische Literaturkonzeption mit ein.

Genau dieses Projekt geht Williams nach weiteren Grundlegungen mittels Begriffen wie ‚Sprache' und ‚Ideologie', die uns hier nicht aufhalten sollen, in *Marxism and Literature* durchaus konstruktiv an.[16]

Er entwirft zunächst eine Kulturtheorie, die die von *The Long Tradition* erweitert, und wendet sie dann kritisch auf traditionelle und zeitgenössische Grundbegriffe der Literaturtheorie an. Williams versucht nichts anderes, als die Ablösung

---

[15] Williams: Keywords (Anm. 14.), S. 76–82.
[16] Williams: Marxism and Literature (Anm. 13), S. 21 f.

einer traditionellen Literaturtheorie, die sich um Autor, Gattung, Form, Epochen, Konventionen gruppiert, durch eine materialistische Kulturtheorie. Wie das im einzelnen geschieht, möchte ich an zwei Beispielen aus der Kulturtheorie vorführen, die gleichzeitig zeigen, wie Williams mit der marxistischen Tradition umgeht. Beide Beispiele kommen aus dem Bereich, den ich die Gramsci-Erweiterung nennen möchte. Es gibt Ähnliches bei Williams im Umgang mit Althusser, Adorno, Bachtin, Brecht, Goldmann, die zusammen mit anderen jetzt im Index des Buches von 1977 auftauchen.

Williams wendet sich zunächst gegen eine Inflation des Begriffes ‚Hegemonie' in der Kulturanalyse, der alle kulturellen Praktiken im Rahmen eines mechanischen Basis-Überbau-Denkens abdecken soll. Zugleich unterscheidet er auf der Gegenseite alternative von oppositionellen Praktiken und verpflichtet eine Kulturanalyse nicht nur auf eine Unterscheidung von hegemonialen, alternativen und oppositionellen Praktiken, sondern auch auf deren Beziehung zueinander beim kulturellen Wandel. Alternative Praktiken sind eher zu kooptieren als oppositionelle, aber auch oppositionelle Praktiken hinterlassen ihre Spuren in hegemonialen wie auch umgekehrt.[17]

Der kulturelle Prozeß findet nicht nur adaptiv, extensiv oder kooptierend statt. Er unterliegt gelegentlich Brüchen, und nicht immer ist der Bezug hegemonialer, alternativer oder oppositioneller Praktiken zu diesen Brüchen eindeutig.

Das ist nur die Grundlegung für eine neue Verortung von selektiven Traditionen, Institutionen und – neu eingeführt – Formationen. Der Zusammenhang von Traditionen und Institutionen über die Selektion von tradierenswerten kulturellen Zügen wird zunächst durch die hegemonialen, alternativen und oppositionellen Praktiken auf die gesamte Lebensweise ausgedehnt. Familien selegieren kulturelle Praktiken wie Universitäten. Aber der Institutionenbegriff wird dadurch nicht nur komplexer ausgestaltet, sondern er wird mit dem Formationsbegriff konfrontiert. Unter Formationen versteht Williams im Marxschen Sinne die verschiedenen kulturellen Produktionsweisen, die gleichzeitig, oft eher ungleichzeitig nebeneinander bestehen. Konkret meint er damit Gruppen von Autoren oder Künstlern, die bestimmte kulturelle Praktiken durchzusetzen versuchen, also Gilden, Akademien, Avantgarden, literarische Gruppen etc. Diese Formationen stehen in engem Wechselverhältnis zu kulturellen Institutionen wie Verlagen, Theatern, Museen oder Galerien. Oft lassen sich die kulturellen Formationen umfassenderen gesellschaftlichen Formationen und Produktionsweisen zuordnen. Die Analyse wird zu komplex, um sie hier im einzelnen vorzuführen.[18]

Der entscheidende weiterführende Punkt ist jedoch die konsequente Historisierung dieser strukturellen Zusammenhänge. Kulturelle Elemente und Praktiken, die von Institutionen selektiv tradiert werden, von Formationen alternativ oder oppositionell angegangen werden, verändern ihren Stellenwert im Verlauf des hi-

---

[17] Ebd., S. 108–127.
[18] Vgl. ebd., S. 115 f., S. 128 f. und S. 136–141.

storischen Prozesses. Williams bezeichnet diese Stellen mit dominant, residual und emergent, ‚auftauchend'. Nicht nur durchlaufen kulturelle Praktiken die Phasen des Auftauchens, der Dominanz und der Restkategorie, sie existieren in komplexen Gesellschaften zum selben Zeitpunkt nebeneinander. Ja, residuale, emergente und dominante kulturelle Praktiken können im gleichen Werk miteinander komplexe, nicht nur widersprüchliche Beziehungen eingehen. Hier setzt übrigens Fredric Jamesons Theorie des politischen Unbewußten an.[19]

Je nach Stellenwert der kulturellen Elemente und Praktiken ändert sich auch die Bestimmung derselben als alternativ, oppositionell oder hegemonial. Anders ausgedrückt, je nach Gesellschaftsformation ändern sich die Beziehungen zwischen Institutionen, Traditionen und Formationen. An dieser strategischen Stelle führt Williams seinen Begriff der Erfahrungsstruktur wieder ein (S. 128–135), um einer Verdinglichung von Institutionen und Formationen vorzubeugen. Diesmal wird die ‚structure of feeling' auf Klassen bezogen und bildet ein dynamisches Element das erlaubt, einzelne Werke als Schnittpunkte von Erfahrungsstrukturen verschiedener Klassen zu verstehen.

Ich breche hier ab und komme zu dem Spätwerk *Culture*, das die Kulturanalyse noch einmal erweitert und tieferlegt.[20] Um mich nicht in Abstraktionen zu verlieren, werde ich die Darstellung an einem Beispiel von Williams aus der Frühen Neuzeit illustrieren.

Kulturanalyse und Anwendung auf die Frühe Neuzeit

Gleichzeitig möchte ich meine restliche Darstellung aufs Methodische verkürzen, um der Veränderung der literaturkritischen Praktiken einige Anregungen zu geben. Das wäre im Sinne von Williams gewesen, denke ich.

Auch in *Culture* hält Williams noch konsequenter als zuvor an einer Einheit von Kulturanalyse und literarischer Analyse fest. Literaturwissenschaftliches Arbeiten muß sich vergleichbaren Arbeiten in Kunstgeschichte, Ideengeschichte, Musikgeschichte etc. stellen und sich eine Befragung auf gemeinsamen kulturtheoretischen Grundlagen gefallen lassen. Die Kulturtheorie tritt damit die historisch überholte, residuale Funktion der Ästhetik an.[21]

Zunächst stellt Williams eine weitgehende Annäherung neomarxistischer Positionen mit neueren soziologischen Theorien fest. Der Festigung dieser Annäherung und ihrer praktischen Anwendung soll auch sein Buch dienen (S. 9–32). Institutionen und Formationen (S. 33–86) werden hier um eine Reihe neuer Begriffe erweitert: Produktionsmittel (S. 87–119), Identifizierungen (S. 119–147), Formen (S. 148–180) und Reproduktion (S. 181–205). Der letzte Begriff löst jetzt den

---

[19] Fredric Jameson: The Political Unconscious. Narrative as a Socially Symbolic Act. Ithaca (NY): Cornell University Press 1981.
[20] Raymond Williams: Culture. London: Fontana 1981.
[21] Vgl. Terry Eagleton: The Ideology of the Aesthetic. London: Blackwell 1990.

älteren und schwächeren Begriff ‚Tradition' ab. Reproduktion ist der stärkere Begriff, nicht nur, weil er umfassender ist – er schließt die Rezeption mit ein –, sondern auch, weil er an die politische Ökonomie und die moderne Soziologie anschließt. Identifizierung ist ein wohl eher vorläufiger Begriff, der die Metaebene des Redens und Schreibens über Kultur oder Literatur, eben jede dialogische Begriffsgeschichte, die ich in Auszügen vorgeführt habe, abdecken soll. Alle Begriffe sind nicht nur wesentlich weiter ausdifferenziert und auf eine Soziologie der Neuen Linken ausgerichtet, sie werden auch abschließend in ein Modell der Organisation gesellschaftlicher Praktiken, unter denen kulturelle nur eine Gruppierung bilden, überführt (S. 206–233).

Soweit der Vorspann, nun zum Beispiel. Ich möchte anhand von Shakespeare und der englischen Renaissance zeigen, wie Raymond Williams praktisch vorgeht. Die Reihenfolge der Schritte stammt von mir und soll dem traditionellen Interpretieren weitgehend entgegenkommen, ihm aber auch zeigen, wo es zu früh aufhört.

Beginnen wir mit den Formen. Williams zeigt am Beispiel der Dramenentwicklung, wie gesellschaftliche und kulturelle Praktiken zusammenwirken. Form wird hier nicht etwa im Sinne von Gattung oder Konvention verstanden, sondern als die gesellschaftlichen und sprachlichen Beziehungen im Drama. Das englische Renaissance-Drama, insbesondere bei Shakespeare, zeigt eine enorm hohe Offenheit sozialer Interaktionen: Könige und Handwerker, Adlige und Bauern, Hof und Kaufleute usw. Es gibt in der umfassenden Repräsentation aller Stände und Gruppen kaum Kommunikationsverbote; diese aufzuspüren und mit denen in Erzählprosa und Epik zu vergleichen wäre gerade die Aufgabe einer so verstandenen Kulturanalyse. Die Untersuchung der Verschränkung von privaten und öffentlichen Beziehungen, der Zusammenfall von König- und Vaterrolle, von Verwandtschaftsnetzen und politischer Machtverteilung usw. tritt hinzu. Shakespeares Drama vermittelt geradezu zwischen Hof und City von London und stellt deren Ansprüche aneinander vielfältig dar.

Die Formanalyse geht aber noch weiter bis in die Sprache hinein. Hier wird übrigens jetzt Williams' Bachtin-Rezeption deutlich. Die Analyse muß nicht nur die verschiedenen Sprachebenen von kolloquial bis höfisch erfassen, sondern auch deren Beziehung aufeinander. Das Aushandeln von Bedeutungen, die zahlreichen Wortspiele, die Metaphorik usw., alle so zahlreich in Shakespeare vertreten, gewinnen so in der Kulturanalyse einen Rahmen durch die sozialen Konstellationen der Stücke. Die ganze Bachtinsche Dialogtheorie kann hier ihren Eingang finden.[22]

Diese Konstellationen von Figuren und Sprachebenen unterliegen dem kulturellen Prozeß. Weder waren sie im mittelalterlichen Drama in England vorhanden, noch überleben sie die Restauration im Jahre 1660. Heroisches Drama und Sittenkomödie trennen Figuren, Sprachebenen und Öffentliches von Privatem. Das

---

[22] Vgl. Mikhail M. Bakhtin: The Dialogic Imagination. Four Essays. Übers. von Caryl Emerson und Michael Holquist. Austin: University of Texas Press 1981.

hängt von der Institution des Theaters um 1600 und 1660 zusammen, der veränderten Machtlage zwischen Hof und City. Auf die Formanalyse folgt die Institutionenanalyse, hier die Lage und Position der Theater in London in bezug auf andere kulturelle Institutionen der Zeit. Williams versteht jetzt Institutionen als relational, das heißt in bezug auf die Künstler. Er unterscheidet grob vier Phasen von Institutionalisierung von Kultur in Europa: I. Institutionalisierte Künstler, II. Patronage-Verhältnisse, III. Markt-Verhältnisse und IV. Postmarkt-Institutionalisierung.

In der ersten Phase gehören die Künstler noch zum Herrschaftsapparat als Priester oder Barden. Der Übergang zur zweiten Phase geschieht mit dem bewußten Einführen eines Tauschprinzips und reicht vom Herrschergeschenk für künstlerische Leistung über den adligen Schutz bis hin zur Subskription von Werken, in der das Publikum als neuer Patron eintritt. Damit ist dann auch die Grenze zur Marktproduktion von Literatur erreicht. Der Dramatiker Shakespeare stellt sein Stück handwerklich her, spielt in ihm mit und teilt sich die Kasse mit anderen an der Produktion Beteiligten. Spätere Autoren verkaufen das Stück an einen Verlag, an Theateragenturen gegen Tantiemen oder lassen sich – wie in der Filmindustrie – fest einstellen für die Entwicklung von Drehbüchern. Damit sind die Grenzen der Marktphase zwischen dem 16. und dem 20. Jahrhundert umrissen. Postmarkt-Institutionalisierungen beziehen sich auf eine neue öffentliche Patronage durch Stiftungen, Steuervorteile oder direkte Regierungsaufträge wie die Arbeit für den British Council.

Nun darf man sich die Kulturanalyse nach Williams nicht einfach als ein Klassifizieren der jeweiligen Kulturinstitutionalisierung vorstellen, also etwa: Shakespeare arbeitet handwerklich unter frühen städtischen Marktbedingungen. Die Institutionalisierung von Drama am Globe Theatre konkurriert mit anderen noch patronalen Institutionalisierungen des Hofes, die keineswegs residual sind. Auch Shakespeare erhält Angebote vom Hof, denen er sich nicht völlig entzieht. Die Ungleichzeitigkeit der verschiedenen Institutionalisierungen in London wird noch deutlicher, vergleicht man die Theater mit den Buchverlagen der Zeit und der höfischen Manuskriptliteratur, wie sie in Shakespeares Sonetten zum Ausdruck kommt. Diese Ungleichzeitigkeit kann auch zum Thema der Dramen selbst werden, in Shakespeares Stücken werden Volkslieder gesungen, eingelegte Handwerkerstücke und höfische Stücke aufgeführt, mündlich Geschichten erzählt. Institutionsanalyse kann sich nicht auf ein einzelnes Theater oder nur Theater beschränken.

Ebensowenig kann man davon ausgehen, daß sich Dramatiker wie Shakespeare einfach den kulturellen Institutionen ihrer Zeit unterwerfen. Sie schließen sich häufig zu Gruppen zusammen, um sich gegenseitig zu unterstützen oder sich gegen Institutionen, die nicht die ihren sind, zu wehren. Ihre Formierung von Gruppen gibt auch den Grad der Professionalisierung ungefähr wieder. Williams unterscheidet erneut vier Phasen, dieselben wie bei der Institutionalisierung. Die Gruppenbildung reicht von Verwandtschaftsnetzen und Freundschaftskreisen über Salons und Kaffeehäuser bis hin zu Clubs, programmatischen Avantgarden, Gewerkschaften und Bohème-Kreisen. In der Postmarkt-Phase werden sie von Akademien und literarischen Arbeitskreisen an Universitäten abgelöst. Auch diese Gruppenbildung verläuft residual, dominant oder emergent, mit anderen Worten, die literarischen Gruppenbildungen zu einem gegebenen Zeitpunkt bilden eine literarische Formation. Williams, der Formation anfangs für die kulturellen Zusammenschlüsse einzelner Produzenten gebraucht hatte, macht hier den Übergang zu einer strukturellen Analyse des „kulturellen Feldes", wie Bourdieu es nennen würde.[23] Die Formationsanalyse nimmt eine Schlüsselstelle in der Produktionsanalyse von Williams ein. Sie erlaubt nicht nur, von der positivistischen oder Sartreschen Reduktion über die Biographie (Familie, dann Gesellschaft) wegzukommen, sondern sie sprengt auch die traditionelle Periodisierung von Literatur oder Kunst. In dieser werden ja oft selektiv die dominanten Formationen zur Epoche erhoben. Anders gesagt: hinter Epochenbegriffen wie Romantik, Klassizismus oder Realismus im Hauserschen Sinne steckt oft eine selektive Tätigkeit, die bestimmte Gruppen einer literarischen oder künstlerischen Formation zum Zeitgeist erhebt, andere marginalisiert. Dieses Vorgehen ist selbst hegemonial.[24]

Damit sind wir bereits beim vierten Schritt: der Reproduktion. Die literarische Formation in London zur Zeit der Renaissance muß nicht notwendigerweise die unseres Shakespearebildes sein. Die Rezeption der Dramen der Zeit, deren gesellschaftliche Wirksamkeit, kann unter Umständen ganz anders verlaufen sein, als wir das heute sehen. Welche dieser Gruppen über welche der literarischen Institutionen ihr Publikum erreicht und wie dieses das kulturelle Angebot nutzt, ist von unserer Nutzung dieses Angebots heute sicherlich jahrhundertweit entfernt. Beide Nutzungen hängen aber auch historisch miteinander zusammen. Williams führt hierfür den Begriff der ‚kulturellen Reproduktion' ein, der einmal die individuelle und passive Verengung von Rezeption aufbrechen soll, zum anderen das Selektive an der Rezeption – warum Shakespeare und nicht Dekker? – gesellschaftlich fassen kann. Shakespeare wird zu Zeiten der Restauration, der Romantik und der Gegenwart nicht nur anders inszeniert oder rezipiert: beides hängt auch über die kulturelle Reproduktion miteinander und mit anderen Reproduktionsformen zusammen. Auch daß Shakespeare eigentlich ein Klassiker gewesen sein soll, läßt sich mit dem Reproduktionsbegriff angehen. Nationale Klassiken reproduzieren oft die anderer Nationen.

Diese verschiedenen Reproduktionsformen werden seit der Frühen Neuzeit zunehmend reflektiert. Mit der Entwicklung einer fest institutionalisierten Literatur, die über Verlage, Theater oder Lesungen verbreitet wird, sich einen Markt schafft, entsteht auch eine Literaturkritik, die eben diese Literatur bewertet, selegiert, sortiert und interpretiert. Entwickelte Gesellschaften überlassen die Selek-

---

[23] Pierre Bourdieu: The Field of Cultural Production. Hrsg. von Randal Johnson. London: Polity Press 1993; vgl. Joseph Jurt: Das Literarische Feld. Das Konzept Pierre Bourdieus in Theorie und Praxis. Darmstadt: Wissenschaftliche Buchgesellschaft 1995.
[24] Vgl. Arnold Hauser: Soziologie der Kunst. München: Beck 1974. Hauser hat die gesamte englische Diskussion nach 1950, also auch Williams nicht mehr rezipiert.

tion von literarischen Texten nicht allein dem Markt, sondern bilden neue Institutionen von der Theater- oder Buchrezension bis zur wissenschaftlichen Monographie aus, die die gesellschaftliche Reproduktion von Literatur steuern sollen. Teile der nationalen Literatur werden kanonisiert und an Schulen und Universitäten zur Lektüre gemacht. Dabei entwickeln die Identifizierungen von Literatur ein Begriffssystem aus, das den sozialen Entwicklungen und Konflikten durch begriffliche Kämpfe Rechnung trägt. Die beiden deutschen Shakespeare-Gesellschaften und deren Wiedervereinigung mögen als Beispiel dienen. Auch kritische Identifizierungen sind hegemonial, alternativ oder oppositionell, verhalten sich residual, emergent oder dominant zueinander. Damit stellt sich auch die Kulturanalyse von Williams selbst zur Debatte.

Schließlich hat eine Kulturanalyse zu den kulturellen Produktionsmitteln zu führen. Die gleichen strukturellen Bedingungen – Hegemonie und Ungleichzeitigkeit – gelten auch hier. Vom Tanzlied und der Rede führt ein langer Weg der Veräußerlichung, der über Kostüme, Schrift zu technischen Reproduktionsformen wie Druck, Film, Kopierer, Tonband und Video. Aber nicht nur die technische Reproduzierbarkeit des Kunstwerkes zählt bei Williams zu den Produktionsmitteln. Er schlägt hierzu auch die höher organisierten Produktionsbeziehungen von Team- und Gruppenproduktion bis hin zu den modernen Schreibfabriken der Romane und Massenperiodika. An dieser Stelle löst Williams eine andere alte Debatte, die über die Autonomie der Kunst, historisch auf. Er konstatiert die relative Asymmetrie der kulturellen Produktionsmittel zu anderen gesellschaftlichen Produktionsmitteln und fordert die jeweilige genaue historische Bestimmung der kulturellen Produktionsmittel der Zeit. Für Shakespeare gesprochen: es reicht nicht aus, das Globe Theatre technisch und ökonomisch zu beschreiben. Es ist auch zu analysieren, wie sich das Theater in bezug auf andere kollektive Darbietungsformen, wie etwa Umzüge, Masken- und Mysterienspiele, verhielt und vor allem, wie sich die Schauspieler-Stückeschreiber-Gesellschaft zu den frühen Aktiengesellschaften der Londoner Kaufleute verhält. Dieses sind nur zwei Beispiele. Williams führt die Selbstdarstellungen und Organisationsformen von Kirche und Staat als weitere Fälle solcher historischer Asymmetrien an.

Die Beispiele ließen sich weiter vervielfältigen, die Analyse komplizieren, aber mir kam es auf einen methodischen Abriß an, der von der Formanalyse zur Analyse der Produktionsmittel führt und damit literarische Praktiken auf gesellschaftliche und ökonomische hinführt, ohne erstere auf letztere zu reduzieren.

Ich möchte nicht den Eindruck erwecken, meine methodische, fast didaktische Reduktion der Kulturanalyse von Williams stelle diese selber dar. Ich habe teilweise vereinfacht, die Komplexität reduziert, ganze Unterbereiche von begrifflicher Differenzierung weggelassen und auch die Beispiele wie die Querverweise auf andere Theorien arg eingeschränkt. Die Diskussion ist inzwischen weitergegangen.[25] Aber wie eine solche Kulturanalyse das Ziel der langen demokratischen Re-

---

[25] Vgl. Anm. 2 und Ato Quayson: Postcolonialism. Theory, Practice or Process? London: Polity Press 2000.

volution, das Williams vorschwebte, voranbringen kann, sollte in Umrissen klargeworden sein.

Die Kulturanalyse, wie sie Williams vorschlägt, ist – wie andere Modelle – Fehldeutungen und Entstellungen ausgesetzt. Aber auch Weiterentwicklungen. Auch Theorien wie die von Williams unterliegen der Reproduktionsarbeit. Insgesamt könnte er mit der Kulturanalyse heute, wie ich sie eingangs vorgestellt habe, ganz zufrieden sein.

Auf drei vorherrschende Reproduktionsformen von Williams möchte ich abschließend dennoch hinweisen:

– Das Begriffszitat war eine Zeit die dominante Reproduktion von Williams' Theorien. Man eignet sich bestimmte Begriffe aus seinem Werk an und fügt sie der eigenen Konzeption irgendwie ein. So hat der Ausdruck ‚structure of feeling' z. B. Fortune gemacht und taucht in den verschiedensten, teils postmodernen Theorien auf. So erhellend einzelne Begriffe aus dieser Theorie auch sein mögen – ‚structure of feeling' scheint mir eher überholt angesichts der Bourdieuschen Entfaltung des Habitusbegriffes[26] – so groß ist hier die Möglichkeit zur Umdeutung und Entstellung.

– Williams reflektieren meint, seine und die eigenen Begriffe auf ihre selektive Geschichte und Institutionalisierungen zu überdenken. Das begriffliche Klären kann nicht bei der Wortgeschichte stehenbleiben: es hat die meist vollzogene Verdinglichung der Begriffe wieder aufzubrechen und auf soziale und kulturelle Praktiken hin zu öffnen. Das heißt auch, eine kulturell ausgerichtete Literaturwissenschaft muß den erreichten Klärungsgrad in den Gesellschaftswissenschaften nutzen, darf nicht hinter ihn in eine verdinglichte Buchwissenschaft zurückfallen.

– Auch die Kulturanalyse muß sich die Frage nach ihrer gesellschaftlichen Relevanz, ihrer Verwertbarkeit gefallen lassen. Inwieweit stimmt die Begriffsbildung mit Williams' Ziel einer Demokratisierung des Bildungswesens und der kulturellen Medien überein? Stimmt die historische Analyse mit der gewählten theoretischen Strategie überein, und führt sie zum Ziel? Wollen wir die lange Revolution im Sinne von Williams, oder was verstehen wir darunter?

---

[26] Pierre Bourdieu: Sozialer Sinn. Kritik der theoretischen Vernunft. Übers. von Günter Seib. Frankfurt: Suhrkamp 1987.

Michael Nerlich

Engagement und Pragmatik
Zu Umberto Eco als Kultur- und Literatursoziologen

I. Vom Urfaschismus

Nachdem Umberto Eco bereits 1980 mit *Der Name der Rose* bei all jenen Erstaunen darüber ausgelöst hatte, die – wie die meisten deutschen Kritiker und Wissenschaftler – nichts außer seinen in engerem Sinn sprachwissenschaftlichen und semiotischen Schriften gekannt hatten, überraschte er 1993 erneut, als er zusammen mit vierzig anderen Intellektuellen einen Aufruf gegen den Rechtsextremismus in Europa unterzeichnete, der am 13. Juli jenes Jahres in *Le Monde* erschien. Diejenigen freilich, die eine genauere Kenntnis von seinem intellektuellen Werdegang hatten, konnte weder das eine noch das andere wirklich überraschen, und in Italien war dies nicht wirklich geheimes Wissen, hatte doch die neofaschistische Presse nichts Eiligeres zu tun, als Eco zur Emigration aufzufordern, als Berlusconi – zum Glück nur vorübergehend – an die Macht gespült wurde.

In Deutschland, wo man den 1935 geborenen Eco bis heute nicht einmal mit allen seinen sprachwissenschaftlichen und semiotischen Schriften kennt, zumal diese zum Teil nur in Form von Readern, zusammengestellt aus verschiedenen Schriften, übersetzt wurden, erfuhr die Öffentlichkeit eigentlich erst am 7. Juli 1995 etwas mehr über sein weltanschauliches Engagement, als *Die Zeit* Ecos Vortrag über den *Urfaschismus* druckte, den er zum 50. Jahrestag der Befreiung Europas vom Nationalsozialismus an der Columbia University in New York gehalten hatte und in dem er von seinem kindlich-jugendlichen Erleben des italienischen Faschismus und von seinen Begegnungen mit den Vertretern der Mailänder *Resistenza* sowie den ersten US-amerikanischen Soldaten berichtete. So unspektakulär und – wie üblich – humorvoll er dies auch tat, so unmißverständlich brachte er zur Kenntnis, daß er nicht bereit war, auf der Woge des – nach dem Fall der Mauer noch billiger gewordenen – Antikommunismus mitschwimmend, die Lehre der Geschichte und speziell die des faschistischen Terrors und des Widerstandes gegen ihn zu vergessen. „Wir müssen uns", so Eco, „der Vergangenheit erinnern und entschieden bekunden", daß die verschiedenen faschistischen Bewegungen „keine Chance mehr bekommen dürfen", auch und gerade dann nicht, wenn sie in neuem Gewand auftreten und vorgeben, mit dem Faschismus der Vergangenheit nichts mehr zu tun zu haben.

Aus diesem Grund, so Eco mit gewohnt methodischem Verstand, müsse man eine Typologie der verschiedenen faschistischen Bewegungen der Vergangenheit aufstellen, um deren grundlegendsten gemeinsamen Eigenschaften – den Urfaschismus – erkennen und in jeder Variante von seinen Anfängen an bekämpfen zu können: „Der Urfaschismus kann in der unschuldigsten Verkleidung wieder auftreten. Wir haben die Pflicht, ihn zu entlarven und jedes seiner neueren Beispiele kenntlich zu machen – an jedem Tag, an jedem Ort der Welt […] Freiheit und Befreiung sind eine niemals endende Aufgabe."

II. Hermeneutische Überlegungen

Ob Ecos zu Beginn der fünfziger Jahre gefaßter Entschluß, über Thomas von Aquin zu promovieren, in direktem Zusammenhang mit dem frühen Erleben des faschistischen Terrors und des antifaschistischen Engagements stand, mag dahingestellt bleiben, obwohl die Geschichte der italienischen *Resistenza* diese Möglichkeit als durchaus denkbar einräumt. Wie auch immer: der jugendliche Eco näherte sich Thomas von Aquin zunächst als zutiefst gläubiger Christ, überzeugt, in einer Art unmittelbarer Kommunikation Thomas' Werk erfassen und sein Wort verstehen zu können, wie er 1970 im Vorwort zur zweiten Edition seiner – ebenfalls unverständlicherweise bis heute nicht ins Deutsche übersetzten – Dissertation über die Ästhetik Thomas von Aquins aus dem Jahr 1956 schreiben wird, die er bezeichnenderweise von ursprünglich *Il problema estetico in San Tommaso* in *Il problema estetico in Tommaso d'Aquino* umbenannt hat:

> Avevo iniziato questa ricerca nel 1952 in uno spirito di adesione all'universo religioso di Tommaso d'Aquino e mi ritrovo ora ad aver regolato i miei conti da gran tempo con la metafisica tomista e la prospettiva religiosa. Ma il fatto curioso è che questo regolamento di conti è passato proprio attraverso l'indagine sull estetica tomista. Vale a dire che il libro era stato incominciato come l'esplorazione in un territorio che consideravo ancora contemporaneo e poi, via via che l'indagine procedeva, il territorio si oggettivava come un passato remoto, che ricostruivo con passione e con affetto, ma come si mette ordine nelle carte di un defunto molto amato e rispettato.[1]

Daß sich diese jugendliche Naivität in der Annäherung an den zu interpretierenden Autor und dessen Texte durchaus mit Grundpositionen idealistisch-deutscher Hermeneutik in Einklang befand, wird in Erinnerung an Schleiermachers Empfehlung deutlich, sich zur Interpretation eines Textes „divinatorisch" „selbst gleichsam in den andern" zu „verwandeln".[2] Das setzte einen noch viel radikaleren und damit noch naiveren Glauben an die Möglichkeit voraus, Zeitgenossenschaft mit Autoren der Vergangenheit herzustellen, und es hatte in der deutschen Geisteswissenschaft verheerende spekulative Konsequenzen, mit denen der jugendliche Eco über seinen Lehrer, den vorzüglichen Philosophiegeschichtler und

---

[1] Umberto Eco: Il problema estetico in Tommaso d'Aquino. 2. Aufl. Mailand: Bompiani 1970, S. 6.
[2] Friedrich Schleiermacher: Hermeneutik und Kritik. Hrsg. von Manfred Frank. Frankfurt a. M.: Suhrkamp 1977, S. 94 und S. 169.

Hermeneutikspezialisten Luigi Pareyson, vertraut war und denen er sich in der Arbeit über Thomas von Aquin sukzessive und definitiv in der Erkenntnis entzog, daß das Verständnis von Texten immer nur approximativ und ausschließlich über die distanzierend-geschichtliche Rekonstruktion der Produktions- und Rezeptionssituation möglich ist:

> [...] questo risultato derivava dalla stessa impostazione storiografica, che ritengo ancor oggi corretta, per cui via via decidevo di chiarire ogni termine e ogni concetto reperito nei testi alla luce del quadro storico in cui questi testi si erano profilati. Per essere veramente fedele a Tommaso, per non falsarne le parole attraverso il velo frapposto da migliaia di interpreti troppo interessati, restituivo Tommaso al suo tempo; cosí facendo lo riscoprivo nella sua fisonomia autentica, nella sua ‚verità'; salvo che la sua verità non era più la mia.[3]

III. Von der unaufhebbaren Oszillation zwischen Werktreue und interpretatorischer Freiheit

Natürlich war mit der wissenschaftlichen Notwendigkeit geschichtlicher Rekonstruktion der Produktions- und Rezeptionsbedingungen noch nicht das Problem des ästhetischen Wohlgefallens an Kunstwerken der Vergangenheit bzw. der mit dieser verbundenen faktisch-ahistorischen Rezeption und Weiterverwendung künstlerischer und damit auch poetisch-literarischer Artefakte in der individuellen Unmittelbarkeit der Begegnung von Heute und Gestern behoben, ein Problem, das Überlegungen zum Publikumsgeschmack, zur Kontinuität ästhetischer Empfindungen und Werte sowie zur Beschaffenheit des künstlerischen Produktionsprozesses notwendig machte, denen Eco seit jener Zeit dezidiert nachging, die aber zunächst hinter dem Erkenntniswillen des Geschichtswissenschaftlers zurücktreten mußten. Dabei verfiel Eco jedoch nicht in jene andere Naivität, zu glauben, daß die von Schleiermacher geforderte subjektiv-„divinatorische" Identifizierung des Interpreten mit dem zu Interpretierenden ersetzbar wäre durch eine lückenlose historische Rekonstruktion bzw. daß der subjektive Faktor je ganz aus der Interpretation zu eliminieren sei. Im Gegenteil: Eco machte sich schon früh die auf pragmatischen Ausgleich bedachte Überzeugung Luigi Pareysons zu eigen, daß Interpretation unaufhebbar zwischen Pflicht zu objektiver Erkenntnis und subjektiver Deutung schwanke: „L'intera questione si può ridurre al problema di ciò che in termini correnti si chiama la ‚fedeltà' e la ‚libertà' dell'interpretazione. Generalmente quando si usano questi termini a proposito dell'interpretazione si considera la fedeltà come un ‚dovere' e la libertà come un ‚fatto'."[4]

Wie wichtig diese Position Pareysons im Bemühen um „richtige" Interpretation (historischer) Artefakte für Umberto Eco war und immer noch ist, mag man aus folgenden Sätzen der deutschen Übersetzung von *I limiti dell'interpretazione*

---

[3] Eco: Il problema estetico in Tommaso d'Aquino (Anm. 1), S. 6.
[4] Luigi Pareyson: Estetica. Teoria della formatività. 3. Aufl. Mailand: Bompiani 1974, S. 229.

(1990) entnehmen, die auf seiten der dekonstruktivistischen Semiotiker, die in Eco einen der ihren, ja, geradezu einen der Garanten ihrer Theoreme von der „unendlichen" (beliebigen) Semiose sahen, helle Empörung auslösten, fühlten sie sich doch von Eco verraten:

> In der amerikanischen Ausgabe war ich zu einer Präzisierung gezwungen, weil die englische Übersetzung meines alten *Offenen Kunstwerks* von 1962 [...] erst vor einem Jahr erschienen ist [...] Es könnte in der Tat der Eindruck entstehen, daß, während ich damals für eine ‚offene' Interpretation der Kunstwerke eintrat, was zu dieser Zeit eine ‚revolutionäre' Provokation darstellte, ich mich heute auf konservative Positionen zurückgezogen habe. Ich glaube nicht, daß das der Fall ist. Vor dreißig Jahren ging es mir, auch ausgehend von Luigi Pareysons Interpretationstheorie, darum, eine Art von Oszillation oder instabilem Gleichgewicht zwischen Initiative des Interpreten und Werktreue zu definieren. Im Lauf dieser dreißig Jahre haben manche sich zu sehr auf die Seite der Initiative des Interpreten geschlagen. Es geht jetzt nicht darum, einen Pendelausschlag in die entgegengesetzte Richtung zu vollführen, sondern noch einmal die Unausweichlichkeit der Oszillation zu betonen.[5]

IV. Ecos Zurückweisung der ahistorisch-spekulativen Mittelalterthesen von Benedetto Croce und Ernst Robert Curtius

In der Tat hatten viele der sprachwissenschaftlich-semiotischen Anhänger und Adepten Umberto Ecos außer acht gelassen, daß seine Überlegungen zum Kommunikationsprozeß, zur Semiotik und zur Interpretation kein akademischer Selbstzweck, sondern vor dem Hintergrund seines Gesamtverständnisses von gesellschaftlicher Praxis und ihrer Steuerung aus geschichtlich-soziologischem Wissen bei gleichzeitiger (aus diesem Gesamtverständnis resultierender) Aufwertung des künstlerischen Produktionsprozesses als engagiertes Handeln zu verstehen waren. Sie stellten lediglich einen – wenn auch *ex officio* besonders umfangreichen – Teilaspekt seiner auf Praxis zielenden Tätigkeit dar, dessen wissenschaftliche Radikalität wahrscheinlich sogar aus der relativen (subjektivistischen) Schwäche der Interpretation künstlerisch-literarischer Artefakte im Vergleich mit geschichtlich-soziologischen Daten resultierte, deren Bedeutung für den gesamten Kommunikationsprozeß Umberto Eco als selbstverständlich voraussetzte und in all jenen Arbeiten unterstrich, die von der Sprachwissenschaft und Semiotik – offensichtlich als *quantité négligeable* oder Privatvergnügen Ecos – weitgehend unbeachtet blieben.

Die Weichen werden von Eco schon früh und definitiv gestellt, als er sich bei seinem Versuch, Thomas von Aquins Werk und speziell dessen Gedanken zum

---

[5] Umberto Eco: Die Grenzen der Interpretation. Übers. von Günter Memmert. München: Beck 1992, S. 22 (italienische Erstausgabe: I limiti dell'interpretazione. Mailand: Bompiani 1990).

Schönen bzw. zur Ästhetik in ihrem semantischen Volumen historisch zu rekonstruieren, unter anderem mit Benedetto Croce sowie den Mittelalterarbeiten von Hans Hermann Glunz und Ernst Robert Curtius auseinandersetzte. Dabei stellt Croce – neben den von Eco gering geschätzten faschistischen Philosophen wie Giovanni Gentile und Kulturgeschichtlern wie Francesco Biondolillo – die größte Hypothek dar, lasteten doch seine Ansichten – wie Eco vermerkt[6] – wie Bleigewichte auf den Geisteswissenschaften in Italien. Vor allem Croces Auffassung der Kunst (und der Philosophie) als eines zeitenthobenen Dialogs großer Geister, der sich unter anderem über das – als unschöpferisch – an diesem Dialog nicht beteiligte Mittelalter unmittelbar von der Antike bis zur Renaissance hinweggesponnen habe, das dementsprechend auch über kein eigenes ästhetisches Bewußtsein verfügt hätte, stößt auf Ecos dezidierten Einspruch. Er setzt dem aprioristisch-ahistorischen Mittelalterverständnis, das er auch in Curtius' *Europäische Literatur und lateinisches Mittelalter* am Werk sieht und das dem Mittelalter in Sachen „Schönheit" nur die Konzeption von der intelligiblen moralisch-metaphysischen Schönheit Gottes einräumt, sein Plädoyer für das Verständnis der „sensibilità estetica medievale" entgegen, die aus der gesamtgesellschaftlichen Praxis des mittelalterlichen Menschen erwüchse und sich in der ästhetischen Gestaltung der Lebenswelt ebenso manifestiere wie in den theoretischen Schriften, in denen die „autori medievali" sich um den Ausgleich zwischen dem „bello sensibile" und dem „bello spirituale" bemühten.[7]

V. Über Ernst Robert Curtius und Hans Hermann Glunz

Während Curtius dem damals zweiundzwanzigjährigen Eco in seiner Dissertation nur flüchtige Erwähnung und den Fußnotenkommentar wert ist, daß er zur traditionellen Mittelalterforschung zu rechnen sei, die keinen Zusammenhang zwischen den „ricerche metafisiche sul Bello e la sensibilità estetica concreta e corrente" des Mittelalters sähe,[8] lobt er *Die Literarästhetik des europäischen Mittelalters* von Hans Hermann Glunz aus dem Jahr 1937 als „una delle ricerche più notevoli" der Richtung, die sowohl die metaphysisch-intelligible als auch die sinnlich-konkrete Schönheitskonzeption des Mittelalters berücksichtige. Dabei notiert er als besonders erwähnenswert, daß Glunz dem künstlerischen Selbstbewußtsein des mittelalterlichen Dichters besonderes Augenmerk widmet, obwohl dieser nach traditioneller Auffassung ein solches künstlerisches Selbstbewußtsein gar nicht besaß:

[Glunz] si sofferma più espressamente sulla coscienza che il poeta poteva allora avere della propria arte; l'autore esamina inoltre una evoluzione nel gusto letterario del me-

---

[6] Eco: Il problema estetico in Tommaso d'Aquino (Anm. 1), S. 15.
[7] Ebd., S. 22.
[8] Umberto Eco: Il problema estetico in San Tommaso. Turin: Edizione di Filosofia 1956, S. 11 und S. 16.

dioevo, dall'utilizzazione di favole pagane per usi didascalici, alla nascita di un vero e proprio *ethos* cristiano, sino al sorgere della sensibilità allegorica che domina incontrastata nel XII secolo; in seguito il poeta si andrà sempre più avvicinando a una presa di coscienza della propria attività creatrice ed espressiva.[9]

Als Eco diesen Kommentar über Glunz schreibt, in dem er einen der ersten der historisch-soziologischen Methode zugewandten Mediävisten begrüßt, die Position von Curtius hingegen bei allem Respekt vor dessen Gelehrsamkeit grundsätzlich ablehnt und in seinem Zettelkasten für die Dissertation Curtius' Aussagen wie die über das Desinteresse der Scholastik an der Poesie mit „è vero per la scolastica, non per il Medioevo", oder „[Die Scholastik] hat keine Poetik und keine Kunsttheorie produziert" lakonisch mit „non è vero" komentiert,[10] weiß er noch nichts von dem tatsächlichen Skandal, der dem Verhältnis Curtius–Glunz zugrunde liegt. Im Gegensatz zum 1886 geborenen Curtius, der bis zum Ende der dreißiger Jahre außer einer ebenso konventionellen wie schmalen Dissertation zur altfranzösischen Literatur aus dem Jahr 1911 mediävistisch nichts Nennenswertes vorzuweisen hatte, dafür aber 1932 in seinem berüchtigten *Deutscher Geist in Gefahr* als renommierter Romanistik-Professor großsprecherisch die Abkehr von Frankreich, die Hinwendung zum italienischen Faschismus mit seiner Idee vom ewigen Rom, die Begründung eines neuen geist-biologischen Humanismus aus den Urströmen des Blutes und eine Neubewertung des Mittelalters angekündigt hatte, war der 1907 geborene Glunz, mediävistisch gleich zweifach in Deutschland und in England promoviert und – 1934 – habilitiert, ein ausgewiesener Mittelalterspezialist, der nicht wußte, daß er den mediävistisch unausgewiesenen Curtius mit seiner *Literarästhetik des europäischen Mittelalters* zu maßlosem Zorn provozieren sollte.[11]

Seinem großspurig-programmatischen Text zur Begründung jenes neuen Humanismus- und Mittelalterverständnisses entsprechend, hatte Curtius nämlich seit 1932 begonnen, Material zu sammeln, um in Wiederbelebung der traditionellen Topos- und Motivforschung die faschistische These von der ungebrochenen Kontinuität der römisch-lateinischen Kultur philologisch zu untermauern. Glunz aber wies nun mit seinem Buch über *Die Literarästhetik des europäischen Mittelalters* ein solches Unterfangen als philologisch überholt und unseriös aus und plädierte für eine geschichtlich-soziologische Erforschung des Mittelalters und seiner Literatur, die diese Zeit nicht als amorphen Block, sondern als in sich differenzierte Epoche und die mittelalterlichen Kunstwerke und ihre Produzenten in ihrer jeweiligen Individualität auszuweisen habe. Die obsolet-traditionelle Methode der Motiv- und

---

[9] Ebd., S. 11 f. Text unverändert in: Il problema estetico in Tommaso d'Aquino (Anm. 1), S. 19.
[10] Ernst Robert Curtius: Europäische Literatur und lateinisches Mittelalter. 3. Aufl. Bern: Francke 1961, S. 230 f.; Umberto Eco: Come si fa una tesi di laurea. Mailand: Bompiani 1974, S. 152.
[11] Ernst Robert Curtius: Deutscher Geist in Gefahr. Stuttgart: Deutsche Verlagsanstalt 1932; Hans Hermann Glunz: Die Literarästhetik des europäischen Mittelalters. Wolfram – Rosenroman – Chaucer – Dante. 2. Aufl. Frankfurt a. M.: Klostermann 1963.

Stoffgeschichte bzw. der Toposforschung aber, der sich Curtius widmete, berge Glunz zufolge die „Gefahr des anachronistischen Urteils" und des „Historismus":

> Die Forschung nach der Herkunft oder dem Fortwirken eines Motivs oder einer poetischen Darstellungsweise kann dazu verleiten, in jeder Periode alles zu sehen und die charakteristischen Unterschiede der Zeiten zu verwischen. [...] Aus dem Überallsein des Motivs [...] die wesentliche Gleichheit der Zeiten zu folgern, wobei sich nur die Verwendung und die Beurteilung des unveränderlichen Grundmotivs etwas gewandelt hätte, ist ein Mißverständnis, das in seiner Befangenheit im Stoffe übersieht, daß der gleiche Ruf nicht immer das Gleiche zu bedeuten braucht. Die Sprache wie formulierte Gedanken und ganze Werke können sich anderen Absichten darbieten, um von diesen übernommen, aber völlig umgewandelt zu werden und ihre ursprüngliche Meinung zugunsten einer neuen zu verlieren. Die quellen-, stoff- und motivforschende Literaturgeschichte hat besonders die durch die mittelalterlichen Jahrhunderte fortwirkenden Stoffe, Kunstanschauungen und Namen der klassischen Antike zum Beweis dafür herangezogen, daß die mittelalterliche Zeit sich in der literarischen Kunst hauptsächlich von antikem Stoff und antiker Form genährt habe und nur eine leichte Modifikation der Antike bedeute, woraufhin die Antike in der Renaissance wieder klarer zum Vorschein komme ... [doch] ... zu schließen, daß sich im Mittelalter oder in der Frührenaissance gegenüber dem Altertum wenig geändert hat, daß antike Anschauungen fortleben und dergleichen, wäre ein Trugschluß.[12]

Damit hatte Glunz das Vorhaben Curtius' als philosophisch-methodologisch veraltet und dilettantisch ausgewiesen, bevor es noch das Licht der Öffentlichkeit erblickt hatte (eine Ansicht, die manch Zunftgenosse insgeheim durchaus teilte, aber nicht zu sagen wagte, wie wir aus Briefen eines Fritz Schalk oder eines Hugo Friedrich wissen).[13] Curtius aber ging keineswegs in sich, sondern schlug mit der ganzen Autorität eines deutschen Großordinarius der Epoche auf den armen Glunz ein, der nicht wußte, wie ihm geschah, und vernichtete in einer Besprechung von der pathologischen Länge von zweihundert Seiten *Die Literarästhetik des europäischen Mittelalters* von Glunz, die – wie Curtius ausführte – „in einer ganz ungebührlichen Form" [...] „vereinfache" und „vergewaltige" und vor der man – vor allem wegen des methodologischen Ansatzes, den Curtius „Soziologismus" zu nennen pflegte und worunter der den Nazis besonders verhaßte „Marxismus" zu verstehen war – „unseren akademischen Nachwuchs" schützen müsse, so daß Curtius sich verpflichtet fühle, „das Arbeitsfeld" zu „reinigen".[14]

Die zweihundertseitige „Besprechung" der Arbeit von Glunz war die erste Version des Curtiusschen Mittelalter-Werkes. Eine zweite Version folgte von 1939 bis 1945 in Form von Aufsätzen in der Fachpresse, bevor Curtius die dritte

---

[12] Glunz (ebd.), S. 570.
[13] Vgl. Frank-Rutger Hausmann: ‚Aus dem Reich der seelischen Hungersnot'. Briefe und Dokumente zur Fachgeschichte der Romanistik im Dritten Reich. Würzburg: Königshausen und Neumann 1993, S. 98 und S. 154.
[14] Zeitschrift für Romanische Philologie 58 (1938), S. 1–50; S. 129–232; S. 433–479 u. ö.; vgl. Michael Nerlich: Umberto Eco, E. R. Curtius, H. H. Glunz, oder noch ein Anfang, den wir verpaßt haben, in: Romanistische Zeitschrift für Literaturgeschichte, XVIII (1994) Heft 1–2, S. 44–70.

und definitive Version – nach dem Zusammenbruch von Nazismus und Faschismus ohne expliziten Bezug auf die politische Motivation von 1932, aber immer noch mit offener Polemik gegen die verhaßte Demokratie – 1948 unter dem Titel *Europäische Literatur und lateinisches Mittelalter* erscheinen ließ, in der er noch die Verleumdung nachreichte, Glunz (!) habe sich der „leichtfertig konstruierenden" „Geistesgeschichte" hingegeben. Curtius konnte dies ganz ungeniert tun, denn Glunz – 1941 eingezogen – war am 3. März 1944 gefallen, und dafür, daß sich niemand mehr für Glunz interessierte, hatte er selbst mit seinem Verriß gesorgt. Während die westdeutschen Geisteswissenschaftler keinen Gedanken mehr an Glunz und den an ihm verübten geistigen Totschlag verschwendeten, feierten sie und ihre Vertreter im Feuilleton von der *Zeit* bis zur *FAZ* Curtius' *Europäische Literatur und lateinisches Mittelalter* als *opus maximum* und – allen Ernstes – als ein Manifest geistiger Erneuerung Deutschlands nach dem Nazi-Imperium.

VI. ‚Sviluppo dell'estetica medievale' – oder Umberto Ecos Mittelalterentwurf gegen Ernst Robert Curtius' ‚Europäische Literatur und lateinisches Mittelalter'

Der jugendliche Eco aber präzisierte und verschärfte seine geschichtlich-soziologische Negation der ahistorisch-geistesgeschichtlichen Mittelalter-Konstruktion von Curtius in seinem Buch *Sviluppo dell'estetica del medioevo*, das 1959 in einer ersten und 1987 in einer überarbeiteten Version mit dem Titel *Arte e bellezza nell'estetica medievale* erschien. In Deutschland aber war der Curtius-Kult noch immer so gewaltig, daß man selbst 1991 nicht zur Kenntnis nahm oder nehmen wollte, daß Ecos Buch gegen Curtius verfaßt war, als es mit dem Titel *Kunst und Schönheit im Mittelalter* auf deutsch erschien.[15] Dabei war gar kein Zweifel möglich, kein Ausweichen. Eco, der sich bereits in den ersten Sätzen auf seine Dissertation über Thomas von Aquin bezieht, erklärt *expressis verbis*, daß seine Arbeit eine historische Darstellung der ästhetischen Theorien des lateinischen Mittelalters sei. Das hätte insofern bereits Anlaß für Diskussion sein müssen, als er einerseits dezidiert das – wie er ausführt: schwierig zu definierende[16] – Mittelalter an der Verwendung des Lateinischen festmacht und jegliche volkssprachliche Aussage zum Schönen seit dem 10. und 11. Jahrhundert bereits der Neuzeit zurechnet und andererseits mit seinem Buch genau das darstellt, was es laut Curtius gar nicht gegeben hat: ästhetische Theorien des Mittelalters. „Tatsächlich", schreibt Eco,

> fällt es nicht leicht, so unterschiedliche Jahrhunderte unter einem Etikett zusammenzufassen, nämlich einerseits die Zeit zwischen dem Fall des Römischen Reiches und

---

[15] Umberto Eco: Sviluppo dell'estetica medievale. Mailand: Bompiani 1959; ders.: Arte e bellezza nell'estetica medievale. Mailand: Bompiani 1987; ders.: Kunst und Schönheit im Mittelalter. München: Hanser 1993.

[16] Eco: Kunst und Schönheit im Mittelalter (Anm. 13), S. 12.

dem karolingischen Wiederaufbau, in der Europa durch die schlimmste politische, religiöse, demographische, agrikulturelle, urbane, sprachliche Krise [...] seiner ganzen Geschichte geht, und andererseits die Jahrhunderte der Wiedergeburt nach dem Jahr Tausend, in denen man die erste industrielle Revolution angesetzt hat, die Jahrhunderte, in denen die modernen Sprachen und Nationen entstehen, die kommunale Demokratie, die Bank, der Wechsel und die doppelte Buchführung, in denen das Transportwesen zu Lande und zur See, die landwirtschaflichen und handwerklichen Techniken revolutioniert wurden, in denen man den Kompaß, den Spitzbogen und zuletzt das Schießpulver und den Buchdruck erfand. Es fällt schwer, eine Zeit als einheitliche Epoche zu sehen, in der die Araber Aristoteles übersetzen und sich mit Medizin und Astronomie befassen, während das Europa östlich von Spanien zwar die ‚barbarischen' Jahrhunderte überwunden hat, aber auf die eigene Kultur noch keineswegs stolz sein kann.[17]

Kurz: Eco läßt von Beginn an keinen Zweifel daran, daß die scholastisch-lateinische „ästhetische Theorie", und das heißt laut Eco: „jeder Diskurs",

> der sich einigermaßen systematisch und unter Verwendung philosophischer Begriffe mit Phänomenen befaßt, die in Zusammenhang stehen mit der Schönheit, der Kunst und den Bedingungen für das Hervorbringen und Beurteilen von Kunstwerken, den Beziehungen zwischen Kunst und anderen Aktivitäten sowie zwischen Kunst und Moral, der Funktion des Künstlers, den Begriffen des Angenehmen, des Ornamentalen, des Stils, den Geschmacksurteilen wie auch der Kritik dieser Urteile und mit den Theorien und Praktiken der Interpretation von verbalen oder nichtverbalen Texten,[18]

von den konkreten gesellschaftlichen Bewegungsgesetzen der Epoche determiniert ist. Denn selbst den „ästhetischen Problemen", die die Scholastik „aus der klassischen Antike übernommen" hatte, habe sie „durch Einfügung in die für das christliche Weltbild charakteristische Gefühlslage im Blick auf Mensch, Welt und Gottheit einen neuen Sinn gegeben", und im übrigen habe sie diese Probleme durch die Integration „weiterer Kategorien aus der biblischen und patristischen Tradition" systemisch verändert.[19]

Natürlich, so fügt Eco hinzu, könne man unterstellen, daß das Mittelalter die genannten „Themen, Probleme und Lösungen" verständnislos wie einen fremden „Vorrat von Wörtern" übernommen habe, wie es die traditionelle Mittelalterexegetik unterstellte, derzufolge „das Mittelalter bei der Behandlung dieser Themen auf die Antike", die Antike hingegen „beim Reden über ästhetische Probleme und beim Aufstellen von Kanons für das künstlerische Schaffen auf die Natur geblickt" habe, doch wäre „damit die kritische Einstellung des mittelalterlichen Menschen nur unvollständig beschrieben":

> Neben dem Kult der als Schatz von Wahrheit und Weisheit überlieferten Begriffe, neben einer Sehweise, die die Natur als Widerschein der Transzendenz, als Hindernis und Verzögerung betrachtet, gibt es in der Sensibilität dieser Zeit durchaus ein lebhaftes

---

[17] Ebd., S. 12 f.
[18] Ebd., S. 10.
[19] Ebd., S. 16.

Interesse an der sinnlich wahrnehmbaren Realität in allen ihren Aspekten, einschließlich des Aspekts ihrer Genießbarkeit unter ästhetischen Gesichtspunkten.[20]

Daraus ergibt sich für Eco zwingend, daß der mittelalterliche Philosoph, der von Schönheit redet, damit nicht nur einen abstrakten Begriff meint, sondern auch konkrete sinnliche Erfahrung ausdrückt, die dem Konzept der „intelligiblen Schönheit" korrespondiert, womit Eco zur Diskussion des Problems in seiner Dissertation zurückkehrt – und Curtius als exemplarischen Repräsentanten der traditionellen, falschen Mittelalterauffassung benennt. „Wenn die Scholastik von Schönheit spricht", zitiert er Curtius,

> so ist damit ein Attribut Gottes gemeint. Schönheitsmetaphysik (z. B. bei Plotin) und Kunsttheorie haben nicht das Geringste miteinander zu tun. Der ‚moderne' Mensch überschätzt die Kunst maßlos, weil er den Sinn für die intelligible Schönheit verloren hat, den der Neuplatonismus und das Mittelalter besaß [...] Hier ist eine Schönheit gemeint, von der die Aesthetik nichts weiß.[21]

Dieses Zitat von Curtius, das einzige überhaupt, das in dieser programmatischen Einführung beigebracht und auch vom Druck her deutlich abgehoben wird, stellt die extreme Gegenposition zu Ecos Ansichten über die Ästhetik des Mittelalters dar, zieht Curtius doch aus der „Schönheitsmetaphysik der Scholastik" den Schluß, daß diese zum einen nichts mit der „Kunsttheorie" bzw. der Ästhetik zu tun habe und daß zum anderen das Mittelalter gar keine „Kunsttheorie" bzw. Ästhetik besessen habe. Ecos Kommentar zu dieser Aussage von Curtius beginnt denn auch demonstrativ mit:

> Doch wäre es *völlig falsch*, wenn wir aufgrund solcher Feststellungen das Interesse an diesen Spekulationen verlieren würden. Denn erstens konstituiert auch die Erfahrung der intelligiblen Schönheit für den mittelalterlichen Menschen eine geistige und psychologische Realität, und die Kultur dieser Zeit bliebe ungenügend erhellt, wenn man diesen Faktor vernachlässigen würde; zweitens hat das Mittelalter, indem es das ästhetische Interesse auf den Bereich der nicht sinnlich wahrnehmbaren Schönheit ausdehnte, zugleich, auf dem Wege der Analogie, mittels expliziter und impliziter Parallelen, eine Reihe von Ansichten über das sinnlich wahrnehmbare Schöne, die Schönheit der Natur- und Kunstgegenstände erarbeitet. Der Bereich des ästhetischen Interesses war im Mittelalter umfassender als heute [...].[22]

Mit anderen Worten: Statt wie Curtius die intelligible Schönheit und die sinnliche Schönheit als zwei einander ausschließende Kategorien gegenüberzustellen und aus der Existenz der ersten auf die Inexistenz der zweiten zu schließen, versteht Eco beide als dialektische Einheit, die von einer gesellschaftlichen Praxis getragen wurde, in der beide Schönheitskonzeptionen wirkten und in der selbstverständlich „auch der kraftvoll den sinnlich erfaßbaren Dingen zugewandte Geschmack des gemeinen Mannes, des Künstlers und des Liebhabers von Kunstgegenständen"

---

[20] Ebd.
[21] Ebd., S. 17.
[22] Ebd (Hervorhebung d. Verf.).

obwaltete: „Diesen in vielfacher Weise dokumentierten Geschmack suchten die Lehrsysteme zu rechtfertigen und so zu lenken, daß die Aufmerksamkeit für das sinnlich Erfaßbare nie die Oberhand über das Streben nach dem Spirituellen bekam."[23]

Damit aber ist die explizite Kritik an Curtius noch nicht an ihr Ende gelangt, denn auf Curtius und das beigebrachte Zitat bezieht sich Ecos kategorische Schlußfolgerung: „Die Ansicht, das Mittelalter habe das sinnlich erfaßbare Schöne moralistisch abgelehnt, verrät außer einer oberflächlichen Kenntnis der Texte ein fundamentales Unverständnis der mittelalterlichen Mentalität."[24] Während Curtius zum Beispiel die Ablehnung sinnlicher Schönheit durch „die Mystiker und die Rigoristen" für die bare Münze eines Desinteresses an ästhetischen Werten nimmt, sieht Eco in dieser Ablehnung – durchaus logischer – den Ausdruck einer Faszination, die die Mystiker und Rigoristen im Interesse des Seelenheils bekämpfen zu müssen glaubten. Konsequenterweise beginnt Eco seine Analyse der mittelalterlichen Texte *in medias res* mit Aussagen der Mystiker und Rigoristen über die „superfluitas" der Ausschmückungen von Kirchen, in deren „Verurteilungen niemals abgestritten" wird, „daß Ausschmückungen schön und angenehm sind: Man bekämpft sie vielmehr gerade deshalb, weil man sich über ihren unüberwindlichen, mit den Erfordernissen des heiligen Ortes unvereinbaren Reiz im klaren ist."[25] Daß Eco dieses Kapitel mit dem Nachweis abschließt, daß auch in die lateinischen Kommentare des Mittelalters zum Hohen Lied die geschichtlich-konkreten Schönheitsideale der Epoche und damit der materielle Beweis von Lust an der Warnehmung sinnlicher Schönheit einfließen, hätte Curtius gewiß für so frivol gehalten wie den von Eco zitierten Text des Gilbert von Hoyland selbst: „Schön nämlich sind Brüste, die sich etwas erheben und ein klein wenig schwellend sind [...], zurückgedrängt, aber nicht zusammengedrückt; leicht gehalten, so daß sie sich nicht frei bewegen können."[26]

VII. Von der verkehrten zur realen Welt

Ohne Zweifel, Ecos Stoßrichtung ist eine ganz andere als die von Ernst Robert Curtius. Während Eco vom (mittelalterlichen) Menschen in seiner Lebenspraxis ausgeht und durch diese den (jeweils anderen, zeitspezifischen) Gebrauch des vorgefundenen (künstlerischen) Materials bestimmt sieht, sieht Curtius das Material geradezu mechanisch und ohne tatsächlichen Bezug auf irgendeine Lebenspraxis gebraucht, weil vorgefunden. Das wird gerade beim erotischen Belegmaterial deutlich, das Curtius versammelt: „Einen kühnen Griff tut [...] Juan Ruiz um 1330 in seinem *Libro de buen amor*", schreibt er z. B. in *Europäische Literatur und lateinisches Mittelalter*:

---
[23] Ebd., S. 18.
[24] Ebd.
[25] Ebd., S. 19.
[26] Ebd., S. 27.

> Er importiert die Erotik Ovids und seiner mittelalterlichen Weiterbildungen. An eine freie Wiedergabe der *Ars amandi* [...] schloß er eine Umsetzung der überaus beliebten mittellateinischen Komödie *Pamphilus de amore*, die ihrerseits auf eine Elegie Ovids [...] zurückführt. Ovid schildert darin eine Kupplerin in beredter Ausübung ihres Gewerbes. Juan Ruiz hat sich dem *Pamphilus* fast wörtlich angeschlossen, nur daß er spanische Orts- und Personennamen einsetzt. Das gab Lokalfarbe und Zeitkolorit. Die Kupplerin Trotaconventos [...] wurde durch ihn eine typische Figur der spanischen Dichtung.[27]

Daß Juan Ruiz auf das Ovidsche Material zurückgegriffen haben könnte, weil es damals in Spanien Bordelle und Kupplerinnen gab, weist Curtius dagegen mit Rückgriff auf Dámaso Alonsos „einschneidende" Kritik am Konzept des spanischen „Realismus" von Menéndez Pidal zurück, und in einer Fußnote erfahren wir: „Schon bei Euripides kommt ein Bordellwirt vor. Ovids Kupplerin stammt aus dem Repertoire der antiken Komödie seit Menander [usw.]." Nur im Zusammenhang von „Knabenliebe" bzw. „Sodomie" scheint Curtius die Möglichkeit realer Sexualpraktiken einzuräumen („Wenn [...] Dichter des 12. Jahrhunderts Knabenliebe als Stoff wählen, ist oft schwer zu entscheiden, ob Nachbildung literarischer Muster *(imitatio)* vorliegt oder eigenes Gefühl spricht"[28]), und er erklärt, daß die von ihm in diesem Kontext vorgelegten Texte „für das Ende des 11. und den Beginn des 12. Jahrhunderts eine erotische Unbefangenheit auch im hohen Klerus" bezeugen, „die freilich nicht allgemein, wohl aber in humanistischen Kreisen anzutreffen war".[29]

Wenig später aber ruft Curtius in bezug auf die Fortsetzung des *Rosenromans* durch Jean de Meun, der „die Sodomie" „verpönt" und zu „rastloser Geschlechtstätigkeit" zwischen Mann und Frau auffordert, empört aus:

> Die Göttin Natura ist zur Handlangerin geiler Promiskuität geworden, ihre Regelung des Liebeslebens ins Obszöne travestiert. Die unbefangen spielende Erotik des lateinischen Humanismus, das stürmische Anrennen schweifender Jugend gegen die christliche Moral ist auf die Stufe einer sexuellen Aufklärung hinabgesunken, die aus gelehrtem Flitter und spießbürgerlicher Lüsternheit eine gepfefferte Hausmannskost braut.[30]

Entsetzt fragt Curtius sich: „Wie war das möglich?" und antwortet angeekelt-zornig, aber gelehrt: „Es entsprach der Libertinage einer Epoche, die das Erbe antiker Schönheit in die Scheidemünze akademischer Begriffsklauberei umgewechselt hatte. Denn es gab in den Pariser Universitätkreisen um 1250 eine häretische Scholastik des Liebeslebens, die mit dem Averroismus verschwistert ist".

Und da Curtius sittlich empört ist, findet er sich wenige Zeilen später an der Seite des unsäglichen Pariser Bischofs Etienne Tempier wieder, der am 7. März 1277 averroistische oder vermeintlich averroistische Gedanken – darunter auch

---

[27] Curtius: Europäische Literatur und lateinisches Mittelalter (Anm. 10), S. 390.
[28] Ebd., S. 124 f.
[29] Ebd., S. 126.
[30] Ebd., S. 135.

solche des Thomas von Aquin – verurteilen ließ, wofür ihm Curtius unüberhörbar Beifall spendet.[31]

Daß Umberto Eco solch ein – eher verquerer – Umgang mit Literatur nicht in den Sinn kommen konnte, kann man spätestens der Darstellung sinnlicher Freuden in *Der Name der Rose* entnehmen, ist aber bereits in seiner Dissertation über Thomas von Aquin evident und wird in seinem *Arte e bellezza nell'estetica medievale* zum systematischen, kultur- und literatursoziologisch begründeten Entwurf einer Ästhetik des Mittelalters, der die geschichtliche Realität auf seiner Seite hat und der Curtius' ahistorischer und lebensfremder, wenn nicht lebensfeindlicher Belegsammlung diametral entgegengesetzt ist. Ausgehend vom aktiven Verhalten zum Schönen, wie es im Mittelalter – neben der Gestaltung des Kirchinneren – unter anderem in der Sammlertätigkeit zum Ausdruck kam, analysiert Eco die Ästhetik der Proportionen, des Lichtes, die Funktion von Symbol und Allegorie, die Psychologie und Erkenntnistheorie der ästhetischen Betrachtungsweise und die Ästhetik des Organismus, um – wie bereits Glunz in seiner *Literarästhetik des europäischen Mittelalters* – die Herausbildung des Autonomieverständnisses des Künstlers darzulegen und abschließend Aufhebung und Weiterentwicklung der Positionen nach der Scholastik (u. a. bei Nikolaus von Kues und in der Lebenspraxis) vor Augen zu führen.

VIII. Über Möglichkeiten und Grenzen der Kunst- und Literatursoziologie

Der ‚Vorteil' der Curtiusschen Konzeption von (mittelalterlicher) Literatur als überzeitlichem und von der geschichtlichen Lebenspraxis abgehobenem Text-Kontinuum war zweifellos die Mühelosigkeit der rhetorisch-metrisch kommentierten, von philosophischem Handbuchwissen angereicherten anthologischen Reihung von Material, das man auf seine jeweilige geschichtlich-gesellschaftliche Funktion nicht zu befragen brauchte, was für die akademische Laufbahn förderlich war und – wie Hans Robert Jauß einst sagte – eine unabsehbare Schar von „Epigonen ins Brot gesetzt" hatte. Der ‚Nachteil' des Ecoschen Vorgehens ist, daß der Interpret der Texte über die Poetik und Rhetorik hinaus auch Geschichtskenntnisse besitzen muß, um die Texte auf ihre gesellschaftliche Funktion im jeweiligen konkreten Produktionskontext befragen, einordnen und zum Sprechen bringen zu können, und daß man dazu soziologische Überlegungen anstellen mußte, was für eine akademische Karriere in Deutschland nicht förderlich war. Anders formuliert: *Europäische Literatur und lateinisches Mittelalter* von Curtius verhält sich *grosso modo* zu Ecos *Kunst und Schönheit im Mittelalter* wie eine mittelalterli-

---

[31] Vgl. zu Tempiers Zensurtätigkeit Kurt Flasch: Aufklärung im Mittelalter? Die Verurteilung von 1277. Mainz: Dieterich 1989; Michael Nerlich: Abenteuer oder das verlorene Selbstverständnis der Moderne. Von der Unaufhebbarkeit experimentalen Handelns. München: Gerling Akademie-Verlag 1997, S. 86 ff.

che Verslehre zur aristotelischen Poetik, die in sich bereits alle Elemente zur geschichtlich-soziologischen Befragung der Kunst- und Literaturproduktion enthält.

Das aber gerade war keine akademische Frage. Bereits 1955, in der ‚Inkubationsphase' von *Kunst und Schönheit im Mittelalter*, definiert Eco in einem Aufsatz mit dem Titel *Funzione e limiti di una sociologia dell'arte* die methodologischen Prämissen seiner weiteren wissenschaftlichen Auseinandersetzung mit Kunst und Literatur, wobei er zunächst eine grundlegende Scheidung von apriorischer und aposteriorischer soziologischer Herangehensweise vornimmt, worunter die Erklärung der partikularen Erscheinungsform von Kunst und Literatur aus den gesellschaftlichen Bewegungsgesetzen bzw. die aus dem Kunstwerk ablesbare Information über die Gesellschaft zu verstehen war, um dann zum heiklen und damals außerordentlich aktuellen Streit über das shdanovsche Dogma der Widerspiegelung und der parteipolitischen Kunst- und Literaturproduktion Stellung zu nehmen, das in den sozialistischen Staaten den definitiven Sieg davongetragen zu haben schien, für Eco aber unannehmbar war. Er evoziert die Diskussion in der Sowjetunion, ergreift – natürlich – Partei für Lukács gegen den Vulgärmaterialismus, beruft sich zur Abstützung seiner Argumente unmittelbar auf Marx und Engels und bringt – für seine antidogmatische Grundhaltung bezeichnend – in Erinnerung, daß die Fragen der Abhängigkeit künstlerisch-literarischer Produktion vom gesellschaftlichen und speziell vom ökonomischen Kontext und dessen Wiedererkennbarkeit im Artefakt schon immer Gegenstand auch nicht-marxistischer Überlegungen gewesen war, wobei er bezeichnenderweise unter anderem neben Taines *race, milieu et moment*-Thesen auf Luigi Pareyson zurückgreift. „Si può vedere" zitiert er dessen Traktat *Estetica – Teoria della formatività*,

> come l'arte si nutra di tutta la civiltà del suo tempo, riflessa nell'irrepitibile reazione personale dell'artista, e in essa siano attualmente presenti i modi di pensare vivere sentire di tutta un'età, l'interpretazione della realtà, lo atteggiamento di fronte alla vita, gli ideali e le tradizioni e le speranze e le lotte di un periodo storico.[32]

So evident aber auch die wechselseitige Abhängigkeit von gesamtgesellschaftlicher und künstlerischer Produktion sein mag, so problemlos die Tatsache, daß jedes Kunstwerk in dieser oder jener Form auf diesen gesamtgesellschaftlichen Kontext verweist, so schwierig gestalten sich Erklärung und Bewertung der individuellen künstlerischen Formung, die den Artefakt erst eigentlich zum Kunstwerk im Gegensatz zu nicht-künstlerischer Produktion macht, was – ohne daß man es vom Rest der geschichtlich-soziologischen Betrachtung abtrennen könne oder dürfe – eigentlich im Mittelpunkt kunst- und literaturwissenschaftlicher Tätigkeit stehen müsse. In diesem Bemühen um die Erklärung und Bewertung der spezifischen künstlerischen Formung, das bestimmt sei „da un lato di non cadere nel materialismo deterministico e dall'altro di non ignorare totalmente (per una equivoca pretesa di purezza e fedeltà all'autonomia dell'opera) i rapporti dei feno-

---

[32] Umberto Eco: Funzione e limiti di una sociologia dell'arte, in: ders.: La definzione dell'arte. Mailand: Mursia 1968, S. 32–43, hier S. 33.

meni artistici col mondo in cui sorsero",[33] käme es vor allem darauf an, „[di] fissare con onestà i limiti di un metodo sociologico, di accettarlo come metodo descrittivo e non come tavola valutativa, di intenderlo come descrizione di fatti che sono sociologici anche si sono visti come pre-estetici."[34]

Als Modell behutsamer, nicht-dogmatischer soziologischer Erforschung von Kunst und Literatur empfiehlt Umberto Eco – auch und nicht zuletzt, um der vulgär-materialistischen Forderung nach parteipolitischer Aufgabenstellung und Ausrichtung von Kunst- und Literaturproduktion zu begegnen – Arnold Hausers *Sozialgeschichte der Kunst und Literatur* von 1953, die 1955 ins Italienische übersetzt worden war und in der Eco zufolge stets eine „visione dei rapporti societari" obwalte, „che è libera e dinamica":

> [...] in essa nessun rapporto necessario di causa ed effetto si pone come legge ricorrente del processo artistico e storico in generale, ma l'intersecarsi molteplice dei fattori ed il senso delle individualità operanti rende sdogmatizzato e comunque ‚umano' il rapporto tra i fenomeni di cultura e quelli economici.[35]

Als Beispiel für diese „humane" Offenheit der wechselseitig sich bedingenden Faktoren nennt Eco Hausers Erkenntnis, daß das Beispiel der babylonischen Kunst den üblichen kunstsoziologischen Gesetzmäßigkeiten widerspreche, denen zufolge in geschlossenen Gesellschaftsordnungen mit traditionellen Kanones, kodifizierten Vorurteilen und unveränderlichen Kastenverhältnissen normalerweise „arte astratta ed il decorativismo geometrico" anzutreffen seien, in offenen Gesellschaften, die im Wandel begriffen seien, dagegen üblicherweise „naturalistische" Kunst: „Die größere formale Gebundenheit der babylonischen Kunst", zitiert Eco Arnold Hauser,

> bei der beweglicheren, mit dem städtischen Wesen inniger verbundenen Wirtschaft, widerspricht jedoch jener sonst stets sich bewährenden These der Soziologie, die den strengen geometrischen Stil mit der traditionalistischen Landwirtschaft und den ungebundenen Naturalismus mit der dynamischeren Stadtwirtschaft in Zusammenhang bringt.[36]

Eco legt dar, daß nach Hauser trotz aller soziologischen Gesetzmäßigkeiten und der Notwendigkeit ihrer Erforschung eine Fülle von Unwägbarkeiten und darunter vor allem der indivuelle Gestaltungswille des Künstlers totale Erklärungen von Kunstformen ebenso unmöglich macht wie Prognostik und damit parteipolitische Vergatterung eines Künstlers auf eine bestimmte Kunstwerksform, eine Erkenntnis, die Eco nachträglich im – durchaus programmatischen – Rückgriff auf Francesco De Sanctis' *Lezioni e saggi su Dante* (1869–1871) und Antonio Gramscis *Ritorno a De Sanctis* (1934) bekräftigt. Die grundlegenden weltanschaulichen Ideen

---

[33] Ebd., S. 35.
[34] Ebd., S. 37.
[35] Ebd., S. 38.
[36] Arnold Hauser: Sozialgeschichte der Kunst und Literatur. München: Beck 1969, S. 48. Bei Eco in: Funzione e limiti di una sociologia dell'arte (Anm. 30), S. 38.

und Empfindungen, die in der *Divina Commedia* obwalten, so De Sanctis, seien auch bei Zeitgenossen Dantes wie Brunetto Latini oder Guido Cavalcanti anzutreffen, aber sie hätten nur bei Dante ihre einzigartige künstlerische Gestaltung gefunden, woraus De Sanctis den von Eco zitierten Schluß zieht: „Adunque la questione critica fondamentale è questa: posti tali tempi, tali dottrine et tali passioni, in che modo questa materia è stata lavorata dal poetà, in che modo quella realtà egli l'ha fatta poesia?"[37]

Daß die Feststellung, diese Frage nach der einzigartig-partikularen Gestaltung sei die wesentliche Frage, die an ein Kunstwerk als Kunstwerk zu stellen sei, die Anhänger der vulgär-materialistisch dirigierten Kunst des sozialistischen Realismus provozieren mußte, liegt auf der Hand, und daher läßt Umberto Eco sie sich noch einmal vom bedeutendsten italienischen Marxisten bestätigen: „Due scrittori possono rappresentare (esprimere) lo stesso momento storico sociale", zitiert er Gramsci aus den *Gefängnis-Heften*:

> ma uno può essere artista, l'altro un semplice untorello. Esaurire la questione limitandosi a descrivere ciò che i due rappresentano o esprimono socialmente, cioè riassumendo, più o meno bene, le caratteristiche di un determinato momento storico-sociale, significa non sfiurare neppure il problema artistico.[38]

An dieser Stelle zieht Eco die methodologischen Konsequenzen und stellt fest, im Gegensatz zu einem derartigen vulgärmaterialistischen Umgang mit Kunst zeige Arnold Hauser, wie man die Aufmerksamkeit auf den einzigartig-individuellen und autonomen Wert des Kunstwerkes lenken könne, ohne es vom Lebenskontext zu isolieren. In Hausers soziologischer Forschung würden die heterogenen Strukturen offengelegt, die in einer bestimmten Epoche bis hin zu dem Punkt zusammenliefen, an dem die Werke oder das Werk entstünden:

> A questo punto – in virtù di catalizzazioni successive le cui ragioni van riposte nell'individualità produttrice – le linee si compongono e si equilibrano nel disegno di una struttura personalissima ed autonoma (o si frangono e si accavallano nell'opera mal riuscita). Il guidizio successivo dovrà essere giudizio strutturale, valutazione di organicità.[39]

Die soziologische Forschung aber könne an diesem Punkt nicht weiterhelfen: „Finisce l'indagine scientifica ed inizia la valutazione in termini di formalità, pienezza comunicativa, siamo al punto *a priori* di cui si parlava all'inizio: le componenti storico-sociali non vengono negate ma viste come corpo stesso dell'opera."[40]

---

[37] Zitiert in Eco: Funzione e limiti di una sociologia dell'arte (ebd.) S. 41.
[38] Ebd., S. 41 f.
[39] Ebd., S. 42.
[40] Ebd.

IX. Per una ricerca interdisciplinare

Nach Auseinandersetzung mit Dilthey, Husserl, Spranger, Scheler und Raymond Bayer beginnt Eco, auch über das Verhältnis von Notwendigkeit und Möglichkeit in der modernen Musik und der modernen Malerei nachzudenken, eine Objektbreite, die ihn 1963 zu einem energischen Bekenntnis zur Interdisziplinarität führt:

> Di fronte a questo campo di problemi, proprio per poter condurre un discorso ‚filosofico' circa un mondo di domani, ritengo che il primo passo da compiere sia proprio quello di una ricerca interdisciplinare che, riducendo a modelli descrittivi i vari fenomeni, possa quindi permettere il rilevamento di similarità stutturale tra essi; e di qui procedere alla posizione di più approfondite relazioni storiche tra i vari fatti, ai fini di riconoscere il delinearsi di un nuovo panorama antropologico, per il quale apprestare le tavole di valori, i parametri alla luce dei quali predicare razionalità, umanità, spiritualità, positività di atteggiamenti umani che oggi ci possono apparire aberranti proprio perché non siamo ancora in possesso di un adeguato quadro di riferimento.[41]

So utopisch dieses Bekenntnis auch anmuten mag, aus ihm geht eindeutig hervor, daß für Eco Wissenschaft und Forschung niemals Selbstzweck, sondern stets Handeln zum Zweck der Mehrung von Kenntnissen zum gesellschaftlichen Nutzen im Sinn von Aufklärung und Verbesserung der Lebensverhältnisse sind. Das gilt auch für *Opera aperta*, dessen Erstausgabe 1962 erscheint und in dem sich Eco, der Mittelalter- und Dante-Spezialist, der sich mit der vierfachen Sinndeutung des mittelalterlichen Textes auseinandergesetzt hatte, nun der Aufgabe stellt, eine gesellschaftlich-geschichtliche Interpretation von Kunstwerken auszuarbeiten, die nicht mehr auf bestimmte symbolisch-allegorische Bedeutungsebenen festgelegt sind.[42] Mit dem ihm eigenen Mut spannt er nicht nur den Bogen von Joyce bis Brecht oder umgekehrt, sondern bezieht auch die visuellen Künste, die moderne Musik und das Fernsehen ebenso ein wie das Problem der *Form als Engagement*. Doch erst das kämpferische Manifest *La struttura assente*, mit dem er 1968 gegen den französischen Strukturalismus und speziell gegen Lévi-Strauss zu Felde zieht (und das leider nicht ins Deutsche übersetzt wird),[43] begibt er sich – im kritischen Anschluß an Roland Barthes – an den Entwurf einer übergreifenden Erkenntnismethode, die an jenem *punto fisso*, jenem Punkt am Ende der geschichtlich-soziologischen Aufarbeitung ansetzt, von dem er in seinem Essay über *Funzione e limiti di una sociologia dell'arte* handelt: der Deutung der Zeichen, die er noch *semiologia* nennen sollte.

---

[41] Umberto Eco: La ricerca interdisciplinare, in: ders.: La definizione dell'arte (Anm. 32), S. 281–287, hier S. 286 f.
[42] Ders.: Opera aperta. Mailand: Bompiani 1962.
[43] Die von Jürgen Trabant besorgte Einführung in die Semiotik (München: Fink 1972) ist eine Zusammenstellung aus La struttura assente (Mailand: Bompiani 1968) und Le forme del contenuto (Mailand: Bompiani 1971).

X. Gegen Adorno, Horkheimer und Bernhard von Clairvaux, für Suger, Alexandre Dumas und Gramsci

Doch bevor ich abschließend und kursorisch auf die hier ‚ausgesperrte' Semiotik eingehe, soll betont sein, daß Ecos zentrales Interesse, das möglichst genaue Verständnis des ästhetischen Artefakts im geschichtlich-sozialen Entstehungskontext, nie abgenommen hat und daß seine semiotischen Überlegungen dazu dienen sollten, für diesen Verstehensakt ein möglichst präzises Instrumentarium zur Verfügung zu stellen, um jene „valutazione di organicità" zu ermöglichen, von der er im Essay über *Funzione e limiti di una sociologia dell'arte* sprach. Daß er dabei auf Charles Sanders Peirce zurückgreift (und nicht auf die linguistische Semiotik europäischer Provenienz), hat seinen Grund in der Vermittelbarkeit seiner bis dahin erworbenen Methodologie (unter Einschluß der Impulse von Engels, Marx und Gramsci) mit dem anti-dogmatischen Pragmatismus von Peirce, dem es vor allem darum ging: *How to Make our Ideas Clear.*[44] Auch seine Anlehnung an den anderen großen Vertreter des amerikanischen Pragmatismus, John Dewey, dessen anthropologischen Studien wie *Experience and Nature* von 1925 und speziell *Art as Experience* von 1934 feste Bezugspunkte für Ecos eigenes Denken darstellen, ist von daher bestimmt. Die Rezeption des amerikanischen Pragmatismus mit seinem skeptischen Verhältnis zum systematischen Denken bestimmt Ecos engagierte Auseinandersetzung mit dogmatisch-systematischen literatur- und kultursoziologischen Fragestellungen wie denen von Horkheimer und Adorno, wovon in Deutschland vor allem sein *Apokalyptiker und Integrierte, Zur kritischen Kritik der Massenkultur* zeugt, das 1984 erschien und wiederum leider nur einen Verschnitt aus verschiedenen Essay-Bänden, den *Apocalittici e integrati* von 1964 und *Il superuomo di massa* von 1976, darstellt.[45] Das ist um so bedauerlicher, als das Nichterscheinen von *Il superuomo di massa* den Leser um Ecos nachdrücklichstes Bekenntnis zu Gramsci gebracht hat, das – immerhin drei Jahre nach *Il segno* und ein Jahr nach dem *Trattato di semiotica generale*[46] – jede Unterstellung einer Abkehr Ecos von Geschichte, Soziologie, Ästhetik und Engagement zugunsten der Semiotik *ad absurdum* führen würde: „Questo libro", schreibt Eco in der Einleitung zum *Superuomo di massa,*

> raccoglie una serie di studi scritti in diverse occasioni ed è dominato da una sola idea fissa. Inoltre questa idea non è la mia, ma di Gramsci [...] L'idea fissa [...] è la seguente: ‚mi pare che si possa affermare che molta sedicente „superumanità" nicciana ha solo come origine e modello dottrinale non Zarathustra, ma il *Conte di Montecristo* di A. Du-

---

[44] Charles Sanders Peirce: Über die Klarheit unserer Gedanken = How to make our ideas clear. Eingeleitet, übersetzt und kommentiert von Klaus Öhler. Frankfurt a. M.: Klostermann 1968.
[45] Umberto Eco: Apocalittici e integrati. Mailand: Bompiani 1964; ders.: Il superuomo di massa. Mailand: Bompiani 1976; ders.: Apokalyptiker und Integrierte. Zur kritischen Kritik der Massenkultur. Frankfurt a. M.: S. Fischer 1984.
[46] Ders.: Il segno. Mailand: ISEDI 1973; ders: Trattato di semiotica generale. Mailand: Bompiani 1975.

mas' (A. Gramsci, Letteratura e vita nazionale, III, ‚Letteratura popolare'). A questo proposito Gramsci aggiunge anche: ‚Forse il superuomo popolaresco dumasiano è da ritenersi proprio una reazione democratica alla concezione d'origine feudale del razzismo, da unire alla esaltazione del „gallicismo" fatta nei romanzi di Eugenio Sue'.[47]

Ganz im Sinne dieses Bekenntnisses zur Demokratie verwirft Eco (unter anderem mit Bezug auf Bourdieu) Adornos und Horkheimers These von der Unvereinbarkeit von wahrer Kunst und verachtenswerter „Massenkultur" als – ihren eigenen marxistischen Ansprüchen widersprechend – elitär und geschichtsblind, läßt sich doch laut Eco die Polemik gegen die Verwendung von Kunst zur Befriedigung von Massenbedürfnissen zurückverfolgen bis hinein in die *Apologia ad Guillelmum* des heiligen Bernhard von Clairvaux. Das hat den kuriosen Effekt, daß wir in der Ecoschen Perspektive nicht nur Ernst Robert Curtius im Bündnis mit Etienne Tempier sehen (was logisch ist), sondern auch Horkheimer und Adorno im Bündnis mit dem heiligen Bernhard. Denn so wie Bernhard von Clairvaux von der Massenkultur der Epoche besessen war, gegen die er eiferte, so sind – laut Eco (und auch das hat seine Logik) – die Kritiker der modernen Massenkultur wie Adorno und Horkheimer auf diese fixiert. „Bernhard war über einen Produzenten von ‚Massenkultur' verärgert, soweit man im 12. Jahrhundert überhaupt von ‚Massenkultur' sprechen konnte: über den Abt Suger von St. Denis." Eco schreibt:

> In einer geschichtlichen und gesellschaftlichen Konstellation – es gab eine herrschende Klasse, die im Besitz der kulturellen Werkzeuge war, die unteren Klassen waren von der Ausübung der Schrift so gut wie ausgeschlossen –, in der die einzige Möglichkeit zur Massenerziehung die Übersetzung der offiziellen Werte in Bilder war, hatte Suger sich die Empfehlung der Synode von Arras zu eigen gemacht, die Honorius von Autun in der Formel ‚pictura est laicorum literatura' zusammenfaßte. Sugers Programm ist bekannt: Die Kirche sollte zu einem riesigen Buch aus Stein werden [...] Angesichts dieses Programms brach der heilige Bernhard, Verfechter einer schmucklosen und strengen Architektur, in eine heftige Klage aus, welche die monströsen ikonographischen Verzierungen der Kapitelle anprangerte: ‚[...] Was soll in unseren Klöstern, wo die Fratres das Offizium lesen, jene lächerliche Monstrosität, jene unförmige Schönheit und schöne Unförmigkeit? Was haben dort die unreinen Affen zu schaffen? Oder die wilden Löwen? Oder die monströsen Zentauren? [...] Man kann dort viele Leiber unter einem einzigen Haupt sehen oder umgekehrt viele Häupter auf einem einzigen Leib. [...] Überall [...] zeigt sich eine so große und seltsame Vielfalt verschiedener Formen, daß man sich mehr dazu hingezogen fühlt, den Marmor zu lesen anstatt die Heiligen Schriften, und lieber den Tag damit verbringt, nacheinander diese Bildwerke zu betrachten, als über das göttliche Gesetz zu meditieren. O Herr, wenn wir uns dieser Kindereien schon nicht schämen, weshalb tun uns nicht wenigstens die Ausgaben leid?'"[48]

Halten wir uns vor Augen, daß Bernhard von Clairvaux gegen die inzwischen längst von der Kunstgeschichtsschreibung sanktionierte Ausstattung der goti-

---

[47] Ders.: Il superuomo di massa (Anm. 45), S. V.
[48] Ders.: Apokalyptiker und Integrierte (Anm. 45), S. 28 f. Der Text Bernhards ist dort in latein wiedergegeben. Die deutsche Übersetzung, die hier eingeschoben wird, findet sich in Kunst und Schönheit im Mittelalter (Anm. 15), S. 21 f.

schen Kirchen und Kathedralen polemisiert, dann wird deutlich, daß Umberto Eco nicht nur ganz ernsthaft – mit geschichtlich-soziologischen Argumenten – für das Recht der Massen auf freien und aufklärerischen Zugang zur Kultur plädiert und gegen ihre geistige Bevormundung durch selbsternannte Sittenrichter und Moralapostel, sondern auch für die Pflicht, den Massen das Höchstmaß an ästhetischen Werten und wissenschaftlicher Erkenntnis zur Verfügung zu stellen bzw. zu vermitteln, eine Überzeugung, für die er seit seinen Anfängen eintritt und die – logischerweise – zu *Der Name der Rose*, *Das Foucaultsche Pendel* und *Die Insel des vorigen Tages* geführt hat.

Hans Ulrich Gumbrecht

Die Neuzeit der siebziger Jahre
Ein Rückblick auf Michel Foucaults *Les mots et les choses*

Für Raimar Zons

Wenn es diesen Begriff gäbe, könnte man geneigt sein zu sagen, daß unser gängiges Körperbild von Michel Foucault ‚prae-postmodern' ist. Keine Spur von postmoderner Verspieltheit jedenfalls oder gar von Exuberanz läßt sich daran entdecken, eher so etwas wie ein Wille zur Radikalität des Elementaren. Der kahlgeschorene Schädel paßt dazu (wie er auch an Gustav Gründgens' Mephisto aus den berühmten *Faust*-Inszenierungen der fünfziger Jahre erinnert), der aggressiv unbefleckte (immer nur weiße) Rollkragenpullover und die viereckigen Brillengläser. All das – und besonders der Glockenschnitt der Hosen – ist aber ebenso weit vom postmodernen Stil entfernt wie von den härenen Pullovern und den Jeans, in denen die ‚Revolutionäre' von 1968 ihren Protest gegen die kapitalistischen Exzesse der Mode schlechthin (nicht nur gegen die Mode ihrer Zeit) ausdrückten. Chronographisch gesehen, denke ich, waren die siebziger Jahre des vergangenen Jahrhunderts die Zeit einer solchen Prae-Postmoderne. Und natürlich soll die Vergegenwärtigung eines unserer Bilder von Michel Foucault zu der Frage führen, ob denn auch sein intellektueller Stil emblematisch sei für die siebziger Jahre – was wohl unabhängig von der Tatsache diskutiert werden kann, daß einige von Foucaults wichtigsten Texte vor 1970 oder nach 1979 entstanden sind. Denn jedenfalls waren die siebziger Jahre jene Zeit, als Foucaults breiter und intensiver Erfolg in der internationalen Welt der Geisteswissenschaften einsetzte und sich seine Position rasch als eine zentrale intellektuelle Referenz etablierte. Foucaults Bücher müssen einen Horizont von Fragen und Problemen getroffen haben, der wesentlich zu jenem Jahrzehnt gehörte – und sie taten das offenbar mit solcher Intensität, daß sie den damals noch beinahe in der Zukunft liegenden Stil der siebziger Jahre weiter umschreiben halfen und schließlich sogar emblematisch für ihn geworden sind.

Daß Michel Foucault während der berühmten ‚Mai-Ereignisse' des Jahres 1968 nicht in Paris war (sondern in Tunesien unterrichtete), gewinnt so für ihn als den intellektuellen Helden der siebziger Jahre einen gewissen Symptomwert, ebenso wie die Gesten seines politischen Aktivismus innerhalb der *Gauche prolétarienne*. Die damals übliche, bedingungslos selbstkritisch gemeinte Charakterisierung der eigenen Dekade als „zynisch und pessimistisch" – im Gegensatz zum Hippie-‚Optimismus' der sechziger Jahre – reicht schon allein deswegen nicht aus, um Foucaults Stil näherzukommen. Entscheidend für diesen Stil und für dessen Distanz zum Stil der vorausgehenden Jahre war, daß die Kritik der sechziger Jahre glaubte, die Gründe, ja vielleicht sogar die Schuldigen für alle von ihr diagnostizierten Mißstände und Krisensymptome zu kennen (oder zumindest: erkennen zu können). Diese Einstellung brachte die Tendenz zu einem durchgängig hohen Abstraktionsniveau der Kritik hervor (denn es war ihr ja letztlich immer um die ganze Gesellschaft oder den Kapitalismus schlechthin gegangen), und sie führte des weiteren zu der Überzeugung, daß alle Krisen lösbar und alle Mißstände aufhebbar seien. Für die Intellektuellen der siebziger Jahre auf der anderen Seite war die marxistische Haupt-Erzählung von der Verschwörung des Kapitalismus gegen die Menschheit nicht mehr problemlos akzeptabel. Ihr Bild von der Welt war komplexer geworden, was die Identifizierung von Krisen-Gründen ebenso wie die Zuweisung von Schuld und Verantwortlichkeit weit problematischer machte, als es unter den urteilsfreudigen ‚Revolutionären' von 1968 üblich gewesen war. Nicht von ungefähr fand Jürgen Habermas diese veränderte Welt „unübersichtlich", und nicht zufällig bezogen sich die Protestaktionen der Intellektuellen in den siebziger Jahren nicht mehr allein auf die Vereinigten Staaten oder auf den Kapitalismus schlechthin, sondern auf spezifischere, oft tatsächlich lokale Probleme: im Fall Foucaults auf die Ausländerpolitik der französischen Regierung etwa, auf verschiedene Formen der Diskriminierung gegen Homosexuelle oder auf die gesetzeswidrige Behandlung von Gefangenen in den Haftanstalten von Paris.

Aber: was kann darin liegen (was liegt mir daran?), die typologische Affinität zwischen Michel Foucaults Werk und den siebziger Jahren mit solcher Insistenz herauszustellen? Ganz gewiß geht es nicht, dieser mögliche Verdacht sollte sogleich ausgeräumt werden, um eine Herabstufung von Foucaults Bedeutung durch enge Assoziationen mit einem Moment, den wir als *passé* ansehen mögen. Ich stehe nicht an, Michel Foucault als einen der großen Historiker des vergangenen Jahrhunderts zu bewundern (zwar nicht als einen seiner großen Philosophen, aber doch als einen Historiker, der es verstand, dem Geschichtlichen neue, philosophisch belangvolle Herausforderungen abzugewinnen). Eher als Foucault zu kritisieren oder auch – was ja längst redundant geworden ist – weiter zu glorifizieren, ist es Zeit geworden, die mittlerweile entstandene Distanz zu den Haupt-Prämissen seines Werkes zu vermessen. Denn eine deutlichere Sicht auf das, was unseren intellektuellen Kontext von dem Foucaults unterscheidet, könnte eine Beziehung herstellen, welche produktiver wäre als das im Bezug auf ihn immer noch übliche Kippverhältnis zwischen bedingungsloser Bewunderung eines Übervaters und fortgesetzter Ablehnung eines (einst) Exzentrischen. Ich werde also – immer mit der Grundthese von der typologischen Zugehörigkeit von Foucaults Werk zu den siebziger Jahren vor Augen – zunächst die für seine Geschichtsschreibung charakteristischsten Prämissen und Begriffe beschreiben und mich danach auf die Grundlinien von Foucaults Konstruktion der Kulturgeschichte Europas in der Neuzeit konzentrieren, vor allem im Blick auf sein 1966 erschienenes Hauptwerk *Les mots et les choses – une archéologie des sciences humaines*. Dies sollte uns eine doppelte Grundlage geben, um aufzuzeigen, was man Foucaults ‚Philosophieren aus der Geschichte' nennen könnte – und um schließlich in der Tat unsere eigene Nähe beziehungsweise Distanz zu seinem Werk neu einzuschätzen.

1. Prämissen und Begriffe

Nichts überraschte wohl Michel Foucaults frühe Leser mehr als seine undramatische – und meist mit deutlicher Ironie vorgetragene – Gewißheit, daß der Marxismus jegliche intellektuelle Valenz verloren hatte. Auf Treueschwüre an die Adresse des Marxismus zu verzichten war schon allein eine ziemlich unkonventionelle und daher (innerhalb der akademischen Welt) mutige Haltung in den mittleren sechziger Jahren; aber zu schreiben, wie es Michel Foucault in *Les mots et les choses* tat, daß der Marxismus zum neunzehnten Jahrhundert gehörte „wie der Fisch zum Wasser", ohne dann – was selten bemerkt worden ist – Marx und Engels in den auf das neunzehnte Jahrhundert konzentrierten Kapiteln seines Buches ‚zum Ausgleich' sozusagen besondere Aufmerksamkeit zu widmen, das war eine erhebliche Herausforderung für das fromm-durchschnittlich linke Denken unter den Geisteswissenschaftlern. Michel Foucault gehörte damals zu jener Minderheit französischer Intellektueller, die sich öffentlich weigerten, Skandale wie die antisemitischen Kampagnen in der Sowjetunion (nicht nur Stalins) oder die offizielle Homophobie der Französischen Kommunistischen Partei schweigend hinzunehmen. Wichtiger noch als seine politischen Reaktionen – und spezifischer für sein Werk wie auch für die intellektuelle Disposition, welche wenigstens zu einem Teil dessen Erfolg ausmachte – war aber Foucaults Verzicht darauf, sich intellektuelle Gewißheiten – im Stil des Marxismus – durch das Ausblenden von Problemkomplexität zu erhandeln. Vielfältige Formen menschlichen Leidens in der Vergangenheit und Gegenwart bloßzustellen, ohne verschwörungstheoretisch so zu tun, als sei es ein Leichtes, die dafür ‚Schuldigen' zu benennen und mithin ‚Lösungen' vorzuschlagen, diese damals neue Einstellung mag zu einigen jener (kaum revolutionären, aber Ende der sechziger Jahre doch überraschenden) Positionen geführt haben, die wir heute mit Foucaults Werk assoziieren.

Zu ihnen gehören die Historisierung des Subjekt-Begriffs und mit ihm die Relativierung jener Rhetorik, welche jegliche Rechte und Werte von diesem Begriff abhängig macht. Daraus entstand eine oft – kritisch oder bewundernd – vermerkte ‚Kälte' in Foucaults Geschichtsschreibung, die zum einen, ohne dieses Wort explizit ins Spiel zu bringen, zunächst eine Erinnerung an die Kategorie des ‚Schicksals' nahelegte, das heißt vornehmlich: an Leiden, welches uns zustößt, ohne auf irgendwelche Absichten zurückführbar zu sein; zugleich lenkte Foucaults Kälte die Aufmerksamkeit des Lesers auf jene Texte, welche die Leiden der Körper zeigten, statt über die Verantwortlichen für solche Leiden zu spekulieren. Wir wissen heute, daß Foucault von physischem Leiden – ganz im Sinne von Georges Bataille – fasziniert war als einer möglichen Grenze hin zu ersehnter Erfüllung oder Erlösung. Daß Ent-Subjektivierung im Erleben des Schmerzes (und Ent-Subjektivierung aus dem Aufgeben der schützenden Subjekt-Kontrolle) einen Horizont der Befreiung – zumindest – andeuten konnte, schien den siebziger Jahren als dem Jahrzehnt erster Ansätze zur ‚Wiederentdeckung des Körpers' in den Geisteswissenschaften plausibler als den in ihrer Fixierung auf den Marxismus höchst cartesianisch-körperlosen sechziger Jahren.

Tatsächlich sprach Foucault in dem berühmten Schlußabsatz von *Les mots et les choses*, wo die Vergänglichkeit unseres Begriffes vom Menschen mit der Vergänglichkeit eines in den Sand eines Strandes gezeichneten Umrisses verglichen wird, von „der Form und von dem Versprechen" des Gedankens an ein solches Verschwinden. Eine Assoziation des Gedankens an Erlösung durch körperliches Leiden mit dem „Versprechen" von der Auflösung des Subjekt-Syndroms liegt jedenfalls nahe. Foucaults Praxis als Historiker hatte der Erfüllung dieses Versprechens immer schon vorgegriffen, denn während sein Werk thematisch durchgängig auf die Genese und wohl auch auf die ersten Krisen des Subjekt-Begriffs konzentriert war, tauchen dort weder ‚der Mensch' als quasi-hegelianischer Bezugspunkt oder ethischer Maßstab noch ‚die Menschen' als Agenten historischer Veränderung auf. ‚Genealogie' ist dann – so berühmt hat Foucault diesen Begriff gemacht, daß es beinahe peinlich wirkt, hier an ihn zu erinnern – das von Nietzsche übernommene Konzept, in welchem er drei Negationen bündelt, um sich vom ‚Menschen' und seiner ‚Subjektivität' als historischen Bezugspunkt zu befreien. Als ‚genealogisch' kann in diesem Sinne erstens eine Historiographie gelten, welche a priori die Entdeckung von ‚erbaulichen' Inhalten in der Vergangenheit ausschließt. Genealogisch ist zweitens eine Geschichtsschreibung, die mit historischen ‚Gesetzmäßigkeiten' ebensowenig rechnet wie mit historischen Kontinuitäten und die sich deshalb darauf beschränkt, *tableaux* und die solche *tableaux* jeweils beendenden und eröffnenden ‚Brüche' zu beschreiben (wobei wohl nicht ganz ausgemacht ist, ob Foucault mit dieser Umstellung auf *tableaux* und Brüche lediglich eine neues Ökonomieprinzip der historiographischen Darstellung verfolgen wollte oder nicht doch zumindest eine ‚existentialistische' Implikation über das ‚Wesen der Geschichte' einschloß). Beides – das Ausschließen von Erbaulichkeit und die Konzentration auf *tableaux* und Brüche – macht drittens den Gedanken unmöglich, daß man ‚aus der Geschichte lernen' könnte. Ließe sich hier eine Konvergenz mit dem Werk eines anderen intellektuellen Helden der siebziger Jahre entdecken, nämlich mit dem epistemologischen Askese-Programm von Paul de Man, für den schon der Gedanke an die mögliche ‚Welthaltigkeit' von Texten zum Anlaß für beinahe moralische Entrüstung wurde, so muß man freilich daran erinnern, daß Foucault offenbar – vielleicht entgegen seinen eigenen epistemologischen Prämissen – das Vertrauen in ein deiktisches Potential der Texte und Diskurse nie ganz aufgegeben hatte. Durch Texte auf Leiden der Vergangenheit und der Gegenwart zu verweisen scheint ihm eine Verpflichtung gewesen zu sein, welche sich gegen alle philosophische Skepsis bezüglich ihrer Möglichkeit durchhielt.

Was nun das Konzept des ‚Diskurses' angeht, Foucaults erfolgreichste begriffliche Innovation, so lassen sich potentiell endlose Definitions-Versuche vielleicht mit dem Vorschlag abkürzen, dieses Konzept zwischen den eingeführten und relativ unproblematischen Begriffen des ‚sozialen Wissens' und der ‚Text-Gattung' zu plazieren. Gewiß hätte Foucault für Diskurse gelten lassen, was Peter Berger und Thomas Luckmann für Elemente sozialen Wissen hervorgehoben haben: Sie markieren die Gewißheit, daß bestimmte Phänomene existieren und bestimmbare Eigenschaften haben. Im Diskursbegriff kommt eine Konzentration auf textuell manifestierte, sozusagen strukturell abgesicherte Rekurrenzen in der Präsentation solcher Wissenselemente hinzu. Anders formuliert: Diskurse sind Inhaltsformen, das heißt Strukturen, in denen Annahmen über die Wirklichkeit und Formen ihrer Präsentation untrennbar zusammengewachsen sind. Wesentlich sind auch hier die impliziten Negationen. Ganz im Sinne der phänomenologischen Tradition schließt der Diskursbegriff erstens die Frage nach den Wirklichkeits-Referenzen ‚hinter' den Inhaltsformen aus. Zweitens nimmt der Diskurs-Begriff Abstand von der Instanz des Autors und eliminiert so eine weitere Bastion des Subjekt-Begriffs. Schließlich bin ich überzeugt, daß es der Diskurs-Begriff – zumindest – nicht nahelegt, Fragen nach der Äußerlichkeit, nach der Materialität, nach der phonetischen oder graphematischen Qualität der Texte zu stellen. Foucault scheint von den epistemologisch naiven Realitätspostulaten des Marxismus ebensoweit entfernt gewesen zu sein wie von jener Realitäts-Nostalgie, die uns – wider besseres philosophisches Wissen sozusagen – seit den achtziger Jahren überkommen und auf nicht-semantische Phänomene gestoßen hat.

Das Programmwort des ‚Archivs' zeigte an, daß Foucaults Arbeit als Forscher – durchaus in geisteswissenschaftlicher Tradition – auf Texte fixiert war, aber es hob zugleich noch einmal das schon für die *Annales*-Schule in der französischen Geschichtswissenschaft seit den dreißiger Jahren verpflichtende Dogma hervor, daß es dabei nicht um die ‚eminenten' Texte ging, sondern gerade um das textuell Durchschnittliche, um die rekurrenten Strukturen in einer jeweiligen ‚Serie' von Texten. Vor diesem Hintergrund war auch die Bedeutung einer anderen Lieblingsmetapher Foucaults festgelegt, die Bedeutung des Bildes von der diskursiven ‚Archäologie'. Natürlich konnte Archäologie für ihn nicht das Programm der Ausgrabung und Freilegung eines ‚tieferen Sinnes' sein. Seine Archäologie sollte ausgerichtet bleiben auf die Berücksichtigung jener kaum gelesenen durchschnittlichen Texte des ‚Archivs' und ihrer formalen Rekurrenzen. Darauf verwies auch der Begriff von der ‚Positivität' der Diskurse. Was die Archäologie ans Licht brachte, war ‚positiv' insofern, als es sich – in einem intellektuellen Raum ohne zentralen Wirklichkeitsbegriff – keinesfalls als Anzeichen ‚falschen Bewußtseins' etwa oder eines mittlerweile ‚überholten Wissensstands' relativieren ließ. Die ausgegrabenen Diskurse waren für Foucault bloß das, was sie waren, das heißt: Versatzstücke von diskursiven Formationen der Vergangenheit, die sich im Normalfall nicht mit Problemen der Gegenwart verrechnen ließen. Dies mag erklären, warum Foucaults politische Stellungnahmen meist in intellektueller Distanz zu seiner Arbeit als Historiker standen.

Mit einer anderen, mit einer nicht-diskursiven (oder wenigstens: nicht mehr ausschließlich diskursiven) Wirklichkeit hingegen scheint der Diskurs-Begriff im Konzept des ‚Dispositivs' verbunden worden zu sein. Foucault selbst hätte sich vielleicht gescheut, explizit eine ganz deutliche Grenze gegenüber dem zu markieren, was wir heute ‚Konstruktivismus' nennen; doch es ist mein Eindruck, daß in den Beschreibungen von Dispositiven etwa – ein Beispiel wäre die Beschreibung der Gefängnisarchitektur – Fusionen, also stabile Verbindungen zwischen Diskursen und ihren externen Raumstrukturen erfaßt wurden. Vergegenwärtigen wir uns etwa den fahrenden Zug als ein Dispositiv der Weltwahrnehmung, dann wird deutlich, daß hier Körper – oder zumindest der dem Körper zugewiesene Raum (jedenfalls nicht bloß Diskurse über den Körper) – mit bestimmten Formen der Erfahrung in Zusammenhang gebracht werden. Deshalb behaupte ich, daß wir im Begriff des Dispositivs auf ein Interesse stoßen, welches an die Grenzen von Foucaults konstruktivistischer Distanz – oder sollen wir mit einer leicht kritischen Nuance sagen: an die Grenzen seiner konstruktivistischen Selbst-Limitierung – führt.

Das gilt – unter etwas anderen Prämissen – auch für den Begriff der ‚Macht‘, der vor allem in Michel Foucaults spätem Werk eine zunehmend zentrale Rolle spielte. Noch einmal sind die Negationen gegenüber der Tradition des Begriffsgebrauches zentral. Foucault konzentriert sich nicht auf mögliche Zentren der Macht, die man mit Institutionen und Personen als Subjekten der Macht hätte verbinden können. Macht erscheint für ihn als unendlich zersplittert in jene Restriktionen, welche die Träger von Diskursen sich selbst und ihren Körpern aufgrund der Realitätsgeltung dieser Diskurse auferlegen. So kommen wir noch einmal an jene Grenze, wo Diskurse als Inhaltsformen den Körpern als der anderen Realitätsordnung begegnen. Allerdings glaube ich nicht, daß es hier Anlaß zu weiterer Auslegung von Foucaults Thesen gibt. Er hat meines Wissens das Vermittlungsproblem nicht zu Ende gedacht, welches in dieser Begegnung der Diskurse mit den Körpern – und das heißt: im Begriff der Macht – liegt. Man kann das als einen Mangel, als eine Schwäche gar verbuchen. Aber auf der anderen Seite sind es stets die wahrhaft starken, die innovativen Denker, deren Fragen – wie im Fall Foucaults – ihre Möglichkeit überschießen, Antworten hervorzubringen.

Dazu paßt der Eindruck, daß Michel Foucault an definitiven Problemlösungen wenig gelegen war – nicht zuletzt deshalb, weil er sich nie an die zu seiner Zeit durchaus lebendige Erwartung gegenüber der öffentlichen Rolle des klassischen Aufklärungs-Intellektuellen anpassen wollte. Erste Zweifel an dieser klassischen Intellektuellen-Rolle, wie sie damals immer noch vor allem Jean-Paul Sartre verkörperte, Zweifel an der Möglichkeit, in Distanz zur Gesellschaft Probleme zu analysieren, um dann die Gesellschaft mit ‚Lösungen‘ zu beglücken, gehörten zum Klima der siebziger Jahre. Foucault hat in diesem Kontext gewiß den Anspruch nie aufgegeben (wie es bald den Protagonisten der ‚Postmoderne‘ vorgeworfen werden sollte), auf Exzesse der Macht wenigstens zu verweisen. Aber der Anspruch, die Dinge definitiv ‚richtig‘ zu sehen, lag ihm so fern wie die Utopie von der Liquidation der Macht in einer ideal-demokratischen Gesellschaft – so fern aber auch, nur scheinbar paradoxalerweise, wie das relativistische Nachgeben gegenüber dem Anspruch auf Richtigkeit. Foucault wollte die historischen Sachverhalte ‚richtig‘ sehen, obwohl ihm bewußt war, wie unwahrscheinlich Gelingen in dieser Hinsicht sein mußte. Er mag davon geträumt haben, alle Positionen auf dem Schachbrett der Macht zu kennen, unendlich gebildet und illusionslos zu sein in dieser Hinsicht – ohne die Verpflichtung auf politische Verantwortlichkeit aufzugeben. Jedenfalls war er einer der ersten ‚engagierten‘ Wissenschaftler, welche die Möglichkeiten der – politischen – Intervention für den klassischen Intellektuellen nicht überschätzt haben.

2. Foucaults Neuzeit

Keine Prämissen und keine ‚grundlegenden' Begriffe, welche eine Präferenz für die eine oder andere Epoche (oder auch nur: für die eine oder andere Kultur) begründbar gemacht hätten, erlaubte Michel Foucaults genealogische Sicht der Vergangenheit. So gesehen wurde er zum Historiker der Neuzeit einfach deshalb, weil er den anderen großen Schauplätzen der westlichen Geschichtsschreibung – der Antike und dem Mittelalter – weniger Aufmerksamkeit schenkte. Konsequent genealogisch allerdings schloß ein solches Einklammern anderer Epochen gelegentliche – und dann stets spezifisch motivierte Seitenblicke auf sie nicht aus. In Foucaults letztem großem Projekt etwa, in der *Histoire de la sexualité*, tritt die griechische und römische Antike in den Vordergrund, weil er dort besonders reiches diskursives Material zum Gestus der formenden Arbeit am Selbst fand, welche mehr und mehr in den Vordergrund seines Interesses trat. Schon vorher hatte er sich gelegentlich für das Mittelalter interessiert, wo – wie Foucault es sehen wollte – jene Menschengruppen, welche die Gesellschaften der Neuzeit als ‚geisteskrank' ausgeschlossen haben, in Freiheit belassen und sogar im Schutz einer religiösen Aura respektiert wurden. Vor allem aber ist es wichtig, in diesem Zusammenhang noch einmal zu betonen – bevor wir uns an die Beschreibung von Foucaults Neuzeit machen –, daß es für ihn nicht einen ‚höheren', einen gleichsam ‚transzendentalen' Grund für die Wahl des einen oder anderen geschichtlichen Themas geben konnte. Im Prinzip war ihm, wie schon gesagt, jede historische Situation eines von vielen Feldern im Spiel der Möglichkeiten menschlichen Lebens (und schon das Prädikat ‚menschlich' implizierte eine für Foucault problematische Verengung), welche nach und nach zu besetzen und kennenzulernen die Gebildeten und die Intellektuellen nur immer illusionsloser machen würde. Nach idealen Szenarios oder Strukturen wollte Foucault jedenfalls nicht Ausschau halten – und dieser Verzicht (der ihn auch von der Verpflichtung entlastete, zu begründen, warum er die eine oder andere kulturelle Situation für ‚besser' oder ‚schlechter' hielt) mag eine Vorbedingung für die erstaunliche Empathie und die für die provozierende Kühnheit in Foucaults Beschreibung verschiedener Vergangenheiten gewesen sein. Er konnte sich so vollkommen der Alterität der Vergangenheiten widmen, weil er anhand dieser Vergangenheiten nichts Spezifisches beweisen wollte.

In der Epistemologie-Geschichte von *Les mots et les choses* ist der im Deutschen gewöhnlich ‚Neuzeit' benannte Zeitabschnitt dreifach gegliedert, und es ist mein Eindruck, daß diese Dreigliederung – auch wenn sie nicht durchgängig explizit gemacht wird – in Foucaults anderen Büchern wiederkehrt. Diese Rekurrenz läßt sich damit erklären, daß er immer – auch da, wo er die Geschichte von Institutionen schreibt (die Geschichte des Strafrechts etwa oder die Geschichte der Klinik) – das *prima facie* nicht Epistemologische als Effekt epistemologischer Formationen und Verschiebungen in den Blick bringt (genau daher rührt auch der Eindruck einer grandiosen Monomanie in seinem Werk). An der Zeit zwischen der Mitte des fünfzehnten und dem Ende des sechzehnten Jahrhunderts fasziniert Foucault ein obsessives ‚Entziffern' der Welt-Phänomene, das er mit dem Begriff „la prose du monde" charakterisiert. Im Vordergrund seines Bildes vom siebzehnten und achtzehnten Jahrhundert, jener Zeit, welche im Französischen als *Ancien Regime* identifiziert wird, steht hingegen das Vertrauen in die Möglichkeit der Repräsentation der Welt. Für das neunzehnte und sein eigenes zwanzigstes Jahrhundert diagnostiziert Foucault die Dominanz einer neuen Wissensordnung, die er mit dem Namen „science de l'homme" bezeichnet.

Im Blick auf die „Prosa der Welt", das heißt auf die chronologisch früheste Neuzeit, identifiziert Foucault – entferntere oder größere – Ähnlichkeit der Phänomene als strukturelles Grundprinzip. Freilich seien die Gelehrten des fünfzehnten und sechzehnten Jahrhunderts davon ausgegangen, daß solche Ähnlichkeiten und Affinitäten nicht unmittelbar zur menschlichen Wahrnehmung gelangen konnten, sondern sich erst aufgrund der – oft nur durch Spezial- oder Geheimwissen möglichen – Lektüre von kosmologischen Zeichen erschlossen, welche den Phänomenen eingeschrieben sein sollten. Don Quijote – so Foucaults nach meiner Einschätzung nicht unproblematische Lektüre von Cervantes' Meister-Roman – sei ein solcher Leser der Welt-Prosa gewesen, welcher – inspiriert von den Deutungsschlüsseln der Ritterromane – die Dinge nach arkanen Kriterien geordnet und gebündelt habe. Für uns ganz ungewohnt ist jedenfalls die Eindimensionalität dieses Weltbildes. Alle Phänomen-Typen, sogar Wörter und Dinge, sollen sich auf derselben Ebene befinden – bestimmte Wörter etwa können bestimmte Phänomene deshalb bezeichnen, weil sie ihnen (in einem geheimen und eindimensionalen Zusammenhang) verbunden sind. Durch ihre Eindimensionalität aber ist diese Welt eine Welt der Fülle, eine Welt, in der sich die Phänomene zu drängen scheinen.

Unendlich vertrauter dagegen – zu vertraut fast, könnte man sagen, da sie noch immer unsere Alltags-Epistemologien beherrscht – ist uns die nach Foucault für das siebzehnte und achtzehnte Jahrhundert charakteristische Wissensordnung der Repräsentation. Wörter werden nun in ihrer eigenen Sphäre – der Sphäre der Zeichen – zu Stellvertretern der Dinge. Die drängende Fülle der „prose du monde" wird ersetzt von der spiegelsymmetrischen Klarheit, welche die Beziehung zwischen der Ebene der Phänomene und der Ebene ihrer Repräsentationen beherrscht. Drei Prämissen sollen zu dieser – im Blick auf die französische Kultur von Foucault „épistémé classique" genannten – Wissensordnung gehören. Das Vertrauen erstens, daß alle Phänomene – ohne Rest sozusagen – repräsentiert werden können. Zweitens die Erwartung, daß die Grundstrukturen der Phänomen-Welt über die Zeit konstant bleiben und daher prinzipiell in einer definitiven Wissensstruktur – „ein für allemal", möchte man sagen – abbildbar sind. Die dritte Prämisse wird erst aus unserer – epistemologisch veränderten – Retrospektive verständlich: sie betrifft für das siebzehnte und achtzehnte Jahrhundert die Abwesenheit des Gedankens, daß ‚die Welt' ein Produkt des Menschen als Welt-Beobachter sein könnte. Erst am Ende des achtzehnten Jahrhunderts – Foucaults Beleg ist das Werk des Marquis de Sade – zeigt eine einsetzende Obsession des präzisen Benennens an, wie sehr das Vertrauen geschwunden ist, die Welt vollkommen im Spiegel der Repräsentation erfassen zu können.

Es ist nicht überraschend, daß – entgegen seinem vorherrschenden Gestus von Kühle und Distanz – diese letzte Schwelle, dieser letzte Bruch in Michel Foucaults Neuzeit von seinen Lesern als besonders dramatisch erfahren wird. Denn es handelt sich ja um den Übergang hin zu jener Episteme, die das neunzehnte Jahrhundert, aber auch Foucaults Gegenwart und unsere Wissensordnung einschließt. Eben weil sich der Effekt genealogischer Geschichtsschreibung darin einlöst, daß sie die Gegenwart gerade nicht als ein definitives Ziel oder etwa als einen Punkt der Vervollkommnung vorstellt, sondern als ebenso kontingent wie alle anderen Epochen, kann sich bei der Lektüre einschlägiger Kapitel eine spezielle Intensität einstellen. Dieses Gefühl verdankt sich der Überraschung, welche entsteht, wenn einem das Vertrauteste als mit einemmal zufällig und transitorisch erscheint. Was nun die ‚Wissenschaft vom Menschen' charakterisiert, ist eine in der ‚klassischen Episteme' noch nicht besetzte Stelle: der konstitutive Doppelbezug des Menschen auf sich selbst, der jetzt nicht mehr allein – wie schon immer – als Objekt, sondern auch als Subjekt, als Produzent, als Voraussetzung für die Entstehung des Wissens erscheint. Diese Reflexivitätsfigur identifiziert Foucault als konstitutiv für den in unseren Diskursen proliferierenden Begriff des ‚Menschen' an. Innerhalb des „Science de l'homme" sieht er eine Vielzahl neuer Themen und Perspektiven des Wissens sich entfalten (welche ausführlich – und manchmal in verwirrender Dichte – in der zweiten Hälfte von *Les mots et les choses* beschrieben sind). Vor allem soll sich im neunzehnten Jahrhundert die Prämisse sedimentiert haben, daß der ‚Mensch' einen permanent verändernden Einfluß auf die Phänomene der Welt hat, welcher letztlich – und hier zeigt sich, wie sehr Foucault ein Phänomenologe war – von der von Menschen gemachten Veränderung des Wissens gar nicht unterschieden werden kann. Kein Historiker vor ihm hatte mit solchem Nachdruck die These vertreten, daß ‚Geschichte' in diesem Sinn, das heißt die Annahme, daß die Phänomene der Zeit als Agentin der Veränderung nicht widerstehen können („historicité des êtres" ist der Bezugsbegriff in *Les mots et les choses*), eine so relativ junge Grundprämisse unserer Kultur sei. Deshalb soll im neunzehnten Jahrhundert größeres Interesse als je zuvor allen Formen der Arbeit gegolten haben, als jener Dimension, in der Menschen tatsächlich die Veränderung der Phänomene bewirken. Als ein zentrales Paradigma für dergestalt von Menschen bewirkte geschichtliche Veränderung, welche sich dennoch menschlicher Intentionalität entzieht, wird darüber hinaus die Geschichtlichkeit der Sprache entdeckt. Und da die Selbstbeobachtung des Menschen nun das Bild seiner selbst auf eine Funktion bezieht, nämlich auf die Funktion der Welt-Veränderung, tritt die Metapher des Organismus – des funktionsorientierten Zusammenspiels vielfacher Versatzstücke eines Körpers – als zentrales Paradigma der neuen Wissensordnung hervor.

3. Philosophieren aus der Geschichte

Niemandem war es deutlicher als Michel Foucault selbst, daß diese Konzeption einer Geistesgeschichte des Westens ein Dreivierteljahrhundert nach Nietzsche (denn genau das sind seine Bücher) nicht als seine eigene Erfindung gelten konnte. Aber kaum jemand vor Michel Foucault hatte doch auch Nietzsches einschlägige Reflexionen ähnlich folgerichtig und vor allem mit vergleichbarer Ausführlichkeit in historiographische Praxis umgesetzt. Dies setzte ihn in den Stand – und hier war er wohl in der Tat ein Erneuerer – eine wesentliche Auswirkung der Historizität menschlicher Selbstreferenz-Figuren zu erkennen. Eben wenn man annimmt, daß es keine geschichtlich stabile, unmittelbar plausible menschliche Selbstreferenz gibt, muß jede Epoche und jede Kultur, das, was sie sich als ‚menschlich normal' vorstellt, mittels spezifischer, gegenüber jeweils Exzentrischem mit harter Konsequenz durchgreifender Institutionen durchsetzen. Foucault nennt diese Institutionen, in denen häufig die Diskurse limitierend und umformend auf die Körper treffen, „Normalitäts-Dispositive", und diesen Normalitäts-Dispositiven ist eine Reihe seiner Bücher gewidmet. Die Klinik ist das moderne Normalitätsdispositiv für den Körper; das Gefängnis eliminiert abweichendes Verhalten; die Psychiatrie normalisiert Gemüt und Geist; und Nationalität war lange Zeit an die Exklusionsinteressen des Rassismus gekoppelt. Bei aller vom Autor selbstverschriebenen Distanz kann man nicht übersehen, daß sich Foucaults politische Energie – vielleicht sollte ich direkter sagen: sein Haß – vor allem gegen diese Normalitätsdispositive richtet. In diesem Haß kondensieren sich ein Begriff und eine politische Praxis von Freiheit, welche von den inhaltlich determinierten („Freiheit zur Selbstentfaltung") oder antagonistischen („Freiheit von kapitalistischer Ausbeutung") Freiheitsideen aus der Aufklärungstradition denkbar weit entfernt sind. Freiheit wird von Foucaults Werk (ganz im Stil der siebziger Jahre, kann man hinzufügen) als der Anspruch vertreten, „anders" sein zu dürfen, ohne dafür mit Einschränkungen zahlen zu müssen.

Das schließt als ein zweites philosophisches Motiv ein, worauf wir bereits verwiesen haben: nämlich die Implikation, daß alle historischen Rekonstruktionen zu Materialien und Argumenten werden, welche die eigene Gegenwart als kontingent, als relativ im Verhältnis zu vielfachen geschichtlichen Kontrastbildern erscheinen lassen. Auch wenn der Begriff und die Epoche der Aufklärung keine markiert zentrale Position in Foucaults Werk einnehmen, erinnert dieser Lektüre-Effekt an Horkheimers und Adornos Dialektik der Aufklärung, wo dem auf das achtzehnte Jahrhundert konzentrierten Legitimationsdiskurs unserer Moderne eine Gegenrechnung aufgemacht wird. Und wie bei Horkheimer und Adorno folgt auch bei Foucault der Kritik kein feierlich selbstgewisser Gegenvorschlag, wie er anderen Autoren – vor allem der späten sechziger Jahre – ganz unvermeidlich war. Immerhin gibt es in Foucaults Werk einen (wohl absichtlich vagen) Horizont der Veränderung, und das ist die schon erwähnte, berühmte Schlußpassage aus *Les Mots et les choses*, wo vom möglichen Verwehen der Silhouette unseres Bildes vom Menschen die Rede ist. Dies freilich politisch gesehen: der Traum vom

Schwinden bestimmter Restriktionen – ist alles andere als eine positive Utopie, ja es wäre wohl noch zuviel, hier in theologischer Begrifflichkeit von einer Erlösungs-Perspektive zu sprechen. Denn die Logik von Foucaults Philosophieren schlüge uns vor, nur mit immer neuen Restriktionen zu rechnen, wenn die spezifischen, an das etablierte Bild vom Menschen gebundenen Restriktionen wirklich je verschwänden. Mit so etwas wie einer ‚Vorstellung vom Ende' oder gar von ‚einem guten Ende der Geschichte' wartet er nicht auf, und es deshalb ist nicht legitim, Hoffnungen dieser Tonlage mit seinem Namen zu assoziieren.

So erwächst noch selbst Foucaults – potentielle – Stärke als Philosoph aus seiner überragenden Leistung als Historiker. Sie liegt, meine ich, in der Vielfalt jener geschichtlichen Kontrastbilder zur Gegenwart, welche sein Werk anbietet. Weil einem die Lektüre Foucaults beständig die Möglichkeit solcher Kontraste nahelegt – eher als die Frage, wie die Identität einer Gegenwart von ihren vielfachen Vergangenheiten bestimmt wird –, bemerkt man es kaum, daß seine Historiographie der Epochen-Brüche den Aspekt der Epochen-Übergänge ausgespart läßt (wobei die Foucault-Interpreten wohl zuviel Absichtsvolles auf die Leerstelle projiziert haben). Daß die Neuzeit in Foucaults Werk jedenfalls – je nach der Extension des im Einzelfall vorausgesetzten Neuzeit-Begriffs – in mehrere Abschnitte ohne die Klammer einer zusammenfassenden These zerfällt (eben in die Zeiten der „prose du monde", der „épistémé classique" und der „science de l'homme"), ist so gesehen wohl eher ein – philosophischer – Vorteil. Denn diese Brechung rechtfertigt und ermöglicht größte Flexibilität im Umgang mit dem historischen Kontrast-Material.

4. Michel Foucaults Werk – und wir

Eine der Kuriositäten in der Rezeptionsgeschichte von Michel Foucault liegt darin, daß ein derart intensiv auf Historisierungs-Effekte konzentriertes Werk in einer auch intellektuell so stimulierend schnellebigen Zeit wie der unseren kaum je selbst Gegenstand der Historisierung geworden ist. Im Gegenteil: Die immer noch erstaunlich große Gemeinde seiner Anhänger auf der einen und auf der anderen Seite des Atlantiks spricht und schreibt bis heute in einem Ton über Foucault, als handele es sich um einen Autor, dessen volles Potential noch zu entdekken sei. Diese Anhänger treffen andererseits immer auf noch Foucault-Gegner, welche zu unterstellen scheinen, daß der Fortbestand des Abendlandes nur durch eine erfolgreiche Isolierung der Geisteswissenschaften gegen den Einfluß von Foucaults Werk gesichert werden könne. Es besteht also Anlaß, gegenüber diesen beiden antagonistischen Rezeptions-Figuren zunächst einmal in Erinnerung zu rufen, daß durch die Breite seines Einflusses und durch die Nachhaltigkeit der von seinem Werk ausgehenden Provokationen Michel Foucault längst zu einem Klassiker der Geisteswissenschaften geworden ist. Wenn man nun diesen Ehrentitel ernst nehmen will, dann impliziert er, daß zugleich mit der fortgesetzten Präsenz von Foucaults Werk auch dessen Historisierung eingesetzt hat.

Das trifft wohl vor allem auf den Aspekt des Verwehens vom Bild des Menschen zu. Können wir nicht sagen, daß Foucaults einschlägige Frage – oder war es eher eine Prophezeiung? – inzwischen ein Stück weit beantwortet (oder gar verwirklicht) worden ist? Gewiß ist seit den späten sechziger Jahren unser Vertrauen in die analytische Stärke und auf die Gestaltungs-Kraft des Menschen als Subjekt ganz erheblich zurückgegangen. Zugleich haben wir – zumindest wir Intellektuellen – aber auch eine früher selbstverständliche Sicherheit verloren, was unser Recht und unsere Möglichkeiten angeht, gewisse normative Züge in einem Bild und Begriff vom Menschen zu postulieren und durchzusetzen. Normalerweise beklagen wir den ‚Verlust' solcher Gewißheiten, aber vielleicht ist die Zeit gekommen, wo wir Verschiebungen dieser Art (zusammen etwa mit Richard Rorty – und wohl auch im Sinne von Foucaults Philosophieren) als bescheidene, aber doch nicht zu übersehende Gewinne an Freiheit begrüßen sollten. Kann man nicht wenigstens hoffen (und sogar beobachten), daß eine Lockerung des normativen Bilds vom Menschen in einer bestimmten Kultur jeweils mit einem Gewinn von Toleranz gegenüber all jenen einhergeht, die am Rand statistischer Normalität leben, und daß dieser Toleranz-Gewinn langfristig vielleicht sogar mit der Auflösung eines überkommenen Normalitätsbegriffs einhergeht? Möglicherweise sind genau diese Auflösung und dieser Abschied ja Teil des Abschieds meiner Generation vom Marxismus und seiner normativen Anthropologie, das heißt Teil eines Abschieds, den wir (fast) alle vollzogen haben, auf den wir uns aber weiterhin nicht gerne ansprechen lassen.

Was die epistemologischen Prämissen unserer Gegenwarts-Kultur angeht, so sind gewiß viele von uns weniger cartesianisch geworden, als es für Foucault noch ganz selbstverständlich war. In der Selbstreflexion der „science de l'homme" auf die Potentiale und Praktiken menschlicher Erkenntnis sind die Sinne und der Körper, sind die Phänomenologie der Signifikanten und die ‚Materialitäten der Kommunikation' wiederentdeckt worden. Aus dieser Wiederentdeckung folgt, daß wir den von Foucault lancierten Begriff des ‚Diskurses', welcher ausschließlich Inhalts-Formen, aber keine Ausdrucks-Formen (um Hjelmslevs Terminologie zu benutzen), welcher alles Geistige, aber nichts ‚Äußerliches' thematisieren kann, zunehmend als eine Einschränkung erfahren. Anders formuliert: wenn die Geistes-Wissenschaften an der vor einigen Jahrzehnten ausgegebenen Losung festhalten wollen, über ihre ausschließliche Konzentration auf das ‚Geistige' hinauszugelangen, dann ist der Diskurs-Begriff wohl eine denkbar ungeeignete Zentral-Prämisse. Nicht etwa deshalb, weil uns jene Phänomene, auf die der Diskurs-Begriff den Blick lenkt, nicht mehr interessierten, sondern einfach weil er gegenüber unseren weiterentwickelten Interessen zu eng geworden ist. Ähnliches gilt – und davon war bereits die Rede – für Michel Foucaults bis heute so überaus populären Begriff von der ‚Macht'. Natürlich ist es möglich, wie Foucault die Elemente des Wissens (die Diskurse) und die ihnen inhärenten Strukturen von thematischer Relevanz und Interpretations-Relevanz mit Macht gleichzusetzen. Aber wie kann man dann einen Gegenbegriff zur Macht entwerfen, wie kann man die Absenz von Macht beschreiben? Ganz offenbar ist Foucaults Begriff der Macht unter den

Geisteswissenschaftlern so beliebt geworden, weil er unendlich Gelegenheit bietet, sich als Opfer von Macht – und mithin: als in der moralisch überlegenen Position befindlich – zu identifizieren. Das bringt umgekehrt die speziell von Geisteswissenschaftlern als Gratifikation geschätzte Möglichkeit mit sich, Strukturen der Macht im Zentrum des eigenen analytischen Objektbereichs zu entdecken. Demgegenüber, Foucault gegenüber, sind wir heute geneigt, die – im Bezug auf den Menschen nicht-cartesianische – Dimension des Raums wieder in einen revidierten Begriff der Macht einzubeziehen. Dann wäre Macht das Potential, Räume mit Körpern einzunehmen oder zu blockieren, und Gewalt wäre die Performanz von Macht, die Aktualisierung von Macht als Potential. Solche Begriffe lassen sich eher als Foucaults eigener Begriff von Macht in Einklang bringen mit der Grundstruktur jener Situation, welche von ihm im Begriff des Dispositivs immerhin evoziert wird, nämlich mit der Formung von Körpern durch Diskurse.

Vielleicht sollte man deshalb also – zum Trost der bedingungslosen Foucault-Bewunderer – noch einmal sagen, daß Michel Foucault bestimmte Fragen und vor allem bestimmte Phänomen-Schichten auf die Tagesordnung der Geisteswissenschaften gebracht hat, für deren Beschreibung und Beantwortung sein eigenes Begriffs-Repertoire oft noch unzureichend war. Das gilt wohl auch für eine zentrale Grundbedingung kollektiver menschlicher Existenz in unserer Gegenwart, welche uns seit den Tagen von Michel Foucault – epistemologisch nicht zufällig – schärfer ins Bewußtsein gerückt ist. Ich meine die Tatsache, daß unter heutigen demographischen Bedingung das physische Überleben und das Weiterleben einer Mehrheit von Menschen nur deshalb unproblematisch sein kann, weil die lebensnotwendige Versorgung einer Minderheit von Menschen gar nicht erst ernsthaft ins Auge gefaßt wird. Wenn wir uns fragen, wovon es im individuellen Fall abhängt, ob ein Mensch zu denen gehört, deren Versorgung garantiert ist, oder zu denen, die verhungern und schon zuvor allen Krankheiten schutzlos ausgeliefert sind, dann stoßen wir auf ein typisches Normalitätsdispositiv. Wer eine Sozialversicherungsnummer hat, wer von allen Normal-Statistiken erfaßt wird, dessen Überleben ist gesichert. Damit ist der folgenreichsten Entscheidung über Leben oder Tod von Individuen nicht nur alles Persönliche genommen, es wird auch garantiert, daß wir Versorgten den Tod der Ausgeschlossenen gar nicht erst zur Kenntnis nehmen müssen, weil diese ja von den übergeordneten Informationsflüssen nicht registriert und erfaßt werden.

Eine solche Beobachtung mag durchaus ‚foucaultianisch' aussehen, und es ist sehr wohl denkbar, daß wir sie tatsächlich ohne den intellektuellen Stil, welchen Michel Foucault in den sechziger und siebziger Jahren kreiert hat, nicht vollziehen könnten. Aber vielleicht sollten wir bei aller Bewunderung doch auch unbescheiden genug sein, um in Anspruch zu nehmen, daß wir selbst etwas aus Foucaults Anregungen gemacht haben – und daß wir uns dort, wo das noch nicht geschehen ist, eine solche Weiterführung von Foucaults Werk durchaus zutrauen können.

Personenregister

Adenauer, Konrad 24, 222
Adorno, Theodor W. 28, 31, 247, 249, 255, 259–262, 341, 366 f., 378
Alewyn, Richard 39, 42, 109, 139, 142
Alonso, Dámaso 360
Alpatow, Michael W. 241, 243
Althusser, Louis 335 f., 341
Ammian 89
Aragon, Louis 78
Arbuthnot, John 85
Arendt, Hannah 252
Aretino, Pietro 194
Ariès, Philippe 283–306
Ariès, Primerose 297 f.
Aristoteles 43, 45, 167, 357
Arnold, Gottfried 130 f.
Arnold, Matthew 337
Asor Rosa, Alberto 77
Auerbach, Erich 86 f., 89–107, 250
Augustinus 167
Augustus 151

Bachtin, Michaïl 337, 341, 343
Bahti, Timothy 100
Balzac, Honoré de 100
Baron, Hans 152, 159, 197
Barthes, Roland 59–61, 365
Bartsch, Karl 134
Bartolus von Sassoferrato 144
Bataille, Georges 371
Batkin, Leonid Michajlovic 69
Bauer, Hermann 232
Bayer, Raymond 365
Bebermeyer, Gustav 141
Becker, Phillipp August
Bell, Clive 35
Bellini, Giovanni 33
Bembo, Pietro 101
Benda, Julien 225
Benda, Oskar 183
Benjamin, Walter 32, 95, 225 f., 261 f., 336, 338
Benz, Ernst 147
Benz, Richard 152
Berger, Peter 372
Bergson, Henri 58, 82, 84, 246

Berlin, Isaiah 31
Berlusconi, Silvio 349
Bernays, Jacob 111, 116
Bernhard von Clairvaux 366 f.
Bernhart, Joseph 207
Bernstein, Eduard 224
Bernt, Alois 141
Beroaldo, Filippo 33
Bezzola, Reto Rocco 86
Bickel, Konrad (= Conrad Celtis) 50
Bindewald, Helene 141
Bing, Gertrud 15 f., 18, 81
Biondolillo, Francesco 353
Birken, Sigmund von 184
Bloch, Ernst 242
Bloch, Marc 278 f., 286, 288
Blomert, Reinhard 315
Blumenberg, Hans 104
Blunt, Anthony 32
Boase, Thomas S. R. 32
Boccaccio, Giovanni 89, 99, 103–106, 146, 219
Booth, Wayne C. 94
Borchardt, Carl Wilhelm 139
Borges, Jorge Luis 99
Borinski, Karl 41
Borgia, Cesare 72
Bork, Hans 126
Born, Max 57
Botticelli, Sandro 15 f., 34
Boucicaut, Jean Le Meingre, Maréchal de 274
Bourdieu, Pierre 23, 307, 345, 347, 367
Boveri, Margret 161
Bowra, Maurice 31, 35
Brandi, Karl 109, 149
Brant, Sebastian 50 f.
Braudel, Fernand 286, 298, 302 f., 336
Brecht, Bertolt 36, 227, 341, 365
Bresciani, Antonio 330
Brouwer, Adriaen 237
Brucker, Jacob 130
Brunetière, Ferdinand 80 f.
Bruni, Leonardo 167, 204
Brunner, Otto 123
Bruno, Giordano 130, 333

Buchanan, Scott 32
Bücheler, Franz 111, 116
Buchthal, Hugo 13
Bulst, Walter 86
Burckhardt, Jacob 13, 16 f., 30, 69, 71, 110, 144, 147, 164, 167, 195 f., 199–201, 210, 211, 264 f., 267, 269, 271, 273, 332
Burdach, Karl Friedrich 113
Burdach, Konrad 47, 109–157, 168
Burdach, Max 114
Burke, Edmund 32, 69, 337
Burke, Peter 197
Burr, Isolde 92
Buschendorf, Bernhard 23
Bussi, Giovanni Andrea de 33

Calderón de la Barca, Pedro 99
Cassirer, Ernst 13 f., 24, 26, 28
Castagno, Andrea del 240
Castan, Yves 303
Castracani, Castruccio 206
Castro, Américo 64
Cavalcanti, Guido 364
Celtis, Conrad (= Konrad Bickel) 50, 146, 181, 186
Cervantes de Saavedra, Miguel 66, 99, 376
Chamberlain, Houston Stewart 85
Chartier, Roger 291, 302
Chastelain, Georges 276, 278
Châtillon, François 86
Chaunu, Pierre 283, 304
Chrétien de Troyes 127
Cicero 102, 167
Clark, Kenneth 31
Cohen, Hermann 57
Colonna (Familie) 219
Constable, William George 31
Corbin, Alain 304
Corinth, Lovis 238
Corneille, Pierre 252
Courtauld, Samuel 31
Croce, Benedetto 26, 86, 91, 92, 96, 101, 329 f., 352 f.
Curtius, Ernst Robert 77–88, 90, 92–94, 103, 123, 201, 250, 352–356, 358–361, 367
Curtius, Georg 111
Cusanus, Nicolaus (= Nicolaus von Kues) 21, 71, 361

Dahn, Felix 111, 115
Dante Alighieri 86, 89, 92 f., 97, 100, 103–106, 140, 146–148, 166, 263, 332, 364 f.

Darwin, Charles 80
David, Jacques Louis 251
De Boor, Helmut 44, 48, 52
Dekker, Thomas 345
Delumeau, Jacques 303 f.
Derrida, Jacques 59–61
De Sanctis, Francesco 105–107, 329–331, 363 f.
Descartes, René 69, 71, 73 f., 333
Deschamps, Eustache 276
Dessoir, Max 234
Dewey, John 246, 366
Dickens, Charles 338
Diederich, Eugen 152
Diels, Hermann 112
Dilthey, Wilhelm 58, 71, 79, 84, 112, 186 f., 228, 233–235, 365
Dominici, Fra Giovanni 209 f.
Donatello 32, 240
Dotzauer, Winfried 149
Du Bellay, Joachim 101
Duby, Georges 279, 298, 302
Dumas, Alexandre 366 f.
Duns Scotus, Johannes 195
Dürer, Albrecht 20, 240
Dvořak, Max 26
Dyck, Joachim 88

Ebert, Adolf 111, 124
Ebert, Friedrich 231
Eco, Umberto 349–368
Eichendorff, Joseph Freiherr von 207, 215
Einstein, Albert 28, 58
Elias, Norbert 307–318
Eliot, Thomas Stearns 78, 85
Ellinger, Georg 120
Engels, Friedrich 249, 362, 366, 371
Epikur 167
Erasmus von Rotterdam 50, 170, 267 f., 270, 273, 310, 333
Erlach-Hindelbanck, Louise, Gräfin 85
Euripides 360

Fabricius, Johann Albert 130
Fabritius, Carel 25, 36
Faral, Edmond 86 f.
Febvre, Lucien 278 f., 286, 302 f.
Feist, Peter H. 232
Ferry, Jules 288
Ficino, Marsilio 33 f., 130
Fischart, Johann 52
Flandrin, Jean-Louis 302–304
Flaubert, Gustave 100

Personenregister

Foucault, Michel 59, 61, 75, 256, 287, 289, 303, 305, 369–381
Frenzel, Herbert 86
Freud, Sigmund 58, 258, 314
Freytag, Gustav 197
Fricke, Gerhard 155
Friedenthal, Richard 229
Friedländer (Familie) 114
Friedländer, Paul 111, 115
Friedrich II., römisch-deutscher Kaiser 124, 144, 148
Friedrich, Hugo 84, 86 f., 355
Frischlin, Nicodemus 52
Froissart, Jean 278
Fry, Roger 35

Gailer vom Kaisersberg, Johannes 50
Galilei, Galileo 69, 72
Gall, Ernst 26
Galle, Roland 98
Garber, Klaus 226
Gellert, Christian Fürchtegott 52
Genette, Gérard 99
Gentile, Giovanni 353
George, Stefan 85, 228
Gerth, Hans 197
Gervinus, Georg Gottfried 117, 139
Gesner, Johann Matthias 130
Ghellinck, Joseph de 87
Ghirlandajo, Domenico 17, 20, 82
Gide, André 79, 82, 85
Gierke, Otto 159
Gilbert von Hoyland 359
Giotto di Bondone 166
Giovanni da San Miniato 209
Girardet, Raoul 300, 302
Girnus, Wilhelm 231
Glunz, Hans Hermann 84, 353–356, 361
Gobetti, Piero 320
Gobineau, Joseph Arthur 85
Goebbels, Joseph 229
Goedeke, Carl 53
Goethe, Johann Wolfgang 79, 85, 95, 111, 113, 115, 119 f., 122, 124 f., 127–132, 140 f., 157, 263
Goldmann, Lucien 336, 341
Goldschmidt, Adolph 26, 234
Gombrich, Ernst H. 14, 16, 20, 245 f.
Goncourt, Jules und Edmond de 94 f., 103 f.
Grabmann, Martin 87
Gramsci, Antonio 195, 319–333, 335 f., 341, 363 f., 366

Grauert, Heinrich W. 160
Greene, Graham 221
Greenblatt, Stephen 69, 76
Gregor von Nyssa 130
Gregor von Tours 89
Gregorovius, Ferdinand 149
Greimas, Algirdas Julien 99
Greuze, Jean Baptiste 251
Grimm, Jacob 112
Grimm, Wilhelm 112
Gröber, Gustav 79 f.
Gronau, Klaus 90
Grotewohl, Otto 231
Gründgens, Gustav 369
Grünewald, Matthias 240
Grundmann, Herbert 147
Gryphius, Andreas 190
Gundolf, Friedrich 85
Günther, Hans F. K. 85
Günther, Horst 197
Gutenberg, Johannes 340
Guyon, Jeanne Marie, Madame de 131

Habermas, Jürgen 63, 161, 250 f., 335, 370
Hager, Johann Friedrich 114
Hahn, Alois 226
Hall, Stuart 335
Hals, Frans 238
Hamann, Johann Georg 85, 111
Hamann, Richard 227–244
Hanermann, Manfred
Hankamer, Paul 39, 52, 54
Hansen, João Adolfo 105
Harich, Wolfgang 242
Harsdörffer, Georg Philipp von 182–185
Hartmann von Aue 126
Hashagen, Justus 197
Haskins, Charles Homer 87, 265, 267
Hauser, Arnold 26, 245–262, 345, 363 f.
Hauser, Henri 286
Hegel, Georg Wilhelm Friedrich 33, 66, 71, 103, 107, 206, 235, 239, 260, 305, 372
Heidegger, Martin 26, 58, 307
Heigel, Karl Theodor von 160
Heimburg, Gregor 160
Heinrich von Mügeln 141
Heise, Wolfgang 230
Heller, Hermann 224
Hentig, Hartmut von 301
Herbart, Johann Friedrich 188
Herder, Johann Gottfried 8, 85, 94, 111, 130 f., 139, 340
Herrmann, Otto 197

Hildebrand, Rudolf 111, 116 f.
Hintze, Otto 125, 159
Hitler, Adolf 115
Hjelmslev, Louis Trolle 380
Hobbes, Thomas 204, 206
Hocke, Gustav René 87
Hoffmann, Ernst Theodor Amadeus 111
Hofmannsthal, Hugo von 84, 101, 109
Hogarth, William 251
Holste, Christine 226
Holtzmann, Robert 126
Homer 43, 45, 79, 131, 248
Honorius von Autun 367
Horaz 167
Horkheimer, Max 247, 366 f., 378
Hostinský, Otakar 189
Hübner, Arthur 39, 47, 155–157
Hübschmann, Heinrich 111
Hugenholtz, Frederic W. N. 266
Huizinga, Johan 157, 263–282
Humboldt, Wilhelm von 221
Hume, David 29
Hus, Jan 48
Husserl, Edmund 26, 58, 307, 365
Hutten, Ulrich von 50

Ibsen, Henrik 214
Ignatius von Loyola 268

Jameson, Fredric 342
Jan, Eduard von 86
Jansen, Elmar 232
Jansenius, Cornelius 333
Janssen, Johannes 120
Janitschek, Hubert 15
Jaspers, Karl 307
Jauß, Hans Robert 361
Joachimsen, Paul 109, 147–151, 159–173
Johann von Neumarkt 141, 145 f., 150
Joutard, Philippe 303
Joyce, James 78, 365
Jungbluth, Günther 112
Jünger, Ernst 194, 196, 202, 205, 208, 212–215
Justi, Karl 15
Justi, Ludwig 234

Kaegi, Werner 18
Kant, Immanuel 33, 58, 111
Kantorowicz, Alfred 123
Karl der Große 79
Karl der Kühne, Herzog von Burgund 272 f.

Karl IV., deutscher Kaiser, König von Böhmen 143 f., 146, 149 f., 153
Kauffmann, Hans 26
Kayser, Wolfgang 247
Keller, Adalbert von 134, 143
Keller, Franz 212
Kienast, Richard 141
Kierkegaard, Søren 28
Killy, Walter 42
Klajus (= Klaj), Johannes 184
Klapper, Joseph 141, 145
Klettenberg, Susanna von 131
Klibansky, Raymond 13
Klopstock, Friedrich Gottlieb 121, 141
Köhler, Erich 86, 88
Kofler, Leo 26
Kopernikus, Nikolaus 69
Koselleck, Reinhart 312
Koser, Reinhold 112
Koven, Ludolf 230
Krause, Karl Christian Friedrich 64
Krautheimer, Richard 229 f.
Kristeller, Paul Oskar 69, 86, 160
Kruse, Volker 226
Kues, Nikolaus von (= Nikolaus Cusanus)
Kuhn, Hugo 86
Kunisch, Hermann 155
Küpper, Joachim 104

Labrousse, Ernest 286, 303
Lacan, Jacques 305
Lachmann, Karl 111
Lalaing, Jacques de 274
La Marche, Olivier de 276, 278
Lamprecht, Karl 110, 234, 281
Landino, Cristoforo 33
Latini, Brunetto 364
Lauermann, Manfred 226
Lausberg, Heinrich 86
Lefebvre, Georges 286
LeGoff, Jacques 278 f., 303 f.
Lehmann, Edgar 232
Lehmann, Paul 13, 86
Lehrs, Carl 111
Leibniz, Gottfried Wilhelm von 9, 58, 188, 313
Lenin, Wladimir Iljitsch 327 f.
Leopardi, Giacomo 85
LeRoy Ladurie, Emmanuel 302–304
Lessing, Gotthold Ephraim 251
Le Téméraire, Charles, Graf von Charolais 273
Lévi-Strauss, Claude 36, 61, 75, 365

Lida de Malkiel, María Rosa 87
Liebeschütz, Hans 13
Lindner, Gustav Adolph 188 f.
Lippi, Filippo 240
Luckmann, Thomas 372
Luhmann, Niklas 312, 315 f.
Lukács, Georg 26, 95, 100 f., 247, 249, 255 f., 259, 336, 362
Luther, Martin 21, 48, 120, 141, 148, 150, 171, 268, 333
Luxemburg, Rosa 228

Machiavelli, Nicolò 8, 151, 194, 198, 201, 204–207, 212–215, 319–321, 325, 327 f., 333
Mahomet (= Mohammed) 131
Maistre, Joseph M. de 206 f.
Mâle, Emile 296
Mallarmé, Stéphane 58
Man, Paul de 372
Mandrou, Robert 289, 304
Manet, Edouard 82
Mann, Thomas 193, 307 f.
Mannheim, Karl 34, 84, 194, 197 f., 200 f., 307, 315
Manrique, Jorge 86
Mantegna, Andrea 240
Manzoni, Alessandro 330
Marcuse, Herbert 258
Marouzeau, Jean 86
Martin, Alfred von 193–226
Martin, Georg von 210
Marx, Barbara 226
Marx, Karl 95, 249, 260 f., 319, 336, 340 f., 362, 366, 371
Masaccio 240
Maurras, Charles 288
Maximilian I., römisch-deutscher Kaiser 161, 169, 181
May, Karl 263
Medici, Lorenzo d' 17
Medici (Familie) 16
Mehring, Franz 228
Meier, Hans 28, 32
Meier-Gräfe, Julius 234
Meinecke, Friedrich 95, 159
Meissl, Sebastian 187
Melanchthon, Philipp 21, 172, 268
Menander 360
Menéndez Pidal, Ramón 87, 360
Mengs, Anton Raphael 251
Mertner, Edgar 88
Meun, Jean de 360

Michaelis, Adolf Theodor Friedrich 15
Michelangelo Buonarroti 33, 242
Migne, Jacques-Paul 33
Milton, John 131
Minder, Robert 139
Mintzel, Alf 226
Mitscherlich, Alexander 161
Mitterrand, François 286
Mogk, Eugen 114
Molière (= Jean Baptiste Poquelin) 97–99
Molinet, Jean 278
Montaigne, Michel de 99, 102, 106
Montesquieu, Charles-Louis Secondat de 85
Morgan, W. John 336
Morhof, Daniel Georg 130
Moses 130
Mosheim, Johann Lorenz von 130
Mozart, Wolfgang Amadeus 308
Muchembled, Robert 294
Müllenhoff, Karl 111 f., 118, 120
Müller, Achatz von 226
Müller, Günther 39, 52, 54
Müller, Karl Alexander von 161
Müller-Seidel, Walter 203
Münkler, Herfried 226
Murner, Thomas 51
Mussolini, Benito 151, 213, 320

Nadler, Josef 84, 133, 142, 145, 175–191
Natorp, Paul 57
Neidhardt von Reuenthal 120
Nelson, Leonard 224
Neubert, Fritz 86
Neumann, Hans 155
Neuschäfer, Hans-Jörg 90 f.
Newald, Richard 8, 39–56
Nietzsche, Friedrich 58, 98, 206, 208, 212–215, 372, 378
Nizan, Paul 331
Noack, Ferdinand 32
Norden, Eduard 87
Novalis 215, 322

Ockham, Wilhelm von 195
Oestreich, Gerhard 294
Oncken, Hermann 159, 161
Opitz, Martin 52 f.
Ortega y Gasset, José 57–76, 85
Orwell, George 337
Ossian 131
Ostade, Adriaen 237
Ovid 167, 360

Panofsky Erwin 13, 18, 20, 23 f., 26–28, 34, 95
Panzer, Friedrich 86
Paracelsus 130
Pareyson, Luigi 351 f., 362
Parsons, Talcott 311
Pastor, Ludwig Freiherr von 210
Peirce, Charles Sanders 28, 366
Perikles 55
Perotti, Nicolò 33
Petersen, Julius 155
Petrarca, Francesco 45, 133, 146, 149–151, 167, 196, 216, 219 f.
Petzholdt, Julius 134
Philias, Wassilis 202
Philipp von Schwaben 124
Philippe le Bon, Herzog von Burgund 273
Philippson, Helmut 230
Philo von Alexandria 130
Pico della Mirandola, Giovanni 33 f., 71, 208, 210 f.
Pieck, Wilhelm 231
Piero della Francesca 240
Pinder, Wilhelm 23, 230
Piur, Paul 141, 149
Platon 29 f., 33, 43
Plechanov, Georgij Valentinovic 336
Plotin 130, 358
Plutarch 102
Pocock, John G. A. 197 f.
Pöggeler, Otto 88
Poggio Bracciolini, Gian Francesco 133, 209 f., 219
Poliziano, Angelo (= Polizian) 15 f., 34
Pollaiuolo, Antonio del 20
Popper, Karl 224
Preston, Peter 336
Pretzel, Ulrich 155
Proust, Marcel 78
Pyritz, Hans 154

Rabelais, François 89, 99, 101 f., 106
Raby, Frederic J. 87
Racine, Jean 96 f., 98, 252
Radbruch, Gustav 224
Raffael 20, 33 f., 242
Ranke, Leopold von 161, 171
Ranum, Orest 297
Reck-Malleczewen, Friedrich 202
Regiomontan 50
Rehberg, Karl-Siegbert 226, 317
Rehm, Walther 269 f.
Reibnitz, Barbara von 226

Reinhardt, Karl 27
Reinmar der Alte von Hagenau 117, 120 f.
Rembrandt 238, 242
René, Herzog von Anjou 276
Reuchlin, Johannes 131
Reynolds, Joshua 32
Ribbeck, Otto 111
Richardson, Samuel 251, 255
Rickert, Heinrich 26, 307
Riegl, Alois 27, 30
Rienzo, Cola di 125, 140, 146–151, 153
Ringmann, Matthias 51
Ritter, Gerhard 109, 149
Robert von Boron 127
Roethe, Gustav 112 f., 155
Rohde, Erwin 128
Rohlfs, Gerhard 86
Rolland, Romain 85
Romano, Giulio 20
Rorty, Richard 380
Rosenberg, Alfred 183
Rostagni, Augusto 86
Roswitha von Gandersheim 170
Rothacker, Erich 161
Rousseau, Jean-Jacques 95, 251
Rubens, Peter Paul 237 f., 242
Ruiz, Juan 359 f.
Rupprich, Hans 39

Sade, Donatien Alphonse François, Marquis de 376
Sadoletus, Jakobus (Sadoleto, Jacopo) 268
Saine, Tom 133
Saint-Exupéry, Antoine de 221
Salutati, Coluccio 196, 204, 208–210, 220
Sánchez-Albornoz, Claudio 64
Sappho 170
Sartre, Jean-Paul 95, 100, 345, 374
Sassetti, Francesco 17
Sauer, August 186 f.
Saxl, Fritz 14
Schade, Oskar 111, 115
Schalk, Fritz 92, 355
Scheffler, Karl 234
Scheler, Max 82, 201, 365
Scherer, Marie 117
Scherer, Wilhelm 42, 111, 117–119, 132, 137 f., 186 f., 235
Schiera, Pierangelo 226
Schiller, Friedrich 131 f., 204, 315
Schirokauer, Arno 86
Schlegel, August Wilhelm 85
Schlegel, Friedrich 85, 214

Schlegel, Johann Adolf und Johann Elias 52
Schleiermacher, Friedrich Daniel Ernst 350
Schlögl, Rudolf 305
Schlosser, Julius von 26
Schlüter, Andreas 111
Schmidt, Erich 112, 117 f.
Schmidt, Sebastian 130
Schmitt, Carl 194, 205–208
Schöffler, Herbert 139
Scholl, Hans 202
Schramm, Percy Ernst 13, 123
Schücking, Levin 135
Schumpeter, Joseph Alois 223
Schweitzer, Albert 207
Sedlmayr, Hans 23
Seeberg, Erich 126
Sevigné, Marie de Rabutin-Chantal, Madame de 207
Sewing, Werner 198, 226
Shakespeare, William 98 f., 343–346
Sievers, Eduard 134
Simmel, Georg 26, 246, 307
Snell, Bruno 27
Sokrates 65 f., 222
Sombart, Werner 212, 216
Spengler, Oswald 57, 269
Spitzer, Leo 79, 82, 86 f., 90– f.94
Spranger, Eduard 365
Staël, Germaine, Madame de 85
Staiger, Emil 42, 247
Stalin, Josef 327, 371
Stammler, Wolfgang 39
Stegemann, Eckehart 226
Stein, Lorenz von 224
Stendhal (= Marie-Henri Beyle) 89, 95
Stockhausen, Tilman von 14
Stölting, Erhard 226
Strauss, Gerhard 231
Strzygowski, Josef 26
Subirats, Eduardo 64
Sue, Eugène 367
Suger (Abt) 366 f.
Szondi, Peter 253

Taine, Hippolyte 96, 362
Tempier, Etienne 360, 367
Therese (Hlg.) 131
Thomas von Aquin 211, 350–352, 356, 361
Thou, Jacques Auguste de 8
Tizian 35
Toffanin, Giuseppe 332 f.
Togliatti, Palmiro 327

Tönnies, Ferdinand 200
Töwe, Christian 232
Toynbee, Arnold J. 79
Trabant, Jürgen 365
Treitschke, Heinrich von 234
Troeltsch, Ernst 26, 109 f., 152, 246, 257
Trunz, Erich 54

Uexküll, Jacob von 57
Ulbricht, Walter 231
Usener, Karl Hermann 15, 232

Vacher de Lapouge, Claude 85
Valéry, Paul 78
Valla, Lorenzo 49
Van Dyck, Anthonis 237
Veblen, Thorstein 219, 246
Vergil 43, 85, 167
Vico, Giambattista 8, 94, 322, 340
Vöge, Wilhelm 234
Voigts, Manfred 226
Voltaire (= François Marie Arouet) 8, 105, 203, 271 f., 314
Voßler, Karl 90, 98, 128
Vovelle, Michel 279, 283, 303 f.

Wagner, Richard 110, 115, 132
Walbe, Brigitte 231
Walther von der Vogelweide 117, 119–122, 124–128, 132, 140, 147, 151
Warburg, Aby 13–22, 23 f., 30 f., 33–35, 79, 81 f., 110, 136
Warnke, Martin 228, 232
Weber, Alfred 200, 307
Weber, Max 26, 195, 199, 201, 214, 246, 307, 315
Weber, Wilhelm 126
Wehler, Hans-Ulrich 159
Wehrli, Max 86
Weinrich, Harald 84
Weisbach, Werner 234
Wellek, René 246
Wenzel IV. von Böhmen 141
White, Hayden 96, 279
Whitehead, Alfred North 24
Whitman, R. 298
Wilamowitz-Moellendorff, Ulrich von 26, 116, 118
Wilhelm, Friedrich 41
Williams, Raymond 335–347
Wilmanns, Wilhelm 111, 116 f., 119
Wimpfeling, Jakob 50
Winckelmann, Johann Joachim 251

Wind, Edgar 23–37
Wind, Maurice Delmar 25
Windisch, Ernst 111
Winock, Michel 283, 300–302
Wittkower, Rudolf 26, 32
Wolf, Johann Christoph 130
Wolff, Christian 188
Wölfflin, Heinrich 26 f., 30, 84, 228, 233–235, 246, 258
Wolfram von Eschenbach 126 f.
Woltmann, Ludwig 85

Woolf, Virginia 89
Wyclif, John 145

Yates, Frances A. 72

Zarncke, Friedrich 111, 117, 119
Zeitler, Rudolf 229
Ziesemer, Walther 112
Zille, Heinrich 238
Zola, Emile 94 f., 103, 107, 203, 226
Zons, Raimar 369
Zumthor, Paul 86